周禮折衷校注

（上）

〔宋〕魏了翁　撰
郭善兵　校注

齊魯書社
·濟南·

圖書在版編目（CIP）數據

周禮折衷校注 / (宋) 魏了翁撰 ; 郭善兵校注. --
濟南 : 齊魯書社, 2022.11
ISBN 978-7-5333-4539-6

Ⅰ. ①周… Ⅱ. ①魏… ②郭… Ⅲ. ①禮儀－中國－周代②《周禮折衷》－注釋 Ⅳ. ①K224.06

中國版本圖書館CIP數據核字(2022)第013320號

封面題簽：劉曉東
責任編輯：孔　帥　盧永强
特約編輯：饒益波
責任校對：王其寶　趙自環
裝幀設計：郭　覲　李　生

周禮折衷校注
ZHOULIZHEZHONG JIAOZHU
〔宋〕魏了翁 撰　郭善兵 校注

主管單位	山東出版傳媒股份有限公司
出版發行	齊魯書社
社　　址	濟南市市中區舜耕路517號
郵　　編	250003
網　　址	www.qlss.com.cn
電子郵箱	qilupress@126.com
營銷中心	（0531）82098521　82098519　82098517
印　　刷	山東臨沂新華印刷物流集團有限責任公司
開　　本	880mm × 1230mm　1/32
印　　張	26.25
插　　頁	7
字　　數	620千
版　　次	2022年11月第1版
印　　次	2022年11月第1次印刷
標準書號	ISBN 978-7-5333-4539-6
定　　價	158.00圓（上、下册）

2019年度國家古籍整理出版專項經費資助項目

河南大學黄河文明協同創新中心資助項目

河南大學歷史文化學院資助項目

前 言

一、魏了翁生平

魏了翁(一一七八—一二三七年),字華父,號鶴山,邛州蒲江(今四川蒲江)人,南宋儒家學者。

魏了翁少時即聰穎過人。史書記載,他年僅數歲,即從諸兄入學受業,儼如成人。稍長,英悟絶出,日誦千餘言,過目不再覽,鄉里譽之爲神童。南宋寧宗慶元五年(一一九九年),魏了翁中進士,授簽書劍南西川節度判官廳公事。嘉泰二年(一二〇二年),召爲國子正。嘉泰三年(一二〇三年),改任武學博士。開禧元年(一二〇五年),召試學士院。當時,韓侂胄執政,意欲通過發動對金戰争,以鞏固自己的地位,博取更大的權力。當時,朝中大臣雖多認爲不可輕啓邊釁,但懾於韓侂胄威勢,没有敢公然提出异議者。唯獨魏了翁在對策中極力阻止,諫開邊事,被御史徐楠以狂妄之罪名上奏彈劾。韓侂胄或許爲表示自己的寬容和度量,没有對魏了翁進行追究和加罪,衹是改任其爲秘書省正字。

開禧二年(一二〇六年),魏了翁遷校書郎。他以父母年邁爲名,請求外出到地方任職,被授予知嘉定府之職。鎮守蜀地的大將吴曦發動的叛亂被平定後，魏了翁帶着父母返回故鄉。當時，韓侂胄已被誅殺，朝廷下詔徵集賢能之人，魏了翁也在被徵集之列。不過，當他聽説史彌遠爲相擅政後，就謝絶了朝廷的徵命。不久，魏了翁的父親去世，他遵循“丁憂”禮制，辭去官職，還歸故里，築室於白鶴山下，授徒講學，故自號鶴山。

嘉定初，魏了翁被授知漢州(州治在雒縣，即今四川廣漢)之職。他在任時，蠲除歷年積壓的債務，變更若干不合禮儀的風俗習慣，境内肅然。因橋塌壞，壓死若干民衆，所以魏了翁遭到舉報，被降秩降職，主管建寧府武夷山冲佑觀。數月後，魏了翁官復原職。後又任知眉州(今四川眉山)，眉州風俗爲之一改。嘉定四年(一二一一年)，擢潼川路提點刑獄公事。嘉定八年，兼提舉常平等事，遷轉運判官。嘉定十年，遷直秘閣、知瀘州、主管潼川路安撫司公事。此時，魏了翁母親去世，魏了翁辭職，在家守喪。喪期結束後，授知潼川府職，約己裕民，政績大著。嘉定十五年，被召入對。他的奏疏引起了皇帝的重視，很多建議都被采納實施，遂被任命爲兵部郎中，不久又改任司封郎中，兼國史院編修官。嘉定十六年，授省試參詳官，後遷太常少卿，兼侍立修注官。嘉定十七年，遷秘書監。他的諸多奏議，直言不諱，不避權貴，切中時弊，招致以史彌遠爲首的權貴們的不滿與怨恨。

宋寧宗崩，宋理宗即位，改元寶慶。魏了翁遷起居郎。他的若干奏議和舉動招致權貴們的忿恨，欲加彈劾攻訐。史彌遠爲招攬魏了翁，同時顯示自己雍容大度，暫時壓下此事，并授魏了翁權尚書工部侍郎之職。魏了翁洞察史彌遠的意圖後，正色不撓，未嘗私謁，極力以疾病爲由，辭職不受，以集英殿修撰知常德府。數日後，史彌遠的黨羽諫議大夫朱端常就上奏,彈劾魏了翁欺世盜名、朋邪謗國,詔降三官,謫居靖州。湖、湘、江、浙之士多從之學。

紹定四年(一二三一年),魏了翁復職,主管建寧府武夷山冲佑觀。紹定五年,改差提舉江州太平興國宫。不久,授知遂寧府之職。魏了翁推辭不受,再授寶章閣待制、潼川路安撫使、知瀘州。

史彌遠死後,魏了翁應詔上奏論十弊,乞復舊典,以彰新化。宋理宗深受觸動,授權禮部尚書兼直學士院,兼同修國史兼侍讀,不久又兼吏部尚書職。端平二年(一二三五年),以端明殿學士、同簽書樞密院事、督視京湖軍馬兼江淮督府,進封臨邛郡開國侯。召爲簽書樞密院事。赴闕奏事,以疾力辭不拜。尋改資政殿學士、湖南安撫使、知潭州(今湖南長沙),復力辭。詔提舉臨安府洞霄宫。未幾,改知紹興府、浙東安撫使。嘉熙元年(一二三七年),改知福州、福建安撫使。不久,魏了翁去世,年六十歲。詔贈太師,謚文靖,纍贈秦國公。其生平事迹具載《宋史》卷四三七《儒林列傳七·魏了翁傳》。

魏了翁能詩詞,善屬文。著有《九經要義》《周易集義》《易舉隅》《周禮井田圖説》《古今考》《經史雜抄》《師友雅言》等。魏了翁去世十二年後,其子魏近思、魏克愚裒輯其遺稿,於宋理宗淳祐八年(一二四八年)開始刻梓於姑蘇,有吴淵序、吴潛後序,淳祐十一年(一二五一年)刊成。比如,張文利認爲:"由吴序,以魏卒年順推,後十二年當是理宗淳祐八年(一二四八年)。彭東焕著《年譜》,繫於理宗淳祐九年。據陳垣《二十史朔閏表》,淳祐八年歲次戊申,彭著'九年'有誤。吴淵序作於'淳祐己酉夏',己酉乃淳祐九年(一二四九年)。彭東焕據此認爲,鶴山二子萃編文集在淳祐八年戊申,而吴淵序成於次年即淳祐九年己酉,此説在時間上與吴淵序相符。祝尚書《宋人别集叙録》將魏氏二子刻刊文集及吴淵作序俱看作是淳祐九年己酉事,如此,與吴淵自云作序時間合,而與序中'公薨背十二年'之説有一年之差。據《四部叢刊初編》本《鶴山先生大全文集》吴潛後序,魏氏身後十五年,其二子搜其所作,'將鋟梓行於世'。時在理宗淳祐十一年(一二五一年)。彭著《年譜》作淳祐十二年(一二五二年),誤。按諸史料,鶴山二子刻刊其文集之舉共兩次,俱在淳祐中,一爲淳祐八年戊申,二爲淳祐十一年辛亥。"(张文利:《魏了翁文學研究》,中華書局二〇〇八年版,第一九頁)此外,宋刻又有温陽本,蓋據姑蘇本翻刻。[①] 明代修撰的《文淵閣書目》《萬卷堂書目》《内閣藏書目録》《絳雲樓書目》皆著録百卷本,題曰《鶴山先生文集》。此二本後皆散佚。宋理宗開慶元年(一二五九年)刊刻《重校鶴山先生大全文集》於成都。一一〇卷,今存本缺十八卷,存卷中亦時有缺頁。

二、《周禮折衷》見存版本概述

自南宋魏了翁去世後至今,《周禮折衷》未見單行本,多收録

---

① 張文利認爲:《增訂四庫簡明目録標注》載淳祐年間所刊《鶴山集》有姑蘇本、建陽本。魏了翁卒於姑蘇(今江蘇蘇州),葬於姑蘇高景山金盆塢。姑蘇有宋理宗所賜宅第,魏氏子孫一支世居於此。近思、克思或嘗於姑蘇刊刻《鶴山集》,即姑蘇本。建陽本則幽渺迷離。魏氏文集開慶本佚名公後序"建陽"作"温陽"。建陽在福建路,而魏了翁二子終生似無建陽之行。《增訂四庫簡明目録標注》之"建陽"恐爲"温陽"之誤。又南宋并無"温陽"地名,唯成都府路成都府治附近有温江,温陽或指温江之北?錢大昕開慶本跋語作"温溪",然南宋亦無"温溪",恐爲"温江"或"温陽"之誤。(张文利:《魏了翁文學研究》,中華書局二〇〇八年版,第一九—二〇頁)

於歷代刊刻的《重校鶴山先生大全文集》中。今存本有：

（一）宋開慶刊本

此本（以下簡稱開慶本）原書版框高營造尺七寸二分，寬五寸三分。《澹生堂藏書目》《徐氏家藏書目》《寶禮堂宋本書録》皆著録此本。清初，藏於徐氏傳是樓，後由黄丕烈典藏，著録於《百宋一廛書録》。後來，傅增湘先生《藏園群書經眼録》亦著録此本，現藏於國家圖書館。

民國時，開慶本衍生出兩種影印/抄本：《四部叢刊初編》據此本影印《鶴山先生大全文集》（以下稱《四部叢刊初編》本）。[①]書首題曰："上海涵芬樓借烏程劉氏嘉業堂藏宋刊本景印。"另，民國時期學者蔣汝藻亦據嘉業堂藏開慶本，影抄《重校鶴山先生大全文集》一百十卷、目録二卷（以下簡稱蔣抄本）。此本五册，框高二十二點五厘米，廣十五點九厘米，半頁十一行，行二十字，左右雙邊，白口，單魚尾，版心下有刻工。此本收藏於美國柏克萊加州大學東亞圖書館。後收録於［美］周欣平、［美］魯德修主編《柏克萊加州大學東亞圖書館藏稿鈔校本叢刊續編》，由廣西師範大學出版社於二〇一五年出版。

（二）明刊本，二種

一是錫山安氏活字排印本（以下簡稱安氏本）。此本每卷卷端有"錫山安國重刊"，版心上方有"錫山安氏館"五字。有嘉靖壬午邵寶序、次年劉瑞序、暢華跋，此本乃蘇州知府内江李某所

---

① 李勇先：《〈重校鶴山先生大全文集〉提要》，見四川大學古籍研究所編《宋集珍本叢刊》第七六册，綫裝書局二〇〇四年版。

校，原本僅十得其九，嘉靖二年（一五二三年）由無錫知縣暢華令安氏館印行。安氏本雖多訛奪，中間卷次亦復凌亂，但此本傳世稀少，且可補宋本部分缺逸。[①] 四川大學古籍研究所編的《宋集珍本叢刊》所收録之《重校鶴山先生大全文集》，即據此本影印。

一是嘉靖三十年（一五五一年）邛州吴鳳刊本。[②]《四庫全書總目》所著録之鮑士恭家藏本即邛州刊本。

（三）清刊本

李勇先先生謂《鶴山集》清代無刊本，唯同治十三年（一八七四年）盱眙吴棠望三益齋刊《鶴山文鈔》（以下簡稱益齋本）三十二卷[③]，附《周禮折衷》四卷、《師友雅言》一卷。宣統二年（一九一〇年）成都官書局有重修本。[④]

---

① 李勇先：《〈重校鶴山先生大全文集〉提要》，見四川大學古籍研究所編《宋集珍本叢刊》第七六册，綫裝書局二〇〇四年版。

② 張文利先生指出："黄丕烈將安氏本與宋本對照後，認爲安氏本當是從宋開慶本出，對於開慶本所缺而安氏本所有之情況，黄氏猜測：'或明代刻時未失耶，抑别本據補耶？'……據《寶禮堂宋本書録》，邛州本乃據安氏本重刻，校訂草率，又多有竄改，《寶禮堂宋本書録》引《四庫全書總目提要》已言其劣。周廣業《四部寓眼録》對此亦深表憤慨。"（张文利：《魏了翁文學研究》，中華書局二〇〇八年版，第二一頁）郭齊先生則認爲：從源流來看，安本出自宋本，吴本出自安本，而四庫本又自吴本出，四本遞相祖述，一脉相承。從完整性看，安本最勝，較宋本多出整十七卷。吴本、四庫本在補缺方面不過沿襲而已，未嘗增益半行隻字。至於安本所補内容之來源，郭齊先生認爲，依據各卷首末所標書名的异同，當是據别本而補。［郭齊：《魏了翁文集版本優劣考辨》，載《四川師範大學學報（社會科學版）》二〇一四年第二期］

③ 王鍔先生謂此本爲"三益齋刻本"，不確。參見王鍔《三禮研究論著提要（增訂本）》，甘肅教育出版社二〇〇七年版，第五〇頁。

④ 李勇先：《〈重校鶴山先生大全文集〉提要》，見四川大學古籍研究所編《宋集珍本叢刊》第七六册，綫裝書局二〇〇四年版。

清代所修《四庫全書》所收録之《重校鶴山先生大全文集》（以下簡稱四庫本），雖本明邛州刊本，但有四庫館臣的修改，導致二本异同并存，似亦應視爲獨立版本。

三、《周禮折衷》各版本歧异及優劣

（一）結構歧异

《周禮》記載的天官冢宰系統的職官，自冢宰（大宰）至夏采，共有六十三種職官，今本《周禮注疏》除了卷一爲《序官》一篇，其餘職官分爲七卷，即卷二（大宰）、卷三（小宰、宰夫、宫正、宫伯）、卷四（膳夫、庖人、内饔、外饔、亨人、甸師、獸人、𩾃人、鼈人、腊人）、卷五（醫師、食醫、疾醫、瘍醫、獸醫、酒正、酒人、漿人、淩人、籩人）、卷六（醢人、醯人、鹽人、幂人、宫人、掌舍、幕人、掌次、大府、玉府、内府、外府、司會）、卷七（司書、職内、職歲、職幣、司裘、掌皮、内宰、内小臣、閽人、寺人、内竪、九嬪）、卷八（世婦、女御、女祝、女史、典婦功、典絲、典枲、内司服、縫人、染人、追師、屨人、夏采）。在陸德明撰《經典釋文》前，已有儒者將《周禮》天官部分分爲上、下二篇。①

① 《周禮·天官·序官》卷一題爲"天官冢宰第一"，《釋文》："本或作'冢宰上'，非，餘卷放此。"《周禮注疏》卷五題爲"天官冢宰下"，陸德明曰："本亦作天官冢宰下。"（〔清〕阮元校刻：《十三經注疏》，中華書局一九八〇年版，第六三九、六六六頁）陸德明對此未有异議。既然自"醫師"至"夏采"屬"天官冢宰下"篇，則自"大宰"至"腊人"，似陸氏之前某儒者亦將其屬"天官冢宰上"篇，則陸氏前述之否定之説，自難成立。而爲魏了翁《周禮折衷》卷首題寫按語者，謂魏氏分《天官冢宰》爲上、下二篇者，係借鑒賈公彦分《天官冢宰》爲上、下二篇所致，"非敢輕有因革，蓋以賈氏所發明昉爲義例"（開慶本），此説亦不確。

在卷帙的劃分上，諸本可謂异同并存。開慶本、安氏本、四庫本均以“大宰”“小宰”“宰夫”三官内容爲卷一〇四；益齋本因爲單行本，則將上述三官内容標爲卷之一；開慶本、安氏本、四庫本均以自“宫正”至“腊人”十二官内容爲卷一〇五；益齋本則將上述十二官内容標爲卷之二。自“醫師”至“職幣”二十七官，開慶本爲卷一〇六；益齋本則以此二十七官内容爲卷之三；安氏本、四庫本則均以自“醫師”至“醯人”十二官内容爲卷一〇六，自“鹽人”至“職幣”十五官内容爲卷一〇七。開慶本無卷一〇七，卷一〇六後即爲卷一〇八，且標曰“拾遺，此卷原闕”。自“司裘”至“夏采”二十一官，開慶本、安氏本、四庫本均無；益齋本以之爲卷之四。諸本分卷如下表所示：

<table>
<tr><th>職　官</th><th>開慶本</th><th>安氏本</th><th>四庫本</th><th>益齋本</th></tr>
<tr><td>大宰、小宰、宰夫</td><td colspan="3">卷一〇四</td><td>卷之一</td></tr>
<tr><td>宫正、宫伯、膳夫、庖人、内饔、外饔、亨人、甸師、獸人、𩿌人、鼈人、腊人</td><td colspan="3">卷一〇五</td><td>卷之二</td></tr>
<tr><td>醫師、食醫、疾醫、瘍醫、獸醫、酒正、酒人、漿人、凌人、籩人、醢人、醯人</td><td rowspan="2">卷一〇六</td><td>卷一〇六</td><td>卷一〇六</td><td rowspan="2">卷之三</td></tr>
<tr><td>鹽人、幂人、宫人、掌舍、幕人、掌次、大府、玉府、内府、外府、司會、司書、職内、職歲、職幣</td><td>卷一〇七</td><td>卷一〇七</td></tr>
<tr><td>司裘、掌皮、内宰、内小臣、閽人、寺人、内豎、九嬪、世婦、女御、女祝、女史、典婦功、典絲、典枲、内司服、縫人、染人、追師、屨人、夏采</td><td colspan="3">無此内容</td><td>卷之四</td></tr>
</table>

從理論上説，開慶本應有卷一〇七。一是卷一〇六包含二十

七種職官,數量及内容皆遠多於卷一〇五,比例明顯不相稱;二是開慶本卷一〇六之下卷題爲卷一〇八,若非魏氏或後世抄印者疏誤,卷一〇六之下卷本應爲卷一〇七,而不應爲卷一〇八,故安氏本、四庫本抄者或許揣摩此意,而將開慶本之卷一〇六分爲二卷。分卷的依據,或許即在於,二本比照開慶本卷一〇五包含十二種職官先例,將自"醫師"至"職幣"二十七種職官分出十二種職官,即自"醫師"至"醢人"置爲卷一〇六,自"鹽人"至"職幣"雖有十五種職官,但若再分爲二卷,每卷數量明顯偏少,且開慶本"職幣"以下并無他文,《周禮注疏》每卷所含職官數亦不盡相同,故將其合爲卷一〇七。益齋本作爲後出之完本,包括開慶本、安氏本、四庫本皆無之自"司裘"至"夏采"二十一個職官,自然無需從中分自"醫師"至"職幣"二十七種職官,以凑出卷一〇七,故仿開慶本,合二十七種職官爲一卷,依自本順序標之爲"卷之三",而將自"司裘"至"夏采"二十一種職官設爲"卷之四"。

也有學者認爲,開慶本卷一〇六中附有卷一〇七的内容。如程元敏先生在徵引《周禮折衷》"醫師"至"職幣"有關内容時,即頻頻使用這一説法:"《鶴山大全集》卷一〇六附一〇七頁五《周禮折衷》。"①

(二)書寫方式歧异

魏了翁《周禮折衷》一書,大量徵引前代儒者,如漢代杜子春、鄭衆、鄭玄,唐代陸德明、賈公彦,宋代王安石、陳祥道、李心傳等人的相關詮釋,附於相關《周禮》經文下。魏了翁徵引時,大多能將不

① 程元敏:《三經新義輯考彙評(三)——周禮》,台灣編譯館主編,一九八七年,第一一八頁。

同時代儒者的詮釋單獨成節(蓋同朝儒者之説,合爲一節),偶有魏氏或後世抄刻者或因疏漏失察,將不同時代儒者論述合爲一節者。

節首冠以所徵引者的姓氏。四本標注方式的歧异在於:開慶本將每節首所冠之儒者的姓氏塗黑;若爲魏了翁評論、詮釋之語,則節首冠以“鶴山魏先生云”“鶴山先生云”等字,且與其他徵引一樣,皆塗黑。《周禮》經文頂格書寫,鄭玄、賈公彦等前代儒者之《注》《疏》等低於經文一字,魏了翁語或與鄭、賈等前代儒者之《注》《疏》等齊,或低一字。

安氏本在經、《注》《疏》及魏氏詮釋文字的排列上皆與開慶本同,但其與開慶本的歧异在於:安氏本除將魏了翁語單獨成節,且其書寫低於鄭玄、賈公彦等前代儒者之《注》《疏》一字外,其餘鄭玄、賈公彦等前代儒者之説,無論朝代异同,皆合爲一節。

四庫本在經、《注》《疏》及魏氏詮釋文字的排列上皆與開慶本、安氏本同,其與開慶本、安氏本歧异在於:第一,四庫本每位被徵引儒者學説多單獨成節(或有將同時代者合爲一節者);第二,鄭、賈等於節首所冠之被徵引者的姓氏、爵號及著作名皆不塗黑,與該節其他文字無异;第三,四庫本所引魏了翁語,節首皆無“鶴山先生云”等標識。

益齋本在經、《注》《疏》及魏氏詮釋文字的排列上皆與開慶本、安氏本同,其與開慶本、安氏本、四庫本歧异在於:第一,前代儒者無論時代异同,皆爲一節;第二,不同儒者學説之間,或以墨釘間隔之(益齋本中,墨釘有時也表示闕字),或以空格間隔之。

開慶本(安氏本、益齋本)《幕人》“幕人掌帷、幕、幄、帟、綬之事”節下引李心傳《三禮辨》,附於賈《疏》節後,字號小於賈《疏》;四庫本《三禮辨》與同節賈《疏》同。

（三）内容歧异

開慶本、安氏本、四庫本、益齋本四本在内容上的歧异，包括以下四個方面：

一是包括職官數及内容不同。如前文所述，開慶本、安氏本、四庫本僅有自“大宰”至“職幣”四十二種職官内容。從某種意義上來説，此三本似非完本。益齋本則除上述職官，還有自“司裘”至“夏采”二十一種職官内容，與《周禮》所載天官系統六十三種職官相同，似應爲完本。至於晚出之益齋本竟能比以往三本尤其是比宋本多出如此多的内容，難免會引起人們的疑慮，即益齋本較其他三本多出來的自“司裘”至“夏采”的内容，究竟是益齋本抄刻者另有他本可據，還是爲追求完本而杜撰僞造？這一問題頗值得專文加以探討，此不贅述。就益齋本“司裘”至“夏采”所抄録之内容，反映出的是對《周禮》經文及前代儒者學説的改寫情形，與諸本“司裘”前所抄録之《周禮》經文及《注》《疏》等頗爲相近，似可初步推定，這些内容當是魏氏所撰原文，而爲其他三本抄刻者不曾寓目者。

二是文字多寡不同。

1. 闕略若干文字

（1）安氏本

安氏本闕《大宰》“正月之吉”至“挾日而斂之”節下引魏了翁語“前乎爲商”至“盡然”部分内容，以及隨後《周禮》經文“乃施典於邦國”至“置其輔”和鄭衆、鄭玄對此節經文的注釋，直至鄭玄《注》中的“謂衆士”，合計五百三十二字。

安氏本又闕《小宰》“以聽官府之六計”至“六曰廉辨”節魏氏

引賈《疏》中的"絜不濫濁也。廉法謂守法不失"二句，王安石《周官新義》對此節經文注釋，以及魏了翁語"字書無弊字"至"以絜廉加於六者"，合計二百三十三字。

（2）四庫本

四庫本闕《内饔》"辨腥"至"臂螻"節下所引鄭衆《注》"庮，朽木臭也。螻，螻蛄臭也"十字。《外饔》"邦饗耆老"至"亦如之"節下所引賈《疏》闕"謂卿、大夫致仕者，庶老謂士之致仕者。經直言'耆老'，對'孤子'，則'耆老'者，死事者之父祖可知"三十五字。又闕《甸師》"王之同姓有罪，則死刑焉"節所引賈《疏》"鄭注：磬於甸人，懸縊殺之曰磬"十二字。又闕"鱉人掌取互物"至"凡狸物"節所徵引鄭玄《注》"含漿水之屬"句下至"簎謂以扠刺泥中搏取之"十字（此十字，益齋本亦無）。又無魏氏引《釋文》"簎敇角反"四字。又無《酒正》"辨五齊之名"至"五曰沈齊"節下魏氏所加音讀"翁烏動反"四字。又無《醢人》"麋臡"下"臡字省"三字。

（3）益齋本

魏氏於《醢人》"賓客之禮"至"共醢"節下引王安石《周官新義》文中，益齋本闕"而曰'爲王及后、世子共其内羞'"十二字。又闕《獸醫》"凡療獸病"至"以進退之"節下引王安石《周官新義》"則計其數而進退之。人言死終，獸言死"十五字。另，益齋本在開慶本（安氏本、四庫本）某字或某若干字處，刻爲方形墨釘，以示闕文。如《序官》"惟王建國"至"以爲民極"節徵引賈《疏》"豈有宫、廟等位未成"句中的"位"字處，益齋本爲一墨釘。又如，《鱉人》"鱉人掌取互物"至"凡狸物"節魏了翁語"夏至腹腴在鰽夏時下水"句中的"鰽夏時下"處，益齋本爲一墨釘。益齋本或在某字處既無墨釘，亦無文字，留出一空格者有四例。

2. 增加(或衍)若干文字

(1)安氏本

安氏本於卷一〇四頁六八五下欄第一行衍“義皆不通”“三禮辨謂聽字衍”十一字,并衍《小宰》“以法掌祭祀”至“亦如之”節及賈《疏》、王安石語。

(2)四庫本

四庫本於《外饔》“邦饗耆老”至“亦如之”節下所引賈《疏》“兼有國老、庶老”句下增“云孤子者,謂死王事者之子。死事者之子,謂若”。又於《甸師》“王之同姓有罪,則死刑焉”節所徵引賈《疏》“絶服之外同姓姬者”句中的“絶”字上,增“周姓姬言同姓者”七字。《鹽人》“鹽人掌鹽之政令”至“共其苦鹽散鹽”節所引賈《疏》“謂四方鹽來”句,上增“謂受入教所處置者”八字。

三是移置若干文字,使之處於不同的順序、位置。如《甸師》“王之同姓有罪,則死刑焉”節,開慶本將鄭衆《注》、賈《疏》各分爲二節,四庫本則合爲一節。

又如《宮人》“共王之沐浴”至“亦如之”節,開慶本(安氏本、益齋本)將鄭玄《注》、賈《疏》混合爲一節,且顛倒其先後順序;四庫本則將其分爲鄭玄《注》、賈《疏》二節。

四庫本將《酒人》“共賓客之禮酒、飲酒而奉之”節下所引鄭玄《注》中“此謂給賓客之稍”至“則從而以酒往”三十五字,以及賈《疏》、魏了翁對本節的詮釋之語,自經文“凡事”至“如之”節引賈《疏》“之府上云祭祀”句起,至《漿人》“共賓”至“共之”引賈《疏》“凡飲共之故”句止的内容,被置於經文“凌人”至“治鑒”節引魏氏“行夏時也昭公”下。“鄭酒”至“酒正”所涉及之經、《注》《疏》及魏了翁語,又被置於“凡飲共之故”句後。“共酒入於酒正”句下又接“四年申豐云”。文字雖未佚失，然先後次序顛倒、混亂。

四是四本共有者，若干字詞存在歧异。細分之，有開慶本、安氏本、四庫本同，益齋本异（三百五十八例）；開慶本、安氏本、益齋本同，四庫本异（一百九十六例）；開慶本、益齋本、四庫本同，安氏本异（七十五例）；開慶本异，安氏本、益齋本、四庫本同（四十四例）；開慶本、安氏本同，四庫本、益齋本同（一百五十九例）；開慶本、安氏本同，四庫本、益齋本各异（二十例）；開慶本、四庫本同，安氏本、益齋本同（十例）；開慶本、安氏本各异，四庫本、益齋本同（三例）；開慶本、益齋本同，安氏本、四庫本同（十六例）；開慶本、益齋本各异，安氏本、四庫本同（二例）；開慶本、四庫本各异，安氏本、益齋本同（一例）；開慶本、四庫本同，安氏本、益齋本各异（一例）；開慶本、益齋本同，安氏本、四庫本各异（一例）：共計十三種類型。導致歧异的原因多種多樣，不一而足。

《周禮折衷》上述四個版本，皆程度不等地存在錯、訛、闕、衍、倒、竄等不足。綜而言之，若以完整性而言，當以益齋本爲最，因爲此本包括開慶本、安氏本、四庫本三本皆無的自“司裘”至“夏采”二十一種職官的有關經、《注》及魏氏詮釋，較其他三本而言，可謂完璧。雖然有人會懷疑，清代同治年間後出的益齋本，爲何反較上述三本完整？它較之三本所增之自“司裘”至“夏采”二十一種職官的内容是否係後人增益附會？這種可能性雖不能完全排除，尤其明清時期人僞托、假造之風甚盛，但若將益齋本所增部分與四本皆有之自“大宰”至“職幣”相比較，僅就其增删、改寫方式與體例而言，相似、相近性頗爲明顯。因而，益齋本所增部分，係後人僞托、假造的可能性并不太大。若以刻印的清晰度、字迹筆畫的工整性及保存完好無缺等方面而言，開慶本、四庫本、益齋本均堪稱善本，四庫本、益齋本雖較開慶本有諸多訛誤之處，但也有後世刊刻者據其他文獻校訂之處，可訂補開慶本之闕失與訛誤。

綜上所述，本書采取開慶本"大宰"至"職幣"部分、益齋本"司裘"至"夏采"部分，合爲校勘底本，以成完璧。以安氏本、四庫本以及魏氏徵引其他文獻爲參校本，對《周禮折衷》一書加以校勘，并對書中有關問題予以注釋。

鑒於學識、精力的不足，本書不可避免地存在諸多不足乃至錯誤之處，敬請諸位師友不吝批評指正。

凡 例

一、本《校注》以宋開慶刊本《鶴山先生大全文集》中的《周禮折衷》“大宰”至“職幣”部分、清代吴棠刊刻望三益齋本《周禮折衷》的“司裘”至“夏采”部分爲校勘底本，以其他諸本爲參校本。

二、諸本刊刻的魏了翁所徵引杜子春、鄭衆、鄭玄、陸德明、賈公彦、王安石、李心傳諸家學説，或單獨爲節，或與他家學説并合一節，體例不一。爲統一體例，所有被徵引儒者學説，皆單獨成節。同一儒者之説，若魏氏冠以“又云”等字，也單獨成節。

三、《周禮》經文、漢代鄭玄《周禮注》、唐代賈公彦《周禮疏》等及魏氏釋語中的錯訛文字，以圓括號圈之。圓括號所標錯字後，以方括號標明改後之正確文字，其字號與正文字號同。

四、行文中各版本所使用的古體字、异體字及不規範用字、版刻混用字等，一律徑改爲現代通用繁體字。若無需要，不在校注中加以説明。

五、校注時，若所據鄭玄《注》、賈公彦《疏》、阮元《校》等是對本職官經文所作《注》《疏》，則校文中衹標明“鄭玄《注》”“賈《疏》”“阮《校》”。若引其他職官《注》《疏》進行校正，則在“鄭玄《注》”“賈《疏》”“阮《校》”等前面標明所出職官“《周禮·×官·××》《注》/《疏》”。

六、校注所徵引文獻，若書名較長者，於該節校注首次提及該文獻時，標明文獻全名、卷帙，後標注在本節校注中所使用之簡稱。若干文獻，若《太平御覽》《册府元龜》《文獻通考》等，校注時依然使用原書全稱，不采用學界通用的“《御覽》”“《元龜》”“《通考》”等簡稱。若引用其他學者有關研究成果有使用上述簡稱者，則保持原文不變。如趙幼文曰：“《御覽》卷六百三十三引‘召’字作‘占’。”①此處“《御覽》”不再回改爲“《太平御覽》”。非其他研究者使用的文獻簡稱，則使用作者自定簡稱。如程元敏先生爲《周禮詳解》《周禮訂義》《周官義疏》所定的簡稱，分别爲《詳解》《訂義》《義疏》，筆者則使用《周禮詳解》《周禮訂義》《周官義疏》。在某節第一次提及某文獻時，完整標明該全文獻全名、卷數、卷名；自第二次提及起，則僅用該文獻簡稱。

七、注釋中引用的古籍，若有點校本，則使用點校本；若其文字或標點有誤或不當，則徑改之，不作説明。若無點校本，則使用其某一抄本或刻本，且直接將原文句讀改爲現代標點；若原著句讀有誤或不當，則徑改之，不作説明。

八、校注中所使用的“十三經”及“二十五史”，前者爲清阮元校刻《十三經注疏》（中華書局一九八〇年版），後者皆爲中華書局點校本。校注時，不再標明此二類文獻版本及頁碼。其他文獻，則標明版本信息與引文所在頁碼，以備讀者核查。

九、相關典制、典故、人物、事件、讀音等，若前文已注，後文不再注釋，以免繁複。

---

① 趙幼文：《三國志校箋》卷四《三少帝紀》，巴蜀書社二〇〇一年版，第一八九頁。

一〇、校注中第一次出現的帝王年號紀年後，標明公元紀年。此後本條校注出現的其他同一年號帝王紀年，不再標明公元紀年。公元紀年衹括注到年，不括注到月、日。

一一、書中所使用的數字，凡表示數量、卷次、標籤題、頁碼等，均不用阿拉伯數字。若引用古籍或其他學者有關研究成果，則保持該古籍或作者原文所使用之數位。如趙幼文曰："《御覽》卷六百三十三引'召'字作'占'。"①此處"卷六百三十三"不改爲"卷六三三"。書中提及的年份數、月份數，亦不用此例，如"漢文帝十一年十二月"不作"漢文帝一一年一二月"。

① 趙幼文：《三國志校箋》卷四《三少帝紀》，巴蜀書社二〇〇一年版，第一八九頁。

目　録

上　册

下　册

序

按漢、唐以來，三禮元本首列正經卷第，〔一〕而書名與傳注人附於下，〔二〕此必先、後鄭有所傳授。〔三〕今鶴山先生《折衷》兩篇，〔四〕摽題仿之，〔五〕惟自《宫正》又中分者，〔六〕非敢輕有因革，蓋以賈氏所發明昉爲義例，〔七〕學者其詳考云。

【校注】

〔一〕三禮：指《周禮》《儀禮》《禮記》三部儒家經典。正經：此處當指被漢代以後歷代統治者欽定的所謂"經典"。漢武帝"罷黜百家，獨尊儒術"，於建元五年（前一三六年）立《周易》、《尚書》、《詩經》（齊、魯、韓三家《詩》）、《禮》（《儀禮》）、《春秋》（《春秋公羊傳》）"五經"博士。東漢時，在上述"五經"基礎上，又增加《論語》《孝經》，形成"七經"。唐太宗時，詔孔穎達等修撰《五經正義》，以《周易》、《尚書》、《詩經》（《毛詩》）、《禮記》、《春秋左氏傳》爲"五經"。後來，《周禮》《儀禮》《公羊傳》《穀梁傳》陸續被欽定爲經典，形成所謂"九經"。唐文宗開成年間（八三六—八四〇年）刻石經，以上述

“九經”加《論語》《孝經》《爾雅》刻石，即所謂的“十二經”。五代十國時，後蜀國主孟昶刻“十一經”，收入《孟子》，而排除《孝經》《爾雅》。南宋時，以《孟子》爲經，與唐代確立的“十二經”合稱“十三經”。

〔二〕自《漢書·藝文志》起，歷代正史《藝文志》《經籍志》，均著録《周禮》《儀禮》《禮記》經書，每書下附歷代儒者關於“三禮”整部或專篇的詮釋著作。傳注：中國古代儒家學者詮釋經典的著作體例。《禮記·曲禮上》《疏》曰：“注者，即解書之名。但釋義之人，多稱爲傳。傳謂傳述爲義，或親承聖旨，或師儒相傳，故云傳。今謂之注者，謙也，不敢傳授，直注己意而已。若然，則傳之與注各出己情。皇氏以爲自漢以前爲傳，自漢以後爲注。然王肅在鄭之後，何以亦謂之傳？其義非也。”《周禮·天官·序官》《疏》曰：“‘注’者，於經之下自注己意，使經義可申，故云‘注’也。孔君、王肅之等則言‘傳’，‘傳’者，使可傳述。若然，或云‘注’，或言‘傳’不同者，立意有异，無義例也。”《詩經·周南·關雎》《疏》曰：“注者，著也，言爲之解説，使其義著明也。”《儀禮·士冠禮》《疏》曰：“言‘注’者，注義於經下，若水之注物，亦名爲著。故鄭叙云：‘凡著《三禮》七十二篇。’云‘著’者，取著明經義者也。孔子之徒言傳者，取傳述之意。爲意不同，故題目有异也。”

〔三〕先、後鄭：後世學者對東漢時两位著名的儒家學者鄭衆、鄭玄的稱謂。鄭衆（？—八三年）：字仲師，河南開封人。其生平事迹具載《後漢書》卷三六《鄭衆傳》。鄭玄（一二七—二〇〇年）：字康成，北海郡高密縣（今山東高密）

人。其生平事迹具載《後漢書》卷三五《鄭玄傳》。

〔**四**〕兩篇：此處指魏了翁《周禮折衷》一書仿照唐代儒者賈公彦先例，將《周禮·天官冢宰》篇析分爲上、下兩篇。

〔**五**〕摽：四庫本作"標"。仿：益齋本作"依"。仿，模仿、仿效。

〔**六**〕開慶本卷一〇六"醫師"上標題題有"周禮折衷中""天官冢宰下"十字，則魏了翁似沿用賈公彦以"醫師"以下爲《天官冢宰》篇下篇之法。此處"自《宫正》又中分"，表明題記者看到的刊本，是以"《宫正》"爲上、下兩篇之起止。若如此，則宋刻本"周禮折衷中"五字將無意義。據字面含義，既有"中"，則當有"上""下"。若非刊印者筆誤，"周禮折衷中"五字，似表明魏了翁有將《天官冢宰》篇分爲上、中、下三篇之意。開慶本將"醫師"至"職幣"皆置於《鶴山先生大全文集》卷一〇六，緊接其後則是卷一〇八，無卷一〇七，且無任何説明，似表明此刻本卷帙有所遺漏。

〔**七**〕賈氏：此處指唐代經學家賈公彦。賈公彦，生卒年不詳，洺州永年（今河北永年）人。精通"三禮"，官至太常博士。唐太宗時，曾參與孔穎達主持之《禮記正義》的撰作。唐高宗時，奉敕撰《周禮義疏》五十卷、《儀禮義疏》四十卷，對後世影響極大。發明：啓發、闡明、創造新的事物或方法。《後漢書》卷四四《徐防傳》："發明章句，始於子夏。"昉：起始。《公羊傳·隱公五年》："始僭諸公，昉於此乎?"義例：又稱"凡例""體例""書法"等，指著書的主旨和體例。《魏書》卷八四《張吾貴傳》："三旬之中，吾貴兼讀杜、服，隱括兩家，异同悉舉。諸生後集，便爲講之，義例無窮，皆多新异。"《周禮·天官·序官》卷一卷題爲"天官冢宰第一"，《釋文》："本或作'冢宰上'，非，餘卷放此。"孫詒讓曰："《漢書·藝文志》云'《周官經》六篇'，此其舊題也。《漢志》著録本於劉歆《七略》，是西漢經本皆官别爲篇。東漢以後，賈、馬諸儒爲之傳注，每篇析爲二卷，至於篇題，相承無改。鄭君作注，楬署亦同。故《士冠禮》賈疏引鄭序云'凡著《三禮》七十二篇'。蓋合《儀禮》十七篇、《禮記》四十九篇數之。厥後陸音賈釋及唐開成、宋嘉祐兩石經，録目并同。《釋文》所載或本篇别上下而無第一之題，蓋傳録者所改易，非周經漢注之舊，故陸、賈諸儒并不從也。"（《周禮正義》卷一《天官冢宰第一》，第一頁）《周禮注疏》卷五卷題爲"天官冢宰下"，《釋文》："本亦作天官冢宰下。"孫詒讓曰："宋以來刻本，并與《釋文》或本同。孔繼汾云：'《儀禮》之《士喪》《特牲饋食》及《禮記》之《曲禮》《檀弓》《雜記》各有上下篇，并漢時舊師所傳。《周禮》則每官爲一篇，不殊上下，故鄭自叙云"凡著《三禮》七十二篇"也。《石經》十二卷之數，乃後人所分，不知始於何時，《隋志》已然。'案：孔説是也。《士喪》《特牲》之下篇，皆别取篇首之文爲題目，與《曲禮》《檀弓》《雜記》上下篇并通計篇數。蓋漢時傳本如是，故《曲禮》下鄭《目録》云'簡策重多，分爲上下'是也。此六官六篇，别爲上下，蓋亦後人以簡策重多分之。然鄭本尚無此分别，故不以上下篇計數。唐《石經》作'天官冢宰下第二'，以後五官并通計上下爲十二篇，尤誤。"（《周禮正義》卷九《醫師》，第三一五頁）陸德明對此未有异議。既然自“醫師”至“夏采”歸屬“天官冢宰下”篇，則自“大宰”至“腊人”，似陸氏之前某儒者亦將其歸屬“天官冢宰上”篇，則陸氏前述之否定之説自難成立。由此可知，賈公彦并非分《天官冢宰》爲上、下二篇的始創者。

天官冢宰上

鄭〔一〕　象天所立之官。〔二〕冢,大也。宰,〔三〕官也。〔四〕天統理萬物,〔五〕天子立冢宰,使掌邦治,亦所以總御衆官。〔六〕不言"司"者,大宰總御衆官,不主一官之事。〔七〕

【校注】

〔一〕按:此節係魏了翁引賈《疏》引鄭玄《三禮目録》文,有删節,詳見下。關於鄭玄《三禮目録》,詳見楊天宇《鄭玄三禮注研究》,天津人民出版社二〇〇七年版,第二四—二五頁。

〔二〕象:賈《疏》上有"天官冢宰鄭目録云"。

〔三〕宰:賈《疏》下有"者"。

〔四〕《周禮·天官·序官》《釋文》引干寶《周禮注》曰:"濟其清濁,和其剛柔,而納之中和曰宰。"孫詒讓曰:"《説文·宀部》:'宰,罪人在屋下執事者。'引申之,凡官吏皆得稱宰。此經有大宰、小宰、宰夫、内宰、里宰,《春秋》卿大夫家臣采邑之長,亦多稱宰,則宰之名通於尊卑矣。《春秋繁露·三代改制質文篇》……云'名相官曰宰'。據此,是相官名宰,始於周代。《曲禮》云:'天子建天官先六大……天子之五官……'大宰不與五官同舉,鄭注以爲并殷制。然孔穎達疏引《鄭志》……是鄭意殷五官亦并太宰爲六卿,大宰殷時已爲天官,總攝六職;董子以相官名宰,爲周之改制,殆未足信。《太平御覽·職官部》引仲長統《昌言》云:'冢宰,堯官也。'亦不知何據。班固《白虎通義·爵篇》云:'……宰者,制也。……'《書》《疏》引馬融云:'……宰,治也。……'《公羊》僖九年何休注、《吕氏春秋·季秋紀》《淮南子·時則訓》高誘注,并訓宰爲治,與馬説同。……諸家之説,并偏舉一端,不若鄭義之閎通也。"(《周禮正義》卷一《天官冢宰第一》,第一—二頁)

〔五〕天:賈《疏》下有"者"。

〔六〕官:賈《疏》下有"使不失職"。

〔七〕事:賈《疏》下有"也"。

賈 鄭云"象天"者,〔一〕周天有三百六十餘度,〔二〕天官亦總三百六十官。〔三〕宰者,調和膳羞之名。冢宰亦能調和衆官。〔四〕天官兼攝群職,〔五〕故不言"司"。〔六〕春官以其祭祀鬼神,〔七〕鬼神非人所主,故亦不言"司"。〔八〕

【校注】

〔一〕鄭:賈《疏》上有"釋曰"。

〔二〕周天:繞天球大圓一周。天文學上以天球大圓三百六十度爲周天。三百六十餘度:賈公彦此處所説爲一概數。《禮記·月令》《疏》曰:"但諸星之轉,從東而西,必三百六十五日四分日之一,星復舊處。星既左轉,日則右行,亦三百六十五日四分日之一至舊星之處。即以一日之行而爲一度計,二十八宿一周天,凡三百六十五度四分度之一,是天之一周之數也。"

〔三〕總:賈《疏》下有"攝"。官:賈《疏》下有"故云"至"大也"。三百六十官:古代儒者多認爲《周禮》所載職官符天道三百六十度之數,故爲三百六十官。每一系統職官爲六十種。《禮記·禮器》《注》曰:“《周禮》六篇,其官有三百六十。”《疏》曰:“周公攝政七年,制禮作樂,爲設官分職之法,亦名《周官》,有六卿,每卿下各有屬官六十,凡三百六十官。”孫詒讓曰:“此并約舉大數,實則六官之屬,員數多寡不同,皆不止六十也。……《明堂位》云:‘夏后氏官百,殷二百,周三百。’注云:‘周之六卿,其屬各六十,則《周官》三百六十官也。此云三百者,時《冬官》亡矣。《昏義》曰:“天子立六官,三公、九卿、二十七大夫、八十一元士。”凡百二十。蓋謂夏制也。’黄以周云:‘《明堂位》“夏官百,殷二百,周三百”,此官之以職計者也。《昏義》《王制》又舉其副貳之官云“三公、九卿、二十七大夫、八十一元士”,此官之以人計者也。夏殷之官,必非一職止一人爲之,可依《周官·序官》推之。兩文互异,義不相妨。’案:黄説是也。《明堂位》説三代官數,是約舉官職大數,所云周三百,非不數冬官也。《昏義》所云,則三公以下正貳相參佐之數,故皆以三三增倍。雖與周六官正貳之屬不合,然非一代衆官之通數,則固無疑也。至周代六官大數,則《冬官》已亡,餘五官敘官,或無員數,或有員數,其總數無由校計。《北堂書鈔·設官部》引《五經异義》云:‘古《周禮》説,冢宰、司徒、宗伯、司馬、司寇、司空是謂六卿之屬。大夫、士、庶人在官者,凡萬二千。’《通典·職官》云:‘周内外官六萬三千六百七十五員,内二千六百四十三人,外諸侯國官六萬一千三十二人。内職掌,府史,胥徒,賈人,工人,奄,罪、閩、蠻、夷、貉等五隸,醫人,圉人,虎士,視瞭及奚、漿、籩、醢、醯、鹽、冪、酒、祧、舂、抌、饎、槁等女職,一萬五千九百五十人。都計内外官及内職掌人,七萬九千六百二十五人。’今以五官之屬校之,并不相應,未知其説云何。沈彤則以五官五分取一,以例冬官,六官凡五萬九千三百餘人。亦約略推計,不能盡合也。”(《周禮正義》卷五《小宰》,第一六一——一六二頁)實際上,《周禮》所載天官系統有六十三種職官,地官系統有七十八種職官,春官系統有七十種職官,夏官系統有六十九種職官,秋官系統共有六十六種職官。《冬官》亡佚,其所載職官數不得詳知。《考工記》有三十種匠人之名。

〔四〕冢:賈《疏》上有"此"。官:賈《疏》下有"故號"至"言司"。

〔五〕天:賈《疏》上有"此"。官:賈《疏》下有"則"。

〔六〕司:賈《疏》下有"也"。

〔七〕春:賈《疏》上有"若然則"。官:賈《疏》下有"亦不言司者"。

〔八〕司:賈《疏》下有"也其"至"例也"。《周禮·春官·序官》《疏》曰:"不言'司'者,鬼神示人之所尊,不敢主之故也。'"

惟王建國,辨方正位,體國經野,設官分職,以爲民極。

賈　六官之首同此序(六)[五]句者,〔一〕以其建國、設官、爲民不异也。〔二〕案桓二年《左氏》云:〔三〕"昔武王克商,〔四〕遷九鼎於洛邑。"則居洛本是武王之意,至成王、周公時,恐天下爲疑,更與諸侯謀定之也。〔五〕

【校注】

〔一〕六官之首:賈《疏》上有"惟王"至"五句"。六句:賈《疏》無。六:四庫本作"五"。按:經文實五句,賈《疏》曰:"自此以下至'以爲民極'五句。""六"應作"五",據四庫本改。

〔二〕异:賈《疏》下有"故"。也:賈《疏》下有"王者"至"中也"。

〔三〕桓:四庫本下有"公"。氏:賈《疏》下有"傳"。

〔四〕昔:《左傳·桓公二年》經文無,賈公彦加,魏氏因之。

〔五〕也：賈《疏》下有"若然"至"可也"。按：其中"書傳"至"爲然"，魏氏下文引之，詳見下節賈《疏》。

鄭 周公(歸)[居]攝而作六典，〔一〕謂之《周禮》。營邑於土中。七年，致政成王，以此禮授之，使居洛邑，〔二〕治天下。《司徒職》曰："日至之景，〔三〕尺有五寸，謂之地中，天地之所合也，四時之所交也，風雨之所會也，陰陽之所和也。"

【校注】

〔一〕周：鄭玄《注》上有"建，立也"。歸：鄭玄《注》、益齋本作"居"。按：此處作"居"義較妥。歸攝，指周公攝政結束，歸政周成王。若周公歸政後始作《周禮》，則與其他文獻義歧。居攝，指周公攝政期間。周公於此時期内撰作《周禮》，與其他文獻義合。故此處據鄭玄《注》、益齋本改"歸"爲"居"。典：鄭玄《注》下有"之職"。攝：攝政，中國古代君主因年幼不能處理政務時，往往由血緣最近的親族或戚族權且代行職務。此處指周武王去世後，因周成王年幼，由周公輔政事。六典：鄭玄等據《周禮》，對《周禮》六官職掌的另一稱謂。《周禮·天官·大宰》："大宰之職，掌建邦之六典……一曰治典……二曰教典……三曰禮典……四曰政典……五曰刑典……六曰事典。"《注》引鄭衆語曰："治典，冢宰之職……教典，司徒之職……禮典，宗伯之職……政典，司馬之職……刑典，司寇之職……此三時皆有官，唯冬無官，又無司空，以三隅反之，則事典，司空之職也。《司空》之篇亡。《小宰職》曰：'六曰冬官，其屬六十，掌邦事。'"

〔二〕洛：賈《疏》作"雒"。《釋文》："雒，音洛，水名也，本作洛，後漢都洛之陽,改爲雒。”阮《校》曰:“段玉裁《漢讀考》云:‘豫州之川字作“雒”,雍州之浸字作“洛”。自魏以前,畫然分别,魏文帝始亂之,其詳見《尚書古文撰异》。’”東漢改“洛”爲“雒”,曹魏復改“雒”爲“洛”的原因,《太平御覽》卷一七《時序部二》引《魏略》載魏文帝改“雒”爲“洛”之詔曰:“以漢火行。火忌水,故去洛‘水’而加‘隹’。魏於行次爲土,水得土而流,土得水而軟,故除‘隹’,加‘水’,變‘雒’爲‘洛’。”

〔三〕景:“影”的本字。《周禮·地官·大司徒》《釋文》:“景,如字,本或作影,非,下及注同。”《周禮·地官·大司徒》:“以土圭之法測土深,正日景。”

賈 《書傳》云:〔一〕“五年營成周。”成周與王城同時營,則五年營洛邑,與孔安國爲營洛邑、封康叔、制禮作樂同是攝政七年异。〔二〕彼先鄭《注》云:“土圭之長,尺有五寸,以夏至之日,立八尺之表,其景適與土圭等,謂之地中。今潁川陽城地爲然。”〔三〕

【校注】

〔一〕書:賈《疏》上有“若然”至“是以”。按:其中“六官”至“异也”、“案桓”至“之也”,魏氏前文已引,詳見前節賈《疏》。《書傳》:賈氏對《尚書大傳》一書的省稱。《尚書大傳》是對《尚書》的解釋性著作,作者和成書時間均無考。《四庫全書總目》卷一二載《尚書大傳》四卷、《補遺》一卷。舊題漢代儒生伏生撰。《漢書·藝文志》《隋書·經籍志》均未載此書。陸德明《經典釋文》載《尚書大傳》三卷,伏生作。《晋書·五行志》載漢文帝時,伏生撰《尚書大傳》。宋王應麟《玉海》載《中興館閣書目》引鄭玄《尚書大傳序》曰:“蓋自伏生也。伏生爲秦博士,至孝文時年且百歲。張生、歐陽生從其學而受之,音聲猶有訛誤,先後猶有差舛,重以篆隸之殊,不能無失。生終後,數子各論所聞,以己意彌縫其缺,别作章句,又特撰大義,因經屬指,名之曰《傳》。劉向校書,得而上之,凡四十一篇,至康成始詮次爲八十一篇。"

〔二〕异:賈《疏》下有"又引"至"地中"。賈公彦所謂孔安國謂營洛邑、封康叔、制禮作樂均在周公攝政七年,乃據《尚書》之《康誥》《召誥》《洛誥》諸篇記載及孔《傳》爲説。《尚書·康誥》:"惟三月哉生魄,周公初基,作新大邑於東國洛。……王若曰:'孟侯,朕其弟,小子封。……肆汝小子封,在兹東土。'"孔《傳》曰:"周公攝政七年三月。……初造基,建作王城大都邑於東國洛汭。……周公稱成王命,順康叔之德,命爲孟侯。"《疏》曰:"知'周公攝政七年之三月'者,以《洛誥》即七年反政而言新邑營及獻卜之事,與《召誥》參同,俱爲七年,此亦言作新邑,又同《召誥》,故知七年三月也。若然,《書傳》云四年建衛侯而封康叔,五年營成洛邑,七年制禮作樂。《明堂位》云'昔者周公朝諸侯於明堂之位',即云'頒度量,而天下大順',又云'六年制禮作樂',是六年已有明堂在洛邑而朝諸侯。言六年已作洛邑而有明堂者,《禮記》後儒所録,《書傳》伏生所造,皆孔所不用。"《召誥》:"成王在豐,欲宅洛邑,使召公先相宅……惟二月既望……惟太保先周公相宅。"孔《傳》曰:"周公攝政七年二月十五日。"《洛誥》:"召公既相宅,周公往營成周,使來告卜……周公拜手稽首曰:'朕復子明辟。'……王在新邑……在十有二月,惟周公誕保文、武受命,惟七年。"

〔三〕然:賈《疏》下有"天地"至"可也"。

鄭司農云〔一〕 别四方,正君臣之位,君南面、臣北面之屬。

【校注】

〔一〕鄭玄《注》多引前代學者之説。賈公彦認爲,鄭玄之所以稱鄭興爲鄭大夫,鄭衆爲鄭司農,是因爲二人是鄭玄的先祖。《周禮·天官·序官》《疏》曰:"《周禮》之内,鄭康成所存《注》者有三家:司農之外,又有杜子春、鄭大夫者、鄭少贛。二鄭皆康成之先,故言官,不言名字。杜子春非己宗,故指其名也。"

玄謂〔一〕《考工》:〔二〕"匠人建國,〔三〕水地以縣,〔四〕置槷以縣,〔五〕視以景,〔六〕爲規識日出之景與日入之景。晝參諸日中之景,夜考之極星,以正朝夕。"是别四方。〔七〕

【校注】

〔一〕關於《周禮》中鄭玄《注》所在位置及其寓意,《周禮·天官·序官》《疏》曰:"'玄謂'者,大略一部之内,鄭玄若在司農諸家上注者,是玄《注》可知,悉不言'玄謂'。在諸家下注者,即稱'玄謂',以别諸家。又在諸家前注者,是諸家不釋者也。又在諸家下注者,或增成諸家義……或有破諸家者。"

〔二〕考工:此處指《考工記》,又稱爲《周禮·考工記》《周禮·冬官考工記》,是春秋戰國時期撰作的記述官營的製車、兵器、禮器、鐘磬、練染、建築、水利等手工業各工種規範和製造工藝的文獻。西漢《周禮》被發現時,《冬官》亡佚。時人遂補以性質或較爲相近的《考工記》。現代學者多認爲,《考工記》是齊國制定的指導、監督和考核官府手工業、工匠勞動制度的文獻,作者或爲齊稷下學宫的學者;該書主體内容編纂於春秋末至戰國初,部分内容補於戰國中晚期。

〔三〕《周禮》所載若干職官和工匠的官名中之所以有“人”,《周禮·天官·序官》《疏》曰:“《周禮》之内……諸稱‘人’者,若輪人、車人、腊人、鱉人之類,即《冬官》鄭云:‘其曰某人者,以其事名官。’”

〔四〕縣:音、義同“懸”。《周禮·考工記》《注》曰:“於四角立植,而縣以水,望其高下。高下既定,乃爲位而平地。”《疏》曰:“植即柱也。於造城之處,四角立四柱而縣,謂於柱四畔縣繩以正柱。柱正,然後去柱,遠以水平之法遥望,柱高下定,即知地之高下。然後平高就下,地乃平也。”

〔五〕槷:柱子。《周禮·考工記》《注》曰:“故書‘槷’或作‘弋’,杜子春云:‘槷當爲弋,讀爲杙。’玄謂‘槷’,古文‘臬’假借字。於所平之地中央,樹八尺之臬,以縣正之,眡之以其景,將以正四方也。《爾雅》曰:‘在墻者謂之杙,在地者謂之臬。’”《疏》曰:“云‘置槷’者,槷亦謂柱也。云‘以縣’者,欲取柱之景,先須柱正。欲須柱正,當以繩縣而垂之於柱之四角四中,以八繩縣之,其繩皆附柱,則其柱正矣。然後眡柱之景。……今之槷,從木、執聲之省者也。古之槷,爲臬法字,故《尚書·康誥》云:‘女陳時臬。’臬法字,亦得爲槷柱之字,故云‘假借字’也。……《天文志》云:‘夏日至,立八尺之表。’《通卦驗》亦云:‘立八神,樹八尺之表。’故知樹八尺之臬,臬即表也。必八尺者,按《考靈曜》曰:‘從上向下八萬里,故以八尺爲法也。’彼云八神,此縣,一也。以於四角四中,故須八神,神即引也,向下引而縣之,故云神也。……引《爾雅》‘在墻者謂之杙,在地者謂之臬’者,證此臬是在地樹之者也。”

〔六〕視:阮《校》曰:“浦鏜云:‘“視”當依本文作“眡”。’案:《記》用古字作‘眡’,《注》改今字作‘視’。浦説非。”

〔七〕方:鄭玄《注》下有“召誥”至“宫廟”。

賈〔一〕 後鄭破先鄭爲君臣、〔二〕父子之位,以其國家草創,下論體國經野,理應先定宫、廟等位。〔三〕豈有宫、廟等位未成,〔四〕先正君臣面位乎?〔五〕

【校注】

〔一〕按:此節爲賈公彦對經文"辨方正位"所作《疏》。魏氏將其與前節鄭玄《注》文合爲一節,且節首無標識,易被誤解爲鄭玄《注》。仿前文例,將其單獨成節,節首加"賈"字。

〔二〕後鄭:賈《疏》無。破:賈《疏》上有"辨方"至"室位"。先鄭:賈《疏》作"司農"。

〔三〕《禮記·曲禮下》:"君子將營宫室,宗廟爲先,厩庫爲次,居室爲後。"

〔四〕位:益齋本此處爲一墨釘。

〔五〕乎:賈《疏》下有"又與"至"之也"。

又云〔一〕 營國方九里,國中九經九緯,〔二〕左祖右社,〔三〕面朝後市。野則九夫爲井,四井爲邑之屬是也。

【校注】

〔一〕又云:益齋本作"鄭司農云"。此節爲鄭衆對經文"體國經野"所作注。

〔二〕緯:益齋本此處爲一墨釘。經:南北方向的道路。緯:東西方向的道路。《周禮·考工記》《疏》曰:"言'九經九緯'者,南北之道爲經,東西之道爲緯。"

〔三〕祖:祖廟、宗廟,中國古代統治階層祭祀祖先的禮制性建築。社:中國古代帝王、諸侯祭祀的土地神。《白虎通·社稷》:“王者所以有社稷何?爲天下求福報功。人非土不立,非穀不食,土地廣博,不可遍敬也。五穀衆多,不可一一祭也。故封土立社,示有土也。稷,五穀之長,故立稷而祭之也。”(《白虎通疏證》卷三,第八三頁)後引申爲國家政權。

賈 “營國方九里,〔一〕旁三門”,旁爲四方,〔二〕方三門,則王城十二門。門有三道,三三而九,則九道。南北之道謂之經,東西之道謂之緯。經緯之道皆九軌。〔三〕“左祖右社”者,〔四〕此據中門外之左右。宗廟是陽,故在左。社稷是陰,故在右。“面朝後市”者,三朝皆是君臣治政之處,〔五〕陽,故在前。三市皆是貪利行刑之處,〔六〕陰,故在後也。“野則九夫爲井,〔七〕四井爲邑,四邑爲丘,〔八〕四丘爲甸亦音乘,〔九〕四甸爲縣,四縣爲都”也。〔一〇〕井方一里,邑方二里,丘方四里,〔一一〕甸方八里,縣方十六里,都方三十二里。〔一二〕《載師職》云:〔一三〕“家邑任稍地,〔一四〕小都任縣地,大都任畺地。”〔一五〕若畿内鄉、〔一六〕遂及四等公邑皆爲溝洫法,無此方里爲井之事,家邑、小都、大都三等采地,〔一七〕乃有方里爲井之屬。但郊外曰“野”,大總言耳。散文國外則曰野,野對國言之,〔一八〕故《鄉大夫職》云“國中七尺”“野自六尺”是城外,〔一九〕則經中“野”對“國”言之,謂國外則曰野,但據《小司徒》成文而言。〔二〇〕

【校注】

〔一〕營:賈《疏》上有“體國”至“彼云”。

〔二〕爲:賈《疏》作“謂”。

〔三〕軌:車子兩輪之間的距離。《周禮·考工記》《注》曰:“軌謂轍廣,乘車六尺六寸,旁加七寸,凡八尺,是謂轍廣。九軌積七十二尺,則此塗十二步也。旁加七寸者,輻内二寸半,輻廣三寸半,綆三分寸之二,金轄之間三分寸之一。”春秋戰國時,各國軌制不一。秦統一六國後,統一軌制。

〔**四**〕左:賈《疏》上有“又云”。

〔**五**〕三朝:《周禮·地官·槁人》《疏》曰:“天子三朝,路寢庭朝,是圖宗人嘉事之朝,大僕掌之。又有路門外朝,是常朝之處,司士掌之。又有外朝,在臯門内、庫門外,三槐九棘之朝,是斷獄弊訟之朝,朝士掌之。”

〔**六**〕三市:賈公彦對《周禮》記載的大市、朝市、夕市的合稱。《周禮·地官·司市》:“大市,日昃而市,百族爲主。朝市,朝時而市,商賈爲主。夕市,夕時而市,販夫販婦爲主。”《疏》曰:“此三市皆於一院内爲之,大市於中,朝市於東偏,夕市於西偏。”貪利:追逐利益、利潤。行刑:對違法者施行刑罰。《周禮·地官·司市》:“司市,掌市之治教、政刑、量度、禁令。……以刑罰禁暴而去盗……凡市入,則胥執鞭度守門……市師莅焉,而聽大治大訟。胥師、賈師莅於介次,而聽小治小訟。凡萬民之……刑戮者,各於其地之叙。……市刑,小刑憲罰,中刑徇罰,大刑扑罰,其附於刑者歸於士。國君過市,則刑人赦;夫人過市,罰一幕;世子過市,罰一帟。命夫過市罰一蓋,命婦過市罰一帷。”

〔**七**〕野:賈《疏》上有“又言”。井:賈《疏》下有“此是”至“爲井”。

〔**八**〕丘:益齋本作“邱”。

〔**九**〕丘:益齋本作“邱”。亦音乘:此三字係魏氏對“甸”字讀音的標注,非賈《疏》文。

〔**一〇**〕都:周代天子的子、弟及公、卿受封采邑。《周禮·春官·序官》《注》曰:“都謂王子弟所封及公卿所食邑。”《疏》曰:“案《載師》云:‘家邑任稍地,小都任縣地,大都任畺地。’則大夫采地不得稱都,故據大都、小都而言之。”

〔一一〕丘:益齋本作“邱”。

〔一二〕里:賈《疏》下有“引彼”至“之也”。

〔一三〕載:賈《疏》上有“案”。《周禮·天官·序官·宫正》《疏》曰:“《周禮》之内……縣師之類言‘師’者,皆取可師法也。”

〔一四〕家邑:《周禮·春官·序官·家宗人》《注》曰:“家謂大夫所食采邑。”

〔一五〕《周禮·地官·載師》《疏》曰:“名三百里地爲‘稍’者,以大夫地少,稍稍給之,故云稍也。四百里爲‘縣’者,以四百里采地之外地爲公邑,主之者尊卑如縣正,故《司馬法》亦名四百里爲縣也。五百里爲‘畺’者,以外畔至五百里畿畺,故以‘畺’言之。”

〔一六〕若:賈《疏》作“是”。畿:王直接統治的疆域。《詩經·商頌·玄鳥》:“邦畿千里。”《傳》曰:“畿,疆也。”《箋》云:“王畿千里之内。”《疏》曰:“畿者,爲之畿限疆畔,故爲疆也。”《周禮·地官·封人》《疏》曰:“王之國外,四面五百里,各置畿限,畿上皆爲溝塹,其土在外而爲封,又樹木而爲阻固。”

〔一七〕采地:亦稱“采邑”。孫詒讓曰:“《公羊》襄十五年何注云:‘所謂采者,不得有其土地人民,采取其租税爾。’《漢書·刑法志》顔注云:‘采,官也。因官食地,故曰采地。説者不曉采地之義,因謂菜地,云以種菜,非也。’案:何説是也。家邑大小都三等采地,皆頒田邑以爲禄也。凡公卿大夫貴戚有功德得世禄者,皆頒邑以爲禄,是謂采邑。……采邑、食邑,食其田并主其邑,治以家宰私臣,又子孫得世守之。”(《周禮正義》卷二《大宰》,第六九頁)

〔一八〕野對國言之:賈《疏》、四庫本無。

〔一九〕《周禮·地官·鄉大夫》:"國中自七尺以及六十,野自六尺以及六十有五,皆徵之。"

〔二〇〕但:賈《疏》下有"鄭"。孫詒讓曰:"凡此經注言野者有五解,對文各有專屬,散文則可以相統。此注以甸釋野,則以野爲二百里甸之專名也。《縣師》'徵野之賦貢',注云:'野謂甸稍縣都也。'《遂人》'掌邦之野'注同。則距王城二百里甸,至五百里畺,通得野稱也。《司會》'掌國之官府郊野縣都之百物財用',注云:'野,甸稍也。'《質人》'野三旬'注同。彼文郊野之外别出縣都,則野爲二百里甸,三百里稍,不兼縣都也。又,《載師》注引《司馬法》云:'二百里爲州,三百里爲野,四百里爲縣,五百里爲都。'則野又爲稍地之專名,内不及甸,外不及縣都也。又,《鄉大夫》'國中自七尺以及六十,野自六尺以及六十有五,皆徵之'。注云:'國中,城郭中也。'則野爲城郭外可知,是王城之外,四郊以内,亦得稱野也。"(《周禮正義》卷八《甸師》,第二九二—二九三頁)

鄭司農云 置冢宰、司徒、宗伯、〔一〕司馬、司寇、司空,各有所職而百事舉。

【校注】

〔一〕《周禮·天官·序官》《疏》曰:"《周禮》之内,宗伯之類,諸言'伯'者,伯,長也,以尊長爲名。"

賈 百人無主,〔一〕不散則亂,是以立君治之。君不獨治也,又當立臣爲輔。〔二〕極,中也。言設官分職者以治民,令民得其中正,使不失其所。〔三〕設官分職,〔四〕助理天工,衆人取中以爲治

體,〔五〕其實建國之初,〔六〕主在設官分職,爲民極耳。〔七〕

【校注】

〔一〕百:賈《疏》上有“以爲民極釋曰”。百人:四庫本作“人一日”,賈《疏》作“一日人”。阮《校》曰:“惠校本作‘百人無主’,此‘百’字誤分爲‘一日’二字。盧文弨曰:‘《書·大禹謨》《正義》亦有“百人無主,不散則亂”之語。’”

〔二〕爲:阮《校》曰:“惠校本無‘爲’字。”

〔三〕所:賈《疏》下有“故也”至“所也”。

〔四〕設:賈《疏》上有“惟王”至“於是”。

〔五〕體:賈《疏》下有“列文”至“應然”。

〔六〕初:賈《疏》下有“豈未”至“之意”。

〔七〕耳:賈《疏》下有“故終”至“可也”。魏氏所删略此數句中,“案桓”至“之也”、“書傳”至“年异”、“彼先”至“爲然”三處,魏氏前引,詳見前。“設官分職”至“爲民極耳”:此六句爲賈氏對《周禮》經文“惟王建國”所作《疏》。魏氏略作改寫,拼凑一處。

鶴山魏先生云〔一〕 “位”字,《注》謂“君臣之位”。先鄭之説非不通,〔二〕祇是不該。〔三〕蓋“位”總言宫廟、朝廷之位,故後鄭破之。

【校注】

〔一〕鶴山魏先生云:四庫本無。按:開慶本中的“鶴山魏先生云”“鶴山先生云”“又云”“又曰”等,四庫本中皆無。下文不再一一標明。

〔二〕通:通順、合理、説得通。

〔三〕該:通“晐”,完備。《穀梁傳·哀公元年》:“此該之變而道之也。”《注》曰:“該,備也。”

又云 王城十二里,或又注云九里,已不同。〔一〕

【校注】

〔一〕諸文獻關於周代王城面積之記載,頗有歧异。《周禮·春官·典命》《疏》曰:“案《書·無逸》《傳》云:‘古者百里之國,九里之城。’……《周禮·匠人》:‘營國方九里。’謂天子之城,今大國與之同,非也。……或者天子實十二里之城……鄭自兩解不定。鄭必兩解者,若案《匠人》‘營國方九里’,據周天子而言……又案《文王有聲》《箋》云:‘築城伊洫,適與成方十里等,小於天子,大於諸侯。’以其雖改殷制,仍服事殷,未敢十二里。據此二文而言,則周之天子城方十二里。……若周天子十二里,則《匠人》云‘九里’,或據异代法,以其匠人有夏、殷法故也。”《左傳·隱公元年》《疏》曰:“《周禮·冬官·考工記》:‘匠人營國,方九里,旁三門。’謂天子之城。天子之城方九里,諸侯禮當降殺……以此爲定説也。……如《典命》之言,則公當九里……故鄭玄兩解之。其注《尚書大傳》以天子九里爲正説,又云或者天子之城方十二里。《詩·文王有聲》《箋》言文王城‘方十里。大於諸侯,小於天子之制’。《論語》《注》以爲公‘大都之城方三里’,皆以爲天子十二里……其駁《异義》又云:‘鄭伯城方五里。’以《匠人》《典命》俱是正文,因其不同,故兩申其説。”

又云〔一〕　甸音乘，〔二〕其以出車一乘。〔三〕《詩》："信彼南山，惟禹甸之。"〔四〕《左氏》："渾良夫衷甸亦音乘。"〔五〕

【校注】

〔一〕此節，魏氏原與上節合爲一節。仿前文例，將其單獨成節。

〔二〕音乘：魏氏對"甸"字讀音的標注，非賈《疏》文。

〔三〕其以：益齋本作"以其"。《禮記·坊記》《注》曰："古者方十里，其中六十四井出兵車一乘。"《疏》曰："案《司馬法》云：'成方十里，出革車一乘。'《司馬法》又云：'甸方八里，出長轂一乘。'鄭注《小司徒》云：'若通溝洫之地，則爲十里。若除溝洫之地，則爲八里。'故云'六十四井出車一乘'。"《春秋·成公元年》《注》曰："四丘爲甸，甸六十四井，出長轂一乘，戎馬四匹，牛十二頭，甲士三人，步卒七十二人。"《疏》曰："《周禮》：'……四丘爲甸。'《小司徒職》文也。《司馬法》：'……四丘爲甸，甸六十四井，出長轂一乘，馬四匹，牛十二頭，甲士三人，步卒七十二人。戈楯具謂之乘馬。'然則杜之此《注》多是《司馬法》文。而獨以《周禮》冠之者，以《司馬法》祖述《周禮》，其所陳者即是周法。言此是周之禮法耳，不言《周禮》有此文也。鄭注《論語》云：'《司馬法》："成方十里，出革車一乘。"'與此不同者，鄭注《小司徒》云：'方十里爲成。'緣邊一里治溝洫，實出税者方八里，六十四井，案鄭注《小司徒》又引《司馬法》云成出革車一乘，甲士十人，徒二十人。……'與此車一乘，甲士三人，步卒七十二人不同者，《小司徒》辨畿内都鄙之地域，鄭所引'士十人，徒二十人'者，謂公、卿、大夫畿内采地之制，此之所謂諸侯邦國出軍之法，故不同也。……甸即乘也。六十四井出車一乘，是故以甸爲名。"《左傳·哀公十七年》《疏》曰："甸即乘也。四丘爲甸，出車一乘，故以甸爲名。是古者乘、甸同也。"

〔四〕魏氏引詩，出自《詩經·小雅·信南山》。惟：《詩經·小雅·信南山》作"維"。《傳》曰："甸，治也。"《箋》曰："禹治而丘甸之。今原隰墾闢，則又成王之所佃。言成王乃遠修禹之功，今王反不修其業乎？六十四井爲甸，甸方八里，居一成之中，成方十里，出兵車一乘，以爲賦法。"

〔五〕引文出自《左傳·哀公十七年》，原文作"良夫乘衷甸兩牡"，魏氏以己意改。《疏》曰："甸即乘也。四丘爲甸，出車一乘，故以甸爲名。是古者乘、甸同也。"渾良夫：春秋時衛國大夫孔文子的僕人，長相英俊。孔文子娶衛靈公之子蒯聵的姐姐爲妻，生子悝。孔文子去世後，渾良夫與悝母私通。公元前四八一年，渾良夫與蒯聵密謀，蒯聵許諾以後赦免渾良夫三死，還許諾嫁悝母爲其妻，要求他參與政變。是年閏十二月，蒯聵與渾良夫潛回衛國，脅迫孔悝召集群臣，發動政變，蒯聵被立爲衛國國君，即衛莊公。衷甸：《左傳·哀公十七年》《注》曰："一轅，卿車。"《釋文》："《説文》作'佃'，云：'中也。《春秋》"乘中佃"，一轅車也。'"《疏》曰："兵車一轅，而二馬夾之，其外更有二驂，是爲四馬。今止乘兩牡，而謂之衷乘者，衷，中也。蓋以四馬爲上乘，兩馬爲中乘。大事駕四，小事駕二，爲等差故也。"

又云　"極"本無"中"義，〔一〕衹天下之理到中便不可過，不可過便是窮極，如斗極、〔二〕屋極。〔三〕洛邑爲天地之中，是四方所取正之地，"商邑翼翼，四方之極"是也。〔四〕此"極"字至朱文公發明始分曉。〔五〕

【校注】

〔一〕《尚書·洪範》："次五曰建用皇極。"《傳》曰："皇，大。極，中也。凡立事當用大中之道。"《疏》曰:"'極'之爲中,常訓也。凡所立事,王者所行皆是,無得過與不及,常用大中之道也。《詩》云'莫匪爾極',《周禮》'以爲民極',《論語》'允執其中',皆謂用大中也。"

〔二〕斗極:北斗星。《爾雅·釋地》:"北戴斗極爲空桐。"《疏》曰:"斗,北斗也。極者,中宫天極星。其一明者,泰一之常居也。以其居天之中,故謂之'極'。極,中也。北斗拱極,故云'斗極'。"

〔三〕屋極:屋頂。《宋史》卷三五二《曹輔傳》:"夕有惡鳥鳴屋極。"

〔四〕商邑翼翼,四方之極:引自《詩經·商頌·殷武》。《箋》曰:"極,中也。商邑之禮俗翼翼然可則效,乃四方之中正也。"

〔五〕朱文公:指南宋著名的理學家、思想家、教育家、閩學學派的代表者、儒學集大成者朱熹。文,朱熹的謚號。朱熹(一一三〇—一二〇〇年),字元晦,又字仲晦,號晦庵,晚稱晦翁,世稱朱文公,尊稱朱子。祖籍江南東路徽州府婺源縣(今江西婺源),出生於南劍州尤溪縣(今福建尤溪)。其生平、事迹具載《宋史》卷四二九《朱熹傳》。發明:啓發、闡明。此處指朱熹對儒家經典中"極"字含義作出了新的詮釋。《朱子語類》卷七九《尚書二》:"皇,君也;極,標準也。……皇極非大中,皇乃天子,極乃極至,言皇建此極也。東西南北,到此恰好,乃中之極,非中也。……'五皇極',祇是説人君之身,端本示儀於上,使天下之人則而效之。……'皇極',非説大中之道。……'皇極'二字,皇是指人君,極便是指其身爲天下做個樣子,使天下視之以爲標準。……中,不可解做極。極無中意,祇是在中,乃至極之所,爲四向所標準,故因以爲中。如屋極,亦祇是在中,爲四向所準。如建邦設都以爲民極,亦祇是中天下而立,爲四方所標準。……若祇説中,則殊不見極之義矣。……今人將'皇極'字作

'大中'解了,都不是。……人君建一個表儀於上,便有肅、乂、哲、謀、聖之應。……中固在其間,而極不可以訓中。漢儒注説'中'字,祇説'五事之中',猶未爲害,最是近世説'中'字不是。近日之説,祇要含胡苟且,不分是非,不辨黑白,遇當做底事,祇略略做些,不要做盡。此豈聖人之意!……今人皆以'皇極'爲'大中',最無義理。"(《朱子語類》,第二〇四一、二〇四二、二〇四四、二〇四五—二〇四八、二〇四九頁)

又云 "經"字是"經之營之"。〔一〕經,畫也。言經,則緯在其中,〔二〕"九經九緯"是也。〔三〕"經常"、〔四〕"經界"皆此"經",〔五〕後人祇此一字尚存,〔六〕如"權"字便錯看。〔七〕

【校注】

〔一〕經:本意是指織物的縱綫,與横綫"緯"相對,後引申爲國家綱紀或既定的法規等。《左傳·昭公十五年》:"禮,王之大經也。"《疏》曰:"經者,綱紀之言也。《傳》稱'經國家''經德義',《詩序》云'經夫婦',《中庸》云'凡爲天下國家有九經',言禮是王之大經紀也。服虔曰:'經,常也,常所當行也。'"中國上古時取這一含義稱呼某些著作。《國語·吴語》:"建旌提鼓,挾經秉枹。"注曰:"經,兵書也。"(《國語集解》,第五四九頁)先秦時期撰作的若干文獻也被冠以"經"字,如《黄帝四經》、《山海經》、《黄帝内經》、《墨子》之《經上》《經下》。戰國時,有人將儒家的若干典籍稱爲"經"。《莊子·天運》:"孔子謂老聃曰:'丘治《詩》《書》《禮》《樂》《易》《春秋》六經,自以爲久矣。"(《莊子集解》,第一三〇頁)經之營之:引自《詩經·大雅·靈臺》。《傳》曰:"經,度之也。"《箋》曰:"度始靈臺之基趾。"《疏》曰:"經度之,謂經理而量度之。"

〔二〕緯:織布時用梭穿織的横紗,編織物的横綫,與“經”相對。宋陳藻《樂軒集》卷六《五星》:“舜在璇璣玉衡,以齊七政。何以不言經星？經者,緯之所次也。言乎經,緯在其中矣。”明胡廣等《孟子集注大全》卷五《滕文公章句上》:“雙峰饒氏曰:‘溝、塗,封植之界,經、緯錯綜。直者爲經,横者爲緯。衹舉經字,有緯在其中。’”

〔三〕九經九緯:引自《周禮·考工記·匠人營國》。“國中九經九緯,經塗九軌。”《注》曰:“經緯謂塗也。”《疏》曰:“南北之道爲經,東西之道爲緯。”

〔四〕經常:《周禮·天官·大宰》《注》曰:“典,常也,經也,法也。王謂之禮經,常所秉以治天下也。邦國、官府謂之‘禮法’,常所守以爲法式也。常者,其上下通名。”《疏》曰:“《爾雅·釋詁》云:‘典,常也。’孫氏云:‘禮之常也。’《釋言》云:‘典,經也。’又云法者,以其經常者即是法式。”《孝經·三才章》:“子曰:‘夫孝,天之經也。’”《注》曰:“經,常也。”《疏》曰:“‘經,常’即書傳通訓也。”

〔五〕經界:本義指井田的疆界。《孟子·滕文公上》:“夫仁政必自經界始。……是故暴君汙吏必慢其經界。”《注》曰:“經亦界也。”《詩經·小雅·信南山》《疏》曰:“然則經界者,地畔之名也。”《周禮·地官·小司徒》《疏》曰:“經謂爲之里數,在土地之中立其里數,謂井方一里,邑方二里之等是也。”

〔六〕一字尚存:魏氏此處指後人衹有對“經”字含義的理解、詮釋,纔符合“經”字原初之義。

〔七〕權:本義爲稱重量所使用的秤。《公羊傳·桓公十一年》:“以爲知權也。”《注》曰:“權者,稱也,所以別輕重。”後引申爲臨時權宜變通之舉,常與“經”“禮”(至當不移的真理、原則)相對。《公羊傳·桓公十一年》:“權者何？權者反於經,然後有善者也。權之所設,捨死亡無所設。行權有道:自貶損以行權,不害人以行權。”

《孟子·離婁上》:“淳于髡曰:‘男女授受不親,禮與?’孟子曰:‘禮也。’曰:‘嫂溺則援之以手乎?’曰:‘嫂溺不援,是豺狼也。男女授受不親,禮也。嫂溺援之以手者,權也。’”

乃立天官冢宰,使帥其屬而掌邦治,以佐王均邦國。

鄭司農云 “邦治”,謂總六官之職也。故《大宰職》曰:“掌建邦之六典,以佐王治邦國。”〔一〕故《論語》曰:“君薨,〔二〕百官總己以聽於冢宰。”〔三〕

【校注】

〔一〕國:《周禮·天官·序官》《注》引鄭衆語下有“六官皆總屬於冢宰”。

〔二〕薨:中國先秦時期對諸侯國國君死亡的一種稱謂。後世也用於貴族和高級官僚。《禮記·曲禮下》:“諸侯曰‘薨’。”《注》曰:“‘薨’,顛壞之聲。”《疏》曰:“薨者,崩之餘聲也。而《詩》云‘蟲飛薨薨’,是聲也。諸侯卑,死不得效‘崩’之形,但如崩後之餘聲,遠劣於形壓。諸侯之死知者亦局也。”

〔三〕宰:《周禮·天官·序官》《注》引鄭衆語下有“言冢”至“宰也”。總己:包括自己在内、全體。中國古代禮儀,帝王死後,繼位帝王要爲其守喪三年。在此期間,國家政事托付冢宰處理。《論語·憲問》:“君薨,百官總己以聽於冢宰三年。”實際上,歷代帝王爲避免大權旁落,少有遵行此禮者。

賈〔一〕 後鄭云:〔二〕司農引《論語》者,〔三〕欲見天子冢宰兼百官之義。〔四〕言“百”,則三百六十,一也。〔五〕且《論語》言“君薨”,

據諸侯言。冢宰、百官,據天子。互言之也。[六]冢宰、[七]太宰者,[八]言不异人也。

【校注】

〔一〕按:此節爲賈《疏》文,魏氏將其與前節《周禮·天官·序官》《注》引鄭衆語合爲一節,易被誤解爲鄭衆注文。仿前文例,將其單獨成節,節首加“賈”字。

〔二〕後鄭云:賈《疏》無。

〔三〕司:賈《疏》上有“乃立”至“足之”。按:其中“言主”至“内也”,魏氏於下文引賈《疏》引之,有删改,詳見下。

〔四〕“後鄭”至“冢宰”:四庫本無。

〔五〕一:賈《疏》、四庫本上有“亦”。阮《校》曰:“惠校本無‘亦’,此衍,當删。”

〔六〕也:賈《疏》作“者”。

〔七〕冢:賈《疏》上有“欲見”至“同也”。

〔八〕太:賈《疏》、安氏本、四庫本、益齋本作“大”。

賈[一] 言主治則兼六官,[二]以其五官雖有教、禮、政、[三]刑、事不同,[四]皆是治法也。云“佐王均邦國”者,以大宰掌“均節財用”故也。《周禮》以邦、國連言者,據諸侯也。[五]單言邦,[六]多據王國也。然不(先)[言]“均王國”,[七]而言“均邦國”者,王之冢宰若言王國,(恐)[悉]不兼諸侯,[八]今言邦國,[九]則舉外可以包内也。[一〇]

【校注】

〔一〕賈:益齋本作“又”。

〔二〕言:賈《疏》上有"乃立"至"主也"。

〔三〕政:四庫本無。

〔四〕《周禮·天官·大宰》《注》引鄭衆語曰:"治典,冢宰之職,故立其官,曰'使帥其屬而掌邦治,以佐王均邦國'。教典,司徒之職,故立其官,曰'使帥其屬而掌邦教,以佐王安擾邦國'。禮典,宗伯之職,故立其官,曰'使帥其屬而掌邦禮,以佐王和邦國'。政典,司馬之職,故立其官,曰'使帥其屬而掌邦政,以佐王平邦國'。刑典,司寇之職,故立其官,曰'使帥其屬而掌邦禁,以佐王刑邦國'。此三時皆有官,唯冬無官,又無司空。以三隅反之,則事典,司空之職也。《司空》之篇亡,《小宰職》曰:'六曰冬官,其屬六十,掌邦事。'"

〔五〕邦國:《周禮·天官·大宰》《注》曰:"大曰邦,小曰國,邦之所居亦曰國。"《周禮·春官·詛祝》《疏》曰:"《周禮》體例,單言'國'者,皆據王國。'邦''國'連言者,皆據諸侯。"

〔六〕邦:賈《疏》下有"單言國者"。

〔七〕先:賈《疏》作"言"。阮《校》曰:"惠校本'先'作'言',此誤,當訂正。"按:應作"言",據阮《校》改。

〔八〕恐:阮《校》曰:"惠校本'恐'作'悉',此誤。"按:應作"悉",據阮《校》改。

〔九〕言:安氏本無。

〔一〇〕也:賈《疏》下有"注掌"至"人也"。按:其中"司農"至"人也",魏氏前文已引,詳見前。

鶴山先生云　(後)[先]鄭未見《尚書》,〔一〕故《天官·冢宰》一段引《論語》爲説。〔二〕又云《周禮》連言邦、國,多是諸侯。〔三〕邦有封之義,"建邦設都"、〔四〕"乃命諸王邦之蔡",〔五〕皆訓封。後來爲避漢祖諱,〔六〕《傳》《注》多改"邦"字,概稱"國"。(于)[干]

寶亦曰:〔七〕“邦,疆國之境。”〔八〕有封略之義。〔九〕

【校注】

〔一〕後:四庫本作“先”。據魏氏引鄭衆注及下文,此處“後”當作“先”。據四庫本改。

〔二〕引《論語》爲説:即指前鄭衆注引《論語·憲問》“君薨,百官總已以聽於冢宰”之語。

〔三〕“又云”至“諸侯”:即指賈《疏》“《周禮》以邦、國連言者,據諸侯也”之語。

〔四〕建邦設都:語出《尚書·説命中》。

〔五〕之:蔣汝藻影宋抄本《鶴山先生大全文集》卷一〇四《周禮折衷》(以下簡稱蔣抄本)此處爲一空格,闕字。蔡:安氏本作“祭”,蔣抄本作“佘”。按:“蔡、祭古相通。蔣抄本“佘”,或爲“蔡”字殘缺。乃命諸王邦之蔡:語出《尚書·蔡仲之命》。

〔六〕避諱:中國古代避免直呼尊長姓名的禮儀,或改字,或缺筆。《禮記·曲禮上》:“卒哭乃諱。”鄭玄《注》曰:“敬鬼神之名也。諱,辟也。生者不相辟名。衛侯名惡,大夫有名惡,君臣同名,春秋不非。”王肅《注》曰:“周人以諱事神,名終將諱之。始死哀遽,故卒哭乃令諱。”(中華書局版《通典》,第二七二五頁)漢祖:指漢太祖高皇帝劉邦。祖:劉邦宗廟廟號“太祖”的省稱。《史記》卷八《高祖本紀》:“群臣皆曰:‘高祖起微細,撥亂世反之正,平定天下,爲漢太祖,功最高。’上尊號爲高皇帝。”《集解》:張晏曰:“禮謚法無‘高’,以爲功最高而爲漢帝之太祖,故特起名焉。”

〔七〕于:益齋本作“干”。按:當作“干”,據益齋本改。清代田雯撰《古歡堂集》卷二二《雜著》“干寶”條:“王世貞曰:干氏,按楊萬里談晋于寶事,一吏取禮部《韵書》,下《注》‘晋有干寶’,以進曰:

‘乃干寶,非于也。’楊大喜,以爲一字師。然餘家所藏宋板《晋書》《文選》俱作‘于寶,字令升’。及《搜神記》《周禮注》亦俱作‘于’,無有稱‘干’者。胡承之以爲字畫相沿之訛,未知孰是。”干寶(?—三三六年):字令升,新蔡人,東晋初政治家、史學家。其生平、事迹具載《晋書》卷八二《干寶傳》。

〔**八**〕疆:四庫本作“彊”。《釋文》:“邦國,干云:‘國,天子諸侯所理也。邦,疆國之境。’”清李光坡《周禮述注》卷二《太宰》、余蕭客《古經解鈎沉》卷八《周禮》(以上二書皆據文淵閣《四庫全書》本)皆徵引干寶此條注文。孫詒讓曰:“干以國爲天子諸侯所治,即邦之所居也,惟以邦爲國境,則不分邦大國小,與鄭説小异。”(《周禮正義》卷二《大宰》,第六〇頁)

〔**九**〕封略:疆界、邊境。《左傳·昭公七年》:“封略之内,何非君土。”《左傳·莊公二十一年》:“王與之武公之略。”《注》曰:“略,界也。”《疏》曰:“《孟子》云:‘仁政必自經界始。’昭七年《傳》曰:‘天子經略,諸侯正封,封略之内,何非君土。’《孟子》‘經界’即《傳》之‘經略’。且云‘封略之内’,封是竟,則知略是界也。”

又云 《周禮》制度數目,〔一〕康成多是使約法推之,〔二〕如大夫五命、〔三〕士三命,〔四〕周七廟,〔五〕便推殷六廟,〔六〕不知自《書》出來,〔七〕却殷已有“七世之廟,可以觀德”之辭,〔八〕則約法遂窮。〔九〕

【校注】

〔**一**〕制度數目:周代禮制中,若干制度係通過數量之多寡,體現不同等級、身份者之尊卑貴賤。如宗廟廟數,天子七廟,諸侯五廟,大夫三廟。再如,《禮記·王制》:“天子七日而殯,七月而葬;诸侯五日而殯,五月而葬;大夫、士、庶人三日而殯,三月而葬。”

〔二〕約法：中國古代儒者在詮釋經典時使用的一種方法，即若經典對某問題無詳細、確鑿的記載，則依據經典現有記載，結合相關條件，對該問題進行推測性的詮釋。《周禮·地官·遂大夫》："凡爲邑者，以四達戒其功事，而誅賞廢興之。"《注》曰："四達者，治民之事，大通者有四：夫家衆寡也，六畜車輦也，稼穡耕耨也，旗鼓兵革也。"《疏》曰："鄭知四達是'夫家'已下者，此無正文，唯約上下文而知義爾。案《遂師》云：'夫家衆寡六畜車輦。'此《遂大夫》亦云夫家衆寡，以教稼穡。《酇長》云：'以旗鼓兵革帥而至。'又云：'趨其耕耨。'鄭據而言，故以四事當此四達。"

〔三〕命：文獻記載周代的職官品級。《周禮·春官·大宗伯》："壹命受職，再命受服，三命受位，四命受器，五命賜則，六命賜官，七命賜國，八命作牧，九命作伯。"不同命位的貴族、官員，其服飾、乘車、旗幟、宫室，皆應與其命位相符。《周禮·春官·典命》："典命掌諸侯之五儀、諸臣之五等之命。上公九命爲伯，其國家、宫室、車旗、衣服、禮儀，皆以九爲節。侯、伯七命，其國家、宫室、車旗、衣服、禮儀，皆以七爲節。子、男五命，其國家、宫室、車旗、衣服、禮儀，皆以五爲節。王之三公八命，其卿六命，其大夫四命。及其出封，皆加一等。其國家、宫室、車旗、衣服、禮儀亦如之。……公之孤四命，以皮帛眂小國之君，其卿三命，其大夫再命，其士一命，其宫室、車旗、衣服、禮儀，各眂其命之數。侯、伯之卿、大夫、士亦如之。子、男之卿再命，其大夫一命，其士不命，其宫室、車旗、衣服、禮儀，各眂其命之數。"

〔四〕三：益齋本作"二"。《周禮·天官·序官》《疏》曰："士以三命爲差，但《典命》直見公、卿、大夫命者……彼士之命數既不言，知三命以下者，正見《序官》有上士、中士、下士三等。《典命》除六命、四命，無三命、二命、一命。鄭則約之，上士爲三命，中士爲再命，下士爲一命。”

〔五〕七廟:文獻記載的周天子宗廟廟數。《禮記·王制》:“天子七廟,三昭三穆,與大祖之廟而七。”《禮記·禮器》:“禮有以多爲貴者,天子七廟。”《禮記·祭法》:“是故王立七廟,一壇一墠。曰考廟,曰王考廟,曰皇考廟,曰顯考廟,曰祖考廟,皆月祭之。”《穀梁傳·僖公十五年》:“天子七廟,諸侯五,大夫三,士二。”《大戴禮記·禮三本》:“故有天下者事七世。”(《大戴禮記解詁》,第一八頁)《荀子·禮論》:“故有天下者事十世。”王先謙曰:“‘十’當爲‘七’。”(《荀子集解》,第三五一頁)關於周天子“七廟”的組成,自漢代以來,主要有二説:一是“七廟”由一“始祖”廟、二有功德世世不毁的“祧廟”(周代爲文王廟、武王廟)、在位天子高祖父以下高、曾、祖、父四世“親廟”組成説。一是西漢劉歆、三國曹魏王肅所持天子“七廟”由一“始祖”廟、在位天子六世祖以下六世“親廟”組成,因有功德而有“祖”“宗”廟號的帝王宗廟不在“七廟”數中説。魏、晋以後,歷代儒者或遵鄭玄等儒者之説,或遵王肅等儒者之説,或折衷异説,或另創新説。辯論紛紜,并無定論。[參見郭善兵《略述宋儒對周天子宗廟禮制的詮釋——以宗廟廟數、祭祀禮制爲考察中心》,載《東方論壇》二〇〇六年第五期;《略論清儒對“漢學”、“宋學”的繼承與創新——以清儒對周天子宗廟祭祖禮制的詮釋爲中心》,載《河南大學學報(社會科學版)》二〇〇八年第四期]二十世紀以來,學者或遵循“五廟”説,或遵循王肅説,或折衷鄭、王説。二十世紀以來考古發現彝器銘文表明,西周時,天子無宗廟毁廟禮,廟數并不確定。(參見郭善兵《中國古代帝王宗廟禮制研究》,人民出版社二〇〇七年版,第二九—三一頁。)

〔六〕六:益齋本作“七”。《禮記·王制》《正義》曰:“鄭必知然者,按《禮緯·稽命徵》云:‘唐、虞五廟,親廟四,始祖廟一。夏四廟,至子孫五。殷五廟，至子孫六。'《鈎命决》云：'唐堯五廟，親廟四，與始祖五。禹四廟，至子孫五。殷五廟，至子孫六。"儘管近代學者如劉盼遂據安陽殷墟發現商代甲骨卜辭，仍堅持鄭玄商代六廟制度説（參見劉盼遂《甲骨文中殷商廟制徵》，見劉盼遂著、聶石樵輯校《劉盼遂文集》，北京師範大學出版社二〇〇二年版，第六二七—六三一頁），但王國維（《殷周制度論》，第四六七—四六八頁）、章景明（《殷周廟制論稿》，第七—二〇頁）、朱鳳瀚（《殷墟卜辭中所見商王室宗廟制度》，載《歷史研究》一九九〇年第六期）等學者皆認爲，商代無毁廟之制，即無所謂"六廟""七廟"之制。

〔七〕自：四庫本作"何"。此處或作"自"，或作"何"，皆通。若作"自"，則此處"書"字指《尚書》，此句當與下句相連，指《尚書·咸有一德》篇所載商朝實行"七廟"之制。若作"何"，則意謂魏氏對鄭玄殷"六廟"之説的依據，表示懷疑。然孔穎達《禮記·王制》《正義》已言鄭説或據《禮緯》之《稽命徵》《鈎命决》，魏氏之疑，似無必要。則此處作"自"，似更符合文義。出來：問世、面世。

〔八〕七世之廟可以觀德：語出《尚書·咸有一德》。《疏》曰："漢氏以來，論七廟諸多矣，其文見於《記》《傳》，《禮器》《家語》《荀卿書》《穀梁傳》皆曰天子立七廟，以爲天子常法，不辨其廟之名。《王制》云：'天子七廟，三昭三穆，與太祖之廟而七。'《祭法》云：'王立七廟，曰考廟，曰王考廟，曰皇考廟，曰顯考廟，曰祖考廟，皆月祭之。遠廟爲祧，有二祧，享嘗乃止。'《漢書》韋玄成議曰：'周之所以七廟者，后稷始封，文王、武王受命而王，是以三廟不毁，與親廟四而七也。'鄭玄用此爲説。惟周有七廟，二祧爲文王、武王廟也，故鄭玄《王制》《注》云：'此周制。七者，太祖及文王、武王二祧，與親廟四。太祖，后稷也。殷則六廟，契及湯與二昭二穆。夏則五廟，無太祖，禹與二昭二穆而已。'良由不見《古文》，故爲此謬説。此篇乃是《商書》,已云‘七世之廟’,則天子立七廟,王者常禮,非獨周人始有七廟也。……劉歆、馬融、王肅雖則不見古文,皆以七廟爲天子常禮。”明清以來,隨着儒者對《古文尚書》係僞書性質的斷定,清儒對其記載的所謂商代天子七廟之説進行了批駁:“僞古文《咸有一德》篇‘七世之廟,可以觀德’,後人遂以爲殷亦七廟。《吕氏春秋》引《商書》曰‘五世之廟,可以觀怪’……梅賾竊取其文,改‘五’爲‘七’,以求合於王肅之説。先師惠徵君曰:‘王肅從劉歆之説以駁鄭,於是造僞古文者,改《吕氏春秋》所引《商書》“五世之廟”爲“七世”。孔晁、虞喜、干寶皆在僞《古文》已出之後,故亦宗七廟之説,而不知其畔經而離道也。’”(參見江藩《隸經文·廟制議》,見王先謙編《清經解續編》卷三六一,第四六七頁)

〔**九**〕窮:不當、無效。

大宰之職,掌建邦之六典,以佐王治邦國:一曰治典,以經邦國,以治官府,以紀萬民。二曰教典,以安邦國,以教官府,以擾萬民。三曰禮典,以和邦國,以統百官,以諧萬民。四曰政典,以平邦國,以正百官,以均萬民。五曰刑典,以詰邦國,以刑百官,以糾萬民。六曰事典,以富邦國,以任百官,以生萬民。〔一〕

【校注】

〔**一**〕《周禮·天官·大宰》《注》引鄭衆語曰:“治典,冢宰之職,故立其官,曰‘使帥其屬而掌邦治,以佐王均邦國’;教典,司徒之職,故立其官,曰‘使帥其屬而掌邦教,以佐王安擾邦國’;禮典,宗伯之職,故立其官,曰‘使帥其屬而掌邦禮,以佐王和邦國’;政典,司馬之職，故立其官，曰‘使帥其屬而掌邦政，以佐王平邦國’；刑典，司寇之職，故立其官，曰‘使帥其屬而掌邦禁，以佐王刑邦國’。此三時皆有官，唯冬無官，又無司空。以三隅反之，則事典，司空之職也。《司空》之篇亡，《小宰職》曰：‘六曰冬官，其屬六十，掌邦事。’”

賈 大宰總御群職，〔一〕故六典俱建。〔二〕治典、〔三〕教典云“官府”，禮典已下四典皆云“百官”者，尊天、地二官，不局其數，故不云“百官”，而云“官府”也。〔四〕天子曰“兆民”，〔五〕諸侯曰“萬民”，此天子之禮，不言“兆民”而言“萬民”者，〔六〕以畿外封諸侯，惟有畿内不封，故以畿内據近而言。〔七〕鄭云“王謂之禮經，〔八〕常所秉以治天下也”者，凡言經者，以經紀天下，故王言禮經，常所秉以治天下也。云“邦國、官府謂之禮法”者，凡言法者，(不)[下]法於上，〔九〕故邦國、官府謂之禮法，常所守以爲法式也。“常者，〔一〇〕上下之通名”者，〔一一〕經據在上，法據在下，至於王與邦國、官府，俱有常義也。〔一二〕

【校注】

〔一〕大：賈《疏》上有“大宰”至“典者”。

〔二〕故：賈《疏》上有“謂”。建：賈《疏》下有“也以”至“富也”。

〔三〕治：賈《疏》上有“又”。

〔四〕也：賈《疏》下有“若然”至“民也”。

〔五〕天：賈《疏》上有“然”。兆民：衆民、百姓。《尚書·五子之歌》：“予臨兆民，懔乎若朽索之馭六馬。”《傳》曰：“十萬曰億，十億曰兆，言多。”

〔六〕者：賈《疏》下有“但兆”至“萬民”。

〔七〕言：賈《疏》下有"注大"至"已下"。北京大學出版社版《周禮·天官·大宰》《校勘記》曰："冬官主事……故以畿内據近而言，孫校：'《内則》《正義》説與此同。'"（北京大學出版社版《周禮注疏》，第二五頁）

〔八〕鄭：賈《疏》下有"所解也"。

〔九〕不：賈《疏》、四庫本、益齋本作"下"。按：當作"下"，據改。

〔一〇〕常：賈《疏》、四庫本上有"云"。

〔一一〕之：賈《疏》、四庫本無。按："上下之"，鄭玄《注》作"其上下"。

〔一二〕義：賈《疏》下有"故云"至"屬也"。也：賈《疏》無。

鶴山先生云　典，從册從六，〔一〕自是一件物，不可以"常"訓之。漢儒去古未遠，然字義已不甚曉，故多失經意。

【校注】

〔一〕六：四庫本作"丌"，益齋本作"丌"。按："丌"當爲"六"的异體字。《鶴山先生大全文集》卷一〇八《師友雅言上》："典、則、制、度，字皆有義。典是竹爲册，而六承之。"

以八法治官府：一曰官屬，以舉邦治。二曰官職，以辨邦治。三曰官聯，以會邦治。〔一〕四曰官常，以聽邦治。〔二〕五曰官成，以經邦治。六曰官法，以正邦治。七曰官刑，以糾邦治。八曰官計，以弊邦治。

【校注】

〔一〕邦：《周禮·天官·大宰》、四庫本、益齋本、楊天宇《周禮譯注》(以下簡稱楊《譯注》)、吕友仁《周禮譯注》(以下簡稱吕《譯注》)皆作“官”。賈《疏》曰:“此八法皆云‘邦治’,‘官常’‘官聯’二者不云‘邦’,而云‘官’者,其官聯言官,欲取會合衆官,乃始得治;官常言官,欲取官有常職,各自治其官。故二者不言‘邦’,而云‘官’也。”魏氏此處或爲求經文文字統一,臆改此句及下句“官”爲“邦”。

〔二〕邦:《周禮·天官·大宰》、四庫本、益齋本、楊《譯注》、吕《譯注》作“官”。

賈 此八法雖不云“建”,〔一〕亦有建義。〔二〕上六典云“治邦國”,此八法云“官府”。〔三〕官府,在朝廷之官府也。〔四〕鄭玄謂“百官所居曰府”者,〔五〕欲以官府爲一事,解與上府、史之府别。彼府主藏文書,此府是百官所居處,皆是府聚之義也。〔六〕官刑,先鄭謂司刑所掌墨罪、劓罪、宫罪、刖罪、殺罪,〔七〕此是正五刑,施於天下,非爲官中之刑,故後鄭不從之也。“官計謂三年大計群吏之治而誅賞”者,〔八〕此爲三年一考,乃一計之。此“官計”每歲計之,故後鄭亦不從之。“玄謂官刑,《司寇》之職五刑,其四曰官刑,上能糾職”,是專施於官府之中,於義爲當。〔九〕“官計謂小宰之六計,所以斷群吏之治”,群吏之治即是官中之計,於義亦當,〔一〇〕故引破司農也。

【校注】

〔一〕此:賈《疏》上有“以八至邦治釋曰”。八:四庫本、安氏本、益齋本無。

〔二〕義:賈《疏》下有“故鄭”至“是也”。

〔三〕云:賈《疏》下有“治”。

〔四〕也：賈《疏》下有"一曰"至"釋曰"。

〔五〕鄭玄謂：賈《疏》作"言"。

〔六〕也：賈《疏》下有"鄭司"至"大常"。

〔七〕墨劓宫刖殺：後世所謂"五刑"。《周禮·秋官·司刑》："司刑掌五刑之法，以麗萬民之罪。墨罪五百，劓罪五百，宫罪五百，刖罪五百，殺罪五百。"《注》曰："墨，黥也，先刻其面，以墨窒之。劓，截其鼻也。……宫者，丈夫則割其勢，女子閉於宫中，若今宦男女也。刖，斷足也。周改臏作刖。殺，死刑也。《書傳》曰：'决關梁、逾城郭而略盗者，其刑臏。男女不以義交者，其刑宫。觸易君命，革輿服制度，奸軌盗攘傷人者，其刑劓。非事而事之，出入不以道義，而誦不詳之辭者，其刑墨。降畔、寇賊、劫略、奪攘、撟虔者，其刑死。'此二千五百罪之目略也，其刑書則亡。夏刑大辟二百，臏辟三百，宫辟五百，劓、墨各千，周則變焉，所謂刑罰世輕世重者也。""殺"，古時又謂之"大辟"，皆指死刑。宫刑，對男犯實行的"宫刑"，歷來闡釋分歧較少。而對女囚實施的"宫刑"，歷來解釋紛紜。《尚書·吕刑》《傳》曰："宫，淫刑也。男子割勢，婦人幽閉。"《疏》曰："'婦人幽閉'，閉於宫使不得出也。本制宫刑，主爲淫者，後人被此罪者，未必盡皆爲淫。昭五年《左傳》楚子'以羊舌肸爲司宫'，非坐淫也。漢除肉刑，除墨、劓、剕耳，宫刑猶在。近代反逆緣坐，男子十五已下不應死者皆宫之。大隋開皇之初，始除男子宫刑，婦人猶閉於宫。宫是次死之刑，宫於四刑爲最重也。"孔安國又釋《尚書·吕刑》"椓"爲"椓陰"，孔穎達等認爲："'椓陰'即宫刑也。……椓謂椓破陰……椓陰苦於去勢。"明代王兆雲《碣石剩談》曰："用木槌擊婦人胸腹，即有一物墜而掩閉其牝户，祇能便溺，而人道永廢矣。"

〔八〕官計：益齋本下有"先鄭"。者：益齋本作"之"。計：中國古代自戰國時起實行的君主對臣僚、上級對下級的政績進行考核的

“上計”制度。

〔九〕當：賈《疏》下有“也”。

〔一〇〕當：賈《疏》下有“矣”。

鶴山先生云 府藏，受藏之謂。藏，受用之謂。府若言藏，主收受府主支用也。人，一身之藏，府亦同。〔一〕後世以府名州、郡，〔二〕不知起於何時。〔三〕

【校注】

〔一〕府：《周禮·春官·序官·天府》《疏》曰：“府，聚也。凡物所聚皆曰府，官人所聚曰官府，在人身中，飲食所聚，謂之六府。《詩》云：‘叔在藪，火烈具舉。’《注》：‘藪澤，禽之府也。’大府、玉府、外内府、泉府，皆是藏財貨，鄭云‘藏財貨曰府’，亦是物所藏也。”

〔二〕州：中國古代地方行政區劃名。先秦文獻記載，三代時實行“九州”“十二州”制，但多爲臆説。漢武帝爲加强中央集權，將京師長安及附近地區之外的疆域劃分爲十三個監察區，稱十三刺史部，設刺史，巡視轄區，對官吏豪族實施監督。東漢初沿襲此制。東漢末，州逐漸成爲郡的上一級行政區劃，長官稱州牧，總掌一州軍、政事務，權力極大。三國曹魏正式確立州、郡、縣三級地方行政體制，晋、南北朝沿襲此制。隋取消郡，地方行政體制采取州、縣二級制，不久即改州爲郡。唐復改郡爲州。宋代，州爲路下級單位。元代，州屬於路或府。明清時，州隸屬府，其不屬於府而屬於省直轄，則稱爲直隸州。郡：中國古代地方行政單位。出現於春秋末戰國初，多設置於國家邊境要地，郡的長官曰郡守。春秋晚期，郡、縣兩級地方行政體制逐漸出現。戰國中期，郡轄縣的記載已很普遍。秦統一六國後，全面推行郡縣制，郡下轄若干縣。郡成爲此後中國古代基本地方行政單位。

〔三〕清代趙宏恩等認爲,以府名州郡之制源起宋代。《江南通志》卷四《輿地志》:"宋人每以龍潛舊邸,升州爲府,如江南之安慶、寧國。後代遂以府名州、郡,亦自宋制云。"這一觀點并不準確,以府命名州、郡,始於唐。隋及唐代前期,地方行政體制采取州(郡)、縣兩級制。府是州的特例,京師或陪都所在地的州,稱爲府。府最早設於唐玄宗開元元年(七一三年),玄宗將國都所在之雍州改爲京兆府,陪都所在之洛州改爲河南府。

又云 周之官聯,〔一〕其聯事處最密,〔二〕故朱文公謂一部《周禮》盛水不漏。〔三〕

【校注】

〔一〕官聯:官吏聯合處理政事。《周禮·天官·大宰》:"以八法治官府:……三曰官聯,以會官治。"《注》引鄭衆語曰:"官聯謂國有大事,一官不能獨共,則六官共舉之。聯,讀爲連,古書'連'作'聯'。聯謂連事通職,相佐助也。《小宰職》曰:'以官府之六聯合邦治,一曰祭祀之聯事,二曰賓客之聯事,三曰喪荒之聯事,四曰軍旅之聯事,五曰出役之聯事,六曰斂弛之聯事。'"《疏》曰:"聯即連也。一官不能獨共,則衆官共舉之,然後事得合會,故云以會官治。"

〔二〕處:《周禮注疏删翼》卷二《大宰》無。

〔三〕盛水不漏:容器中的水一滴也不會漏出。比喻一個人、一部著作的思想、見解嚴謹縝密,毫無破綻。《朱子語類》卷八六《禮三》:"《周禮》一書,也是做得縝密,真個盛水不漏!"(《朱子語類》,第二二〇四頁)《鶴山先生大全文集》卷一〇九《師友雅言下》:"《周禮》與《左氏》兩部,字字謹嚴,首尾如一,更無疏漏處,疑秦、漢人所作,因聖賢遺言足成之。"《四庫全書總目》卷八一《大清會典》:"至於《周禮》一經,朱子稱其盛水不漏,亦其時體國經野,事事爲萬世開太平,故其書亦傳之萬世,尊爲法守,非周公有所塗飾於其間也。"

又云 《周禮》用字處文法極嚴,如《小宰》八成之類,一字移不得。

以八則治都鄙:一曰祭祀,以馭其神。二曰法則,以馭其官。三曰廢置,以馭其吏。四曰禄位,以馭其士。五曰賦貢,以馭其用。六曰禮俗,以馭其民。七曰刑賞,以馭其威。八曰田役,以馭其衆。

後鄭注 都之所居曰鄙。〔一〕都鄙,公、卿、大夫之采邑,王子弟所食邑,周、召、毛、聃、畢、原之屬在圻内者。〔二〕祭祀其先君、〔三〕社稷、五祀。〔四〕禄,若今月奉也。位,爵次也。賦,口率出泉也。〔五〕貢,功也,九職之功所税也。禮俗,〔六〕昏姻、〔七〕喪紀舊所行也。〔八〕

【校注】

〔一〕鄙:鄭玄《注》下有"則亦"至"名也"。

〔二〕圻:鄭玄《注》、益齋本作"畿"。賈《疏》曰:"云'周、召、毛、聃、畢、原之屬'者,僖二十四年《左傳》,召穆公云:'管、蔡、郕、霍、魯、衛、毛、聃、郜、雍、曹、滕、畢、原、豐、郇,文之昭也。邘、晋、應、韓,武之穆也。'今鄭直云周、召、毛、聃、畢、原之屬在畿内者,其餘或在畿外,故不盡言也。"召:此處指西周初期貴族姬奭。《史記》卷三四《燕召公世家》《集解》:"譙周曰:'周之支族,食邑於召,謂之召公。'"《索隱》:"召者,畿内菜地。奭始食於召,故曰召公。或説者以爲文王受命,取岐周故墟周、召地分爵二公,故詩有《周》《召》二

《南》，言皆在岐山之陽，故言南也。"周武王時貴族集團的重要成員，輔佐周武王完成滅商大業。《史記》卷四《周本紀》："武王即位，太公望爲師，周公旦爲輔，召公、畢公之徒左右王。"周武王滅商後，封召公於北燕。成王時，召公爲三公，與周公聯合執政。自陝以西，召公主之；自陝以東，周公主之。其生平、事迹具載《史記》卷三四《燕召公世家》。毛：周文王子、周武王弟姬鄭，《逸周書》稱其爲"毛叔鄭"。《逸周書·克殷解》："王入，即位於社太卒之左。群臣畢從。毛叔鄭奉明水。"(《逸周書彙校集注》，第三七〇、三七二頁）周朝建國後，封於毛國（今陝西岐山縣、扶風縣一帶），後被秦國所滅。聃：西周初周文王子、周武王弟姬載（又稱季載、聃季載、冉季載）受封國名。《史記》卷三五《管蔡世家》："次曰冉季載。冉季載最少。……封季載於聃。……冉季、康叔皆有馴行，於是周公舉……冉季爲周司空，以佐成王治，皆有令名於天下。"《索隱》："冉，國也。載，名也。季，字也。……按：《國語》曰冉由鄭姬。賈逵曰'文王子聃季之國'也。莊十八年'楚武王克權，遷於冉處'。杜預云'冉處，楚地。南郡編縣有冉口城'。"《正義》："冉，國名也。季載，人名也。伯邑考最長，所以加'伯'。諸中子咸言'叔'，以載最少，故言季載。"封國位於今河南平輿射橋鎮古城村，因周公將參與管、蔡叛亂而被俘的部分嬴姓沈國人遣歸季載，故聃國又更名爲沈國。傳十六君，至公元前五〇六年沈子嘉在位時，被蔡國滅亡。畢：周文王第十五子姬高封國名。姬高輔佐周武王，完成滅商建周大業。後被封於畢（亦稱畢陌、畢原、咸陽原）。《左傳·僖公二十四年》《注》曰："畢國在長安縣西北。"現代學者認爲或在今陝西咸陽，或在今陝西西安。爵位爲公，世稱畢公高。成王臨終，遺命畢公與召公輔佐太子姬釗（即後來的周康王）。原：周文王第十六子封國，位於今河南濟源。公元前六三五年，晉圍攻原國。原文公投降，原國滅亡。

〔三〕其:鄭玄《注》作“共”。按:賈《疏》亦作“其”,則此處鄭玄《注》作“共”,或爲“其”字二横磨湮所致。

〔四〕祀:益齋本作“社”。鄭玄《注》下有“法則”至“置之”。五祀:中國古代祭俗的五種神祇。《周禮·春官·大宗伯》:“以血祭祭社稷、五祀、五岳。”神祇名稱,文獻記載不一。或曰五色帝。《周禮·春官·大宗伯》《注》引鄭衆語曰:“五祀,五色之帝於王者宫中,曰五祀。”或曰五行之神。《周禮·春官·大宗伯》《注》曰:“此五祀者,五官之神在四郊,四時迎五行之氣於四郊,而祭五德之帝,亦食此神焉。少昊氏之子曰重,爲句芒,食於木;該爲蓐收,食於金;脩及熙爲玄冥,食於水。顓頊氏之子曰黎,爲祝融、后土,食於火、土。”《左傳·昭公二十九年》:“故有五行之官,是謂五官。……祀爲貴神。社稷五祀,是尊是奉。木正曰句芒,火正曰祝融,金正曰蓐收,水正曰玄冥,土正曰后土。……少皡氏有四叔,曰重,曰該,曰脩,曰熙,實能金、木及水。使重爲句芒,該爲蓐收,脩及熙爲玄冥,世不失職,遂濟窮桑,此其三祀也。顓頊氏有子曰犁,爲祝融;共工氏有子曰句龍,爲后土,此其二祀也。”或曰爲住宅内外的五種神靈。《禮記·月令》:“(孟冬之月)臘先祖五祀。”《注》曰:“五祀,門、户、中霤、竈、行也。”《論衡·祭意》曰:“五祀,報門、户、井、竈、室中霤之功,門、户人所出入,井、竈人所飲食,中霤人所托處,五者功鈞,故俱祀之。”(《論衡校釋》,第一〇五九頁)“五祀”祭祀是否有等級尊卑差异,文獻記載不一。《禮記·祭法》:“王爲群姓立七祀,曰司命,曰中霤,曰國門,曰國行,曰泰厲,曰户,曰竈;王自爲立七祀。諸侯爲國立五祀,曰司命,曰中霤,曰國門,曰國行,曰公厲;諸侯自爲立五祀。大夫立三祀,曰族厲,曰門,曰行。適士立二祀,曰門,曰行。庶士、庶人立一祀,或立户,或立竈。”此記載表明,從天子到庶人,所祀“五祀”有等級差别。《禮記·曲禮下》:“天子祭天地,祭四方,祭山川,祭五祀,歲遍;諸侯方祀,祭山川,祭五祀,歲遍。大夫祭五祀,歲遍。士祭其先。”此記載表明,從天子至於大夫,所祭“五祀”相同,無等級差别。對上述二文獻記載的歧异,鄭玄歸之於商、周制度的差异:“五祀,户、竈、中霤、門、行也。此蓋殷時制也。祭法曰天子立七祀,諸侯立五祀,大夫立三祀,士立二祀,謂周制也。”章太炎《大夫五祀三祀辨》指出,“七祀”皆《楚辭》所録之祭歌,魯爲楚吞并,《祭法》所述祭典,多爲楚人删集。文獻記載的所謂大夫三祀,是由於戰國時期大夫地位卑微所致,其中楚國大夫地位尤爲卑下。故周代大夫皆祭户、竈、中霤、門、行“五祀”,《曲禮》《注》爲確。楊華指出,春秋至漢代,包括户、竈、中霤、門、行的“五祀”崇拜在楚地廣泛流行,楚簡、秦簡中關於“五祀”名稱和順序的記載基本相同。這表明,至少從戰國中期迄西漢,“五祀”的内容和順序基本穩定,《曲禮》《王制》中大夫以上恒祭“五祀”的記載更爲可信,古代貴族按照等級尊卑祭祀“七祀”或“五祀”的記載是不準確的。鄭玄將“五祀”“七祀”之异歸因於商、周制度的差异,并不準確。(楊華:《“五祀”祭禱與楚漢文化的繼承》,載《江漢論壇》二〇〇四年第九期)

〔五〕口率:按人口比例。《後漢書》卷三七《丁鴻傳》:“時大郡口五六十萬舉孝廉二人,小郡口二十萬并有蠻夷者亦舉二人,帝以爲不均,下公卿會議。鴻與司空劉方上言:‘凡口率之科,宜有階品,蠻夷錯雜,不得爲數。自今郡國率二十萬口歲舉孝廉一人,四十萬二人,六十萬三人,八十萬四人,百萬五人,百二十萬六人。不滿二十萬二歲一人,不滿十萬三歲一人。’帝從之。”出:繳納。泉:錢。或稱“布”。《周禮·天官·外府》《注》曰:“布,泉也。……其藏曰泉,其行曰布,取名於水泉,其流行無不遍。”《疏》曰:“云‘其藏曰泉,其行曰布’者,此鄭欲解泉、布一物兩名之意。《地官·泉府》不言外,不言布,據其所藏爲名。此官言外,言布,取名於其流行於外爲稱,故鄭即云‘取名於水泉,其流行無不遍’。無不遍即布之義也。”《周禮·地官·序官》《注》引鄭衆語曰:“故書‘泉’或作‘錢’。”《疏》曰:“泉與錢,今古异名。”

〔六〕俗:鄭玄《注》作“祀”。阮《校》曰:“閩、監、毛本同,誤也。余本、嘉靖本‘祀’作‘俗’,《疏》中引《注》亦作‘禮俗’,當訂正。”禮俗:禮儀、風俗。孫詒讓曰:“《土均》注云:‘禮俗,邦國都鄙民之所行,先王舊禮也。’《管子·立政篇》云:‘藏於官則爲法,施於國則成俗。’……今案:禮俗當分爲二事。禮謂吉凶之禮,即《大司徒》十二教,陽禮教讓,陰禮教親之等是也。俗謂土地所習,與禮不同,而不必變革者,即十二教之‘以俗教安’,彼注云‘謂土地所生習’是也。《土均》《小行人》禮俗義并同。鄭、賈合爲一,失之。”(《周禮正義》卷二《大宰》,第七一頁)

〔七〕昏姻:《白虎通·嫁娶》:“婚姻者,何謂也?婚者昏時行禮,故曰婚。姻者,婦人因夫而成,故曰姻。……所以昏時行禮何?示陽下陰也,昏亦陰陽交時也。”(《白虎通疏證》,第四九一——四九二頁)《禮記·經解》鄭玄《注》曰:“婿曰婚,妻曰姻。”《疏》曰:“婿則昏時而迎,婦則因而隨之,故云‘婿曰婚,妻曰姻’。”《禮記·婚義》:“昏禮者,將合二姓之好,上以事宗廟,而下以繼後世也,故君子重之。……男女有别,而後夫婦有義;夫婦有義,而後父子有親;父子有親,而後君臣有正。故曰‘昏禮者,禮之本也’。”

〔八〕喪紀:喪事。《禮記·文王世子》:“喪紀以服之輕重爲序,不奪人親也。”《注》曰:“紀,猶事也。”孫詒讓曰:“《禮運》鄭注云:‘紀,絲縷之數有紀。喪事有法數,故亦謂之紀。’《吕氏春秋·音律篇》高注云:‘喪紀,喪服親疏輕重之紀。’”(《周禮正義》卷七《庖人》,第二六一頁)

鄭司農云　士謂學士。

賈　《大司徒》云:〔一〕"凡造都鄙。"鄭注:〔二〕"其界曰都。鄙,所在也。"〔三〕《春秋傳》云:〔四〕"遷鄭焉而鄙留。"〔五〕是鄙所居(下)[不]遷也。〔六〕典、〔七〕法、則三者相訓,〔八〕但邦國言"典",官府言"法",都鄙言"則",所用處异,〔九〕謂"都鄙,〔一〇〕公、卿、大夫之采邑"者,《載師職》云"家邑任稍地",則大夫之采也。"小都任縣地",則六卿之采也。"大都任畺地",則三公之采也。云"王子弟所食邑"者,親王子、母弟與公同處而百里,次疏者與六卿同處而五十里,次疏者與大夫同處二十五里也。〔一一〕云"禄,若今月奉也"者,〔一二〕古者禄皆月别給之,漢之月奉亦月給之,〔一三〕云"賦,口率出泉"者,〔一四〕下文九職、九賦,職、賦相繼而言,故知賦即九賦,口率出泉也。〔一五〕

【校注】

〔一〕大:賈《疏》上有"以八"至"曰鄙"。

〔二〕注:賈《疏》、益齋本作"云"。

〔三〕在:賈《疏》、四庫本、益齋本作"居"。

〔四〕云:賈《疏》作"曰"。

〔五〕賈《疏》此處引文出自《公羊傳·桓公十一年》,且有所改動。原文作"以取其國而遷鄭焉,而野留"。

〔六〕下:《周禮·天官·大宰》《疏》、四庫本、益齋本作"不"。當作"不",據改。也:賈《疏》下有"云則"至"也者"。

〔七〕典:賈《疏》上有"謂"。

〔八〕訓:賈《疏》下有"其義既同"。

〔九〕所:賈《疏》上有"是"。异:賈《疏》下有"故别"至"通也"。

〔一〇〕謂：賈《疏》作“云”。

〔一一〕也：賈《疏》無。

〔一二〕云：賈《疏》上有“案禮”至“僭也”。

〔一三〕之：賈《疏》下有“故云”至“次也”。

〔一四〕泉：賈《疏》下有“也”。

〔一五〕也：賈《疏》下有“云貢”至“士也”。

鶴山先生云 邑有先君之廟曰都，〔一〕鄙是附。〔二〕《左氏》曰：是鄙鄭也，〔三〕“西鄙、北鄙”，〔四〕以我爲邊鄙。〔五〕鄙有外意，如貪鄙。“彼都人士”祇當通作一義看。〔六〕

【校注】

〔一〕都：《左傳·莊公二十八年》：“凡邑，有宗廟先君之主曰都，無曰邑。邑曰築，都曰城。”《注》曰：“《周禮》：四縣爲都，四井爲邑。然宗廟所在，則雖邑曰都，尊之也。”《疏》曰：“《周禮·小司徒職》云：‘九夫爲井，四井爲邑，四邑爲丘，四丘爲甸，四甸爲縣，四縣爲都。’注引此者，以證都大邑小耳。《經》《傳》之言都邑者，非是都則四縣，邑皆四井。此《傳》所發，乃爲小邑發例。大者皆名都，都則悉書曰城。小邑有宗廟，則雖小曰都，無乃爲邑。邑則曰築，都則曰城。爲尊宗廟，故小邑與大都同名。《釋例》曰：‘若邑有先君宗廟，雖小曰都，尊其所居而大之也。’然則都而無廟，固宜稱城。”

〔二〕附：四庫本下有“闕”。

〔三〕《左傳·昭公十六年》：鄭國子産曰：“大國之求，無禮以斥之，何饜之有？吾且爲鄙邑，則失位矣。”《注》曰：“不復成國。”《疏》曰：“若晋之大夫求無不得，則鄭國乃爲晋之邊鄙之邑。‘不復成國’，謂失國君之位矣。”

〔四〕《左傳·隱公元年》:"既而大叔命西鄙、北鄙貳於己。"

〔五〕以我爲:安氏本、四庫本、益齋本作"以爲我"。據下引《左傳》《注》文,"以我爲"更合文義。《左傳·宣公十四年》:華元曰:"過我而不假道,鄙我也。鄙我,亡也。"《注》曰:"以我比其邊鄙,是與亡國同。"

〔六〕彼都人士:《詩經·小雅·都人士》詩句。《箋》曰:"城郭之域曰都。"《疏》曰:"曰:都者,聚居之處,故知城郭之域也。"《爾雅·釋地》:"邑外謂之郊。"《注》曰:"邑,國都也。"《疏》曰:"案《周禮》四縣爲都,四井爲邑。《春秋》莊二十八年《左氏傳》曰:'凡邑有宗廟先君之主曰都,無曰邑。'然則邑與都异。此爲一者,彼對文之例耳。但都者聚居之處,故《詩經·小雅》云:'彼都人士。'《説文》云:'邑,國也。'是天子諸侯所居國城,或謂之邑,或謂之都。故以國都解邑也。"

又曰〔一〕 賦有分頒之意,〔二〕以井地所出獻於王也。〔三〕如《禹貢》之賦,〔四〕與《詩》"賦政於外",〔五〕《左氏》"悉率敝賦",〔六〕凡三等采地所出之物與兵車之屬,〔七〕盡謂之賦。賦是上頒其式,貢則下以供上。〔八〕賦通人力所出,〔九〕貢止是地所産,〔一〇〕如士謂之貢士,亦謂之充賦,〔一一〕皆地所出之人也。〔一二〕康成以漢制解經,以賦爲"口率出泉"。〔一三〕三代安有口賦?其誤後學甚多,此其一也。〔一四〕

【校注】

〔一〕又曰:四庫本無。曰:益齋本作"云"。

〔二〕有分頒之意:《周官義疏》卷二《大宰》(以下簡稱《周官義

疏》)作“者”。

〔三〕以:《周官義疏》無。獻於王也:《周官義疏》無。

〔四〕之:《周官義疏》作“則壤成”。

〔五〕與《詩》“賦政於外”:《周官義疏》無。《詩》“賦政於外”:《周禮注疏删翼》卷二《大宰》(以下簡稱《删翼》)無。引詩出自《詩經·大雅·烝民》。按:此詩中之“賦”并無貢賦之義,魏氏引誤。

〔六〕左:《周官義疏》上有“及”。率:《周官義疏》、益齋本作“索”。賦:《周官義疏》下有“是也”。《左傳》中無“悉率敝賦”四字,唯《文公十七年》有“將悉敝賦”,《襄公八年》《襄公三十一年》有“悉索敝賦”,不知魏氏所引何處。魏氏或誤抄《襄公八年》《襄公三十一年》“悉索敝賦”之“索”字爲“率”字。

〔七〕凡:安氏本作“几”。車:《删翼》作“賦”。

〔八〕式、貢:此處指《周禮·天官·大宰》所載之“九式”“九貢”。《周禮·天官·大宰》《注》曰:“式謂用財之節度。”《周禮·天官·大府》:“凡式貢之餘財以共玩好之用。”《注》曰:“言式、言貢,互文。”《疏》曰:“式謂九式,貢謂九貢及萬民之貢。”

〔九〕“凡三”至“所出”:《周官義疏》無。

〔一〇〕止是:《周官義疏》作“兼土”。

〔一一〕充賦:自漢代起,被賦予推薦人才之意。《漢書》卷四九《鼂錯傳》:“今臣窋等乃以臣錯充賦。”如淳《注》曰:“猶言備數也。”臣瓚《注》曰:“充賦,此錯之謙也,云如賦調也。”隋唐實行科舉制後,仍沿用此義。《新唐書》卷一一二《韓琬傳》:“今始充賦,請行無算爵。’”《宋史》卷二六六《郭贄傳》:“贄初充賦有聲。”《金史》卷一二七《郝天挺傳》:“郝天挺……厭於科舉,遂不復充賦。”《元史》卷八一《選舉志一》:“天下郡縣,興其賢者能者,充賦有司。”

〔一二〕“賦有”至“人也”:《經義考》卷一二一《周禮二》(以下

簡稱《經義考》)、《周官義疏》卷首《綱領上》無。"如士"至"人也":《删翼》《周官義疏》無。

〔一三〕以賦爲:《周官義疏》作"謂賦"。

〔一四〕"三代"至"一也":《删翼》作"唐陸贄猶以民間出泉爲不便况成周乎"。《周官義疏》作"誤矣"。《經義考》作"王介甫用之以誤熙寧皆鄭注啓之"。《周官義疏》"誤矣"下有"唐陸贄猶以民間出泉爲不便况成周乎"。按:此句係魏氏對"以九賦斂財賄"所作評述,《删翼》、《周官義疏》卷首《綱領上》前移至此。"其誤"至"一也":《删翼》無。《周官義疏》卷首《綱領上》作"王介甫用之以誤熙寧皆鄭注啓之"。元方回《古今考》卷一八《附論周太宰九賦》:"回讀魏鶴山先生《九經要義》批曰:'漢法豈可證周?'賈公彦曲附後鄭'賦,口率出泉'即漢算泉,又謂末作增賦。若漢時賈人倍算,又謂計口率出泉,無泉者以財賄當。鶴山又批曰:'未必然。'公彦演後鄭之説,又謂關門、市廛,其民口税出泉。又謂山澤之物,貯而未用,有人取之,爲官出息,口税出泉。又謂取官斥幣出息,爲官出泉。又引漢法民家二十五以上至六十出口賦錢,人百二十以爲算。鶴山則又批曰:'誤天下後世者,鄭氏之説也。'"《古今考》卷二〇《附廣税賦考下》:"班固《食貨志》説賦、税二字不明。有賦有税,税謂公田什一,及工商衡虞之入也。回謂此但解税字,不解賦字。當於'工商衡虞'上改'及'字爲'賦',謂二字方始分曉。師古曰:賦謂計口發,則税謂收其田入。此却分明。師古不敢謂計口發錢者,漢則賦錢,周止是賦物,故不敢以漢制解周制也。鄭玄説貢、賦二字不明,《周官》'九賦'盡解作計口出錢。賈公彦附和之,往往但遇'賦'字,并解作出泉。魏鶴山先生深不然之。"《宋元學案》卷九八《荆公新學略》:"(魏鶴山《師友雅言》)又曰:'口率出泉,康成以漢制解經,三代安有口賦?又如國服爲息,息字,凡物之生歇處,康成引莽法以注息字,古人原不取民以錢,土地所出原無錢。介甫錯處,盡是康成錯處。歐、蘇以前,未嘗有人駡古注,承其誤以至此。'"宋熊朋來《經説》卷四《儀禮周禮禮記》"漢儒以漢法解經"條:"鶴山魏了翁《江陽周禮記》,聞後人稱《周禮折衷》,多摘注解之尤繆者斥言之。如九賦,《注》以漢法口率出泉。《周禮》賦法豈是口率出泉?"

以八柄詔王馭群臣:一曰爵,以馭其貴。二曰禄,以馭其富。三曰予,以馭其幸。四曰置,以馭其行。五曰生,以馭其福。六曰奪,以馭其貧。七曰廢,以馭其罪。八曰誅,以馭其過。

鄭康成 幸謂言行偶合於善,〔一〕則有以賜予之,以勸後。〔二〕奪謂臣有大罪,〔三〕没入家財者。六極,〔四〕四曰貧。〔五〕誅,責讓也。《曲禮》云:〔六〕"齒路馬者有誅。"〔七〕凡言"馭"者,所以(歐)[驅]而内之於善。〔八〕

【校注】

〔一〕幸:鄭玄《注》上有"柄所"至"方穀"。

〔二〕後:鄭玄《注》下有"也"。

〔三〕奪:鄭玄《注》上有"生猶"至"曰壽"。

〔四〕六極:六種極凶惡之事。《尚書·洪範》《疏》曰:"'六極'謂窮極惡事有六。'一曰凶短折',遇凶而横夭性命也。'二曰疾',常抱疾病。'三曰憂',常多憂。'四曰貧',困之於財。'五曰惡',貌狀醜陋。'六曰弱',志力尫劣也。"

〔五〕貧:鄭玄《注》下有"廢猶"至"是也"。

〔六〕云：鄭玄《注》作“曰”。曲禮：《禮記》篇名。今本《禮記》將《曲禮》分爲五篇，《曲禮上》三篇，《曲禮下》二篇。《禮記·曲禮上》《疏》曰：“案鄭《目録》云：‘名曰《曲禮》者，以其篇記五禮之事。祭祀之説，吉禮也。喪荒去國之説，凶禮也。致貢朝會之説，賓禮也。兵車旌鴻之説，軍禮也。事長敬老、執贄納女之説，嘉禮也。此於《别録》屬《制度》。’案鄭此説，則此《曲禮》篇中有含五禮之義。……此篇既含五禮，故其篇名爲《曲禮》。《曲禮》之與《儀禮》，其事是一。以其屈曲行事，則曰《曲禮》；見於威儀，則曰《儀禮》。……云‘上’者，對下生名。本以語多，簡策重大，分爲上下，更無義也。”《釋文》：“《曲禮》者，是《儀禮》之舊名，委曲説禮之事。”

〔七〕者：鄭玄《注》、益齋本無。路：《周禮·春官·序官》《疏》曰：“路，大也，若人君所居皆稱路，故有路寢、路門、路馬之等，皆稱路也。”

〔八〕歐：《周禮·天官·大宰》作“敺”，四庫本作“毆”，益齋本作“敺”。《周禮·天官·大宰》阮《校》曰：“《釋文》曰：‘敺，起俱反。’案：此本《疏》曰皆是敺群臣入善之事，是本作‘敺’也。嘉靖本亦先作‘敺’，後改‘敺’。”此處作“歐”無義，“敺”“敺”“毆”俱爲“驅”的异體字，改“歐”爲“驅”。而：鄭玄《注》作“之”。内：通“納”，進入。

賈　太宰以此八柄詔告於王馭群臣，〔一〕餘條皆不言“詔”，獨此與下“八統”言“詔王”者，餘并群臣職務所當依行，〔二〕此乃王所操持，王不獨執，群臣佐之而已，故特言“詔”也。言“馭”者，此八者皆是驅群臣入善之事。〔三〕此經自“五曰”已上，〔四〕皆是善事，則大善者在前，小善者在後。自“六曰”已下，皆是惡事，則大惡者在前,小惡者在後。〔五〕此中爵與禄、〔六〕廢與置皆别之,〔七〕以王德爲大,能明辨之。〔八〕八則中,爵、禄、〔九〕廢、置皆共文者,以其德小,不能辨故也。〔一〇〕

【校注】

〔一〕太:賈《疏》上有"以八柄至其過釋曰"。

〔二〕所當:賈《疏》作"常所"。行:賈《疏》下有"歲終"至"得失"。

〔三〕驅:安氏本作"敺"。事:賈《疏》下有"故皆"至"過也"。

〔四〕經:賈《疏》下有"八事"。

〔五〕後:賈《疏》下有"案内"至"殺也"。

〔六〕此:賈《疏》上有"且"。

〔七〕之:賈《疏》、四庫本、益齋本作"文"。

〔八〕之:賈《疏》下有"四者設文有别"。

〔九〕禄:賈《疏》下有"及"。

〔一〇〕也:賈《疏》下有"注柄"至"罪也"。

鶴山先生云 八則、八柄言"馭"者,〔一〕凡十六字,衹當通作一義講。〔二〕康成以"驅而内之於善"訓"馭"字,〔三〕不知祭祀如何驅神,〔四〕以内於善?臣有大罪,没入而奪其家財,如何驅貧者而内於善?〔五〕竊意古之馭者,〔六〕斟酌疾徐,〔七〕自有其法。康成不察此十六個"馭"字,若以古之善馭者推之,〔八〕當訓品節,〔九〕而歸於範之意,〔一〇〕如祭祀而斟酌天神、〔一一〕地示、人鬼之品節,〔一二〕而不違其則,〔一三〕庶乎其可以馭神也。〔一四〕自祭祀馭神而皆得其品節,以下則其他盡通。〔一五〕然其間以漢制没入家財爲奪以馭貧一條,〔一六〕尤害義理。〔一七〕三代安得有没入人臣家財之法?〔一八〕古者待臣下無絶法,〔一九〕如臣之去國,〔二〇〕素車白馬,以喪服去。〔二一〕雖待放於郊,〔二二〕然猶爵禄有詔於朝,〔二三〕出入有詔於國。〔二四〕三年,然後收其田里。〔二五〕雖奪之,〔二六〕而不使其妻子至於乏絶,〔二七〕故禮爲舊君有服。〔二八〕上下皆以忠厚存心。〔二九〕及至戰國,〔三〇〕孟子始有"君之視臣如草芥,〔三一〕則臣視君如寇讎,〔三二〕寇讎何服之有"之言,〔三三〕如臧武仲去國,〔三四〕猶以防求爲後於魯。爲,臧爲也。武仲去,而猶據防以請立臧爲爲後,〔三五〕故孔子以爲要君。〔三六〕是三代之法,臣有罪而奪爵之類,亦必斟酌,而不使至於貧困,〔三七〕此其所以爲馭。〔三八〕而康成之誤解經,〔三九〕當表而出之。〔四〇〕

【校注】

〔一〕者:《周禮注疏删翼》卷二《大宰》(以下簡稱《删翼》)無。

〔二〕"八則"至"義講":《周官義疏》卷二《大宰》(以下簡稱《周官義疏》)無。

〔三〕驅:安氏本作"歐"。内:《周官義疏》作"納"。訓:《周官義疏》作"爲"。字:《周官義疏》無。

〔四〕驅:安氏本作"歐"。不知:《周官義疏》作"於"。如何驅神:《周官義疏》作"不可通"。

〔五〕驅:安氏本作"歐"。"以内"至"於善":《周官義疏》無。"臣有"至"於善":《删翼》無。

〔六〕古之:《周官義疏》無。古:安氏本作"右"。

〔七〕疾徐:迅速或緩慢。《周禮·夏官·大司馬》:"以教坐作進退疾徐疏數之節。"

〔八〕“康成”至“推之”:《删翼》無。

〔九〕“自有”至“品節”:《周官義疏》無。訓:《删翼》下有“爲”。

〔一〇〕而:《周官義疏》作“以”。

〔一一〕如:《周官義疏》下有“都家”。而:《删翼》作“則”。

〔一二〕“而斟”至“品節”:《周官義疏》作“制之”。地示:《周禮·春官·大宗伯》:“大宗伯之職,掌建邦之天神、人鬼、地示之禮。”《釋文》曰:“示音祇,本或作祇,下‘神示’‘地示’之例皆仿此。”孫詒讓曰:“此經皆借示爲祇,注皆作祇,亦經用古字,注用今字之例也。陸所見别本作祇,非經例,不足據。”(《周禮正義》卷四《大宰》,第一四七頁)

〔一三〕而:《周官義疏》作“使”。

〔一四〕庶乎其可:《周官義疏》作“乃所”。馭:《周官義疏》下有“其”。也:《周官義疏》無。

〔一五〕“八則”至“盡通”:《周官義疏》無。“自祭”至“以下”:《删翼》作“如是”。他:《删翼》下有“馭字可”。通:《删翼》下有“矣”。

〔一六〕然:《删翼》作“又”。然其間:《宋元學案》卷九八《荆公新學略》(以下簡稱《宋元學案》)無。《周官義疏》作“康成”。一條:《删翼》《宋元學案》《周官義疏》無。

〔一七〕“八則”至“義理”:《經説》卷四《儀禮周禮禮記》(以下簡稱《經説》)無。尤害義理:《周官義疏》作“甚誤”。義:《宋元學案》無。

〔一八〕“三代”至“之法”:《周官義疏》無。代:《經説》下有“之君”。安得:《經説》作“豈”。孫詒讓曰:“臣有大罪,没取其家財入官,亦謂之奪,劉敞云:‘奪者,削其田邑禄職。’惠士奇云:‘《左傳·莊十九年》,惠王奪子禽、祝跪與詹父田,而收膳夫之秩。奪田收秩,所謂奪以馭其貧也。'案:劉、惠説是也。鄭鍔説同。此奪對予爲文,亦謂奪其田禄耳,非必盡没其家財也。"(《周禮正義》卷二《大宰》,第七五頁)

〔一九〕待臣下無絶法:《宋元學案》無。絶:此處指以粗暴、殘忍等方式,斷絶君臣關係。《孟子·離婁下》:"諫行言聽,膏澤下於民;有故而去,則使人導之出疆;又先於其所往;去三年不反,然後收其田里:此之謂三有禮焉。……今也爲臣,諫則不行,言則不聽,膏澤不下於民。有故而去,則君搏執之;又極之於其所往;去之日,遂收其田里。"《注》曰:"搏,執其族親也。極者,惡而困之也。"

〔二〇〕如:《宋元學案》無。之:《宋元學案》作"下"。《禮記·曲禮下》:"爲人臣之禮,不顯諫。三諫而不聽,則逃之。"《注》曰:"逃,去也。君臣有義則合,無義則離。"《疏》曰:"何休云:'諫有五,一曰諷諫者……二曰順諫……三曰直諫……四曰争諫……五曰贛諫。'……凡諫,諷諫爲上,贛諫爲下。事君雖主諫争,亦當依微納進善言耳,不得顯然明言君惡,以奪君之美也。"《禮記·少儀》:"爲人臣下者,有諫而無訕,有亡而無疾。"《注》曰:"亡,去也。疾,惡也。"《疏》曰:"亡,猶去也。疾,猶憎惡也。君若有過,三諫不從,乃出境而去,不得强留而憎惡君也。"

〔二一〕素車白馬以喪服去:《宋元學案》無。去:《删翼》作"行"。《禮記·曲禮下》:"大夫、士去國逾竟,爲壇位鄉國而哭。素衣、素裳、素冠,徹緣、鞮屨、素幂,乘髦馬,不蚤鬋,不祭食,不説人以無罪,婦人不當御,三月而復服。"《注》曰:"言以喪禮自處也。"

〔二二〕雖:《宋元學案》無。《儀禮·喪服》《注》曰:"以道去君,爲三諫不從,待放於郊。"《疏》曰:"此以道去君,據三諫不從,在境待放,得環則還,得玦則去。"

〔二三〕詔:《禮記·曲禮下》《宋元學案》作"列"。

〔二四〕“待臣”至“於國”:《周官義疏》作“有故而去”。《禮記·曲禮下》:“去國三世,爵禄有列於朝,出入有詔於國。”《注》曰:“‘爵禄有列於朝’,謂君不絶其祖祀,復立其族……詔,告也,謂與卿、大夫吉凶往來相赴告。”

〔二五〕此據《孟子·離婁下》而言。《孟子·離婁下》:“去三年不反,然後收其田里。”《注》曰:“三年不反,乃收其田里。田,業也。里,居也。”

〔二六〕雖奪之:《周官義疏》作“若廢其事而奪之禄在國”。

〔二七〕而不:《周官義疏》作“亦必”。其妻子:《周官義疏》作“不”。乏絶:《周官義疏》作“甚困也”。其:此處指離開本國至他國的臣僚。乏絶:生産、生活用品的匱乏、斷絶(多指暫時供應不繼)、窮盡、耗竭。《禮記·月令》:“賜貧窮,振乏絶。”《疏》曰:“蔡氏云:‘……暫無曰乏,不續曰絶。’皇氏云:‘……暫無謂之乏絶。’”

〔二八〕舊君:此處指離開某國至他國的臣僚以前侍奉的君主。服:喪服。《儀禮·喪服》:“大夫爲舊君,何以服齊衰三月也?大夫去,君埽其宗廟,故服齊衰三月也,言與民同也,何大夫之謂乎?言其以道去君,而猶未絶也。”《禮記·檀弓下》:“穆公問於子思曰:‘爲舊君反服,古與?’子思曰:‘古之君子,進人以禮,退人以禮,故有舊君反服之禮也。今之君子,進人若將加諸膝,退人若將墜諸淵,毋爲戎首,不亦善乎?又何反服之禮之有?’”《孟子·離婁下》:“王曰:‘禮,爲舊君有服,何如斯可爲服矣?’曰:‘諫行言聽,膏澤下於民;有故而去,則使人導之出疆,又先於其所往;去三年不反,然後收其田里:此之謂三有禮焉。如此,則爲之服矣。’”

〔二九〕心:《删翼》下有“如此其至也”。

〔三〇〕及:《删翼》無。

〔三一〕草:《孟子·離婁下》作“土”。芥:草。《左傳·哀公元年》:“以民爲土芥。”《注》曰:“芥,草也。”

〔三二〕讎:《孟子·離婁下》下有“王曰”至“寇讎”。

〔三三〕魏氏引《孟子》言出自《孟子·離婁下》,魏氏有改寫。“君之視臣”至“何服之有”:《刪翼》作“草芥寇讎”。言:《刪翼》作“論”。

〔三四〕臧武仲:即臧孫紇,又稱臧孫、臧紇,謚曰“武”。魯國大夫,封邑在防(今山東費縣東北)。公元前五八七年任魯國司寇。因與當時魯國的權臣孟孫氏、季孫氏發生衝突,被季武子逐出魯國,先後逃往邾國、齊國。

〔三五〕武仲去而猶:《刪翼》作“以其”。《春秋·襄公二十三年》:“冬,十月,乙亥,臧孫紇出奔邾。”《左傳·襄公二十三年》:“孟孫惡臧孫,季孫愛之。……季孫怒,命攻臧氏。乙亥,臧紇斬鹿門之關以出,奔邾。初,臧宣叔娶於鑄,生賈及爲而死。繼室以其侄……生紇,長於公宫。姜氏愛之,故立之。臧賈、臧爲出在鑄。臧武仲自邾使告臧賈,且致大蔡焉,曰:‘紇不佞,失守宗祧,敢告不弔。紇之罪,不及不祀。子以大蔡納請,其可。’賈曰:‘是家之禍也,非子之過也。賈聞命矣。’再拜受龜。使爲以納請,遂自爲也。臧孫如防,使來告曰:‘紇非能害也,知不足也。非敢私請!苟守先祀,無廢二勳,敢不辟邑!’乃立臧爲。臧紇致防而奔齊。”據《左傳》記載,臧武仲最初打算以將自己的封邑防交納給國家爲交換條件,换取魯國允許立自己的同父异母兄臧賈爲臧氏之後,避免臧氏宗祀斷絶。臧賈應允,使胞弟臧爲處理此事。臧爲却疏通關節,取得了魯國同意,使自己成爲臧氏之後。故此處魏氏所謂“據防以請立臧爲爲後”之語,并不確切。

〔三六〕要:要脅。《論語·憲問》:“子曰:‘臧武仲以防求爲後於魯,雖曰不要君,吾不信也。’”《注》曰:“爲後,立後也。”在孔子看來,臧武仲以交還防邑爲條件,讓魯國同意爲臧氏立後,即有要脅魯國之意。

〔三七〕"雖奪"至"貧困":《宋元學案》無。

〔三八〕其:《宋元學案》無。所:《删翼》下有"以"。爲:《宋元學案》作"謂"。

〔三九〕經:《删翼》下有"或導"至"實烈"。

〔四〇〕"古者"至"出之":《經説》無。"故禮"至"出之":《周官義疏》無。"而康"至"出之":《宋元學案》無。

以八統詔王馭萬民:一曰親親,二曰敬故,三曰進賢,四曰使能,五曰保庸,六曰尊貴,七曰達吏,八曰禮賓。

賈 鄭云:〔一〕"統,所以合(率)[牽]以等物也。"〔二〕此八者,民與在上同有。物,事也。謂(率)[牽]下民,〔三〕使與上合,皆有以等其事,上行之,下效之也,故以萬民爲主也。〔四〕

【校注】

〔一〕鄭:賈《疏》上有"以八統至禮賓釋曰"。

〔二〕率:賈《疏》作"牽"。阮《校》曰:"余本、岳本、嘉靖本同,閩、監、毛本'牽'作'率',誤。此本上作'玄',而下從'牛',是本作'牽'也。今訂正。"據阮《校》改。

〔三〕率:賈《疏》作"牽"。據前注引阮《校》改。

〔四〕也:賈《疏》下有"一曰"至"賓也"。

鶴山先生云 統有總統之意,〔一〕如綱領之屬,〔二〕若創業、垂統,〔三〕是總於祖宗而垂之無窮。且制、度、紀、綱是四件物,[四]《儀禮》:純爲全匹,半匹爲制,[五]幣長一丈八尺。如銖祇是二十四銖,[六]今廣稱二十五銖,便非古制。“八統”如《中庸》“九經”。[七]達吏不可拘“在下位不能自達者”。[八]吏則通上、下之官,[九]稱之三公,謂之三吏,[一〇]孟子以諸侯爲天吏,[一一]今之吏部,則舉天下之官皆掌之。胥、史謂之吏,[一二]不知起於何時。

【校注】

〔一〕總統:全面、全部統理、統率。《漢書》卷一九上《百官公卿表上》:“坐而議政,無不總統。”

〔二〕綱:本指漁網上的繩子,用以拖拽起漁網。領:本指衣領。《南齊書》卷五四《顧歡傳》:“臣聞舉網提綱,振裘持領,綱領既理,毛目自張。”引申爲總綱、要領之義。《三國志》卷二二《陳矯傳》:“所在操綱領,舉大體。”

〔三〕垂統:統系綿延後傳。《孟子·梁惠王下》:“君子創業垂統,爲可繼也。”《疏》曰:“《孟子》又言君子在上,基創其業,垂統法於後世。”《漢書》卷五七上《司馬相如傳上》:“非所以爲繼嗣創業垂統也。”郭璞《注》曰:“言不可以示將來也。”

〔四〕制:古代的一種長度單位,長一丈八尺。《儀禮·聘禮》《注》曰:“《朝貢禮》云:‘……制,丈八尺。’”《疏》曰:“制謂舒之長短。”度:長度單位。《尚書·舜典》:“同律度量衡。”《釋文》引鄭玄《注》曰:“度如字,丈尺也。”《疏》曰:“度者,分、寸、尺、丈、引,所以度長短也。本起於黄鐘之管長。以子穀秬黍中者,以一黍之廣度之,千二百黍爲一分。十分爲寸,十寸爲尺,十尺爲丈,十丈爲引,而五度審矣。”紀綱:本義爲網罟的綱繩。《墨子·尚同中》:“譬之若絲縷之有紀,而罔罟之有綱也。”(《墨子閒詁》,第八五頁)《吕氏春秋·用民》:“用民有紀有綱,壹引其紀,萬目皆起,壹引其綱,萬目皆張。”(《吕氏春秋新校釋》,第一二七九頁)後引申爲法度、綱領。《尚書·五子之歌》:“亂其紀綱,乃底滅亡。”亦作“綱紀”,治理、管理之義。《詩經·大雅·棫樸》:“勉勉我王,綱紀四方。”《箋》云:“以罔罟喻爲政,張之爲綱,理之爲紀。”《疏》曰:“《説文》云:‘綱,網紘也。紀,别絲也。’然則綱者,網之大繩,故《盤庚》云:‘若網在綱,有條而不紊。’是其事也。以舉綱能張網之目,故‘張之爲綱’也。紀者,别理絲縷,故‘理之爲人’。以喻爲政有舉大綱,赦小過者;有理微細,窮根源者。”後引申出法制、制度、法則、準則之義。《史記》卷一三〇《太史公自序》:“夫春生夏長,秋收冬藏,此天道之大經也,弗順則無以爲天下綱紀。”

〔五〕《儀禮·聘禮》《注》曰:“《朝貢禮》云:‘純,四隻。’”《疏》曰:“純謂幅之廣狹。”

〔六〕銖:中國古代的重量單位。其具體重量,古代文獻記載不一。或謂一百黍爲一銖。《漢書》卷二一上《律曆志上》:“權者,銖、兩、斤、鈞、石也,所以稱物平施,知輕重也。本起於黄鐘之重,一龠容千二百黍,重十二銖,兩之爲兩。二十四銖爲兩,十六兩爲斤。”《孫子算經》卷上:“稱之所起,起於黍,十黍爲一絫,十絫爲一銖,二十四銖爲一兩,十六兩爲一斤。”或謂九十六黍爲一銖。《説苑》卷一八《辨物》:“十六黍爲一豆,六豆爲一銖。”《注》曰:“盧曰:‘《志》《注》:“十粟重一圭,十圭重一銖。”《御覽》八百三十作“十粟重一豆,六豆重一銖。”’承周案:豆之爲量,於此無施。字疑當作‘圭’。(《孫子算經》:‘六粟爲圭。’脱‘十’字。)《漢志》《注》引應劭曰:‘十黍爲一絫,十絫爲一銖。’則銖重百黍。此文十六黍爲圭,六圭爲一銖,則銖重九十六黍。”(《説苑校證》,第四五四頁)或謂一百四十四粟爲一銖。《淮南子·天文訓》:“十二粟而當一分,十二分而當一

銖。”(《淮南鴻烈集解》,第一一七頁)

〔七〕八統:《周禮·天官·大宰》:“以八統詔王馭萬民:一曰親親,二曰敬故,三曰進賢,四曰使能,五曰保庸,六曰尊貴,七曰達吏,八曰禮賓。”中庸:《禮記》中之一篇。其主體思想是教育人們自覺進行自我修養、自我監督、自我教育、自我完善,把自己培養成具有理想人格,達到至善、至仁、至誠、至道、至德、至聖、合外内之道的理想人物。宋代前,司馬遷、鄭玄、沈約、孔穎達等,多認爲此篇是孔子孫子思所作。宋代程顥、程頤、朱熹等亦持此説。歐陽修提出質疑,其後葉適、崔述等皆有質疑。否定子思作《中庸》的重要證據是,《中庸》第二十九節有“今天下車同軌,書同文,行同倫”之語,持否定態度的學者認爲,衹有秦始皇統一六國後,纔能出現此類論述,由此可否定戰國初期的子思撰《中庸》之説。對此,李學勤先生認爲,其中的“今”應訓爲“若”,假設之辭。不宜因此懷疑《中庸》的撰作時代和作者。一九九六年,湖北省荆門市郭店鄉考古發掘戰國晚期楚墓。隨之出土的一批竹簡,被學界命名爲《性自命出》,其内容與《中庸》頗有類同或契合之處。上海博物館入藏楚簡中的《從政》篇,與《中庸》《緇衣》及郭店楚簡相關篇章内容十分相近或相通。因此,丁鼎先生指出:古人稱《緇衣》《中庸》同出於《子思子》之説,不爲無據。《中庸》一書主要由子思所作。當然,其中必然如同先秦衆多典籍的成書規律一樣,不可避免地會摻入後人附益的文字,估計其主體部分成書不會晚於戰國初期。(《禮記解讀》,第五四〇—五四一頁)九經:《禮記·中庸》記載的孔子所説的治理天下國家的九條準則:“凡爲天下國家有九經,曰:修身也,尊賢也,親親也,敬大臣也,體群臣也,子庶民也,來百工也,柔遠人也,懷諸侯也。”《注》曰:“體,猶接納也。子,猶愛也。‘遠人’,蕃國之諸侯也。”《疏》曰:“‘凡爲天下國家有九經’者,此夫子爲哀公説治天下國家之道,有九種常行之事，論九經之次目也。‘體群臣也’者，體謂接納，言接納群臣，與之同體也。‘子庶民也’者，謂子愛庶民也。‘來百工也’者，謂招來百工也。”

〔八〕在下位不能自達者：賈《疏》文。鄭玄《注》曰：“達吏，察舉勤勞之小吏也。”賈《疏》曰：“吏勤勞在民間，在下位不能自達者。”

〔九〕上下之官：此處指高級官員與低級官員。

〔一〇〕三吏：中國古時對“三公”的另一稱謂。《左傳·成公二年》：“王使委於三吏。”《注》曰：“三吏，三公也。”《釋文》：“三公者，天子之吏也。”《疏》曰：“《曲禮》云：‘五官之長曰“伯”，其擯於天子也，曰“天子之吏”。’鄭玄云：‘謂三公也。’是三公稱吏，故知‘三吏，三公也’。”

〔一一〕天吏：《孟子·公孫丑上》：“無敵於天下者，天吏也。”《注》曰：“言諸侯所行能如此者，何敵之有？是爲天吏，天吏者，天使之也。爲政當爲天所使，誅伐無道，故謂之天吏也。”

〔一二〕胥、史：周代小吏之官名。《周禮·天官·序官》：“府六人，史十有二人，胥十有二人，徒百有二十人。”《注》曰：“府，治藏。史，掌書者。凡府、史皆其官長所自辟除。……胥讀如‘諝’，謂其有才知，爲什長。”《疏》曰：“府，治府藏。史，主造文書也。……案下《宰夫》八職云：‘五曰府，掌官契以治藏。六曰史，掌官書以贊治。’……《周禮》之内，府、史大例皆府少而史多，而府又在史上，唯有御史百有二十人，特多而在府上。鄭云：‘以其掌贊書數多也。’又有府兼有史，以其當職事繁故也。或空有史而無府者，以其當職事少，得史即足故也。至於角人、羽人等，直有府無史，以其當職文書少，而有税物須藏之，故直有府也。腊人、食醫之等府、史俱無者，以其專官行事，更無所須故也。《周禮》之内，唯有天府一官特多於史，以其所藏物重故也。……周室之内稱‘胥’者，多謂若大胥、小胥、胥師之類，雖不爲什長，皆是有才智之稱。彼不讀從‘諝’，從此讀可知。唯有追胥，胥是伺捕盜賊，非有才智也。……《周禮》上下文，有胥必有徒，胥爲什長故也。腊人之類，空有徒無胥者，得徒則足，不假長帥故也。食醫之類，胥、徒并無者，以其專官行事，不假胥、徒也。”

又云〔一〕　天官冢宰盡統衆職，自小宰已下，〔二〕無非分職授任，各有條理，以此知冢宰事無不統。

【校注】

〔一〕又云：四庫本無。

〔二〕已：四庫本作“以”。

以九職任萬民：一曰三農，生九穀。二曰園圃，毓草木。〔一〕**三曰虞衡，作山澤之材。四曰藪牧，**〔二〕**養蕃鳥獸。五曰百工，飭化八材。六曰商賈，阜通貨(財)［賄］。**〔三〕**七曰嬪婦，化治絲枲。八曰臣妾，聚斂疏材。九曰閒民，無常職，轉移執事。**

【校注】

〔一〕毓：《周禮·天官·大宰》《釋文》：“毓，古‘育’字。”養育、養殖。

〔二〕藪：草生長茂盛的湖澤。《左傳·宣公十五年》《疏》曰：“《周禮》虞之官有大澤大藪，小澤小藪。《爾雅》十藪皆是大澤，則藪是澤類。鄭玄《周禮注》云：‘澤，水所鍾也。水希曰藪。’是藪者，澤之少水之名也。……山有木,藪有草……藪是澤類,而杜云'山之有林藪'者,藪雖澤類,《傳》文與山相連。藪是草木積聚之處,近山、近澤,皆得稱藪。上既有'川澤'之文,下别云'山藪'之事,此藪近山,故杜云'山之有林藪也'。劉炫以爲'澤旁之藪',以規杜氏,非也。"《爾雅·釋地》:"魯有大野。晋有大陸。秦有楊陓。宋有孟諸。楚有云夢。吴、越之間有具區。齊有海隅。燕有昭余祁。鄭有圃田。周有焦護。十藪。"

〔三〕財:《周禮·天官·大宰》、益齋本作"賄"。按:應作"賄",據改。六曰商賈阜通貨賄:《周禮·天官·大宰》《疏》曰:"謂商賈之家,所爲事業,通貨賄,使之阜盛。"

[先]鄭〔一〕　三農,平地、山、澤也。

【校注】

〔一〕鄭:益齋本上有"賈云"。按:如據益齋本,則此節及下節均爲賈《疏》文,無須分節。此處從開慶本、四庫本、安氏本之分節。此處魏氏僅謂"鄭",未明言是鄭衆還是鄭玄。"三農,平地、山、澤也"係鄭衆對"三農"的詮釋,鄭玄曰:"三農,原、隰及平地。"則此處所謂"鄭",當指鄭衆,故補"先"字。

賈〔一〕　先鄭以九穀爲黍、〔二〕稷、秫、稻、麻、大小豆、大小麥,〔三〕後鄭以無秫、〔四〕大麥,而有粱、苽。〔五〕《爾雅》:"高平曰原,〔六〕下濕曰隰。"原及平地可種黍、稷之等,隰中可種稻、麥及苽也。〔七〕後鄭三農乃以平地及原、隰,〔八〕謂山澤不生九穀。〔九〕下《食醫》亦云,〔一〇〕凡膳食之宜,有"犬宜粱,魚宜苽",以知無秫、〔一一〕

大麥，〔一二〕而有粱、〔一三〕苽。〔一四〕《地官》：〔一五〕掌山、澤者謂之虞，〔一六〕掌川、林者謂之衡。〔一七〕澤無水曰藪，〔一八〕牧田在遠郊。〔一九〕

【校注】

〔一〕此節爲賈《疏》文，魏氏將其與前節《周禮·天官·大宰》《注》引鄭衆語合爲一節，易被誤解爲鄭衆注文。仿前文例，將其單獨成節，節首加"賈"字。

〔二〕先鄭以：賈《疏》作"云"。云：賈《疏》上有"以九"至"之也"。爲：賈《疏》無。

〔三〕麥：賈《疏》下有"者"。

〔四〕後：賈《疏》上有"此九者"。以：賈《疏》、益齋本下有"爲"。

〔五〕苽：賈《疏》下有"八材"至"地者"。苽：一名"蔣"，亦作"菰""雕苽""雕胡"。宋之前，一般稱其爲"菰菜"。至宋代始有"茭白"之名，沿用至今。禾本科菰屬多年生宿根水生草本植物，是一種糧、菜兼用的作物。

〔六〕高：《爾雅·釋地》作"廣"。"孫校：《爾雅》本作'廣平曰原，高平曰陸'，此非其原文。"（北京大學出版社版《周禮注疏》，第三三頁）《爾雅·釋地》："下濕曰隰，大野曰平，廣平曰原，高平曰陸。"賈氏不僅誤記"廣"字爲"高"字，且顛倒"下濕曰隰""廣平曰原"二句先後順序。《爾雅·釋地》《疏》曰："云'廣平曰原'者，謂澤之廣平者亦名原。"

〔七〕也：賈《疏》下有"云九"至"菰者"。

〔八〕後鄭三農乃以平地及原隰：賈《疏》作"云玄謂三農原隰及平地者"。按：賈《疏》此句原在"《爾雅》高平曰原"句前，魏氏改寫後，置於"麥及苽也"句後。

〔**九**〕謂山澤：賈《疏》作“以其”至“曰澤”。此句賈《疏》在“鄭司農云三農”句下，魏氏删略改寫後移至此。

〔**一〇**〕亦：賈《疏》無。

〔**一一**〕以：賈《疏》作“故”。無秫：賈《疏》無。

〔**一二**〕大麥：賈《疏》無。

〔**一三**〕而：賈《疏》無。

〔**一四**〕苽：賈《疏》下有“也”。

〔**一五**〕地：賈《疏》上有“且前”至“者案”。地官：《周禮》記載的繼天官系統後的職官系統，其主官爲大司徒，副職爲小司徒。《周禮·地官·序官》《疏》曰：“鄭《目録》云：‘象地所立之官。司徒主衆徒。地者載養萬物，天子立司徒掌邦教，亦所以安擾萬民。’釋曰：既言象地所立，則此六十官皆法地，與《天官》言象天義异矣。”

〔**一六**〕虞：此處指山虞、澤虞，《周禮》記載的地官系統的職官，大司徒的屬官。其職掌分别詳見《周禮·地官·山虞》《周禮·地官·澤虞》。

〔**一七**〕川：益齋本作“山”。林：四庫本、安氏本作“材”。衡：賈《疏》下有“則衡”至“民也”。衡：此處指林衡、川衡，《周禮》記載的地官系統的職官，爲大司徒屬官。其職掌，分别詳見《周禮·地官·林衡》《周禮·地官·川衡》。

〔**一八**〕澤：賈《疏》上有“云”。藪：賈《疏》下有“者地”至“藪也”。

〔**一九**〕牧：賈《疏》上有“云”，下有“牧”。郊：賈《疏》下有“知者”至“大荒”。按：其中“鄭約”至“大荒”見於魏氏下引賈《疏》，有删略。

賈〔一〕　謂鄭約家人所受田處即有牧六畜之地，〔二〕故云“遠

郊"。〔三〕

【校注】

〔一〕賈:益齋本無。按:此節爲賈《疏》文,節首應有"賈"字。

〔二〕按:此句原在前節"在遠郊"句後之"知者"至"無文"句下。本節與前節皆爲賈《疏》,本無需單獨成節。但因諸本皆誤將前二節視爲鄭玄《注》文,故此處保留《四部叢刊初編》本、四庫本、安氏本三本原貌,將其單獨成節,節首有"賈"字。謂:賈《疏》無,益齋本上有"又"。鄭:賈《疏》上有"知者"至"無文"。約:賈《疏》下有"與"。家人:蔣抄本作"宀亼"。按:"宀亼"或當是"家人"闕殘。牧:賈《疏》無。

〔三〕云:賈《疏》下有"在"。郊:賈《疏》下有"也"。

鄭司農云〔一〕　八材,珠曰切,象曰瑳,〔二〕玉曰琢,石曰磨,木曰刻,金曰鏤,革曰剥,羽曰析。

【校注】

〔一〕此節爲《周禮·天官·大宰》《注》引鄭衆語。魏氏將其與前節合爲一節,易誤解爲賈《疏》文。仿前文例,將其單獨成節,節首加"鄭司農云"。

〔二〕瑳:四庫本、益齋本作"磋"。阮《校》曰:"余本、嘉靖本同,閩、監、毛本'瑳'改'磋'。案:《釋文》作'瑳'。"瑳:玉色鮮白。

賈〔一〕　金玉曰貨。〔二〕案《食貨志》,〔三〕王莽居攝,"更作金、〔四〕銀、〔五〕龜、〔六〕貝、〔七〕錢、〔八〕布之器,〔九〕名曰寶貨"。〔一〇〕

嬪,[一一]婦人之美稱。[一二]臣妾,[一三]男女貧賤之稱。[一四]疏材,[一五]百草根實可食者。[一六]《爾雅》:[一七]疏、穀皆不孰爲大荒。[一八]

【校注】

〔一〕此節爲賈《疏》文。魏氏將其與前節合爲一節,易被誤解爲《周禮·天官·大宰》《注》引鄭衆語。仿前文例,將其單獨成節,節首加"賈"。

〔二〕金:賈《疏》上有"以九"至"也云"。貨:賈《疏》下有"者"。

〔三〕食貨志:此處指《漢書·食貨志》,《漢書》篇名,分上、下二篇。《漢書》卷二四上《食貨志上》:"《洪範》八政,一曰食,二曰貨。食謂農殖嘉穀可食之物,貨謂布帛可衣,及金刀龜貝,所以分財布利通有無者也。"通過對先秦至西漢社會經濟狀況的考察,對歷代施行的財經措施及其得失進行探討。上篇概括了先秦各家重視農業生產的思想,繼而叙述了戰國以後直到西漢的農業經濟狀況。下篇叙述了自先秦至西漢時期貨幣演變的過程,從總結歷史的經驗教訓出發,説明貨幣流通在國民經濟中的重要作用。《漢書·食貨志》的出現,爲後代修史樹立了典範。在"二十四史"中,繼《漢書》後,《晋書》《魏書》《隋書》《舊唐書》《新唐書》《舊五代史》《宋史》《遼史》《金史》《元史》《明史》,均仿《漢書》體例,撰《食貨志》專篇。另外,唐代杜佑《通典》也首列"食貨",專門論述上溯唐虞、下迄唐玄宗天寶年間的經濟問題。元代馬端臨《文獻通考》,全書二十四考,有關經濟方面的資料,如《田賦考》《錢幣考》《户口考》《職役考》《徵考》《市考》《土貢考》《國用考》,占全書篇幅約三分之一。

〔四〕金:《漢書》卷二四下《食貨志下》:"黄金重一斤,直錢萬。"

〔五〕銀:《漢書》卷二四下《食貨志下》:"朱提銀重八兩爲一流,

直一千五百八十。它銀一流直千。是爲銀貨二品。”

〔六〕龜:《漢書》卷二四下《食貨志下》:“元龜岠冉長尺二寸,直二千一百六十,爲大貝十朋。公龜九寸,直五百,爲壯貝十朋。侯龜七寸以上,直三百,爲幺貝十朋。子龜五寸以上,直百,爲小貝十朋。是爲龜寶四品。”

〔七〕貝:《漢書》卷二四下《食貨志下》:“大貝四寸八分以上,二枚爲一朋,直二百一十六。壯貝三寸六分以上,二枚爲一朋,直五十。幺貝二寸四分以上,二枚爲一朋,直三十。小貝寸二分以上,二枚爲一朋,直十。不盈寸二分,漏度不得爲朋,率枚直錢三。是爲貝貨五品。”

〔八〕錢:《漢書》卷二四下《食貨志下》:“小錢徑六分,重一銖,文曰‘小錢直一’。次七分,三銖,曰‘幺錢一十’。次八分,五銖,曰‘幼錢二十’。次九分,七銖,曰‘中錢三十’。次一寸,九銖,曰‘壯錢四十’。因前‘大錢五十’,是爲錢貨六品,直各如其文。”

〔九〕布:《漢書》卷二四下《食貨志下》:“大布、次布、弟布、壯布、中布、差布、厚布、幼布、幺布、小布。小布長寸五分,重十五銖,文曰‘小布一百’。自小布以上,各相長一分,相重一銖,文各爲其布名,直各加一百。上至大布,長二寸四分,重一兩,而直千錢矣。是爲布貨十品。”師古曰:“布亦錢耳。謂之布者,言其分布流行也。”

〔一〇〕貨:賈《疏》下有“是自”至“玉也”。引文出自《漢書》卷二四下《食貨志下》:“凡寶貨五物,六名,二十八品。……其金、銀與它物雜,色不純好,龜不盈五寸,貝不盈六分,皆不得爲寶貨。”按:王莽作金、銀、龜、貝、錢、布之品事,在其稱帝之後,非居攝年間(六—八年)事。“莽即真,以爲書‘劉’字有金刀,乃罷錯刀、契刀及五銖錢,而更作金、銀、龜、貝、錢、布之品,名曰‘寶貨’。”居攝年間,王莽制造“大錢”“契刀”“錯刀”:“王莽居攝,變漢制,以周錢有子母相權,於是更造大錢,徑寸二分,重十二銖,文曰‘大錢五十’。又造契刀、錯刀。契刀,其環如大錢,身形如刀,長二寸,文曰‘契刀五百’。錯刀,以黄金錯其文,曰‘一刀直五千’。與五銖錢凡四品,并行。”賈氏或混淆二文,故有是語。

〔一一〕嬪:賈《疏》上有“云”。

〔一二〕稱:賈《疏》下有“也者”至“義耳”。嬪:有文獻謂係中國古時對已經去世的妻子的稱謂。《禮記·曲禮下》:“生曰‘父’、曰‘母’、曰‘妻’,死曰‘考’、曰‘妣’、曰‘嬪’。”《注》曰:“更設稱號,尊神异於人也。”“嬪,婦人有法度者之稱也。”《疏》曰:“此生死异稱,出《爾雅》文,言其别於生時耳。若通而言之亦通也。《尚書》云:‘大傷其考心。’又云:‘聰聽祖考之彝訓。’《倉頡篇》云:‘考妣延年。’《書》云‘嬪於虞’,《詩·大明》云‘曰嬪於京’,《周禮》九嬪之官,并非生死异稱矣。”《詩經·大雅·大明》《傳》曰:“嬪,婦。”《疏》曰:“‘嬪,婦’,《釋親》文。《下曲禮》云:‘生曰妻,死曰嬪。’此生而言嬪者,《周禮》立九嬪之官,婦人有德之稱。妻死,其夫以美號名之,故稱嬪也。若非夫於妻,傍稱女婦有德,雖生亦曰嬪,故《書》曰‘嬪於虞’,亦是生稱之也。”

〔一三〕臣:賈《疏》上有“云”。

〔一四〕稱:賈《疏》下有“者或”至“之也”。鄭玄《注》曰:“晋惠公卜懷公之生,曰:‘將生一男一女,男爲人臣,女爲人妾。’生而名其男曰圉,女曰妾。及懷公質於秦,妾爲宦女焉。”賈《疏》曰:“《左氏傳》僖十七年,夏,晋大子圉爲質於秦,惠公之在梁,梁伯妻之。梁嬴孕,過期,卜招父與其子卜之。其子曰:‘將生一男一女。’招曰:‘然,男爲人臣,女爲人妾。’及生,男曰圉,女曰妾。注:‘養馬曰圉,不聘曰妾。’後子圉西質,妾爲宦女是也。此鄭與文异者,鄭以義增之也。”《左傳·僖公十七年》《注》曰:“不聘曰妾。”《疏》曰:“《内則》云‘聘則爲妻,奔則爲妾’是也。”後亦用作臣下、晚輩及其妻對君主、長輩的謙稱。

〔一五〕疏：賈《疏》上有“云”。

〔一六〕可食：賈《疏》無。者：賈《疏》下有“百草”至“饉者”。

〔一七〕雅：賈《疏》下有“云穀”至“爲饉”。

〔一八〕爲：賈《疏》作“則曰”。

鶴山先生云　嬪止匹妃之稱，《傳》《注》泥堯女、邑姜是有德行之妃，〔一〕故以爲美稱。横渠破“生曰妻，死曰嬪”之説，〔二〕最是。疏材，案《委人》：〔三〕“掌斂野之賦，斂薪芻，〔四〕凡疏材、木材，凡畜聚之物。〔五〕凡疏材，共野委兵器與其野囿財用。”《注》：“軍旅又有疏材，以助禾粟。野委，謂廬宿比之薪芻。〔六〕其兵器，謂守衛陳兵之器。〔七〕野囿之財用，〔八〕苑囿藩籬之材。”〔九〕故臣妾聚斂之。間民，《載芟》詩曰：〔一〇〕“侯彊侯以。”《注》：“彊，有餘力者，〔一一〕以謂間民，今時傭賃也。〔一二〕《春秋》之義，〔一三〕能東西之曰以。”〔一四〕朱氏謂“庸力之人，隨主人所左右”是也。〔一五〕

【校注】

〔一〕泥：拘泥。堯：謚號，《史記集解》引《謚法》曰：“翼善傳聖曰堯。”《索隱》：“堯，謚也。”《謚法》卷一《堯》：“大而難名曰堯。”名放勛，其生平、事迹具載《史記》卷一《五帝本紀》、《繹史》卷九《陶唐紀》。堯將自己的兩個女兒嫁給舜，從女兒的行爲舉止觀察舜的品德。《尚書·堯典》：“帝曰：‘我其試哉！女於時，觀厥刑於二女。’釐降二女於嬀汭，嬪於虞。”邑姜，文獻記載爲齊太公姜尚女，周武王妻。《詩經·大雅·大明》《疏》曰：“大姜、大任、大姒皆稱大，明皆尊而稱之。唯武王之妻，《左傳》謂之‘邑姜’，不稱大，蓋避大姜故也。”《左傳·昭公元年》：“當武王邑姜，方震大叔。”《注》曰：“邑姜，武王后，齊大公之女。”《疏》曰：“《傳》言‘武王邑姜’，繫之武王，知是武王后也。十二年《傳》稱‘吕級王舅’，級是齊大公之子丁公也。級爲王舅，知邑姜是大公之女也。”

〔二〕横渠：指北宋哲學家，關學的創始人，“北宋五子”之一，理學創始人之一的張載。張載（一〇二〇——一〇七七年），字子厚，鳳翔郿縣（今陝西眉縣）横渠鎮人，世稱横渠先生，尊稱張子。南宋寧宗嘉定十三年（一二二〇年），賜謚曰明公。南宋理宗淳祐元年（一二四一年），賜封郿伯，從祀孔廟。明世宗嘉靖九年（一五三〇年），改稱先儒張子。其生平、事迹具載《宋史》卷四二七《張載傳》。破：此處指駁斥、改變傳統舊説。

〔三〕委人：《周禮》所載地官系統的官員，大司徒的屬官。其職掌詳見《周禮·地官·委人》。

〔四〕薪芻：薪柴和牧草。

〔五〕物：《周禮·地官·委人》下有“以稍”至“薪芻”。《周禮·地官·委人》《注》曰：“野，謂遠郊以外也。所斂野之賦，謂野之園圃、山澤之賦也。凡疏材，草木有實者也。凡畜聚之物，瓜瓠葵芋，禦冬之具也。”

〔六〕芻：《周禮·地官·委人》《注》下有“也”。廬：此處指《周禮》記載的每隔十里修築的建築，内有水、食物等，可供行人飲食、歇息。《周禮·地官·遺人》：“凡國野之道，十里有廬，廬有飲食。”《注》曰：“廬，若今野候，徙有房也。”《疏》曰：“此舉漢法以況義。漢時野路候迎賓客之處皆有房舍，與廬相似。”

〔七〕器：《周禮·地官·委人》《注》下有“也”。

〔八〕用：《周禮·地官·委人》《注》下有“者”。

〔九〕籬：《周禮·地官·委人》《注》作“羅”。

〔一〇〕載芟：《詩經·周頌》詩名。《詩序》曰：“春籍田而祈社稷也。"《傳》曰:"除草曰芟。"《箋》云:"載,始也。"《釋文》:"芟……除草也。"《疏》曰:"《載芟》詩者,春籍田而祈社稷之樂歌也。謂周公、成王太平之時,王者於春時親耕籍田,以勸農業,又祈求社稷,使穫其年豐歲稔。詩人述其豐熟之事,而爲此歌焉。經陳下民樂治田業,收穫弘多,釀爲酒醴,用以祭祀。是由王者耕籍田、祈社稷、勸之使然,故《序》本其多穫所由,言其作頌之意。經則主説年豐,故其言不及籍、社,所以《經》《序》有异也。"

〔一一〕有餘力者:《詩經·周頌·載芟》《箋》下有"《周禮》曰以强予任民"。《詩經·周頌·載芟》《疏》曰:"强有餘力,謂其人强壯,治一夫之田仍有餘力,能佐助他事者也。"

〔一二〕《詩經·周頌·載芟》《疏》曰:"'以謂閑民,今時傭賃'者,《太宰》'以九職任萬民,其九曰閑民,無常職,轉移執事',鄭司農云:'閑民謂無事業者。轉移爲人執事,若今時傭力也。'是有閑民傭賃之事也。"

〔一三〕《詩經·周頌·載芟》《疏》曰:"此傭力隨主人所東西,故稱以也。僖二十六年《左傳》曰:'凡師能左右之曰以。'左右即東西也。彼雖爲師發例,要以者,任其東西,故引之以證此。"

〔一四〕東西:安氏本字迹模糊,難以辨認;益齋本作"左右"。以:鄭玄《箋》下有"成王"至"種也"。"疆有"至"曰以":《詩經·周頌·載芟》《箋》文。

〔一五〕朱氏:益齋本作"間民"。庸:四庫本作"傭"。《周官義疏》卷二《大宰》:"朱子曰:'《詩》"侯以"即所謂閑民。"轉移執事"者,若今時傭力之人隨主人所左右者也。'"

又云 古無"豆"之稱,祇稱"菽"字,〔一〕"於豆於登"乃是俎豆之豆,〔二〕先、〔三〕後鄭以菽爲豆,疑此字自漢始。

【校注】

〔一〕祇:益齋本此處爲一墨釘,無字。稱:四庫本作“是”。《詩經·大雅·生民》:“蓺之荏菽,荏菽旆旆。”《傳》曰:“荏菽,戎也。”《箋》云:“戎菽,大豆也。”《釋文》:“荏菽……‘叔’或作‘菽’,音同。郭璞云:‘今胡豆是。’”《疏》曰:“《釋草》云:‘戎菽謂之荏菽。’孫炎曰:‘大豆也。’此《箋》亦以爲大豆。樊光、舍人、李巡、郭璞皆云:‘今以爲胡豆。’璞又云:‘《春秋》“齊侯來獻戎捷”,《穀梁傳》曰:“戎菽也。”《管子》亦云:“北伐山戎,出冬葱及戎菽,布之天下。”今之胡豆是也。’案《爾雅》戎菽皆爲大豆,注《穀梁》者亦以爲大豆也。郭璞等以戎、胡俱是夷名,故以戎菽爲胡豆也。后稷種穀,不應捨中國之種,而種戎國之豆,即如郭言齊桓之伐山戎,始布其豆種,則后稷之所種者,何時絶其種乎?而齊桓復布之?禮有戎車,不可謂之胡車,明戎菽正大豆是也。”

〔二〕於豆於登:出自《詩經·大雅·生民》。《傳》曰:“木曰豆,瓦曰登。豆,薦葅醢也。登,大羹也。”《疏》曰:“《釋器》云:‘木豆謂之豆,瓦豆謂之登。’是木曰豆,瓦曰登。對文則瓦、木异名,散則皆名豆,故云瓦豆謂之登。《冬官·旊人》‘掌爲瓦器’,而云‘豆中懸’,鄭云:‘懸繩正豆之柄,瓦亦名豆也。’”《爾雅·釋器》:“木豆謂之豆。”《注》曰:“豆,禮器也。”《疏》曰:“案《周禮》旊人爲豆,‘實三而成觳,崇尺’。鄭《注》云:‘崇,高也。豆實四升。’又《祭統》云:‘夫人薦豆執校,執醴授之,執鐙。’鄭《注》云:‘校,豆中央直者也。鐙,豆下跗也。’又《禮圖》云:‘口圓,徑尺,黑漆,飾朱,中大夫以上畫以雲氣,諸侯以象,天子以玉。’皆謂飾其豆口也。然則豆者,以木爲之,高一尺,口足徑一尺,其足名鐙。中央直竪者名校,校徑二寸。總而言之名豆。豆實四升,用薦葅醢。……其飾則三代不同。《明堂位》曰:‘夏后氏以楬豆,殷玉豆,周獻豆。’《注》云‘楬,無异物之飾也。獻,疏刻之’是也。以供祭祀燕饗,故云‘禮器也’。”聶崇義曰:“舊《圖》云:‘豆高尺二寸,漆赤中。大夫已上畫赤雲氣,諸侯飾以象,天子加玉飾。皆謂飾口、足也。’……梁正、阮氏《圖》云:‘登,盛湆,以瓦爲之,受斗二升,口徑尺二寸,足徑尺八寸,高二尺四寸,小身,有蓋,似豆狀。’所記制度,并非禮文。類之於豆,則形制全大;比之豐坫,又高下相殊。既非正經,不可依據。臣崇義案……其在《周禮》:‘瓬人爲瓦豆,而實四升,高一尺,空徑二寸,厚半寸。’……然則瓦、竹、木之三豆,隨材造作,殊名,其制大小無异。”(《新定三禮圖》,第四二七、四三二頁)俎:中國古代祭祀或宴會時,使用的四脚方形青銅盤或木漆盤,常陳設牛、羊肉。《左傳·隱公五年》:“鳥獸之肉,不登於俎。”《注》曰:“俎,祭宗廟器。”

〔三〕先:益齋本此處爲一墨釘,無字。

以九賦斂財賄:一曰邦中之賦,二曰四郊之賦,三曰邦甸之賦,四曰家削本又作稍**之賦,**〔一〕**五曰邦縣之賦,六曰邦都之賦,七曰關市之賦,八曰山澤之賦,九曰幣餘之賦。**

【校注】

〔一〕阮《校》曰:“唐《石經》以下諸本同。《釋文》:‘家削,本亦作稍,又作鄁。’案《疏》云:‘舉家稍以表公邑之民。’蓋經用古字,作‘家削’;《注》及《疏》用今字,作‘家稍’。有《釋文》、賈《疏》可證。而今本《注》及《疏》并依經作‘削’矣。按:依《説文》則當作‘鄁’。”

[**後**]**鄭**〔一〕 財,〔二〕泉穀也。

【校注】

〔一〕此節爲鄭玄《注》。魏氏將此節與下節合爲一節,易被誤解爲鄭衆注文。仿前文例,將其單獨成節,節首從益齋本加"後鄭"。

〔二〕財:益齋本上有"後鄭"。

鄭司農云〔一〕 "邦中之賦",〔二〕二十而税一,各有差也。"幣餘",百工之餘。

【校注】

〔一〕此節爲《周禮·天官·大宰》《注》引鄭衆語。魏氏將其與前節合爲一節,易被誤解爲鄭玄《注》文。仿前文例,將其單獨成節,節首從《周禮·天官·大宰》《注》引鄭衆語、益齋本加"鄭司農云"。

〔二〕邦:《周禮·天官·大宰》《注》引鄭衆語、益齋本上有"鄭司農云"。

後鄭謂〔一〕 賦,口率出泉也。今之算泉,〔二〕民或謂之賦,此其舊名與?鄉大夫"以歲時登其夫家之衆寡,辨其可任者。國中,自七尺以及六十。〔三〕野,自六尺以及六十有五,〔四〕皆徵之"。《遂師》之職亦云:"以徵其財徵。"〔五〕徵者謂此賦也。〔六〕邦中,在城郭者。四郊去國百里,邦甸二百里,家削三百里,邦縣四百里,邦都五百里。此平民也。關市、山澤謂占會百物,幣餘謂占賣國中之斥幣,〔七〕皆末作當增賦者,若今賈人倍算矣。自邦中以至幣餘,各入所有穀物,〔八〕以當賦泉之數。每處爲一書,所待异也。

【校注】

〔一〕後鄭：鄭玄《注》作“玄”。

〔二〕算：鄭玄《注》作“筭”。阮《校》曰：“余本、岳本、嘉靖本、閩本同。監、毛本‘筭’改‘算’，非。下及《疏》悉準此。按：古書多用‘筭’，少用‘算’者。”

〔三〕七尺：二十歲。《周禮·地官·鄉大夫》《疏》曰：“七尺謂年二十，知者，案《韓詩外傳》‘二十行役’，與此國中七尺同，則知七尺謂年二十。”

〔四〕六尺：十五歲。《周禮·地官·鄉大夫》《疏》曰：“六尺謂年十五，故《論語》云：‘可以托六尺之孤。’鄭《注》云：‘六尺之孤，年十五已下。’彼六尺亦謂十五，鄭言已下者，正謂十四已下亦可以寄托，非謂六尺可通十四已下。鄭必知六尺年十五者，以其國中七尺爲二十對六十，野云六尺對六十五，晚校五年，明知六尺與七尺早校五年，故以六尺爲十五也。”

〔五〕阮《校》曰：“浦鏜云：‘經無“其”字’。”

〔六〕徵者：鄭玄《注》作“皆”。

〔七〕幣：四庫本作“獘”。

〔八〕入：鄭玄《注》下有“其”。

賈　“以九賦斂財賄”，〔一〕此賦謂口率出泉，其處有九。〔二〕云賦得口率出泉，〔三〕則財賄非泉。而云“斂財賄”者，〔四〕計口出泉者取財賄，〔五〕以當算泉之賦，云“斂財賄”也。〔六〕變“邦”稱“家削”者，〔七〕謂三百里之内地名削，〔八〕其中有大夫采地，謂之家削。〔九〕大夫采地中，賦税入大夫家。但大夫家采地外，其地爲公邑，公邑之内，其民出泉，入王家，故舉家削以表公邑之民。〔一〇〕“邦縣之賦”者，〔一一〕四百里地名縣，有小都，賦入采地之主。其中公邑之民出泉，入王家也。“邦都之賦”者，〔一二〕其五百里中有大都。〔一三〕大都采地，其賦入主。外爲公邑，其中民所出泉入王家也。“關市之賦”，〔一四〕王畿四面皆有關門，及王之市廛三處，〔一五〕其民之賦口稅所得之泉也。“山澤之賦”，〔一六〕謂山澤之中財物，山澤之民以時入而取之，出稅以當邦賦，所稅得之物貯之，而官未用，〔一七〕有人占會取之，爲官出息。此人口稅出泉，謂之山澤賦也。〔一八〕“幣餘之賦”者，〔一九〕謂爲國營造，用物有餘，并歸之職幣，〔二〇〕得之不入府藏，則有人取之，爲官出泉，此人亦口稅出泉，謂之幣餘之賦。然關市、山澤、幣餘不出上六處，而特言者，以其末作，當增賦故也。〔二一〕賦爲口泉，〔二二〕鄭君引漢法民年(二)十五以上出口賦(鏤)[錢]，〔二三〕人百二十，以爲算。故於此《注》云：〔二四〕“今之算泉，民或謂之賦，此其舊名與?”〔二五〕邦中在城已下，〔二六〕至五百里，此皆約《載師》所云遠郊甸地、削地、縣地、畺地之等，〔二七〕遠近之差。〔二八〕

【校注】

〔一〕以：賈《疏》上有“以九至之賦釋曰云”。賄：賈《疏》下有“者”。

〔二〕九：賈《疏》下有“故云九也”。

〔三〕云：賈《疏》上有“既”。得：四庫本作“計”。“孫校：‘得’疑‘謂’之誤。”(北京大學出版社版《周禮注疏》，第三五頁)

〔四〕而：四庫本無。

〔五〕泉：賈《疏》、益齋本下有“無泉”。

〔六〕云：四庫本、益齋本上有“故”。也：賈《疏》下有“一曰”至“泉也”。

〔七〕變邦稱家削：賈《疏》作“四曰家削之賦”。

〔八〕三：賈《疏》、四庫本作“二”。阮《校》曰：“案‘二百里’當作‘三百里’。”

〔九〕家：賈《疏》下有“故名家”。

〔一〇〕削：賈《疏》作“稍”。民：賈《疏》下有“也”。

〔一一〕邦：賈《疏》上有“五曰”。

〔一二〕邦：賈《疏》上有“六曰”。

〔一三〕阮《校》曰：“浦鏜云：‘“其”下脱“國中四百里外”六字，從《儀禮經傳通解續》校。’按：六字可不增。即增之，‘國中’當作‘邦縣’。”

〔一四〕關：賈《疏》上有“七曰”。賦：賈《疏》下有“者”。

〔一五〕三：賈《疏》、四庫本、益齋本作“二”。《禮記·王制》：“市廛而不稅。”《注》曰：“廛，市物邸舍，稅其舍，不稅其物。”《疏》曰：“廛謂公家邸舍，使商人停物於中，直稅其所舍之處價，不稅其在市所賣之物。市内空地曰廛，城内空地曰肆。”

〔一六〕山：賈《疏》上有“八曰”。賦：賈《疏》下有“者”。

〔一七〕用：益齋本下有“者”。

〔一八〕澤：賈《疏》下有“之”。

〔一九〕幣：賈《疏》上有“九曰”。

〔二〇〕之：賈《疏》下有“於”。《周禮·天官·序官》《疏》曰：“《周禮》之内……諸稱‘職’者，謂若職幣、職内、職歲，財不久停，職之而已。”

〔二一〕也：賈《疏》下有“注財”至“各别”。

〔二二〕泉：賈《疏》下有“也”。

〔二三〕鄭:賈《疏》上有“是以”。君:四庫本作“氏”。上:賈《疏》下有“至六十”。“孫校:‘衛宏《漢舊儀》云:“今民男女年十五以上至五十六,出賦錢,人百二十,爲一算,以給車馬。”賈説即出於彼。此“十五”上衍“二”字,“五十六”訛“六十”,今并據彼删正。’”(北京大學出版社版《周禮注疏》,第三六頁)據孫校,删此句中的“二”字。鏤:賈《疏》、四庫本、益齋本作“錢”。按:當作“錢”,據改。

〔二四〕故:賈《疏》下有“鄭”。注:賈《疏》下有“亦”。

〔二五〕與:賈《疏》下有“又引”至“税也”。

〔二六〕邦:賈《疏》上有“云”。城:賈《疏》、四庫本、益齋本下有“郭”。已:四庫本無。

〔二七〕畺:北京大學出版社版《周禮注疏》作“疆”。

〔二八〕差:賈《疏》下有“云此”至“异也”。

鶴山先生云 三代,賦字衹是頒其式,以任井地所出獻於上,〔一〕初非計口出泉。唐陸贄猶以民間出泉爲不便,〔二〕況成周乎?〔三〕鄭氏以漢法解經,至熙寧而禍不可勝言,〔四〕此九賦又其一也。〔五〕《周禮》有三個縣字:〔六〕畿内爲天子之縣,〔七〕六遂上有縣,四等上有縣。〔八〕故漢猶以天子爲縣官。〔九〕字書無縣,〔一〇〕字即寰字。〔一一〕

【校注】

〔一〕中國的貢納關係起源於原始社會末期,夏朝建立後逐漸制度化。“貢”的原形是“共”,即提供、供給於上之意。古文獻也用“入(内)”“來”“獻”“來享”“來王”“賓”等表示貢納。《尚書·禹貢》記載,夏代實行的是“任土作貢”,即根據各地出産而納貢的制度。商朝時,外服與内服的貢納有較大差别:外服向商朝貢獻牲畜,但既無數量,亦無期限,可能衹是一種表示友善的象徵性貢納;内服須向商朝貢獻大量牲畜、甲骨及玉、弓、矢等。西周的貢納逐漸形成等級制度。在以農業爲主要生産部門的三代,農業生産物既是民衆衣食的基本來源,也是國家財政收入的主要構成。夏代田税的課徵形式,應對類似於商朝的"助"法,即采取力役形式的田税。(《中國賦役制度史》,第五—一二頁)

〔二〕陸贄:七五四—八〇五年,字敬輿,吴郡嘉興(今浙江嘉興)人,唐代著名政治家、文學家、政論家。其生平、事迹具載《舊唐書》卷一三九《陸贄傳》、《新唐書》卷一五七《陸贄傳》。民間出泉爲不便:百姓交納貨幣租税,多有不便。唐德宗於建中元年(七八〇年)正式采納楊炎於大曆十四年(七七九年)八月提出的建議,實行"兩税法"。徵收兩税時,由中央逐貫均配現錢,各州在徵足配額現錢後,其餘兩税錢額折納絹帛等物品。即便如此,當時錢币供給未見明顯好轉。各地尤其是江淮地區的錢荒局面最爲嚴重。這樣,兩税户交納現錢必然越來越困難,所以,政府有時允許應納現錢者以物折算,儘量維持配徵現錢的規定。(《中國賦役制度史》,第二六五—二八二頁)有鑒於此,陸贄上奏,建議減少貨幣租税的制度。奏議内容,詳見《新唐書》卷五二《食貨志二》。

〔三〕"唐陸贄"至"成周乎"二句:《周官義疏》卷二《大宰》前移至魏氏對"以八則治都鄙"句評述中。成周:西周滅商後,除以鎬京(今陝西西安)爲京都外,另於洛邑(今河南洛陽)修建新都,謂之"成周"。以鎬京爲"宗周"。此處魏氏以"成周"指代西周。

〔四〕"鄭氏"至"勝言":《周官義疏》改寫作"康成以漢制解經,以賦爲'口率出泉',三代安有口賦?王介甫用之以誤熙寧,皆鄭注啓之。"程元敏曰:"改易《周禮折衷》此條而成。"(《彙評》,第三三頁)按:程氏説誤。《周官義疏》文引自《鶴山集》卷一〇九《師友雅言下》。關於北宋神宗以後,歷代儒者臣僚對王安石變法措施中賦役制度之抨擊,詳參李華瑞《王安石變法研究史》,人民出版社二〇〇四年版。

〔五〕此:益齋本作"出"。

〔六〕魏氏此句并非意謂《周禮》經文中僅有三個"縣"字,而是指"縣"的三種含義,即下文魏氏所説的"天子之縣""六遂之縣""四甸之縣"。

〔七〕《周禮·地官·大司徒》《疏》曰:"殷、周皆稱'畿内',《王制》云'縣内',疑是夏時。"《禮記·王制》《疏》曰:"按殷之與周稱'畿',唐、虞稱'服',無云'縣'者。"

〔八〕等:四庫本作"甸"。按:"等"字無義,似應爲"甸"。

〔九〕縣官:中國古時對天子、國家的稱謂。《史記》卷五七《絳侯周勃世家》:"庸知其盗買縣官器。"《索隱》:"縣官謂天子也。所以謂國家爲縣官者,《夏官》王畿内縣即國都也。王者官天下,故曰縣官也。"

〔一〇〕字書:中國古代稱以字爲單位,解説漢字的形體、讀音、意義的書籍爲字書。漢字歷史悠久,形體的寫法隨世演變。由商、周的古文字發展爲篆書、隸書、草書、行書、真書,因此,出現了研究字形和根據字形以考證音義的書籍,即字書。《魏書》卷九一《江式傳》:"式於是撰集字書,號曰《古今文字》,凡四十卷。"唐封演曰:"顔真卿撰《韵海鏡源》二百卷……先起《説文》爲篆字,次作今文隸字,仍具别體爲證,然後注以諸家字書。"(《封氏聞見記校注》卷二《聲韵》,第一三——一四頁)中國古代的字書,大體上可以分爲以下五類:一、學童習誦的識字書,如李斯等《倉頡篇》、史游《急就篇》。或爲四言韵語,或爲七言韵語。《倉頡篇》已佚,《急就篇》今尚存。二、按形體偏旁分部編排的字書,如東漢許慎《説文解字》、南朝梁顧野王《玉篇》、宋代司馬光《類篇》、明代梅膺祚《字彙》、清代張玉書等《康熙字典》等。三、刊正字體的字書,如唐代顔元孫《干禄字書》、張參《五經文字》,宋代張有《復古編》,元代李文仲《字鑒》,明代焦竑《俗書刊誤》等。四、集録篆、隸、古文字的字書,如宋代郭忠恕《汗簡》、夏竦《古文四聲韵》,近代容庚《金文編》、孫海波《甲骨文編》等。五、用六書分析文字的字書,如宋代鄭樵《六書略》,元代戴侗《六書故》、楊桓《六書統》等。

〔一一〕“鄭氏”至“寰字”:《周禮注疏刪翼》卷二《大宰》無。

又云〔一〕 王畿四面有關,〔二〕謂之近關,〔三〕甸、稍、縣、鄙自有遠關。〔四〕

【校注】

〔一〕此節,諸本均將其與上節合爲一節。不同者,開慶本、安氏本“又云”二字皆加粗變黑,以示與前節有别。依前文例,將此節單獨成節。

〔二〕關:據《儀禮》《周禮》記載及鄭玄《注》,周代在王畿邊界處設有關隘,任命職官加以管理。《儀禮·聘禮》《注》曰:“古者竟上爲關,以譏异服,識异言。”《疏》曰:“古者境上爲關者,王城十二門,則亦通十二辰,辰有一門一關,諸侯未知幾關。魯廢六關,半天子,則餘諸侯亦或然也。”《周禮·地官·序官》:“司關,上士二人,中士四人,府二人,史四人,胥八人,徒八十人。每關下士二人,府一人,史二人,徒四人。”《注》曰:“關,界上之門。”《疏》曰:“此司關亦是總檢校十二關,所司在國内。……王畿千里,王城在中,面有五百里,界首面置三關,則亦十二關。”

〔三〕魏氏所説之“近關”,與文獻記載的“近關”含義并不相同。

《左傳·襄公十四年》:“從近關出。”《注》曰:“懼難作,欲速出竟。”《疏》曰:“衛都不當竟中,其界有遠有近,欲速出竟,故從近關出也。”《襄公二十六年》:“遂行,從近關出。……乃行,從近關出。”上述文獻所言“近關”,皆指與京都相距較近的關隘。

〔四〕鄙:四庫本作“都”。

以九式均節財用:一曰祭祀之式,二曰賓客之式,三曰喪荒之式,四曰羞服之式,五曰工事之式,六曰幣帛之式,七曰芻秣之式,八曰匪頒之式,九曰好用之式。

鄭司農云 匪,分也。頒讀爲班布之班,班謂班賜也。〔一〕

【校注】

〔一〕班謂之“班”:《周禮·天官·大宰》《注》引鄭衆語、益齋本無。

後鄭謂〔一〕 王所分賜群臣。〔二〕謂“好用”,〔三〕(然)[燕]好所賜予。〔四〕

【校注】

〔一〕按:魏氏將此節與前節合爲一節,易誤解,故將其單獨成節。後鄭:鄭玄《注》作“玄”。

〔二〕臣:鄭玄《注》、四庫本、益齋本下有“也”。

〔三〕謂:安氏本作“爲”,鄭玄《注》、四庫本、益齋本無。

〔四〕然:鄭玄《注》、四庫本、益齋本作“燕”。按:應作“燕”,據改。燕:燕禮。“燕”通“宴”,“《説文·宀部》云:‘宴,安也。燕,宴之假字。'"(《周禮正義》卷七《膳夫》,第二五一頁)宴飲之禮。《儀禮·燕禮》《疏》曰:"鄭《目録》云:'諸侯無事,若卿、大夫有勤勞之功,與群臣燕飲以樂之。燕禮於五禮屬嘉。《大戴》第十二,《小戴》及《别録》皆第六。'……案上、下經《注》,燕有四等。《目録》云諸侯無事而燕,一也。卿、大夫有王事之勞,二也。卿、大夫又有聘而來,還與之燕,三也。四方聘客與之燕,四也。"孫詒讓曰:"以王日三食,日中與夕食饌具減殺,别於禮食及朝食盛饌,故謂之燕食。與《小臣》《道僕》'燕出入'之'燕'義略同。《王制》孔《疏》謂食禮有二種:一是禮食,《大行人》諸公食禮九舉及《公食大夫禮》是也。二是燕食,謂臣下自與賓客旦夕共食……案:孔説禮食,即此下文王賓客食是也。蓋王無與臣下旦夕燕食之禮,故《士相見禮》君賜臣食,注亦以爲禮食。"(《周禮正義》卷七《膳夫》,第二五一頁)

以九貢致邦國之用:一曰祀貢,二曰嬪貢,三曰器貢,四曰幣貢,五曰(財)[材]貢,[一]六曰貨貢,七曰服貢,八曰斿貢,九曰物貢。

【校注】

〔一〕財:《周禮·天官·大宰》、四庫本、益齋本作"材"。按:下引鄭衆、鄭玄《注》亦作"材",據改。

鄭注 "嬪",故書作"賓"。[一]

【校注】

〔一〕故書:唐代至清代歷代儒者所釋,多有不同。賈《疏》曰:

“言‘故書’者,鄭注《周禮》時有數本。劉向未校之前,或在山岩石室有古文,考校後爲今文。古、今不同,鄭據今文注,故云‘故書作賓’。”清代儒者丁晏説與賈氏略同:“方《周官》之初出,未顯,爲故書古文。……成帝後,劉向子歆校理秘書,著於録略,是爲今文。”段玉裁曰:“《周禮》出於山岩屋壁入於秘府者爲故書,然則鄭君所傳爲今書也。……鄭君所見故書,非真秘府所藏也,亦轉寫之本,目爲秘府本耳。”阮元曰:“云‘故書’者,謂初獻於秘府所藏之本也。其民間傳寫不同者則爲今書。”徐養原曰:“《周禮》有故書、今書之别,《疏》謂‘劉向未校以前爲古文,既校以後爲今文’,非也。以鄭《注》考之,凡杜子春、鄭大夫、鄭司農所據之本,并是故書。故書、今書,猶言舊本、新本耳。《周禮》乃古文之書,何今文之有?劉向校書未卒業,子歆續成之。《周禮》蓋劉歆所校,杜子春、鄭大夫親從歆問,而并據故書作《注》,則故書乃校後之本也。……蓋杜、鄭之本故書也,賈、馬之本今書也。故書周壁中書,今書爲隸古定。”孫詒讓曰:“此經唯秘府所藏、河間獻王所獻者爲祖本,或爲古文書,與孔壁諸經同,此非二鄭所得見。然則所謂‘故書’者,有杜及二鄭所據之本,有鄭玄所據之本,要皆不必秘府舊帙,不過較之今書所出略前耳。今書則鄭玄所見同時傳寫之帙,蓋故書、今書皆不能確定其爲何家之本也。至杜、鄭所校本外,又有賈、馬二家,亦今書之别本。……則今書或本甚多,鄭亦不能悉校矣。……《禮經》雖有古文,而《小戴記》則本不出壁中,無古文,而亦得有故書,斯亦故書、今書不過新舊本之證也。”李雲光曰:“《周禮》之爲古文家所傳習,固不待言。許慎《五經异義》每稱‘古《周禮》説’是也。此僅就其師法而言,若以文字而論,則漢時似有古文、隸書二種寫本。鄭氏《注》中所謂‘故書’者,蓋皆由秘府抄出之古文本,此本字形未必爲大篆或科斗之文,殆《書序》所謂隸古也。其字形乃就古文體而從隸定之,存古爲可慕,以隸爲可識也。因所出較以通行隸法寫之者略前,故自杜子春以來,二鄭等悉以故書稱之。……是可見《注》中所稱故書,蓋轉載杜及二鄭之舊《注》,贊而辨之;故書之本,鄭氏殆未及見也。”楊天宇曰:“若籠統言之,説今書是鄭玄當時所見《周禮》的通行本,故書則是舊本,是過去的本子,蓋無大誤。”(《鄭玄三禮注研究》,第三八五—三八七頁。按:丁晏以下諸學者之説,皆轉引自楊天宇《鄭玄三禮注研究》)楊天宇曰:“李源澄所謂鄭玄校《周禮》以故書爲主的説法,確實是武斷而經不起推敲的。鄭玄校《周禮》,是以今書爲底本而參之以故書。其校勘的結果,發現故書之异文實皆不可從,故僅於《注》中録而存之。……再者,鄭玄之所以不以故書爲底本,不僅因爲故書异文不如今書爲長而不可從,還因爲故書多誤字。這是故書在其長期流傳過程中輾轉傳抄而不可避免的。而今書自東漢初年以來,由於有杜子春、鄭興、鄭衆、賈逵、衛宏、馬融、盧植等一班古文經學大師爲之校勘和訓詁解説,其本子自然優於故書。”鄭玄從今書而不從故書例有三十五條,大體上又可分爲五類,即鄭玄校《周禮》從今書不從故書的五項原則:一是字義貼切的原則,二是慣用易曉的原則,三是合理的原則,四是符合規範的原則,五是不輕改字的原則。鄭玄悉從今書而不從故書,亦難免有所不當者。有未審經義而誤從今書者二例,有自違其例而誤從今書者二例,有未審《周禮》詞例而誤從今書者一例。(《鄭玄三禮注研究》,第三八三—五二三頁)“王引之云:‘賓本字也,嬪借字也。讀當如其本字。……又案:《秋官·大行人》“侯服,其貢祀物;甸服,其貢嬪物。”嬪亦當讀爲賓。……故書作“頻物”,頻即賓之借字。鄭司農乃誤讀頻物爲嬪物,以爲嬪物婦人所爲物,後鄭因以絲枲當之。豈知《大行人》之其貢頻物,即《大宰》之賓貢乎!’案:王説足正後鄭之誤。”(《周禮正義》卷三《大宰》,第一〇六頁)

先鄭云[一] “祀貢”,犧牲包茅之屬。[二]“賓貢”,皮帛之屬。[三]“器貢”,宗廟之器。[四]“幣貢”,綉帛。“材貢”,材木也。[五]“貨貢”,珠貝自然之物也。“服貢”,祭服。[六]“斿貢”,羽毛。[七]“物貢”,九州之外,[八]各以其所貴爲摯。[九]肅慎貢楛矢之屬是也。[一〇]

【校注】

〔一〕先鄭:《周禮·天官·大宰》《注》引鄭衆語作“鄭司農”。

〔二〕包茅:成束的茅草。包,或作“苞”。《周禮·天官·甸師》阮《校》曰:“嘉靖本‘苞’作‘包’。此本《疏》引《左傳》亦作‘包’。閩、監、毛本改‘苞’。案:‘苞苴’‘苞裹’,字多從草,而《左傳》及《説文》‘茜’下引《春秋傳》皆作‘包’。‘茅’蓋從省。按:版本多依舊不同,作‘包’未爲非也。”

〔三〕賓貢:孫詒讓曰:“先鄭以賓貢爲供賓客之貢,後鄭因其與幣貢無别,故不從其義,然以經考之,實當以先鄭爲長。若然,此注所謂帛者,專指供賓客之帛而言。其他幣帛,并當入幣貢也。”(《周禮正義》卷三《大宰》,第一〇六頁)

〔四〕器貢:孫詒讓曰:“《大行人》‘器物’,後鄭注云‘尊彝之屬’,與先鄭同,與此注异。賈疏云:‘大行人因朝而貢者,得有成器。此歲之常貢,不得有成器,故後鄭不從也。’江永云:‘器貢,若昭十五年《左傳》魯壺之屬。傳曰:“諸侯之封,皆有以鎮撫王室。”又曰:“彝器之來,嘉功之由。”疏謂諸侯常貢無成器,未確。’案:江説是也,莊存與説同。”(《周禮正義》卷三《大宰》,第一〇六頁)

〔五〕材木:《周禮·天官·大宰》《注》引鄭衆語、四庫本作“木材”。

〔六〕服貢：孫詒讓曰："先鄭説服貢亦謂服材，非謂製成衣服。賈疏謂'後鄭不從，以《大行人》因朝而貢，有祭服，此歲之常貢，不得有成服'，亦非也。《左》桓十五年傳云'諸侯不貢車服'，則成服無貢法。《大行人》貢服物，亦非成服。"(《周禮正義》卷三《大宰》，第一〇六頁)

〔七〕毛：阮《校》曰："余本、嘉靖本、閩、監、毛本同。《漢讀考》改作'羽旄'，云：'今本作"毛"誤。旄者，旄牛尾也。'"《周禮・天官・大宰》《疏》曰："(後鄭)亦不從者，以其游據人宴好，不得據物上生稱，故不從也。"

〔八〕九州：先秦、秦漢時期文獻記載的"九州"含義較複雜。一是"大九州"，即天下分爲九州。《禮記・曲禮下》《疏》曰："昆侖在西北，别統四方九州，其神州者，是昆侖東南一州耳。於一州中更分爲九州，則《禹貢》之九州是也。"《淮南子・墬形訓》："天地之間，九州八極。……九州之大，純方千里。"(《淮南鴻烈集解》，第一三〇、一三六頁)二是"小九州"，即將古代中國之疆域劃分爲九州。文獻記載"九州"名稱、數量不盡相同。《尚書・禹貢》記載爲冀、兖、青、徐、揚、荆、豫、梁、雍九州，《爾雅・釋地》記載爲冀、幽、兖、營、徐、揚、荆、豫、雍九州，《周禮・夏官・職方氏》則記載爲冀、幽、并、兖、青、揚、荆、豫、雍九州。《淮南子》關於九州之名稱，與上述文獻又不相同。《淮南子・墬形訓》："何謂九州？東南神州曰農土，正南次州曰沃土，西南戎州曰滔土，正西弇州曰并土，正中冀州曰中土，西北台州曰肥土，正北泲州曰成土，東北薄州曰隱土，正東陽州曰申土。"(《淮南鴻烈集解》，第一三〇——一三一頁)此處所言"九州"，爲"小九州"之義。

〔九〕摯：阮《校》曰："岳本'摯'作'掔'。宋本載《釋文》'贄音至，本亦作摯'。今本《釋文》以'摯'爲正字。"

〔一〇〕愼:《周禮·天官·大宰》《注》引鄭衆語下有"氏"。砮:《周禮·天官·大宰》《注》引鄭衆語、四庫本作"楛"。

後鄭 "嬪貢"謂絲枲,〔一〕"器貢",銀鐵石磬丹漆也。"幣貢",玉馬皮帛也。"材貢",櫄幹栝柏篠簜也。〔二〕斿,〔三〕讀爲游囿之游。〔四〕游貢,〔五〕燕好珠璣琅玕也。〔六〕"物貢",雜物魚、鹽、橘、柚。

【校注】

〔一〕後鄭:鄭玄《注》作"玄謂"。謂:鄭玄《注》無。絲枲:《周禮·天官·大宰》《疏》曰:"絲枲,青州所貢。""王引之云:'……又案:《秋官·大行人》"侯服,其貢祀物;甸服,其貢嬪物。"嬪亦當讀爲賓。……故書作"頻物",頻即賓之借字。鄭司農乃誤讀頻物爲嬪物,以爲嬪物婦人所爲物,後鄭因以絲枲當之。豈知《大行人》之其貢頻物,即《大宰》之賓貢乎!'案:王説足正後鄭之誤。"(《周禮正義》卷三《大宰》,第一〇六頁)

〔二〕也:鄭玄《注》下有"貨貢"至"紵也"。

〔三〕斿:鄭玄《注》作"游"。

〔四〕爲:鄭玄《注》作"如"。游囿:鄭玄《注》、益齋本作"囿游"。

〔五〕游:鄭玄《注》、四庫本、益齋本作"斿"。阮《校》曰:"閩本同。監、毛本作'斿讀如囿游之游斿貢',皆非。嘉靖本作'斿讀如囿游之游游貢',當據以訂正。《疏》引《注》作'斿讀爲囿游之游游貢'爲最是。蓋經作'斿貢',司農如字讀,故訓爲羽毛。康成則改'斿'爲'游'。《漢讀考》云'燕好珠璣琅玕皆游觀之物'是也。漢時,旌旗之流字作'斿',游觀字作'游',此《注》改其義而兼改其字,非僅擬其音也。當從賈《疏》作‘讀爲’,不當作‘讀如’。按:依《説文》,旌旗之流字作‘游’,從於汓聲,假借爲出游之游。出游,字或作遊,則俗字也。先鄭云:‘游貢,羽旄。’游之本義也。後鄭云:‘游貢,燕好珠璣琅玕。’游之引申假借之義也。易其字之本義,故曰:‘讀爲囿游之游。’其字皆從水。凡作‘斿’不從水者,亦俗字也。凡‘讀如’‘讀爲’皆有仍用本字之例,殊之於其義也。”

〔六〕琅玕:中國神話傳説中的仙樹,其實似珠。《山海經·海内西經》:“服常樹,其上有三頭人,伺琅玕樹。”《漢書》卷二八上《地理志上》《注》曰:“琅玕,石似珠者也。”《説文解字·玉部》:“琅玕,似珠者。”段玉裁曰:“《尚書》:‘璆琳琅玕。’鄭注曰:‘琅玕,珠也。’王充《論衡》曰:‘璆琳琅玕,土地所生,真玉珠也。’魚蚌之珠,與《禹貢》‘琅玕’皆真珠也。《本草經》:‘青琅玕。’陶貞白謂即《蜀都賦》之青珠。而某氏注《尚書》,郭注《爾雅》、《山海經》皆曰:‘琅玕,石似珠。’玉裁按:出於蚌者爲珠,則出於地中者爲‘似珠’。‘似珠’亦非人爲之,故鄭、王謂之‘真珠’也。”(《説文解字注》,第一八頁)

鶴山先生云〔一〕 九貢,先、後鄭多异説。〔二〕

【校注】

〔一〕魏氏將此節與前節合爲一節。然此八字非鄭玄《注》文,當爲魏氏對鄭衆、鄭玄關於“九貢”詮釋异同所作的評論。仿前文例,將其單獨成節,節首加“鶴山先生云”。

〔二〕鄭衆、鄭玄關於“九貢”的詮釋雖多有异説,但也有義同,或鄭玄增成鄭衆説之處,詳見前文注釋所引賈公彦、孫詒讓有關闡釋。

賈 言“故書”者,〔一〕鄭注《周禮》時有數本,劉向未出之前,〔二〕或在山岩石室有古文,〔三〕考校後爲今文。〔四〕古、今不同,〔五〕故云“故書作賓”。此九貢皆是諸侯賓之所貢,不得特以一事爲賓貢,〔六〕若言絲枲,〔七〕堪爲婦人所作是也。〔八〕器貢、〔九〕服貢,〔一〇〕大行人因朝而貢,〔一一〕此後鄭不從。〔一二〕幣貢謂玉馬皮帛,〔一三〕《禹貢》堯時無貢馬法,《覲禮》諸侯享禮云:〔一四〕“匹馬卓上,九馬隨之”,〔一五〕周則有之。〔一六〕先鄭以斿貢爲羽毛,後鄭以斿貢讀爲游,謂燕好珠璣琅玕也。〔一七〕恐不然。〔一八〕

【校注】

〔一〕言:賈《疏》上有“以九”至“橘柚釋曰”。

〔二〕出:賈《疏》、益齋本作“校”。

〔三〕漢唐時人關於《周禮》的發現,共有三種説法:一是景帝、武帝之際,河間獻王劉德得之於民間,獻於朝廷。《漢書》卷五三《景十三王傳》:“河間獻王德……修學好古,實事求是。從民得善書,必爲好寫與之,留其真,加金帛賜以招之。繇是四方道術之人不遠千里,或有先祖舊書,多奉以奏獻王者……獻王所得書皆古文先秦舊書,《周官》……之屬,皆經傳説記,七十子之徒所論。”陸德明《經典釋文·序録》:“景帝時河間獻王好古,得古禮獻之。或曰河間獻王開獻書之路,時有李氏上《周官》五篇,失《事官》一篇,乃購千金不得,取《考工記》以補之。”《隋書》卷三二《經籍志一》:“而漢時有李氏得《周官》。《周官》蓋周公所制官政之法,上於河間獻王,獨闕《冬官》一篇。獻王購以千金不得,遂取《考工記》以補其處,合成六篇奏之。”二是出於孔壁藏書。《漢書》卷三〇《藝文志》:“武帝末,魯共王壞孔子宅,欲以廣其宫。而得《古文尚書》及《禮記》《論語》《孝經》凡數十篇,皆古字也。"鄭玄、范曄或據此斷定,《周禮》亦出於孔壁。《禮記·曲禮上》《疏》曰:"《六藝論》云:'《周官》壁中所得六篇。'……《漢書》云得五篇,《六藝論》云得其六篇,其文不同,未知孰是。"孫詒讓曰:"至馬序云'出山岩屋壁,衹謂蘊藏荒僻,與淹中孔壁,絶無關涉'。……審繹鄭君論意,蓋因古禮出於孔壁,《禮記》《周禮》則得之河間,故兼溯二原,不分區畛。又云《周禮》六篇者,亦由渾舉大數,《冬官》闕篇,偶未析别。鄭君禮學,受之馬氏,鄭論所説,與馬序固無戾也。而《曲禮》孔疏乃謂《六藝論》云《周官》壁中所得六篇,《後漢書·儒林傳》亦謂孔安國獻《禮古經》五十六篇及《周官經》六篇,斯并誤會鄭旨,妄滋异論。《太平御覽·學部》引楊泉《物理論》云:'魯恭王壞孔子舊宅,得《周官》,闕,無《冬官》,漢武購千金而莫有得者,遂以《考工記》備其數。'楊氏疑亦因《六藝論》文,妄撰此説。《漢書·藝文志》、《楚元王傳》、劉歆《讓太常博士書》及許君《説文叙》,備舉孔壁所得經傳,而并無《周官》,足證范蔚宗及楊泉之誤。况武帝本不信此經,購補之事,必是虚妄。"(《周禮正義》卷一《天官冢宰叙官》,第五頁)三是漢文帝得此書,并命博士撰《考工記》補之。《禮記·禮器》《疏》曰:"秦焚燒之後,至漢孝文帝時,求得此書,不見《冬官》一篇,乃使博士作《考工記》補之。"孫詒讓評價此説曰:"此尤繆悠之説,絶無根據者也。"(《周禮正義》卷一《天官冢宰叙官》,第五頁)古文:漢代人稱漢代通用的隸書爲"今文",將隸書之前的文字稱爲"古文"。

〔四〕考校:考訂校對。此句意謂劉向經過考訂校對,將原本用"古文"抄録的《周禮》,以"今文"抄録之。以往學者多認爲《周禮》一書的流傳,與劉向、劉歆父子有密切的關係。賈公彦《序周禮廢興》曰:"是以《馬融傳》云:'……至孝成皇帝,達才通人劉向、子歆校理秘書,始得列序,著於《録》《略》。然亡其《冬官》一篇,以《考工記》足之。時衆儒并出共排,以爲非是。唯歆獨識,其年尚幼,務在廣覽博觀,又多鋭精於《春秋》。末年,乃知其周公致太平之迹,迹具在斯。'"王葆玹則認爲,《周禮》一書的流傳與劉向、劉歆父子關係并不密切,而與王莽關係密切。劉歆衹推崇《禮》古經五十六卷,不重視《周官》,王莽則在參考《禮》古經的基礎上,同時推崇《周官》,視爲改制的依據之一。王莽、劉歆對《周官》的不同態度,與他們的學術專長和政治追求不同有很大的關係。劉歆在《七略》中著録了《周官經》六篇和《周官傳》四篇,由此排除了《周官傳》的作者是劉歆或劉歆一系的學者的可能性。河間獻王既重視《周官》,便極有可能組織編寫《周官傳》四篇,構成《周官》的經傳系統。馬融不提河間獻王與王莽,將《周官》的傳承完全歸於劉歆一系,與劉歆、王莽的學術傾向不合。其所以有此誤會,是由於簡單地看待《周官》一書的流傳過程,僅立足於西漢秘府藏本來説明傳授的源流。馬融對劉向、劉歆過於重視,以爲《周官》的傳承非經過此兩人不可。另外,馬融對漢武帝時期的文化成就評價過高,因而將漢惠帝時期的"除挾書律"的措施也歸功於漢武帝。因而對處於藩國地位,且與景帝、武帝朝廷文化政策頗有分歧的河間獻王,竟然全然忽略了。馬融的這兩個偏見,乃爲東漢中期以後的學者所共有,他將《周官》的傳承全歸於劉歆一系乃歷史的誤會。這種誤會隨着儒學的延續,有不斷擴大的趨勢。東漢以前、河間獻王以後的《周官》代表人物,即陳參及其弟子王莽兩人。王莽在東漢前期一直遭受政界和學界的忌恨,爲學者所忌言,由此可以解釋東漢以前的《周官》傳承譜系爲何不明。東漢中期以後的學者馬融、鄭玄等人竭力使《周官》學與劉歆銜接,也是爲避免《周官》學的命運受王莽的牽累。(《今古文經學新論》,第一四四——一五六頁)

〔五〕同:賈《疏》下有"鄭據今文注"。

〔**六**〕貢:賈《疏》下有"賓貢者非也"。孫詒讓引王引之説,對賈《疏》的錯誤予以駁斥:"王引之云:'祀與賓相對爲文,其爲賓客之事明甚。……祀貢以供王祭祀之事,賓貢以供王賓客之事,非謂諸侯來賓而貢之,因謂之賓貢也。賈疏不達先鄭之意,而臆爲之解,非是。'案:王説是也。"(《周禮正義》卷三《大宰》,第一〇六頁)

〔**七**〕言:賈《疏》下有"嬪貢謂"。

〔**八**〕也:賈《疏》下有"鄭司農"至"釋也"。"王伯申云:'賓貢者非也'句首當有'作'字。孫校:'如司農説,則與幣貢無别,故後鄭破字作"嬪",《疏》不得鄭意。'"(北京大學出版社版《周禮注疏》,第三九頁)

〔**九**〕器:賈《疏》上有"云"。貢:賈《疏》下有"宗廟"至"説云"。

〔**一〇**〕貢:賈《疏》下有"祭服者後鄭亦不從"。

〔**一一**〕大:賈《疏》上有"以"。貢:賈《疏》下有"有祭"至"之屬"。

〔**一二**〕此:賈《疏》無。從:賈《疏》下有"者以"至"所貢"。

〔**一三**〕幣:賈《疏》上有"云"。謂:賈《疏》無。帛:賈《疏》下有"也者"。

〔**一四**〕覲禮:周代諸侯每年秋季朝見周天子的禮儀。《周禮·春官·大宗伯》:"秋見曰覲。"《注》曰:"覲之言勤也,欲其勤王之事。"《儀禮·覲禮》《疏》曰:"鄭《目録》云:'覲,見也,諸侯秋見天子之禮。……覲禮於五禮屬賓。《大戴》第十六,《小戴》十七,《别録》第十。'……按《曲禮下》云:'天子當扆而立,諸侯北面而見天子,曰覲;……'鄭《注》:'……秋見曰覲,一受之於廟,殺氣,質也。……覲者,位於廟門外而序入。王南面立於扆,寧而受焉。……'"秋季諸侯覲見天子的禮儀,詳見《儀禮·覲禮》。享禮:前來朝覲天子的諸侯向天子進獻禮物的儀節。共有三次,故曰"三享"。《儀禮·覲禮》:"四享,皆束帛加璧,庭實唯國所有。"《注》曰:"'四'當爲'三'。

古書作三、四或皆積畫,此篇又多四字,字相似,由此誤也。《大行人職》曰諸侯'廟中將幣,皆三享',其禮差又無取於四也。初享或用馬,或用虎豹之皮。其次享,三牲魚臘,籩豆之實,龜也,金也,丹漆絲纊竹箭也,其餘無常貨。此地物非一國所能有,唯所有分爲三享,皆以璧帛致之。"至於《儀禮·覲禮》《疏》引鄭玄《目録》曰:"朝、宗禮備,覲、遇禮省,是以享獻不見焉。"對此,賈公彦認爲,鄭玄此説係特定語境下而言,覲禮有"三享"之禮。《儀禮·覲禮》《疏》曰:"享謂朝覲而行三享,獻謂二享後行私覿,私覿後即有私獻,獻其珍异之物。……臣聘猶有私獻,况諸侯朝覲,有私獻可知。……大朝覲會同既有私獻者,四時常朝有私獻可知。案下文有享,亦當有獻,而云享、獻不見者,案《周禮·大行人》云:上公冕服九章,介九人,賓主之間九十步,廟中將幣三享。侯伯子男亦云。鄭云:'朝先享不言朝者,朝正禮,不嫌有等。'彼據春、夏朝、宗而言,不見秋、冬者,以四時相對,朝、宗禮備,故見之。覲、遇禮省,故略而不言。此下文見享者,不對春、夏,故言之。鄭云是以享獻不見者,據《周禮·大行人》而説也。必知鄭據《大行人》者,以其引《周禮》四時朝見,即云'是以享獻不見',明鄭據《周禮·大行人》而言也。"

〔一五〕《儀禮·覲禮》《注》曰:"卓猶的也。以素的一馬以爲上,書其國名,後當識其何産也。馬必十匹者,不敢斥王之乘,用成數,敬也。"《疏》曰:"於十馬之内以素的一馬以爲上,故訓卓爲的也。云'書其國名,後當識其何産也'者,謂若晋有鄭之小駟,復有屈産之類是也。云'馬必十匹者,不敢斥王之乘,用成數,敬也'者,此爲庭實,故用十匹。案《康王之誥》二伯率諸侯而入,皆布乘黄朱,而陳四匹者,彼據二王之後,以國所有享新王。享物陳於庭,用圭,以馬致享,馬不得上堂,亦陳於庭,直以圭升堂致命,乘馬若乘皮,故以四爲禮。非所享之物,故用四馬,與此异也。"

〔一六〕之:賈《疏》下有“玉即”至“所貢”。

〔一七〕“先鄭”至“游謂”:賈《疏》作“云斿”至“游貢”。也:賈《疏》下有“者此”至“而言”。

〔一八〕恐不然:四庫本無。不:益齋本作“未”。此三字當爲魏氏對鄭衆、鄭玄釋“斿貢”的懷疑和判斷。

鶴山先生云 《月令》内有貢犧牲者,自有一項田養犧牲。〔一〕馬是人主所用之物,亦無貢。惟《康王之誥》布乘黄朱,〔二〕以爲庭實,〔三〕却非常貢。後鄭斿貢添水傍爲“游”,恐是九斿旌旗上羽毛,〔四〕當從先鄭。

【校注】

〔一〕項:安氏本、益齋本作“頃”。按:當作“項”。《禮記·月令》:“乃命太史次諸侯之列,賦之犧牲,以共皇天上帝、社稷之饗。(《注》曰:“賦之犧牲,大者出多,小者出少。”《疏》曰:“‘賦之犧牲’者,賦税出也,次之隨國大小而出之也。”)乃命同姓之邦,共寢廟之芻豢。命宰,歷卿、大夫至於庶民,土田之數,而賦犧牲,以共山林名川之祀。”既言“賦”,自須有田産之。然未明言田之數量,故“頃”字不當。

〔二〕康王之誥:《尚書》篇名。記載周成王去世後,周康王即位。太保召公、太師畢公率群臣拜見康王,并告誡康王敬順天道,遵先王之法,以保天命。康王則勉勵群臣要忠心輔佐自己。布:布設、陳列。乘:四。《儀禮·聘禮》《注》曰:“物四曰乘。”此處指四匹馬。黄朱:貢馬的顔色。《尚書·康王之誥》:“太保率西方諸侯,入應門左,畢公率東方諸侯,入應門右,皆布乘黄朱。”《傳》曰:“諸侯皆陳四黄馬,朱鬣,以爲庭實。"《疏》曰:"諸侯朝見天子,必獻國之所有,以表忠敬之心,故'諸侯皆陳四黄馬,朱鬣,以爲庭實',言實之於王庭也。四馬曰'乘',言'乘黄',正是馬色黄矣。'黄'下言'朱','朱'非馬色。定十年《左傳》云:'宋公子地有白馬四,公嬖向魋,魋欲之。公取而朱其尾、鬣以與之。'是古人貴朱鬣。知'朱'者,'朱其尾,鬣'也。"

〔三〕庭實:中國古時諸侯貢獻於天子的物品,因陳列於廟堂庭院,欲其多,以充實王之庭院,故曰"庭實"。《儀禮·聘禮》《疏》曰:"庭實當三分庭一在南設之。""庭實"之物有皮(虎、豹、麋鹿等獸皮)、馬等物。《儀禮·聘禮》:"庭實,皮則攝之,毛在内,内攝之,入設也。"

〔四〕旌:四庫本作"斿"。

又云　古者旗便是物,各以其物,乃是字象形。所謂九旗之物,〔一〕古人數物多用旗幟之類。"物馬而班之",〔二〕却是物色之物。今物貢祇是泛言物。

【校注】

〔一〕九旗:《周禮》記載的九種不同徽號和用途的旗幟。《周禮·春官·司常》:"司常掌九旗之物名,各有屬,以待國事。日月爲常,交龍爲旂,通帛爲旃,雜帛爲物,熊虎爲旗,鳥隼爲旟,龜蛇爲旐,全羽爲旞,析羽爲旌。"

〔二〕《周禮·夏官·校人》:"凡軍事,物馬而頒之。"《注》曰:"物馬,齊其力。"《疏》曰:"上朝會言'毛馬',鄭云'齊其色'。此軍事言'物馬',鄭云'齊其力'。物即是色,而云齊力,當與上文互以見義,欲見皆有力有色也。"

以九兩繫邦國之民：一曰牧，以地得民。二曰長，〔一〕以貴得民。三曰師，以賢得民。四曰儒，以道得民。五曰宗，以族得民。六曰主，以利得民。七曰吏，以治得民。八曰友，以任得民。九曰藪，以富得民。

【校注】

〔一〕二：安氏本無。

鄭 兩猶耦也，所以協耦萬民。〔一〕繫，聯綴也。牧，州長也。〔二〕長，諸侯也。〔三〕師，諸侯師（也）[氏]，〔四〕有德、行以教民者。〔五〕儒，諸侯保氏，有六藝以教民者。〔六〕宗，繼別爲（太）[大]宗，〔七〕收族者。〔八〕

【校注】

〔一〕阮《校》曰："嘉靖本同。閩、監、毛本'恊'作'協'。閩本《疏》中亦作'恊'，從心。"

〔二〕也：鄭玄《注》下有"九州"至"民也"。

〔三〕也：鄭玄《注》下有"一邦"至"仰也"。

〔四〕師：安氏本作"帥"。也：鄭玄《注》、四庫本、益齋本作"氏"。按：應作"氏"，據改。

〔五〕有德行以教民者：《周禮·天官·序官》《疏》曰："《周禮》之内……言'氏'者有二種，謂若桃氏爲劍、築氏爲削之類，鄭注冬官'族有世業，以氏名官'。若馮相氏、保章氏、師氏、保氏之類，鄭《注》引《春秋》'官有世功，則有官族'是也。"《周禮·地官·師氏》："以三德教國子：一曰至德，以爲道本；二曰敏德，以爲行本；三曰孝德，以知逆惡。教三行:一曰孝行,以親父母;二曰友行,以尊賢良;三曰順行,以事師長。"《注》曰:"德行,内外之稱。在心爲德,施之爲行。至德,中和之德,覆燾持載含容者也。孔子曰:'中庸之爲德,其至矣乎。'敏德,仁義順時者也。《説命》曰:'敬孫務時敏,厥修乃來。'孝德,尊祖愛親,守其所以生者也。孔子曰:'武王、周公,其達孝矣乎。夫孝者,善繼人之志,善述人之事者也。'孝在三德之下、三行之上,德有廣於孝,而行莫尊焉。"

〔六〕六藝:中國古代統治者教育子弟和民衆的六種技能。《周禮·地官·大司徒》:"三曰六藝,禮、樂、射、御、書、數。"《注》曰:"禮,五禮之義。樂,六樂之歌舞。射,五射之法。御,五御之節。書,六書之品。數,九數之計。"《疏》曰:"云'禮,五禮之義',自此已下至九數,皆取義於《保氏》。案《保氏職》:'掌養國子以道,教之六藝:一曰五禮,二曰六樂,三曰五射,四曰五御,五曰六書,六曰九數。'案彼《注》云:'五禮者,玄謂吉、凶、賓、軍、嘉。六樂者,玄謂《雲門》《大咸》《大韶》《大夏》《大濩》《大武》。'五射者,先鄭云:'白矢、參連、剡注、襄尺、井儀。'五御者,先鄭云:'鳴和鸞、逐水曲、過軍表、舞交衢、逐禽左。'六書者,先鄭云:'象形、會意、轉注、處事、假借、諧聲。'九數者,先鄭云:'方田、粟米、差分、少廣、商功、均輸、方程、贏不足、旁要,此九章之術是也。'彼《注》又云:'今有重差、夕桀、句股。'此經直陳六藝,《保氏》各有其數,故注《保氏》具釋之。注此,直取《保氏》經以釋之。五禮言義者,以其吉凶之等,各有其義。樂言歌舞者,以其作樂時,有升歌下舞。射言法者,以其有升降揖讓之法。御言節者,四馬六轡,有進退之節。書言品者,形聲處事,差品不同。數言計者,有多少算計。各逐義强生稱。"

〔七〕太:鄭玄《注》、四庫本、益齋本作"大"。按:應作"大",據改。《禮記·喪服小記》:"别子爲祖,繼别爲宗,繼禰者爲小宗。"

《注》曰:“諸侯之庶子,别爲後世爲始祖也。謂之‘别子’者,公子不得禰先君。别子之世長子,爲其族人爲宗,所謂百世不遷之宗。别子,庶子之長子,爲其昆弟爲宗也。謂之小宗者,以其將遷也。”

〔八〕者:鄭玄《注》、益齋本下有“鄭司”至“教利之”。其中,“鄭司”至“薄利之”,魏氏於下節引。收族者:《儀禮·喪服傳》:“大宗者,尊之統也。大宗者,收族者也,不可以絶。”《注》曰:“‘收族者’,謂别親疏,序昭穆。《大傳》曰:‘繫之以姓而弗别,綴之以食而弗殊,雖百世昏姻不通者,周道然也。’”《疏》曰:“又云‘大宗者收族’,是大宗統遠之事也。引《大傳》者,案彼稱姓謂正姓,若殷子、周姬之類,‘綴之以食’者,以食禮相連綴,使不相疏,若宗子與族人行族食、族燕者也。……證周之大宗子統領族人,序以昭穆,百世不亂之事也。”《禮記·大傳》:“親親故尊祖,尊祖故敬宗,敬宗故收族,收族故宗廟嚴。”《注》曰:“收族,序以昭穆也。”《疏》曰:“若收之,則親族不散,昭穆有倫。”

鄭司農云　主謂公、卿、大夫,〔一〕世世食采不絶,民税薄利之。

【校注】

〔一〕主:西周、春秋時期人們對卿、大夫的一種稱謂。《左傳·桓公十一年》《疏》曰:“《禮·坊記》云:‘禮,君不稱天,大夫不稱君,恐民之惑也。’然則大夫不得稱君……大夫正法當呼爲‘主’。昭元年《傳》醫和謂趙文子曰:‘主相晋國。’是其事也。祁盈之臣謂祁盈爲君,伯有之臣謂伯有爲公,是家臣稱其主耳。”孫詒讓曰:“《調人》注云:‘主,大夫君也。’《左》昭二十九年傳云:‘齊侯使高張來唁公,稱主君。’《史記·魯世家》《集解》引服虔云:‘大夫稱主。’先鄭意此主爲三等采邑之民尊其君之稱,後鄭亦從其説。今案:采邑之主,亦得有所食之邑,當屬牧以地得民,不得云以利得民也。劉敞云:'主讀如《孟子》"觀近臣以其所爲主"之主。'俞樾云:'有主客因而有臣主。《晋語》載欒氏之臣辛俞曰:"三世仕家,君之;再世以下,主之。"蓋再世以下,恩義尚殺,君臣之分未定,故仍從所止之稱,而曰主也。相沿既久,而大夫稱主,遂成定名。先鄭即以説此經主字,恐非周公制禮時之本意也。'"(《周禮正義》卷三《大宰》,第一一三頁)

玄謂[一] 吏,[二]小吏在鄉邑者。友謂同井相合耦鋤作者。《孟子》曰:"鄉田同井,出入相友,守望相助,疾病相扶,[三]則百姓親睦。"[四]藪亦有虞,掌其政令,[五]爲之厲禁,使其地之民守其材物,[六]以時入於(王)[玉]府。[七]頒其餘於萬民。富謂藪中材物。

【校注】

〔一〕此節爲鄭玄《注》,魏氏將其與前節合爲一節,易誤解爲鄭衆注文。仿前文例,將其單獨成節,節首用鄭玄《注》"玄謂"二字。

〔二〕吏:鄭玄《注》上有"利讀"至"利之"。

〔三〕扶:四庫本、益齋本、《孟子·滕文公上》下有"持"。阮《校》曰:"嘉靖本作'疾病相扶',無'持'字。案:《疏》中引《注》,正作'疾病相扶'。今諸本有'持'字者,淺人據今本《孟子》所增,當删正。"孫詒讓曰:"案:'疾病相扶'下,趙本《孟子》有'持'字,俗本此注亦有。惟宋婺州本、嘉靖本無,與賈述注合,今從之。"(《周禮正義》卷三《大宰》,第一一五頁)

〔四〕鄭玄引《孟子》語,源出《孟子·滕文公上》。

〔五〕其:《周禮·地官·澤虞》作"國澤"。

〔六〕民:《周禮·地官·澤虞》作“人”。材:《周禮·地官·澤虞》作“財”。孫詒讓曰:“又《澤虞職》文,‘民’作‘人’、‘材’作‘財’,與此亦小异。蓋先鄭約引以證藪有虞以富得民之事,不必盡依元文也。”(《周禮正義》卷三《大宰》,第一一六頁)

〔七〕入:《周禮·地官·澤虞》下有“之”。王:鄭玄《注》同。阮《校》曰:“諸本同。按:《澤虞職》云:‘使其地之人守其財物,以時入之於玉府,頒其餘於萬民。’此‘王’爲‘玉’字之誤。‘於’亦當作‘于’。”據阮《校》改“王”爲“玉”。孫詒讓曰:“阮校是也。‘于’,注例當作‘於’,此‘於’‘于’錯出,誤。”(《周禮正義》卷三《大宰》,第一一六頁)

賈 訓兩爲耦,〔一〕欲取在上與民相協聯綴,〔二〕使不離散也。〔三〕鄭引《孟子》“鄉田同井”,〔四〕但鄉遂爲溝洫,〔五〕不爲井田,而云“鄉田同井”者,鄉遂雖不爲井田,亦三三相任以出税,與井田同。〔六〕

【校注】

〔一〕訓:賈《疏》上有“以九至”至“材物釋曰”。爲:賈《疏》作“猶”。耦:賈《疏》下有“者”。

〔二〕協:賈《疏》下有“耦”。

〔三〕也:賈《疏》下有“云牧”至“親睦”。

〔四〕鄭:賈《疏》無。井:賈《疏》下有“者”。

〔五〕但:賈《疏》上有“以證”至“之友”。

〔六〕與:安氏本無。同:賈《疏》下有“故云”至“物也”。

鶴山先生云 周制：上自國都王畿，外至侯國，皆相聯絡。大而言之，分天下爲二伯，〔一〕曰牧。〔二〕九州之長九牧亦曰牧。牧有司牧之義，〔三〕長有君臨之義，師有師道焉。通人君、卿、大夫，皆有師、道、儒之名，見於後世。《周官》此一字，元無歸著，不知何所當次第？一鄉一邦，自各有有道之人表儀風俗。居鄉謂之父師、少師，〔四〕亦謂之先生、〔五〕處士，〔六〕亦謂之上老、〔七〕中老，此皆可以當儒。但《周官》不分曉説。"宗以族得民"，凡人受氏，各自有宗。大宗一，小宗四，一子一宗，别子四宗，〔八〕《左氏》謂之"立宗"。〔九〕諸侯之後是大宗，非諸侯之後皆小宗，亦有爲嫡子而無嫡孫者，"亦有"云云，宗藩序詳之。"主以利得民"，主是公、卿、大夫。趙孟謂〔一〇〕"主相晋國，於今八年。"〔一一〕又"'事吴敢不如事主？'乃瞑"皆是。〔一二〕"吏以治得民"。〔一三〕吏是群吏，(几)[凡]官皆是，〔一四〕不必是胥吏。〔一五〕"友以任得民"，田里、〔一六〕閭，比、〔一七〕閭，族、黨，無非相友之義。"藪以富得民"，上八者皆在井田内，惟藪則如鄭之原圃、〔一八〕(晋)[秦]之(巨)[具]囿、〔一九〕楚之雲夢皆是藪。〔二〇〕

【校注】

〔一〕伯：中國古代爵名之一。文獻記載，先秦時期實行公、侯、伯、子、男五等爵制。《禮記·王制》："千里之外設方伯，五國以爲屬，屬有長。十國以爲連，連有帥。三十國以爲卒，卒有正。二百一十國以爲州，州有伯。"《注》曰："屬、連、卒、州，猶聚也。伯、帥、正，亦長也。凡長皆因賢侯爲之。殷之州長曰伯，虞、夏及周皆曰牧。"二伯：諸文獻記載含義不一。(一)謂三代天子，分天下爲二，各任命一重臣統治之，謂之"二伯"。《禮記·王制》："八州八伯……八伯各以其屬,屬於天子之老二人,分天下以爲左、右,曰二伯。"《尚書·西伯戡黎》《疏》曰:"王肅云:'王者中分天下,爲二公總治之,謂之二伯。'"《孔叢子·居衛》:"古之帝王中分天下,使二公治之,謂之二伯。"(二)指齊桓公、晋文公。《尚書·大禹謨》《疏》曰:"隱八年《穀梁傳》曰:'誥誓不及五帝,盟詛不及三王,交質不及二伯。''二伯'謂齊桓公、晋文公也。"(三)指周文王與齊桓公。《晋書》卷一〇四《石勒載記上》:"昔周文以三分之重,猶服事殷朝;小白居一匡之盛,而尊崇周室。况國家道隆殷周,孤德卑二伯哉!"此處取第(一)義。

〔二〕魏氏謂"二伯"亦曰"牧",似與若干經義不合。《尚書·顧命》《疏》曰:"《禮記·曲禮下》文云:'九州之長曰牧。''五官之長曰伯,是職方。'鄭玄云:'職,主也。謂爲三公者,是伯分主東、西者也。'《周禮·大宗伯》云:'八命作牧,九命作伯。'鄭云謂'上公有功德者,加命爲三伯'。此《禮》文皆伯尊於牧,牧主一州,明伯是中分天下者也。《禮》言'職方',是各主一方也。"任"牧"者,既可爲侯爵,亦可爲伯爵。《詩經·邶風·旄丘》《疏》曰:"知侯爲牧、伯者,《周禮》上公'九命作伯',則東、西大伯,上公爲之。'八命作牧',非上公也,公下唯侯耳。且《傳》當言五牧,而云'五侯',明牧於外曰侯,是牧本侯爵,故《曲禮下》云:'九州之長,入天子之國曰牧,於外曰侯。'是牧本侯爵也。侯既爲牧,其佐自然伯矣。……亦有侯爲伯,伯爲牧者,故《周禮》'八命作牧',《注》云:'謂侯、伯有功德者,加命得專征伐。'謂侯與伯皆得爲牧也。是以《雜問志》云:'五侯九伯,選州中諸侯以爲牧,以二伯爲之佐。'此正法也。若一州之中無賢侯,選伯之賢者以爲牧,是也。"然亦有以"伯""牧"等同之説。《尚書·立政》:"宅乃牧。"《傳》曰:"牧,牧民,九州之伯。"《疏》曰:"《曲禮》云:'九州之長曰牧。'《王制》云:'千里之外設方伯,八州八伯。'然則'牧''伯'一也。'伯'者言一州之長,'牧'者言牧養下民,'牧''伯'俱得言之,故孔以'伯'解'牧'。"《詩經·小雅·鴻雁》《疏》曰:"諸侯之伯,伯者,長也,諸侯之長謂之侯伯,即州牧是也,故《左傳》杜《注》云:'侯伯,州長也。列職於王即曰牧,於諸侯則謂之侯伯,一官而有三名也。'"

〔三〕司牧:在中國古代統治者的觀念中,普通大衆譬如牲畜,設置的職官譬如牧人。職官管理民衆,譬如牧人豢養牲畜。《淮南子·精神訓》:"夫牧民者,猶畜禽獸也。"(《淮南鴻烈集解》,第二四一頁)

〔四〕父師、少師:《儀禮·士相見禮》《疏》曰:"依《書傳》:大夫致仕爲父師,士致仕爲少師,教鄉閭子弟。"《儀禮·鄉飲酒禮》《注》曰:"古者年七十而致仕,老於鄉里,大夫名曰'父師',士名曰'少師',而教學焉,恒知鄉人之賢者。"《疏》曰:"案《略説》云:'大夫七十而致仕,老於鄉里,名曰父師,士曰少師,以教鄉人子弟於門塾之基,而教之學焉'是也。"《尚書·微子》:"微子若曰:'父師、少師。'《傳》曰:"父師,太師,三公,箕子也。少師,孤、卿,比干。"《疏》曰:"以《畢命》之篇王呼畢公爲'父師',畢公時爲太師也。《周官》云:'太師、太傅、太保,茲惟三公。少師、少傅、少保曰三孤。'《家語》云:'比干官則少師。'少師是比干,知太師是箕子也。"

〔五〕先生:《儀禮·士冠禮》:"遂以摯見於鄉大夫、鄉先生。"《注》曰:"鄉先生,鄉中老人爲卿、大夫致仕者。"《疏》曰:"云'鄉先生,鄉中老人爲卿、大夫致仕者'者,此即《鄉飲酒》與《鄉射記》'先生',及《書傳》'父師',皆一也。先生亦有士之少師,鄭不言者,經云'鄉大夫',不言士,故先生亦略不言,其實亦當有士也。"《禮記·曲禮上》:"從於先生。"《注》曰:"先生,老人教學者。"《疏》曰:"先生,師也。謂師爲'先生'者,言彼先已而生,其德多厚也。……而

《論語》云:‘有酒食,先生饌。’則先生之號亦通父兄。崔靈恩云:‘凡言先生,謂年德俱高,又教道於物者。凡云長者,直以年爲稱也。凡言君子者,皆爲有德尊之,不據年之長幼。故所稱不同也。’”

〔六〕處士:《詩經・鄘風・干旄》《疏》曰:“士者,男子之大稱。言處者,處家未仕爲官。”《儀禮・鄉飲酒禮》《疏》曰:“《玉藻》云:‘大夫素帶,士練帶,居士錦帶,弟子縞帶。’鄭玄以居士在士之下、弟子之上,解爲道藝處士,非朝廷之士。此處士亦名君子,即《鄉射禮》云‘徵唯所欲,以告於先生君子可也’。鄭亦云:‘君子有大德行不仕者,以其未仕,有德自處,故名處士君子也。’”

〔七〕上:益齋本此處爲一墨釘。《禮記・學記》《疏》曰:“案《書傳》説云:‘大夫七十而致仕,而退老歸其鄉里。大夫爲父師,士爲少師。新穀已入,餘子皆入學,距冬至四十五日始出學。上老平明坐於右塾,庶老坐於左塾,餘子畢出,然後皆歸,夕亦如之。’”

〔八〕子:益齋本作“于”。

〔九〕五宗:《左傳・哀公四年》:“司馬致邑立宗焉。”《注》曰:“立其宗主。”

〔一〇〕趙孟:四庫本作“左傳”(按:“左傳”當爲“左傳”之訛)。孟:長。趙孟,趙氏之長,即趙氏大宗的宗主。“趙孟”是春秋時人對晋國趙氏歷代宗主的尊稱。目前,稽諸文獻記載,被稱爲“趙孟”者有五人,即趙盾(趙宣子,《左傳・文公六年》《注》曰:“趙孟,趙盾也。”)、趙武(趙文子,《左傳・襄公三十年》:“趙孟問其縣大夫,則其屬也。召之,而謝過焉,曰:‘武不才,任君之大事。’”趙武事迹,另見《左傳・昭公元年》有關記載)、趙鞅(趙簡子,《左傳・昭公二十九年》:“其及趙氏,趙孟與焉。”《注》曰:“鑄刑鼎本非趙鞅意,不得已而從之。”趙鞅事迹,另見《左傳・定公十三年》《定公十四年》《哀公二年》《哀公四年》《哀公十年》有關記載)、趙無恤(趙襄子,《左傳·哀公二十年》:"十一月,越圍吴,趙孟降於喪食。"《注》曰:"趙孟,襄子無恤。")及戰國時的趙種(趙成侯,《史記》卷四三《趙世家》:"十七年,成侯與魏惠王遇葛孽。"《集解》:"徐廣曰:'在馬丘。《年表》曰十八年趙孟如齊。'")。此處所謂"趙孟",指趙文子,即趙武(前五九一——前五四一年),嬴姓,趙氏,名武,謚曰文。文獻中又稱其爲趙文子、趙孟。趙盾孫、趙朔子,母爲晋成公女、晋景公姊趙莊姬。公元前五四八年,士匄(?—前五四八年,祁姓、士氏,後以封地爲氏,又稱范氏,謚曰宣。又稱范宣子)去世,趙武執政,晋再修文德,弃征戰,尊王室,與齊、楚、秦等國弭兵。中原地區基本獲得安寧。

〔一一〕主相晋國於今八年:《左傳·昭公元年》載秦醫和對趙孟(趙武)之言。"趙孟曰:'誰當良臣?'對曰:'主是謂矣。主相晋國,於今八年,晋國無亂,諸侯無闕,可謂良矣。'"主:此處指時在晋國執政的荀偃。荀偃(?—前五五四年):姬姓,中行氏,名偃,字伯游,謚曰獻,又稱中行偃,時人尊稱其中行伯,史稱中行獻子。春秋中期晋國六卿之一。齊國攻擊魯國,魯向晋求援。中行偃决意伐齊。公元前五五五年,晋平公携六卿,聯合宋、魯、衛、鄭等國伐齊。齊軍多次失利。中行偃率軍徑攻齊都臨淄,齊國岌岌可危。恰在此時,中行偃病危,臨終遺命子荀吴繼承家業。公元前五五四年二月,中行偃去世。

〔一二〕主:安氏本作"王"。事:服侍、供人差遣。吴:此處指荀偃臨終時指定的繼承人荀吴。敢不如:不敢不如。此句爲士匄在荀偃死後,因見其不瞑目,無法實行有關喪葬禮儀,推測其有所牽挂,故向荀偃宣誓,衆臣僚將會像服侍荀偃那樣,盡心盡職地服侍荀吴。《左傳·襄公十九年》:"荀偃癉疽,生瘍於頭。濟河,及著雍,病,目出。大夫先歸者皆反。……二月,甲寅,卒,而視,不可含。宣子(范宣子,時任晉軍中軍佐的士匄)盥而撫之,曰:'事吴敢不如事主!'猶視。欒懷子曰:'其爲未卒事於齊故也乎?'乃復撫之曰:'主苟終,所不嗣事於齊者,有如河!'乃瞑,受含。"瞑:瞑目,閉眼,指人死時心無牽挂。

〔一三〕吏:益齋本無。

〔一四〕几:四庫本、益齋本作"凡"。按:應作"凡",據改。

〔一五〕孫詒讓曰:"惟此經之吏,所該頗廣。《説文·一部》云:'吏,治人者也。'則吏者,凡治民官之通稱,與它治事之官不同。此吏當通鄉遂公邑凡有地治之官,自卿大夫至不命之士,無問尊卑,悉謂之吏。以其治民而不得有其地,故曰以治得民,不止小吏也。"(《周禮正義》卷三《大宰》,第一一五頁)

〔一六〕里:四庫本無。

〔一七〕比:安氏本作"此"。

〔一八〕原圃:春秋時期位於鄭國境内、供貴族游獵之處。《左傳·僖三十三年》《疏》曰:"下《注》云:'中牟縣西有圃田澤。'則'原圃'地名。以其地爲囿,知與'具囿'皆囿名也。囿者,所以養禽獸,故令自取其麋鹿焉。天子曰苑,諸侯曰囿。"《爾雅·釋地》:"鄭有圃田。"《注》曰:"今滎陽中牟縣西圃田澤是也。"《疏》曰:"《周禮》'豫州'云:'其澤藪曰圃田。'鄭《注》云:'在中牟。'《地理志》云:'中牟,圃田澤在西,豫州藪。'僖三十三年《左傳》云:'鄭之有原圃,猶秦之有具囿也。'又《詩·車攻》云:'東有甫草。'鄭玄以爲'甫田之草',皆謂此也。"

〔一九〕晋:四庫本作"秦"。巨:四庫本作"具"。據《左傳·僖公三十三年》,"晋"當作"秦","巨"當作"具",據改。具囿:春秋時秦國蓄養禽獸,供貴族游獵的場所,在今陝西鳳翔境内。《爾雅·釋地》:"秦有楊陓。"《疏》曰:"僖三十三年《左傳》云:'鄭之有原圃,猶秦之有具囿也。’”“陽紆，蓋在馮翊池陽，一名具圃。莊逵吉云：‘具圃，《左傳》作“具囿”，疑字誤。’”（《淮南鴻烈集解》，第一三一頁）“馬宗霍云：‘“陽紆”，《吕氏春秋·有始篇》作“陽華”，《爾雅·釋地》作“楊陓”，“陽”“楊”同音，“紆”“華”“陓”三字雙聲。高氏於本文注云：“陽紆，蓋在馮翊池陽，一名具圃”，於《吕覽》注云：“陽華在鳳翔，或曰在華陰西。”兩注不同。郭璞《爾雅注》云：“陽陓今在扶風汧縣西。”其説有殊。錢坫謂“今池陽爲西安府涇陽縣地，并無高原大澤”。郝懿行謂“鳳翔之名非高所得聞，錢氏所謂後人附入者，不足依據。高引或説以爲在華陰西，亦無的指，難以取證”。余案高氏本注於池陽之説，下一“蓋”字，蓋者，本疑而未定之辭，錢氏又以今地擬之，似未可以相難也。又案《周禮·夏官·職方》，冀州藪曰“楊紆”，雍州藪曰“弦蒲”。鄭玄於楊紆注云“所在未聞”，於弦蒲注云“在汧”。《漢書·地理志》：“右扶風汧北有蒲谷鄉弦中谷，雍州弦蒲藪。”即鄭《注》所本。據此則郭注《爾雅》楊陓所在之地，實即《職方》之弦蒲。《職方》既别有楊紆之名，依郭説，是彼與《爾雅》之楊陓非一地矣。劉昭注《續漢·郡國志》，於弘農郡華陰下引《吕氏春秋》及高《注》，於右扶風汧下引《爾雅》及郭《注》。依劉説，是《吕覽》之楊華與《爾雅》之楊陓（劉昭引作楊紆），又非一地矣。但《爾雅》《吕覽》《淮南》三書，同繫之秦，名又相近，似不應各异其地。諸説參差，殊無以定之。’”（《淮南子集釋》，第三一五—三一六頁）

〔二〇〕雲夢：先秦時期楚國貴族、官僚游獵的場所。《爾雅·釋地》《注》曰：“今南郡華容縣東南巴丘湖是也。”《疏》曰：“《周禮》“荆州”云：‘其澤藪曰雲夢。’鄭《注》云：‘雲夢在華容。’《禹貢》云：‘雲土、夢作乂。’昭三年《左傳》楚子與鄭伯田於‘江南之夢’。又定四年‘楚子涉雎，濟江，入於雲中’。杜預云：‘南郡枝江縣西有雲夢城，江夏安陸縣東南亦有夢城，或曰南郡華容縣東南有巴丘湖，江南之夢也。’雲夢一澤,而每處有名者,司馬相如《子虚賦》云:‘雲夢者,方九百里。’則此澤跨江南北,亦得單稱‘雲’,單稱‘夢’。”雲夢地域相當廣闊,從廣義説,它包括山地、丘陵、平原和湖泊等多種地貌形態。“雲夢澤”則是江漢平原以湖沼地貌爲主的區域。其東部在今武漢以東的大别山麓和幕阜山麓至長江江岸一帶,西部當指今宜昌、宜都以東,包括江南的松滋、公安一帶,北面大致到隨州、鍾祥、京山一帶,南面以長江爲緣。由於江漢地區新構造運動自北向南傾斜的趨向,荆江東岸分流夏、涌二水所塑造的三角洲,也向東南方伸展。魏晋南北朝時,隨着雲夢澤主體向東南部推移,形成首尾七百里的夏州。原在三角洲北部沔北的雲杜縣遷到了沔南(今沔陽西)。西晋又分華容縣東南境,增設監利縣。東晋又在漢南平原與夏州的接壤地帶,即今沔陽縣城關附近,增設惠懷縣。南朝時,雲夢澤的主體漸次東移至雲杜、惠懷、監利以東,伸展到江畔的沌陽縣境(治今武漢蔡甸南),靠近江岸的唯一的州陵縣也因被水淹没而撤銷。整個雲夢澤被分割爲大溠湖(今沔陽西)、馬骨湖(相當於今洪湖縣西部的洪湖)、太白湖(今漢陽南)和若干大小不一的陂池。唐、宋時,隨着江漢内陸三角洲的進一步擴展,日漸淺平的雲夢澤主體已大多填淤成陸。唐宋文獻中,已不見大溠湖的記載。北宋初,在今監利市東北六十里設玉沙縣,管理和開墾新生成的三角洲平原,歷史上著名的雲夢澤基本上消失,大面積的湖泊水體已爲星羅棋布的湖沼代替。

又云 古制上下相聯絡,親比如此,〔一〕竊意凡一人生死,閭胥便計其年、月、日、時,〔二〕有保有受,天地間人都有個數。溝洫道路,自有條數。閭有門,以譏出入。縱有盜賊,也來不得。自後世上失其道,民散久矣。民間自生自死,盜竊亂賊并作,此井田不

復之弊也。〔三〕

【校注】

〔一〕親:益齋本無。

〔二〕閭胥:《周禮·地官·閭胥》:"閭胥,各掌其閭之徵令。以歲時各數其閭之衆寡。"《注》曰:"鄭司農云:'二十五家爲閭。'"《疏》曰:"言'以歲時'者,謂歲之四時。云'各數其閭之衆寡'者,閭胥各自數當閭之内户口多少。"

〔三〕魏氏"民散久矣。民間自生自死"之説,并不確切。周代以降,歷代政權皆有比較嚴密完備的户籍管理制度。春秋時,諸國實行書社制度,以二十五家爲一社,每社之户口,皆詳細記載於版圖,即户籍。戰國時,各國考核官吏政績的上計制度中,考核的主要内容之一即各地長官每年要將轄區内的户口數及相關信息,以及賦税收入呈報國君。秦國商鞅變法,嚴格户籍管理,將其與軍事編組相結合,五家爲保,十家爲連,實行"什伍連坐法"。秦統一後,使黔首自實田,繫田畝於户籍。漢代定户律,各地八月"案户比民",將各户人口數量、性别、年齡及占有的土地及其他財産記載於户口登記册内,作爲徵收人口税和徵發兵役、力役的依據。漢户籍每三年修定一次,謂之"大比";每年徵賦前的校核,謂之"小案比"。唐代三年一造户籍。由民户自行申報户口、田地等信息,記入"手實";里正據"手實"造籍册。官員按各户資産多寡、丁口强弱量,確定户等(户分九等),作爲徵收户税的依據。如有變异,隨時加以修改。爲防止低報丁齡、僞報病老等,唐代官員定時檢閲人丁形貌,時謂之"團貌"(三百家爲一團)。宋代,徵收賦税漸以田畝爲主,户籍按有無土地分爲主户、客户,并按土地多少,分别户等(農村分五等)。同時,設置各種單行的田畝賬册圖簿。宋代雖然取消人口税,但仍徵丁口之賦,差役也按丁抽派,又有丁賬、丁口簿、五等丁産簿等單行户籍,均祇計男口。王安石變法時,行保甲、完税諸法,許多地方又取消丁賬,改設甲册,作爲抽練兵勇、催科、徵賦的依據。

正月之吉,始和,布治於邦國都鄙,乃縣治象之法於象魏,使萬民觀治象,挾日而斂之。〔一〕

【校注】

〔一〕挾日而斂之:阮《校》曰:"唐《石經》、諸本同。《釋文》:'"挾日"又作"浹",同。干本作"帀",'惠士奇《禮説》云:'《左傳·成九年》"浹辰之間,而楚克其三都"。《正義》曰:"浹,周匝也。從甲至癸,爲十日。"古"挾""浹"通。《詩》曰:"使不挾四方。"毛《傳》:"挾,達也,謂方皇周浹於天下,故曰達。"'案:'挾',古'浹'字,《周禮》《毛詩》用字正同。干本作'匝',係以意改,非也。"

鄭 "正月",周之正月。"吉"謂朔日。〔一〕大宰以正月朔日布正治之事於天下,〔二〕至正歲,〔三〕又書而縣於象魏,振木鐸以徇之,使萬民觀焉。〔四〕

【校注】

〔一〕孫詒讓曰:"云'吉謂朔日'者,《大司徒》《族師》注義并同。《唐會要》引干注亦云'吉,朔日也'。《毛詩·小雅·小明篇》'二月初吉',傳云'初吉,朔日也'。此即鄭所本。夏炘云:'《大宰》《大司徒》《鄉大夫》《州長》《大司馬》《大司寇》,布憲皆言正月之吉,鄭皆以周正朔日解之。《族師》月吉,鄭以每月朔日解之。《詩·小明》初吉,毛公亦以朔日解之。《論語》吉月,孔安國亦以月朔解之。此自來相傳之古訓也。《説文》"吉,善也",亦有始義。《爾雅》"元,始也"。賈逵《左》僖八年注"元,善也"。元訓始亦訓善,則吉訓善亦可訓始,故凡始皆可謂之吉。……'案:夏説是也。以毛、鄭及《國語》義核之,蓋每月氣朔之始,通得爲初吉,省文則曰吉。《詩》《禮》之吉與初吉,朔始也。《周語》之初吉,氣始也。《論語》之吉月,吉謂氣始,月謂朔始也。與他書泛言吉日者异。韓愈、李翱《論語筆解》謂此經月吉,《論語》吉月,皆指行吉禮之月日,非朔日。王引之云:'經傳凡言吉日者,與朔日不同。一月之始,謂之朔日,或謂之朔月,或謂之朔。日之善者謂之吉日,或謂之吉。朔日不必皆吉,故朔日不可謂之吉日也。《大宰》正月之吉,《黨正》孟月吉日,《族師》月吉,皆日之善者,日之善者不必在朔日也。其在月之上旬者,謂之初吉。《小明》二月初吉,亦謂二月上旬之吉日也。上旬凡十日,其善者皆可謂之初吉,非必朔日也。《士冠禮》曰"令月吉日",又曰"吉月令辰"。令也,吉也,皆善也。'案:王説即本韓義,似亦得通,吴廷華、方苞説并同。"(《周禮正義》卷四《大宰》,第一一八——一一九頁)

〔二〕正治:鄭玄《注》、益齋本作"王治"。正:一年的第一个月。朔:一月的第一天。正朔是指一年第一天開始的時候,即正月初一。夏朝曆法以農曆正月爲正,平旦(天明)爲朔。商朝曆法以農曆十二月爲正,鷄鳴爲朔。周朝曆法以農曆十一月爲正,夜半爲朔。古代帝王於建國之初,必先改正朔,易服色,殊徽號,异器械,别衣服。《禮記·大傳》:"聖人南面而治天下,必自人道始矣。立權度量,考文章,改正朔,易服色,殊徽號,异器械,别衣服,此其所得與民變革者也。"《疏》曰:"'正'謂年始,'朔'謂月初,言王者得政,示從我始改故用新,隨寅丑子所損也。周子、殷丑、夏寅,是改正也。周夜半,殷鷄鳴,夏平旦,是易朔也。"

〔三〕正歲:《周禮·地官·大司徒》《疏》曰:"《周禮》凡言'正歲'者,則夏之建寅正月;直言'正月'者,則周之建子正月也。……《周禮》上下凡言'正歲'者,皆是夏之正月。"

〔四〕焉:鄭玄《注》下有"小宰"至"云爾"。

賈　知正月是周之正月者,〔一〕下文"乃縣"是建寅,〔二〕明上云"正月"是周正月。〔三〕知"乃縣"是正歲建寅之月者,〔四〕下云小宰所以佐大宰,〔五〕彼云"正歲"縣之,與此"乃縣"爲一事。〔六〕象魏,〔七〕闕也。〔八〕

【校注】

〔一〕知:賈《疏》上有"正月"至"十日釋曰"。

〔二〕建:中國古代將北斗的斗柄所指曰建。斗柄旋轉所指之十二辰,由子至亥,每月遷移一辰,又稱月建。夏朝曆法以農曆正月爲歲首,斗柄旋轉指向十二辰中之寅,故稱建寅。

〔三〕月:賈《疏》下有"知吉"至"乃縣"。

〔四〕知:賈《疏》上有"必"。

〔五〕云:賈《疏》無。

〔六〕事:賈《疏》下有"故至"至"不改"。

〔七〕象:賈《疏》上有"鄭司農云"。

〔八〕也:賈《疏》下有"者周"至"言之"。象魏闕也:《周禮·天官·大宰》《注》引鄭衆語。闕:亦稱"觀",中國古時宫門、城門兩側的高臺,中間有道路,臺上起樓觀。"《廣雅·釋宫》云:'象巍,闕也。'《説文·山部》云:'巍,高也。'《門部》云:'闕,門觀也。'魏即巍之省。《爾雅·釋宫》云:'觀謂之闕。'《禮運》孔疏引孫炎注云:'宫門雙闕者,舊縣法象,使民觀之處,因謂之闕。'《釋名·釋宫室》云:'闕在門兩旁,中央闕然爲道也。'亦謂之魏闕,《莊子·天下篇》云:'心居乎魏闕之下。'《吕氏春秋·審爲篇》高注云:'魏闕,象魏也。懸教象之法,浹日而收之。魏魏高大,故曰魏闕。'《淮南子·本經訓》高注義同。……焦循云:'……是觀闕一物也。……然則觀即樓類可登者也。……蓋天子皋路爲臺門,應門爲兩觀,闕爲專名,臺觀爲通名。……頴容以爲上有所闕失,下得書之於闕,故謂之闕,非取名之義也。……'詒讓案:象魏也,闕也,觀也,以魯制言之,三者蓋异名而同物。天子諸侯宫門皆築臺,臺上起屋謂之臺門。……天子臺門之兩旁,特爲屋,高出於門屋之上者,謂之雙闕,亦謂之兩觀。諸侯不得爲兩觀。則即於門臺之上正中,特高其屋,出於它門臺之上,是謂一觀。觀即因門臺爲之,故亦稱觀臺。……通而言之,雙闕亦單稱闕,兩觀亦單稱觀。……《説文·門部》釋闕爲門觀,而《𩫖部》别云'䦙,缺也'。古者城闕其南方謂之䦙,䦙之與闕,義訓不同。蓋闕即門觀,本不取缺爲義,則不必雙而後稱闕。……《釋名》以闕然爲道訓闕,《禮運》孔疏引熊安生説,亦謂當門闕處以通行路,似并誤掍闕䦙爲一義。……先鄭及《左傳》杜注并以闕釋象魏,皆不質言一觀兩觀。説禮者皆以象魏爲兩觀之定名,則又非也。……然則無論一觀兩觀,皆巍然而高,即通謂之巍闕。無論爲臺爲觀,皆可以縣法,即通謂之象魏。象魏之名,起於縣法象,不繫於觀之一與兩、有與無也。凡諸侯三門,庫路爲臺門,雉門爲一觀。……魯三門,雉門亦本當爲一觀,而僭爲兩觀,其縣法亦即在雉門,故雉門兩觀,即爲象魏。天子五門,象魏所在,經注并無文。其兩觀所在,則後鄭《閽人》及《朝士》注并謂亦在雉門,與魯同。……崔氏説謂天子象魏在雉門,即賈疏所本。蓋推鄭意,謂天子雉門設兩觀,因以兩觀爲即象魏,在雉門之外。其説非也。……魯之雉門,爲天子應門之制。魯兩觀在雉門，則天子兩觀不在雉門，而在應門可知。戴震、孔廣森、焦循、金鶚并謂周制天子當於應門内設兩觀，其説甚確。然此經之象魏，則又不在應門而在庫門。何則？庫門以内，非萬民所能至，而庫門外廷，即朝士所掌三詢之朝，衆庶咸在；又有嘉石肺石，所以平罷民，達窮民，則萬民皆得至。可知五官縣法，萬民所觀，當於其門，殆無疑義。若如賈説，謂象魏在雉門，則萬民得越三詢外朝而入庫門。儻謂在應門，則萬民并得至雉門以内，何以肅門禁乎？……蓋天子五門，惟應門爲兩觀，餘四門皆爲臺門，不設觀。魯則雉門爲兩觀，路庫爲臺門，不設觀。它諸侯則雉門爲一觀，路庫二門與魯同。天子五門不皆設兩觀，故《周書》庫臺之制，殊异於應門。諸侯三門，不皆設一觀，故《史記》中闕之名，專屬之中門。參互證驗，足明其義。魯以雉門之兩觀爲象魏，天子以庫門之臺門爲象魏，凡諸侯以雉門之闕門爲象魏。蓋象魏者，崇高之名。《禮器》説天子臺門以高爲貴，則庫門雖不爲觀，亦可謂之象魏矣。諸侯以庫門爲外門，三詢之朝，在庫門内，則萬民皆得入庫門。故象魏設於雉門，象魏恒視外朝所在爲之，不必兩觀而後可縣法象也。”(《周禮正義》卷四《大宰》，第一二〇——一二三頁)

(鄭司農云)[賈]〔一〕　周以謂之象魏，〔二〕雉門之外，〔三〕兩觀闕高魏魏焉。〔四〕孔子謂之觀，《春秋·定二年》《傳》，〔五〕夏五月“雉門災，及兩觀”是也。〔六〕觀者，〔七〕以其有教象可觀望。又謂之闕者，闕，去也。仰視治象，闕去疑事。或解闕中通門，《左氏·莊公二十一年》：〔八〕“鄭伯享王於闕西。”〔九〕《注》：“闕，象魏也。”〔一〇〕案《公羊傳》云：〔一一〕“子家駒謂昭公云：〔一二〕‘諸侯僭天子，〔一三〕大夫僭諸侯。’〔一四〕公曰：〔一五〕‘吾何僭哉？’〔一六〕曰：〔一七〕

‘設兩觀,〔一八〕乘大輅。’”〔一九〕何氏云:〔二〇〕“天子兩觀,諸侯臺門。”〔二一〕季桓子御公立於象魏之外,命藏象魏,曰舊章不可忘,〔二二〕是縣教象之法可知。〔二三〕始和,〔二四〕鄭謂始調和六典、〔二五〕八法已下之事。〔二六〕和訖,即頒布。〔二七〕從甲至甲爲挾,〔二八〕凡十日。斂藏之,〔二九〕於後月月於告朔而行。〔三〇〕

【校注】

〔一〕此節,魏氏標爲鄭衆注,實則爲賈《疏》文。故改“鄭司農云”爲“賈”。

〔二〕周:賈《疏》上有“正月”至“闕也者”。按:其中“知正月是”至“闕也者”,魏氏前文已引。以:賈《疏》、四庫本、益齋本作“公”。

〔三〕雉門:天子宫室五門,皋門、庫門、雉門、應門、路門中的第三道門(鄭衆謂之第二道門,誤)的名稱。詳見後“天子三朝五門”。

〔四〕焉:賈《疏》作“然”。魏魏:高大貌。《莊子·知北游》:“淵淵乎其若海,魏魏乎其終則復始也,運量萬物而不匱。”《釋文》:“魏魏……讀作巍巍。”(《莊子集解》,第一八九頁)《莊子集釋》所用底本原作“巍巍”,整理者改爲“魏魏”,曰:“魏魏,依世德堂本改,注及《釋文》亦作魏。”《疏》曰:“巍巍,高大貌也。夫道,遠超太一,近邁兩儀,囊括無窮,故以嘆巍巍也。”(《莊子集釋》,第七四三、七四四頁)

〔五〕秋:賈《疏》下有“左氏”。傳:賈《疏》無。

〔六〕賈公彦引文出處及文字與《春秋·定公二年》不同。《春秋》原文作“雉門及兩觀灾”。杜預《注》曰:“無傳。”即《春秋》所載此事,《左傳》無載。賈氏謂之“春秋左氏”,誤。《春秋》此句,《公羊傳》《穀梁傳》皆引。魏氏改寫爲“春秋定二年傳”,不知確指。《春秋·定公二年》《疏》曰:“《釋宫》云:‘觀謂之闕。’郭璞曰:‘宫門雙闕。'……然則其上縣法象,其狀魏魏然高大,謂之象魏;使人觀之,謂之觀也。是觀與象魏、闕,一物而三名也。觀與雉門俱灾,則兩觀在雉門之兩旁矣。《公羊傳》曰:'其言'雉門及兩觀灾'何?兩觀微也。然則曷爲不言雉門灾及兩觀?主灾者兩觀也。主灾者兩觀,則曷爲後言之?不以微及大也。'《穀梁》亦云:'灾自兩觀始,先言雉門,尊尊也。'《公羊》稱子家駒云:'設兩觀,諸侯僭天子。'其意以其奢僭,故天灾之。《左氏》無此義。案《禮器》云:'天子、諸侯臺門。'此以高爲貴也。《郊特牲》云:'臺門,大夫之僭禮也。'唯言大夫异於諸侯,不言諸侯异於天子。兩觀爲僭,禮無其文,天之所灾,不可意卜。言主灾兩觀,以門尊先門,若灾先從門起,又將何以爲异?丘明無文,或是灾起雉門,而延及兩觀也。"

〔七〕觀:賈《疏》上有"云"。

〔八〕左氏莊公二十一年:賈《疏》作"是以莊二十一年云"。

〔九〕西:《左傳·莊公二十一年》、賈《疏》、益齋本下有"辟"。鄭伯:此處指鄭厲公(生卒年:?—前六七三年。在位年:前七〇一—前六九七年、前六八〇—前六七三年)姬突,亦稱公子突,鄭莊公次子,鄭昭公异母弟,春秋時期鄭國第五、第九任國君。王:此處指東周第五位天子周惠王姬閬(生卒年:?—前六五三年或前六五二年。在位年:前六七七—前六五三年或前六五二年),周釐王姬胡齊之子。姬閬繼位後,奪占蔿國的土地,强取大夫邊伯、子禽、祝跪、詹父的房舍、土地,剥奪膳夫石速的俸禄,引起蔿國、五大夫等人的强烈不滿。周惠王二年(魯莊公十九年,前六七五年)秋,蔿國、邊伯等聯合貴族蘇氏,發動叛亂,擁戴周惠王的叔叔王子頽爲天子。最初,叛軍失利,逃竄至温(今河南温縣西南)。王子頽逃亡到衛國。衛國國君衛惠公因怨恨周惠王收留自己的政敵公子黔牟,於是聯合南燕,支持王子頽。同年冬,衛、燕聯軍攻占東周都城,驅逐周惠王,擁立王子頹爲天子。惠王奔温。周惠王三年春,鄭厲公出面調解周惠王和王子頹之間的糾紛,未成功。鄭厲公逮捕南燕國君仲父。同年夏,鄭厲公將流亡在外的周惠王帶回鄭國,安置於櫟地。周惠王四年,鄭國、虢國攻入周都,殺王子頹和邊伯等五位大夫,惠王復位。

〔一〇〕《左傳·莊公二十一年》《疏》曰:"定二年,雉門及兩觀災。《注》云:'兩觀,闕也。'《禮運》云:'昔者仲尼與於蜡賓,事畢,出游於觀之上。'鄭玄云:'觀,闕也。'《釋宫》云:'觀,謂之闕。'郭璞云:'宫門雙闕。'《周禮·大宰》:'正月之吉,縣治象之法於象魏,使萬民觀治象。'鄭衆云:'象魏,闕也。'哀三年魯災,《傳》稱季桓子御公立於象魏之外,命藏象魏,曰:'舊章不可亡也。'由此言之,則觀、闕、象魏,其事一也。劉熙《釋名》云:'闕,在門兩旁,中央闕,然爲道也。'然則其上縣法象,其狀巍巍然高大,謂之象魏。使人觀之,謂之觀也。闕西辟者,辟是旁側之語也。服虔云:'西辟,西偏也。'當謂兩觀之内道之西也。"《禮記·禮運》《疏》曰:"孫炎云:'宫門雙闕者,舊縣法象,使民觀之處,因謂之闕。'熊氏云:'當門闕處,以通行路。既言雙闕,明是門之兩旁相對爲雙。'熊氏得焉。《白虎通》云:'闕是闕疑。'義亦相兼。"

〔一一〕公羊傳:此處指《公羊傳·昭公二十五年》。

〔一二〕謂昭公云:《公羊傳·昭公二十五年》作"曰"。子家駒:魯昭公時魯國大臣,以直言勸諫聞名。《公羊傳·莊公二十四年》《注》曰:"三曰直諫,子家駒是也。"曾直言不諱地批評魯昭公等貴族僭越禮制,勸阻魯昭公勿輕率地試圖以武力解决專擅國政的季孫氏。未被昭公采納。失敗後,魯昭公被迫流亡他國。子家駒亦隨從昭公逃亡。其他事迹不詳。

〔一三〕僭:《公羊傳·昭公二十五年》下有"於"。

〔一四〕僭:《公羊傳·昭公二十五年》下有"於"。侯:《公羊傳·昭公二十五年》、賈《疏》下有“久矣”。

〔一五〕公:《公羊傳·昭公二十五年》上有“昭”。

〔一六〕僭:《公羊傳·昭公二十五年》、賈《疏》下有“矣”。《公羊傳·昭公二十五年》《注》曰:“失禮成俗,不自知也。”

〔一七〕曰:《公羊傳·昭公二十五年》、賈《疏》上有“子家駒”。

〔一八〕《公羊傳·昭公二十五年》《注》曰:“禮,天子、諸侯臺門,天子外闕兩觀,諸侯内闕一觀。”

〔一九〕輅:《公羊傳·昭公二十五年》、賈《疏》、益齋本作“路”。按:“路”同“輅”。《公羊傳·昭公二十五年》《注》曰:“禮,天子大路,諸侯路車,大夫大車,士飾車。”大輅:中國古代天子所乘車名。《禮記·樂記》:“所謂大輅者,天子之車也。”大路具體所指,歷代儒者説法不一。或曰大路即玉路。《白虎通·車旗》:“玉路,大路也。”陳立曰:“《書·顧命》:‘大輅在賓階面。’《周禮》《疏》引鄭《注》:‘大路,玉路。’《大戴·朝事》云:‘乘大路,建太常十有二旒,樊纓十有再就。’《周禮·巾車》:‘一曰玉路,鍚樊纓十有再就,建太常十有二旒。’是玉路即大路也。”(《白虎通疏證》,第五八七、五八八頁)或曰大路即金輅。《禮記·樂記》《疏》曰:“大輅,謂金輅也。據上公及同姓侯、伯,故下云‘龍旗九旒’,亦上公也。若异姓則象輅,若四衛則革輅,蕃國則木輅。受於天子,總謂之大輅也。”綜合文獻有關記載,大路當爲玉路。《周禮·春官·小宗伯》:“掌衣服、車旗、宫室之賞賜。”《疏》曰:“謂若《巾車》金路、象路、革路、木路及夏篆已下,亦得依所乘者賜之。唯玉路不得賜,與大裘同。是以魯用殷之大路也。”《尚書·顧命》:“大輅在賓階面,綴輅在阼階面。”《傳》曰:“大輅,玉。”《疏》曰:“‘大輅’,輅之最大,故知大輅,玉輅也。”關於玉路的構造,文獻亦有記載。《周禮·春官·巾車》:“王之五路:一曰玉路,鍚,樊纓,十有再就,建大常,十有二斿,以祀。”《注》曰:“玉路,以玉飾諸末。錫，馬面當盧，刻金爲之，所謂鏤錫也。樊讀如鞶帶之鞶，謂今馬大帶也。鄭司農云：'纓謂當胸，《士喪禮》下篇曰：'馬纓三就。'禮家説曰：纓，當胸，以削革爲之；三就，三重三匝也。'玄謂纓，今馬鞅。王路之樊及纓皆以五采罽飾之。十二就，就，成也。大常，九旗之畫日、月者，正幅爲縿，斿則屬焉。"《隋書》卷一〇《禮儀志五》："玉輅，禋祀所用，飾以玉。……虞氏謂之鸞車，夏后氏謂之鉤車，殷謂之大輅，周謂之乘輅。《大戴禮》著其形式，上蓋如規象天，二十八橑象列星，下方輿象地，三十輻象一月。前視則睹鑾和之聲，側觀則睹四時之運。昔成湯用而郊祀，因有山車之瑞，亦謂桑根車。蔡邕《獨斷》論漢制度，凡乘輿車，皆有六馬，羽蓋金爪，黄屋左纛，鏤鍐方釳，重轂繁纓，黄繒爲蓋里也。左纛，以旄牛尾建於竿上，其大如斗，立於左騑也。鏤鍐高闊各五寸，上如傘形，施於鬉上，而插翟尾也。方釳當顱，蓋馬冠也。繁纓，膺前索也。重轂，重施轂也。應劭《漢官》，大輅龍旗，畫龍於旗上也。董巴《志》謂爲瑞山車，秦謂金根，即殷輅矣。司馬彪《志》亦云：'漢備五輅，或謂德車，其所駕馬，皆如方色。'……左建太常。案《釋名》：'日月爲常，畫日月於旗端，言常明也。'又云：'自夏始也。'奚仲爲夏車正，加以旗常，於是旒就有差，用明尊卑之别也。"

〔二〇〕何氏：此處指東漢儒者何休。何休（一二九—一八二年）：字邵公，任城樊（今山東兖州西南）人。其生平、事迹具載《後漢書》卷七九下《何休傳》。

〔二一〕門：賈《疏》下有"則諸"至"魯災"。

〔二二〕忘：《左傳·哀公三年》作"亡"。賈《疏》下有"者此"至"之者"。

〔二三〕是縣：賈《疏》作"證象魏是"。可知：賈《疏》無。

〔二四〕始和：賈《疏》無。

〔二五〕鄭謂：賈《疏》無。始：賈《疏》上有"正月"至"日也"。六：賈《疏》上有"上"。

〔二六〕"始調"至"之事"：此爲賈《疏》文，魏氏略有改動，非鄭玄《注》，魏氏曰"鄭謂"，係誤讀鄭玄《注》。鄭玄《注》曰："言'始和'者，若改造云爾。"

〔二七〕"始調"至"頒布"：賈《疏》原在"謂朔日也"句下，魏氏有删略，移置於此。即：賈《疏》上有"當月"。布：賈《疏》下有"此治"至"治象"。

〔二八〕從甲至甲爲挾：賈《疏》作"挾日者從甲至甲"。古人計日，采用天干、地支搭配的方法。如從甲子日開始，經乙丑、丙寅、丁卯、戊辰、己巳、庚午、辛未、壬申、癸酉，到甲戌日，即"從甲至甲"，十日爲"挾日"。

〔二九〕之：賈《疏》、四庫本下有"於明堂"。

〔三〇〕於告朔而行：賈《疏》、四庫本作"受而行之謂之告朔也"。按："從甲"至"而行"，賈《疏》原在"注正月至十日"句上，魏氏改寫之，移置於此。告朔：周代禮制，天子於每年季冬(夏曆十二月)將來年的曆書頒發給諸侯，謂之"告朔"。《周禮·春官·大史》："頒告朔於邦國。"《注》曰："天子頒朔於諸侯，諸侯藏之祖廟，至朔，朝於廟，告而受行之。鄭司農云：'……以十二月朔，布告天下諸侯。'"《疏》曰："按《禮記·玉藻》'諸侯皮弁聽朔於大祖'。大祖，即祖廟也。……諸侯約天子，故縣之於中門，而日斂之，藏之於祖廟，日月用羊，告而受行之。此經及《論語》稱告朔，《玉藻》謂之聽朔，《春秋》謂之視朔。視朔者，人君入廟視之。告者，使有司讀祝以言之。聽者，聽治一月政令。所從言之异耳。……言朔者，以十二月曆及政令，若月令之書，但以受行，號之爲朔。……《春秋》之義，天子班曆於諸侯，日食書日。不班曆於諸侯，則不書日。其不書日者，猶天子日官失之不班曆。”

鶴山先生云 自鄭康成以“正月之吉”爲周正月,乃有三正之説,〔一〕某以爲無。〔二〕前乎爲商,〔三〕以十二月爲歲首,而夏時不改。〔四〕後乎秦、漢,〔五〕以十月爲歲首,夏時亦不改。〔六〕《甘誓》所謂“怠弃三正”,〔七〕是廢天、地、人之正道。〔八〕《咸有一德》之“爰革夏正”,〔九〕亦謂政也。“正月之吉始和”,乃孟春天氣始和,亦不如鄭説牽强。其讀法,則或吉月,或四孟月。〔一〇〕鄭謂去民愈近,讀法愈多。〔一一〕象魏,觀、闕也。《釋名》曰:〔一二〕“觀在門兩旁,中央闕然爲道。謂之魏,以其巍巍也。謂之象魏,以其縣象也。”諸侯有臺門,無兩觀。《春秋傳》:〔一三〕“新作雉門及兩觀。”譏加其度。〔一四〕謂之觀,以其可觀也。謂之闕,以其闕中也。或曰:《雜記》:〔一五〕“孟獻子曰:〔一六〕‘正月日至,可以有事於上帝。七月日至,可以有事於祖。’”〔一七〕則正月指夏時四月,如“正月繁霜”又一義。〔一八〕

【校注】

〔一〕三正:文獻記載夏、商、周三代歲首不同的統稱。正,一年的開始,即歲首。據文獻記載,夏朝曆法以孟春之月爲正,平旦爲朔。斗柄旋轉指向十二辰中之寅,故稱建寅。商朝曆法以季冬之月爲正,鷄鳴爲朔。斗柄旋轉指向十二辰中之丑,故稱建丑。周朝曆法以仲冬之月爲正,夜半爲朔。斗柄旋轉指向十二辰中之子,故稱建子。合稱“三正”。《逸周書·周月解》:“萬物春生、夏長、秋收、冬藏,天地之正,四時之極,不易之道。夏數得天,百王所同。其在商湯,用師於夏,除民之灾,順天革命,改正朔,變服殊號,一文一質,示不相沿,以建丑之月爲正,易民之視。若天時大變,亦一代之事,亦越我周王致伐於商,改正异械,以垂三統,至於敬授民時,巡狩祭享,猶自夏焉。是謂《周月》,以紀於政。”(《逸周書彙校集注》,第六一九—六二一頁)

〔二〕無:四庫本下有“也”。魏氏此論,與賈公彦、孔穎達等言合。《周禮·天官·凌人》《疏》曰:“周雖以建子爲正,行事皆用夏之正歲。”《禮記·月令》《疏》曰:“吕不韋在於秦世,秦以十月爲歲首,不用秦正而用夏時者,以夏數得天正,故用之也。《周禮》雖以建子爲正,其祭祀、田獵,亦用夏正也。”

〔三〕按:自“前乎爲商”至下節“玄謂”之“衆也謂衆士”,安氏本無。

〔四〕夏時:夏朝時使用的曆法。

〔五〕乎:四庫本下有“爲”。

〔六〕“陳逢衡云:徐發曰:‘正歲本於曆數有餘、不足,因時改變,故有改朔之法,亦謂之改正朔。若正月乃四時之首,孟春定數何得改變?故商以建丑之月爲正朔,即伊訓之元祀十月二月,乙丑祠先王也。蓋正朔爲班朝莅治之始,故新君廟見於此時,行之然而仍稱十有二月,則可知商之改正實非正月矣。’衡案:夏數,謂由正月至十二月之數。得天,謂合天道,百王所同,則固而不改也,其改者爲歲首,湯革命則以丑月爲歲首,武伐商則以子月爲歲首,故曰改正朔。朱友曾云:……此改正亦改時之明證也。……陳逢衡云:徐發曰:‘此尤見改正不改月之明證矣。’”(《逸周書彙校集注》,第六二〇—六二一頁)

〔七〕甘誓:《尚書》篇名。記載禹之子啓廢除傳統的禪讓制,即民主選舉部落聯盟首領的方式,代之以世襲制後,有扈氏不服,起兵反抗。雙方在甘(地名。或曰在今陝西西安鄠邑區,或曰在今河南洛陽西南,或曰在鄭州以西古甘水沿岸。近現代學者多認爲其在今鄭州以北的原陽、原武一帶)交戰。戰前,啓發布誓言,警戒、激勵將士奮勇作戰。

〔八〕魏氏此語,當據《尚書·甘誓》《傳》"怠惰弃廢天、地、人之正道"而言。

〔九〕咸有一德:《尚書》篇名,作者據傳是伊尹,内容爲伊尹與太甲的談話。此篇經文的主題就是"一德之事"。伊尹認爲:天命無常,衹有經常修德,纔可保住君位;停止修德,就會失去君位。《尚書·咸有一德》《疏》曰:"太甲既歸於亳,伊尹致仕而退,恐太甲德不純一,故作此篇以戒之。"後世儒者多認爲包括此篇的《古文尚書》爲後世僞造。《尚書·咸有一德》《傳》曰:"爰,於也。於得九有之衆,遂伐夏勝之,改其正。"

〔一〇〕孟月:大致自戰國時起,古人將一年分爲春、夏、秋、冬四個季節,每個季節包括三個月,分别爲孟、仲、季。所謂"四孟月",分别爲孟春、孟夏、孟秋、孟冬之月,分别對應夏曆之正月、四月、七月、十月。《禮記·月令》:"孟春之月。"《注》曰:"孟,長也。"

〔一一〕魏氏此語,係據《周禮·地官·黨正》《注》而言。《周禮·地官·黨正》:"及四時之孟月吉日,則屬民而讀邦法,以糾戒之。"《注》曰:"以四孟之月朔日讀法者,彌親民者,於教亦彌數。"《疏》曰:"上文州長唯有建子、建寅及春、秋祭社四度讀法。此黨正四孟及下文春、秋祭禜并正歲,一年十(阮《校》引經文作'七'。阮元曰:'閩、監、毛本"七"誤"十"。')度讀法者,以其鄉大夫管五州,去民遠,不讀法。州長管五黨,去民漸親,故四讀法。黨正去民彌親,故七讀法。鄭云'彌親民'者,則非直徒解黨正而已。案下族師十四度讀法,彌多於此,故鄭總釋云'彌親民者,於教亦彌數'也。"

〔一二〕《釋名》:又名《逸雅》,是東漢末劉熙所撰的一部訓解詞義的著作。此書采用聲訓法,即用聲音相同或相近的字,推求字義。

今本《釋名》二七篇，分爲八卷，釋名物典禮一五〇二條。《釋名》與《爾雅》《方言》《説文解字》被視爲漢代四部重要的訓詁著作。明代，郎奎金將其與《爾雅》《小爾雅》《廣雅》《埤雅》合刻，稱《五雅全書》。因其他四書皆以"雅"名，於是改《釋名》爲《逸雅》。

〔一三〕據下文"譏加其度"源出《穀梁傳·定公二年》，則魏氏此處所謂"春秋傳"當指《穀梁傳》。

〔一四〕《穀梁傳·定公二年》："冬，十月，新作雉門及兩觀。言新，有舊也。作，爲也，有加其度也。此不正，其以尊者親之，何也？"《注》曰："不正，謂更廣大之，不合法度也。"

〔一五〕《雜記》：《禮記·篇名》。《釋文》："鄭云：'雜記者，以其雜記諸侯及士之喪事。'"《疏》曰："按鄭《目録》云：'名曰《雜記》者，以其雜記諸侯以下至士之喪事。'此於《别録》屬《喪服》，分爲上、下，義與《曲禮》《檀弓》分别不殊也。"孫希旦曰："《喪服小記》者，以其所記之瑣碎而名之也。《喪大記》者，以其所記之繁重而名之也。此篇所記，有與《小記》相似者，有與《大記》相似者，又有非喪事而亦記之者，以其所記者雜，故曰《雜記》。"（《禮記集解》，第一〇四〇頁）

〔一六〕孟獻子（？—前五五四年）：春秋時期魯國孟孫氏第五代宗主，名蔑，世稱仲孫蔑，謚曰獻。《逸周書·謚法解》："博聞多能曰獻，聰明睿哲曰獻。"（《逸周書彙校集注》，第六九二—六九三頁）《謚法》卷一《獻》："聰明睿智曰獻，向德内德曰獻。"

〔一七〕《禮記·雜記下》《注》曰："魯以周公之故，得以正月日至之後郊天，亦以始祖后稷配之。獻子欲尊其祖，以郊天之月對月禘之，非也。魯之宗廟，猶以夏時之孟月爾。《明堂位》曰：'季夏六月，以禘禮祀周公於大廟。'"《疏》曰："'正月'，周正月，建子之月也。'日至'，冬至日也。'有事'，謂南郊祭所出之帝也，上帝靈威仰也。而周以十一月爲正，其月日至。……'七月'，周七月，建午之月也。'日至'，夏至日也。‘有事’,謂禘祭於祖廟……獻子言十一月建子,冬既祭上帝,故建午夏至亦可禘祖,以兩月日至相對,故欲祭祖廟,與天相對也。……此言非也。所以爲非者,魯之祭祀宗廟,亦猶用夏家之法。凡大祭,宜用首時,應禘於孟月,孟月於夏家是四月,於周爲六月,故《明堂位》云‘季夏六月,以禘禮祀周公於大廟’,是夏之孟月也。獻子捨此義,欲以此二至相當,以天對祖,乖失禮意。”

〔一八〕又一:益齋本作“之”。正月繁霜:《詩經・小雅・正月》詩句。“正月繁霜,我心憂傷。”《傳》曰:“正月,夏之四月。”《箋》云:“夏之四月,建巳之月。”《疏》曰:“以大夫所憂,則非常霜之月。若建寅正月,則固有霜矣,不足憂也。昭十七年‘夏六月甲戌朔,日有食之’。《左傳》曰:‘祝史請所用幣。平子禦之,曰:“止也。唯正月朔,慝未作,日有食之,於是乎有伐鼓用幣,其餘則否。”太史曰:“在此月也。”’經書‘六月’,《傳》言‘正月’,太史謂之‘在此月’,是周之六月爲正月也。周六月是夏之四月,故知正月夏之四月也。謂之‘正月’者,以乾用事,正純陽之月。《傳》稱‘慝未作’,謂未有陰氣,故此《箋》云‘純陽用事’也。若然,《易・稽覽圖》云:‘正陽者,從二月至四月,陽氣用事時也。’獨以爲四月者,彼以卦之六爻,至二月大壯用事,陽爻過半,故謂之正陽,與此异也。”

又云 武帝雖建寅,從夏時,〔一〕然終西漢至東漢,大朝會元以十月爲歲首,〔二〕嘗於諸《志》檢討,〔三〕盡然。〔四〕

【校注】

〔一〕秦及西漢初使用的曆法,以十月爲歲首。《史記》卷八《高祖本紀》:“漢元年十月……正月,項羽自立爲西楚霸王。”《集解》:“如淳曰:‘《張蒼傳》云以高祖十月至霸上,故因秦以十月爲歲首。'"《正義》:"崔浩云:'史官以正月紀四時,故書正月也。'荀悦云:'先春後正月也。'顔師古云:'凡此諸月號,皆太初正曆之後記事者追改之,非當時本稱也。以十月爲歲首,即以十月爲正月。今此正月,當時謂之四月也。他皆放此。'"朝覲禮儀即於每年十月舉行。《漢書》卷一下《高帝紀下》:"令諸侯王、通侯常以十月朝獻。"漢武帝於太初元年(前一〇四年)頒詔改曆。(《史記》卷一三〇《太史公自序》記載爲該年十一月,褚補《史記》卷一二《孝武本紀》、《漢書》卷六《武帝紀》記載或爲元封七年夏,或爲太初元年五月。上述文獻記載雖异,但都有道理。司馬遷《太史公自序》所載爲第一次改曆的事,這一次頒布了新的曆元。《孝武本紀》《武帝紀》所載爲第二次改曆之事,這次改曆采用了鄧平的曆法。詳參張培瑜等《中國古代曆法》,第二五三—二五四頁)

〔二〕大朝會:周開始,歷代王朝百官於歲首朝見皇帝的禮儀。《續漢書·禮儀志中》:"每歲首正月,爲大朝受賀。其儀:夜漏未盡七刻,鐘鳴,受賀。及贄,公、侯璧,中二千石、二千石羔,千石、六百石雁,四百石以下雉。百官賀正月。二千石以上上殿稱萬歲。舉觴御坐前。司空奉羹,大司農奉飯,奏食舉之樂。百官受賜宴饗,大作樂。其每朔,唯十月旦從故事者,高祖定秦之月,元年歲首也。"《注》曰:"蔡邕曰:'群臣朝見之儀,視不晚朝十月朔之故,以問胡廣。廣曰:"舊儀,公卿以下每月常朝,先帝以其頻,故省,唯六月、十月朔朝。後復以六月朔盛暑,省之。"'"

〔三〕諸志:此處指記載秦漢以後歷代實行大朝會禮儀的正史《禮儀志》等典章文獻。檢討:檢索史料,加以研討。

〔四〕盡:益齋本作"書"。

乃施典於邦國,而建其牧,立其監,設其參,傅其伍,陳

其殷,置其輔。乃施則於都鄙,而建其長,立其兩,設其伍,陳其殷,置其輔。乃施法於官府,而建其正,立其貳,設其考,陳其殷,置其輔。

鄭 以侯、[一]伯有功德者,加命作州長,謂之牧,所謂"八命作牧"者。[二]監謂公、侯、伯、子、男各監一國。《書》曰:"王啓監,厥亂爲民。"[三]"參"謂卿三人,"伍"謂大夫伍人。

【校注】

〔一〕以:鄭玄《注》上有"乃者更申敕之"。

〔二〕八命作牧:《周禮·春官·大宗伯》文。《周禮·春官·大宗伯》《注》曰:"謂侯伯有功德者,加命得專征伐於諸侯。"《疏》曰:"案《曲禮》云:'牧於外曰侯。'是牧本爵稱侯矣。一州二百一十國,選賢侯爲牧。今鄭兼言伯者,牧用侯、伯不定,其牧若有賢侯則用侯;若無賢侯,則用伯可也。故鄭兼言伯。"

〔三〕語出《尚書·梓材》。《傳》曰:"言王者開置監官,其治爲民,不可不勉。"

鄭司農云 殷,治律。輔,爲民之平也。

玄謂 殷,衆也,謂衆士也。[一]輔,府史,庶人在官者。

【校注】

〔一〕也:鄭玄《注》下有"王制"至"三分"。

天台周成子謂 牧,州牧也。舜十二州,[一]則有十二牧。周九州,則有九牧。《王制》即以殷制名曰"伯",[二]其實一也。

但八州八伯，以王畿王者所治，其州不復設牧，故云“[八]伯”。〔三〕然(正)[王]畿千里，〔四〕以舜十二牧例之，〔五〕又參以《左氏》“五侯九伯，汝實征之”，〔六〕當有九伯，但不統王畿耳。監，後鄭以爲諸侯，非也。所以(名)[明]國以有侯爾，〔七〕豈以監名侯哉！〔八〕此乃牧之屬，長之師，〔九〕就擇賢侯爲之，猶殷有連帥、卒正也。〔一〇〕《職方》曰：“凡邦國小大相維，〔一一〕王設其牧，〔一二〕制其職。”〔一三〕設牧之下，又曰制職，可見州牧必有監、長二職，以相維也。但五長爲五國，置長甚明，監則莫知幾國而設一監，豈亦如殷之聯乎？《王制》言：“天子使大夫爲三監，〔一四〕監於方伯之國，國三人。”〔一五〕乃漢博士撰《王制》篇，因《書》言三監挾殷畔，〔一六〕據以立此條，决非立監本制。〔一七〕州牧自有命，卿、大夫上監州牧，而每牧至三人哉？〔一八〕且武庚但承殷祀，初非方伯，武王以三子并監者，以革命之初，殷民疑貳，一時權宜，不爲定法。漢初未見《周禮》，《王制》闕然，故漢儒旁緣三監，〔一九〕臆爲之説耳。參，佐也，國之卿也，非指三人也。伍，衆大夫也，猶行五之云，〔二〇〕非指五人也。卿、大夫多少之數，隨國大小爲之差。殷，衆士也。輔，府、史、胥、徒也。五都亦立之長，如外諸侯。但在王畿内，不復有帥、牧耳。《書》云“外薄四海，咸建五長”是也。〔二一〕兩卿，前鄭云兩丞。按都、家無卿官，〔二二〕朝大夫乃止上士，名爲朝大夫。惟都宗人、都司馬秩雖均上士，而職之與名，則兩卿之似者，兹其謂之兩與？小都之有家宗人，而司馬則以其家臣爲之。伍，其都家之士及都則之屬，〔二三〕輔則(不)[下]士。〔二四〕庶子，輔則胥、徒也。

【校注】

〔一〕十二州：先秦文獻記載的行政區劃。《尚書·舜典》：“肇十有二州。"《傳》曰:"禹治水之後,舜分冀州爲幽州、并州,分青州爲營州,始置十二州。"《釋文》:"十有二州,謂冀、兖、青、徐、荆、楊、豫、梁、雍、并、幽、營也。"《疏》曰:"《禹貢》治水之時,猶爲九州,今始爲十二州,知'禹治水之後'也。禹之治水,通鯀九載,爲作十有三載,則舜攝位元年,九州始畢。當是二年之後,以境界太遠,始别置之。知'分冀州爲幽州、并州'者,以王者廢置,理必相沿。《周禮·職方氏》九州之名有幽、并,無徐、梁。周立州名必因於古,知舜時當有幽、并。《職方》幽、并山川於《禹貢》皆冀州之域,知分冀州之域爲之也。《爾雅·釋地》九州之名於《禹貢》無梁、青,而有幽、營,云'燕曰幽州,齊曰營州'。孫炎以《爾雅》之文與《職方》《禹貢》并皆不同,疑是殷制。則營州亦有所因,知舜時亦有營州。齊即青州之地,知分青州爲之。於此居攝之時,始置十有二州,蓋終舜之世常然。宣三年《左傳》云:'昔夏之方有德也,貢金九牧。'則禹登王位,還置九州,其名蓋如《禹貢》。"

〔二〕伯:《禮記·王制》《注》曰:"殷之州長曰伯,虞夏及周皆曰牧。"《疏》曰:"云'虞夏及周皆曰牧'者,按《尚書·舜典》云:'覲四岳群牧。'又云:'咨十有二牧。'是虞稱牧也。虞雖稱牧,亦稱伯,故《書傳》云:'惟元祀,巡此四岳八伯。'按《左傳》宣三年云:'夏之方有德也,貢金九牧。'是夏稱牧也。《大宰》云:'建其牧。'是周稱牧也。"

〔三〕伯:益齋本上有"八"。據上文,周九州,每州一伯,當有九伯。因王畿所在州由王直接統治,不設伯,故有八伯。則此處"伯"字上宜有"八"字。據益齋本補。"依《王制》説,牧即州長,每州一牧。《掌交》云'論九牧之維',是九州則九牧。而《王制》云'八伯',孔疏引鄭注《尚書》説同。又引《鄭志》:'張逸問云:"九州而八伯者何?"鄭答云:"畿内之州不置伯,有鄉遂之吏主之。"'黄以周云:'凡一州必有一伯，故唐虞分十二州，《書》稱之曰十有二牧；夏分九州，《左傳》稱之曰九牧；周亦分九州，《左傳》稱之曰九伯。《王制》云"八州八伯"，承上千里之外設方伯爲文，故止云八州。既舉八州，當云八伯，非畿内無伯也。伏生《書傳》云："惟元祀巡此四岳八伯。"此舉巡守畿外爲文，故亦曰八伯。鄭據此，遂謂畿内無伯，是十二牧實止十一牧，九牧九伯實止八牧八伯，豈其然與！畿内之伯，蓋亦二伯中一人兼之。'案：黄説本陳祥道，是也。"(《周禮正義》卷四《大宰》，第一二六頁)

〔**四**〕正：四庫本、益齋本、蔣抄本作"王"，安氏本作"至"。三字，似以"王"字義更妥，據改。

〔**五**〕牧：四庫本下有"之例"。

〔**六**〕引文出自《左傳・僖公四年》。汝：《左傳・僖公四年》作"女"。按："女"同"汝"。《注》曰："五等諸侯，九州之伯，皆得征討其罪。"《疏》曰："鄭玄以爲周之制，每州以一侯爲牧，二伯佐之，九州有九侯、十八伯。大公爲東、西大伯中分天下者，當各統四侯半，一侯不可分，故言'五侯'，其伯則各有九耳。侯爲牧，伯佐之，言是周制，其事無所出也。且征者，征其所統之國，非征侯、伯之身，何當校計人數，以充五、九之言？即如其言，使伯佐牧，二伯共佐治而已，非是分州之半，復安得征九伯也？校數煩碎，非復人情，故先儒無同之者。"

〔**七**〕名：四庫本、安氏本、益齋本作"明"。按：應作"明"，據改。以有侯：益齋本作"各有監"。以：四庫本作"亦"。

〔**八**〕名：四庫本作"各"。

〔**九**〕師：四庫本、益齋本作"帥"。

〔**一〇**〕連帥：或作"連率"。《詩經・邶風・旄丘》《序》曰："衛不能修方伯連率之職。"《釋文》："《禮記》云：'十國以爲連，連有率。'"《疏》曰:"連率者,即'十國以爲連,連有帥'是也。"連帥、卒正:文獻記載的商、周時期地方長官官名。《禮記·王制》曰:"千里之外設方伯,五國以爲屬,屬有長。十國以爲連,連有帥。三十國以爲卒,卒有正。"《注》曰:"屬、連、卒、州,猶聚也。伯、帥、正,亦長也。凡長皆因賢侯爲之。"《疏》曰:"屬是繫屬,連是連接,卒是卒伍,州是聚居……伯、帥、正俱是長,但异其名。"但在連帥、卒正究竟是商朝地方長官名,還是商、周皆有此二官,儒者之説不同。《禮記·王制》《疏》曰:"殷既亦有連、屬、卒等,則周亦然也。故《詩·旄丘》責衛伯'不能修方伯連率之職'是也。"《詩經·邶風·旄丘》《疏》曰:"《王制》雖殷法,周諸侯之數與殷同,明亦十國爲連。此《詩》周事,有連率之文。《左傳》曰:'晋侯享公,公請屬鄫。'是周亦有連、屬。"《周禮·夏官·職方氏》《疏》曰:"又《王制》云:'五國以爲屬,屬有長。十國以爲連,連有帥。三十國以爲卒,卒有正。二百一十國以爲州,州有伯。'彼雖是殷之諸侯,亦是各有屬相維聯之事也,故鄭據而言也。"

〔一一〕小大相維:《周禮·夏官·職方氏》《注》曰:"大國比小國,小國事大國,各有屬,相維聯也。"《疏》曰:"春秋之世,小國朝大國,大國聘小國,又有敵國自相聘,是以司儀公、侯、伯、子、男相爲賓,又相爲國客。故《易·比·象》云:'先王以建萬國,親諸侯。'……彼雖是殷之諸侯,亦是各有屬相維聯之事也,故鄭據而言也。"

〔一二〕王設其牧:《周禮·夏官·職方氏》《注》曰:"選諸侯之賢者爲牧,使牧理之。"《疏》曰:"此即《大宰》云'建其牧'是也。按《大宗伯》《注》并《曲禮》《注》,皆兼伯而言,此直言'諸侯'者,以侯爲主,無賢侯,乃兼伯可也。"

〔一三〕制其職:《周禮·夏官·職方氏》《注》曰:"牧、監參、伍之屬。用能,所任秩次。"《疏》曰:"此即《大宰》云'設官分職'。彼下文又云'施典於邦國,而建其牧,立其監,設其參,傅其伍,陳其殷,置其輔'也。云'用能,所任秩次'者,稱其所任,則以次禄秩之。"

〔一四〕使:《禮記·王制》下有"其"。

〔一五〕國三人:《禮記·王制》《注》曰:"使佐方伯領諸侯。"《疏》曰:"'天子使其大夫'者,謂使在朝之大夫,往監於方伯,每一州輒三人,三八二十四人。崔氏云:'此謂殷之方伯,皆有三人以輔之。佐其伯,謂監所領之諸侯也。'周則於牧下置二伯,亦或因殷,使大夫爲三監,故《燕禮》云:'設諸公之坐。'鄭云:'公,孤也。'大國孤公一人,而云'諸公'者,容牧有三監。然則天子於州牧之國,則置三大夫以輔之,其尊卑之差,則下文其禄視諸侯之卿,其爵視次國之君。其禄視諸侯之卿者,謂公之孤也,故《燕禮》謂之諸公,與公孤同也。《尚書》使管叔、蔡叔、霍叔爲三監者,爲武庚也,與此别也。"

〔一六〕三監挾殷畔:《尚書·大誥》:"三監及淮夷叛。"《傳》曰:"三監,管、蔡、商。"《疏》曰:"武王既崩,管叔、蔡叔與紂子武庚三人監殷民者又及淮夷共叛。……知'三監'是管、蔡、商者,以《序》上下相顧爲文。此言'三監及淮夷叛',總舉諸叛之人也。下云:'成王既黜殷命,殺武庚,命微子啓代殷後。'又言:'成王既伐管叔、蔡叔,以殷餘民封康叔。'此《序》言三監叛,將征之,下篇之《序》歷言伐得三人,足知下文管叔、蔡叔、武庚,即此'三監'之謂,知'三監'是'管、蔡、商'也。《漢書·地理志》云:'周既滅殷,分其畿内爲三國,《詩·風》邶、鄘、衛是也。邶以封紂子武庚;鄘,管叔尹之;衛,蔡叔尹之,以監殷民,謂之三監。'先儒多同此説,惟鄭玄以三監爲管、蔡、霍,獨爲异耳。謂之'監'者,當以殷之畿内,被紂化日久,未可以建諸侯,且使三人監此殷民,未是封建之也。三人雖有其分,互相監領,不必獨主一方也。《史記·衛世家》云:'武王克殷,封紂子武庚爲諸侯,奉其先祀。爲武庚未集,恐有賊心,乃令其弟管叔、蔡叔傅相之。'是言輔相武庚,共監殷人,故稱'監'也。"

〔一七〕監:孫詒讓曰:"《大司馬》注云:'監,監一國,謂君也。'《説文·卧部》云:'監,臨下也。五等諸侯雖爵有尊卑,皆君臨一國,故同謂之監。'《王制》云:'……'注云:'使佐方伯領諸侯。'彼謂方伯之國,别有天子命卿爲三監,此經無文。"(《周禮正義》卷四《大宰》,第一二六—一二七頁)

〔一八〕三:四庫本作"二"。

〔一九〕緣:四庫本作"録"。

〔二〇〕五:四庫本、益齋本作"伍"。

〔二一〕引文出自《尚書·益稷》。《傳》曰:"薄,迫也。言至海。諸侯五國立賢者一人爲方伯,謂之五長,以相統治,以奬帝室。"《疏》曰:"《釋言》云:'逼,迫也。''薄'者,逼近之義,故云'迫'也。外迫四海,言從京師而至於四海也。……《王制》云:'五國以爲屬,屬有長。'此'建五長'亦如彼文。"

〔二二〕都、家:指《周禮》中記載的以"都""家"爲官名首字的職官。包括:大宗伯屬官都宗人、家宗人,《周禮·春官·序官》《注》曰:"都謂王子、弟所封及公、卿所食邑。……家謂大夫所食采邑。"《疏》曰:"此既掌祭祀,不云伯而云宗人者,避大官名。《夏官》都家稱司馬,得與大官同名者,以其軍事是重,故與大官同名也。《秋官》都家以稱士者,以其主都家萬民之獄訟,以告方士,故謂之士。士者,察也,取其察審之義也。"大司馬的屬官都司馬、家司馬。《周禮·夏官·序官》:"都司馬……家司馬,各使其臣,以正於公司馬。"《周禮·夏官·都司馬》:"都司馬掌都之士庶子及其衆庶、車馬、兵甲之戒令。以國法掌其政學,以聽國司馬。"家司馬職掌與都司馬同。大司寇的屬官都則、都士、家士。《周禮·秋官·序官》《注》曰:"都則,主都家之八則者也。當言每都,如朝大夫及都司馬云。……

都家之士,主治都家吏民之獄訟,以告方士者也。亦當言每都。”《疏》曰:“此官已闕,鄭知主八則者,《太宰》云:‘八則治都鄙。’此經云‘都則’,故知則,八則也。……在此者,此官雖闕,義理可言。以其稱士,則知主獄……必知王家不置都士,而云都家之士者,以其都司馬使王自爲之,家司馬家自置司馬,以司馬主軍事重,故王置都司馬,此刑事輕於軍,故都家王皆不置都士,但已有方士主其獄,故使都家之士以獄告也。”

〔二三〕則:四庫本作“鄙”。都家之士:此處當指大司寇的屬官都士。《周禮·秋官·序官·都士》《注》曰:“都家之士,主治都家吏民之獄訟,以告方士者也。”都則,此處當指大司寇的屬官都則。

〔二四〕輔:四庫本、益齋本作“殷”。不:安氏本、四庫本、益齋本、蔣抄本作“下”。按:應作“下”,據改。

後鄭曰〔一〕 正,六官之卿。〔二〕貳,〔三〕小宰、小司徒、小(察)[宗]伯、〔四〕小司馬、小司寇也。〔五〕考,稽察也。〔六〕宰夫、〔七〕(卿師)[鄉師]、〔八〕(四帥)[肆師]、〔九〕[軍]司馬、〔一〇〕士師也。〔一一〕

【校注】

〔一〕曰:益齋本作“云”。

〔二〕六官之卿:鄭玄《注》作“謂冢宰、司徒、宗伯、司馬、司寇、司空也”。係魏氏對鄭玄《注》進行概括而成。

〔三〕貳:鄭玄《注》下有“謂”。

〔四〕察:鄭玄《注》、四庫本、益齋本作“宗”。按:“察”誤,應作“宗”,據改。

〔五〕寇:鄭玄《注》下有“小司空”。

〔六〕稽察也:鄭玄《注》作“成也佐成事者”。《周禮·天官·序官》《疏》曰:“宰夫是大宰之考,謂若地官之考爲鄉師,春官之考爲肆師,夏官之考爲軍司馬,秋官之考爲士師,冬官之考爲匠師。以其掌事不與大官同,故异大官也。”

〔七〕宰:鄭玄《注》上有“謂”。夫:安氏本作“天”。按:安氏本此處或誤“夫”爲“天”。

〔八〕卿帥:鄭玄《注》、四庫本、益齋本作“鄉師”。按:應作“鄉師”,據改。

〔九〕四帥:鄭玄《注》、四庫本、益齋本作“肆師”。按:應作“肆師”,據改。

〔一〇〕司:鄭玄《注》、四庫本、益齋本上有“軍”。按:應有“軍”,據補。

〔一一〕也:鄭玄《注》下有“司空亡未聞其考”。

鶴山先生云　此文先云“施法則於官府”,則官府乃總言三百六十之官,非止六(宫)[官]也。〔一〕《左傳》云:“百官之正長、師旅。”〔二〕是每官秩之最高者爲正,其次爲貳、爲考,惟獨員及員少者,則不能備貳、考及殷。鄭專云六官,則拘矣。

【校注】

〔一〕宫:四庫本、益齋本作“官”。按:當作“官”,據改。

〔二〕引文出自《左傳·襄公二十五年》:“三軍之大夫、百官之正、長、師、旅及處守者皆有賂。”《注》曰:“百官、正、長,群有司也。師、旅,小將帥。”

凡治,以典待邦國之治,以則待都鄙之治,以法待官府

之治,以官成待萬民之治,以禮待賓客之治。〔一〕

【校注】

〔一〕治:安氏本無。

鄭 八成。〔一〕

【校注】

〔一〕八:鄭玄《注》、四庫本、益齋本上有"成"。成:鄭玄《注》下有"禮賓禮也",益齋本下有"禮賓禮"。

賈 八成,小宰職掌。〔一〕據上文,〔二〕官成在八法治官府中,今特出之者,以其八成本待萬民,不待官府,若不特出之,則無此待萬民之事。〔三〕以禮待賓客,本在八統,今特見之者,以他皆王行之於朝,〔四〕以示民,〔五〕唯禮賓特別有禮,若聘禮之類是也。〔六〕

【校注】

〔一〕八成小宰職掌:賈《疏》原文在本節最後處,魏氏將其前移至此。

〔二〕據:賈《疏》上有"凡治"至"之治"。

〔三〕事:賈《疏》下有"在八"至"成也"。

〔四〕他:賈《疏》作"上親"至"達吏"。皆:賈《疏》下有"是"。

〔五〕示:賈《疏》下有"於"。民:賈《疏》下有"使民"至"有禮"。

〔六〕是:賈《疏》無。也:賈《疏》下有"此皆"至"是也"。按:其中"八成小宰職掌"六字,魏氏引置於本節首。

祀五帝,則掌百官之誓戒,與其具修。

鄭 祀五帝,謂四郊及明堂。〔一〕誓戒,要之以刑,重失禮也。《明堂位》所謂"各揚其職,百官廢職服大刑"是也。〔二〕具,所當共。修,掃除糞灑。

【校注】

〔一〕明堂:中國古代禮制建築。蔡邕《明堂月令論》:"明堂者,天子太廟,所以崇禮其祖以配上帝者也。夏后氏曰世室,殷人曰重屋,周人曰明堂。東曰青陽,南曰明堂,西曰總章,北曰玄堂,中央曰太室。"歷代在明堂的起源、形制、明堂與太廟、辟雍之間的關係、明堂的功能等問題上,始終存有爭議。詳見張一兵《明堂制度研究》,中華書局二〇〇五年版;《明堂制度源流考》,人民出版社二〇〇七年版。

〔二〕是:鄭玄《注》下有"其辭之略"。

賈 五帝者,〔一〕東方青帝靈威仰,南方赤帝赤熛怒,中央黄帝含樞紐,西方白帝白招拒,北方黑帝汁光紀。〔二〕依《月令》,四時迎氣,〔三〕及季夏六月迎土氣於南郊,〔四〕故云祀五帝於四郊。〔五〕

【校注】

〔一〕五:賈《疏》上有"祀五"至"糞灑釋曰"。

〔二〕汁:益齋本作"叶"。五精帝之名,《史記》卷一二《孝武本紀》《正義》引緯書《尚書·帝命驗》所載與此不同:"蒼帝名靈威仰,赤帝名文祖,黄帝名神斗,白帝名顯紀,黑帝名玄矩。"孫詒讓曰:"但五帝之名,依《月令》即太皞、炎帝、黄帝、少皞、顓頊五天帝。鄭《小宗伯》注,依《春秋緯·文耀鉤》説,謂蒼帝名靈威仰等,非也,賈《疏》亦沿其誤,詳《掌次》及《小宗伯》疏。"(《周禮正義》卷四《大宰》,第一三五頁)

〔三〕四時:此處指春、夏、秋、冬四季每季孟月的立春、立夏、立秋、立冬等特定日期。迎氣:上古於立春日祭青帝,立夏日祭赤帝,立秋日祭白帝,立冬日祭黑帝,立秋前十八日祭黄帝,以迎接四季,祈求豐年的禮儀,謂之"迎氣"。《禮記·月令》:"先立春三日,大史謁之天子曰:'某日立春,盛德在木。'天子乃齊。立春之日,天子親帥三公、九卿、諸侯、大夫,以迎春於東郊。……先立夏三日,大史謁之天子曰:'某日立夏,盛德在火。'天子乃齊。立夏之日,天子親帥三公、九卿、大夫,以迎夏於南郊。……先立秋三日,大史謁之天子曰:'某日立秋,盛德在金。'天子乃齊。立秋之日,天子親帥三公、九卿、諸侯、大夫以迎秋於西郊。……先立冬三日,太史謁之天子曰:'某日立冬,盛德在水。'天子乃齊。立冬之日,天子親帥三公、九卿、大夫以迎冬於北郊。"《注》曰:"迎春,祭蒼帝靈威仰於東郊之兆也。《王居明堂禮》曰:'出十五里迎歲。'蓋殷禮也。周近郊五十里。……迎夏,祭赤帝赤熛怒於南郊之兆也。……迎秋者,祭白帝白招拒於西郊之兆也。……迎冬者,祭黑帝叶光紀於北郊之兆也。"《疏》曰:"周法,四時迎氣,皆前期十日而齋,散齋七日,致齋三日。今秦法簡省,故三日也。蓋散齋二日,致齋一日。……按賈、馬、蔡邕皆爲迎春祭大皥及句芒,以上云'其帝大皥,其神句芒'故也。今鄭獨以爲蒼帝靈威仰者,以《春秋文耀鉤》云:'蒼帝靈威仰。'《禮器》云:'饗帝於郊,而風雨寒暑時。'是人帝,何能使風雨寒暑得時?又《詩》及《尚書》云,上帝皆爲天也。《周禮·司服》云:'王祀昊天上帝,則服大裘而冕,祀五帝亦如之。'五帝若是人帝,何得與天帝同服?故以爲靈威仰。上云'盛德在木'者,盛德則靈威仰之盛德也。

云‘王居明堂禮’者,《逸禮》之篇名。引之者,證十五里迎春與周不同,故云‘蓋殷禮也’。云‘周近郊五十里’者,鄭注《尚書·君陳序》云:‘天子近郊五十里。’今河南洛陽相去則然是也。”

〔四〕土:安氏本作“士”。郊:賈《疏》下有“其餘”至“南郊”。《禮記·月令》《疏》曰:“四時繫天,年有三百六十日,則春夏秋冬各分居九十日。五行分配四時,布於三百六十日間,以木配春,以火配夏,以金配秋,以水配冬,以土則每時輒寄王十八日也。雖每分寄,而位本未,宜處於季夏之末,金火之間。”

〔五〕郊:賈《疏》下有“也鄭”至“灑也”。

前期十日,帥執事而卜日,遂戒。〔一〕及執事,眡滌濯。及納亨,贊王牲事。及祀之日,贊玉幣爵之事。祀大神示,亦如之。享先王,亦如之,贊玉几、玉爵。

【校注】

〔一〕戒:安氏本無。

賈　案《明堂位》,〔一〕君肉袒,〔二〕迎牲於門。〔三〕卿、大夫贊君。〔四〕及殺訖,納與亨人。〔五〕

【校注】

〔一〕案:賈《疏》上有“及納”至“亨者”,下有“禮記”。

〔二〕肉袒:古人在祭祀或謝罪時,脱去上衣,裸露肢體,以表示恭敬或惶恐。

〔三〕迎牲:或作“逆牲”。《周禮·天官·小宰》《注》曰:“逆,迎受之。”孫詒讓曰:“《小祝》注云:‘逆,迎也。’《聘禮》注云:‘逆猶受也。’《宰夫》‘萬民之逆’,先鄭注云:‘逆,迎受王命者。’是經言逆者,皆爲迎受之義。”(《周禮正義》卷五《小宰》,第一五九頁)《周禮·春官·大祝》:“隋釁、逆牲。”《禮記·明堂位》《疏》曰:“‘迎牲於門’者,謂祼鬯之後,牲入之時,迎於門。”孫詒讓曰:“經言納亨者,以薦孰晐納牲,注則舉納牲以晐薦孰,皆互文以見義。《大祝》‘逆牲’注云:‘既隋釁,後言逆牲,容逆鼎。’此經云納亨,猶彼云逆鼎。注云納牲,即彼逆牲。彼文言逆牲以見逆鼎,亦猶此言納亨以見納牲矣。”(《周禮正義》卷四《大宰》,第一四六頁)

〔四〕贊:《禮記·明堂位》《注》曰:“贊,佐也。”《疏》曰:“贊,助也。卿、大夫助君,謂初迎牲幣告,及終祭以來之屬也。”

〔五〕人:賈《疏》下有“故言”至“子法”。

鶴山先生云　古人祀祭最嚴。王親牽牲,又親射牲,以授亨人。〔一〕宗廟不用幣、玉,〔二〕而几、爵則以玉爲飾,與天地、五帝之几、爵不同。〔三〕

【校注】

〔一〕周代天子牽牲、射牲禮,《周禮·天官·大宰》《注》曰:“既殺,以授亨人。凡大祭祀,君親牽牲,大夫贊之。”《疏》曰:“案《禮記·明堂位》,君肉袒,迎牲於門,卿、大夫贊君。及殺訖,納與亨人,故言‘納亨’。……云‘凡大祭祀,君親牽牲,大夫贊之’者,此《明堂位》文。”《周禮·夏官·射人》《注》曰:“《國語》曰:‘禘、郊之事,天子必自射其牲。’”《疏》曰:“云‘《國語》曰‘……’者,據祭天之時,牲則犢也。若然,宗廟之祭,秋、冬則射之,春、夏否也。祭天則四時常射,天尊故也。是以司弓矢共王射牲之弓矢,此射人贊射牲也。諸侯已下則不射。"《太僕》《注》曰:"牲事,殺割匕載之屬。"《疏》曰:"云'牲事,殺割'者,言殺,據祭祀之時,王親自射牲,故《司弓矢》云:'共王射牲之弓矢。'《注》云:'射牲,示親殺。'殺牲非尊者所親,惟射爲可。殺時,大僕及射人、大宰等皆贊之。《國語》云:'……'彼據祭天。《司弓矢》云'凡祭祀',言'凡',語廣,則祭社稷、宗廟亦射牲也。知有割牲者,《郊特牲》云:'君肉袒親割,敬也。'《注》云:'割,解牲體。'《禮器》云:'君親割牲,夫人薦酒。'《注》云:'親割,謂進牲孰體時。'《祭統》亦云:'君執鸞刀羞嚌。'彼據諸侯,明天子亦然。"《司弓矢》:"凡祭祀,共射牲之弓矢。"《注》曰:"射牲,示親殺也。殺牲,非尊者所親,惟射爲可。"《疏》曰:"言'凡',語廣,則天地、宗廟皆有射牲之事。……言'殺牲,非尊者所親,惟射爲可'者,按《禮記》'君親制祭',《詩》云:'執其鸞刀,以啓其毛。'則射外兼爲,而言惟射者,彼亦示行之,非正制之耳。"《儀禮·特牲饋食禮》:"夙興,主人服如初,立於門外東方,南面,視側殺。"《注》曰:"側殺,殺一牲也。"《疏》曰:"云'側殺,殺一牲也'者,案《少牢》'主人即位於廟門之外,司馬刲羊,司士擊豕',皆主人不視殺。案《楚語》云:諸侯宗廟之事,'必自射其牲,刲羊,擊豕'。……《玉藻》云'凡有血氣之類,君子弗身翦也'者,據凡常,非祭祀。天子尊,於郊射牲,諸侯降天子,故宗廟亦親殺。大夫、士不敢與君同,故視之,而不親殺之。"

〔二〕玉:安氏本、四庫本、益齋本無。

〔三〕周代天子祭祀天地所用玉禮器,《周禮·天官·大宰》《注》曰:"玉幣,所以禮神。玉與幣各如其方之色。……不用玉爵,尚質也。……大神祇謂天地。……玉几,所以依神。天子左右玉几。宗廟獻用玉爵。"《疏》曰:"案《大宗伯》'以玉作六器,以禮天地四方'。又云:'青圭禮東方,赤璋禮南方,白琥禮西方,玄璜禮北方。'季夏六月,迎土氣於南郊,亦用赤璋。……享先王用玉爵,尚文。此祭天不用玉爵,故云'尚質'。……享先王有玉几、玉爵,天地有爵,但不用玉飾。祭宗廟用玉几,天地亦應有質几,不言之者,文不具。"几:矮小的桌子,古人常用几以倚憑身體。《孟子·公孫丑下》:"隱几而卧。"

大朝覲、會同,贊玉幣、玉獻、〔一〕玉几、〔二〕玉爵。大喪,贊贈玉、含玉。〔三〕作大事,則戒於百官,贊王命。

【校注】

〔一〕玉:安氏本作"王"。

〔二〕玉:安氏本作"王"。

〔三〕含:或作"唅"。孫詒讓曰:"《釋文》云:'含,本又作唅。'案:《説文·玉部》云:'唅,送死口中玉也。'《口部》云:'含,嗛也。'則含玉正字當作'唅',經典多假含爲之,唅又含之俗。"(《周禮正義》卷四《大宰》,第一五一頁)此處指中國古代喪禮中,將珠、玉、貝等物置於死者口中的禮儀。《白虎通·崩薨》:"所以有飯唅何?緣生食,今死,不欲虛其口,故唅。用珠寶物何也?有益死者形體。"死者生前身份、地位不同,"含"的物品亦不相同。《續漢書·禮儀志下》劉昭《注》曰:"《禮·稽命徵》曰:'天子飯以珠,唅以玉。諸侯飯以珠,唅以璧。卿大夫、士飯以珠,唅以貝。'"陳立曰:"《公羊》文九年云'王使榮叔歸含且賵',《注》:'天子以珠,諸侯以玉,大夫以璧,士以貝。'《穀梁》《疏》引《禮·稽命徵》同。《説苑·修文篇》:'天子唅實以珠,諸侯以玉,大夫以璣,士以貝。'《檀弓》《疏》引《稽命徵》則云:'天子飯以珠,含以玉。諸侯飯以珠,大夫、士飯以珠,含以

貝。'彼諸侯言飯不言含,蓋蒙上含以玉也,其實玉與璧同耳。"(《白虎通疏證》,第五四八頁)

鄭 大會同或於春朝,〔一〕或於秋覲。〔二〕舉春、秋,則冬、夏可知。玉獻,〔三〕獻國珍异。〔四〕玉几,王所依也。立而設几,優尊者。〔五〕

【校注】

〔一〕大:鄭玄《注》上有"助王"至"曰同"。

〔二〕朝覲:三代實行的諸侯朝聘天子、諸侯自相朝聘及天子聘於諸侯之禮。《周禮·春官·大宗伯》:"春見曰朝,夏見曰宗,秋見曰覲,冬見曰遇,時見曰會,殷見曰同。時聘曰問,殷覜曰視。"朝聘禮的時間、頻率,諸文獻記載存在歧异。《禮記·王制》:"諸侯之於天子也,比年一小聘,三年一大聘,五年一朝。"《注》曰:"比年,每歲也。小聘使大夫,大聘使卿,朝則君自行。然此大聘與朝,晋文霸時所制也。虞、夏之制,諸侯歲朝。周之制,侯、甸、男、采、衛、要服六者,各以其服數來朝。"所謂"各以其服數來朝",即《周禮·秋官·大行人》:"其外方五百里,謂之侯服,歲壹見,其貢祀物。又其外方五百里,謂之甸服,二歲壹見,其貢嬪物。又其外方五百里,謂之男服,三歲壹見,其貢器物。又其外方五百里,謂之采服,四歲壹見,其貢服物。又其外方五百里,謂之衛服,五歲壹見,其貢材物。又其外方五百里,謂之要服,六歲壹見,其貢貨物。九州之外謂之蕃國,世壹見,各以其所貴寶爲摯。"諸侯有自相朝聘之禮。《周禮·秋官·大行人》:"凡諸侯之邦交,歲相問也,殷相聘也,世相朝也。"《注》曰:"小聘曰問。殷,中也。久無事,又於殷朝者及而相聘也。父死子立曰世,凡君即位,大國朝焉,小國聘焉。"天子也有使大夫聘諸侯之禮。《周禮·秋官·大行人》:"歲遍存,三歲遍覜,五歲遍省,七歲屬象胥,論言語,協辭命。九歲屬瞽史,論書名,聽聲音。十有一歲達瑞節,同度量,成牢禮,同數器,修法則。十有二歲王巡守殷國。"

〔三〕玉:安氏本作"王"。

〔四〕"舉春"至"珍异":四庫本無。异:鄭玄《注》下有"亦執玉以致之"。

〔五〕者:鄭玄《注》下有"玉爵"至"階上"。

天台周氏　云〔一〕朝覲、會同,大宗伯爲上相,〔二〕今贊以冢宰者,亦以會同之大也。

【校注】

〔一〕天台周氏:開慶本、四庫本、安氏本此四字與他字形無异。此處將此四字加大、加粗。上述諸本將此節與上節合爲一節。仿前文例,將其單獨成節。

〔二〕大:四庫本下有"禮"。《周禮·春官·大宗伯》:"朝覲會同,則爲上相。"《注》曰:"相,詔王禮也。出接賓曰擯,入詔禮曰相。相者五人,卿爲上擯。"《疏》曰:"云'則爲上相'者,此則《大行人》云'上公之禮,擯者五人,侯、伯四人,子、男三人'是也。……云'相,詔王禮也'者,經三事爲相,皆是詔告王禮也。云'出接賓曰擯'者,據《大行人》云擯者五人、四人、三人而言也。云'入詔禮曰相'者,此據《司儀》云'每門止一相,及廟,唯上相入',是入廟詔禮曰相。此對文義爾,通而言之,出入皆稱擯也。云'相者五人,卿爲上擯'者,依《大行人》據上公而言,此大宗伯爲上擯。若大朝覲,則肆師爲承擯;四時來朝,小行人爲承擯。案《覲禮》,嗇夫爲末擯。若待子、男,則三人足矣。若侯、伯四人者,加一士;上公五人者,加二士。今鄭云'相者五人,卿爲上擯'。據此,大宗伯是卿,故指此上擯而言也。"

鶴山先生云 朝覲、巡守之禮,〔一〕《舜典》、〔二〕《王制》、《周禮》、《周官》皆不合。〔三〕以事理揆之,六年,五服一朝。又六年,王乃大時巡爲近之。〔四〕若一年而巡四岳,〔五〕則恐無是理。然《傳》《注》謂魯以春朝廢春祭,〔六〕又不可曉。〔七〕

【校注】

〔一〕巡守:亦作"巡狩"。《禮記·王制》《釋文》:"守……本又作'狩'。"中國先秦時期帝王即制定實行的巡視諸侯封國,以檢閱當地政令風情的禮儀制度。《孟子·梁惠王下》:"天子適諸侯曰巡狩。巡狩者,巡所守也。"《禮記·王制》《疏》曰:"按《白虎通》云:'所以巡守者何?巡者,循也。守者,牧也。爲天子循行守土,收民道德大平,恐遠近不同化,幽隱不得其所者,故必親自行之,謙敬重民之至也。所以不歲巡守何?爲大煩。過五年,爲其大疏。因天道三歲一閏,天道小備,五歲再閏,天道大備,故五年一巡守。'"《尚書·舜典》《疏》曰:"王者所爲巡守者,以諸侯自專一國,威福在己,恐其擁遏上命,澤不下流,故時自巡行,問民疾苦。……是言天子巡守主謂巡行諸侯,故言諸侯爲天子守土,故稱守,而往巡行之。定四年《左傳》祝鮀言衛國'取相土之東都,以會王之東蒐','蒐'是獵之名也。王者因巡諸侯,或亦獵以教戰,其'守'皆作'狩'。《白虎通》云:'王者所以巡狩者也。巡者,循也。狩者,收也,爲天子循收養人。'彼因名以附説,不如晏子之言得其本也。"秦漢以後,皇帝巡視全國,亦多循古禮,謂之"巡狩"。

〔二〕典:《尚書·堯典》《疏》曰:"稱'典'者,以道可百代常行。……然‘經’之與‘典’俱訓爲‘常’，名‘典’不名‘經’者，以‘經’是總名，包殷、周以上，皆可爲後代常法，故以‘經’爲名。‘典’者，‘經’中之别，特指堯、舜之德，於常行之内道最爲優，故名‘典’不名‘經’也。其太宰六典及司寇三典者，自由當代常行，與此别矣。”

〔三〕周官：此處指《尚書·周官》篇。《尚書·周官》《傳》曰：“言周家設官分職用人之法。”《疏》曰：“《周禮》每官言人之員數及職所掌，立其定法，授與成王。成王即政之初，即有淮夷叛逆，未暇得以立官之意號令群臣。今既滅淮夷，天下清泰，故以周家設官分職用人之法以誥群臣，使知立官之大旨也。‘設官分職’，《周禮·序官》之文，言設置群官，分其職掌。經言立三公、六卿，是‘設官’也。各言所掌，是‘分職’也。各舉其官之所掌，示以才堪乃得居之，是説‘用人之法’。”不合：不同、不符。指魏氏提及的上述文獻朝覲、巡守禮儀的有關記載，各不相同。《禮記·王制》：“諸侯之於天子也，比年一小聘，三年一大聘，五年一朝。天子五年一巡守。”《注》曰：“比年，每歲也。……然此大聘與朝，晋文霸時所制也。虞、夏之制，諸侯歲朝。周之制，侯、甸、男、采、衛、要服六者，各以其服數來朝。天子以海内爲家，時一巡省之。五年者，虞、夏之制也。周則十二歲一巡守。”《疏》曰：“按昭三年《左傳》，鄭子大叔曰：‘文、襄之霸也，其務不煩諸侯，令諸侯三歲而聘，五歲而朝。’……而晋文霸時，亦應有比年大夫之聘，但子大叔略而不言，此亦據《傳》文，直云大聘與朝，不云比年小聘。按《左傳》文，三年聘，五年朝，諸侯相朝之法，今此經文云‘諸侯之於天子，三年一大聘，五年一朝’，則文、襄之制，諸侯朝天子，與自相朝同也。如鄭此《注》，唯據文、襄……又鄭《駁异義》云：‘《公羊》説比年一小聘，三年一大聘，五年一朝，以爲文、襄之制。録《王制》者，記文、襄之制耳，非虞、夏及殷法也。’……云‘虞、夏之制，諸侯歲朝’者，按《尚書·堯典》云：‘五載一巡守，群后四朝。’鄭

《注》云'巡守之年,諸侯朝於方岳之下,其間四年,四方諸侯分來朝於京師,歲徧'是也。按《孝經》《注》'諸侯五年一朝天子,天子亦五年一巡守'。……按鄭注《尚書》:'四方諸侯分來朝於京師,歲徧。'……虞、夏之制,但有歲朝之文。……按《春秋》文十五年《左傳》云:'諸侯五年再相朝,以修王命,古之制也。'按《鄭志》孫皓問云:'諸侯五年再相朝,不知所合典禮。'鄭答云:'古者據時而道前代之言,唐、虞之禮,五載一巡守。夏、殷之時,天子蓋六年一巡守……五年再朝,似如此制……'如《鄭志》之言,則夏、殷天子六年一巡守,其間諸侯分爲五部,每年一部來朝天子,朝罷還國,其不朝者朝罷朝諸侯,至後年不朝者,往朝天子而還,前年朝者,今既不朝,又朝罷朝諸侯,是再相朝也,故鄭云'朝罷朝'也。如鄭之意,此爲夏、殷之禮。而鄭又云'虞、夏之制,諸侯歲朝',以夏與虞同,與《鄭志》乖者,以群后四朝,文在《堯典》。《堯典》是虞、夏之書,故連言夏,其實虞也。故《鄭志》云:'唐、虞之禮,五載一巡守。'今知諸侯歲朝,唯指唐、虞也。其夏、殷朝天子……則無文也。云'周之制'以下,《周禮·大行人》文。故《大行人》云:侯服歲壹見,甸服二歲壹見,男服三歲壹見,采服四歲壹見,衛服五歲壹見,要服六歲壹見。……四方四時分來,歲終則徧。……此六者諸侯朝王之禮。又諸侯有聘問王之禮……按昭十三年《左傳》云:'歲聘以志業,間朝以講禮,再朝而會以示威,再會而盟以顯昭明。'賈逵、服虔皆以爲朝天子之法,崔氏以爲朝霸主之法,鄭康成以爲不知何代之禮,故《异義》云:'《公羊》説:諸侯比年一小聘,三年一大聘,五年一朝天子。《左氏》説:十二年之間,八聘、四朝、再會、一盟。許慎謹按:《公羊》説,虞、夏制。《左氏》説,周禮。……'鄭駁之云:'三年聘,五年朝,文、襄之霸制。《周禮·大行人》:"諸侯各以服數來朝。"其諸侯歲聘、間朝之屬,説無所出。晋文公强盛諸侯耳,非所謂三代异物也。'……《异義》:'朝名,《公羊》

説:諸侯四時見天子,及相聘,皆曰朝。以朝時行禮,卒而相逢於路曰遇。古《周禮》説:"春曰朝,夏曰宗,秋曰覲,冬曰遇。"許慎按:《禮》有《覲》經,《詩》曰:"韓侯入覲。"《書》曰:"江、漢朝宗於海。"知有朝、覲、宗、遇之禮。從《周禮》説。'鄭駁之云:'此皆有似不爲古昔。按《覲禮》曰:"諸侯前朝,皆受舍於朝。"'朝通名。如鄭此言,《公羊》言其總號,《周禮》指其别名。……知五年是虞、夏之制者,《堯典》云:'五載一巡守。'此正謂虞也。以虞、夏同科,連言夏耳。若夏與殷,依《鄭志》,當六年一巡守也。云'周則十二歲一巡守'者,《大行人》云'十有二歲,王巡守殷國',故知周制十二年也。……所以不歲巡守何?爲大煩。過五年,爲其大疏。因天道三歲一閏,天道小備,五歲再閏,天道大備,故五年一巡守。以此言之,夏、殷六歲者,取半一歲之律吕也。周十二歲者,象歲星一周也。"《尚書·周官》:"六年,五服一朝。又六年,王乃時巡,考制度於四岳。"《疏》曰:"此篇説六卿職掌,皆與《周禮》符同,則'六年,五服一朝'亦應是《周禮》之法,而《周禮》無此法也。……則周之諸侯各以服數來朝,無六年一朝之事。……説《左傳》者以爲三年一朝、六年一會、十二年而盟,事與《周禮》不同。謂之前代明王之法,先儒未嘗措意,不知异之所由。計彼六年一會,與此'六年,五服一朝'事相當也。再會而盟,與此十二年'王乃時巡',諸侯各朝於方岳亦相當也。叔向盛陳此法,以懼齊人使盟,若周無此禮,叔向妄説,齊人當以辭拒之,何所畏懼而敬以從命乎?且云'自古以來,未之或失',則當時猶尚行之,不得爲前代之法,脅當時之人明矣。明周有此法,《禮》文不具爾。……周公制禮若無此法,豈成王謬言,叔向妄説也?計六年大集,應六服俱來。"

〔四〕近:接近、符合事實。

〔五〕一年而巡四岳:魏氏此處指《尚書·舜典》記載的舜一年内

巡守四岳之事："歲二月，東巡守，至於岱宗……五月，南巡守，至於南岳，如岱禮。八月，西巡守，至於西岳，如初。十有一月朔巡守，至於北岳，如西禮。"

〔六〕魯以春朝廢春祭：古代儒者認爲，魯國國君因於春季至京師朝見周天子，故無法參與於春季舉行的祭禮，魯國的春季祭禮因此被廢弃。《禮記·明堂位》："是故夏礿、秋嘗、冬烝。"《注》曰："不言春祠，魯在東方，王東巡守以春，或闕之。"《疏》曰："云'魯在東方'者，朝恒用春，當朝之年，以朝闕祭。云'王東巡守以春'者，鄭既明朝時闕春祭，又明王巡守之時，魯亦闕春祭。巡守在於二月，不於正月祭者，皇氏云：'諸侯預前待於竟，故不得正月祭也。"《禮記·王制》："諸侯礿則不禘，禘則不嘗，嘗則不烝，烝則不礿。"《注》曰："虞、夏之制，諸侯歲朝，廢一時祭。"《疏》曰："'礿則不禘'者，虞、夏之制，歲朝皆闕一時之祭也。此從南方始也。南方諸侯有礿，祭竟，夏來朝，故闕夏禘……'禘則不嘗'，此西方諸侯秋來朝也，行夏祭竟，而秋來朝，故不嘗也。'嘗則不烝'，此北方諸侯冬來朝者也，行秋祭竟，而冬來朝，故廢烝也。'烝則不礿'，此東方諸侯春來朝者也，行冬祭竟，而春來朝，故廢礿也。然各廢一時耳，餘三時皆祭也。今不從東方始而從南方始者，欲舉春礿得祭者爲始故也。"

〔七〕曉：明白。魏了翁此處謂魯國因國君於春季朝見周天子，而廢弃春季祭禮事，雖令人費解，但國君以上，因地位尊貴，即便因故而無法主持、參加祭禮，也不得使他人代替主持舉行祭禮。《儀禮要義》卷四四《特牲饋食禮一》："鄭云'時至事暇，可以祭'者，若祭時至，有事，不得暇，則不可以私廢公故也。若大夫已上尊，時至，唯有喪，故不祭。自餘吉事，皆不廢祭。若有公事及病，使人攝祭。故《論語》孔子云：'吾不與祭，如不祭。'《注》云：'孔子或出，或病，不自親祭，使攝者爲之，不致肅敬於心，與不祭同。'又《祭統》云：'是故君子之祭也，必身親莅之。'有故，則使人可也。雖使人也，君不失其義者，君明其義故也。是君、大夫有病、故，皆得使人攝祭。若諸侯有朝會之事，則不得使人攝。故《王制》云：'諸侯礿則不禘，禘則不嘗，嘗則不烝，烝則不礿。'鄭《注》云：'虞、夏之制，諸侯歲朝，廢一時祭。'又《明堂位》云：'是故夏礿、秋嘗、冬烝。'鄭《注》云：'不言春祠，魯在東方，東巡守以春，或闕之。'是諸侯朝會，不得攝，以諸侯禮大故也。"

王眂治朝，則贊聽治。眂四方之聽朝，亦如之。

鄭　治朝在路門外，群臣治事之朝。〔一〕

【校注】

〔一〕朝：鄭玄《注》下有"王視"至"平斷"。

賈　王有三朝，〔一〕必知此是路門外朝者，但外朝是斷疑獄之朝，路寢庭朝，圖宗人、嘉事，二者并於事簡，非正朝，故知治朝是路門外。〔二〕司士所掌。〔三〕四方之聽朝，〔四〕謂王巡狩在外時。〔五〕

【校注】

〔一〕王：賈《疏》上有"注治朝至平斷釋曰"。

〔二〕是：安氏本、四庫本無。

〔三〕掌：賈《疏》下有"者也"。司：《周禮·天官·序官》《疏》曰："《周禮》之内……諸稱'司'，若司裘、司市之類，言'司'者，皆是專任其事，事由於己，故以'司'言之也。"

〔四〕四：賈《疏》上有"注謂"至"經云"。之：賈《疏》無。朝：賈

《疏》下有“故知”至“言也”。

〔五〕按:“謂王巡狩在外時”,此句爲鄭玄《注》文。魏氏移置賈《疏》中。

凡邦之小治,則冢宰聽之。待四方賓客之小治。

鄭　大事决於王,小事冢宰專平。〔一〕

【校注】

〔一〕專:鄭玄《注》作“傳”。阮《校》曰:“閩、監、毛本同,誤也。余本、岳本、嘉靖本‘傳’作‘專’,當據以訂正。”

歲終,則令百官府各正其治,受其會,聽其致事,而詔王廢置。三歲,則大計群吏之治,而誅賞之。

鄭　正,正處也。會,大計也。

先鄭云　三載考績。〔一〕

【校注】

〔一〕考績:對成績進行考核評定。《周禮·天官·大宰》《疏》曰:“此《尚書·舜典》文。彼云:‘三載考績,黜陟幽明。’彼三年一考,與此同,故引證三歲大計也。”《尚書·舜典》《疏》曰:“三年一閏,天道成,人亦可以成功,故以三年考校其功之成否也。九年三考,則人之能否可知。”

賈　百官(考)[致]其治政功狀與冢宰,〔一〕聽斷其所置之功狀文書,〔二〕而詔於王。〔三〕大無功,〔四〕不徒廢,更加罪。大有功,不

徒置，更加賞。〔五〕

【校注】

〔一〕百：賈《疏》上有“聽其至廢置釋曰”。考：賈《疏》、四庫本、益齋本作“致”。按：此處作“致”，義似更當，據改。

〔二〕置：四庫本、益齋本作“致”。

〔三〕詔：賈《疏》下有“告”。王：賈《疏》下有“有功”至“爵也”。

〔四〕大：賈《疏》上有“三歲”至“大計”。

〔五〕賞：賈《疏》下有“也注”至“計也”。

鶴山先生云　誅止責讓，〔一〕字從言，六經皆然。自秦漢來，始以誅訓殺。〔二〕

【校注】

〔一〕魏氏此語，或據《周禮·天官·大宰》鄭玄《注》、賈公彦《疏》而成。《周禮·天官·大宰》《注》曰：“誅，責讓也。《曲禮》曰：‘齒路馬有誅。’”《疏》曰：“齒謂年之。路馬，君之所乘馬。輒年之則有誅責。引之者，證誅爲言語責之，非有刑罪也。”《周易·蠱》《疏》曰：“誅謂兼通責讓之罪，非專謂誅殺也。”孫詒讓曰：“云‘誅，責讓也’者，《司牧》注云‘誅，誅責也’，義與此同。《廣雅·釋詁》云：‘讓、誅，責也。’黄以周云：‘鄭意過與罪對，罪重而過輕，故誅訓責讓。’……劉敞云：‘誅者，殺也。過當作禍，聲之誤耳。有馭其福則有馭其禍矣，福稱生則禍稱誅矣。八柄者，先叙賞而後言罰，賞則先重，罰則後重，故誅最後言也。内史貳八柄，爵、禄、廢、置、予、奪、生，七者皆同，而其一則爲殺，殺則誅也。’俞樾云：‘鄭必以責讓釋誅者,疑過失但當責讓,不當誅殺耳。不知此過字當讀爲禍,古禍過通用。《漢書·公孫弘傳》"諸常與弘有隙,雖陽與善,後竟報其過",《史記》過作"禍",是其證也。因假過爲禍,鄭君遂失其解。賈見《内史》八柄變誅言殺,不知其文异義同,而曲爲之説,胥失之矣。'案:劉、俞説是也。王安石、王昭禹、姜兆錫説并同。此經凡言誅,雖有訓責讓者,而此職之誅,以《内史》證之,則不得與殺義岐迕,鄭、賈説并未允。"(《周禮正義》卷二《大宰》,第七五—七六頁)先秦時,"誅"之含義較複雜。諸多刑罰,皆可謂之"誅"。如《周易·雜卦》:"明夷,誅也。"《注》曰:"誅,傷也。"《尚書·舜典》《傳》曰:"殛、竄、放、流,皆誅也。"《疏》曰:"《釋言》云:'殛,誅也。'《傳》稱流四凶族者,皆是流,而謂之'殛、竄、放、流,皆誅'者,流者移其居處,若水流然。……放者使之自活,竄者投弃之名,殛者誅責之稱,俱是流徙,异其文,述作之體也。"

〔二〕魏了翁謂"秦汉來,始以誅訓殺"説不確。先秦文獻中已有"誅"訓釋爲"殺"的記載。《尚書·胤征》:"昏迷於天象,以干先王之誅。《政典》曰:'先時者殺無赦,不及時者殺無赦。'"《泰誓上》:"商罪貫盈,天命誅之。"

因舉**陵陽《三禮辨》云**〔一〕　歲終廢置,各因其事而舉錯之也。〔二〕三歲誅賞,大計其凡而升黜之也。舜之法,三載而考績,〔三〕九載而後黜陟加焉,〔四〕待岳、牧、九官之法也。〔五〕群吏則不容候之如此其久。〔六〕鄭(師仲)[仲師]既講引考績爲比,〔七〕而説者又以爲虞、周事法詳略繁簡之不同,〔八〕又誤矣。〔九〕

【校注】

〔一〕因舉:四庫本作"嘗記"。按:"《三禮辨》云"以下,當爲魏氏引《三禮辨》文。仿前文例,將其單獨成節。"因舉"二字不刪。《三禮辨》:又名《丁丑三禮辨》(《宋史》卷二〇二《藝文志一》)、《禮辨》(《宋史》卷四三八《李心傳傳》),二十三卷,南宋儒者李心傳撰寫的禮學研究著作。關於此書之評價,《經義考》卷三三《易三二》引高斯得《跋》曰:"秀岩先生,近世大儒也。世徒見其所論著藏於明堂石室、金匱玉版,遂以良史目之,不知先生中年以後,窮究道奧經術之粹,有非學士大夫所能及者。又其天資强敏,過絶於人,如《三禮辨》二十餘萬言,二百八十日而成。……考訂鄭、王、孔、賈之謬,折衷張、程、吕、朱之説,精切的當,有功於學者爲多。"李心傳(一一六六—一二四三年),字微之,亦字伯微,號秀岩,隆州井研(今四川樂山)人。其生平、事迹詳載《宋史》卷四三八《李心傳傳》。

〔二〕錯:《周禮注疏删翼》卷二《大宰》作"措"。按:"錯"同"措"。《三國志》卷三《明帝紀》:"周人刑錯而不用。"《册府元龜》卷一五一《帝王部一五一》引魏明帝此詔,即作"措"。《史記》卷四《周本紀》:"故成康之際,天下安寧,刑錯四十餘年不用。"《集解》:"應劭曰:'錯,置也。民不犯法,無所置刑。'"《史記》卷二三《禮書》:"《傳》曰'威厲而不試,刑措而不用'。"

〔三〕而:《删翼》無。

〔四〕黜陟:《删翼》作"陟黜"。

〔五〕岳:此處指四岳,文獻記載的堯、舜時期的高級政務官。其具體所指,歷代儒者説法不一。《尚書·堯典》《傳》曰:"四岳,即上羲、和之四子,分掌四岳之諸侯,故稱焉。"《疏》曰:"上列羲、和所掌,云'宅嵎夷''朔方',言四子居治四方,主於外事。岳者,四方之大山。今王朝大臣皆號稱'四岳',是與羲、和所掌其事爲一。……又解謂之岳者,以其'分掌四岳之諸侯,故稱焉'。《舜典》稱'巡守至於岱宗,肆覲東后',《周官》説巡守之禮云,諸侯各朝於方岳之下,是四方諸侯分屬四岳也。……《書傳》雖出自伏生,其常聞諸先達,《虞傳》雖説《舜典》之四岳尚有羲伯、和伯,是仲叔子孫世掌岳事也。”牧:文獻記載的堯、舜時各州的行政長官官名。《尚書·舜典》:“肇十有二州。”《傳》曰:“禹治水之後,舜分冀州爲幽州、并州,分青州爲營州,始置十二州。”《釋文》:“十有二州,謂冀、兖、青、徐、荆、楊、豫、梁、雍、并、幽、營也。”故《舜典》下文有“咨十有二牧”之語。九官:《尚書·舜典》記載的舜時除岳、牧外,司空、后稷、司徒、士、共工、虞、秩宗、典樂、納言九名高級行政長官:“伯禹作司空。……弃……汝后稷,播時百穀。……契……汝作司徒。……皋陶……汝作士。五刑有服……垂,汝共工。……益,汝作朕虞。……伯,汝作秩宗。……夔,命汝典樂,教胄子……龍……命汝作納言,夙夜出納朕命。”

〔六〕則:《删翼》作“恐”。

〔七〕師仲:四庫本作“仲師”。按:仲師爲鄭衆字,應作“仲師”,據改。講:《删翼》無。

〔八〕之:《删翼》無。

〔九〕孫詒讓曰:“《白虎通義·考黜篇》云:‘所以三歲一考績何?三年有成,故於是賞有功,黜不肖。《尚書》曰:“三載考績,三考黜陟。”何以知始考輒黜之?《尚書》曰:“三年一考,少黜以地。”’《儀禮經傳通解》引《尚書大傳》云:‘三歲而小考者,正職而行事也。九歲而大考者,黜無職而賞有功也。’《春秋繁露·考功名篇》云:‘考績之法,考其所積也。諸侯月試其國,州伯時試其部,四試而一考。天子歲試天下,三試而一考,前後三考而黜陟,命之曰計。’案:依班説,則三載考績,即有黜陟。依伏、董説,則三考九年乃有黜陟。先鄭引彼釋此經三年大計有誅賞,則當與班説同。但《書》謂考諸侯,與此經考官府,法本异。先鄭以彼考績與此大計年數同,故引以證

義耳,實則周制與唐虞不必同也。"(《周禮正義》卷四《大宰》,第一五六頁)

又云 太宰之屬,自宫正至掌次,〔一〕掌王起居飲食之事。〔二〕自太府至掌皮,掌王財賄出入之事。〔三〕自内宰至屨人,掌王之内事。〔四〕夏采掌王之終事。〔五〕凡此諸職,在漢則少府領之,〔六〕三公不預。在唐則殿中省事之,〔七〕九卿不預。〔八〕此可以觀世變矣。今之制,自宫正以下,其職總於内侍省,〔九〕别於御藥院、〔一〇〕内東門司,〔一一〕分於内藏庫、〔一二〕御厨、〔一三〕太醫局、〔一四〕翰林、〔一五〕儀鸞司、〔一六〕御輦院之類,〔一七〕其典領者皆奄也。〔一八〕

【校注】

〔一〕掌:《周禮·天官·序官·宫正》《疏》曰:"凡云'掌'者有三義:一者,他官供物,己則暫掌之而已,若幕人供帷幕幄帟,掌次張之也。二則掌徵斂之官,若掌皮、掌染草之類是也。三者,掌非己所爲,則掌節、掌固、掌疆,本非己造,廢壞修之而已也。"

〔二〕王起居飲食之事:《周禮·天官·序官》《疏》曰:"故自宫正至宫伯,二官主宫室之事……自膳夫至腊人,皆供王膳羞、飲食、饌具之事……自醫師已下至獸醫,主療疾之事……自酒正至宫人,陳酒飲肴羞之事……自掌舍至掌次,安不忘危,出行之事。"

〔三〕王財賄出入之事:《周禮·天官·序官》《疏》曰:"自大府至掌皮,并是府藏計會之事,既有其餘,理須貯積,或出或内,宜計會之。"

〔四〕王之内事:《周禮·天官·序官》《疏》曰:"自内宰至屨人,陳后、夫人已下,内教婦功,婦人衣服之事。"

〔五〕夏采:《周禮·天官·序官·夏采》《注》曰:“夏采,夏翟羽色。《禹貢》:徐州貢夏翟之羽。有虞氏以爲緌,後世或無,故染鳥羽,象而用之,謂之夏采。”《疏》曰:“夏采一職,記招魂,以其死事,故於末言之也。”

〔六〕少府:秦置。西漢因襲,爲九卿之一,掌山海池澤之税。《漢書》卷一九上《百官公卿表上》《注》:應劭曰:“少者,小也,故稱少府。”顔師古曰:“大司農供軍國之用,少府以養天子也。”王莽改其名曰共工。東漢少府卿一人,掌中服御之諸物,衣服、寶貨、珍膳,朝賀給璧。領:職掌。由上述言之,魏氏謂自宫正至夏采諸官所職所掌,漢時少府所領之説,并不確。

〔七〕殿中省:唐高祖武德三年(六二〇年)改殿内省[隋朝掌宫廷供奉的官署,煬帝大業三年(六〇七年)置,長官監一人,次官少監一人,丞一人,奉車都尉十二人,掌進御輿馬,統尚食、尚藥、尚衣、尚舍、尚乘、尚輦六局]置,管理皇帝生活庶務的機構,設監、少監爲長、貳,掌供奉皇帝膳食、醫藥、服御、住所、鋪設、輦輿諸務。高宗時改名中御府,尋復舊。五代因之。北宋初唯掌供具御用傘扇,置判省事一人,以他官充任。徽宗時恢復職掌,仍置監、少監等職事官。(《中國古代職官大辭典》,第一〇〇七頁)

〔八〕九卿:中國古代對秦漢以後中央政府中“三公”以下高級政務官員的統稱。此處“九”爲虚指,并非實數。漢朝以奉常(太常)、郎中令(光禄勛)、太僕、廷尉、典客(大鴻臚)、宗正、少府、衛尉、治粟内史(大司農)等爲“九卿”,魏晋因之。北齊則專指太常、光禄、衛尉、宗正、太僕、大理、鴻臚、司農、太府九寺長官。隋、唐、北宋基本因之。南宋至清,九寺常闕。

〔九〕内侍省:官署名,隋朝改北齊侍中省置。有内侍、内常侍各二人,另有内給事、内謁者監、内寺伯、内謁者、寺人、伺非等,并用宦官。領内尚食、掖庭、宫闈、奚官、内僕、内府等局。隋文帝開皇十六年(五九六年)加置内主事二十人。隋煬帝大業三年(六〇七年)改爲長秋監。唐高祖武德四年復爲内侍省。長官爲内侍,次官爲内常侍,掌在内侍奉、出入宫掖宣傳之事,總掖庭、宫闈、奚官、内僕、内府五局。唐玄宗開元二十七年(七三九年)以太子内坊局隸之。北宋太宗淳化五年(九九四年)改内中高品班院爲黄門班院,再改爲此,與入内内侍省號爲前、後省,同爲宦官機構,掌殿中拱侍,備灑掃之職。其官有左班都知和副都知、右班都知和副都知、押班等。又置内客省使、延福宫使、宣政使等。徽宗政和二年(一一一二年)以諸大夫易其名。南宋高宗紹興三十年(一一六〇年)并歸入内侍省。(《中國古代職官大辭典》,第二〇〇頁)

〔一〇〕御藥院:官署名,宋太宗至道三年(九九七年)置,掌按驗秘方,調製藥品供應皇帝及宫廷。殿試進士則主行禁令,雕印試題及出處義理,試畢封印卷首。初以内侍爲勾當官,後參用士人。(《中國古代職官大辭典》,第九七三頁)

〔一一〕内東門司:宋朝入内内侍省所屬機構名。原名内東門取索司,宋真宗景德三年(一〇〇六年)改此名。掌檢查宫禁人員出入,承接實封機密奏章、内外功德疏及回賜僧尼、道士等,排辦宫廷修造、筵宴之事,按時發放皇親衣物、節料,向有關部門索要宫廷所用寶貨。以入内内侍四人爲勾當官。(《中國古代職官大辭典》,第二〇三頁)

〔一二〕内藏庫:官署名,宋太宗太平興國元年(九七六年)置。掌計度每年積餘,以供國家非常之用。以諸司使、副使及内侍爲監官。初隸三司,神宗元豐改制,撥歸太常寺。(《中國古代職官大辭典》,第二〇二—二〇三頁)

〔一三〕御厨：宋初設置的供奉御用膳食的機構名。勾當官四人，以京朝官、諸司使副及内侍充任。神宗元豐改制，隸膳部，後改屬光禄寺。徽宗崇寧二年（一一〇三年）并入太官局。南宋復分置，隸膳部。（《中國古代職官大辭典》，第九七二頁）

〔一四〕太醫局：官署名，北宋置。仁宗慶曆四年（一〇四四年）令隸太常寺。神宗熙寧九年（一〇七六年）置提舉一人，判局二人，不隸太常寺。元豐改制，復隸太常、禮部，設令、正、丞，掌治療太學、律學、武學生及諸營將士疾病。徽宗政和（一一一一——一一一八年）後改隸醫學。南宋孝宗乾道八年（一一七二年）罷。光宗紹熙二年（一一九一年）復置。（《中國古代職官大辭典》，第一三九頁）

〔一五〕翰林：翰林院、翰林學士院官員通稱。翰林院是唐初爲諸宫殿所設待詔别院的統稱，各置文學、經術、醫卜、僧道、書畫、弈棋人才，陪侍皇帝。唐玄宗别建學士院以居文學侍臣，專掌技藝供奉。五代因之。宋朝置爲正式機構，掌書畫、弈棋、音樂等内廷供奉，以宦官提舉、勾當，屬内侍省。宋朝置翰林學士院，掌撰擬重大機密詔命。長官爲翰林學士承旨，不常置。翰林學士，不輕除授，常闕員。他官暫行本院文書者，稱翰林權直或學士院權直。宋朝翰林院下屬機構主要有：翰林天文院、翰林書藝局、翰林醫官院、翰林圖畫院、翰林御書院等。（《中國古代職官大辭典》，第一〇三六—一〇三八頁）

〔一六〕儀鸞司：官署名，五代後梁始置，北宋因之。掌供應皇帝祭祀、朝會、巡幸、宴享和内廷所需幕帟、帷帳及其他陳設之物。設勾當官，以京朝官、諸司副使或内侍充任。神宗元豐改制，并歸衛尉寺。（《中國古代職官大辭典》，第三四六—三四七頁）

〔一七〕御輦院：宋朝職掌御用車輦供奉及宮闈車乘的機構名。以諸司使及内侍三人爲監官，下設供御指揮使、副兵馬使、供御輦官、次供御輦官等。（《中國古代職官大辭典》，第九七四頁）

〔一八〕奄：四庫本下有“人”。

小宰之職，掌建邦之宫刑，以治王宫之政令，凡宫之糾禁。

（鄭）杜子春云〔一〕　“宫”，皆當爲“官”。〔二〕

【校注】

〔一〕杜：諸本上有“鄭”。按：此節爲鄭玄《注》引杜子春語。仿前文例，删“鄭”字。杜子春（約前三〇—約五八年）：河南緱氏（今河南偃師南）人。杜子春對《周禮》文本之整理、注釋及對後世的影響，詳參郭善兵《杜子春〈周禮注〉考論》，見張占倉主編《洛陽學研究——洛陽學國際學術研討會論文集》，經濟管理出版社二〇一八年版。

〔二〕宫皆當爲官：阮《校》曰：“嘉靖本、閩本同，監本、毛本作‘當皆爲官’，誤倒。惠棟云：‘“以宫刑憲禁於王宫”，而“令於百官府”，且曰“國有大刑”，則“宫刑”當作“官刑”明矣。’案：經首云‘掌建邦之宫刑，以治王宫之政令’，末云‘以宫刑憲禁於王宫’，宫正、宫伯等職皆言‘王宫’，經無有言‘王官’者，則‘宫刑’之非‘官刑’審矣。”

玄謂　宫刑，在王宫中者之刑。〔一〕若今御史中丞。〔二〕

【校注】

〔一〕刑:鄭玄《注》下有"建明"至"察也"。

〔二〕御史中丞:阮《校》曰:"惠士奇云:'劉昭注《續漢·志》引《小宰職》干寶注"若御史中丞",是干《注》,非鄭《注》也。'案:此當是干用鄭《注》,賈《疏》本有之。"清代儒者王聘珍、黄以周對御史中丞的權責,及鄭玄以御史中丞比擬《周禮》小宰的意圖進行了詮釋。"王聘珍云:'《續漢書·百官志》:"御史中丞一人,千石。"本注曰:"御史大夫之丞也。舊别監御史,在殿中密舉非法。及御史大夫轉爲司空,因别留中,爲御史臺率。"鄭舉以况小宰者,謂其殿中密舉非法,與小宰掌宫之糾禁相似,非必校其官職之大小也。'黄以周云:'鄭注舉漢官以况周官有二例。其直况之於《序官》者,如大府之爲司農、司會之爲尚書,是擬之以其官也。其注《序官》不以况,而况之於職内所掌之下者,如大司徒掌建邦土地之圖,曰若今司空郡國輿地圖;里宰以歲時合耦於鋤,曰若今街彈之室;皆擬之以其事也。此舉漢御史中丞以况小宰,亦謂其糾禁宫事同爾。西漢御史中丞,内領侍御史,外督部刺史,主糾察百僚。東漢御史中丞屬少府,乃糾察宫事,故鄭舉以况之,非擬其官也。'"(《周禮正義》卷五《小宰》,第一五八頁)

賈　後鄭以宫刑宫中之刑,〔一〕不從子春官刑者,見《司寇》已云"四曰官刑",〔二〕此小宰不往貳之,則不須重掌。又下文觀治象"乃退,〔三〕以宫刑憲禁於王宫",故知宫刑明矣。〔四〕應劭云:〔五〕"御史中丞秩二千石,〔六〕朝會獨坐,副貳御史大夫,内掌蘭臺圖籍,〔七〕外督刺史,糾察百僚。"故舉漢法以况之。〔八〕

【校注】

〔一〕後:賈《疏》上有“注杜子至中丞釋曰”。

〔二〕官:益齋本作“宫”。阮《校》曰:“閩、監、毛本誤‘宫刑’。”見:賈《疏》下有“秋官”。

〔三〕又:賈《疏》下有“見”。

〔四〕矣:賈《疏》下有“云建”至“丞者”。

〔五〕劭:阮《校》曰:“惠校本同,與《漢讀考》合。閩、監、毛本‘劭’改‘邵’。按:應邵,古書多作‘劭’,以《説文》‘邵,高也’,定之名‘邵’,故字仲遠。作‘邵’則大誤。”應劭(約一五三——一九六年):字仲瑗(顔師古《漢書敘例》:“應劭字仲瑗,一字仲援,一字仲遠。”據《劉寬碑陰故吏名》,當作“仲瑗”),汝南郡南頓縣(今河南項城南頓鎮)人。其生平、事迹具載《後漢書》卷四八《應劭傳》。

〔六〕御史中丞:賈《疏》無。二:賈《疏》無。

〔七〕蘭臺:漢代宫内收藏典籍之處。《漢書》卷一九上《百官公卿表上》:“御史大夫……有兩丞,秩千石。一曰中丞,在殿中蘭臺,掌圖籍秘書。”

〔八〕以:賈《疏》無。

鶴山先生云 鄭以漢制釋經類此,〔一〕不知周之御史在五史之下。〔二〕戰國時,御史在前,執法在後,〔三〕猶未甚重。秦、漢歷代至以御史大夫爲三公。至本朝不輕除大夫,後來亦不除中丞,〔四〕以侍御史爲臺端,〔五〕殿中爲副端,〔六〕因云如中書。〔七〕尚書、〔八〕侍中,〔九〕古衹是在左右前後掌圖書之臣,到東漢,凡事盡出尚書。〔一〇〕到唐,以爲三省長官。〔一一〕本朝侍中衹除兩人,〔一二〕曹、韓而已。〔一三〕因親近遂竊權，竊權遂秉政。

【校注】

〔一〕類：類似、類同。此：指前文引鄭玄《注》中以漢代御史中丞，比擬《周禮》所載小宰之職。

〔二〕五史：指《周禮》所載春官系統的大史、小史、内史、外史、御史五種職官。《周禮·春官·序官》："大史，下大夫二人……小史，中士八人……内史，中大夫一人……外史，上士四人……御史，中士八人。"《注》曰："御，猶侍也，進也。"《周禮·春官·御史》："御史掌邦國、都鄙及萬民之治令，以贊冢宰。凡治者受法令焉。掌贊書。凡數從政者。"御史在五職官中，位於最後，故魏氏曰"御史在五史之下"。

〔三〕執法：春秋、戰國執行法令之官。《吴越春秋》卷二《闔閭内傳第四》："顧謂執法曰：'取鈇鑕。'"

〔四〕按：魏氏所謂宋代不輕除御史大夫、御史中丞之説，不確。御史大夫，職官名，秦置，漢沿用。漢成帝綏和元年（前八年）更名大司空，哀帝建平二年（前五年）復爲御史大夫，元壽二年（前一年）復爲大司空。東漢初更名大司空。光武帝建武二十七年（五一年），去"大"字。東漢末復置御史大夫。隋、唐、五代置爲御史臺長官，職掌監察。唐高宗時改稱大司憲，尋復改舊名。武則天時改稱肅政大夫，中宗時復舊名。北宋初爲從二品加官，神宗元豐（一〇七八—一〇八五年）改制後罷。御史中丞，秦、漢時中央設置的職官名，秦、西漢爲御史大夫的屬官。哀帝元壽二年，更名御史長史。東漢初，御史大夫更名爲大司空，御史中丞成爲中央政府中職掌監察的最高行政官員。魏晋南朝沿置。北魏改稱御史中尉。隋爲避諱，改置御史大夫。唐因隋制。後改名司憲大夫，尋復舊。武則天改置左、右肅政臺中丞,中宗改置左、右御史中丞,玄宗時并爲一員。中唐以後,御史大夫常闕,中丞亦常爲外官所帶憲銜,不掌實職。宋初爲正四品,多以他官兼任。神宗元豐改制後成爲正員職事官,從三品。(《中國古代職官大辭典》,第九七五頁)

〔五〕侍御史:中國古代監察官吏的官員,亦稱御史、侍御。西漢時爲御史大夫屬官,由御史中丞統領,給事殿中,受納章奏,監察百官、收捕審訊有罪官吏。東漢沿置,屬御史臺。秩皆六百石。魏晋南北朝時期略同漢制。魏、晋、宋時爲七品,梁一班,陳爲九品,北魏八品,北齊、隋爲從七品。唐朝爲從六品下,掌監察百官、入閤承詔、分判御史臺事。其辦公之所稱臺院,居御史臺三院之首。選年資久者一人知雜事,號稱雜端。中唐以後,職權漸輕,常作外官所帶憲銜。北宋初爲寄禄官,神宗元豐改制後,置爲御史臺次官,參掌臺政,從六品。臺端:亦曰雜端,唐、宋時人對御史臺所置臺院主事者的稱謂。唐時,御史臺置臺院,爲侍御史治事之所,掌糾舉百官及入閤承詔,知推、彈、雜事,設侍御史六人,以資深者一人知雜事,號雜端、臺端。宋初沿置,設侍御史知雜事,以郎中、員外郎充任。(《中國古代職官大辭典》,第六六一、三八一頁)臺端:《新唐書》卷四八《百官志三》:"侍御史六人,從六品下。……久次者一人知雜事,謂之雜端……臺内事顓决,亦號臺端。"《宋史》卷四〇九《唐璘傳》:"適清之議張天綱之獄,迎合從輕,遂擢臺端。"

〔六〕殿中:此處指殿中侍御史。此官職掌監察官吏、維持殿庭朝會儀節。魏晋南北朝時屬御史臺,亦糾察宫禁爲主。魏、晋、劉宋時七品,梁爲流外七班,北魏爲從八品上,北齊爲八品。隋改名爲殿内侍御史,唐復舊。屬御史臺下設殿院,從七品下,掌糾察殿庭供奉朝會儀節,及宫門、庫藏,以二人分知左、右巡,掌京師治安、京畿兵馬。唐中期以後,亦成爲外官所帶憲銜。北宋初爲寄禄官。神宗元豐改制後,置爲職事官,掌諫諍言事,糾察朝會儀節,正七品。副端:亦曰散端、副臺端,唐、宋時人對御史臺所置臺院中非主事之一侍御史的稱謂。(《中國古代職官大辭典》,第一〇〇九、三八一頁)《新唐書》卷四八《百官志三》:"次一人知西推、贓贖、三司受事,號副端。"《宋史》卷三九四《梁汝嘉傳》:"汝嘉素善秦檜,殿中侍御史周葵將按之。汝嘉聞,給中書舍人林待聘曰:'副端將論君。'待聘亟告檜,徙葵起居郎。"《宋史》卷三七三《洪遵傳》:"湯鵬舉副臺端,密薦爲御史。"

〔七〕中書:官署名。"中書"最早出現於漢武帝時,原初名爲"中尚書",職責與尚書相同,即掌管文書,通章奏,謂之中書謁者,置令、仆射。這一職務如由士人擔任,則稱爲"尚書"。如以宦官充當,則稱之爲"中尚書",省稱"中書"。漢武帝時,宦官地位低下,祇掌管、傳達文書,政治上没有什麽地位。漢宣帝即位後,霍光控制政權。他的兒子霍禹爲右將軍,侄孫霍山爲領尚書事,與宣帝之間權力的争奪日漸激化。爲避免霍氏家族阻隔言路,蒙蔽皇帝,宣帝下令臣民上書,直接呈報皇帝,不再經過尚書。同時將漢武帝時供皇帝在後宫游樂時驅使的宦官任命爲中書,負責收取臣民的奏事,剥奪尚書的中轉權力。當時擔任中書令的宦官弘恭熟悉法令傳統,往往能在轉遞奏章時,提出適當的解决方案,頗受宣帝信任,中書地位逐漸提高。漢元帝體弱多病,常無法召見臣僚商討國政,因而命親信宦官石顯爲中書令,中書的權力達到頂峰。由於漢元帝一朝宦官弄權,引起外朝臣僚的不滿和抵制,漢成帝一則爲消除宫廷内的黨争,另因他的舅舅王鳳擔任領尚書事,不容許宦官插手分權,因而廢除了"中書"。建始四年(前二九年),成帝改中書謁者令曰中謁者令,以士人爲之,爲少府屬官。東漢雖未設置"中書",但其職掌依然由宦官(中常侍、小黄門)承擔,在一定程度上依然能左右朝政。爲改變兩漢以來,特别是東漢以來尚書省權力越來越重的弊端,曹操置秘書令,典尚書奏事。文帝黄初初,改爲中書,其長官是中書令、中書監,職掌詔命,記會時事,典作文書。分尚書之權,形成二者相互制約的局面,便於皇帝控制。(參見祝總斌《兩漢魏晋南北朝宰相制度研究》,中國社會科學出版社一九九〇年版,第三〇六—三二〇頁)

〔八〕尚書:職官名,秦時爲少府屬官,少府遣吏四人在殿中,主發書,謂之尚書。尚,主也。爲首者爲尚書令。漢承秦制。漢武帝時始用宦官主中書,爲首者爲中書謁者令,罷尚書官。漢武帝時,左右曹諸吏分平尚書奏事,知樞要者始領尚書事。漢成帝建始四年(前二九年),罷中書宦者,置尚書五人,一人爲仆射,主封門,掌授廪假錢穀。四人分爲四曹:常侍曹,主公卿;二千石曹,主郡國二千石;民曹,主凡吏民上書;客曹。主外國夷狄。後又置三公曹,主斷獄。是爲五曹。通掌圖書、秘記、章奏之事及封奏,宣示内外,職權尚輕。東漢尚書權力顯重,出納王命,敷奏萬機。尚書令及左丞總領綱紀,無所不統。尚書仆射及右丞,分掌廪假錢穀。衆務悉歸尚書,三公但受成事。下設五曹:三公曹,尚書二人,掌天下歲盡集課州郡。吏曹(《續漢 · 志》謂之常侍曹,亦謂之選部),掌選舉、齊祠。二千石曹(亦謂之賊曹),掌中都官、水火、盜賊、辭訟、罪法。民曹,掌繕理、功作、鹽池、苑囿。客曹,掌羌胡朝賀。法駕出,則護駕。光武帝分二千石曹及客曹爲南主客、北主客二曹。尚書令主贊奏事,總領紀綱,無所不統。與司隸校尉、御史中丞朝會皆專席而坐,京師號曰"三獨坐"。尚書仆射一人,署尚書事。令不在,則奏下衆事,印綬與令同。漢獻帝建安四年(一九九年)置左、右仆射。東漢章帝以太傅趙憙、太尉牟融并録尚書事。魏有吏部、左民、客曹、五兵、度支,凡五尚書。又置中書省,有監、令,掌機衡之任,尚書之權漸減。

〔**九**〕侍中:職官名,秦置,本爲丞相史,五人往來殿内東厢奏事,故謂侍中。漢代侍中爲加官,自列侯下至郎中皆可加此官。員額不限,多至數十人。侍中得入禁中,爲皇帝親近之職。直侍左右,分掌乘輿服物。仆射一人,以侍中功高者爲之。東漢光武帝改仆射爲祭酒,或置或否,又屬少府,掌贊導衆事,顧問應對。法駕出,則多識者一人負國璽,操斬白蛇劍,參乘;餘皆騎,在乘輿後,職掌殿内門下衆事。後選舊儒高德、學識淵博者充任侍中,在尚書令、仆射下,尚書上。獻帝即位,初置六人,贊法駕則正直一人負璽陪乘。仰瞻俯視,切問近對,喻旨公卿,上殿稱制,秉笏陪見。魏、晋以來置四人,别加官者則不在此數中。

〔**一〇**〕凡事盡出尚書:指東漢時,國家政事之處置,皆操之於尚書臺。《後漢書》卷四六《陳忠傳》:"時,三府任輕,機事專委尚書……忠以爲非國舊體,上疏諫曰:'……今之三公,雖當其名而無其實,選舉誅賞,一由尚書,尚書見任,重於三公。'"《後漢書》卷四九《仲長統傳》:"光武皇帝愠數世之失權,忿强臣之竊命,矯枉過直,政不任下,雖置三公,事歸臺閣。自此以來,三公之職,備員而已。"

〔**一一**〕三省:即尚書省、中書省、門下省。隋、唐時以三省共議國政。中書省决策、門下省審議、尚書省執行。後政歸中書、門下、樞密院及三司。北宋神宗元豐改制,廢中書門下及三司,重建三省,與樞密院共掌國政,尚書左、右僕射爲宰相,左兼門下侍郎行侍中職,右兼中書侍郎行中書令職。哲宗元祐(一〇八六—一〇九四年)年間,令三省同取旨。南宋高宗建炎三年(一一二九年)并中書、門下爲一省,仍與尚書省統稱三省。(《中國古代職官大辭典》,第一七頁)

〔**一二**〕《宋史》卷一六一《職官志一》:"侍中,掌佐天子議大政,審中外出納之事。大祭祀則版奏中嚴外辦,導輿輅,詔升降之節;皇帝齋則請就齋室。大朝會則承旨宣制、告成禮,祭祀亦如之。册后則奉寶以授司徒。國朝以秩高罕除。自建隆至熙寧,真拜侍中纔五人,雖有用他官兼領,而實不任其事。官制行,以左僕射兼門下侍郎行侍中職,别置侍郎以佐之。南渡後,置左、右丞相,省侍中不置。”據《宋史》上述記載,自宋太祖建隆年間至宋神宗熙寧年間,任侍中職者,就有五人。陳振先生統計,建隆元年(九六〇年)的范質,太平興國六年(九八一年)和端拱元年(九八八年)的趙普,天禧元年(一〇一七年)的王旦,乾興元年(一〇二二年)的丁謂、馮拯,治平四年(一〇六七年)的韓琦,熙寧二年(一〇六九年)的富弼,皆以“侍中”名號拜相。(參見陳振《關於北宋前期的宰相制度》,載《中州學刊》一九八五年第六期)魏氏所謂“本朝侍中祗除兩人”之説,顯然不確。

〔一三〕曹、韩:這里分别指曹彬、韓琦。曹彬(九三一—九九九年),字國華,真定靈壽(今河北靈壽)人,北宋開國名將。其生平、事迹詳載《宋史》卷二五八《曹彬傳》。韩琦(一〇〇八—一〇七五年),字稚圭,自號贛叟,相州安陽(今河南安陽)人。其生平、事迹詳載《宋史》卷三一二《韩琦傳》。曹彬、韩琦都曾任“侍中”之職,但魏了翁謂二人“竊權”“秉政”等帶有貶義色彩的詞語,與史書所載二人生平、事迹及史官評價均不符。

掌邦之六典、八法、八則之貳,以逆邦國、都鄙、官府之治。執邦之九貢、九賦、九式之貳,以均財節邦用。

鄭 “逆”,迎受之。

鄭司農云 “貳”,副也。

賈 太宰所掌,〔一〕小宰副貳之。〔二〕

【校注】

〔一〕太:賈《疏》上有“執邦”至“者并”。掌:賈《疏》下有“者”。

〔二〕小:賈《疏》上有“以其”至“者故”。之:賈《疏》下有“然大”至“節也”。

鶴山先生云　六典衹是國家舊章,上從卌,下從六,〔一〕王荆公表内用尊、〔二〕閣字,乃是字書説“典”爲尊、〔三〕閣之也。典是定本,六叙、〔四〕六職等是作職事,〔五〕故上説“經邦國”,〔六〕下説“平”。〔七〕上説“擾萬民”,〔八〕下説“寧”。〔九〕如此推之,皆別是義,用字極嚴。

【校注】

〔一〕六:益齋本作“丌”。

〔二〕開慶本、安氏本、蔣抄本“王荆公”三字加粗。按:下文魏氏雖略引王安石之説,然大多仍爲魏氏語,故“王荆公”三字無須加粗。尊:四庫本作“遵”。荆公:指北宋名臣王安石(一〇二一—一〇八六年),因其於宋神宗元豐二年(一〇七九年)受封荆國公,故後人稱之曰王荆公。其生平、事迹具載《宋史》卷三二七《王安石傳》。

〔三〕尊:四庫本作“遵”。

〔四〕六叙:指《周禮·天官·小宰》所載“以官府之六叙正群吏”,詳見下節經文。

〔五〕六職:指《周禮·天官·小宰》所載“以官府之六職辨邦治”,詳見下節經文。

〔六〕經邦國:《周禮·天官·大宰》:“一曰治典,以經邦國。”

《疏》曰:"但治典云'經'者,所以經紀爲名,故云'經'。"

〔七〕《周禮·天官·小宰》:"一曰治職,以平邦國。"《疏》曰:"謂以平爲義也。"

〔八〕《周禮·天官·大宰》:"二曰教典,以安邦國,以教官府,以擾萬民。"

〔九〕《周禮·天官·小宰》:"二曰教職,以安邦國,以寧萬民。"《疏》曰:"彼云'擾萬民',此云'寧萬民',不同者,上'擾'爲'馴',馴則寧,義無异也。"

以官府之六叙正群吏:一曰以叙正其位,二曰以叙進其治,三曰以叙作其事,四曰以叙制其食,五曰以叙受其會,六曰以叙聽其情。

賈 凡言"叙"者,〔一〕皆是次序。〔二〕先尊後卑,各依秩次,則群吏得正,故云"正群吏"也。〔三〕

【校注】

〔一〕凡:賈《疏》上有"以官府至其情釋曰"。

〔二〕序:賈《疏》作"叙"。孫詒讓曰:"《説文·攴部》云:'叙,次弟也。'秩次與次弟義同。經典多假東西墻之序爲之。此經例用古字作'叙',注例用今字作'序',雖述經文亦然。此注仍作叙,疑後人不知注例,依經文改之。"(《周禮正義》卷五《小宰》,第一六〇頁)

〔三〕也:賈《疏》下有"一曰"至"叙也"。

鶴山先生云 賈局於後鄭以叙爲"秩次",凡皆"先尊後卑"。〔一〕"情"爲争訟之辭,〔二〕恐"情"字難訓"争訟"。〔三〕又專以

“先尊後卑”爲説，則訟豈以尊卑而分曲直乎？

【校注】

〔一〕《周禮·天官·小宰》《注》曰：“叙，秩次也，謂先尊後卑也。”凡：皆、一切。先尊後卑：《周禮·天官·小宰》《疏》曰：“‘一曰以叙正其位’者，謂若卿、大夫、士朝位尊卑次列。‘二曰以叙進其治’者，謂卿、大夫、士有治職功狀文書進於上，亦先尊後卑也。‘三曰以叙作其事’者，謂有所執掌起事，亦先尊後卑也。‘四曰以叙制其食’者，謂制禄依爵命授之，亦先尊後卑也。‘五曰以叙受其會’者，謂歲終進會計文書，受之，亦先尊後卑也。‘六曰以叙聽其情’者，情謂情實。則獄訟之情，受聽斷之時，亦先尊後卑也。……云‘秩次’者，謂尊卑之常，各有次叙也。”

〔二〕《周禮·天官·小宰》《注》曰：“情，争訟之辭。”

〔三〕對“情”字含義的詮釋，後儒争訟、紛紜。孫詒讓曰：“賈《疏》云：‘情謂情實。則獄訟之情，受聽斷之時，亦先尊後卑也。’惠士奇云：‘聽其情，君之所以體臣。《韓詩外傳》言，人主之疾十有二發，而隔居其一焉，下情不上通謂之隔。《管子》亦言，國有四亡，其二曰塞，曰侵。塞者，下情不上通；侵者，下情上而道止。以叙聽其情，則通而不隔，行而不塞，誰得而侵之。’黄以周説同。詒讓案：凡群吏之争訟及以事來諮問請求，亦通謂之情。下文云‘聽其治訟’，即是聽其情。《内史》云‘掌叙事之法，受納訪以詔王聽治’，注亦引此經‘以叙聽其情’，明不止聽争訟也。鄭、惠各舉一偏爲釋，當兼二義乃備。”（《周禮正義》卷五《小宰》，第一六〇——一六一頁）

以官府之六屬舉邦治：一曰天官，其屬六十，掌邦治，大

事則從其長,小事則專達。二曰地官,其屬六十,掌邦教,大事則從其長,小事則專達。三曰春官,其屬六十,掌邦禮,大事則從其長,小事則專達。四曰夏官,其屬六十,掌邦政,大事則從其長,小事則專達。五曰秋官,其屬六十,掌邦刑,大事則從其長,小事則專達。六曰冬官,其屬六十,掌邦事,大事則從其長,小事則專達。

鄭 六官之屬三百六十,〔一〕象天地、四時、日月、星辰之度數,天道備焉。前此成王作《周官》,〔二〕其志有述天授位之義,故周公設官分職以法之。

【校注】

〔一〕六:鄭玄《注》上有"大事"至"一官"。

〔二〕此:鄭玄《注》下有"者"。

賈 鄭依《書傳》云:〔一〕"周公攝政,〔二〕三年踐奄。"與滅淮夷同時。又按:成王《周官》:"成王既黜殷命,滅淮夷,還歸在豐,〔三〕作《周官》。"則成王作《周官》在周公攝政三年時,周公制禮在攝政六年時,〔四〕此鄭義,不見《古文尚書》,故爲此解。若孔據《古文尚書》,《多士》以下,〔五〕并是周公致政後成王之書。周公攝政時,淮夷、奄與管、蔡同作亂,成王即政後又叛,成王親征之,故云滅。〔六〕

【校注】

〔一〕鄭:賈《疏》上有"以官府"至"義者"。

〔二〕周:四庫本、益齋本無。

〔三〕豐：此處指西周早期都城“豐京”，係周文王滅崇國後，於豐水西岸（今陝西西安馬王鎮一帶）修築而成，并遷都於此。周武王後又於灃水西岸修築“鎬京”，二京合稱“豐鎬”，史籍中又稱爲“宗周”。豐京是周朝宗廟和園囿所在地，鎬京則是周王居住和理政的中心。在長達三百五十餘年時間内，豐鎬是西周王朝政治、經濟、文化中心。《史記》卷三三《魯周公世家》：“成王七年二月乙未，王朝步自周，至豐。”《集解》：“馬融曰：‘周，鎬京也。豐，文王廟所在。’”《索隱》：“豐，文王所作邑。後武王都鎬，於豐立文王廟。按：豐在鄠縣東，臨灃水，東去鎬二十五里也。”一九三三年，徐旭生、蘇秉琦等率隊，第一次對豐鎬遺址進行調查。一九五一年四月，在蘇秉琦率領下，中國科學院考古研究所陝西省調查發掘團正式對豐鎬遺址進行考古發掘。多年來的考古發掘表明，豐京東界緊傍灃水，西至靈沼河，北極郿鄠嶺崗地北緣，即今客省莊至張村坡一帶，南到石榴村，方圓六七平方千米。其中心區域在客省莊、馬王村一帶，上述區域迄今已發現十餘處大型夯土基址。這一區域内的客省莊、馬王村、曹寨、新旺村、馮村、苗駕、石榴村、大原村、張家坡等地，西周遺址和墓葬比較密集。

〔四〕時：賈《疏》下有“故云”至“之也”。

〔五〕以：賈《疏》作“已”。

〔六〕滅：賈《疏》下有“淮夷”至“异也”。

鶴山先生云 孔安國注“明王奉若天道”，〔一〕亦説設官以象天地、日月、星辰之意。〔二〕然成王即政與周公攝政年月，多不可考。《周禮·冬官》闕，與《夏官·輿司馬》《（師）［軍］司馬》及《司禄》等皆闕，〔三〕大率是溝洫、兵賦與班爵禄之制，諸侯惡其害

己,而去其籍。〔四〕至秦,而又并天下《詩》、《書》、百家語燒之。〔五〕

【校注】

〔一〕明王奉若天道:語出《尚書·説命》。

〔二〕《尚書·説命中》《傳》曰:"天有日月、北斗、五星、二十八宿,皆有尊卑相正之法。"《疏》曰:"人君法天以設官,順天以致治也。天有日月照臨晝夜,猶王官之伯率領諸侯也。北斗環繞北極,猶卿士之周衛天子也。五星行於列宿,猶州牧之省察諸侯也。二十八宿布於四方,猶諸侯爲天子守土也。"

〔三〕師:四庫本、益齋本作"軍"。按:應作"軍",《周禮》一書中無"師司馬"這一職官。《周禮·夏官·小司馬》《疏》曰:"軍司馬當宰夫、肆師之等,皆下大夫,四人。"據改。

〔四〕魏氏此語,或直接引自《孟子》,《孟子·萬章下》:"北宫錡問曰:'周室班爵禄也,如之何?'孟子曰:'其詳不可得聞也。諸侯惡其害己也,而皆去其籍。'"《注》曰:"諸侯欲恣行,憎惡其法度妨害己之所爲,故滅去典籍。今《周禮》司禄之官無其職,是則諸侯皆去之,故使不復存也。'"《注》曰:"諸侯欲恣行,憎惡其法度妨害己之所爲,故滅去典籍。"《疏》曰:"蓋自列國之後,先王之法浸壞,上無道揆,下無法守,而諸侯類皆以强吞弱,以大并小,而齊、魯之始封儉於百里,至孟子時,齊方百里者十,魯方百里者五,此諸侯所以惡其籍害己,而去《司禄》之職也。"

〔五〕《史記》卷六《秦始皇本紀》:"非秦記皆燒之。非博士官所職,天下敢有藏《詩》、《書》、百家語者,悉詣守、尉雜燒之。"

又云 秦雖焚書,止焚天下所藏私書,其博士官所職,〔一〕固自若也。〔二〕惜蕭何以刀筆(史)[吏],〔三〕止收圖籍,以知天下户口阸塞。〔四〕至項羽焚咸陽,〔五〕博士所藏始蕩盡。〔六〕故山岩屋壁所出,〔七〕皆訛闕不完耳。

【校注】

〔一〕職:益齋本作“藏”。

〔二〕自若:完好無損。

〔三〕史:益齋本作“吏”。按:應作“吏”,據改。刀筆吏:秦、漢時對基層小吏的稱謂。《史記》卷五三《蕭相國世家》:“蕭相國何於秦時爲刀筆吏。”《漢書》卷三九《蕭何傳》:“蕭何、曹參皆起秦刀筆吏。”師古《注》曰:“刀所以削書也,古者用簡牒,故吏皆以刀筆自隨也。”

〔四〕蕭何收藏圖書事,《史記》卷五三《蕭相國世家》:“沛公至咸陽,諸將皆争走金帛財物之府分之,何獨先入收秦丞相御史律令圖書藏之。……漢王所以具知天下阸塞,户口多少,强弱之處,民所疾苦者,以何具得秦圖書也。”

〔五〕項羽焚咸陽:《史記》卷七《項羽本紀》:“居數日,項羽引兵西屠咸陽,殺秦降王子嬰,燒秦宫室,火三月不滅。”

〔六〕《鶴山大全集》卷一〇九附一一〇《師友雅言》:“秦令非博士所藏,天下不容有藏者。到項羽焚咸陽,雖博士所藏,亦亡矣。蕭何所收止圖籍,不及書,後來惠帝除挾書之令,看得來書之亡非盡是秦焚。漢初興時,羽焚咸陽尤盡亡。或以爲吕伯恭(伯恭:南宋儒者吕祖謙字)亦曾有此説,但未見。”

〔七〕山岩屋壁所出:此處指秦朝實行“焚書”政策時,部分士人爲免遭懲處,同時又能保存書籍,故將書籍或藏於山洞岩穴中,或藏於房屋墻壁中。西漢時,若干文獻陸續面世。其中較著名者,有魯恭王壞孔子舊居,於墻壁夾層中發現的“孔壁藏書”等。

因舉**三禮辨云**〔一〕 六官之屬各六十,〔二〕而經文參差不齊。〔三〕自今考之,天官之屬六十,〔四〕九嬪、〔五〕世婦、女御附。〔六〕地官之屬七十二,〔七〕胥師已下附廛人職。〔八〕春官之屬六十四,〔九〕内宗、〔一〇〕外宗附世婦,〔一一〕瞽(朦)[矇]、〔一二〕眡瞭附小師職,〔一三〕卜人附卜師職,〔一四〕男巫、女巫共爲巫師一職,〔一五〕神仕不爲職。〔一六〕夏官之屬六十九,圉人不爲職。〔一七〕秋官之屬六十一,〔一八〕五隸不爲職。〔一九〕冬官之屬三十四,《考工記》三[十]工外,〔二〇〕當有大、小司(寇)[空]及匠、〔二一〕梓四職。〔二二〕或曰:六十,舉其大凡也。〔二三〕或曰:多少相乘,恰得三百六十也。〔二四〕然《考工記》又有梓師、輈人之名,則其脱遺蓋止此矣。〔二五〕大事各從其長,長,六卿也。〔二六〕“小事則專達”,達於王也。尊不親小事,卑不尸大功,〔二七〕是以權不侵而國無滯事也。〔二八〕

【校注】

〔一〕魏氏原將此節與前節合爲一節。按:此下内容,爲魏氏引李心傳《三禮辨》之文。仿前文例,將其獨立成節。

〔二〕六官之屬各六十:古人多認爲,《周禮》所設職官數法天之數,天有三百六十度,《周禮》所載天、地、春、夏、秋、冬六官,共設職官三百六十種,每官轄六十官。《周禮·天官·序官》《疏》曰:“鄭云‘象天’者,周天有三百六十餘度,天官亦總攝三百六十官,故云‘象天’也。《注》曰:“六官之屬三百六十,象天地、四時、日月星辰之度數,天道備焉。”《疏》曰:“依《周髀》《七曜》,皆云周天三百六十五度四分度之一,舉全數,亦得云三百六十也。言地則與天配合四時,言周天亦是地之數。十二月亦是周天之數。日,日行一度;月,日行十三度十九分度之七。日、月所行,亦在周天之數。星辰,謂二十八宿十二次,亦在周天數内,皆不離三百六十五度四分度之一耳。”

〔三〕參差不齊:此處指天官、地官、春官、夏官、秋官五官系統所屬職官數量不一,并非每官屬官皆爲六十。如天官系統共有六十三種職官,地官系統共有七十八種職官,春官系統共有七十種職官,夏官系統共有六十九種職官,秋官系統共有六十六種職官,《考工記》則記載了三十種工匠職務。

〔四〕按:《周禮》記載天官系統職官名六十三種。李氏將其中九嬪、世婦、女御列爲附加人員,蓋由於上述三職不像其他職官,有爵等、員數及府、史、胥、徒等屬吏徒役。

〔五〕九:益齋本作“凡”。

〔六〕女御:益齋本作“又■”。

〔七〕按:《周禮》記載地官系統職官名七十八種。李氏或據鄭玄《注》、賈《疏》认爲,其中胥師、賈師、司虣、司稽、胥、肆長六種非官,故無需計入。《周禮·地官·序官》:“胥師,二十肆則一人,皆二史。賈師,二十肆則一人,皆二史。司虣,十肆則一人。司稽,五肆則一人。胥,二肆則一人。肆長,每肆則一人。”《注》曰:“自胥師以及司稽,皆司市所自辟除也。胥及肆長,市中給繇役者。胥師領群胥,賈師定物賈,司暴禁暴亂,司稽察留連不時去者。”《疏》曰:“自胥師至司稽,皆是府、史之類,非是命士已上。……知胥師及司稽皆司市所自辟除者,以其胥師越賈師等領群胥,則知胥師等并非官。賈師與胥師同二十肆則一人、二史,賈師非官,明胥師亦非官也,故知‘皆司市所自辟除也’。又知胥及肆長是給繇役者,以其司稽已上是府、史之類,明此二者與胥、徒同是給繇役者也。”

〔八〕廛:益齋本此字處爲一空格。

〔**九**〕《周禮》記載的春官宗伯系統職官有七十種,李氏此處或以内宗、外宗、瞽矇、眡瞭、卜人、男巫及女巫(二者爲同類)六種爲非獨立職官,故謂六十四種。

〔**一〇**〕内宗:《周禮》記載的春官宗伯系統的屬官。《周禮·春官·序官》:"内宗,凡内女之有爵者。"《注》曰:"内女,王同姓之女,謂之内宗。有爵,其嫁於大夫及士者。"

〔**一一**〕外宗:《周禮》記載的春官宗伯系統的屬官。《周禮·春官·序官》:"外宗,凡外女之有爵者。"《注》曰:"外女,王諸姑姊妹之女,謂之外宗。"

〔**一二**〕瞽朦:益齋本作"□□"。朦:《周禮·春官》有"瞽矇"之官,此處作"朦"誤,據改。《周禮·春官·序官》《注》引鄭衆語曰:"無目眹謂之瞽,有目眹而無見謂之矇。"《疏》曰:"無目眹,謂無目之眹脉,謂之瞽。'有目眹而無見謂之矇',謂矇矇然有眹脉而無見也。"

〔**一三**〕眡瞭:益齋本作"暫潦"。《周禮·春官·序官》《注》曰:"瞭,目明者。"

〔**一四**〕卜師:四庫本、益齋本作"小師"。

〔**一五**〕巫師:益齋本作"丞■"。

〔**一六**〕仕:《周禮·春官·神士》作"士"。

〔**一七**〕圉:益齋本作"四"。圉人受圉師使令,《周禮·夏官·圉人》《疏》曰:"乘馬一師四圉,四圉人受圉師之所使令焉。"

〔**一八**〕按:秋官系統共有六十六種職官。因罪隸、蠻隸、閩隸、夷隸、貉隸五種皆爲奴隸,非職官,故李氏謂"秋官之屬六十一"。

〔**一九**〕隸:益齋本作"人"。五隸:指大司寇下屬的罪隸(《周禮·秋官·序官》《注》曰:"盜賊之家爲奴者。")、蠻隸(《周禮·秋官·序官》《注》曰:"征南夷所獲。")、閩隸(《周禮·秋官·序官》《注》曰:"閩,南蠻之别。")、夷隸(《周禮·秋官·序官》《注》曰:

“征東夷所獲。”)、貉隸(《周禮·秋官·序官》《注》曰:“征東北夷所獲。”)五種類型的奴隸。他们并非職官,故曰“不爲職”。孫詒讓曰:“全經五篇,凡本非屬官而以事類附屬者有三:一婦官,此九嬪、世婦、女御、女祝、女史及春官世婦、内外宗等是也;一三公,地官之鄉老,爵尊於大司徒是也;一家臣,春官之都宗人、家宗人,夏官之都司馬、家司馬,秋官之朝大夫、都士、家士是也。三者皆無所繫屬,故以其職事相近者附列各官,亦大宰八法官屬之變例也。”(《周禮正義》卷一《天官叙官》,第五〇頁)

〔二〇〕三:四庫本下有“十”。按:《考工記》在總述各項工藝、職務後,分述三十種(丁鼎先生謂三十一種,參見《經學十二講》,第一七四頁。不確)工匠之職:“凡攻木之工七,攻金之工六,攻皮之工五,設色之工五,刮摩之工五,摶埴之工二。攻木之工,輪、輿、弓、廬、匠、車、梓。攻金之工、築、冶、鳧、栗、段、桃。攻皮之工,函、鮑、韗、韋、裘。設色之工,畫、繢、鍾、筐、㡛。刮摩之工,玉、楖、雕、矢、磬。摶埴之工,陶、瓬。”《注》曰:“事官之屬六十,此識其五材三十工,略記其事耳。其曰某人者,以其事名官也。其曰某氏者,官有世功,若族有世業,以氏名官者也。”據此,“三”下當有“十”字,據四庫本補。考工記:先秦時期人撰作的記載各項工藝技術的文獻。本獨立成書。後漢儒以之補《周禮》散佚之《冬官》篇,遂附《周禮》行於世。《周禮·考工記》《疏》曰:“《冬官》一篇其亡已久,有人尊集舊典,録此三十工以爲《考工記》。雖不知其人,又不知作在何日,要知在於秦前,是以得遭秦滅焚典籍,《韋氏》《裘氏》等闕也。……此記人所爲,雖不同《周禮》體例,亦爲序致首末相承,總有七段明義,從‘國有六職’至‘謂之婦工’,言百工事,重在六職之内也。從‘越無鎛’至‘夫人而能爲弓車’,言四國皆能其事,不須置國工也。從‘知者創物’至‘此皆聖人所作’,言聖人創物之意也。從‘天有時’至

‘此天時也’，言材雖美，工又有巧，不得天時則不良也。從‘攻木之工’至‘陶瓬’，言工之多少之數及工别所宜也。從‘有虞氏’至‘周人上輿’，論四代所尚不同之事也。從‘一器而工聚者，車爲多’，言專據周家所尚之事也。”

〔二一〕寇：四庫本作“空”。按：冬官爲司空，大、小司寇屬秋官，當作“空”，據四庫本改。匠：益齋本作“五”。

〔二二〕匠、梓：此處指《考工記》所載“匠人”“梓人”二職。其職掌分見《周禮·考工記·匠人》《周禮·考工記·梓人》。

〔二三〕凡：四庫本作“數”。

〔二四〕多少相乘：意謂天、地、春、夏、秋五官屬官各應有六十，以多餘者補不足者，則《冬官》并非如漢儒所説，已經亡佚，而是其屬官散載於天、地、春、夏、秋五官中。此説以宋儒俞庭椿爲代表。其所著《周禮復古編》曰：“《周禮·司空》之篇有可得言者，反覆之經，質之於《書》，驗之於《王制》，皆有可以是正焉者，而《司空》之篇實雜出於五官之屬。……《司空》之篇爲逸書，漢人以《考工記》附益之，相傳之久，習以爲然。雖有巨儒碩學，不復致思研慮，後世遂以考工之事爲六官之一。司空所掌，日漸訛誤，并與其官廢。蓋嘗紬繹是書，伏而讀之，《司空》之篇實未嘗盡亡也。六官之屬誠有顛錯雜亂而未盡正者，編次而辨正之。……周建官三百六十，未聞有溢員也。小宰‘以官府之六屬舉邦治’，皆曰‘其屬六十’……則六十之外皆羡矣。《周禮》得於秦火之後，官宜少，不宜羡。今五官之羡者四十有二，而其六十員之中，又未必盡其官屬。乃司空之屬俱亡，今取其羡與其不宜屬者而考之，蓋司空之篇可得而考焉。今天官之羡者九，地官之羡者十有六，春官之羡者九，夏官之羡者九，秋官之羡者五。從其羡而求之，冬官皆不亡矣。”四庫館臣評價其説曰：“庭椿之説，謂五官所屬皆六十，不得有羡，其羡者皆取以補冬官。鑿空臆防,其謬妄殆不足辯。……然復古之説始於庭椿,厥後丘葵、吴澄皆襲其繆,説《周禮》者遂有《冬官》不亡之一派。分門别户,輾轉蔓延,其弊至明末而未已。故特存其書,著竄亂聖經之始,爲學者之炯戒焉。”

〔二五〕蓋:四庫本下有“不”。脱遺:脱漏、遺漏。《周禮集説》卷首下《凡例》:“雜説六官之屬各六十,周天之數也。治官之屬六十二,教官之屬七十九,禮官之屬七十一,政官之屬七十,刑官之屬六十有六。而《小宰》皆曰六十,舉成數也。《考工記》官凡三十,而輈人不與其數者,一器而工聚焉,車爲多故也。”《五禮通考》卷二一四《嘉禮八七》:“《周禮·冬官篇》亡,漢唐諸儒,俱無异論。至南宋俞氏庭椿,創爲冬官未亡之説。其後,王氏與之、吴氏澄、丘氏葵、方氏孝孺等祖述其説,互有更易,支離割裂,全無根據。昔之亡者,止《冬官》一篇。今則并五官之存者而淆亂之,而周公制作之精意,幾何其不亡矣!且六官之屬各六十,特舉其大數而言,非真以六十爲定額,而不可浮於六十之外也。天官宰夫之下有上士八人,中士十六人,地官鄉師、春官肆師之下亦同。而夏官之上士别名輿司馬,中士别名行司馬;秋官之上士别名鄉士,其名雖异,而其官未嘗增多。以是推之,則知據五官之目,而以爲有溢額者,皆刻舟之見也。至如鄉、遂之官,隸於司徒,實非王朝之官。九嬪、世婦、女御、内宗、外宗,非外朝之官;胥師、賈師、司虣、司稽、胥、肆長,皆賈也;瞽矇、眡瞭,樂人也;方相氏,狂夫也;圉師、圉人,圉也;罪隸、蠻隸、閩隸、夷隸、貉隸,隸也。皆有職而無官。”

〔二六〕據鄭玄《注》、賈《疏》,“長”并非單純是六卿。鄭玄《注》曰:“大事從其長,若庖人、内、外饔與膳夫共王之食。”《疏》曰:“云‘大事則從其長’者,謂若《膳夫》鄭《注》云‘膳夫,食官之長也’。則下庖人、内、外饔、亨人,有事皆來諮白膳夫,故云‘大事從其長’也。……云‘大事從其長,若庖人、内、外饔與膳夫共王之食’者,此并共王食,是大事,故庖人已下諮膳夫長官也。"

〔二七〕《穀梁傳·隱公五年》:"禮:尊不親小事,卑不尸大功。"

〔二八〕權:權限、職能。侵:相互侵擾。權不侵:此處指尊官、卑官各司其職,互不侵擾他官職能的行使。滯事:此處指諸多職官因職能重疊,難免會出現互相推諉扯皮等現象,導致有關事務無法及時處理而停滯。

以官府之六職辨邦治:一曰治職,以平邦國,以均萬民,以節財用。二曰教職,以安邦國,以寧萬民,以懷賓客。三曰禮職,以和邦國,以諧萬民,以事鬼神。四曰政職,以服邦國,以正萬民,以聚百物。五曰刑職,以詰邦國,以糾萬民,以除盜賊。六曰事職,以富邦國,以養萬民,以生萬物。〔一〕

【校注】

〔一〕萬:阮本、北京大學出版社版《周禮注疏·天官·小宰》、四庫本、益齋本、楊天宇《周禮譯注》、呂友仁《周禮譯注》作"百"。

鄭　"懷"亦安也。賓客來,共其委積,〔一〕所以安之。"聚百物"者,司馬主九畿,〔二〕職方制其貢,〔三〕各以其所有。〔四〕

【校注】

〔一〕委積:預先儲備的糧草財物等。《周禮·地官·大司徒》《注》曰:"少曰委,多曰積,皆所以給賓客。"《周禮·地官·遺人》:"凡國野之道,十里有廬,廬有飲食;三十里有宿,宿有路室,路室有委;五十里有市,市有候館,候館有積。"

〔二〕九畿:《周禮》記載王城以外五千里之内,自内而外,每五百里爲一畿,有侯、甸、男、采、衛、蠻、夷、鎮、蕃九畿,係各級諸侯之領地及外族所居之區域。《周禮·夏官·大司馬》:"方千里曰國畿,其外方五百里曰侯畿,又其外方五百里曰甸畿,又其外方五百里曰男畿,又其外方五百里曰采畿,又其外方五百里曰衛畿,又其外方五百里曰蠻畿,又其外方五百里曰夷畿,又其外方五百里曰鎮畿,又其外方五百里曰蕃畿。"

〔三〕職:安氏本脱。

〔四〕《周禮·夏官·職方氏》:"制其貢,各以其所有。"《注》曰:"國之地物所有。"《疏》曰:"諸侯國無貢於王法,民間得税,大國半,次國三之一,小國四之一,皆市取當國所有以貢於王。即《大宰》'九貢',《小行人》云'春入貢'及《禹貢》'厥篚厥貢'之類是也。"

賈 教典共其委積者,〔一〕大司徒下有遺人,掌"十里有廬,廬有飲食"之等,故云"共委積也"。云"司馬主九畿",并引《職方》者,司馬直主九畿,無貢物之事,故引其屬職方也。

【校注】

〔一〕教:賈《疏》上有"以官"至"所有釋曰"。教典:此處指大司徒及其屬官。《周禮·天官·大宰》:"二曰教典,以安邦國,以教官府,以擾萬民。"《注》引鄭衆語曰:"教典,司徒之職,故立其官。"

鶴山先生云 六官皆有事。大率扶持世界,合有六官,一件少不得。《冬官》所謂"事",此書惜乎不存,疑其盡是營國、授田等事,必有容心去之者。〔一〕荆公謂"刑不能勝,然後有事",此説未盡。[二]"職"字之義,則是主此事者謂之職。[三]其實典是定本,職便是推而行之處。[四]王昭禹解是賊字,[五]非從戎,[六]毀則爲賊,乃從刀從弋。[七]

【校注】

〔一〕容心:存心、故意。

〔二〕《鶴山大全集》卷一〇九附一一〇《師友雅言》:"《周禮》六官皆有事,做個世界合有個六官。不是建一官了,方建一官。王介甫穿鑿,如《冬官》以爲:'刑之不能勝,然後有事。'却未穩。《冬官》所謂事,竊疑是營國、授田等事,惜書不存。《周官》輿司馬、行司馬、司禄等官,多缺文,大率是班爵、定賦、制軍、分田緊要處分,信孟子所謂'諸侯惡其害己,而去其籍',誠有此理。如《冬官》非是偶然亡,必有去之者,到秦又焚之。秦令非博士所藏,天下不容有藏者。到項羽焚咸陽,雖博士所藏,亦亡矣。蕭何所收止圖籍,不及書,後來惠帝除挾書之令,看得來書之亡非盡是秦焚。漢初興時,羽焚咸陽尤盡亡。或以爲吕伯恭亦曾有此説,但未見。"

〔三〕則:益齋本作"職"。

〔四〕處:益齋本作"據"。魏氏"典是定本,職便是推而行之處"之説,似係對王安石説的概括。《周官新義》卷一《大宰》:"蓋治典之爲書,'以經邦國'而已。治官之屬,推而行之,然後有'以平邦國'。……治典'以紀萬民',治職'以均萬民',則亦治典之爲書,'以紀萬民'而已。治官之屬,推而行之,然後有'以均萬民'也。……蓋教典之爲書,教官之爲職……教典'以擾萬民',而教職'以寧萬民',則亦教典之爲書,'以擾萬民'而已。教官之屬,以其職推而行之,然後有'以寧萬民'也。……則亦政典之爲書,'以均萬民'而已。政官之屬,以其職推而行之,然後有'以正萬民'也。……蓋事典之爲書,'以生萬民'而已。事官之屬,以其職推而行之,然後有'以養萬民'也。"

〔五〕是:益齋本無。王昭禹:宋代學者。陳振孫《直齋書録解題》曰:"昭禹,未詳何人。……其學皆宗王氏新説。王與之作《周禮訂義》,類編姓氏、世次,列於龜山楊時之後,曰字光遠,亦不詳其爵里。當爲徽、欽時人。"《宋元學案》卷九八《荆公新學略》將其列爲荆公門人。撰有《周禮詳解》四〇卷。四庫館臣曰:"其附會穿鑿,皆遵王氏《字説》。……然其發明義旨,則有不盡同於王氏之學者。……至其闡發經義,有足訂《注》《疏》之誤者……皆爲先儒所未發,故宋人釋《周禮》者,如王與之《訂義》、林之奇《講義》多引其説,固不得以遵用新説而盡廢之也。五官皆不載《序官》,元末朱申作《句解》,蓋從其例,究爲一失。"此書是爲數不多的完整流傳至今的宋代《周禮》學文獻之一。王昭禹對"賊"字的詮釋,參見《周禮詳解》卷三《小宰》"五曰"至"盜賊"節。王昭禹曰:"以戎爲利謂之賊。"

〔六〕非:益齋本下有"是"。戎:益齋本作"戒"。

〔七〕弋:四庫本作"戈"。

以官府之六聯合邦治:一曰祭祀之聯事,二曰賓客之聯事,三曰喪荒之聯事,四曰軍旅之聯事,五曰田役之聯事,六曰斂弛之聯事,〔一〕**凡小事皆有聯。**

【校注】

〔一〕弛:《周禮·天官·小宰》作"施"。阮《校》曰:"余本、閩、監、毛本同,唐《石經》、宋本、嘉靖本'施'作'弛'。《石經考文提要》

云:‘宋本《九經》、宋纂圖互注本、宋附釋音本皆作歛弛。’案:《釋文》:‘歛弛,劉本作施,音弛。杜作施。’然則經文本作‘歛施’,有杜子春、劉昌宗本可據。劉音弛,從《注》讀,而淺人遂據以改經耳。《小司徒》《遂人》《遂師》《遂大夫》《土均》‘施舍’字凡五見,《注》皆云‘施讀爲弛’可證。《漢讀考》云:‘蓋杜易施爲弛,而鄭發明其義,今本恐是依《注》改經作弛,復依經改《注》作弛讀爲施耳。’”按:“弛”同“弛”。

鄭司農云　大祭祀,太宰贊玉幣,〔一〕司徒奉牛牲,〔二〕宗伯視滌濯、〔三〕莅玉鬯、省牲鑊、奉玉齍,〔四〕司馬羞魚牲、奉馬牲,〔五〕司寇奉明水火。〔六〕大喪,〔七〕太宰贊贈玉、含玉,〔八〕司徒率六鄉之衆庶屬其六引,〔九〕宗伯爲上相,司馬平士、大夫,司寇前王,〔一〇〕此所謂官聯。

【校注】

〔一〕贊玉幣:《周禮·天官·大宰》:“及祀之日,贊玉幣爵之事。”《疏》曰:“贊,助也。……案《大宗伯》‘以玉作六器,以禮天地、四方’。又云:‘青圭禮東方,赤璋禮南方,白琥禮西方,玄璜禮北方。’”

〔二〕奉牛牲:《周禮·地官·大司徒》:“祀五帝,奉牛牲,羞其肆。享先王,亦如之。”《注》曰:“牛能任載,地類也。奉猶進也。”

〔三〕視滌濯亦爲大宰職掌之一。《周禮·天官·大宰》:“及執事,眡滌濯。”《注》曰:“滌濯,謂溉祭器及甑甗之屬。”《疏》曰:“案《春官·小宗伯》‘大祭祀眡滌濯’,《大宗伯》亦云:‘宿眡滌濯。’彼二官親眡滌濯,大宰尊,亦往莅之。”

〔四〕《周禮·春官·大宗伯》:"凡祀大神,享大鬼,祭大示……眡滌濯,莅玉鬯,省牲鑊,奉玉齍。"《注》曰:"滌濯,溉祭器也。玉,禮神之玉也。始莅之,祭又奉之。鑊,烹牲器也。……莅,視也。"《疏》曰:"齍謂黍、稷,天、地當盛以瓦簋。……此滌濯止是蕩滌,以《少牢》有摡祭器……摡即拭也。……莅,臨視也,直視看而已。……案《特牲》《少牢》鑊即爨,在廟門之外東壁也。"

〔五〕魚牲、馬牲:《周禮·夏官·大司馬》:"大祭祀、饗食,羞牲魚,授其祭。……喪祭,奉詔馬牲。"《注》曰:"牲魚,魚牲也。……王喪之以馬祭者,蓋遣奠也。奉猶送也,送之至墓,告而藏之。"《疏》曰:"必使司馬進之者,司馬夏官,夏陰氣所起,魚,水物,亦陰類,故使司馬進之也。"

〔六〕奉明水火:《周禮·秋官·大司寇》:"大祭祀……祭之日……奉其明水火。"《注》曰:"明水火,所取於日、月者。"《疏》曰:"司烜氏以陽燧取火於日中,以陰鑒取水於月中。明者,絜也。王人明絜,水火乃成可得,是明水火所取於日、月者也。奉此水火者,水以配鬱鬯與五齊,火以給爨亨也。"

〔七〕《周禮·秋官·大司寇》《疏》曰:"凡大喪之禮有三:《大宰》云:'大喪,贊贈玉、含玉。'《大司馬》云:'大喪,平士大夫。'贈王謂王喪。《大宗伯》云:'朝覲、會同,則爲上相。大喪,亦如之。'《注》云:'王、后、世子。'及此'大喪,亦如之',二者容有先后及后、世子。又《宰夫》云:'大喪、小喪,掌小官之戒令。'《注》云:'大喪,王后、世子也。小喪,夫人以下。'"

〔八〕贈玉、含玉:《周禮·天官·大宰》《注》曰:"贈玉,既窆,所以送先王。含玉,死者口實,天子以玉。"《注》引鄭衆語曰:"含玉,壁琮。"《疏》曰:"贊,助也。……案《大宗伯》'以玉作六器,以禮天地、四方'。又云:'青圭禮東方,赤璋禮南方,白琥禮西方,玄璜禮北方。'"

〔九〕率:《周禮·天官·小宰》《注》引鄭衆語作"帥"。按:"率"同"帥",率領。引:鄭衆注、益齋本作"紖"。阮《校》曰:"余本、閩、監、毛本同。嘉靖本'紖'作'引'。《釋文》:'六紖……本或作引。'案《大司徒》職作'屬其六引',鄭司農云:'六引,謂引喪車索也。六鄉主六引,六遂主六紼。'蓋彼經作'引',此《注》作'紖',有劉《音》可據。《説文》:'紖,牛系也。'嘉靖本依經作'引',與陸云或本合。據改。"《周禮·地官·大司徒》:"大喪,帥六鄉之衆庶,屬其六引,而治其政令。"《注》引鄭衆語曰:"六引,謂引喪車索也。六鄉主六引,六遂主六紼。"《疏》曰:"司農云'六鄉主六引',則此經是也。云'六遂主六紼'者,案《遂人》職云:'大喪,帥六遂之役而致之,掌其政令。及葬,帥而屬六綍。'在棺曰紼,見繩體,行道曰引,見用力,主文以見義也。"

〔一〇〕《周禮·秋官·大司寇》:"凡朝覲、會同,前王。大喪,亦如之。"

杜子春云〔一〕 "弛"讀爲"施"。〔二〕

【校注】

〔一〕云:《周禮·天官·小宰》《注》引杜子春語無。

〔二〕"《釋文》云:'弛,劉本作施,音弛。杜作施。'案:陸謂杜作施,臧鏞堂、嚴可均并謂據'讀作'言之,是也。蓋杜、鄭義本异,劉本則涉杜讀而誤,陸所不從。……丁晏云:'《遂人》"與其施捨者",注"施讀爲弛"。《遂大夫》"與其可施捨",注"施讀亦爲弛"。《土均》"與其施捨",注"施讀爲弛"。《毛詩》"矢其文德",傳"矢,施也"。

《孔子閑居》引《詩》“弛其文德”,注“弛,施也”。古字多通用。’……段玉裁云:‘此鄭君不從杜易字也。’吴廷華云:‘弛當依杜氏作施,施與斂出入相對,乃稱也。’王引之云:‘弛捨與賦斂,意義不倫,無由并舉,當以讀施爲是。’……云‘治其施捨’者,施捨,《釋文》引作“弛捨”。案:施捨與弛捨,聲類同。阮元云:‘凡經云施捨字,注皆讀施爲弛。此注不言讀爲,蓋經本作弛字。’案:阮説是也。”(《周禮正義》卷五《小宰》,第一六五、一六六、一七九頁)

玄謂 荒政弛力役,〔一〕及國中貴者、賢者、服公事者、老者、疾者皆舍,〔二〕不以力役之事。奉牲者,其司空奉豕與?〔三〕

【校注】

〔一〕荒政:中國古時指統治者在國家發生自然或人爲災難後,采取的緩解災難、賑濟百姓的種種政策措施。《周禮·地官·大司徒》:“以荒政十有二聚萬民:一曰散利,二曰薄徵,三曰緩刑,四曰弛力,五曰舍禁,六曰去幾,七曰眚禮,八曰殺哀,九曰蕃樂,十曰多昏,十有一曰索鬼神,十有二曰除盜賊。”鄭玄《注》曰:“荒,凶年也。”鄭衆注曰:“救饑之政,十有二品。散利,貸種食也。薄徵,輕租税也。弛力,息繇役也。去幾,關市不幾也。眚禮,《掌客職》所謂凶荒殺禮者也。多昏,不備禮而娶,昏者多也。索鬼神,求廢祀而修之,《雲漢》之詩所謂‘靡神不舉,靡愛斯牲’者也。除盜賊,急其刑以除之,饑饉則盜賊多,不可不除也。”杜子春讀蕃樂爲藩樂,謂閉藏樂器而不作。鄭玄《注》曰:“去幾,去其税耳。舍禁,若公無禁利。眚禮,謂殺吉禮也。殺哀,謂省凶禮。”弛:減少、停止。力役:服劳役,如修築道路、宫殿、城邑等。《周禮·天官·大宰》《疏》曰:“此經‘三曰喪荒’,荒謂年穀不熟。《大司徒》有荒政十二,其中‘四曰弛力’。弛力役謂《廩人》歲不能人二釜,則令移民就穀,是時弛力役也。”

〔二〕《周禮·天官·大宰》《疏》曰:“《鄉大夫》云‘國中貴者’,謂有官爵者;‘賢者’,謂有德行者;‘服公事者’,謂若庶人在官者;‘老’,謂國中六十者;‘疾者’,謂廢疾不堪役者。皆舍,不以力役之事也。”舍:此處指免除上述諸種身份人的力役。

〔三〕《周禮·天官·大宰》《疏》曰:“《司空》雖亡,案《五行傳》云:‘聽之不聰,時則有豕禍,豕屬北方。’又《説卦》云:‘坎爲豕。’是豕屬水,故知司空奉豕。無正文,故云‘與’,以疑之也。”與:通“歟”,表示疑問之辭。

賈 大祭、〔一〕大喪二事皆不言司空,司空亡故也。〔二〕

【校注】

〔一〕大:賈《疏》作“司農雖解”。祭:賈《疏》上有“以官”至“雖解”,下有“祀及”。

〔二〕也:賈《疏》下有“大祭”至“之也”。

鶴山先生云 聯事如每事有關會處多也。記得朱文公曾説,陳君舉解受誓戒與分胙付之刑官,〔一〕是要檢柅其惰慢之意,〔二〕不必如此説。司寇刑官,亦合舉是職。

【校注】

〔一〕陳君舉:南宋著名學者、政治家、思想家、教育家陳傅良(一一三七—一二〇三年)字君舉,號止齋,人稱止齋先生,温州瑞安(今浙江瑞安)人。南宋永嘉學派的主要代表人物之一。其生平、事迹具載《宋史》卷四三四《陳傅良傳》。受誓戒與分胙付之刑官:《周禮·秋官·大司寇》:“若禋祀五帝,則戒之日,莅誓百官,戒於百族。”《疏》曰:“云‘莅誓百官’者,謂餘官誓百官之時,大司寇則臨之。……其百官所戒者,當太宰爲之,是以《太宰》云:‘祀五帝,前期十日,帥執事而卜日,遂戒。’故知太宰戒百官也。若然,《太宰》云:‘祀五帝,則掌百官之誓戒。’……戒則親爲之,誓則掌之,而不親誓。何者?此司寇卑於太宰,此云‘莅誓百官’,豈司寇得臨太宰乎?故知太宰掌之,餘小官誓之,司寇臨之也。”胙:本爲祭祀神靈所使用的牲肉。《左傳·僖公九年》:“王使宰孔賜齊侯胙。”《注》曰:“胙,祭肉。”《疏》曰:“《周禮·大宗伯》:‘以脤膰之禮親兄弟之國。’鄭玄云:‘脤膰,社稷、宗廟之肉,以賜同姓之國,同福禄也。’脤膰即胙肉也。言親兄弟之國,則异姓不合賜也。二十四年《傳》曰:‘宋,先代之後也,於周爲客,天子有事膰焉。’是言二王之後,禮合得之。”引申爲酬報之義。《左傳·隱公八年》:“胙之土而命之氏。”《釋文》:“胙……報也。”《疏》曰:“胙訓報也。有德之人必有美報。報之以土,謂封之以國名,以爲之氏。”分胙:祭神使用的祭肉,在祭禮結束後,分發給有關人員,以示恩寵。付:交付、交給。刑官:職掌刑法的職官,此處指隸屬於秋官司寇系統的大行人。《周禮·秋官·大行人》:“歸脤以交諸侯之福。”《注》曰:“交,或往或來者也。”《疏》曰:“云‘交,或往或來者也’者,欲見臣有祭祀之事,亦得歸胙於王,故《玉藻》云:‘臣致膳於君,有葷、桃、茢。’亦歸胙於王也。按《宗伯》云,脤膰本施同姓,尊二代之後,亦得之。故僖二十四年,‘宋成公如楚,還入鄭,鄭伯將享之,問禮於皇武子。對曰:“宋,先代之後也,於周爲客,天子有事膰焉,有喪拜焉。”’……此言脤,不言膰,文不具。”

〔二〕柅:益齋本作“攝”。檢柅:檢查制止。《新唐書》卷一五七《陸贄傳》:“贄乃請以内外員三分之,每歲計闕集人,檢柅吏奸,天下便之。”

三禮辨云　六聯皆官府之大事，非一官所能共，故合事而共治也。喪、荒二事而相類，〔一〕田、役二事而相關，〔二〕斂民之財、弛民之力，亦二事而相備也。言斂，則散可知。言弛，則用可知。"凡小事皆有聯"，謂一官之内自相通屬者。如膳夫之於庖人、亨人、内、外饔，酒正之於漿人、凌人，師、保之於諫、救，太府於内、外、(王)[玉]府。〔三〕

【校注】

〔一〕類：益齋本作"題"。喪荒：喪禮和荒禮。二禮都屬於《周禮·春官·大宗伯》所載"五禮"中的"凶禮"。《周禮·春官·大宗伯》："以凶禮哀邦國之憂，以喪禮哀死亡，以荒禮哀凶札，以吊禮哀禍灾，以禬禮哀圍敗，以恤禮哀寇亂。"

〔二〕田役：田獵和勞役之禮。二禮都屬於《周禮·春官·大宗伯》所載"五禮"中的"軍禮"。《周禮·春官·大宗伯》："以軍禮同邦國。大師之禮，用衆也；大均之禮，恤衆也；大田之禮，簡衆也；大役之禮，任衆也；大封之禮，合衆也。"

〔三〕王：四庫本、益齋本作"玉"。按：當作"玉"，據改。"内""外"分别指内府、外府。二者與大府、玉府皆有收藏之職，職責有重叠、交叉，故有官聯。孫詒讓曰："凡官聯，有同官之聯事，若司市、司門、司關爲聯事，同屬地官是也。有异官之聯事，若祭祀喪紀，六官之長爲聯事是也。异官之屬亦多相與爲聯事。"(《周禮正義》卷五《小宰》，第一六五頁)

以官府之八成經邦治：一曰聽政役以比居，二曰聽師田以簡稽，三曰聽閭里以版圖，四曰聽稱責以傅别，五曰聽禄位以禮命，六曰聽取予以書契，七曰聽賣買以質劑，八曰聽

出入以要會。

先鄭 比居謂伍籍也。〔一〕簡稽士卒、兵器、簿書,〔二〕簡猶閲也,〔三〕稽猶計也。〔四〕版,户籍。圖,地圖也。〔五〕稱責謂貸子,〔六〕傅别謂券書也。〔七〕聽訟責也,〔八〕以券書決之。傅,傅著約束於文書。别,别爲兩,兩家各得一也。禮命謂九賜也。〔九〕書契,符書也。質劑,謂市中平賈。今時月平是也。要會,謂計最之簿書,月計曰要,歲計曰會。〔一〇〕

【校注】

〔一〕比:《周禮·天官·小宰》《注》引鄭衆語上有"鄭司"至"役也"。也:《周禮·天官·小宰》《注》引鄭衆語下有"比地"至"脱也"。

〔二〕簿:《周禮·天官·小宰》《注》引鄭衆語作"薄"。阮《校》曰:"諸本'薄'作'簿'。"

〔三〕阮《校》曰:"《釋文》出'簡''閲'二字,則陸本無'猶'字。"

〔四〕也:《周禮·天官·小宰》《注》引鄭衆語下有"合也"至"拱稽"。

〔五〕也:《周禮·天官·小宰》《注》引鄭衆語下有"聽人"至"之圖"。

〔六〕子:《周禮·天官·小宰》《注》引鄭衆語作"予"。阮《校》曰:"諸本同。《釋文》出'貸予'二字,皆誤也。《疏》引《注》云:'責謂貸子者,謂貸而生子者,若今舉責,即《地官·泉府》職云:凡民之貸者,以國服爲之息是也。'又釋經云'稱責謂舉責生子',則'予'爲'子'字之誤無疑,當訂正。"孫詒讓曰:"'子'舊本并訛'予',今據宋婺州本正。……賈述注亦作'貸子',是也。《管子·輕重丁篇》云:

‘桓公曰:峥丘之戰,民多稱貸,負子息,以給上之急,度上之求。’《孟子·滕文公篇》云:‘又稱貸而益之。’趙注云:‘稱,舉也。有不足者,又當舉貸子倍而益滿之。’《史記·貨殖傳》云‘子貸金錢千貫’。又云‘長安中,列侯封君,行從軍旅,賫貸子錢。’《索隱》云:‘子謂利息也。’貸子,蓋漢時常語。《漢書·淮陽憲王欽傳》顔注云:‘責,謂假貸人財物未償者也。’案:稱,當從趙岐訓爲舉,稱責猶言舉責也。……《説文·貝部》云:‘責,求也。’今俗作債,非。”(《周禮正義》卷五《小宰》,第一七一頁)

〔七〕“傅别總名爲券書。丁晏云:‘《説文·刀部》:“券,契也。從刀𢍏聲。券别之書,以刀判契其旁,故曰契券。”《釋名·釋書契》:“券,綣也,相約束繾綣以爲限也。”’……段玉裁云:‘故書作傅,大夫讀爲符;故書作辨,子春、大夫皆讀爲别。司農從别不從符,作傅别。鄭君字從司農,而義則有异,故又自出其説也。辨、别二字古多通用,如《月令章句》引《别名記》,即《白虎通》之《辨名記》。竊謂此當從故書作“辨”,而以辨讀爲“别”列於注,不當易經文從杜,鄭謂辨别義與音本皆同也。’惠士奇云:‘傅别故書作傅辨,杜子春讀爲傅别。案:《荀子·性惡篇》“辨合符驗”,愚謂辨猶别也,合猶傅也,傅别猶辨合也。蓋辨而别之爲兩,合而傅之爲一,如符節然。’詒讓案:《士師》‘傅别’注云:‘故書别爲辨,鄭司農云:傅或爲付。辨讀爲風别之别。’又《朝士》‘凡有責者,有判書以治則聽’,注云:‘故書判爲辨。鄭司農讀爲别。’傅與符付,辨與判,并聲類相近,辨與别亦一聲之轉。《説文·竹部》云:‘符,漢制以竹,長六寸,分而相合。’大夫讀傅爲符,蓋亦謂稱責之符信分而相合者也。凡此經‘傅别’别字,先鄭讀并與大夫、子春同。後鄭惟《朝士》從今書作判,餘亦并同三君讀。蓋因傅義自通,不煩破爲符字;而别則與一札中别之義尤切,故從杜破字也。”(《周禮正義》卷五《小宰》,第一七一——一七五頁)

〔八〕也:《周禮·天官·小宰》《注》引鄭衆語、益齋本作“者”。

〔九〕九賜:或作“九錫”。孫詒讓曰:“九賜,《韓詩外傳》、《白虎通義·考黜篇》、《公羊》莊元年傳何注,并作九錫,賜錫義同。”(《周禮正義》卷五《小宰》,第一七二頁)九錫是中國古代帝王賜予有卓越功績或有權勢的諸侯、權臣的九種物品,象徵賜予其相應的權力。《公羊傳·莊公元年》《注》曰:“禮有九錫:一曰車馬,二曰衣服,三曰樂則,四曰朱户,五曰納陛,六曰虎賁,七曰弓矢,八曰鈇鉞,九曰秬鬯,皆所以勸善扶不能。”

〔一〇〕會:《周禮·天官·小宰》《注》引鄭衆語下有“故宰夫”至“月要”。

玄〔一〕 謂傳别爲大手書於一劄,〔二〕中字别之。書契,謂出予受入之凡要。凡簿書之最目,獄訟之要辭,皆曰契。〔三〕質劑,謂兩書一劄,〔四〕同而别之,長曰質,(知)[短]曰劑。〔五〕傳别、質劑皆今之券書也。〔六〕

【校注】

〔一〕玄:開慶本、蔣抄本“歲計曰會”與“謂傳别”二詞之間爲一空格,安氏本、四庫本、益齋本皆無。按:此下爲鄭玄《注》,非鄭衆注。仿前文例,將其與前節分離,單獨成節,於本節前加“玄”字。

〔二〕謂:鄭玄《注》下有“政謂”至“利云”。謂傳别:鄭玄《注》、四庫本、益齋本作“傳别謂”。大手書:阮《校》曰:“案:‘大手書’疑當作‘下手書’。《司市》《注》云:‘質劑,謂兩書一札而别之也。若今下手書,言保物要還矣。’《疏》云:‘漢時下手書,即今畫指券。’‘大’字蓋误。按:‘謂爲大手’句絶,即今俗語所謂手掌脚印也。傅别是一札,而剖之分執。質劑是兩札,各執其一。不必援《司市》《注》以改此。"劄:鄭玄《注》、益齋本作"札"。

〔三〕契:鄭玄《注》下有"春秋"至"其契"。

〔四〕劄:鄭玄《注》、益齋本作"札"。

〔五〕知:鄭玄《注》、四庫本、益齋本作"短"。按:應作"短",據改。

〔六〕也:鄭玄《注》下有"事异"至"差等"。

賈 "責謂貸子"者,〔一〕謂貸而生子者,若今舉責,即《地官·泉府職》云:"凡民之貸者,〔二〕以國服爲之息"。〔三〕若近郊民貸,則一年十一生利之類是也。〔四〕傅别謂於券背上大作一手書字劄,〔五〕字中央破之爲二段别之。云"書契,〔六〕謂出予受入之凡要"者,此予則取予,謂若《泉府》云"凡賒者,祭祀無過旬日,喪紀不過三月",〔七〕及《旅師》云"春頒秋斂",〔八〕賒取官物,後還,無生利之事。〔九〕質劑,〔一〇〕案《地官·質人》云:"大市曰質,〔一一〕小市曰劑。"〔一二〕《注》:〔一三〕"大市,人民馬牛之屬,〔一四〕用長券。小市,兵器珍异之物,用短券。"言兩書劄同而别之者,〔一五〕謂前後作二券,中央破之,兩家各得其一,背無手書字,〔一六〕异於傅别。〔一七〕

【校注】

〔一〕責:賈《疏》上有"以官"至"之云"。

〔二〕者:《周禮·地官·泉府》下有"與其有司辨而授之"。

〔三〕國服:《周禮·地官·泉府》《注》引鄭衆語曰:"貸者,謂從官借本賈也,故有息,使民弗利,以其所賈之國所出爲息也。假令其國出絲絮,則以絲絮償;其國出絺葛,則以絺葛償。"鄭玄《注》曰:"以國服爲之息,以其於國服事之税爲息也。於國事受園廛之田而貸萬泉者,則期出息五百。王莽時民貸以治産業者,但計贏所得受息,無過歲什一。"《疏》曰:"後鄭不從者,凡言服者,服事爲名,此經以民之服事,唯出税是也。則《載師》云'二十而一'已下是也。是以鄭引《載師》'受園廛之田而貸萬泉者,則期出息五百'。萬泉出息五百,計當二十而取一。若然,近郊十一者,萬泉期出息一千;遠郊二十而三者,萬泉期出息一千五百;甸稍縣都之民,萬泉期出息二千。鄭直云園廛者,略舉以言之也。云'王莽時……無過歲什一'者,此則與周少异,周時不計其贏所得多少,據本徵利。王莽時,雖計本多少爲定,及其徵科,唯據所贏多少。假令萬泉歲還,贏萬泉徵一千,贏五千徵五百,餘皆據利徵什一也。"《周禮·秋官·朝士》《疏》曰:"國服,依國民服事出税法,故名國服也。""《爾雅·釋詁》云:'服,事也。'於國服事,即九職農圃等事。税云服者,若《書·禹貢》'三百里納秸服'是也。……金榜云:'後鄭説是也。農民受田,計所收者納税。賈人貸泉,計所得者出息。'其息或以泉布,或以貨物,輕重皆視田税爲差,是謂以國服爲之息。"(《周禮正義》卷二八《泉府》,第一〇九九——一〇〇頁)

〔四〕也:賈《疏》下有"云傅"至"之法"。

〔五〕傅:賈《疏》上有"云"。别:賈《疏》下有"謂爲"至"之者"。劄:賈《疏》、益齋本作"札"。

〔六〕云:益齋本作"言"。

〔七〕不:《周禮·地官·泉府》、四庫本、益齋本作"無"。

〔八〕頒:《周禮·地官·旅師》下有"而"。斂:《周禮·地官·旅師》下有"之"。

〔九〕事:賈《疏》下有"凡要"至"曰契"。

〔一〇〕質：賈《疏》上有"云"。劑：賈《疏》下有"謂兩"至"劑者"。

〔一一〕曰：《周禮·地官·質人》、益齋本作"以"。

〔一二〕曰：《周禮·地官·質人》、益齋本作"以"。

〔一三〕注：賈《疏》上有"鄭"。

〔一四〕馬牛：四庫本作"牛馬"。

〔一五〕書：賈《疏》、益齋本下有"一"。劄：鄭玄《注》、益齋本作"札"。

〔一六〕背：賈《疏》作"皆"。

〔一七〕别：賈《疏》下有"故鄭"至"是也"。孫詒讓曰："賈説非鄭旨也。《司市》注亦云'質劑，謂兩書一札而别之也。若今下手書，言保物要還矣。'則後鄭意不謂質劑無手書矣。綜校鄭義，蓋質劑、傅别、書契，同爲券書。特質劑，手書一札，前後文同而中别之，使各執其半札。傅别，則爲手書大字，中字而别其札，使各執其半字。書契，則書兩札，使各執其一札。傅别札字半别；質劑則唯札半别，而字全具，不半别；書契則書兩札，札亦不半别也。惠士奇云：'《後漢書·張衡傳》，《應間》云"萬方億醜，并質共劑"。章懷注云："質劑猶今分支契也。"質劑，《左氏》文六年傳謂之"質要"，《荀子·王霸篇》謂之"質律"，不徒買賣用之，《旅師》"平頒興積"，斂之民而散之民，亦憑質劑以爲信焉。又旬計曰月成，月計曰月要，歲計曰歲會，皆名爲質，《王制》所謂"司會以歲之成質於天子，冢宰齊戒受質"是也。又獄之要辭亦名爲劑，《大司寇》以兩劑禁民獄是也。然則傅别、質劑、要會三者，皆書契之别名也。'云'傅别、質劑皆今之券書也，事异异其名耳'者，傅别爲券書，與先鄭義同。後鄭意質劑與傅别，漢時通謂之券書，周時則事别爲名，破先鄭質劑爲平賈不爲券書也。《左傳》文六年杜注云：'質要，券契也。'"（《周禮正義》卷五《小宰》，第一七七頁）

鶴山先生云 《禮》曰“右契”,〔一〕古者作字自右起,故謂之右契。左券者,却是主者執右,對者執左。八成皆是舊法成事品式,依時而行之。先鄭謂“簡稽士卒、兵器、簿”者,如黄池之會,〔二〕行頭官行擁鐸拱稽名籍。〔三〕云責謂貸而生子,〔四〕若今舉責,即《地官·泉府》國服爲息,近郊民貸,則一年十一生利。此國服爲息,恐是劉歆傅會,康成誤解,以致荆公禍天下。〔五〕周公之制,必不放債取利。

【校注】

〔一〕右契:《禮記·曲禮上》:“獻粟者執右契。”《注》曰:“契,券要也,右爲尊。”《疏》曰:“契謂兩書一札,同而别之。……以先書爲尊故也。”

〔二〕黄池:地名,今河南封丘西南。《春秋·哀公十三年》:“公會晋侯及吴子於黄池。”《注》曰:“陳留封丘縣南有黄亭,近濟水。”黄池之會:魯哀公十三年(前四八二年),吴王夫差與晋定公、魯哀公、周卿士單平公在黄池盟會。這是吴國争霸達到巔峰的一次盟會,同時又是吴國霸權衰落的開始。盟會期間,越國乘虚攻占吴國首都,俘吴太子友。吴國國力遭到嚴重削弱。公元前四七三年,越滅吴。《左傳·哀公十二年》《疏》曰:“吴之强大,始於會鄫,終於黄池。”

〔三〕拱:益齋本作“栱”。籍:益齋本下有“也”。《國語·吴語》:“行頭皆官師,擁鐸拱稽。”《注》曰:“擁,猶抱也。拱,執也。抱鐸者,亦恐有聲也。唐尚書云:‘稽,棨戟。’鄭司農以爲‘稽,計兵名籍也’。《周禮》:‘聽師田以簡稽。’”(《國語集解》,第五四八頁)

〔四〕云:益齋本無。

〔五〕致:安氏本作“制”。《鶴山集》卷一〇九《師友雅言下》:“又如國服爲息,息字,則凡物之生歇處便生。王介甫引用王莽時事以證《周禮》,爲二厘取息之制。古人元不取民以錢,土地所産元無錢。誤國甚矣。介甫錯處,盡是鄭康成錯注處。王莽時歲什一之法,自康成引以注息字,介甫渾錯看可見。歐、蘇以前,未嘗有人駡古注,想承其誤以至此。”《宋元學案》卷九八《荆公新學略》:“又《周禮折衷》曰:‘《周禮》國服之法,鄭康成直以王莽二分之息解之。此自誤引,致得荆公堅守以爲成、周之法。當時諸老雖攻荆公,但無敢自鄭康成處説破,推原其罪者。’”(第三二五一頁)宋熊朋來《經説》卷四《儀禮周禮禮記》“漢儒以漢法解經”條:“國服爲息,便以莽法證之,是以王荆公惑焉。鶴山先生曰:王荆公學術誤天下,漢儒學術誤後世。”

三禮辨謂 比居爲五家爲比居。所居,若今差役簿是也。簡稽,《遂人》所謂“稽其民人”、〔一〕“簡其兵器”者,今軍籍也。版圖,六鄉二十五家爲閭,〔二〕六遂二十五家爲里。〔三〕版,户籍。圖,地圖也。“聽稱責以傅别”,稱,舉貸也。責,取償也。孟子曰:“又稱貸而益之。”〔四〕太史公曰:〔五〕“焚券弃責。”〔六〕傅别,〔七〕荆公謂即地傅判書也。〔八〕判書者,著約束文書中,别爲兩,各其一,〔九〕如今所謂合同分支也。地傅見《朝士》職,〔一〇〕餘并從鄭、賈説。此段取予、出入相似而不同,傅别、書契、質劑難分而實异,故詳著之。

【校注】

〔一〕民人:《周禮·地官·遂人》作“人民”。《周禮·地官·遂人》《疏》曰:“稽,計也。‘人民’猶言‘夫家’,夫家,男女也。以歲之四時計其所管男女多少而損益之。”

〔二〕閭:《周禮·地官·序官·鄉老》《注》曰:“州、黨、族、閭、比,鄉之屬别。”《注》引鄭衆語曰:“百里内爲六鄉,外爲六遂。”《周禮·地官·大司徒》:“令五家爲比,使之相保;五比爲閭,使之相受。”《疏》曰:“大司徒主六鄉,故令六鄉之内,使五家爲一比,則有下士爲比長主之。……二十五家爲一閭,立中士爲閭胥。”

〔三〕《周禮·地官·序官·遂人》《注》曰:“遂人主六遂,若司徒之於六鄉也。六遂之地,自遠郊以達於畿,中有公邑、家邑、小都、大都焉。”《注》引鄭衆語曰:“遂謂王國百里外。”《周禮·地官·遂大夫》《注》曰:“縣、鄙、酇、里、鄰,遂之别屬也。”《周禮·地官·遂人》:“五家爲鄰,五鄰爲里。”

〔四〕又稱貸而益:語出《孟子·滕文公上》。《注》曰:“稱,舉也。……公賦當畢,有不足者,又當舉貸子倍而益滿之。”

〔五〕太史公:此處指司馬遷(約前一四五或前一三五—?)。司馬遷,字子長,西漢著名史學家,撰作中國第一部紀傳體通史——《史記》。其生平、事迹具載《史記》卷一三〇《太史公自序》、《漢書》卷六二《司馬遷傳》。

〔六〕焚:益齋本作“林”,《史記》卷八《高祖本紀》、《漢書》卷一上《高帝紀上》作“折”。券:益齋本作“勝”。《史記》卷八《高祖本紀》:“歲竟,此兩家常折券弃責。”《索隱》:“《周禮·小司寇》云:‘聽稱責以傅别。’鄭司農云:‘傅别,券書也。’康成云:‘傅别,謂大手書於札中而别之也。’然則古用簡札書,故可折。至歲終總弃不責也。”《漢書》卷一上《高帝紀上》師古《注》曰:“以簡牘爲契券,既不徵索,故折毁之,弃其所負。”李氏改“折”爲“焚”,或受戰國時齊孟嘗君使馮驩至食邑薛收債,馮驩焚券事之影響歟?《史記》卷七五《孟嘗君列傳》:“至薛,召取孟嘗君錢者皆會……皆持取錢之券書合之。……能與息者,與爲期;貧不能與息者,取其券而燒之。”

〔七〕别:益齋本下有“者”。

〔八〕荆公:開慶本、安氏本、蔣抄本此二字皆塗黑。然下文并未直接引用王安石之説,故此處二字應與同節其他文字無异。《周官新義》卷二《天官二》:“‘聽稱責以傅别’者,傅,《朝士》所謂地傅也,責傅其事者,若今責契立保也。别,《朝士》所謂判書也。判書稱責之要也。别謂人執其一,人執其一,則書其所予之數,使責者執之。書其所償之數,使稱者執之。以其償責或不能一而足故也。”(《彙評》,第五九頁)

〔九〕各:四庫本、益齋本下有“得”。

〔一〇〕見:安氏本、四庫本作“具”。

以聽官府之六計,弊群吏之治:一曰廉善,二曰廉能,三曰廉敬,四曰廉正,五曰廉法,六曰廉辨。

鄭 “聽”,平治也。平治官府之計有六事。“弊”,斷也。既斷以六事,又以廉爲本。〔一〕

【校注】

〔一〕本:鄭玄《注》下有“善善”至“惑也”。

杜子春云 “廉辨”爲“廉端”。〔一〕

【校注】

〔一〕辨:《周禮·天官·小宰》《注》引杜子春語、益齋本下有“或”。按:“辨”“爲”二字間,開慶本、安氏本、蔣抄本皆有一空格。

四庫本既無“或”字,亦無空格。《周禮·天官·小宰》《疏》曰:“經本或爲‘廉端’,後鄭不從者,若爲‘端’,‘端’亦正,與‘廉正’爲重,故不從。引之在下者,不苟違之,亦得爲一義故也。”“段玉裁云:‘或爲者,志其本之异也。子春乃劉歆弟子,而所見之本,已有乖异不同之處。’”(《周禮正義》卷五《小宰》,第一七九頁)

賈　此經六事,〔一〕皆先言廉,後言善、能之等,故知將廉爲本。廉者,絜不濫濁也。〔二〕廉法謂守法不失。〔三〕

【校注】

〔一〕此:賈《疏》上有“以聽”至“本者”。

〔二〕也:賈《疏》下有“云善”至“私也”。按:自“不濫”至下文魏氏曰“六者”,安氏本無。

〔三〕廉法謂:賈《疏》作“云法”。失:賈《疏》下有“也者”至“故也”,益齋本下有“也”。

荆公謂〔一〕　治污謂之污,治荒謂之荒,〔二〕治亂謂之亂,治擾謂之擾,〔三〕則治弊謂之弊矣。〔四〕廉者,〔五〕察也。聽官府,弊吏治,察此而已。〔六〕善其(於)[行]謂之善,〔七〕善事謂之能,〔八〕能直内謂之敬,能正直謂之正,能守法謂之法,能辨事謂之辨,此六行能。〔九〕而謂之六計者,〔一〇〕察其吏治,而知其所以治者,〔一一〕行能如此。此聽官府、〔一二〕弊吏治之數也,故謂六計。〔一三〕

【校注】

〔一〕謂:益齋本上有“以”。

〔二〕治荒謂之荒:《周禮詳解》卷三《小宰》(以下簡稱《周禮詳解》)無。

〔三〕治擾謂之擾:《周禮詳解》無。

〔四〕治弊謂之弊矣:《周禮詳解》作"弊者治弊之謂也"。矣:益齋本作"也",《周官新義》卷二《小宰》下有"所謂"至"謂也"。

〔五〕程元敏謂《周官義疏》卷三頁二四王氏安石以"廉"爲"察"(《彙評》,第六二頁),是指王安石《周官新義》卷二《小宰》對"廉"字的解釋是"廉者,察也",非謂此句中的"廉"字在《周官新義》卷二《小宰》中作"察"。

〔六〕已:《周官新義》卷二《小宰》下有"欲善"至"廉辨"。"廉者"至"而已",《周官新義》卷二《小宰》在"能辨事謂之辨"句下。

〔七〕於:《周官新義》卷二《小宰》、四庫本作"行",益齋本作"餘"。按:應作"行",據改。

〔八〕善:《周官新義》卷二《小宰》下有"其"。

〔九〕六:《周官新義》卷二《小宰》作"人之"。

〔一〇〕而:《周官新義》卷二《小宰》無。

〔一一〕者:益齋本作"其"。

〔一二〕聽:《經苑》本《周官新義》作"總";《四部叢刊初編》本《周官新義》雖云據《經苑》本排印,但此字作"聽",顯對《經苑》本有改動。

〔一三〕謂:《周官新義》卷二《小宰》下有"之"。計:《周官新義》卷二《小宰》下有"焉"。

鶴山先生云 字書無"弊"字,祇是"敝"。敝,斷也,〔一〕與"一言以蔽之"字同義。〔二〕廉者,以廉隅、〔三〕堂廉,〔四〕謂有分辨界限。〔五〕鄭、賈、王所謂絜廉與治污,皆失之。〔六〕以絜廉加於六者,〔七〕義皆不通。〔八〕《三禮辨》謂"聽"字衍。

【校注】

〔一〕敝，斷也：《周禮·天官·大宰》："以弊邦治。"《小宰》："弊群吏之治。"《周禮·春官·眡祲》："歲終則弊其事。"《周禮·秋官·司圜》："以待弊罪。"上述諸句中的"弊"字，鄭玄皆釋爲"斷"。

〔二〕言：益齋本無。一言以蔽之：語出《論語·爲政》："子曰：'《詩》三百，一言以蔽之，曰："思無邪。"'"《注》曰："蔽，猶當也。"《疏》曰："蔽，猶當也。古者謂一句爲一言。《詩》雖有三百篇之多，可舉一句當盡其理也。"

〔三〕隅：益齋本作"陽"。廉隅：棱角。比喻人的行爲、品性端正不苟。《漢書》卷九八《元后傳》："不修廉隅，好酒色。"

〔四〕堂廉：本義爲殿堂的側邊。泛指殿堂、廳事、朝廷。

〔五〕謂：益齋本下有"言"。

〔六〕孫詒讓曰："王安石、王昭禹、易祓、王與之、黄以周并訓廉爲察，蓋以廉爲覝之借字。《説文·見部》云：'覝，察視也，讀若鐮。'於義亦通。"（《周禮正義》卷《小宰》，第一七八頁）

〔七〕六者：此處指《周禮·天官·小宰》經文所載之善、能、敬、正、法、辨。

〔八〕"義皆不通"四字，與下節之"《三禮辨》謂聽字衍"七字，安氏本第六八五頁上欄之十五行與下欄之第一行皆有。下欄之第一行者，當爲衍文。

以法掌祭祀、朝覲、會同、賓客之戒具，軍旅、田役、喪荒，亦如之。

賈　言"以法掌祭祀"已下七者，〔一〕皆是上六聯百官聯事通職者。以官共,〔二〕故經云“令百官府共其財用”也。然六聯中不言朝覲、〔三〕會同者,以彼賓客中可以兼之。〔四〕此七事在《大宰》八法中“六曰官法”,彼在“八曰官計”上者,以其彼有數,故在上。此官法無數,故退在六計下也。〔五〕

【校注】

〔一〕言:賈《疏》上有“以法至治訟釋曰言”。已:益齋本作“以”。

〔二〕以:賈《疏》下有“其衆”。

〔三〕聯:賈《疏》下有“之”。

〔四〕之:賈《疏》下有“以其”至“也者”。

〔五〕也:賈《疏》下有“注七”至“正也”。

荆公云　小宰掌戒而不掌誓,掌具而不掌脩。〔一〕蓋誓聽於一,而脩則有所加損。戒與衆共,而則具之而已。〔二〕又言以法,〔三〕則亦不豫道揆故也。〔四〕

【校注】

〔一〕《周禮·天官·大宰》:“祀五帝,則掌百官之誓戒,與其具脩。”《注》曰:“誓戒,要之以刑,重失禮也。……具,所當共。脩,埽除糞灑。”《疏》曰:“謂祭前十日已前,誓戒百官,則大宰掌之。‘與其具脩’者,使百官供祭祀之具,及脩之掃除也。……又云‘具,所當供’者,祭祀之連事,祭祀之具,百官共供,故云具謂‘所當供’。又云‘脩,埽除糞灑’者,案《宫人》云:‘掌六寢之脩。’《守祧》云:‘其廟有司脩除之。’是其脩埽除糞灑也。”《周禮·天官·小宰》:“以法掌祭祀、朝覲、會同、賓客之戒具。"《注》曰:"戒具,戒官有事者所當共。"

〔二〕而:《周官新義》卷二《小宰》、四庫本、益齋本下有"具"。具:四庫本作"共"。

〔三〕又:《周禮注疏删翼》卷二《小宰》(以下簡稱《删翼》)無。法:《删翼》下有"掌祭祀"。

〔四〕也:安氏本下重復前文"義皆不通"至"道揆故也"。豫:《删翼》作"與"。道揆:準則、法度。《孟子·離婁上》:"上無道揆也,下無法守也。"《注》曰:"言君無道術可以揆度天意。"《疏》曰:"孟子言上之爲君無道術以表率其下。"朱熹曰:"道,義理也;揆,度也。道揆,謂以義理度量事物而制其宜。"(《四書章句集注》,第二七六頁)

鶴山先生云 荆公常以道揆自居,〔一〕而元不曉道與法不可離。〔二〕如舜爲法於天下,可傳於後世,以其有道也。〔三〕法不本於道,何足以爲法?〔四〕道而不施於法,〔五〕亦不見其爲道。〔六〕荆公以法不豫道揆,〔七〕故其新法皆商君之法,〔八〕而非帝王之道。所見一偏,爲害不小。〔九〕因説永嘉二陳作《唐制度紀綱論》云:〔一〇〕"得古人爲天下法,不若得之於其法之外。"彼謂仁義道德爲法之外事,〔一一〕皆因荆公判道、法爲二,後學從而爲此説。〔一二〕曾於南省試院爲諸公發明之,〔一三〕衆莫不伏。〔一四〕如《周禮》一部三百六十官,〔一五〕甸、稍、縣、都、鄉、遂、〔一六〕溝、洫、比、閭、族、黨,〔一七〕教忠,教孝,道正寓於法中。後世以刑法爲法,故流爲申、商。〔一八〕

【校注】

〔一〕荆:四庫本上有"王"字。《周禮注疏删翼》卷二《小宰》(以下簡稱《删翼》)上有“荆公云[云:《近思録集注》卷八《治道大要》下有“周禮小宰”(以下簡稱《近思》)]言以法掌祭祀則亦不與道揆故也”。常:《宋元學案》卷九八《荆公新學略》(以下簡稱《宋元學案》)、《近思》作“嘗”。

〔二〕元:《宋元學案》無。元:原本。

〔三〕“如舜”至“道也”:《删翼》《近思》無。

〔四〕何足以:《删翼》《近思》作“不足”。

〔五〕而:《删翼》《近思》無。

〔六〕爲:益齋本作“於”。

〔七〕荆公:開慶本、安氏本、蔣抄本此二字塗黑。按:下文并非引用王安石之説,故無需塗黑。豫:《删翼》《近思》作“預”。

〔八〕商君:指戰國時政治家、改革家商鞅(約前三九五—前三三八年)。衛國人,名鞅,姓公孫氏,其祖本姬姓。《史記》卷六八《商君列傳》:“秦封之於、商十五邑,號爲商君。”其生平、事迹具載《史記》卷六八《商君列傳》。

〔九〕害:《删翼》作“言”。

〔一〇〕説:四庫本作“記”。因説:《宋元學案》《近思》無。唐:《宋元學案》無。度:《近思》作“皮”。二陳:這里指南宋學者陳傅良、陳亮。陳亮(一一四三——一一九四年),原名汝能,字同父,號龍川,世稱“龍川先生”,婺州永康(今浙江永康)人,南宋思想家、文學家,“永康學派”創始人。其生平、事迹具載《宋史》卷四三六《陳亮傳》。二人治學,皆主張經世致用,反對性理空談,故後世也稱二人爲“二陳”。永嘉學派的學者,强調以民爲本,堅持改革政弊,重視歷史制度的研究,考求歷代興衰成敗、典章制度的興廢,希望以此尋找到振興南宋、轉弱爲强的途徑。

〔一一〕謂仁義:《删翼》《近思》作“以”。爲:《宋元學案》作

“皆”。之:《删翼》《宋元學案》《近思》無。

〔一二〕從而:《删翼》《近思》作“遂”。

〔一三〕南省:唐、宋時尚書省的通稱。唐尚書省位於中書、門下二省之南,故稱南省。宋因之。(《中國古代職官大辭典》,第七三二頁)

〔一四〕伏:四庫本作“服”。“曾於”至“不伏”:《删翼》《宋元學案》《近思》無。伏:通“服”,認同、順從。

〔一五〕如:益齋本作“於”,《宋元學案》作“豈知”。一部:《删翼》《近思》無。三百六十官:《宋元學案》無。

〔一六〕都鄉遂:《近思》作“鄙井地”。鄉遂:《删翼》作“井地”。甸稍縣都鄉遂:《周禮》記載的“野”區域内的各級地方行政單位名。《周禮·地官·遂大夫》《注》曰:“縣、鄙、酇、里、鄰,遂之别屬也。”《周禮·天官·司會》《注》曰:“野,甸、稍也。甸去國二百里,稍三百里,縣四百里,都五百里。”《周禮·地官·小司徒》:“九夫爲井,四井爲邑,四邑爲丘,四丘爲甸,四甸爲縣,四縣爲都。”《遂人》:“五家爲鄰,五鄰爲里,四里爲酇,五酇爲鄙,五鄙爲縣,五縣爲遂。”《注》曰:“鄰、里、酇、鄙、縣、遂,猶郊内比、閭、族、黨、州、鄉也。”

〔一七〕“甸稍”至“族黨”:《宋元學案》無。比閭族黨:《周禮》記載的“國”區域内的各級地方行政單位名。《周禮·地官·序官·鄉老》《注》曰:“州、黨、族、閭、比,鄉之屬别。”《周禮·地官·大司徒》:“令五家爲比……五比爲閭……四閭爲族……五族爲黨……五黨爲州……五州爲鄉。”

〔一八〕流:《删翼》《近思》作“法”。爲:《宋元學案》作“於”。商:《宋元學案》下有“以漢”至“謂馭”。按:“以漢制没入家財爲奪以馭貧”,係魏了翁對《周禮》“以八柄詔王馭群臣”節的議論,《宋元學案》引置於“申商”下。《周官義疏》卷三《小宰》:“魏氏了翁曰:荆公謂大宰於戒具不言法，道揆之任也；小宰言法，則不與道揆故也。不知道即寓於法中，離而二之，豈惟於經義爲駢枝，且汩道與法之本義矣。”流：此處指向某一方面演變、轉化。申：指戰國時期法家重要代表人物之一、思想家申不害（前三八五或前四二〇—前三三七年），亦稱申子，原鄭國京邑（今河南鄭州滎陽東南京襄城）人。公元前三五一年，韓昭侯拜其爲相，變革圖强。申不害相韓十五年，内修政教，外應諸侯，與齊、秦等并列當時七强國之列。著有《申子》。商：此處指商鞅。詳見本節校注〔八〕。

七事者，令百官府共其財用，治其施舍，聽其治訟。

鄭 “七事”，謂先四、如之者三。〔一〕“施舍”，不給役者。“七事”，故書爲“小事”。

【校注】

〔一〕三：鄭玄《注》下有“也”。賈《疏》曰：“‘七事’，先四，謂從‘祭祀’至‘賓客’；云‘如之者三也’者，從‘軍旅’至‘喪荒’也。”

杜子春云 當爲“七事”，書亦爲“七事”。〔一〕

【校注】

〔一〕書亦爲七事：阮《校》曰：“《漢讀考》謂當作‘書亦或爲七事’。”“段玉裁改‘書亦爲七事’爲‘書亦或爲七事’，云‘此杜改定字誤’。案：段校是也。曾釗云：‘小事，即上云“小事皆有聯”是也。凡非祭祀、朝覲、會同、軍旅、田役、喪荒之事，皆謂之小事。小與七形聲并遠，無容故書訛作小。’俞樾亦云：‘七事上文既明列其目，則但云"令百官府共其財用"云云足矣,不必更斥之曰七事者,全經亦無此例。當從故書爲小事。'案:曾、俞申故書義,亦通。前六聯一祭祀、二賓客、三喪荒、四軍旅、五田役、六斂弛,皆爲大事,而復云小事皆有聯。此上文與彼正同,惟無斂弛耳。故此亦以小事者爲更端之文,令百官府共其財用等,即上文戒具之事也。此明大事則此官親掌其戒具,小事則令他官共治之耳。故事亦足備一義。"(《周禮正義》卷五《小宰》,第一八〇——一八一頁)

荆公 惠施焉,〔一〕謂之施。[舍]政役焉,〔二〕謂之舍。理其事,謂之治。〔三〕争其事,謂之訟。〔四〕財用出於官府,施舍加於人民,〔五〕治訟則或以財用之不共,或以施舍之不治,〔六〕故先言"共其財用",〔七〕次言"治其施舍",後言"聽其治訟"。〔八〕

【校注】

〔一〕惠施:《周官新義》卷二《小宰》、《周禮詳解》卷三《小宰》、《周禮詳解》卷一一《小司徒》皆作"施惠"。惠施:恩惠施加於。

〔二〕政:《周官新義》卷二《小宰》、《周禮詳解》卷三《小宰》、《周禮詳解》卷一一《小司徒》上有"舍"。按:應有"舍",據補。舍:免除。政:此處通"徵"。政役:政事役使,尤指統治者向民衆徵收的賦税和勞役。

〔三〕謂之:《周禮詳解》卷三《小宰》作"之謂"。

〔四〕謂之:《周禮詳解》卷三《小宰》作"之謂"。

〔五〕施:《周禮訂義》卷四《小宰》上有"而"。

〔六〕或以:《周禮詳解》卷三《小宰》無。

〔七〕其:《臨川集》卷四三《乞改周禮義誤字劄子》謂當作"共"。

〔八〕"理其"至"治訟":《周禮詳解》卷一一《小司徒》無。

凡祭祀，贊玉幣爵之事，〔一〕祼將之事。凡賓客，贊祼。凡受爵之事，凡受幣之事。喪荒，受其含襚幣玉之事。〔二〕

【校注】

〔一〕玉：《周禮·天官·小宰》、四庫本、益齋本作"王"。阮《校》曰："唐《石經》、嘉靖本、閩、監、毛本同。宋本、余本'王'作'玉'，宋岳珂《九經三傳沿革例》云：'諸本"王"皆作"玉"，惟越《注》《疏》及建大字本作"王"。'《大宰》'贊玉幣爵'上文有'贊王牲事'，則'玉幣爵'不得再言'王'。小宰職卑，不獲贊牲事，且此上文未有'王'字，故言'王幣爵'，《注》所謂'從大宰助王'，其義甚明。案《疏》云：'《大宰職》："祀五帝贊玉幣爵"，今此又云祭祀贊此三者，謂小宰執以授大宰，大宰執以授王，故云"又從大宰助王"也。'是賈《疏》本作'玉'字，《注》云'從大宰助王'，當從《疏》義，岳説非。段玉裁《漢讀考》言之備矣。"孫詒讓曰："玉，唐《石經》及今本并作'王'，岳珂《九經三傳沿革例》引越本注疏及建大字本同。宋婺州本、余本、董本、建小字本并作'玉'。段玉裁云：'凡祭祀三字，統五帝、大神祇、先王而言也。此玉幣爵即《大宰》之祀五帝贊玉幣爵，故注云"又從大宰助王"，疏云"贊此三者"。唐《石經》及越注疏、建大字本作"王幣爵"，非也。'案：段説是也。阮元、黄丕烈説并同，今據正。《宋書·禮志》，朱膺之議引此經云：'凡祭祀贊王祼將之事'，則疑劉宋時已有此譌本，不自唐《石經》始矣。"(《周禮正義》卷五《小宰》，第一八一頁）幣：安氏本作"弊"。

〔二〕幣：安氏本作"弊"。襚：中國古代至死者家吊唁的人向死者的家屬贈送的衣物。《白虎通·崩薨》："襚之爲言遺也。衣被曰襚。知死者則贈襚，所以助生送死，追恩重終，副至意也。"陳立曰：

"《廣雅·釋詁》云:'襚,遺也。'《儀禮·士喪禮》'君使人襚',《注》:'襚之爲言遺也。'《穀梁》隱元年《傳》:'衣衾曰襚。'《説文·衣部》:'襚,衣死人也。從衣,遂聲。'"(《白虎通疏證》,第五四九頁)

鄭 又從太宰助王也。〔一〕贊王酌鬱鬯以獻尸,〔二〕謂之祼。〔三〕唯人道宗廟有祼,天地大神至尊不祼。〔四〕

【校注】

〔一〕也:鄭玄《注》下有"將送也祼送送祼"。

〔二〕贊:鄭玄《注》上有"謂"。尸:中國先秦祭祀神靈時,按照一定的標準,選擇充當神靈象徵的人。立"尸"是中國上古時期祭禮儀式中的一項重要程式。目前考古發現的商代卜辭表明,當時舉行祭祖禮儀式中,已有立"尸"這一儀式。(參見方述鑫《殷墟卜辭中所見的"尸"》,載《考古與文物》二〇〇〇年第五期;葛英會《説祭祀立尸卜辭》,載《殷都學刊》二〇〇一年第一期)立"尸"儀式在《周禮》《儀禮》《禮記》等文獻中有大量、翔實記載。所謂立"尸",是指舉行各種祭祀神靈的儀式時,選擇人爲"尸",以其作爲受祭神靈的象徵,享受祭祀。《公羊傳·宣公八年》《注》曰:"祭必有尸者,節神也。"《禮記·曲禮上》《疏》曰:"天子祭天地、社稷、山川、四方百物及七祀之屬,皆有尸也。故《鳧鷖》并云'公尸'。推此而言,諸侯祭社稷竟内山川,及大夫有菜地祭五祀,皆有尸也。外神之屬,不問同姓异姓,但卜吉則可爲尸。……天子至士皆有尸,《特牲》是士禮,《少牢》是大夫禮,并皆有尸。又《祭統》云:'君執圭瓚祼尸。'是諸侯有尸也。又《守祧職》云:'若將祭祀,則各以其服授尸。'是天子有尸也。"周代舉行祭祖禮時,立尸嚴格遵循同姓、同昭穆,及受刑戮者不可爲尸、祭女性死者時别立女尸、筮占確定神尸人選等原則。《公羊傳・宣公八年》《注》曰:“禮,天子以卿爲尸,諸侯以大夫爲尸,卿、大夫以下以孫爲尸。夏立尸,殷坐尸,周旅酬六尸。”《儀禮・士虞禮》:“男,男尸。女,女尸。必使异姓,不使賤者。”祭祖時,選擇“尸”的原則,就是《禮記・曲禮上》記載的“《禮》曰:‘君子抱孫不抱子。’此言孫可以爲王父尸,子不可以爲父尸。”對此,古代經學家衹是從祖、孫昭穆同,父、子昭穆异的角度來解釋。李衡眉先生借助民族學理論,對昭穆制度的起源等問題,作出了較爲科學、合理的解釋。他認爲,原始社會的母系氏族社會時期,兩個氏族世代通婚,且實行夫從妻居的婚姻制度,即男子成婚後,要到妻子所在的氏族居住、生活。久而久之,就會出現祖父與孫子同居一氏族,而父親與兒子居住异氏族的現象。當時人用“昭”指父輩,用“穆”指子輩,又用“昭”指孫輩。這一制度在後世一直被沿用下來。這一理論比較合理地解釋了爲何先秦時人認爲祖、孫血緣近,父、子血緣疏的問題。某人一旦被選定爲“尸”,會得到極高的禮遇。《禮記・曲禮上》:“爲君尸者,大夫、士見之則下之。君知所以爲尸者,則自下之。”無論是天子,還是諸侯國國君,不能把“尸”視爲臣屬,《禮記・學記》:“是故君之所不臣於其臣者二:當其爲尸,則弗臣也。”立“尸”象神的禮俗,延續到戰國時期。當時,社會發生巨大變化,尤其是“尸”“君”何者爲尊,容易導致尊卑秩序的紊亂,影響到社會倫常的穩定、鞏固,立“尸”禮日漸式微。秦統一後,立“尸”禮在中原地區完全絶迹。祭祀神靈時,以神主(牌位)充當神靈的象徵。魏晋南北朝時期的鮮卑人雖有祭神立“尸”的風俗,但其選“尸”的標準和方式,與先秦時的華夏族人,有异有同。其差异表現在兩個方面:第一,先秦時期的華夏族人選“尸”時,天、地神靈似無特殊限制,祭祖時,必須選擇與所祭祀神靈有共同血緣,且遵循孫爲祖父尸,子不爲父尸的原則;鮮卑人選

"尸",則主要注重所選"尸"與所祭祀神靈面貌相像。第二,先秦時期華夏族人的"尸",僅在祭祀神靈過程中,充當所祭祀神靈。祭祀完畢後,恢復自己的身份。鮮卑族人則將"尸"視爲至親對待,因而遭致某些仕於北魏的漢族儒學士大夫的抨擊。《魏書》卷四八《高允傳》:"允乃諫曰:'……古者祭必立尸,序其昭穆,使亡者有憑,致食饗之禮。今已葬之魂,人直求貌類者事之如父母,燕好如夫妻,損敗風化,瀆亂情禮,莫此之甚。"華夏族、鮮卑族立"尸"習俗的共同處在於:充當"尸"者,具有較高社會地位。如鮮卑族拓跋部一位大臣曾被選中,充當昭成皇帝的"尸",遂"位尊公傅,式擬王儀"。(趙超:《漢魏南北朝墓志彙編》"魏故孝廉奚君墓志銘",第一四二頁)

〔三〕祼:鄭玄《注》下有"祼之"至"祭祀"。孫詒讓曰:"云'祼之言灌也'者,《大宗伯》、《玉人》注并同。《説文·示部》云:'祼,灌祭也。'《毛詩·文王》傳同。案:許以祼字從示,專屬祭祀之祼。《大行人》五等諸侯之祼,先鄭讀爲灌,蓋謂賓客當言灌,不當言祼也。後鄭之意則以祭祀之祼,即爲灌尸,與祼賓客字義同。《廣雅·釋詁》云:'灌,漬也。'祼尸、祼賓,并取酌鬱鬯灌漬之義。古音祼灌雙聲,後世音讀同。此經祭祀、賓客之祼,通作祼,又或借作'果'。《論語·八佾》《禮記·禮器》《郊特牲》《明堂位》,説祭祀之祼,通作灌,蓋并以聲義相近通用。"(《周禮正義》卷五《小宰》,第一八二頁)

〔四〕祼:鄭玄《注》下有"莫稱"至"奠之"。

賈 喪,〔一〕謂王喪,諸侯諸臣有致含、〔二〕襚、幣、〔三〕玉之事。荒謂凶年,諸侯亦有致幣、玉之事。〔四〕

【校注】

〔一〕喪:賈《疏》上有"喪荒至之事釋曰"。

〔二〕諸臣：益齋本作“臣”。含：益齋本作“舍”。

〔三〕幣：安氏本作“弊”。

〔四〕事：賈《疏》下有“上大”至“法也”。

荆公　宗廟之祼，求神於陰。賓客之祼，則若今禮賓客祭酒也。〔一〕祼將，〔二〕祼而將瓚也。〔三〕喪荒有幣玉，則賻贈賙委之物。〔四〕

【校注】

〔一〕禮：《周官新義》卷二《小宰》、《周禮詳解》卷三《小宰》、《周禮訂義》卷四《小宰》、益齋本下有“飲”。

〔二〕將：《周禮訂義》卷四《小宰》作“謂”。

〔三〕祼：《周禮詳解》卷三《小宰》上有“謂”。

〔四〕物：《周官新義》卷二《小宰》、《周禮詳解》卷三《小宰》、《周禮訂義》卷四《小宰》下有“也”。賻：向死者的家屬贈送錢財的行爲。《白虎通·崩薨》：“賻者，助也。……貨財曰賻。”陳立曰：“《御覽》引《説題詞》云：‘賻之言助也。貨財曰賻。’《儀禮·士喪禮》‘若賻’，《注》：‘賻之言補也，助也。貨財曰賻。’”（《白虎通疏證》，第五四九頁）賙：救濟、接濟。賙委：或作“周委”。以財物相救助。《周禮·秋官·小行人》：“若國凶荒，則令周委之。”

鶴山先生云　宗廟祭祀，〔一〕自坐尸迎牲以後，〔二〕無非是義理，此正所謂“精義入神”處，〔三〕故曰：“見君臣之義焉，見父子之倫焉。”〔四〕如祭天以特牲，〔五〕器用陶匏、玄酒、明水，〔六〕不近人情者，最尊。若夫祭爓、祭孰，〔七〕近人情者，禮之降。故《記》曰：“禮

之近人情者,非其至也。"〔八〕

【校注】

〔一〕祭祀:《周禮注疏删翼》卷二《小宰》(以下簡稱《删翼》)作"之祭"。

〔二〕坐:《删翼》作"逆"。以:《删翼》作"已"。坐尸:先秦舉行祭禮時,象徵神靈的"尸"或立或坐於堂上,享受祭祀的禮儀儀式。據文獻記載,夏朝時,"尸"需站立。商周時,"尸"坐於堂上。《儀禮·少牢饋食禮》《注》曰:"尸恒坐,有事則起。"《疏》曰:"案《禮器》云:'周坐尸。'《曲禮》云:'立如齊。'鄭云:'齊,謂祭祀時。'則是尸常坐,主人祭時則常立。經云'坐祭之',謂墮祭尸餘是尸與主人爲禮,是主人有事乃坐也。尸答主人拜乃立,是尸有事則起也。"《禮記·禮器》:"周坐尸,夏立尸而卒祭,(《注》曰:夏禮,尸有事乃坐。)殷坐尸,(《注》曰:無事猶坐。)周旅酬六尸。"《疏》曰:"'周坐尸'者,此言有周之所因於殷也,殷人坐尸,周因坐之也。……'夏立尸而卒祭'者,此更本殷、周所損益相因也。夏祭乃有尸,但立,猶質,言尸是人,人不可久坐神坐,故尸唯飲食暫坐。若不飲食時,則尸倚立,以至祭竟也。'殷坐尸'者,此殷因夏之有立尸,而損其不坐之禮,益爲恒坐之法也,是殷轉文也。言尸本象神,神宜安坐,不辯有事與無事皆坐也。"

〔三〕精義入神:《周易·繫辭下》:"精義入神,以致用也。"《注》曰:"精義,物理之微者也。神寂然不動,感而遂通,故能乘天下之微,會而通其用也。"《疏》曰:"'精義入神,以致用'者,亦言先静而後動。此言人事之用,言聖人用精粹微妙之義,入於神化,寂然不動,乃能致其所用。'精義入神',是先静也;'以致用',是後動也。是動因静而來也。"

〔四〕引文出自《禮記·祭統》:"夫祭有十倫焉:見事鬼神之道焉,見君臣之義焉,見父子之倫焉,見貴賤之等焉,見親疏之殺焉,見爵賞之施焉,見夫婦之别焉,見政事之均焉,見長幼之序焉,見上下之際焉。此之謂十倫。"《注》曰:"倫,猶義也。"

〔五〕祭天以:安氏本作"祭以天"。《禮記·郊特牲》:"郊特牲,而社稷大牢。"《疏》曰:"此一節論少小及薄味爲貴。……郊之特牲,亦是犢也。貴此犢未有牝牡之情,貴其誠慤之心,故云'貴誠之義也'。"

〔六〕《禮記·郊特牲》:"器用陶匏,以象天地之性也。……酒醴之美,玄酒、明水之尚,貴五味之本也。"《注》曰:"觀天下之物,無可以稱其德。……尚質貴本,其至如是,乃得交於神明之宜也。明水,司烜以陰鑒所取於月之水也。"《疏》曰:"陶謂瓦器,謂酒尊及豆簋之屬,故《周禮·旊人》爲簋匏謂酒爵。……玄酒,謂水也。明水,謂取於月中水也。陳列酒尊之時,明水在五齊之上,玄酒在三酒之上,是'玄酒,明水之尚'。謂尊尚其古,故設尊在前也。"

〔七〕孰:四庫本作"熟"。"孰"通"熟"。《禮記·禮器》:"三獻爓,一獻孰。"《注》曰:"爓,沉肉於湯也。血、腥、爓、孰,遠近備古今也。尊者先遠,差降而下,至小祀孰而已。"《疏》曰:"爓,沈湯肉,去人情漸近,而社稷、五祀降於宗廟,故用爓,又明其敬劣也。'一獻孰'者,一獻祭群小祀,小祀卑,酒一獻也。其用孰肉,孰肉是人情所食,最爲褻近,小祀神爲最輕,故以褻近人之食祭之,表其敬又劣也。"

〔八〕引文出自《禮記·禮器》。至:《禮記·禮器》下有"者"。《注》曰:"近人情者褻,而遠之者敬。"

又云 賓客之禮,諸侯來朝,朝享既畢,〔一〕王禮之。王雖不酌,而有受酢之禮,使宰夫爲主人,〔二〕示公、卿、大夫不敢抗禮於君而受酢,則臣不可以代君飲,故有受酢之事。

【校注】

〔一〕享:此處指周代諸侯朝覲天子後所行之禮。《儀禮·覲禮》:"四享,皆束帛加璧,庭實唯國所有。"《注》曰:"'四'當爲'三'。……初享或用馬,或用虎、豹之皮。其次享,三牲魚腊,籩豆之實,龜也,金也,丹漆、絲纊、竹箭也,其餘無常貨。"《疏》曰:"侯氏行覲禮訖,相隨即行三享之事。"

〔二〕《儀禮·燕禮》:"賓升自西階,主人亦升自西階。"《注》曰:"主人,宰夫也。……君於其臣雖爲賓,不親獻,以其尊,莫敢伉禮也。……天子膳夫爲獻主。"《疏》曰:"設賓主飲酒之禮,使宰夫爲獻主,臣莫敢與君伉禮也。不以公、卿爲賓,而以大夫爲賓,爲疑,明嫌之義也,是君不親爲主人之事也。"《禮記·燕義》:"設賓主,飲酒之禮也。使宰夫爲獻主,臣莫敢與君亢禮也。不以公、卿爲賓,而以大夫爲賓,爲疑也,明嫌之義也。"《注》曰:"設賓、主者,飲酒致歡也。宰夫,主膳食之官也。天子使膳宰爲主人。"《周禮·天官·膳夫》:"王燕飲酒,則爲獻主。"《注》引鄭衆語曰:"主人當獻賓,則膳夫代王爲主,君不敵臣也。《燕義》曰:'使宰夫爲獻主,臣莫敢與君亢禮。'"《疏》曰:"王與臣以禮燕飲,則膳夫爲獻主。案《儀禮》使宰夫爲主人,此天子使膳夫爲獻主,皆是飲食之官,代君酌臣。……案《燕禮》,主人酌酒獻賓,賓酢主人,主人酌酒獻君,君酢主人,主人酬賓以後,爲賓舉旅。……飲酒之禮,使大夫爲賓,遣宰夫爲主人,獻酢相亢答。若君爲主人,則是臣與君相亢,故云臣莫敢亢禮。"

又云 喪荒之幣玉,鄭、賈謂賓客所賵委之禮。〔一〕不知何故

不引宣王禱旱之《詩》,云"靡神不舉,靡愛斯牲。圭璧既卒,寧莫我聽"乎?〔二〕

【校注】

〔一〕《周禮·天官·小宰》《注》曰:"凶、荒有幣、玉者,賓客所賙委之禮。"《疏》曰:"案《小行人》云:'若國凶荒,則令賙委之。'彼謂王家賙委諸侯法,此謂諸侯賙委王家法也。"《周禮·地官·大司徒》:"五黨爲州,使之相賙。"《注》引杜子春語曰:"'賙'當爲'糾',謂糾其惡。"鄭玄《注》曰:"賙者,謂禮物不備,相給足也。"

〔二〕引詩出自《詩經·大雅·雲漢》。该詩描述旱灾嚴重,宣王禱告天地祖先神靈,祈求神靈庇佑。《箋》云:"'靡''莫',皆無也。言王爲旱之故,求於群神,無不祭也。無所愛於三牲,禮神之圭璧又已盡矣,曾無聽聆我之精誠而興雲雨。"《疏》曰:"遭遇天灾,必當廣祭群神。神皆用牲祭之……遍祈群神,所祭者廣。天、地、五帝,當用特牲。其餘諸神,或用太牢,或用少牢。三牲皆用,故言'無所愛於三牲'也。祭神又用玉器……禮神之圭器,自有多名,言'圭璧',爲其總稱。以三牲用不可盡,故言'無愛'。圭璧少而易竭,故言'既盡'。"

月終,則以官府之叙受群吏之要。贊冢宰受歲會。歲終,則令群吏致事。

鄭 每月之小計。〔一〕

【校注】

〔一〕每:鄭玄《注》上有"主"。

賈 小計,〔一〕對下經歲會爲大計。〔二〕言冢宰,〔三〕則據百官總焉,謂助冢宰受一歲之計。“歲終,〔四〕則令群吏致事”者,謂使六官各致一年之功狀,〔五〕將來考之。〔六〕漢之朝集使謂之上計吏,〔七〕謂上一年會計文書及功狀也。〔八〕

【校注】

〔一〕小:賈《疏》上有“月終”至“釋曰言”。

〔二〕計:賈《疏》下有“也若”至“平之”。

〔三〕言:賈《疏》上有“贊冢”至“曰會”。

〔四〕歲:賈《疏》上有“云”。

〔五〕之:賈《疏》無。

〔六〕之:賈《疏》下有“故也”。

〔七〕漢:賈《疏》上有“注使”至“釋曰”。朝集使:唐朝每年各道所遣謁見皇帝、宰相之使者,朝集於京師,稱之朝集使。(《中國古代職官大辭典》,第九四六頁)按:此稱謂隋時已有。《隋書》卷六九《王劭傳》:“劭集諸州朝集使,洗手焚香,閉目而讀之。”上計:戰國時期出現,秦、漢以後歷代沿用的中央政府對地方官吏、上級官吏對下級官吏的考核制度。上計吏:秦漢魏晋南北朝時期郡、縣地方政府設置的派赴京師呈遞計簿的吏員。西漢時,縣、道上計郡,郡、國上計中央,分别由縣令、長、丞、尉及郡丞、國長使自行。東漢改派地位較高的掾史。三國時,諸郡、典農皆置。晋、南北朝沿之。(《中國古代職官大辭典》,第六三頁)

〔八〕會計:賈《疏》作“計會”。

正歲,帥治官之屬而觀治象之法,徇以木鐸,曰:“不用

法者,國有常刑。"

鄭　"正歲",謂夏之正月。得四時之正,以出教令者,審也。古者將有新令,必奮木鐸以警衆。〔一〕木鐸,木舌也。文事奮木鐸,武事奮金鐸。

【校注】

〔一〕衆:鄭玄《注》下有"使明聽也"。

賈　知"正歲"是夏之正月者,〔一〕見《凌人》云:"正歲十有二月,令斬冰。"若正歲是建子周正,即今之十月,冰未堅,不得斬之。言正歲"得四時之正",周、殷則不得以此。〔二〕知諸言"正歲"者,〔三〕皆四時之正,是建寅之月。〔四〕

【校注】

〔一〕知:賈《疏》上有"正歲"至"金鐸釋曰"。

〔二〕此:賈《疏》下有"推之"。

〔三〕知:賈《疏》無。

〔四〕月:賈《疏》下有"云古"至"是也"。

乃退,以宫刑憲禁於王宫。令百官府曰:〔一〕"各修乃職,考乃法,待乃事,以聽王命。其有不共,則國有大刑。"

【校注】

〔一〕令:《周禮·天官·小宰》、益齋本下有"於"。

鄭 “憲”謂表縣之,若今新有法令云。

賈 凡刑禁乃出秋官。〔一〕今云“憲禁”者,與布憲義同,故小宰得秋官刑禁文書,表而縣之於宫内也。此經於職末當稟於大宰,〔二〕而令百官謹於此數事,以結之也。

【校注】

〔一〕凡:賈《疏》上有“注憲謂至令云釋曰”。乃:賈《疏》、益齋本作“皆”。

〔二〕此:賈《疏》上有“令於至大刑釋曰”。大:四庫本作“太”。

鶴山先生云 “憲”疑訓“顯”字,《禮記》舉“憲憲令德”,〔一〕則古字通用。

【校注】

〔一〕引文出自《禮記·中庸》:“《詩》曰:‘嘉樂君子,憲憲令德。’”《注》曰:“憲憲,興盛之貌。”《疏》曰:“此《大雅·嘉樂》之篇……案《詩》本文‘憲憲’爲‘顯顯’,與此不同者,齊、魯、韓《詩》與《毛詩》不同故也。”《詩經·大雅·假樂》《傳》曰:“假,嘉也。”《箋》云:“顯,光也。天嘉樂成王,有光光之善德。”

宰夫之職,掌治朝之法,以正王及三公、六卿、大夫、群吏之位,掌其禁令。

鄭 治朝在路門之外,其位司士掌焉,宰夫察其不如儀。

賈 知此治朝在路門外者,〔一〕燕朝在路寢庭,外朝在庫門外,其事希簡,非常治(正)[政]之所。〔二〕此云治朝,是常治事

之朝。〔三〕

【校注】

〔一〕知:賈《疏》上有“宰夫”至“如儀釋曰”。

〔二〕正:賈《疏》、四庫本、益齋本作“政”。按:當作“政”,據改。

〔三〕朝:賈《疏》下有“故知”至“者也”。

天子五門三朝〔一〕

鄭司農云〔二〕　王有五門:〔三〕外曰皋門,〔四〕二曰雉門,三曰庫門,〔五〕四曰應門,五曰路門。一曰畢門。〔六〕

【校注】

〔一〕三朝:《禮記·玉藻》《疏》曰:“云‘天子、諸侯皆三朝’者,《大僕》云:‘掌燕朝之服位。’《注》云:‘燕朝,朝於路寢之庭。’是一也;《司士》云:‘正朝儀之位。’《注》云:‘此王日視朝事於路門外。’是二也。《朝士》云:‘掌外朝之法。’《注》云:‘外朝在庫門之外,皋門之內。’是三也。”

〔二〕本節鄭衆注文及下節鄭玄《注》,係魏氏引自《周禮·天官·閽人》《注》。

〔三〕孫詒讓曰:“天子五門,此經(此處指《周禮》——校注者按)唯《師氏》《司士》《匠人》有路門、應門,其皋門、庫門見《詩》及《禮記》,雉門見《春秋經》及《禮記》。”(《周禮正義》卷一四《閽人》,第五四一頁)

〔四〕皋:蔣抄本作“皇”。皋門:文獻或記載爲天子宫門五門中最外一道門名,或記載爲天子郭城城門名。孫詒讓曰:“《毛詩·大雅·綿》云:‘王之郭門曰臯門。’依毛説則臯門非王之宫門,與《明堂位》説不合,先鄭所不從也。”(《周禮正義》卷一四《閽人》,第五四一頁)

〔五〕阮《校》曰:“宋本作‘二曰庫門,三曰雉門’,誤。”

〔六〕一:《周禮·天官·閽人》《注》引鄭衆語上有“路門”。《周禮·秋官·朝士》《疏》曰:“畢門之言,出自《顧命》,故《顧命》云‘二人爵弁執惠,立於畢門之内’是也。”孫詒讓曰:“天子五門,此經唯《師氏》《司士》《匠人》有路門、應門,其臯門、庫門見《詩》及《禮記》,雉門見《春秋經》及《禮記》。……其五門名義,《玉海·宫室》引《三禮義宗》云:‘天子宫門有五,法五行,曰臯門、曰庫門、曰雉門、曰應門、曰路門。臯門者,王宫之外門,臯之爲言高也,謂其制高顯也。庫門因其近庫,即以爲名也。雉門,雉,施也,其上有觀闕以藏法,故以施政教爲名也。應門謂應接諸侯群臣,常在此門之内也。路門,路寢之門也。……云‘路門一曰畢門’者,《書·顧命》云:‘二人雀弁執惠立於畢門之内。’僞孔傳云:‘路寢門,一名畢門。’……孔疏云:‘下云王出在應門之内,出畢門始至應門之内,知畢門即是路寢之門,一名畢門也。’賈疏云:‘言路門者,路,大也。人君所居皆曰路,以大爲名。言畢門者,從外而入路門爲終畢。’”(《周禮正義》卷一四《閽人》,第五四一——五四二頁)

玄謂 雉門,三門也。〔一〕

【校注】

〔一〕也:鄭玄《注》下有“春秋”至“兩觀”。孫詒讓曰:“今考天子五門之次,後鄭此説確不可易。……今考五門之次,以雉門爲三門,當依後鄭説爲正。……《郊特牲》‘庫門’注云:‘庫或爲厩。’是

庫厩同處,天子諸侯庫門所由得名。"(《周禮正義》卷一四《閽人》,第五四二—五四三頁)

祥道謂〔一〕 皋門之内,外朝也,朝士建其法,〔二〕小司寇掌其政。〔三〕列三槐與九棘,〔四〕設嘉石與肺石,〔五〕而朝諸侯,聽獄訟、〔六〕詢(本)[大]事在焉。〔七〕應門之内,治朝也。司士正其位,〔八〕宰夫掌其法,〔九〕太僕正王之位,〔一〇〕而王日視朝在焉。路門之内,燕朝也。〔一一〕大僕正其位,掌擯相,而族人朝焉。〔一二〕《玉藻》曰:〔一三〕"朝服以視朝,〔一四〕退適路寢聽政。"〔一五〕然則王日[視]朝於治朝,〔一六〕而退聽政於燕朝矣。雉門之外縣治象,〔一七〕所以待萬民。應門之外設宗廟、社稷,〔一八〕所以嚴神位。路門之外則九室,〔一九〕九卿朝焉。〔二〇〕路寢之内亦九室,九嬪居焉。〔二一〕

【校注】

〔一〕此節,魏氏引自陳祥道《禮書》卷三七《天子五門》文。

〔二〕法:益齋本作"位"。《周禮·秋官·朝士》:"朝士掌建邦外朝之法。"

〔三〕《周禮·秋官·小司寇》:"小司寇之職,掌外朝之政。"《疏》曰:"外朝之職,朝士專掌。但小司寇既爲副貳長官,亦與朝士同掌之耳。"

〔四〕槐:《群書考索》卷三八《禮門》(以下簡稱《群書考索》)下有"之"。

〔五〕石:《群書考索》下有"之"。嘉石與肺石:《周禮·秋官·朝士》:"朝士掌建邦外朝之法,左九棘,孤、卿、大夫位焉,群士在其後。右九棘,公、侯、伯、子、男位焉,群吏在其後。面三槐,三公位焉,州長、衆庶在其後。左嘉石,平罷民焉;右肺石,達窮民焉。"《注》曰:"樹棘以爲立者,取其赤心而外刺,象以赤心三刺也。槐之言懷也,懷來人於此,欲與之謀。"《周禮·秋官·大司寇》《注》曰:"嘉石,文石也。樹之外朝門左。……肺石,赤石也。窮民,天民之窮而無告者。"《疏》曰:"云'嘉石,文石也'者,以其言嘉,嘉,善也。有文乃稱嘉,故知文石也。欲使罷民思其文理,以改悔自修。……云'肺石,赤石也'者,陰陽療疾法,肺屬南方火,火色赤,肺亦赤,故知名肺石是赤石也。必使之坐赤石者,使之赤心,不妄告也。云'窮民,天民之窮而無告者',《王制》文。彼上文云:'少而無父者謂之孤,老而無子者謂之獨,老而無妻者謂之鰥,老而無夫者謂之寡。此四者,天民之窮而無告者也。'"《周禮·秋官·大司寇》《注》曰:"民不愍作勞,有似於罷。"《疏》曰:"罷謂困極罷弊,此圜土被囚而役,是不愍强作勞之民,有似罷獘之人也。"《周禮·秋官·司圜》《注》引鄭衆語曰:"罷民,謂惡人不從化,爲百姓所患苦,而未入五刑者也。"

〔六〕獄:《禮書》、《群書考索》、《六家詩名物疏》卷四六《臯門應門》(以下簡稱《六家詩名物疏》)、《五禮通考》卷一三一《嘉禮四》(以下簡稱《五禮通考》)無。

〔七〕本:《禮書》、四庫本、益齋本、《群書考索》、《六家詩名物疏》、《五禮通考》作"大"。《周禮·秋官·小司寇》:"小司寇之職,掌外朝之政,以致萬民而詢焉。一曰詢國危,二曰詢國遷,三曰詢立君。"三事皆國之大事,應作"大",據改。

〔八〕《周禮·夏官·司士》:"正朝儀之位,辨其貴賤之等。王南鄉;三公北面,東上;孤東面,北上;卿、大夫西面,北上;王族故士、虎士在路門之右,南面,東上;大僕、大右、大僕從者在路門之左,南面,西上。"

〔九〕《周禮·天官·宰夫》:"宰夫之職,掌治朝之法,以正王及三公、六卿、大夫、群吏之位，掌其禁令。”《注》曰：“其位，司士掌焉，宰夫察其不如儀。”

〔一〇〕《周禮·夏官·太僕》：“太僕掌正王之服位……王視朝，則前正位而退，入亦如之。”《注》曰：“位，立處也。……‘前正位而退’，道王，王既立，退居路門左，待朝畢。”《疏》曰：“大僕，親近王所之官，故王之衣服及位處，恐其不正，故皆正之也。……此即上《司士》所云‘大僕前’，亦一也。大僕本位在路門之左，今進前正位訖，還退在本位，故云‘退居路門左’也。云‘待朝畢’者，欲入亦如之，王退入路寢聽事時，亦前正王位，却位立也。”

〔一一〕《周禮·夏官·太僕》《注》曰：“燕朝，朝於路寢之庭。王圖宗人之嘉事，則燕朝。”《疏》曰：“以其路寢安燕之處，則謂之燕朝；以其與賓客饗食在廟，燕在寢也。但爲賓客及臣下燕時，亦有朝。鄭必以王圖宗人嘉事爲燕朝者，以其因燕而朝賓臣。燕禮已有成文。圖宗人嘉事者，朝不見，故鄭特見之。云‘圖宗人嘉事’者，謂宗人冠、婚嘉禮之等，皆曰嘉事。”

〔一二〕《周禮·夏官·太僕》：“王視燕朝，則正位，掌擯相。”

〔一三〕玉藻：此處爲《禮記》篇名。《禮記·玉藻》《疏》曰：“鄭《目録》云：‘名曰《玉藻》者，以其記天子服冕之事也。冕之旒以藻紃爲之，貫玉爲飾。此於《别録》屬《通論》。’”玉藻是中國古時帝王諸侯所戴冠冕下垂之旒。玉指垂旒之玉，藻指串玉的五彩絲繩。《禮記·玉藻》《注》曰：“雜采曰藻。天子以五采藻爲旒，旒十有二。”《疏》曰：“藻，謂雜采之絲繩以貫於玉，以玉飾藻，故云‘玉藻’也。”關於此篇的内容、撰作時間，可詳參《禮記解讀》，第三九五—三九七頁。

〔一四〕以：《禮記·玉藻》、益齋本下有“日”。《禮記·玉藻》《注》曰：“朝服，冠玄端素裳也。此内朝，路寢門外之正朝也。”《疏》

曰:"按《王制》云:'周人玄衣而養老。'《注》云:'玄衣素裳,天子之燕服,爲諸侯朝服。'彼《注》云'玄衣',則此'玄端'也。若以素爲裳,則是朝服。此朝服素裳,皆得謂之玄端,故《論語》云:'端章甫。'《注》云:'端,玄端,諸侯朝服。'"

〔一五〕退:《禮記·玉藻》上有"於内"至"視之"。

〔一六〕日:《禮書》《群書考索》《五禮通考》下有"視"。應有"視",據補。朝於:《五禮通考》作"於"。

〔一七〕縣:《群書考索》作"垂"。《周禮·天官·大宰》:"乃縣治象之法於象魏。"《疏》曰:"周公謂之象魏,雉門之外,兩觀闕高魏魏然。孔子謂之觀。"

〔一八〕《周禮·春官·小宗伯》:"小宗伯之職,掌建國之神位,右社稷,左宗廟。"《注》曰:"庫門内、雉門外之左、右。"《疏》曰:"後鄭義以雉門爲中門,周人外宗廟,故知雉門外、庫門内之左、右也。"

〔一九〕則:益齋本作"設"。

〔二〇〕九卿:《周禮》以三孤與六卿合稱九卿。《周禮·天官·大宰》《疏》曰:"云'爵謂公、侯'已下者,欲見周法爵及命士。不言孤者,卿中含之,故《考工記》云:'中有九室,九卿朝焉。'九卿謂三孤、六卿,是卿中含孤也。"《周禮·春官·典命》《疏》曰:"孤亦得名卿,故《匠人》云:'外有九室,九卿朝焉。'是并六卿與三孤爲九卿。亦得名卿者,以其命數同也。"

〔二一〕《周禮·考工記·匠人》:"内有九室,九嬪居之。外有九室,九卿朝焉。"《注》曰:"内,路寢之裏也。外,路門之表也。九室,如今朝堂諸曹治事處。九嬪掌婦學之法,以教九御。六卿、三孤爲九卿。"《疏》曰:"内、外,據路寢之表、裏言之,則九卿之九室在門外正朝之左、右爲之,故鄭據漢法朝堂諸曹治事處，謂正朝之左、右爲廬舍者也。……按《内宰》，王有六宫，九嬪已下分居之。若然，不得復分居九室矣。此九嬪之九室與九卿九室相對而言之，九卿九室是治事之處，則九嬪九室亦是治事之處，故與六宫不同。是以鄭引《九嬪》職掌婦學之法，則九室是教九御之所也。云'六卿、三孤爲九卿'，孤同卿數者，以命數同故也。按《昏義》以夏之九卿，謂三孤與六卿爲九，此云九卿，亦謂周之三孤、六卿爲九卿。"

鶴山先生云〔一〕　是皋、庫、雉、應、路也。後鄭雉門與先鄭异。

【校注】

〔一〕按：此節係魏氏對五門順序及鄭衆、鄭玄説歧异的叙述。諸本皆將其與前節合爲一節，不確。仿前文例，將其單獨成節，節首加"鶴山先生云"。

皋門

鶴山先生云〔一〕　《詩》曰："皋門有伉。"〔二〕

【校注】

〔一〕按：此節係魏氏引《詩經》之文。諸本皆將其與下節合爲一節，不確。仿前文例，將其單獨成節，節首加"鶴山先生云"。

〔二〕引《詩》出自《詩經·大雅·綿》。《傳》曰："王之郭門曰皋門。伉，高貌。"

祥道謂〔一〕 《左傳》曰:“魯人之皋。”杜氏曰:“皋,緩也。”〔二〕皋鼓、〔三〕皋(無)[舞]皆以皋爲緩。〔四〕則門之遠者謂之皋,宜矣。毛氏以皋門爲郭門,〔五〕非也。

【校注】

〔一〕此節係魏氏引陳祥道《禮書》卷三七《天子五門》文。諸本皆將其與前節合爲一節,不確。仿前文例,將其單獨成節,節首加“祥道謂”。

〔二〕引文出自《左傳·哀公二十一年》。《疏》曰:“《士喪禮》始死復魂之辭云:‘皋某復。’鄭玄云:‘皋,長聲也。’皋者,緩聲而長引之,是皋爲緩也。”杜氏:此處指西晋政治家、經學家杜預(二二二—二八五年),字元凱,京兆杜陵(今陝西西安東南)人。其生平、事迹具載《晋書》卷三四《杜預傳》。

〔三〕皋鼓:《周禮·考工記·韗人》:“爲皋鼓,長尋有四尺,鼓四尺,倨句,磬折。”《注》曰:“以皋鼓鼓役事。磬折,中曲之,不參正也。中圍與䴖鼓同,以磬折爲异。”皋:《周禮·地官·鼓人》《詩經·大雅·綿》作“鼛”。《詩經·大雅·綿》《傳》曰:“鼛,大鼓也,長一丈二尺。或鼛或鼓,言勸事樂功也。”《疏》曰:“《冬官·韗人》:‘爲皋鼓,長尋有四尺。’八尺曰尋,是一丈二尺。以其長大,故云大鼓也。鼓是總名,鼛是鼓之别名。今鼛、鼓并言,則非一物,故云‘或鼛或鼓’。……傳以鼛、鼓爲二鼓,解有二鼓之意。……此經鼛是大鼓也,鼓謂鼙也。禮法當有二鼓,故鼛、鼓并言之。……故知鼛、鼓爲二,餘文則不然。若《韗人》‘爲鼛鼓’,正謂壹鼓耳。”

〔四〕無:《禮書》、《群書考索》卷三八《禮門》、四庫本、《五禮通考》卷一三一《嘉禮四》作“舞”。按:應作“舞”,據改。皋舞:《周禮·春官·樂師》:“詔來瞽皋舞。”《注》引鄭衆語曰:“‘皋’當爲

‘告’,呼擊鼓者,又告當舞者持鼓與舞俱來也。”鄭玄《注》曰:“皋之言號,告國子當舞者舞。”《疏》曰:“皋舞者,謂號呼國子舞者,使當舞。……按《大祝》云:‘來瞽令皋舞。’《注》云:‘來嗥者,皆謂呼之入。’”《周禮·春官·大祝》:“來瞽,令皋舞。”《注》曰:“皋讀爲卒嗥呼之嗥。”

〔五〕《詩經·大雅·綿》《箋》云:“諸侯之宫,外門曰皋門。”《疏》曰:“毛以爲,大王於是之時,乃立其宫之郭門,後遂爲天子之皋門。……諸侯之郭門不得名皋門……大王實非天子,而以皋、應言之者,美大王作郭門以致皋門。……毛所以爲此説者,蓋以《明堂位》云:‘庫門,天子皋門。……’魯以諸侯而作庫、雉,則諸侯無皋、應,故以皋、應爲王門之名也。郭門者,宫之外郭之門,以應門不言宫,明與郭門皆爲宫門也。……毛以諸侯之門不名皋、應,與鄭别耳。而郭門爲宫之外門,正門爲朝門,亦與鄭不异也。”

庫門

鶴山先生云〔一〕 《郊特牲》曰:“王聽誓命曰庫門之内,戒百官也。”〔二〕

【校注】

〔一〕按:此節係魏氏引《禮記·郊特牲》文。諸本皆將其與下節合爲一節,不確。仿前文例,將其單獨成節,節首加“鶴山先生云”。

〔二〕魏氏此處改寫《禮記·郊特牲》文。原文作:“王立於澤,親聽誓命,受教諫之義也。獻命庫門之内,戒百官也。”《注》曰:“澤,澤宫也,所以擇賢之宫也。既卜必到澤宫,擇可與祭祀者,因誓敕之以禮也。《禮器》曰‘舉賢而置之,聚衆而誓之’是也。王自澤宫而還,以誓命重相申敕也。庫門在雉門之外,入庫門則至廟門外矣。”

祥道謂〔一〕　《曲禮》曰:“在府言府,在庫言庫。”〔二〕天文,東壁爲文府,〔三〕西奎爲武庫。〔四〕《漢書》於府言財物之府,〔五〕於庫言武庫,則庫門,兵庫在焉。

【校注】

〔一〕此節係魏氏引陳祥道《禮書》卷三七《天子五門》文。諸本皆將其與前節合爲一節,不確。仿前文例,將其單獨成節,節首加“祥道謂”。

〔二〕《禮記·曲禮下》《注》曰:“府謂寶藏貨賄之處也。庫謂車馬兵甲之處也。”《疏》曰:‘在府言府’者,命之在府,亦當習議在府之事也。‘在庫言庫’者,命之在庫,亦隨而習議在庫之事也。”

〔三〕壁:《禮書》作“璧”,安氏本、益齋本皆無法辨清是“壁”还是“璧”。壁:二十八宿之一,北方七宿之一。亦稱“東縈”(曾侯乙墓《二十八宿圖》)、“娵觜”(《爾雅·釋天》:“營室謂之定。娵觜之口,營室東壁也。”《注》曰:“營室、東壁,星四方似口,因名云。”《疏》曰:“娵訾,室、壁之次也。壁居南,則在室東。孫炎曰:‘娵訾之嘆則口開方,營室、東壁,四方似口,故因名也。’……由其營室與東壁相成,故得正四方。襄三十年《左傳》云‘歲在娵訾之口’是也。”)、“秘府(文府)”(《晋書》卷一一《天文志上》:“東壁二星,主文章,天下圖書之秘府也。”《隋書》卷二〇《天文志中》、《宋史》卷五《天文志三》同)。

〔四〕魏了翁引陳祥道語,與衛湜《禮記集説》所載不同。《禮記集説》卷一四《曲禮下》:“長樂陳氏曰:官者,聽治之所在。府庫者,財器之所藏。朝者,政事之所出。《周禮·大府》《泉府》《玉府》之屬皆言府，特《太府》曰萬民之貢以充府庫，蓋以藏其文書財物，則謂之府；以其貯車械，則謂之庫。故天文東壁爲文府，西奎爲武庫。此府與庫之辨也。”奎：亦曰天豕、封豕，星名，二十八宿之一，西方白虎七宿的第一宿，有星十六顆。《爾雅·釋天》：“降婁，奎、婁也。”《注》曰：“奎爲溝瀆，故名降。”《疏》曰：“降婁，奎、婁之次名也。孫炎曰：‘降，下也。奎爲溝瀆，故稱降也。’……《漢書·天文志》云‘奎曰封豨，爲溝瀆’是也。”《後漢書》卷三〇上《蘇竟傳》：“奎爲毒螫，主庫兵。”《注》曰：“《春秋合誠圖》曰‘奎主武庫之兵’也。”《續漢書·天文志中》《續漢書·五行志六》：“奎主武庫兵。”《晋書》卷一一《天文志上》：“西方。奎十六星，天之武庫也。一曰天豕，亦曰封豕。主以兵禁暴，又主溝瀆。”武庫：中國古代於京師修建的用於儲存兵器的場所。若干朝代亦於具有重要地位的都市，如西漢於洛陽、唐代於東都，均修建有武庫。歷代多設武庫令職掌之。《後漢書》卷二二《堅鐔傳》《注》曰：“《洛陽記》曰：‘建始殿東有太倉，倉東有武庫，藏兵之所。’”奎星亦主文章，故有關文章、文運、文字事，多加奎字，如奎章（皇帝的親筆字、神仙的手筆）、奎垣（文人薈萃之地）等。

〔五〕《漢書》卷四〇《張良傳》師古《注》曰：“財物所聚謂之府。”

雉門

祥道謂〔一〕　《春秋》書“新作雉門及兩觀”，〔二〕《公羊傳》云：〔三〕“五版爲堵，〔四〕五堵爲雉。”〔五〕蓋城雉之制在是也。〔六〕何休曰：〔七〕“天子外闕，〔八〕兩觀。諸侯内闕，〔九〕一觀。”〔一〇〕然天子外闕，於經無見。

【校注】

〔一〕此節係魏氏引陳祥道《禮書》卷三七《天子五門》(以下簡稱《禮書》)文。仿前文例,將其單獨成節,節首加“祥道謂”。

〔二〕引文出自《春秋·定公二年》。“春秋”至“兩觀”:《群書考索》卷三八《禮門》(以下簡稱《群書考索》)無。

〔三〕云:《群書考索》、《五禮通考》卷一三一《嘉禮四》(以下簡稱《五禮通考》)作“曰”。

〔四〕版:《公羊傳·定公十二年》《禮書》《五禮通考》作“板”。

〔五〕此二句語出《公羊傳·定公十二年》。魏氏引文兩“爲”字,原文皆作“而”。《注》曰:“八尺曰板,堵凡四十尺。”阮《校》曰:“按:《毛詩·小雅》鄭《箋》引‘而’作‘爲’,下‘而雉’同。”

〔六〕在:《禮書》無。也:《群書考索》作“焉”。

〔七〕何:《群書考索》上有“諸侯”至“故也”。

〔八〕天子外闕:“象魏也,闕也,觀也,以魯制言之,三者蓋异名而同物。天子諸侯宫門皆築臺,臺上起屋謂之臺門。《匠人》門阿即臺門,門屋之阿也。天子臺門之兩旁,特爲屋,高出於門屋之上者,謂之雙闕,亦謂之兩觀。諸侯不得爲兩觀。則即於門臺之上正中,特高其屋,出於它門臺之上,是謂一觀。觀即因門臺爲之,故亦稱觀臺。《左》僖五年傳云‘公登觀臺以望而書雲物’,即雉門兩觀之臺也。……天子兩觀之北墉,附於宫墻,自宫内視之,不見其闔,故曰外闕。”(《周禮正義》卷四《大宰》,第一二二頁)

〔九〕諸侯内闕:孫詒讓曰:“諸侯就門臺爲觀,其闔半在門内,故曰内闕。”(《周禮正義》卷四《大宰》,第一二二頁)

〔一〇〕一觀:何休《注》引自《公羊傳·昭公二十五年》。《疏》曰:“云‘天子外闕兩觀,諸侯内闕一觀’者,《禮説》文也。”

應門亦謂之正門〔一〕

祥道謂〔二〕　應門,〔三〕發政以應物也。〔四〕《明堂位》,南門之外,〔五〕亦曰應門。〔六〕

【校注】

〔一〕正门:《詩經·大雅·綿》《傳》曰:"王之正門曰應門。"《周禮·考工記·匠人》《注》曰:"正門謂之應門,謂朝門也。"《疏》曰:"云'正門謂之應門'者,《爾雅》文。以其應門内路門外有正朝,臣入應門至朝處,君臣正治之所,故謂此門爲應門。"《禮記·明堂位》《疏》曰:"《爾雅·釋宫》云:'正門謂之應門。'李巡云:'宫中南嚮大門,應門也。'應是當也。以當朝正門,故謂之應門。"

〔二〕此節係魏氏引陳祥道《禮書》卷三七《天子五門》(以下簡稱《禮書》)文。諸本皆將其與下節合爲一節,不確。仿前文例,將其單獨成節,節首加"祥道謂"。

〔三〕門:《群書考索》卷三八《禮門》(以下簡稱《群書考索》)下有"者"。

〔四〕也:《群書考索》下有"爾雅謂之正門"。

〔五〕南門之外:《群書考索》無。

〔六〕門:《禮書》下有"蓋明堂"至"應門"。《禮記·明堂位》:"八蠻之國,南門之外,北面,東上。……九采之國,應門之外,北面,東上。"

鶴山先生云〔一〕　康王出,〔二〕在應門之内,〔三〕太保率西方諸侯入應門左,畢公率東方諸侯入應門右。〔四〕

【校注】

〔一〕按:此節係魏氏説,諸本皆將其與前節合爲一節,不確。仿前文例,將其單獨成節,節首加"鶴山先生云"。

〔二〕康:《尚書·康王之誥》無。

〔三〕在應門之内:《尚書·康王之誥》《傳》曰:"出畢門,立應門内之中庭,南面。"《疏》曰:"出在門内,不言'王坐',諸侯既拜,王即答拜,復不言'興',知立庭中,南面也。"

〔四〕"王出"至"門右":語出《尚書·康王之誥》。孔穎達等謂出自《尚書·顧命》。《禮記·明堂位》《疏》曰:"云'二伯帥諸侯而入'者,按《顧命》,畢公率東方諸侯入應門右,召公率西方諸侯入應門左是也。"蓋沿伏生之説。《尚書·康王之誥》《疏》曰:"康王既受顧命,主天子之位,群臣進戒於王,王遂報誥諸侯。史叙其事,作《康王之誥》。伏生以此篇合於《顧命》,共爲一篇,後人知其不可,分而爲二。"《傳》曰:"二公爲二伯,各率其所掌諸侯,隨其方爲位,皆北面。"《疏》曰:"王肅云:'畢公代周公爲東伯,故率東方諸侯。'然則畢公是太師也。當太師之名,在太保之上,此先言'太保'者,於時太保領冢宰,相王室,任重,故先言西方。若使東伯任重,亦當先言東方。北面,以東爲右,西爲左,入左、入右,隨其方爲位。嫌東、西相向,故云'皆北面',將拜王,明北面也。"

路門

祥道謂〔一〕 路,〔二〕大也。王之路車、路馬、路寢皆曰路,〔三〕則大寢之門謂之路門,宜矣。路門,〔四〕《書》謂之畢門,〔五〕《師氏》謂之虎門。〔六〕春秋之時,齊晏子端委於虎門,〔七〕鄭子良伐虎

門。[八]末世諸侯之門亦放其名耳。[九]

【校注】

〔一〕此節係魏氏引陳祥道《禮書》卷三七《天子五門》(以下簡稱《禮書》)文。仿前文例,將其單獨成節,節首加“祥道謂”。

〔二〕路:《群書考索》卷三八《禮門》(以下簡稱《群書考索》)下有“者”。

〔三〕寢:《群書考索》、《五禮通考》卷一三一《嘉禮四》(以下簡稱《五禮通考》)下有“路鼓”。皆:《群書考索》下有“名”。《周禮·夏官·巾車》《注》曰:“王在焉曰路。”《疏》曰:“言‘王在焉曰路’者,謂若路門、路寢、路車、路馬,皆稱路,故廣言之。云‘王在焉曰路’,路,大也。王之所在,故以大爲名,諸侯亦然。”

〔四〕路:《群書考索》上有“然”。門:《群書考索》下有“者”。

〔五〕書:《群書考索》下有“則”。門:《群書考索》下有“又謂之南門”。《尚書·顧命》:“二人雀弁,執惠,立於畢門之内。”《傳》曰:“路寢門,一名畢門。”《疏》曰:“天子五門,皋、庫、雉、應、路也。下云‘王出,在應門之内’,出畢門始至應門之内,知畢門即是路寢之門,一名畢門也。”《周禮·天官·閽人》《疏》曰:“言畢門者,從外而入路門爲終畢。”

〔六〕師:《群書考索》作“帥”。氏:《群書考索》下有“則”。《周禮·地官·師氏》:“居虎門之左。”《注》曰:“虎門,路寢門也。王日視朝於路寢門外,畫虎焉,以明勇猛,於守宜也。”《疏》曰:“師氏……居路門之左畫虎之處。……鄭知虎門是路寢門者,其路寢庭朝及庫門外之朝,非常朝之處,司士所掌路門外是常朝,日所朝之所。經云‘司王朝’,明據此朝,故鄭以路寢門外解之。”

〔七〕端委:禮服。《左傳·昭公元年》:“吾與子弁冕端委,以治民臨諸侯。"《注》曰:"端委,禮衣。"《疏》曰:"端委是身服。……哀七年《傳》云:'大伯端委以治。'……知端委是依禮之衣。杜直言'端委,禮衣',不知是何衣也。名曰'端委',又無所説。《周禮·司服》於士服之下云:'其齊服有玄端、素端。'鄭玄云:'謂之端者,取其正也。謂士之衣袂,皆二尺二寸而屬幅,是廣袤等也。其袪尺二寸。大夫以上侈之。侈之者,蓋半而益一焉。半而益一,則其袂三尺三寸,袪尺八寸。'如鄭此言,唯士服當端制,大夫以上不復端也。服虔云:'禮衣端正無殺,故曰端。文德之衣尚褒長,故曰委。'"

〔八〕鄭子良伐虎門:《群書考索》無。《左傳·昭公十年》:"陳、鮑方睦,遂伐欒、高氏。子良曰:'先得公,陳、鮑焉往?'遂伐虎門。晏平仲端委立於虎門之外。"《疏》曰:"齊惠公生子欒、公子高。高生子尾,尾生子良。……故以虎門爲路寢門。此亦當然。或以虎門非路寢門,當是宫之外門,不與《周禮》同。"

〔九〕末:《禮書》《五禮通考》上有"蓋",《群書考索》上有"得非"。放:四庫本、益齋本作"仿",《群書考索》作"效"。"放"通"仿"。耳:《群書考索》作"乎"。

(右)[後]鄭云謂〔一〕 《檀弓》曰:〔二〕"魯莊公之喪,既葬,而絰不入庫門。"〔三〕言其除喪而反,〔四〕由外來,是庫門在雉門外必矣。〔五〕如是,則王五門,〔六〕雉門爲中門,雉門設兩觀。〔七〕

【校注】

〔一〕右:四庫本作"後"。按:前數節爲魏氏雜引鄭衆注、鄭玄《注》、陳祥道《禮書》諸文,"右"字此處無所指。且下文爲《周禮·地官·朝士》《注》文,當作"後",據四庫本改。謂:四庫本作"記",益齋本作"禮"。仿前文例,將"後鄭云謂"四字加大、加粗。

〔二〕檀：鄭玄《注》上有“樹棘”至“之官”、“玄謂”至“門矣”。

〔三〕絰：中國古代喪服中的麻帶，系在腰間、頭上，分别謂之“腰絰”“首絰”。《禮記·檀弓下》《注》曰：“時子般弑，慶父作亂，閔公不敢居喪，葬已，吉服而反。正君臣，欲以防遏之。微弱之至。”《疏》曰：“絰，葛絰也。諸侯弁絰葛而葬也。魯之庫門，天子之皋門也。莊公以三十二年薨，大子般立。十月己未，共仲使圉人犖賊子般於黨氏，立閔公，慶父作亂。閔公時年八歲，不敢居喪三年，既葬竟，除凶服於外，吉服反，以正君臣，故絰不入庫門也。所以至庫門而去絰。”

〔四〕除喪：除去喪服，停止服喪。反：通“返”，返回。此處指魯閔公自魯莊公葬地返回宫中。

〔五〕庫門在雉門外：《周禮·天官·閽人》《疏》曰：“必知雉門爲中門者，凡平諸侯三門，有皋、應、路，《詩》云‘乃立皋門，皋門有亢。乃立應門，應門將將’者是也。若魯三門，則有庫、雉、路，故《明堂位》説魯制，三兼四，云‘庫門，天子皋門’，則庫門向外兼皋門矣。又云‘雉門，天子應門’，則雉門向内兼應門矣。既言庫門向外兼皋門，雉門向内兼應門，則天子五門，庫門在雉門外明矣。”《周禮·地官·朝士》《疏》曰：“時魯有慶父作亂，閔公遭莊公之喪，既葬之後，不得既虞變服，既葬而反，則除喪也。服吉而入，以服慶父之心故也。若庫門在内，雉門在外，應云‘而絰不入雉門’，何得云‘不入庫門’？故鄭云‘是庫門在雉門外必矣’。上以制二兼四，推出庫門在雉門外，將爲未大明；更以‘絰不入庫門’乃大明，故言‘必矣’。”

〔六〕則：鄭玄《注》無。

〔七〕觀：鄭玄《注》下有“與今”至“燕朝”。

陳祥道謂〔一〕《周禮》：〔二〕閽人掌中門之禁。〔三〕意者雉門

(無)[與]?〔四〕雉門謂之中門,〔五〕猶應門,《書》謂之南門,〔六〕《爾雅》謂之正門。〔七〕路門,《書》謂之畢門,《師氏》謂之虎門。蓋中於五門,謂之中門。前於路門,謂之南門。發政以應物,謂之應門。門畢於此,而謂之畢門。〔八〕畫虎於此,〔九〕謂之虎門。門之名豈一端哉!〔一〇〕

【校注】

〔一〕此節爲魏氏引陳祥道《禮書》卷三七《天子五門》(以下簡稱《禮書》)文。仿前文例,節首加"陳祥道謂"。

〔二〕周:《禮書》、《五禮通考》卷一三一《嘉禮四》(以下簡稱《五禮通考》)上有"然"。

〔三〕閽人:《五禮通考》無。《周禮·天官·閽人》:"閽人掌守王宫之中門之禁。"

〔四〕"周禮"至"門無":《尚書古文疏證》卷八《第一百二十》(以下簡稱《尚書古文疏證》)無。無:四庫本、益齋本作"與"。意者:《禮書》、《五禮通考》作"則中門豈"。則此處"無"字當作"與",據改。與:《禮書》《五禮通考》作"歟"。"與"通"歟"。《周禮·天官·閽人》《注》曰:"中門,於外内爲中,若今宫闕門。"《疏》曰:"'中門'者,王有五門,雉門爲中門。……'中門於外内爲中'者,雉門外有皋、庫,内有應、路,故云於外内爲中也。"

〔五〕雉:《尚書古文疏證》上有"天子"。門:《尚書古文疏證》下有"閽人"。

〔六〕《尚書·顧命》:"逆子釗於南門之外。"

〔七〕《爾雅·釋宫》:"正門謂之應門。"

〔八〕而:《禮書》《尚書古文疏證》《五禮通考》無。

〔九〕畫:《禮書》、四庫本、益齋本、《尚書古文疏證》、《五禮通考》同,安氏本作"蓋"。

〔一〇〕門:《禮書》《尚書古文疏證》《五禮通考》上有"則"。端:《禮書》《尚書古文疏證》《五禮通考》下有"而已"。閻若璩曰:"弟謂尚不止此。應門,《穀梁傳》亦謂之南門。曰南門者,法門也。范寧《注》:法門謂天子、諸侯皆南面而治,法令之所出入,故名法門。《考工記》《注》謂之朝門。路門,《大僕》謂之大寢之門,又謂之宫門;《師氏》《注》謂之路寢門;《小宗伯》《注》謂之殯門。《書》以成王之殯在焉,謂之廟門是也。"

鶴山先生云〔一〕 大抵天子五門:臯、庫、雉、應、路。諸侯三門:庫、雉、路耳。

【校注】

〔一〕按:此節係魏氏説,諸本皆將其與前節、下節合爲一節,不確。仿前文例,將其單獨成節,節首加"鶴山先生云"。

陳祥道謂〔一〕 諸家皆以天子庫門之外,〔二〕外朝也,〔三〕朝士掌之。〔四〕路門之外,治朝也,宰夫、司士掌之。路寢,燕朝也,〔五〕太僕掌之。〔六〕諸侯亦有路寢,有燕朝。〔七〕諸侯内朝,〔八〕司士掌之,其官與天子同。燕朝,(君)[庶]子掌之,〔九〕其官與天子异。〔一〇〕《魯語》曰:〔一一〕"天子及諸侯合民事於外朝,〔一二〕合神事於内朝。〔一三〕自卿以下,合官職於外朝,〔一四〕合家事於内朝。"〔一五〕

【校注】

〔一〕此節爲魏氏引陳祥道《禮書》卷三八《天子三朝》(以下簡

稱《禮書》)文。諸本將其與前節、下節合爲一節,不確。仿前文例,節首加"陳祥道謂"。

〔二〕諸家皆以:《禮書》、《群書考索》卷二三《禮門》(以下簡稱《群書考索》)、《禮記集説》卷五二《文王世子》(以下簡稱《禮記集説》)、《文獻通考》卷一〇六《王禮考一》(以下簡稱《文獻通考》)、《周禮注疏删翼》卷二〇《司士》(以下簡稱《删翼》)、《六家詩名物疏》卷一六《朝》(以下簡稱《六家詩名物疏》)、《禮記義疏》卷二九《文王世子第八之二》(以下簡稱《禮記義疏》)、《五禮通考》卷一三一《嘉禮四》(以下簡稱《五禮通考》)、《論語類考》卷一五《宫室考》(以下簡稱《論語類考》)作"蓋"。《周官義疏》卷三一《司士》(以下簡稱《周官義疏》)無。

〔三〕外朝也:安氏本作"外也朝"。

〔四〕《周禮·秋官·朝士》《注》曰:"然則外朝在庫門之外,臯門之内與?今司徒府有天子以下大會殿,亦古之外朝哉?"《疏》曰:"天子外朝一者,即朝士所掌者是也。"

〔五〕也:《文獻通考》《删翼》《周官義疏》無。

〔六〕太:《周官義疏》上有"則"。之:《周官義疏》下有"文王"至"言也"。《周禮·地官·槁人》《疏》曰:"天子三朝,路寢庭朝,是圖宗人嘉事之朝,大僕掌之;又有路門外朝,是常朝之處,司士掌之;又有外朝,在臯門内,庫門外,三槐、九棘之朝,是斷獄弊訟之朝,朝士掌之。"《周禮·秋官·朝士》《注》曰:"内朝之在路門内者,或謂之燕朝。"

〔七〕燕:《禮書》《禮記集説》《文獻通考》《删翼》《六家詩名物疏》《論語類考》《周官義疏》《禮記義疏》《五禮通考》作"外"。朝:《禮書》《禮記集説》《文獻通考》《删翼》《六家詩名物疏》《五禮通考》下有"則文"至"明矣",《論語類考》下有"則文"至"朝矣",《周官義疏》《禮記義疏》下有"文王"至"明矣"。

〔八〕内:《禮記義疏》作"正"。《周禮·秋官·朝士》《疏》曰:"諸侯内朝二者,《玉藻》云:'朝於内朝。朝,群臣辨色始入。君日出而視朝,退適路寢,使人視大夫,大夫退,然後適小寢。'彼亦路門外、内二者爲内朝二。閔二年,季友將生,卜人云:'間於兩社,爲公室輔。'兩社,周社、亳社。是兩社在大門内、中門外,爲外朝。是諸侯外朝一,内朝二。"

〔九〕君:《禮書》、《禮記集説》、《文獻通考》、《删翼》、《論語類考》、四庫本、《周官義疏》、《禮記義疏》、《五禮通考》作"庶"。《禮記·燕義》:"古者周天子之官有庶子官。庶子官職諸侯、卿、大夫、士之庶子之卒,掌其戒令,與其教治,别其等,正其位。"《注》曰:"庶子,猶諸子也。《周禮》諸子之官,司馬之屬也。……位,朝位也。"《疏》曰:"天子謂之'諸子',諸侯謂之'庶子',其所職掌,諸子、庶子同也。故此《記》雖明諸侯庶子職掌,其所載之事皆《諸子職》文也。……'正其位'者,正其朝廷所立之位也。此《記》云:'諸侯、卿、大夫、士之庶子之卒。'《周禮·諸子職》則云'掌國子之倅',唯此爲别。"按:《周禮》無"君子"職名,應作"庶"。據上述文獻改。

〔一〇〕其:《禮記義疏》無。

〔一一〕曰:《周官義疏》無。

〔一二〕《國語·魯語下》《注》曰:"言與百官考合民事於外朝也。陳瑑曰:'戴吉士云:"在中門外庭……小司寇掌其政,朝士掌其法,斷獄蔽訟及詢非常之朝野。"'"(《國語集解》,第一九三頁)

〔一三〕合神事於内朝:《國語·魯語下》《注》曰:"神事,祭祀也。路朝,在路門内也。陳瑑曰:'此文王世子之内朝也,所云"其朝於公,内朝,則東面北上"。《注》:"内朝,路寢之庭也。"蓋在路寢以内之庭,故韋説云然。若《槁人》及《玉藻》之内朝,(或謂之治,或謂之正朝,或又謂之外朝。)則在路門之外庭,戴吉士所謂司士正其位,而君臣日見之朝。然則内朝一在路門内,一在路門外,固异朝而同名也。'"(《國語集解》,第一九三頁)

〔一四〕合官職於外朝:《國語·魯語下》《注》曰:"外朝,君之公朝也。陳瑑曰:'外朝者,謂君所設之公朝也。《考工記》:"外有九室,九卿朝也。"《注》:"外,路寢之表,如今諸曹治事處。"《詩·緇衣》《疏》引《考工記》及《注》而申其説曰:"謂天子宫内卿士各立曹司,有廬舍以治事也。"'"(《國語集解》,第一九三頁)

〔一五〕"諸侯亦有"至"内朝":《群書考索》無。"諸侯内朝"至"内朝":《六家詩名物疏》無。"魯語"至"内朝":《論語類考》無。《國語·魯語下》《注》曰:"家,大夫也。内朝,家朝也。陳瑑曰:'此即卿大夫夕治家事私家之朝也。《玉藻》云:"將適公所,宿齊戒,居外寢。"又云:"揖私朝煇如也,登車則有光矣。"《注》:"揖私朝,與其家臣揖而往朝於君也。"以上下"外寢""登車"之文證之,知其爲私家之朝。'"(《國語集解》,第一九三頁)

陳祥道謂〔一〕 又《月令》:〔二〕季春"餧獸之藥,〔三〕毋出九門。"〔四〕《注》:〔五〕"天子九門者,路門也,應門也,雉門也,庫門也,皋門也,城門也,近郊門也,遠郊門也,關門也。"〔六〕

【校注】

〔一〕此節爲魏氏引陳祥道《禮書》卷三七《天子五門》(以下簡稱《禮書》)文。

〔二〕又:《禮書》無。月:益齋本作"且"。按:應作"月"。

〔三〕月令季春:安氏本作"月季春令"。獸:《禮書》作"禽"。

〔四〕毋出九門:《禮記·月令》《疏》曰:"謂此月非田獵之時,其罝罘、羅網、畢翳之器及餧獸之藥，毋得出於九門。若路門内有者，不得出路門。應門内有者，不得出應門。舉此可知城門内有者，不得出城門，既不得出城門，則近郊之内，無所用也。若近郊之内先有者，不得出近郊之門，近郊之門尚不得出，則近郊之内雖有，亦不得用也。舉此而言，遠郊關門亦可知。是此月之時，所在之處，遠近皆不得用，故云'毋出九門'。"

〔五〕注：《禮書》無。

〔六〕天子九门：《禮記·月令》《疏》曰："云'九門，路門、應門'之等者，自路門、臯門已内，皆宫室所在，非田獵之處，亦禁羅網、毒藥不得出者，此等門内雖是宫室所在，亦有林苑及空間之處，得有羅網及毒藥所施。"

鶴山先生云〔一〕　魯有庫、雉、路，則諸侯三門。〔二〕

【校注】

〔一〕按：此節係魏氏説，諸本皆將其與前節合爲一節，不確。仿前文例，將其單獨成節，節首加"鶴山先生云"。

〔二〕門：《禮記·明堂位》《注》下有"與"。《禮記·明堂位》《疏》曰："云'魯有庫、雉、路，則諸侯三門與'者，此經有庫門、雉門，又《檀弓》云：'魯莊公之喪，既葬而絰，不入庫門。'定二年'雉門災'，是魯有庫、雉，則又有路門可知。魯既有三門，則餘諸侯亦有三門，故云'諸侯三門與'？但其餘諸侯有臯門、應門及路門也。"

又**陳祥道曰**〔一〕　閽人掌"王宫之中門之禁，喪服、凶器不入宫，潛服、賊器不入宫"。《司寇》：凡民之有獄訟，入束矢、鈞金於朝。〔二〕《朝[士]》:〔三〕“凡得獲貨賄、〔四〕[人]民、〔五〕六畜者,委於朝。”〔六〕是禁施於雉門之内,而不於雉門之外。故庶民得以造外朝,而奇服怪民得以入皋門、庫門。若然,縣法於中門,宜矣。〔七〕又《太僕》〔八〕“建路鼓於大寢之門外”,〔九〕是窮者達其情於外朝之肺石,〔一〇〕朝士又達窮者之情於内朝之路鼓與?〔一一〕

【校注】

〔一〕“閽人”至“宜矣”:魏氏引自陳祥道《禮書》卷三七《天子五門》(以下簡稱《禮書》卷三七)。“太僕”至“路鼓”:魏氏引自陳祥道《禮書》卷三八《天子三朝》(以下簡稱《禮書》卷三八)。

〔二〕《周禮·秋官·大司寇》:“以兩造禁民訟,入束矢於朝,然後聽之。以兩劑禁民獄,入鈞金,三日乃致於朝,然後聽之。”《注》曰:“不入束矢,則是自服不直者也。必入矢者,取其直也。詩曰:‘其直如矢。’古者一弓百矢,束矢,其百个與?……不入金,則是亦自服不直者也。必入金者,取其堅也。三十斤曰鈞。”《疏》曰:“云‘古者一弓百矢’者,《尚書·文侯之命》,平王賜晋文侯,及僖二十八年,襄王賜晋文公,皆云‘彤弓一,彤矢百’,故知一弓百矢。云‘束矢,其百个與’者,彼是所賜,此乃入官,約同之,故云‘與’以疑之。《泮水》詩云:‘束矢其搜。’毛云:‘五十矢曰束。’彼鄭從之者,彼或據在軍矢數,與受賜者异,故從毛《傳》也。”

〔三〕朝:《禮書》卷三七、《五禮通考》卷一三一《嘉禮四》“天子五門諸侯三門”(以下簡稱《五禮通考》“三門”)、四庫本、益齋本下有“士”。按:以下引文爲《周禮·秋官·朝士》文,應有“士”,據補。

〔四〕得:四庫本無。賄:《禮書》卷三七、《五禮通考》“三門”作“財”。

〔五〕民:《禮書》卷三七、《五禮通考》“三門”、四庫本、益齋本上有“人”，據補。

〔六〕《周禮·秋官·朝士》《注》曰：“俘而取之曰獲。委於朝十日，待來識之者。‘人民’，謂刑人、奴隸逃亡者。《司隸職》曰：‘帥其民而搏盜賊。’”《疏》曰：“云‘俘而取之曰獲’者，則得者非所俘也。所俘即人民、六畜，其餘貨財之等稱得。云‘人民謂刑人奴隸逃亡’者，謂所犯大罪身死，男、女幼者没入縣官爲奴隸而逃亡者也，即《司隸職》所云者也。”

〔七〕“閽人”至“宜矣”：《文獻通考》卷一〇六《王禮考一》（以下簡稱《文獻通考》）、《五禮通考》卷一三一《嘉禮四》“天子諸侯三朝”（以下簡稱《五禮通考》“三朝”）無。

〔八〕又：《禮書》卷三八、《文獻通考》、《五禮通考》“三朝”無。

〔九〕建：《五禮通考》“三朝”作“掌”。外：《禮書》卷三八、《文獻通考》、《五禮通考》“三朝”下有“而掌”至“之中”。《禮書》卷三七《天子五門》：“《傳》稱堯設敢諫之鼓，禹設敢規之鼗，乃周建路鼓之意。”《周禮·夏官·太僕》《注》曰：“大寢，路寢也。其門外則内朝之中，如今宫殿端門下矣。”《疏》曰：“此鼓所用，或擊之以聲早晏，或有窮遽者擊之以聲冤枉也，故建之於正朝之所也。云‘大寢，路寢也’者，欲見在路寢門外正朝之處。云‘其門外則内朝之中’者，按《玉藻》云：‘視朝於内朝，群臣辨色始入。’彼諸侯禮，天子亦然。若據《文王世子》，亦得謂之外朝……彼以路門外爲外朝者，對路寢庭朝爲外朝，其實彼外朝亦内朝耳。以其天子、諸侯皆内朝二，外朝一。既以三槐、九棘朝爲外朝一，明此内二者皆内朝也。”

〔一〇〕是：《禮書》卷三八、《文獻通考》、《五禮通考》“三朝”作“蓋”。

〔一一〕“又太僕”至“鼓與”：《五禮通考》“三門”無。内朝：四庫本作“内廟”。與：《禮書》卷三八、《文獻通考》、《五禮通考》“三朝”無。

鶴山先生云 古者天子内五門：皋、庫、〔一〕雉、應、路。應門之外，左、右設宗廟、社稷，治朝居其中。康王受顧命於路寢，訖，“諸侯出廟門俟”。〔二〕廟門指應門外也，故康王出在應門之内。《注》云：〔三〕“出畢門，立應門内之中庭。”〔四〕太保、畢公率東、西方諸侯入應門左、右，則康王出，御治朝，而誥諸侯，〔五〕是治朝得稱廟，以廟、社在左、右，故天子朝諸侯在廟中，亦謂之廟受。〔六〕在廟行饗禮，〔七〕然後路朝行燕禮，〔八〕謂此乃祖宗之治朝，非己之治朝也。其三公、六卿、大夫、群吏之位，則《司士》見焉。〔九〕

【校注】

〔一〕皋庫：四庫本作“庫皋”。

〔二〕諸侯出廟門俟：語出《尚書·顧命》。《傳》曰：“殯之所處，故曰廟。”

〔三〕云：四庫本無。

〔四〕門：四庫本、安氏本下有“門”。庭：四庫本、安氏本、益齋本作“廷”。

〔五〕誥：告誡、誡勉。《國語·楚語上》：“以自誥也。”《注》曰：“誥，告也。”徐元誥曰：“《爾雅·釋言》：‘誥，謹也。’郭《注》：‘所以約勒謹戒衆。’此文誥訓‘謹’爲是。自誥者，自戒敕也。”（《國語集解》，第五〇四頁）

〔六〕廟受：中國古代貴族在宗廟中受禮、受命、受策等禮儀。《禮記·曾子問》《注》曰：“諸侯朝天子，必裨冕，爲將廟受也。”《疏》曰：“諸侯視朝，當用玄冠、緇衣、素裳，今視朝而服裨冕之服者，按《覲禮》，侯氏裨冕，天子受之於廟……言天子於廟受巳之禮。今諸侯往朝天子，爲天子將欲於廟中受巳之禮，故諸侯豫敬之，以冕服視朝也。”

〔七〕鄉禮:《禮記·王制》《疏》曰:“皇氏云享有四種:一是諸侯來朝,天子饗之,則《周禮·大行人職》云‘上公之禮,其享禮九獻’是也。其牲則體薦,體薦則房烝。故《春秋》宣十六年《左傳》云:‘享有體薦。’又《國語》云:‘王公立飫,則有房烝。’其所云飫,即謂饗也。立而成禮,謂之爲飫也。其禮亦有飯食,故《舂人》云:‘凡饗食,共其食米。’鄭云‘享有食米,則饗禮兼燕與食’是也。二是王親戚及諸侯之臣來聘,王饗之,禮亦有飯食及酒者,親戚及賤臣不須禮隆,但示慈惠,故并得飲食之也。其酌數亦當依命,其牲折俎,亦曰殽烝也。故《國語》云‘親戚宴饗,則有肴烝’,謂以燕禮而饗則有之也。又《左傳》宣十六年云:‘享有體薦,宴有折俎,公當享,卿當宴,王室之禮也。’時定王享士會而用折俎,以《國語》及《左傳》,故知王親戚及諸侯之大夫來聘皆折俎饗也。其饗朝廷之臣,亦當然也。三是戎狄之君使來,王享之,其禮則委饗也。其來聘賤,故王不親饗之,但以牲全體委與之也。故《國語》云‘戎翟貪而不讓,坐諸門外而體委與之’是也。此謂戎狄使臣賤之,故委饗。若夷狄君來則當與中國子男同,故《小行人職》掌小賓小客,所陳牲牢,當不异也。四是享宿衛及耆老孤子,則以醉爲度,故《酒正》云:‘凡饗士庶子,享耆老孤子,皆共其酒,無酌數。’鄭云:‘要以醉爲度。’”

〔八〕路朝行燕禮:《儀禮·燕禮》:“膳宰具官饌於寢東。”《注》曰:“寢,露寢。”《疏》曰:“以其燕在寢,故膳宰具官饌於寢東,擬燕時設之。……以其饗在廟,服朝服。下《記》云‘燕朝服於寢’,正處在路寢,不在燕寢可知,故云路寢也。”

〔九〕《周禮·夏官·司士》:“正朝儀之位,辨其貴賤之等。王南鄉;三公北面,東上;孤東面,北上;卿、大夫西面,北上;王族故士、虎士在路門之右,南面,東上;大僕、大右、大僕從者在路門之左,南面,西上。”

叙群吏之治，以待賓客之令，諸臣之復，萬民之逆。

鄭 慎次叙諸吏之職事。[一]三者之來，則應使辨理之。

【校注】

〔一〕慎：鄭玄《注》、四庫本、益齋本作"恒"。

鄭司農云 "復"，請也。"逆"，迎受王命者。[一]

【校注】

〔一〕者：鄭玄《注》引鄭衆語下有"宰夫"至"維宰"。

玄謂[一] 復之言報也，反也。反報於王，謂於朝庭奏事。[二]自下而上曰逆，逆謂上書。

【校注】

〔一〕按：此節，魏氏將其與前節合爲一節，似視其爲鄭衆注，誤。此節實爲鄭玄《注》。仿前文例，將其單獨成節，節首加"玄謂"二字。

〔二〕庭：鄭玄《注》、安氏本、四庫本、益齋本作"廷"。按："庭"通"廷"。

賈 鄭司農云[一]"復，請也。逆，迎受王命"者，[二]復是報白之義，不得爲請，故後鄭不從。又王命既出，在下受而行，[三]云逆，[四]逆者，向上之言，不爲向下之義，故後鄭亦不從。據《夏官》諸侯、[五]臣萬民皆復、[六]逆并有，則此亦有上書奏事耳。[七]及至《夏官·太僕》，先鄭注云："復謂奏事，逆謂受下奏。"即與後鄭義

同，〔八〕是先鄭兩解也。〔九〕

【校注】

〔一〕鄭：賈《疏》上有“敘群”至“上書釋曰”。

〔二〕逆：蔣抄本作“迎”。者：賈《疏》下有“宰夫”至“命者”。

〔三〕受而：賈《疏》下有“受而”。阮《校》曰：“案‘受而’二字誤重。”行：賈《疏》、益齋本下有“之”。

〔四〕云：賈《疏》、益齋本上有“不得”。

〔五〕據：賈《疏》上有“云宰”至“若然”。《周禮·夏官·太僕》：“掌諸侯之復、逆。”《注》引鄭衆語曰：“復謂奏事也，逆謂受下奏。”《疏》曰：“先鄭彼《注》(指《宰夫》《注》引鄭衆語)與此不同者，先鄭兩解，故彼後鄭不從。至此《注》，先鄭於義是，故後鄭從之。此說先鄭云‘復謂奏事’，即彼後鄭云‘復謂朝廷奏事’，一也。此先鄭云‘逆謂受下奏’，即彼後鄭云‘自下而上曰逆，謂上書’，亦一也。”

〔六〕臣：賈《疏》上有“諸”。萬：安氏本、四庫本無。

〔七〕亦：賈《疏》下有“皆”。耳：賈《疏》下有“司農”至“不從”。

〔八〕同：賈《疏》下有“故彼”至“若然”。

〔九〕也：賈《疏》下有“案内”至“者也”。

鶴山先生云 東西相近謂之逆，〔一〕并行謂之順。

【校注】

〔一〕近：四庫本作“迎”。

掌百官府之徵令，辨其八職：一曰正，掌官法以治要。

二曰師,掌官成以治凡。三曰司,〔一〕掌官法以治目。四曰旅,掌官常以治數。五曰府,掌官契以治藏。六曰史,掌官書以贊治。七曰胥,掌官叙以治叙。八曰徒,掌官令以徵令。

【校注】

〔一〕司:安氏本作"師"。

鄭 别异諸官之八職,以備王之徵召。所謂"正",〔一〕辟於治官,則冢宰也。"治要",若歲計也。"師",辟小宰、宰夫也。"治凡",若月計也。"司",辟上士、中士。"治目",若今日計也。"旅",辟下士也。"治(教)[數]",〔二〕每事(名)[多]少也。〔三〕"治藏",藏文書及器物。"贊治",若今契文書草也。〔四〕"治叙",次序官中,如今侍曹伍伯傳(史)[吏]朝也。〔五〕"(趨)[徵]令",〔六〕趨走給召呼。〔七〕

【校注】

〔一〕謂:鄭玄《注》、益齋本作"爲"。

〔二〕教:鄭玄《注》、四庫本、益齋本作"數"。按:應作"數",據改。

〔三〕名:鄭玄《注》、四庫本、益齋本作"多"。按:應作"多",據改。少:鄭玄《注》下有"异"。

〔四〕契:鄭玄《注》、益齋本作"起"。

〔五〕史:鄭玄《注》、四庫本、益齋本作"吏"。按:應作"吏",據改。阮《校》曰:"余本、嘉靖本、閩、監、毛本同。宋本'伍'作'五'。

此本《疏》中引《注》及《漢制考》皆作‘五百’。案:《疏》云:‘漢時五人爲伍。伯,長也,是五人之長。’然則訓‘伍’爲‘五’,訓‘伯’爲‘長’,不得竟作‘五’也。一作‘五’非。”《周禮·天官·宰夫》《疏》曰:“云‘如今侍曹五伯傳吏朝也’者,漢時五人爲伍。伯,長也,是五人之長。”“孔廣森云:‘《後漢書·宦者曹節傳》“越騎營五百”,注曰:“今俗呼行杖人爲五百也。”《宋書·百官志》云:“舊説,古君行師從,卿行旅從。旅,五百人也。今縣令以上,古之諸侯,故立五百,以象師從旅從,依古義也。韋昭云:‘五百字本爲伍伯。伍,當也;伯,道也。使之導引當道伯中以驅除也。’周制,五百爲旅,帥皆大夫,不得卑之如此説。”依韋訓,伯讀爲陌。依疏如字讀之。’”(《周禮正義》卷六《宰夫》,第一九六頁)

〔六〕趨:鄭玄《注》、四庫本、益齋本作“徵”。按:應作“徵”,據改。

〔七〕趨:小步急速行走。《論語·子罕》:“過之必趨。”《注》曰:“趨,疾行也。”中國古時以此表示對他人的尊敬。胡三省曰:“君前必趨,崇敬也。”(中華書局版《資治通鑒》,第三七一頁)《漢書》卷六四上《朱買臣傳》:“始買臣與嚴助俱侍中,貴用事,湯尚爲小吏,趨走買臣等前。”

荆公 合衆數而爲目,〔一〕合衆目而爲凡,〔二〕合衆(已)[凡]而爲要。〔三〕要則月計,凡則旬計,目則日計。〔四〕旬計,〔五〕則《宰夫》所謂旬(約)[終]“正日成”也。〔六〕(三)[一二]三四之數,〔七〕府史之所掌也,〔八〕而旅治之。目則旅之所掌也,〔九〕而司治之。凡則司之所掌也,〔一〇〕而師治之。要則師之所掌也,〔一一〕而正治之。此官府之八職也,〔一二〕故治之至於要而止。〔一三〕若夫會,則正之所掌也,〔一四〕而王治之矣。故大宰受百官府之會,〔一五〕“而詔王廢置”。廢置在王,則王治之矣。〔一六〕凡治官府,以法爲主。成則以待萬民之治,常則聽官治而已。〔一七〕故正掌官法,師掌官成,旅掌官常,〔一八〕司亦掌官法者,正掌官法以正其屬,司掌官法,則貳之而已。〔一九〕

【校注】

〔一〕合衆數而:《周禮訂義》卷五《宰夫》(以下簡稱《周禮訂義》)作“積數以”。合:《周官新義》卷二《宰夫》上有“掌官府之徵令”至“一二三四是也”。

〔二〕合衆目而:《周禮訂義》作“積日以”。

〔三〕合衆:《周禮訂義》作“積”。已:《周官新義》卷二《宰夫》、四庫本、益齋本作“凡”,安氏本“衆”下字不可辨。按:應作“凡”,據改。而:《周禮訂義》作“以”。

〔四〕“合衆數”至“日計”:《周禮詳解》卷三《宰夫》(以下簡稱《周禮詳解》)無。《周禮訂義》卷一一《司會》引薛氏(薛季宣)曰:“蓋天下之事,合衆數而爲目,合衆目而爲凡,合衆凡而爲要,合衆要以爲會。目則日計,謂一日之内錢穀獄訟幾何,總而結之,曰目。凡則旬計,謂十日之内錢穀獄訟幾何,總而結之,曰凡。要則月計,以三旬而總之。會則歲計,以十二月而總之。”薛氏若干語句與王安石語同,蓋據王安石語推衍成文。

〔五〕旬:《周禮詳解》上有“凡則”。計:《周禮詳解》下有“也”。

〔六〕則:《周禮詳解》《周禮訂義》無。約:《周禮詳解》、《周官新義》卷二《宰夫》、四庫本、益齋本作“終”。《周禮·天官·宰夫》:“旬終則令正日成。”按:應作“終”,據改。正:《周禮·天官·宰夫》上有“則令”,《周禮詳解》上有“令”。成:《周官新義》卷二《宰夫》下有“是”。

〔七〕三三四之:《周禮詳解》無。三三:《周禮詳解》、《周官新義》卷二《宰夫》作“一二三”,四庫本作“二三”,益齋本作“一三”。按:第一个“三”字爲衍文,據改爲“一二”。

〔八〕府:《周禮詳解》《周禮訂義》上有“則”。史:《周禮詳解》無。也:《周禮詳解》《周禮訂義》無。

〔九〕目:《周禮訂義》作“日計”。也:《周禮詳解》《周禮訂義》無。

〔一〇〕也:《周禮詳解》《周禮訂義》無。

〔一一〕要:《周禮訂義》作“官成”。也:《周禮詳解》《周禮訂義》無。

〔一二〕程元敏曰:“一二三四之數以下,《詳解》卷三頁二四述略同。”(《彙評》,第六九頁)按:程先生此説不確。唯“一二三四之數,府史之所掌也,而旅治之”三句與《周禮詳解》略同,其餘諸句與《周禮詳解》不同。官府:《周禮詳解》作“周官”。也:《周禮詳解》無。

〔一三〕之:《周官新義》卷二《宰夫》、益齋本無。

〔一四〕也:《周禮詳解》《周禮訂義》無。

〔一五〕《周禮·天官·大宰》:“歲終,則令百官府各正其治,受其會。”《注》曰:“會,大計也。”

〔一六〕矣:《周官新義》卷二《宰夫》下有“王省惟歲亦謂此也”。

〔一七〕常則聽官治而已:《周禮訂義》作“官常所以聽官治”。

〔一八〕旅掌官常:《周禮訂義》作“而旅掌之”。

〔一九〕之:《周官新義》卷二《宰夫》作“焉”。

鶴山先生云　漢趨走者謂之伍伯,着絳衣朝會,〔一〕處追班之類。[二]徒衹是空手人，如“捨車而徒”、[三]“徒善”、“徒法”，[四]亦此義。

【校注】

〔一〕着：益齋本作“著”。按：“着”通“著”。

〔二〕追班：宋代制定的百官按位次排列謁見皇帝的禮儀制度。《宋史》卷二五六《趙普傳》：“太祖大怒，促令追班。”

〔三〕捨車而徒：《周易·賁卦》：“賁其趾，捨車而徒。”《注》曰：“在賁之始，以剛處下，居於無位，弃於不義，安夫徒步以從其志者也。故飾其趾，捨車而徒，義弗乘之謂也。”《疏》曰：“在賁之始，以剛處下，居於無位之地，乃弃於不義之車，而從有義之徒步……以其志行高絜，不苟就輿乘，是以義不肯乘。”

〔四〕徒善、徒法：《孟子·離婁上》：“徒善不足以爲政，徒法不能以自行。”《注》曰：“但有善心而不行之，不足以爲政。但有善法度而不施之，法度亦不能獨自行也。”

掌治法以考百官府、群都、縣鄙之治，乘其財用之出入。凡失財、用、物、辟名者，以官刑（諸）［詔］冢宰而誅之。[一]**其足用、長財、善物者，賞之。**

【校注】

〔一〕諸：《周禮·天官·宰夫》、四庫本、益齋本作“詔”。按：應作“詔”，據改。

鄭 “群都”，諸采邑也。六遂五百家爲鄙，五鄙爲縣。言縣鄙而六鄉州黨亦存焉。“乘”,猶計也。“財”,泉穀也。“用”,貨賄也。“物”,畜獸也。“辟名”,詐爲書,以空作見,文書與實不相應也。“官刑”,在《司寇》五刑第四者。

荊公謂 宰夫所考,〔一〕及於百官府、群都縣鄙,則《大宰》《小宰》所謂“官府”、〔二〕“都鄙”,〔三〕其爲百官府、群都縣鄙可知矣。不言財用之出入,〔四〕而曰乘其財用之出入者,〔五〕以一二三四乘之,〔六〕則謂之乘。總會其數,則謂之會。〔七〕失其所藏之貨賄,〔八〕則謂之失財。〔九〕非所用而用焉,〔一〇〕則謂之失用。〔一一〕所失之物,非貨賄也,〔一二〕則謂之失物。〔一三〕辟名,則其出入名不正而已。〔一四〕足用者,〔一五〕用無不足而已。長財,則所藏又有餘焉。〔一六〕善物,則所作所受又無不善。夫物有不可謂之財,〔一七〕而財亦物也。〔一八〕言失財用物,〔一九〕則失物非財,以其既言失財故也。言善物,則財亦物也,〔二〇〕以其未嘗言善財故也。所誅非特治官之屬也,故曰“以官刑詔冢宰而誅之”,〔二一〕誅以詔冢宰,〔二二〕則(當)[賞]可知矣。〔二三〕

【校注】

〔一〕宰:《周官新義》卷二《宰夫》上有“不言”至“縣也”。開慶本、安氏本、蔣抄本此字皆塗黑,不符前文例,此處不將其加大、加粗。

〔二〕小宰:《周禮詳解》卷三《宰夫》無。

〔三〕《周禮·天官·大宰》:“一曰治典……以治官府……二曰教典……以教官府。……以八法治官府……以八則治都鄙……始和布治於邦國、都鄙……乃施則於都鄙……乃施法於官府……以則待都鄙之治,以法待官府之治……則令百官府各正其治。”《周禮·

天官·小宰》:"以逆邦國、都鄙、官府之治。"

〔四〕財用之出入:《周官新義》卷二《宰夫》作"會其財用"。言:《周禮詳解》、清孔繼涵抄校本《周官新義》卷二《宰夫》下有"會其"。

〔五〕財用之出入而曰乘其財用之出入:《周禮訂義》卷五《宰夫》(以下簡稱《周禮訂義》)作"會而言乘"。其財用之出入:四庫本、《經苑》本、《墨海》本《周官新義》卷二《宰夫》無。曰:《周禮詳解》、《周禮訂義》、益齋本作"言"。

〔六〕一:《周官新義》卷二《宰夫》無。乘:《周禮詳解》《周禮訂義》作"計"。

〔七〕"宰夫"至"之會":《周官義疏》卷三《宰夫》(以下簡稱《周官義疏》)作"其事則五官之事,其法則治官之法,五官所自考,則弗預也。"則:《周禮集説》卷二《宰夫》、《周禮全經釋原》卷二《宰夫》、《周禮注疏删翼》卷三《宰夫》無。謂之:《周禮全經釋原》卷二《宰夫》作"之謂"。會:《周官新義》卷二《宰夫》下有"欲知"至"入也"。

〔八〕貨:《周禮集説》卷二《宰夫》、《周禮全經釋原》卷二《宰夫》、《周禮注疏删翼》卷三《宰夫》、《周官義疏》作"財"。

〔九〕則:《周禮詳解》、《周禮訂義》、《周禮注疏删翼》卷三《宰夫》、《周官義疏》無。

〔一〇〕所:《周禮集説》卷二《宰夫》、《周禮全經釋原》卷二《宰夫》、《周禮注疏删翼》卷三《宰夫》、《周官義疏》下有"當"。焉:《周禮訂義》、《周禮注疏删翼》卷三《宰夫》、《周官義疏》作"之"。

〔一一〕則:《周禮詳解》、《周禮注疏删翼》卷三《宰夫》、《周官義疏》無。

〔一二〕也:《周禮集説》卷二《宰夫》、《周禮全經釋原》卷二《宰夫》、《周禮注疏删翼》卷三《宰夫》、《周官義疏》無。

〔一三〕則:《周禮注疏删翼》卷三《宰夫》、《周官義疏》無。之:

《周禮詳解》作"乏"。

〔一四〕則其出入名不正而已:《周禮詳解》作"者財用出入皆不實也",《周禮全經釋原》卷二《宰夫》作"謂非其物而假其名者也"。

〔一五〕足:《周禮全經釋原》卷二《宰夫》上有"官邢所謂邦盗邦誣也"。者:《周禮詳解》作"則"。

〔一六〕則:《周禮全經釋原》卷二《宰夫》無。藏:《周禮全經釋原》卷二《宰夫》作"用",文津閣本、《墨海》本、《經苑》本、《四部叢刊初編》本《周官新義》卷二《宰夫》下有"者"。又:《周禮詳解》作"入"。焉:《周禮全經釋原》卷二《宰夫》無。

〔一七〕夫:四庫本作"失"。

〔一八〕亦:《周禮詳解》作"以",《周官新義》卷二《宰夫》下有"有"。物:《周禮詳解》下有"言"。

〔一九〕言:《周禮詳解》無。

〔二〇〕財亦:《周禮詳解》作"特以"。

〔二一〕刑:《彙評》、張鈺翰校理《周禮新義》卷二《宰夫》(以下簡稱張本)作"别",且曰:"别:抄本、《墨海》本、《經苑》本、《詳解》述(詳下注)皆作'刑'。"(《彙評》,第七二頁;張本,第九七頁)按:程、張此處誤,文淵閣本《周官新義》卷二《宰夫》原作"刑",不作"别"。之:《周禮詳解》無。

〔二二〕誅以:《周禮詳解》無。

〔二三〕"辟名"至"知矣":《周官義疏》卷三《宰夫》無。"足用"至"知矣":《周禮注疏删翼》卷三《宰夫》無。"夫物"至"知矣":《周禮全經釋原》卷二《宰夫》作"故詔冢宰以行其誅賞。宰夫,冢宰之考也。故凡用人理財之事,必稽考覈實如此"。當:《周官新義》卷二《宰夫》、益齋本作"賞"。應作"賞",據改。

鶴山先生云 辟名詐爲文書,以空物作見在文書,鄭説是也。〔一〕

【校注】

〔一〕孫詒讓曰:"鄭、賈以辟名通家財用物三者爲文,亦未確。竊謂此文當讀'凡失財物'爲句,物屬下'辟名者'爲句。此經凡掌械器、膳服、畜獸諸官,多云辨其名物。蓋异物則异名,名與物必相應。若以鹽爲良,以惡爲美,則物與名違舛不相應,所謂物辟名也。財失則不長,用失則不足,物辟名則不善,上下文正相對。自鄭、賈以來,并失其句讀,而義亦晦矣。"(《周禮正義》卷六《宰夫》,第一九九頁)

凡禮事,〔一〕**贊小宰比官府之具。凡朝覲、會同、賓客,以牢禮之法掌其牢禮、委積、膳獻、飲食、賓賜之飧牽與其陳數。**〔二〕**凡邦之吊事,掌其戒令,與其幣器財用,凡所共者。**

【校注】

〔一〕凡:《周禮·天官·宰夫》上有"以式"至"滌濯"。

〔二〕《周禮·天官·宰夫》《釋文》曰:"牽,一本作'賓賜掌其飧牽'。干本同。""包慎言云:'此經注與疏,鄭本似無"賓賜之"三字。如有此三字,二鄭不應無一語及之。上陳牢禮之法,委積一也,膳獻二也,飲食三也,并飧牽而四,經文何以於"飧牽"上獨加"賓賜之"三字?經果變文以别飧牽於上三者,注當申釋其義。注無釋,即知經之本無此三字也。當由干本作"賓賜掌其飧牽",傳寫羼入鄭本耳。'案:包説近是。依今本,則牢禮也,委積也,膳獻也,飲食也,賓賜也,五者總掌其飧牽,似以飧爲孰食,牽爲生牢。五事者或飧牽兩有,或有飧無牽,或有牽無飧,故綜舉之也。依《釋文》别本,則飧牽自專冢賓賜爲文,不涉上四者之事,二義絶不同。諦繹經文,上既云掌其牢禮等,則下不得更以'賓賜掌其飧牽'爲更端之語,别本文義爲短。若如今本,則不徒'賓賜'二字鄭、賈并無釋,據鄭以膳獻爲禽羞俶獻,而《聘禮記》注謂禽羞俶獻即《聘義》之時賜,《司儀》'客拜禮賜',注又云'禮賜謂乘禽',是賓賜已晐於膳獻之中,經亦不必更見此文。况後鄭釋飧爲致飧,則自以飧牽與牢禮四者平列,既不以飧牽屬賓賜,亦不以爲總承上五事之文。以經注參互校之,鄭、賈本似無'賓賜之'三字。惜於古無徵,未敢專輒删定也。"(《周禮正義》卷六《宰夫》,第二〇二頁)

鄭　"比",校次之。牢禮之法,多少之差及其時也。三牲牛、羊、豕具爲一牢。"委積",謂牢米薪芻給賓客道用也。"膳獻",禽羞俶獻也。"飲食",燕享也。〔一〕

【校注】

〔一〕享:鄭玄《注》作"饗",按:"享"通"饗"。

鄭司農云　飧,夕食。〔一〕《春秋傳》云:〔二〕"飧有陪鼎。"〔三〕牽牲,牢可牽而行者。《春秋傳》曰:〔四〕"餼牽竭矣。"〔五〕

【校注】

〔一〕食:《周禮·天官·宰夫》《注》引鄭衆語下有"也"。"《説文·食部》云:'飧,餔也。餔,申時食也。'《孟子·滕文公篇》趙注云:'饔飧,熟食也。朝曰饔,夕曰飧。'黄以周云:'夕食爲飧之本義。

古人日食盛,夕餕日之餘,於禮殺矣,故不備禮曰飧。飧牽之飧,自當以後鄭之説爲正。牽謂生牲,飧則無生牲,且雖有腥,而以飪爲先,其禮具見《聘禮》。鄭注云“飪,孰也”。又云“新至尚孰”。《毛詩》傳云“孰食曰飧”,義與鄭兩通。’案:黄説是也。析言之,則朝食曰饔,夕食曰飧;通言之,則凡熟食并曰饔飧。朝聘致饔飧,則爲凡食物之通稱,飪腥兼備,不止熟食矣。惟其禮飧殺而饔盛,故《司儀》注云‘小禮曰飧,大禮曰饔餼’。禮殺者取夕食以爲名,禮盛者取朝食以爲名,實則致禮本不限以朝夕。先鄭就本訓爲説,於經義未切,故後鄭不從。”(《周禮正義》卷六《宰夫》,第二〇四頁)

〔二〕云:《周禮·天官·宰夫》《注》引鄭衆語作“曰”。

〔三〕語出《左傳·昭公五年》。

〔四〕傳:益齋本無。

〔五〕語出《左傳·僖公三十三年》。

玄謂 飧,客始至所致禮。凡此禮陳數存可見者。〔一〕

【校注】

〔一〕凡:益齋本無。者:鄭玄《注》下有“唯有”至“大夫”。

賈 牛一、〔一〕羊一、豕一稱牢。〔二〕經以牢禮爲饔餼。〔三〕案《大行人》:〔四〕“上公饔餼九牢,饗禮九獻,〔五〕食禮九舉。”(比)[此]等,〔六〕其侯、伯降二等,以七爲節。子、男又降二等,〔七〕以五爲節。〔八〕又《掌客》云:“上公飧五牢、五積,侯、伯飧四牢、(五)[四]積,〔九〕子、男飧三牢、三積。”是其數也。〔一〇〕

【校注】

〔一〕牛:賈《疏》上有"凡朝"至"首以"。按:"案大"至"數也",魏氏引置於"經以牢禮爲饔餼"句下。

〔二〕牢:賈《疏》下有"此既"。

〔三〕經以:賈《疏》作"以經"。餼:賈《疏》下有"故還"至"知也"。

〔四〕案:賈《疏》上有"凡朝"至"差者"。

〔五〕九獻:《周禮訂義》卷九《醢人》:"陳藴之曰:'九獻,《注》《疏》已有成説,但雜見於《籩人》《司尊彝》與其他官職。今取《注》《疏》及禮圖之説,類聚爲四。蓋别而言之,謂之九獻;合而言之,則有四節。其一節曰祼,凡經中所謂祼者是也。王以圭瓚酌鬱鬯,以獻尸,此一獻也;后以璋瓚酌鬱鬯,以獻尸,此二獻也。其二節曰薦腥,《籩人》所謂朝事,《司尊彝》所謂朝踐是也。后既祼之後,王出,迎牲於門。祝延尸向户外、户牖之間,南面。后於是薦朝事之籩豆。王迎牲入廟,麗於碑,親殺。取血以告殺,取毛以告純。解而腥之爲七體,薦於神坐。王以玉爵酌醴齊,以獻尸,此三獻也。后以玉爵酌醴齊,以獻尸,此四獻也。其三節曰薦熟,《籩人》所謂饋食,《司尊彝》所謂饋獻是也。朝踐之後,乃體解其犬、豕、牛、羊,烹而熟之。后於是薦饋食之籩豆。王以玉爵酌盎齊,以獻尸,此五獻也。后以玉爵酌盎齊,以獻尸,此六獻也。其四節曰酳,自饋食之後,尸始有飲食之禮。尸食訖,后又薦加籩豆。王以玉爵酌朝踐之醴齊,以酳尸,此七獻也。后以瑶爵酌饋食之盎齊,以酳尸,此八獻也。后酳尸後,諸臣又以瑶爵酌沈齊,獻尸,《司尊彝》所謂皆有罍,諸臣之所酢者,以備卒食之三獻。此九獻也。以上九獻,謂之正獻。九獻之後,遂行玉爵,爲旅酬矣。鄭氏又有朝獻、再獻之説。及圖説九獻,异於

《注》《疏》,并於《司尊彝》見之。'"

〔六〕比:賈《疏》、四庫本、益齋本作"此"。按:應作"此",據改。

〔七〕又:安氏本、四庫本無。

〔八〕節:賈《疏》下有"也"。

〔九〕五:賈《疏》、四庫本、益齋本作"四"。按:應作"四",據改。

〔一〇〕也:賈《疏》下有"云及"至"知也"。賈《疏》"案大"至"數也"原在"牛一"之前,爲賈氏釋鄭玄《注》"牢禮之法多少之差"之文。"牛一"至"饔餼",爲賈氏釋鄭玄《注》"三牲牛羊豕具爲一牢"之文。

荆公云〔一〕 牢禮之共,〔二〕膳則"殷膳大牢"之屬是也,〔三〕獻則"上介有禽獻"之屬是也。〔四〕(不)[飧]則"飧五牢"之屬是也,〔五〕飲則"壺四十"之屬是也,食則"食四十"之屬是也,〔六〕牽則"牽四十"之屬是也,〔七〕賓之飧牽,〔八〕則有司所共。〔九〕"賜之飧牽",則王所好賜。〔一〇〕"陳數",則以爵等爲之。〔一一〕

【校注】

〔一〕按:此節,《周禮詳解》卷三《宰夫》(以下簡稱《周禮詳解》)《周禮集説》卷二《宰夫》、《周禮注疏删翼》卷三《宰夫》(以下簡稱《删翼》)、《周官義疏》卷三《宰夫》(以下簡稱《周官義疏》)皆引。程元敏先生引文如下:"牢禮委積,若大行人五牢五積四牢四積三牢三積之屬。膳獻,則殷膳太牢及上介禽獻之屬。飲食,則饗禮九獻、食禮九舉之謂也。賓賜,王所好賜也。陳數,以爵等爲牢禮之數。"(程元敏曰:"《集説》卷二頁七七王介甫曰、《注疏删翼》卷三頁九臨川王氏曰;《周官義疏》卷三頁四五載王安石曰,僅'賓賜'等共七字。"(《彙評》,第七五頁)按:程元敏先生所謂"七字",指"賓賜王所好賜也"。

〔二〕牢:《周官新義》卷二《宰夫》上有"牛羊"至"是也"。之共:《周禮集説》卷二《宰夫》、《删翼》無。共:安氏本無,《周官新義》卷二《宰夫》、四庫本、益齋本作"法"。

〔三〕膳則:《周官新義》卷二《宰夫》上有"則其"至"是也"。殷:益齋本此處爲一墨釘,《周官新義》卷二《宰夫》作"飲"。

〔四〕是也獻則:《周禮集説》《删翼》作"及"。則:《周禮詳解》作"若"。禽獻:文淵閣本、文津閣本、楊小召點校本《周官新義》卷二《宰夫》、《周禮詳解》作"禽獸"。是也:《周禮集説》《删翼》無。也:《周禮詳解》下有"夕食謂之飧,牢生可牽謂之牽"。

〔五〕不:《周官新義》卷二《宰夫》作"飧",四庫本作"下"。按:應作"飧",據改。

〔六〕"飲則"至"是也":《周禮詳解》無。"壺四十"至"食四十":《周禮集説》《删翼》作"饗禮九獻食禮九舉"。屬:《周禮集説》《删翼》作"謂"。是也:《周禮集説》無。是:《删翼》無。飧、飲、食三句順序:《周官新義》卷二《宰夫》順序依次爲"飲、食、飧"。

〔七〕"牢禮"至"是也":《周禮句解》卷一《宰夫》(以下簡稱《周禮句解》)無。牽則牽四十之屬是也:《周官新義》卷二《宰夫》無。諸本皆有此句,若干文字略有差异,詳見下。十:四庫本、《周禮詳解》作"牢"。

〔八〕牽:文淵閣本、楊小召點校本《周官新義》卷二《宰夫》、張鈺翰校理本《周禮新義》卷二《宰夫》作"牢"。

〔九〕之飧牽則有司所共:《周禮集説》《删翼》《周官義疏》無。共:《周禮句解》作"供"。按:"共"通"供"。

〔一〇〕"牢禮"至"好賜":《周禮訂義》無。則:《周禮集説》《删翼》《周官義疏》無。賜:《周禮集説》《删翼》《周官義疏》下有"也"。

〔一一〕陳數則以爵等爲之:《周官義疏》無。則:《周禮集説》《刪翼》無。之:《周官新義》卷二《宰夫》下有"牢禮之陳數是也",《周禮集説》《刪翼》《周禮句解》無。

鶴山先生云 飧,夕食,以文解字。後鄭以爲客始至所致禮,其義方該。〔一〕

【校注】

〔一〕"《掌客》注義同。賈《疏》云:'此亦破先鄭。案《聘禮》,客始至,大夫帥至於館,宰夫朝服設飧,不待至夕也。'詒讓案:據《聘禮》,則諸侯亦宰夫掌飧,與王國同。江永云:'後鄭謂飧客始至所致禮,非也。此謂或有時賜之小禮飧牽耳。始至致飧,前言牢禮中已兼之。'案:江不從鄭者,以經云賓賜之飧牽耳。然經本不定,鄭本或無'賓賜之'文,則注説自可通。今兩存之。"(《周禮正義》卷六《宰夫》,第二〇四—二〇五頁)

大喪、小喪,掌小官之戒令,帥執事而治之。三公、六卿之喪,與職喪帥官有司而治之。凡諸大夫之喪,使其旅(師)[帥]有司而治之。〔一〕

【校注】

〔一〕師:《周禮·天官·宰夫》、四庫本、益齋本作"帥"。按:應作"帥",據改。

鄭 "大喪",王、后、世子也。"小喪",夫人以下。"小官",

士也。其大官則家宰掌其戒令。治謂共辨。[一]

【校注】

〔一〕辨：四庫本作“辦”。孫詒讓曰：“辨俗作‘辦’。《説文·力部》新附云：‘辦，致力也。’”（《周禮正義》卷六《宰夫》，第二〇八頁）

賈 三公、[一]六卿尊，[二]故宰夫與春官職喪帥其於喪家有事官有司而治之。[三]大夫之喪卑，宰夫不自爲，使在己之下，其旅三十有二人，帥有事於喪家之有司治之。[四]

【校注】

〔一〕三：賈《疏》上有“三公至治之釋曰”。

〔二〕卿：賈《疏》下有“喪”。

〔三〕之：賈《疏》下有“治之”至“辨之”。

〔四〕司：賈《疏》下有“而”。之：賈《疏》下有“治之”至“之也”。

歲終則令群吏正歲會，月終則令正月要，旬終則令正日成，而以考其治。治不以時舉者，以告而誅之。

鄭 “歲終”，自周季冬。[一]“正”，猶定也。“旬”，十日也。治不時舉者，謂違時[令失]期會。[二]

【校注】

〔一〕阮《校》曰：“浦鏜云：‘“是”誤“自”。’案：此字當衍。”孫詒讓曰：“宋董氏刊本，‘自’作‘目’，非。”（《周禮正義》卷六《宰夫》，第二〇九頁）孫《校》：“‘自’字不誤，亦非衍。《大司徒》《注》可證。黄丕烈從宋董

氏本作‘目’,似長。”(北京大學出版社版《周禮注疏》,第七〇頁)

〔二〕時:鄭玄《注》、四庫本下有“令失”,據補。

賈 知“歲終”是周之季冬者,〔一〕以其正月之吉始和,彼正月是周之正月,始和布治於天下,至今歲終考之,是一歲之終,故知非夏之歲終也。〔二〕

【校注】

〔一〕知:賈《疏》上有“歲終”至“期會釋曰”。

〔二〕也:賈《疏》下有“云正”至“日也”。“戴震云:‘《周禮》之書,曰歲終,曰正歲,曰春夏秋冬,皆夏時也。’王引之云:‘歲終與正歲相應。鄭注《小宰》云“正歲謂夏之正月”,則正歲謂夏之孟春,歲終爲夏之季冬,不得以爲周之季冬也。請以四證明之。《内宰職》曰:“歲終,則會内人之稍食,稽其功事;正歲,均其稍食,施其功事。”歲終是夏之十二月,正歲是夏之正月,言歲終與正歲,而一歲盡於此矣。故正歲則曰均、曰施,言其始也;歲終則曰會,曰稽,言其終也。若謂歲終爲周之季冬,則是夏之孟冬矣。孟冬以後尚有兩月,豈得遽會其稍食,稽其功事乎!此一證也。《眡祲職》曰:“掌安宅叙降,正歲則行事,歲終則弊其事。”上言正歲,下言歲終,明正歲是夏之正月,歲終是夏之十二月。正歲行事,歲終弊之,而一歲全矣。若謂歲終爲周之季冬,則甫及夏之十月,十月以後尚有兩月,豈得十月遽弊其事乎!此二證也。《小司寇職》曰:“孟冬祀司民……歲終則令群士計獄弊訟,登中於天府。正歲,帥其屬而觀刑象。”歲終在孟冬正歲之間,則爲夏之季冬明矣。若謂歲終爲周之季冬,夏之孟冬,則孟冬祀司民,已是夏之孟冬,何得又以歲終爲孟冬乎!此三證也。《小宰》歲終則令群吏致事,正歲帥治官之屬而觀治象之法。《大司徒》

歲終則令教官正治而致事;正歲令於教官曰“各共爾職,修乃事,以聽王命”。……皆先言歲終,後言正歲。蓋周以建子之月爲正月;其二月則建丑之月,而夏之歲終;其三月則建寅之月,而夏之正歲也。故正歲歲終,用夏時之名,而先歲終而後正歲,則周月之次序也。若謂歲終爲周之季冬建亥之月,則爲周月之最後者矣,何以先言歲終後言正歲乎! 此四證也。歲終與夏之正歲謂終始,豈與周之正月爲終始乎!’案:戴、王二説,足正鄭義之誤。吴廷華、曾釗、林喬蔭説同。”(《周禮正義》卷六《宰夫》,第二〇九—二一〇頁)

鶴山先生云 以後鄭注《月令》,於季秋下云:“秦以十月爲歲首,〔一〕於是歲終,使諸侯及鄉遂之官定其國家、〔二〕宫室、車旗、衣服、禮儀。”〔三〕爲來歲受朔日爲度。入唐,〔四〕孔穎達《正義》亦“案《史記》,(案)[秦]文公獲黑龍,〔五〕自爲水瑞,命河爲德水,以十月爲歲首”。則知之以十月爲歲終,〔六〕而以十一月爲歲首,未嘗有之,爲(夭)[失]正之説也。〔七〕

【校注】

〔一〕十月:《禮記·月令》《注》作“建亥之月”。

〔二〕官:《禮記·月令》《注》下有“受此”至“制者”。

〔三〕儀:《禮記·月令》《注》下有“也諸”至“象魏”。

〔四〕入:益齋本作“又”。

〔五〕案:益齋本作“秦”。《禮記·月令》《疏》曰:“按《史記》秦文公獲黑龍。”據《禮記·月令》《疏》,此處作“秦”更妥,據改。

〔六〕則知:益齋本作“别周”。

〔七〕夭:四庫本作“失”,益齋本作“夏”。按:應作“失”,據改。

正歲，則以法警戒群吏，令修宫中之職事。書其能者與其良者，而以告於上。

鄭　“良”，〔一〕善也。

【校注】

〔一〕良：鄭玄《注》下有“猶”。

鄭司農云　正歲之正月，以法戒敕群吏。若今時舉孝廉、方正、〔一〕茂才、异等。〔二〕

【校注】

〔一〕方：鄭玄《注》引鄭衆語上有“賢良”。

〔二〕“正歲”至“群吏”、“若今”至“异等”分别爲鄭衆對經文“正歲”至“職事”、“書其”至“於上”所作注，因魏氏將《周禮》兩處經文合爲一節，故將兩處鄭衆注文亦合爲一節。

賈　正歲乃夏之正月，〔一〕是其歲始，故以法警戒群吏。〔二〕四科异等，〔三〕此經據宫中子弟，先鄭所云不要宫中之人。〔四〕

【校注】

〔一〕正歲：賈《疏》上有“正歲至職事釋曰”。

〔二〕吏：賈《疏》下有“令修”至“之也”。

〔三〕四：賈《疏》上有“書其”至“等者”。科：賈《疏》下有“不同”至“故云”。

〔四〕人：賈《疏》下有“引之况義耳”。

鶴山先生云　避光武諱，改“秀”爲“茂”。〔一〕一部《周禮》，諸言“正月”者，先、後鄭謂爲周之正月。諸言“正歲”者，先、後鄭謂爲夏之正月。故書歲終之事，常介乎正月、正歲之間。

【校注】

〔一〕《漢書》卷六《武帝紀》《注》引應劭語曰：“舊言秀才，避光武諱稱茂才。”

宮正，上士二人，中士四人，下士八人，府二人，史四人，胥四人，徒四十人。〔一〕

【校注】

〔一〕《禮記·曲禮下》《疏》引干寶《周禮注》曰：“凡言‘司’者，總其領也。凡言‘師’者，訓其徒也。凡言‘職’者，主其業也。凡言‘衡’者，平其政也。凡言‘掌’者，主其事也。凡言‘氏’者，世其官也。凡言‘人’者，終其身也。不氏不人，權其材也。通權其才者，既云不世，又不終身，隨其材而權暫用也。”對干氏此説，後世儒者多有异議。《禮記·曲禮下》《疏》曰：“然案《周禮》建官列職，有‘司會’之屬，是言‘司’者也。有‘甸師’之屬，是言‘師’者也。有‘職内’之屬，是言‘職’者也。有‘川衡’之屬，是言‘衡’者也。有‘掌舍’之屬，是言‘掌’者也。有‘師氏’之屬，是言‘師’者也。有‘庖人’之屬，是言‘人’者也。有‘宮正’‘膳夫’‘外饔’‘内饔’之屬，皆不‘氏’不‘人’者也。”《周禮·天官·序官》《疏》曰：“《周禮》之内，宗伯之類，諸言‘伯’者，伯，長也，以尊長爲名。縣師之類言‘師’者，皆取可師法也。諸稱‘人’者，若輪人、車人、腊人、鱉人之類，即《冬官》

鄭云‘其曰某人者，以其事名官’。言‘氏’者有二種，謂若桃氏爲劍、築氏爲削之類，鄭注《冬官》‘族有世業，以氏名官’。若馮相氏、保章氏、師氏、保氏之類，鄭注引《春秋》‘官有世功，則有官族’是也。諸稱‘司’，若司裘、司市之類，言‘司’者，皆是專任其事，事由於己，故以司言之也。諸典婦功、典絲、典枲之類，言‘典’者，出入由己，課彼作人，故謂之爲典也。諸稱‘職’者，謂若職幣、職内、職歲，財不久停，職之而已。凡云‘掌’者有三義：一者，他官供物，己則暫掌之而已，若幕人供帷幕幄帟，掌次張之也；二則掌徵斂之官，若掌皮、掌染草之類是也；三者，掌非己所爲，則掌節、掌固、掌疆，本非己造，廢壞修之而已也。自外不稱‘典’‘司’‘職’‘掌’者，皆是逐事立名，以義銓之可曉也。”孫詒讓曰：“賈釋官名之義，略本《考工記》《總叙》注説，干氏説亦略同。然以諸職考之，似皆隨事立名，本無定例。如同一鄉遂官也，而州比酇鄰稱長，黨縣稱正，族鄙稱師，閭稱胥，里稱宰，尊卑不嫌同名。又遂人爲六遂之長，既非以事命官，亦未必終身任職，則鄭、干之説，皆不可通矣。況全經之中，如内饔，本職稱饔人；甸師，大祝職稱甸人；大僕，射人職稱僕人；大馭等五馭，校人職稱僕夫：與本職亦不必同。至《儀禮》《禮記》《左傳》《國語》官名，與此經復多歧互。……是官名可以互稱，尤可證其本無定例。”(《周禮正義》卷一《叙官》，第二四頁)

宫伯，中士二人，下士四人，府一人，史二人，胥二人，徒二十人。〔一〕

【校注】

〔一〕今本《周禮》天、地、春、夏、秋各系統職官之序官皆單獨成卷,與各官具體職掌不同卷。魏氏此處將“宫正”“宫伯”二官序官與職掌置於一處,與其前、後徵引體例皆不合。

注〔一〕 正,長也。宫正,主宫中官之長。伯亦長也。〔二〕

【校注】

〔一〕注:益齋本作“鄭”。

〔二〕亦:鄭玄《注》無。

賈 上大宰至旅下士總御群職,〔一〕故爲上首。自此宫正以下至夏采六十官,〔二〕隨事緩急爲先後,故自宫正至宫伯,二官主宫室之事。安身先須宫室,故爲先也。自膳夫至腊人,皆供王膳羞、飲食、饌具之事。人之處世,在安與飽,故食次宫室也。〔三〕自醫師以下至獸醫,〔四〕主療疾之事,有生則有疾,故醫次食饌也。〔五〕自酒正至宫人,陳酒飲肴羞之事。醫治既畢,須酒食養身,故次酒肴也。自掌舍至掌次,安不忘危,出行之事,故又次之。自太府至掌皮,〔六〕并是府藏計會之事。既有其餘,理須貯積,或出或納,〔七〕宜計會之,故相次也。自内宰至屨人,陳后、夫人已下,内教婦功,婦人衣服之事。君子明以訪政,夜以安息,故言婦人於後也。夏采一職記招魂,以其死事,故於末言之也。此宫正并下宫伯雖俱訓爲長,其義則异。若宫正則主任王宫卿、〔八〕大夫、士之身,故爲宫中官之長,故其職云“以時比宫中之官府”,〔九〕故宫伯所掌者亦掌之,〔一〇〕故言“正,長也”。宫伯云“長”者,直主宫中卿、大夫、士之適子,〔一一〕行其秩序,〔一二〕授其舍次之事,亦得爲長,故云“伯,長也”。宫正上士二人爲官首,中士四人爲之佐,下士八人理衆事。[一三]府二人,主藏文書也。史四人,主作文書。胥四人,爲什長。徒四十人,給徭役。諸官體例,言府、[一四]史、胥、徒之義皆然,不可文文重釋,他皆放此。[一五]

【校注】

〔一〕上:賈《疏》上有"宫正至十人釋曰"。御:賈《疏》作"馭"。

〔二〕以:賈《疏》作"已"。

〔三〕官:益齋本此字處爲一墨釘。

〔四〕以:賈《疏》作"已"。

〔五〕次:益齋本此字處爲一墨釘。

〔六〕太:賈《疏》作"大"。

〔七〕納:賈《疏》作"内",按:"内"通"納"。

〔八〕王:賈《疏》作"三"。

〔九〕比:蔣抄本作"此"。

〔一〇〕所掌:四庫本、益齋本作"所長"。阮《校》曰:"閩本同。監、毛本'掌者'誤'長者',惠校本作'長者'。"

〔一一〕子:賈《疏》下有"庶子"。

〔一二〕序:賈《疏》作"叙"。

〔一三〕士:安氏本作"仕"。

〔一四〕言:益齋本無。

〔一五〕此:賈《疏》下有"周禮"至"後也"。

宫正掌王宫之戒令、糾禁。以時比宫中之官府次舍之衆寡,爲之版以待,夕擊柝而比之。[一]

【校注】

〔一〕柝:阮《校》曰:"唐《石經》'柝'作'析'。此本作'析',訛,今訂正。"

鄭 "時",四時。"比",校次其人之在否。官府之在宮中者,若膳夫、玉府、内宰、内史之屬。"次",諸吏直宿,若今部署諸廬者。〔一〕"舍",其所居寺版。〔二〕

【校注】

〔一〕今:鄭玄《注》下有"時"。阮《校》曰:"《疏》引《注》作'若今時部署諸廬者'。案:'時'字當有。《注》中屢言'若今時'。"

〔二〕版:鄭玄《注》無。

鄭司農云 爲官府次舍之版圖。〔一〕待,待比也。

【校注】

〔一〕圖:《周禮·天官·宮正》《注》引鄭衆語下有"也"。

鄭〔一〕 夕,莫也。〔二〕莫行夜以比直宿者,爲其有解惰離部署。〔三〕

【校注】

〔一〕此節爲鄭玄《注》文。魏氏將其與前節《周禮·天官·宮正》《注》引鄭衆語合爲一節,易誤解爲鄭衆注。仿前文例,將其單獨成節,於節首增"鄭"字。

〔二〕《周禮·天官·宫正》《釋文》曰:"莫,音暮,本亦作暮。""《説文·夕部》云:'夕,莫也。'又《茻部》云:'莫,日且冥也。'《廣雅·釋詁》云:'莫,夜也。'莫暮古今字。"(《周禮正義》卷六《宫正》,第二一五頁)

〔三〕解:通"懈"。"又《(説文·)心部》云:'懈,怠也。'解即懈之借字。"(《周禮正義》卷五《小宰》,第一七八頁)

(又)[**鄭司農**]**云**〔一〕 柝,戒守者所擊也。〔二〕

【校注】

〔一〕又:鄭玄《注》作"鄭司農"。按:此節爲鄭玄《注》引鄭衆注文。魏氏以"又"字承上節,易被誤解爲鄭玄《注》。仿前文例,將其單獨成節,改"又"爲"鄭司農"。

〔二〕也:《周禮·天官·宫正》《注》引鄭衆語下有"易曰"至"於梆"。

賈 此時是尋常事,〔一〕故爲四時解之。〔二〕先鄭於"八成"注:〔三〕"版,名籍。〔四〕圖,地圖。"〔五〕後鄭謂"版,其人之名籍",〔六〕增成先鄭義也。

【校注】

〔一〕此:賈《疏》上有"以時"至"居寺釋曰"。

〔二〕之:賈《疏》下有"案地"至"之處"。

〔三〕先:賈《疏》上有"爲之"至"圖者"。注:賈《疏》下有"云"。

〔四〕籍:四庫本作“藉”。

〔五〕圖:賈《疏》下有“此注”至“義同”。

〔六〕謂版其人之名籍:賈《疏》作“以爲人名籍者”。

荆公　“戒”,〔一〕戒其怠忽。“糾”,〔二〕糾其緩散。〔三〕“令”,〔四〕使爲之。〔五〕“禁”,〔六〕勿爲也。〔七〕

【校注】

〔一〕戒:《周官新義》卷三《宫正》上有“戒之”至“然則”,《周禮詳解》卷四《宫正》(以下簡稱《周禮詳解》)下有“以”,《周禮全經釋原》卷二《宫正》(以下簡稱《周禮全經釋原》)下有“謂”,《周禮句解》卷一《宫正》(以下簡稱《周禮句解》)、《大學衍義補》卷一一八《治國平天下之要》(以下簡稱《大學衍義補》)引吴澄語無。據吴澄語,他顯係援引王安石之説。

〔二〕糾:《周禮詳解》下有“以”,《周禮全經釋原》下有“者”,《周禮句解》《大學衍義補》無。

〔三〕緩散:《周官義疏》卷四《宫正》作“過惡”。

〔四〕令:《周禮句解》《大學衍義補》《周禮全經釋原》下有“之”。

〔五〕使:益齋本無。爲之:《周禮詳解》、《周禮訂義》卷五《宫正》(以下簡稱《周禮訂義》)作“之有爲”,《周禮句解》《大學衍義補》《周禮全經釋原》作“有爲”。

〔六〕禁:《周禮句解》《大學衍義補》《周禮全經釋原》下有“之使”。

〔七〕勿爲也:《周禮詳解》作“使之勿爲”。勿:《周官新義》卷三《宫正》、《周禮訂義》、益齋本上有“使”。也:《周官新義》卷三《宫正》下有“小宰”至“而已”,《周禮句解》《周禮全經釋原》無。

鶴山先生云　“時”以“四時”解，恐拘。“次”“舍”則暫止之地，今之客次、〔一〕吏舍亦此義。〔二〕《左氏》又立一例，〔三〕謂一宿爲宿，〔四〕再宿爲信，三宿爲舍，〔五〕恐亦未然。又因版爲名籍，説《鄉黨》“式負版者”。傳注以版爲民數，故式之。〔六〕葉夢得《燕語》却以負版爲《儀禮》衰、〔七〕辟領、〔八〕負版之制，〔九〕言接“凶服者式之”，〔一〇〕皆指凶服，亦是一説。式，車前横木。有所敬，則俯而憑之。負版，《注》謂辟領及衰闊中尺六寸，“負出於辟領外旁一寸”，則辟領之長與衰齊。衰用三升布，〔一一〕則負與辟領之布亦三升。

【校注】

〔一〕客次：接待賓客的處所。《資治通鑑》卷二八八《後漢紀三》“後漢隱帝乾祐二年”條：“守恩猶坐客次。”胡三省《注》曰：“客次，猶今言客位也。坐於客次以俟見。”（中華書局版《資治通鑑》，第九四一二—九四一三頁）

〔二〕吏舍：原意爲小吏辦公或休息的場所。《史記》卷八七《李斯列傳》：“吏舍厠中鼠食不絜。”宋時或用其作爲對某些機構的帶有蔑視意味的稱呼。《宋史》卷三四四《王覿傳》：“神宗復唐制，諫官分列兩省。至是，大臣議徙之外門，而以其直舍爲制敕院，名防漏泄，實不欲使與給舍相通。覿争之曰：‘制敕院，吏舍也。奪諫省以廣吏舍，信胥吏而疑諍臣，何示不廣也。’乃不果徙。”“凡官吏治事、士民聽事所居處，通謂之次。……直宿者或以職事暫留，或以更番當直止宿於是者，别於官府爲常居之處也。……依賈説，則宫中官吏之次，并在路門之外，正朝之左右。凡諸官府，無論寺在内在外，其在官治事，各於治朝旁之次，或當直宿，則亦於次中宿，若今之朝房是也。次,《詩·鄭風·緇衣》謂之館,亦通謂之官……凡次舍對文義异,散文亦通。……云'舍,其所居寺'者,《宫伯》八舍注云:'舍,其休沐之處。'《釋名·釋宫室》云:'舍,於中舍息也。……'……蓋府爲百官居寺之大名,其屬别謂之舍……凡次多在路門外應門内近治朝之處,舍則當在應門之外皋門之内,與次不同處也。"(《周禮正義》卷六《宫正》,第二一三、二一四頁)

〔三〕一:益齋本作"二"。

〔四〕爲宿:《左傳·莊公三年》作"爲舍"。

〔五〕三宿:《左傳·莊公三年》作"過信"。舍:《左傳·莊公三年》作"次"。魏氏引語與《左傳·莊公三年》原文不同。《左傳·莊公三年》:"凡師,一宿爲舍,再宿爲信,過信爲次。"《注》曰:"爲經書次例也。舍宿不書,輕也。"《疏》曰:"舍者,軍行一日止而舍息也。信者,住經再宿得相信問也。《穀梁傳》曰:'次,止也。'則次亦止舍之名。過信以上,雖多日亦爲次,不復别立名也。……非師之次,則不在此例。《釋例》譏賈氏云:'若魯公次乾侯之比,非爲用師,不應在例,而復例之,亦爲濫也。"《春秋·莊公三年》《疏》曰:"《釋例》曰:'……此周公之典,以詳録師出入行止、遲速,因爲之名也。兵事尚速,老師費財,不可以久。故《春秋》告命三日以上,必記其欠。舍之與信不書者,輕碎,不以告也。兵未有所加,所次則書之,以示遲速。……既書兵所加,則不書其所次,以事爲宜,非虚次。諸久兵而不書次,是也。既書兵所加,而又書次者,義在取於次。……所記或次在事前,次以成事也。或次在事後,事成而次也。皆隨事實,無義例也。……先儒又言:書次者,皆美之辭。《釋例》曰:'……次之與否,自是臨時用兵之宜,非禮之所素制也。'"

〔六〕式負版者:《論語·鄉黨》孔《注》曰:"負版者,持邦國之圖籍。"《疏》曰:"負版者,是持邦國之圖籍者也。式者,車上之横木,男子立乘，有所敬，則俯而馮式，遂以式爲敬名。……案《周禮·小宰職》曰：‘聽閭里以版圖。’《注》云：‘版是户籍圖也。聽人訟地者，以版圖决之。’《司書職》曰：‘邦中之版，土地之圖。’以圖籍相將之物，故知負版者是持邦國之圖籍也。”

〔七〕葉夢得(一〇七七—一一四八年)字少蕴，蘇州吴縣(今屬江蘇蘇州)人。晚年因隱居於湖州弁山玲瓏山石林，故號石林居士，所著詩文，多以石林爲名，如《石林燕語》《石林詞》《石林詩話》等。其生平、事迹具載《宋史》卷四四五《葉夢得傳》。《燕語》：即《石林燕語》，葉夢得著，蓋成書於南宋初，十卷，記叙朝章國典、舊聞時事、朝野故事，還涉及詩文、詞章、奏議、考釋、筆記等。《石林燕語》舊有明初刻本，疑即明正德元年(一五〇六年)楊武刻本，是現存最早的刻本。它與明商濬《稗海》本都據抄本刊刻而成。清修《四庫全書》所收《石林燕語》，係從《永樂大典》中抄出。清咸豐二年至四年(一八五二—一八五四年)間，葉珽琯、胡珽以文瀾閣《永樂大典》本，校以楊武刻本及重刻本、《稗海》本，參校清代學者何焯、沈欽韓校語，輯采《四庫全書考證》、宋李心傳《舊聞證誤》等，對《石林燕語》一書進行了較爲徹底的整理。侯忠義以葉、胡合校本爲底本，參校《儒學警悟》本、《説郛》本、别本《稗海》本，覆校北京大學圖書館藏楊武刻本和另一明刻抄本，爲目前最佳整理本，由中華書局於一九八四年出版發行。衰：“縗”的通假字。本指綴於喪服上衣當心處的一方布，長六寸、博四寸，謂之衰。孫詒讓曰：“《説文·糸部》：‘縗，服衣，長六寸、博四寸，直心。’經典通假衰爲之。”(《周禮正義》卷一五《内司服》，第五九五頁)喪服上衣亦稱衰。《儀禮·喪服》《注》曰：“凡服，上曰衰，下曰裳。”《疏》曰：“言‘凡’者，鄭欲兼解五服。案下記云：衰廣四寸，長六寸。綴之於心，總號爲衰。非正當心而已，故諸言衰皆與裳相對。至於吊服三者，亦謂之爲衰也。”

〔八〕辟領：亦謂之“適”，以兩方布，每方廣四寸，綴於上衣領左右肩。《儀禮·喪服》：“適，博四寸，出於衰。”《注》曰：“適，辟領也。……博，廣也。辟領廣四寸，則與闊中八寸也。兩之爲尺六寸也。‘出於衰’者，旁出衰外，不著寸數者，可知也。”《疏》曰：“適，辟領。……此辟領廣四寸，據兩相而言。……云‘辟領，廣四寸’者，據項之兩相向外各廣四寸。云‘則與闊中八寸也’者，謂兩身當縫，中央總闊八寸，一邊有四寸，并辟領四寸，爲八寸。云‘兩之爲尺六寸也’者，一相闊與辟領八寸，故兩之總一尺六寸。云‘出於衰者，旁出衰外’者，以兩旁辟領，向前望衰之外也。云‘不著寸數者可知也’者，以衰廣四寸，辟領横廣總尺六寸，除中央四寸當衰，衰外兩旁各出衰六寸，故云不著寸數可知也。”

〔九〕負版：亦謂之“負”，用一方布綴於喪服上衣之背。《儀禮·喪服》：“負，廣出於適寸。”《注》曰：“負，在背上者也。”《疏》曰：“以一方布置於背上，上畔縫著領，下畔垂放之，以在背上，故得負名。……出於辟領外旁一寸，總尺八寸也。”《石林燕語》卷五：“古者喪服有負版，綴於領下，垂放之，方尺有八寸，《服傳》所謂‘負廣出於適寸’者也。鄭氏言：負在背上，適，辟領也。蓋喪服之制，前有衰，後有負版，左右有辟領，此禮不見於世久矣。自秦、漢以來，未之聞。翟内翰公巽嘗言：《論語》式版者，非版籍之版，乃喪服之版，以‘孔子見齊衰者必式’爲證。”(第七〇頁)

〔一〇〕凶服：《論語·鄉黨》《注》曰：“凶服，送死之衣物。”

〔一一〕升：制作喪服的布縷數。《儀禮·喪服》《注》曰：“布八十縷爲升，‘升’字當爲‘登’。登，成也。今之《禮》皆以‘登’爲‘升’，俗誤已行久矣。”《疏》曰：“云‘布八十縷爲升’者，此無正文，師師相傳言之，是以今亦云八十縷謂之宗。‘宗’即古之‘升’也。……案鄭注《儀禮》之時，古、今二《禮》并觀，疊古文者，則從經今文,若疊今文者,則從經古文。今此《注》而云'今之《禮》皆以登爲升',與諸《注》不同,則今、古《禮》皆作升字。……今從'登'不從'升'者,凡織紝之法,皆縷縷相登,上乃成繒布,'登'義强於'升',故從'登'也。"

國有故,則令宿,其比亦如之。

先鄭〔一〕 "故"謂禍災。"令宿",宿衛王宫。〔二〕

【校注】

〔一〕先鄭:《周禮·天官·宫正》《注》引鄭衆語作"鄭司農云"。

〔二〕宫:《周禮·天官·宫正》《注》引鄭衆語下有"春秋"至"災乎"。

後鄭〔一〕 "故",凡非常也。《文王世子》曰:"公有出疆之政,〔二〕庶子以公族之無事者守於公宫,正室守大廟,諸父守貴宫、貴室,諸子、諸孫守下宫、下室。"此謂諸侯也。王之庶子職掌國子之倅,國有大事,則率國子而致於大子,〔三〕唯所用之者。令宿之事,蓋亦存焉。

【校注】

〔一〕後鄭:鄭玄《注》作"玄謂"。

〔二〕公:《禮記·文王世子》下有"若"。

〔三〕率:鄭玄《注》作"帥"。按:經文原作"帥",《校勘記》引作"師"。阮《校》曰:"閩、監、毛本同,誤也。宋本、余本、嘉靖本'師'作'帥',當訂正。又此本及閩、監、毛本疏中皆作'帥',不誤。"

賈　後鄭引《文王世子》文,〔一〕是諸侯法也。〔二〕諸、庶一也,於諸侯則爲庶子,〔三〕於天子則爲諸子。〔四〕彼鄭《注》倅謂副倅之倅。〔五〕云"國有大事",〔六〕寇戎之事。〔七〕

【校注】

〔一〕後鄭引:賈《疏》作"謂"。謂:賈《疏》上有"國有"至"也者"。

〔二〕也:賈《疏》下有"云王"至"庶子者"。

〔三〕則:賈《疏》作"即"。

〔四〕子:賈《疏》下有"今因"至"職也"。

〔五〕彼:益齋本作"後"。之倅:賈《疏》下有"國子"至"子者"。

〔六〕事:賈《疏》下有"則帥"至"大事"。

〔七〕事:賈《疏》下有"卿大"至"義也"。

鶴山先生云　大事不止祀與戎,而鄭拘此一語,凡大事盡以爲祀與戎,〔一〕恐未該。〔二〕

【校注】

〔一〕鄭玄注《周禮》所載之"大事"時,多據《左傳·成公十三年》"國之大事,在祀與戎"之言。如《周禮·天官·大宰》:"作大事,則戒於百官。"《注》曰:"《春秋傳》曰:'國之大事,在祀與戎。'"《周禮·地官·小司徒》:"凡國之大事,致民。"《注》曰:"大事謂戎事也。"也有言它事者,如《周禮·地官·倉人》:"凡國之大事。"《注》曰:"大事,謂喪、戎。"《疏》曰:"案《左氏·成公傳》:'國之大事,在祀與戎',不言喪事。今此喪、戎,不言祀者,此經云'共道路',

惟軍戎及喪在外,行於道路,故據而言焉。祭祀遠無過在近郊之内,無在道共糧之事,故不言祭祀也。”魏氏謂鄭玄大事“盡以爲祀與戎”,不確。

〔二〕孫詒讓曰:“全經各職所掌大祭祀、大會同、大賓客、大喪、大師、大田諸事,皆爲大事。”(《周禮正義》卷六《宫正》,第二二三頁)

辨外内而時禁,稽其功緒,糾其德行。幾其出入,均其稍食,去其淫怠與其奇邪之民,〔一〕**會其什伍而教之道藝。**〔二〕

【校注】

〔一〕阮《校》曰:“《釋文》:‘衺亦作邪。’案:《經》作‘衺’,《注》作‘邪’,見《地官·司救》《音義》。”孫詒讓曰:“此經例用古字作‘衺’,注例用今字,多借‘邪’爲之。”“經例用古字作‘衺’,注例用今字作‘邪’,或本非是。”(《周禮正義》卷六《宫正》、卷一三《内宰》,第二二一、五一五頁)

〔二〕藝:《周禮·天官·宫正》作“義”。“孫校:‘“藝”,《石經》及各本并不誤,惟此本誤刻。’按:據《注》文與《疏》文,‘義’字當是‘藝’字之訛。”(北京大學出版社版《周禮注疏》,第七五頁)

鄭司農云 分别外人、内人,禁其非時出入。

鄭〔一〕 稽猶考也,計也。功,吏職也,緒其志業。

【校注】

〔一〕此節爲鄭玄對經文“稽其功緒糾其德行”所作《注》,魏氏將其與前節合爲一節,易被誤解爲鄭衆注文。仿前文例,將其單獨成節,節首加“鄭”字。

(幾又云)[**又云**幾其出入],〔一〕若今時宮中有罪,禁止不得出入,〔二〕及無引籍,〔三〕不得入宮司馬殿門也。〔四〕

【校注】

〔一〕幾又云:開慶本、安氏本、蔣抄本“又云”二字塗黑。《周禮·天官·宮正》《注》引鄭衆語作“鄭司農云幾其出入”,益齋本作“又云幾其出入”,四庫本“幾”下有“出入”。魏氏引遺漏,故據《周禮·天官·宮正》《注》引鄭衆語、益齋本,改“幾又云”爲“又云幾”,“幾”下補“其出入”三字。

〔二〕不得出入:《周禮·天官·宮正》《注》引鄭衆語作“不能出亦不得入”。阮《校》曰:“閩、監、毛本同,誤也。宋本、余本、嘉靖本‘能’作‘得’,當訂正。”

〔三〕籍:《漢書》卷九《元帝紀》注引應劭語曰:“籍者,爲二尺竹牒,記其年紀名字物色,縣之宮門,案省相應,乃得入也。”

〔四〕阮《校》曰:“諸本同。按‘殿’字疑衍。顔師古注《漢書·元帝紀》云:‘司馬門者,宮之外門也。衛尉有八屯,衛候司馬主衛士徼巡宿衛。每面各二司馬,故謂宮之外門爲司馬門。’此因賈《疏》云‘司馬門者,漢宮殿門’,遂衍‘殿’字矣。按:《疏》明言云司馬殿門者,是有‘殿’字可知。《漢官儀》云:‘公車司馬掌殿司馬門。’司馬殿門即司馬門也。”

後鄭謂〔一〕 幾荷其衣服、〔二〕持操及疏數者。〔三〕“稍食”,禄稟。“淫”,〔四〕(於)[放]濫。〔五〕“怠”,解慢。〔六〕“奇邪”,譎觚非常。五人爲伍,二伍爲什。會之,〔七〕使輩作輩學。〔八〕

【校注】

〔一〕後鄭:鄭玄《注》作“玄”。

〔二〕荷:四庫本作“呵”。阮《校》曰:“宋本、余本、嘉靖本同。監、毛本‘荷’作‘呵’,非。閩本‘呵’字剜改。蓋本作‘荷’。葉《鈔》、《釋文》、《漢制考》皆作‘荷’。《六經正誤》云:‘呵亦作荷,呼何反。又音何。《漢書》責問作呵,芙蕖作荷。’惠棟云:‘《漢書》守荷禮不作呵。萬卷堂本是。’”“幾譏,荷、苛,字并通。《春官·世婦》及《射人》經注并作‘苛’,《閽人》《司關》《萍氏》《環人》注同。《比長》注又作‘呵’。正字當作‘訶’,《説文·言部》云:‘訶,大言而怒也。’荷苛皆假字,呵即訶之俗。”(《周禮正義》卷六《宫正》,第二一九頁)

〔三〕疏:四庫本作“逾”。

〔四〕淫:鄭玄《注》上有“民宫”至“人也”。

〔五〕於:鄭玄《注》、四庫本、益齋本作“放”。孫詒讓曰:“《孟子·滕文公篇》趙注云:‘淫,放也。’《國語·周語》韋注云:‘淫,濫也。’”(《周禮正義》卷六《宫正》,第二二一頁)應作“放”,據改。濫:鄭玄《注》下有“也”。

〔六〕解:阮《校》曰:“宋本、余本、嘉靖本、閩本同。監、毛本‘解’改‘懈’。而《疏》中仍作‘解’。”按:“解”通“懈”。慢:鄭玄《注》下有“也”。

〔七〕之:鄭玄《注》下有“者”。

〔八〕使:鄭玄《注》下有“之”。學:鄭玄《注》下有“相勸”至“之令”。

鄭司農云　道謂先王所謂教道民者,[一]藝謂禮、樂、射、御、書、數。

【校注】

〔一〕所謂:《周禮·天官·宫正》《注》引鄭衆語、益齋本作"所以"。

賈　外人謂男子,[一]内人謂婦女。[二]稍食,[三]則稍稍與之。[四]禄稟,[五]其禄與之米稟。[六]"奇邪譎觚非常"者,[七]兵書有譎觚之人,[八]謂譎詐桀出,[九]觚角非常。[一〇]先鄭謂道若保氏,[一一]掌養國子以道,而教之六藝。道,則師氏"三德""三行"也。[一二]藝謂禮、樂、射、御、書、數,亦《保氏職》文也。

【校注】

〔一〕外:賈《疏》上有"辨外"至"士等"。

〔二〕女:賈《疏》下有"皆是"至"者也"。

〔三〕稍:賈《疏》上有"注鄭"至"也云"。食:賈《疏》下有"禄廪者"。

〔四〕則:賈《疏》上有"言稍"。之:賈《疏》下有"則月"至"之類"。阮《校》曰:"惠校本句首(按:即前引"禄廪者稍"句中"稍"字前)有'言'。"趙伯雄先生曰:"按:依文意有'言'字爲宜,據補。"(北京大學出版社版《周禮注疏》,第七四頁)

〔五〕禄稟:賈《疏》無。

〔六〕其禄:四庫本作"謂"。稟:賈《疏》下有"故云禄廪也"。

〔七〕奇:賈《疏》上有"注民"至"類云"。

〔八〕觚:益齋本下有“非常”。

〔九〕桀:四庫本作“杰”。按:“桀”通“杰”。《史記》卷一〇七《魏其侯傳》:“諸所與交通,無非豪桀大猾。”

〔一〇〕常:賈《疏》下有“也”。

〔一一〕先:賈《疏》上有“注五”至“令也”。謂:賈《疏》作“云”。道:益齋本作“教”,賈《疏》下有“謂先”至“民者”。若:賈《疏》上有“謂”。氏:賈《疏》下有“云”。

〔一二〕三:益齋本作“六”。“三”“六”二字互改,是古籍中常見的因二字字形相近,而頻頻誤改者。參見柴芃《史籍“三”“六”相混考》,載《浙江學刊》二〇一七年第五期。

鶴山先生曰 稍食“則稍稍與之”者,謂各以等差稍稍給之。荆公謂平班其稍食,〔一〕非是禄稟。〔二〕稟從禾,謂禄米。禄廩從广,〔三〕謂貯米之所,義各不同。

【校注】

〔一〕班:《周官新義》卷三《宫正》作“頒”。按:“班”通“頒”。

〔二〕“云‘稍食,禄稟’者,《内宰》《廩人》《掌固》注義并同。《説文·禾部》云:‘稍,出物有漸也。’《亩部》云:‘稟,賜穀也。’……易祓云:‘當是一命以上謂之禄,庶人在官者,稍食而已。’金榜云:‘《校人》“等馭夫之禄,宫中之稍食”,明稍食與禄殊也。’沈彤云:‘稍食,食之小者。《校人》“等馭夫之禄,宫中之稍食”。馭夫爲中士、下士,宫中則師圉府史以下。觀《宫正》食官府之衆寡,《内宰》食王内之人民,并稱稍食,則易説誠然。而疏以稍食爲命士以上之禄之通稱,誤矣。’案:易、金、沈三説是也。《校人》先鄭注云‘稍食謂稟’,此訓最析。《司士》云‘以德詔爵,以功詔禄,以能詔事,以久奠食’。注云‘食,稍食也’。亦以禄食并言。然則有爵則有禄,有事則有食,故《稟人》以稍食匪頒二者并舉,食异於禄明矣。以經考之,賦禄或以田,或以米粟;奠食則一以米粟,無以田者。自卿以下至命士,皆有爵者也,故皆給禄不給食。禄之多寡有定,視命數以爲差……不命之士及庶子、庶人在官者,皆無爵而有事者也,故皆給食不給禄,食之多寡無定,視其事之繁簡,功之上下,以歲時稽而均之……稍食亦曰稟食……無禄而有稟食,即所謂稍食也。……稍食,通言之或亦謂之禄……庶人在官者不得有禄,《孟子》《王制》所謂禄,實即稍食。……但經則凡言禄者皆正禄,與稍食顯有區别,鄭既未别白言之,賈疏遂并禄食爲一,使分田制禄之典與詔事奠食之法,淆混無别,其失甚矣。”(《周禮正義》卷六《宫正》,第二一九—二二一頁)

〔三〕广:四庫本作“米”,蔣抄本作“六”。

月終則會其稍食,歲終則會其行事。凡邦之大事,令於王宫之官府次舍,無去守而聽政令。

鄭 “行事”,吏職也。使居其處待所爲。

賈 稍食,〔一〕宫中官府等月禄。〔二〕行事吏職當考知功過。〔三〕大事在祀與戎,〔四〕不得去部所守而聽待政令。〔五〕

【校注】

〔一〕稍:賈《疏》上有“月終至行事釋曰”。食:賈《疏》下有“謂”。

〔二〕禄:賈《疏》下有“故至”至“會計”。

〔三〕過:賈《疏》下有“也”。

〔四〕大:賈《疏》上有“凡邦”至“國之”。戎:賈《疏》下有“則令”至“次舍”。

〔五〕令:賈《疏》下有“須有所爲”。

春、秋以木鐸脩火禁。凡邦之事,蹕。宫中、廟中則執燭。

鄭 火星以春出,以秋入,因天時而以戒。

鄭司農 讀“火”絶句,〔一〕云“禁凡(國)[邦]之事蹕”,〔二〕國有(宫正爲王執燭也)[事],〔三〕王當出,則宫正主禁絶行者,若今時衛士填街蹕也。〔四〕宫正主爲王於宫、〔五〕廟中執燭。〔六〕

【校注】

〔一〕句:鄭玄《注》、四庫本作“之”。

〔二〕國:《周禮·天官·宫正》《注》引鄭衆語、四庫本作“邦”。阮《校》曰:“嘉靖本‘邦’作‘國’。惠校本亦作‘國’云。萬卷堂本仍作‘邦’。”按:經文亦作“邦”。此處作“國”,蓋據下文“國有事”而改。據改。孫詒讓曰:“邦,舊本作‘國’,今從宋余仁仲本。”(《周禮正義》卷六《宫正》,第二二四頁)《周禮·天官·宫正》《疏》曰:“先鄭‘讀火絶之’,則火字向上爲句也。其‘禁’自與‘凡邦之事蹕’共爲一句。宫正既不掌蹕事,若如先鄭所讀,則似宫正爲王蹕,非也。”“武億云:‘《司烜氏》“中春以木鐸修火禁於國中”,此即火禁連文之徵。’案:武説是也。此凡邦之事,與上文凡邦之大事,文例亦正同。先鄭讀二句并不辭,故後鄭不從。又案:《文選》潘岳《藉田賦》云:‘宫正設門閭之蹕。’此用先鄭義也。李善注引《周禮·宫正》‘凡邦之事蹕宫中’,則與二鄭讀并不合,不可從。”(《周禮正義》卷六《宫

正》,第二二四—二二五頁)

〔三〕宫正爲王執燭也:《周禮·天官·宫正》《注》引鄭衆語、四庫本作"事"。按:下文有"宫正主爲王於宫廟中執燭",此處"宫正爲王執燭也"七字爲衍文,據删。

〔四〕也:《周禮·天官·宫正》《注》引鄭衆語下有"宫中廟中則執燭"。《周禮·天官·宫正》《疏》曰:"《漢儀》:'大駕行幸,使衛士填塞街巷,以止行人,備非常也。'""孔廣森云:'衛宏《漢舊儀》曰:輦動則左右侍帷幄者稱警,車駕則衛官填街,騎士塞路,出殿則傳蹕。'……《文選·赭白馬賦》注引應劭《漢官儀》亦云:'大駕鹵簿,五瞥校尉在前,名曰填街。'"(《周禮正義》卷六《宫正》,第二二五頁)

〔五〕於宫:賈《疏》下有"中"。

〔六〕阮《校》曰:"嘉靖本'執燭'上有'則'。"孫詒讓曰:"舊本'廟中'下有'則'字,今據宋本、注疏本删。"(《周禮正義》卷六《宫正》,第二二五頁)

後鄭〔一〕　謂事,祭事也。邦之祭社稷、七祀於宫中,〔二〕祭先公、先王於廟中,隸僕掌蹕止行者,宫正則執燭以爲明。《春秋傳》曰:"有大事於大廟。"又曰:"有事於武宫。"〔三〕

【校注】

〔一〕後鄭:鄭玄《注》作"玄"。

〔二〕七祀:中國古時祭祀的七種神靈。《禮記·祭法》:"王爲群姓立七祀,曰司命,曰中霤,曰國門,曰國行,曰泰厲,曰户,曰竈。王自爲立七祀。"《注》曰:"此非大神所祈報大事者也,小神居人之間,司察小過,作譴告者爾。……司命,主督察三命。中霤,主堂室居處。門、户,主出入。行,主道路行作。厲,主殺罰。竈,主飲食之事。《明堂月令》:'春曰其祀户,祭先脾。夏曰其祀竈,祭先肺。中央曰其祀中霤,祭先心。秋曰其祀門,祭先肝。冬曰其祀行,祭先腎。'《聘禮》曰使者出,'釋幣於行';歸,'釋幣於門'。《士喪禮》曰'疾病','禱於五祀'。司命與厲,其時不著。今時民家,或春秋祠司命、行神、山神,門、户、竈在旁,是必春祠司命,秋祠厲也。或者合而祠之。山即厲也,民惡言厲,巫祝以厲,山爲之,繆乎!"《疏》曰:"'曰司命'者,宫中小神。熊氏云:'非天之司命,故祭於宫中。'皇氏云:'司命者,文昌宫星。'其義非也。'曰中霤'者,主堂室神。'曰國門'者,國門謂城門也。'曰國行'者,謂行神在國門外之西。'曰泰厲'者,謂古帝王無後者也。此鬼無所依歸,好爲民作禍,故祀之也。"

〔三〕引文出自《春秋·昭公十五年》。《注》曰:"武宫,魯武公廟,成六年復立之。"

鶴山先生曰 《小宗伯》云:"左宗廟,右社稷。"在宫中中門之外。〔一〕則天子三朝皆可謂之廟,亦可稱宫。〔二〕先、後鄭謂蹕如漢之填街,蹕猶今之警蹕也,〔三〕亦謂之清鞭,《論語》"執鞭之士"即此。〔四〕鞭從革,而蹕本從辵。〔五〕

【校注】

〔一〕外:賈《疏》下有"也"。按:"小宗伯"至"之外",魏氏引自賈《疏》文。孫詒讓曰:"社稷當在中門内,賈依鄭義謂在中門外,非也。"又曰:"注云'庫門内雉門外之左右'者,鄭義天子五門,雉門爲中門,其外爲庫門,社稷、宗廟皆在中門外,故云雉門外庫門内也。

《朝士》注云:‘《郊特牲》譏繹於庫門内言遠,當於廟門,廟在庫門之内,見於此矣。’説與此同。《漢書·韋玄成傳》:‘玄成奏議云:禮,廟在大門之内,不敢遠親也。’案:韋據侯國三門言之,故云在大門内,大門内即中門外也。《獨斷》云:‘宗廟、社稷皆在庫門之内,雉門之外。’《玉海·郊祀》引《五經通義》云:‘大社在中門之外。’《白虎通義·社稷篇》云:‘社稷在中門之外外門之内何?尊而親之,與先祖同也。不置中門内何?敬之,示不褻瀆也。’《續漢書·祭祀志》劉注引馬融注云:‘“社稷在右,宗廟在左。或曰,王者五社,太社在中門之外惟松,東社八里惟柏,西社九里惟栗,南社七里惟梓,北社六里惟槐。’案:馬氏謂王者有五社,《白虎通義·社稷篇》引《尚書》逸篇亦同,其説不經,殊不足據。至宗廟、社稷在中門外之説,韋、馬與兩《通義》并同,即鄭所本。魏晋以後禮家,咸依其義,然實非也。劉敞云:‘天子諸侯左宗廟,右社稷,皆夾治朝,此《春秋》所云“間於兩社,爲公室輔”者也。廟在治朝之左,雉門之内。《郊特牲》曰:“繹之於庫門内,失之矣。”繹當於廟,即廟在庫門者,無失也。’又曰:‘獻命庫門之内,戒百官也。太廟之命,戒百姓也,百官疏,故戒之於外朝;百姓親,故戒之於太廟。’陳祥道説同。戴震云:‘宗廟作宫於路寢之東,社稷設壇壝於路寢之西。天子諸侯君臣日見之朝,謂之内朝,在路門外廷;斷獄蔽訟及詢非常之朝,謂之外朝,在中門外廷。《聘禮》曰“公出送賓及大門内”,《司儀》曰“出及中門之外”,廟在中門内明矣。《春秋》桓宫、僖宫灾,火自司鐸逾公宫,至桓僖二廟,廟邇公宫也。季桓子至,御公立於象魏之外,立當遠火也。《穀梁傳》曰:“禮:送女,父不下堂,母不出祭門,諸母兄弟不出闕門。”廟門謂之祭門,觀門謂之闕,亦謂之象魏。諸侯設於雉門,是以雉門謂之闕門,天子蓋設於應門。闕門在外,祭門在内,不出闕門者,得出祭門者也。《左傳》曰:“間於兩社,爲公室輔。”以朝廷執政所在爲言,宜繫君臣日見之朝,社在中門内明矣。’金鶚云:‘《司儀》“凡諸公相爲賓,及將幣交擯,每門止一相,及廟,唯上相入”。又云“諸公之臣相爲國客,及將幣旅擯,每門止一相,及廟,唯上相入”。《聘禮》亦云“公迎賓於大門内,每門每曲揖,及廟門,公揖入”。夫惟廟在中門内,賓客之入,必歷外門、中門而後及廟,故得有“每門”。若在中門外,則入大門即得及廟,何以有每門乎?《顧命》言康王即位於廟,當在既祔之後,上云“諸侯出廟門”,下云“王出在應門之内”,是廟在應門内可知也。古者女子十歲,即不出中門。《士冠禮》“適東壁,北面見於母”。鄭注:“母在闈門外,婦人入廟,由闈門。”夫婦女有助祭之禮,宗廟必時至,廟門尚不敢入,况可出中門乎?’案:劉、陳、戴、金諸家説,并謂廟不在雉門外是也。《吕氏春秋·慎勢篇》云:‘古之王者,擇天下之中而立國,擇國之中而立宫,擇宫之中而立廟。’又《墨子·明鬼下篇》云:‘昔者虞夏及商周三代之聖王,其始建國營都,曰必擇國之正壇,置以爲宗廟;必擇木之修茂者,立以爲菆社。’蓋王宫方九百步,三分之,廟社與王寢適在中三百步之内。倘如鄭説,則廟社在雉門外,前近臯門,於全宫三分在南三百步内,違中正之義矣。又劉、戴、金三家,并謂諸侯廟在雉門内,天子廟在應門内是也。依後鄭《閽人》注義,天子五門。今廟社并在路門外,夾治朝,其外有應雉庫臯四門,諸侯在雉門内,則即中門之内也。詳《大宰》《閽人》疏。又《匠人》賈疏云:‘按劉向《别録》云:“路寢在明堂之西,社稷、宗廟在路寢之西。”又云:“左明堂、辟雍,右宗廟、社稷。”皆不與禮合,鄭皆不從之矣。’案:路寢在路門内,古無异説。宗廟、社稷在路門外,明堂、辟雍在郊,二者絶不相涉,而劉謂東西并列,是謂皆在路門内矣。《説苑·修文篇》又謂天子路寢有三,曰承明,承乎明堂之後者也。此説與《别録》復异,并乖謬不可信,宜鄭之不從也。”(《周禮正義》卷六《宫正》、卷三六《小宗伯》,第二二五、一四二二——一四二

四頁)

〔二〕孫詒讓曰:“如孔説,則七祀皆在廟門内外,鄭以廟亦在宫中。但此經以廟與宫對文,明廟以祭祖考爲主,餘祀并統於宫。”(《周禮正義》卷六《宫正》,第二二五頁)周代宫室建築用於祭祀先祖的“廟”,及用於王和貴族們起居休息議政的“宫”,究竟有無异同。古代儒者多認爲“宫”“廟”無异。孫詒讓曰:“昭十五年經:‘春二月癸酉,有事於武宫。’《左傳》杜注云:‘武宫,魯武公廟。’此武宫亦廟也。”(《周禮正義》卷六《宫正》,第二二六頁)現代學者則存在較激烈争議,尤其在判定考古發現的商周大型宫室建築遺址的性質問題上,争議紛紜。如有的學者認爲,鳳雛甲組建築、扶風雲塘西周建築遺址應爲西周宗廟建築遺址;也有學者認爲,鳳雛甲組建築遺址并不是宗廟,而是君主生活起居、處理政務的寢宫;有的學者采取了謹慎的態度,多采用宗廟(生活宫室)并用的措辭。(參見郭善兵《中國古代帝王宗廟禮制研究》,人民出版社二〇〇七年版,第三二—三七頁)儘管由於目前缺乏判定這些建築物遺址性質確切標準,但考慮到先秦時期宫、廟往往并存,或相互轉變現象,從建築技術角度來看,當時宫、廟建築結構不存在較大差异。

〔三〕警蹕:《周禮·夏官·隸僕》《注》引鄭衆語曰:“蹕謂止行者,清道,若今時儆蹕。”《釋文》:“‘儆’,字又作‘警’。”

〔四〕執鞭之士:《論語·述而》:“子曰:‘富而可求也,雖執鞭之士,吾亦爲之。’”《注》曰:“雖執鞭之賤職,我亦爲之。”《疏》曰:“案《周禮·秋官》:‘條狼氏掌執鞭以趨辟,王出入,則八人夾道。公則六人,侯、伯則四人,子、男則二人。’《注》云:‘趨辟,趨而辟行人,若今卒辟車之爲也。’《序官》云:‘條狼氏下士,’故云執鞭賤職也。”

〔五〕而:益齋本作“此”。辶:四庫本作“足”。

因舉**三禮辨謂**[一] 六官之掌蹕者甚多，[二]不知康成何故專指隸僕所掌？"蹕宫門、廟門"者，閽人也。"爲内人蹕"者，[三]内豎也。率四夷之隸守王門蹕者，師氏也。[四]"若祭山林"，則"修除且蹕"者，山虞也。[五]祭則"守其厲禁而蹕"者，典祀也。[六]大喪及諸臣葬於墓而爲之蹕者，冢人也。[七]"蹕宫中之事"者，隸僕也。"邦之大事，使其屬蹕"者，大司寇也。"國之大事，使其屬蹕"者，小司寇也。"諸侯爲賓，[八]則率其屬而蹕王宫"者，[九]士師也。大軍、賓、喪、祭，則"帥其屬夾道而蹕"者，鄉士也。[一〇]"邦有大事，[一一]聚衆庶"，[一二]則"帥其屬而蹕"者，遂士也。賓客"居館，則帥其屬而爲之蹕"者，訝士也。蓋蹕所以禁止行者，各隨其職而用之，則宫正蹕於宫中明矣。[一三]

【校注】

〔一〕舉：四庫本作"記"。

〔二〕《周禮》具有"掌蹕"職責的職官甚多，詳見下文所引閽人、内豎、師氏、山虞、典祀、冢人、隸僕、大司寇、小司寇、士師、鄉士、遂士、訝士諸職。

〔三〕蹕者：安氏本、四庫本作"者蹕"。

〔四〕《周禮·地官·師氏》："使其屬帥四夷之隸，各以其兵服守王之門外，且蹕。"《注》曰："蹕，止行人不得迫王宫也。"

〔五〕《周禮·地官·山虞》："若祭山林，則爲主，而修除且蹕。"《注》曰："爲主，主辨護之也。修除，治道路、場壇。"《疏》曰："此山林在畿内王國四方，各依四時而祭。云'則爲主'者，謂主當祭事者也。'而修除'者，謂掃除糞灑。云'且蹕'者，且復蹕止行人也。"

〔六〕《周禮·春官·典祀》："及祭，帥其屬而守其厲禁而蹕之。”

〔七〕《周禮·春官·冢人》:“凡諸侯及諸臣葬於墓者,授之兆,爲之蹕,均其禁。”

〔八〕《周禮·秋官·士師》《注》曰:“謂諸侯來朝若燕饗時。”《疏》曰:“饗在廟,燕在寢。言‘於王宫’,故知燕饗時也。”

〔九〕率:《周禮·秋官·士師》作“帥”。蹕:《周禮·秋官·士師》下有“於”。

〔一〇〕鄉:四庫本作“卿”。《周禮·秋官·鄉士》:“大祭祀、大喪紀、大軍旅、大賓客,則各掌其鄉之禁令,帥其屬夾道而蹕。”《疏》曰:“‘大祭祀’,若祭天、四時迎氣,即於四郊。‘大喪紀’,當葬所經道。‘大軍旅’,王出行所經過。‘大賓客’,四方諸侯來朝,各由方而入,并過六鄉路。”

〔一一〕邦:益齋本作“衆”。

〔一二〕庶:益齋本作“士”。

〔一三〕《周禮·天官·宫正》《疏》曰:“宫正既不掌蹕事,若如先鄭所讀,則似宫正爲王蹕,非也。云‘宫中廟中削執燭’者,若不以邦之事與此宫中爲一事,則宫中、廟中何爲事,而遣宫正執燭乎?亦非也。”孫詒讓曰:“先鄭以蹕與執燭并爲宫正之事,蹕在宫外,執燭則在宫内,謂宫廟二處并當執燭也。宫正不主宫外之事,則不得在外爲王蹕,宫内之蹕,又自有隸僕掌之,故後鄭不從。”(《周禮正義》卷六《宫正》,第二二五頁)

大喪,則授廬舍,辨其親疏貴賤之居。

鄭 “廬”,倚廬也。“舍”,堊室也。〔一〕《雜記》曰:“大夫居廬,士居堊室。”

【校注】

〔一〕也：鄭玄《注》下有"親者"至"堊室"。

賈 "倚廬"者，〔一〕謂於路門之外東壁，倚木爲廬。〔二〕"堊室"者，〔三〕舍對廬，故爲堊室。堊室者，兩下爲之，與廬异，故(多)[名]堊室也。〔四〕"親者、〔五〕貴者居倚廬"者，親謂大功已上，〔六〕貴謂大夫已上。〔七〕"疏者、〔八〕賤者居堊室"者，疏謂小功、〔九〕緦麻，〔一〇〕賤謂士。〔一一〕引《雜記》，〔一二〕是諸侯之臣禮，〔一三〕不辨親疏貴賤，而别其遠近，并爲天子之臣也。

【校注】

〔一〕倚：賈《疏》上有"大喪"至"曰廬"。廬：賈《疏》下有"也"。

〔二〕《禮記·喪大記》："父母之喪，居倚廬不塗，寢苫枕凷，非喪事不言。君爲廬，宫之。大夫、士襢之。"《注》曰："宫，謂圍障之也。襢，袒也，謂不障。"《疏》曰："'居倚廬'者，謂於中門之外，東墻下倚木爲廬，故云'居倚廬'。'不塗'者，但以草夾障，不以泥塗之也。……'君爲廬，宫之'者，謂廬次以帷障之，如宫墻。'大夫、士袒之'者，襢，袒也。其廬袒露，不帷障也。案《既夕禮》《注》云：'倚木爲廬，在中門外，東方北户。'"《白虎通·喪服》："孝子必居倚廬何？孝子哀，不欲聞人之聲，又不欲居故處，居中門之外。(陳立曰："此中門即殯宫門，蓋寢門也。士止二門，大門在外，寢門在内，故爲中門也。")倚木爲廬，質反古也。不在門外何？戒不虞故也。(陳立曰："《三禮圖》載唐大曆中楊垂撰《喪服圖》云：'凡起廬，先以一木横於墻下，去墻五尺，卧於地爲楣，即立五椽於上，斜倚東墉上，以草苫之,其南北面亦以草屏之,向北開門,簾以縗布。廬形如偏屋,其間容半席,廬間施凷。'")故《禮·間傳》曰:'父母之喪,居倚廬。'於中門外東墻下,户北向。"(《白虎通疏證》,第五一四—五一五頁)

〔三〕堊:賈《疏》上有"云舍",益齋本上有"舍"。室:賈《疏》下有"也"。

〔四〕多:賈《疏》、四庫本、益齋本作"名"。按:應作"名",據改。《禮記·喪大記》:"既練,居堊室,不與人居。……既祥,黝堊。"《注》曰:"黝堊,堊室之節也。地謂之黝,墻謂之堊。"《儀禮·喪服傳》:"既練,舍外寢。"《注》曰:"舍外寢,於中門之外,屋下壘墼爲之。不塗塈,所謂堊室也。"《疏》曰:"云'既練,舍外寢'者,謂十三月服七升冠,男子除首絰而帶獨存,婦人除於帶而絰獨存。又練布爲冠,著繩,屨止舍外寢之中,不復居廬也。""惠士奇云:'倚廬不塗,既葬塗廬,塗近乎堊。《釋名》云:"堊,亞也,次也。先泥之,次乃飾以白灰。"康成謂堊室者,屋下壘墼爲之。蓋柱楣倚壁爲一偏,壘墼成屋爲兩下。然則既葬塗之,既練壘之,既祥又加黝堊,總謂之廬。'"(《周禮正義》卷六《宫正》,第二二七頁)

〔五〕親:賈《疏》上有"云"。

〔六〕已:賈《疏》作"以"。大功:喪服"五服"之一。衣裳布用七升,服期九個月。爲姑、姊妹、女子子適人者、從父昆弟等去世的親屬服之。大功已上,有斬衰、齊衰兩等喪服。

〔七〕已:賈《疏》作"以"。上:賈《疏》下有"者居倚廬"。"孫校:'"大夫以上"下,疑有"二"字屬下句。'"(北京大學出版社版《周禮注疏》,第七七頁)

〔八〕疏:賈《疏》上有"云"。

〔九〕小功:喪服"五服"之一。衣裳用十升布製成,服期五個月。爲從祖祖父母、從祖父母、從祖昆弟等去世的親屬服之。

〔一〇〕緦麻:亦稱緦衰,喪服"五服"之一。衣裳用七升半布製成,服期三個月。爲族曾祖父母、族祖父母、族父母、族昆弟、妻之父母、舅、甥、婿等去世的親屬服之。君吊臣,亦服此服。

〔一一〕士:賈《疏》下有"二者"至"之也"。"吴廷華云:'倚廬皆在寢門之東,適子當逼寢門,餘以次而東,蓋以親疏别遠近也。又曰貴賤者,爲异姓之臣言之。親者在前,疏者在後;同姓在前,异姓在後。'案:依吴説,則同一居倚廬,亦自有親疏貴賤之异,堊室亦然,足與鄭義互相備。"(《周禮正義》卷六《宫正》,第二二七頁)

〔一二〕引:賈《疏》上有"又"。記:賈《疏》下有"者"。

〔一三〕是:賈《疏》上有"彼"。臣:賈《疏》下有"其大夫"至"諸侯"。

鶴山先生云 三年之喪,自天子至於庶人,無貴賤,一也,故謂之通喪。〔一〕豈可謂貴者服輕,〔二〕賤者服重?〔三〕鄭、賈説未然。〔四〕

【校注】

〔一〕《禮記·王制》:"三年之喪,自天子達。"《注》曰:"下通庶人,於父母同。"《禮記·中庸》:"三年之喪,達乎天子。父母之喪,無貴賤一也。"《疏》曰:"唯父母之喪,無問天子及士、庶人,其服并同。"《禮記·三年問》:"夫三年之喪,天下之達喪也。"《注》曰:"達,謂自天子至於庶人。"《論語·陽貨》:"夫三年之喪,天下之通喪也。"《注》曰:"自天子達於庶人。"《疏》曰:"通,達也。謂上自天子,下達庶人,皆爲父母三年,故曰通喪也。"《孟子·滕文公上》:"三年之喪,齋疏之服,飦粥之食,自天子達於庶人,三代共之。"

〔二〕貴者:地位尊貴的人。此處指前文賈《疏》所説身份爲大夫以上者。服:喪服。輕:此處指級别、規格低。

〔三〕賤者:地位卑贱的人。此處指前文賈《疏》所説身份爲士者。重:此處指級别、規格高。據《儀禮·喪服》記載,在古代中國家庭中,若丈夫(尊者)去世,妻(賤者)爲他穿“斬衰服”(“五服”中最重的一種喪服);若妻子去世,丈夫爲她穿“齊衰”(“五服”中等級低於“斬衰”的一種喪服)。此即所謂“貴者服輕,賤者服重”。

〔四〕未然:不準確。孫詒讓曰:“引《雜記》曰‘大夫居廬,士居堊室’者,鄭彼注云:‘謂未練時也。’賈疏云:‘彼是諸侯之臣,其大夫居廬,士居堊室。彼注士居堊室,亦謂邑宰也。朝廷之士亦居廬。引之者,證貴者居廬,賤者居堊室,一邊之義耳。……’《雜記》孔疏云:‘按《間傳》云:“斬衰之喪居倚廬,既練居堊室。”’此經若練後則大夫居堊室,今云大夫居廬,明未練時也。士若非邑宰,未練之前,當與大夫同居廬……朝廷之士亦居廬者,以臣爲君喪,俱服斬衰,故知未練之前,士亦居廬也。然《周禮·宫正》注云“親者貴者居廬,疏者賤者居堊室”,引此《雜記》云“大夫居廬,士居堊室”,則是大夫以上定居廬,士以下定居堊室。此云朝廷之士亦居廬,與彼不同者,尋鄭之文,意若與王親者,雖云士賤,亦居廬……若與王無親,身又是士,則居堊室……若與王親,雖疏但是貴者,則亦居廬也。庾氏、熊氏并爲此説。……孔引庾、熊二家説,即賈氏所本。……依庾、熊、賈説,則喪服斬衰皆居倚廬,既練居堊室,乃據親者言之。《雜記》所云,爲疏者之法,則士於君,雖斬衰亦降居堊室。蓋於貴賤之中,復以親疏别爲差次。經記各舉一隅,不容泥也。”(《周禮正義》卷六《宫正》,第二二七—二二八頁)

宫伯掌王宫之士庶子,凡在版者。

鄭司農云　庶子,宿衛之官。版,名籍也,以版爲之,〔一〕今時鄉户籍謂之户版。

【校注】

〔一〕版:"《論語·鄉黨》皇疏云:'版謂邦國圖籍也。古未有紙,凡所書畫皆於版,故云版也。'《管子·宙合篇》尹注云:'版,牘也。'《説文·片部》云:'版,判也。牘,書版也。'案:判木以書之故謂之版。王充《論衡·量知篇》云:'斷木爲槧,枅之爲版,力加刮削,乃成奏牘。'然則版即牘之未甚刮削者也。亦謂之方,《哲蔟氏》注云:'方,版也。'"(《周禮正義》卷七《宫伯》,第二二九頁)

後鄭〔一〕 謂王宫之士,謂王宫中諸吏之適子也。庶子,其支庶也。

【校注】

〔一〕後鄭:鄭玄《注》作"玄"。

賈 宫伯掌王宫中卿、〔一〕大夫之適子、庶子、士之適子也。"凡在版者",子弟皆有名籍。〔二〕

【校注】

〔一〕宫:賈《疏》上有"宫伯至版者釋曰"。

〔二〕籍:賈《疏》下有"以擬"至"同也"。

荆公謂 士則衛士也,〔一〕庶子,國子之倅未爲士者也。〔二〕上言士,下言庶子,則包國子之未爲士者矣。〔三〕士庶子非王族,〔四〕則

功臣之世賢者之類。〔五〕王以自近而衛焉，〔六〕故君臣、〔七〕國家休戚一體，〔八〕上下親而内外察也。〔九〕

【校注】

〔一〕士則：《周官新義》卷三《宫伯》作“則士”，且上有“掌王”至“版者”。士：《禮書》卷四四《士庶子宿衛制》（以下簡稱《禮書》）、《周禮集説》卷二《宫正》（以下簡稱《周禮集説·宫正》）、《周禮注疏删翼》卷一《序官·宫伯》（以下簡稱《删翼》卷一）上有“蓋”。則：《周禮詳解》卷四《宫伯》（以下簡稱《周禮詳解》）、《周禮句解》卷一《宫伯》（以下簡稱《周禮句解》）、《周禮集説·宫正》、《删翼》卷一、《周官義疏》卷四《宫伯》（以下簡稱《周官義疏》）無。

〔二〕者：《周禮句解》無。

〔三〕之：《周禮詳解》無。“士則”至“者矣”：《周禮集説》卷二《宫伯》（以下簡稱《周禮集説·宫伯》）、《大學衍義補》卷一一八《治國平天下之要》（以下簡稱《大學衍義補》）、《周禮全經釋原》卷二《宫伯》（以下簡稱《周禮全經釋原》）、《周禮注疏删翼》卷三《宫伯》（以下簡稱《删翼》卷三）、《資治通鑒後編》卷九六《宋紀九六》（以下簡稱《後編》）無。“上言”至“者矣”：《周官義疏》無。包：《禮書》、《周禮集説·宫正》、《删翼》卷一無。之未爲士者：《禮書》、《周禮集説·宫正》、《删翼》卷一作“舉”。之：《周禮詳解》無。矣：《周官新義》卷三《宫伯》下有“掌其”至“子也”。

〔四〕“士則”至“王族”：《大學翼真》卷二《學校選舉之法》（以下簡稱《大學翼真》）無。“士則”至“士庶子”：《周禮訂義》卷五《宫伯》（以下簡稱《周禮訂義》）無。士：《周禮詳解》上有“又況”，《周禮全經釋原》上有“王宫之”，《後編》上有“而”。子：《後編》下有“者”。非：《周禮全經釋原》作“者”。

〔五〕賢：程元敏謂《周禮集説》卷二上有“及”字，《删翼》卷三“及”作“與”（《彙評》，第八二頁）。按：《周禮集説·宫正》“賢”上無“及”字，《周禮集説·宫伯》“賢”上有“及”字。程氏當據《周禮集説·宫伯》引王安石注为説。《大學衍義補》“賢”上有“則”字。則：《周禮全經釋原》作“與”，《大學翼真》作“王宫宿衛皆”。之類：《周禮全經釋原》作“及公卿大夫士之庶子”。

〔六〕王以自近而衛焉：《周禮詳解》《大學翼真》無。以：《周禮全經釋原》下有“其”。

〔七〕故：《大學翼真》作“此”。君臣：《大學翼真》無。

〔八〕休戚一體：《周禮集説·宫伯》、《大學衍義補》、《周禮全經釋原》、《删翼》卷三作“安危一體休戚一心”。

〔九〕“上言士”至“察也”：《周禮句解》無。“士庶子非王族”至“察也”：《删翼》卷一無。上下親而内外察也：《周禮全經釋原》無。上：《禮書》《周禮集説·宫正》上有“則”。也：《禮書》《周禮集説·宫正》作“矣”，《大學翼真》作“歟”，《周禮訂義》無。徐乾學《後編》曰：“《周禮》以士庶子衛王宫，良法也，故漢唐宿衛之職皆仿此意。然豈徽宗君臣之所能爲哉？夫當時欲求功臣之世賢者之類，則莫如元祐諸臣之親屬矣。而乃下詔，以禁錮之。則其所選充者，不過瑣瑣姻婭紈褲之子耳。雖效《周官》，亦復何益？故曰：其人存，則其政舉。未有奸邪當國而能舉行先王之政者也。噫，若蔡京者，非所謂飾六藝，以文奸言者與？”

鶴山先生云　周制：宿衛王宫皆以公族，公、卿、大夫之子弟爲之，故曰士。〔一〕至漢，宿衛周廬爲郎，〔二〕以宫廊得名，故漢署郎有四：以入貲爲郎，〔三〕如張蒼者號山郎。〔四〕疑若今之抵産，非入錢也。繼有納粟爲郎，〔五〕有久次爲郎，〔六〕如馮唐。後因武帝推恩

諸侯王子弟，乃有父任爲郎，〔七〕凡四色，〔八〕亦皆士大夫，不如後世以三衙爲宿衛。〔九〕

【校注】

〔一〕《禮記 · 文王世子》："公若有出疆之政，庶子以公族之無事者守於公宫，正室守大廟，諸父守貴宫、貴室，諸子、諸孫守下宫、下室。"

〔二〕周廬：中國古代在皇宫周圍所設置的警衛廬舍。《史記》卷六《秦始皇本紀》："縛衛令僕射，曰：'賊入此，何不止？'衛令曰：'周廬設卒甚謹，安得賊敢入宫？'"《集解》："薛綜曰：'士傅宫外，内爲廬舍，晝則巡行非常，夜則警備不虞。'"郎：即古"廊"字，指宫殿的走廊。郎官是對中國古代帝王侍從官的通稱。郎官出現於戰國時期，秦漢皆置，其職責是隨從護衛帝王，隨時就有關問題向帝王提出建議，備帝王顧問，隨時受帝王差遣辦事等。秦漢時，郎隸屬郎中令（後改名爲光禄勋），員額不定，有議郎、中郎、侍郎、郎中等名稱。郎或由任子或由文學、技藝，或由貲選充任。西漢時有入羊爲郎者。《史記》卷三〇《平準書》、《漢書》卷二四下《食貨志下》："及入羊爲郎，始於此。"

〔三〕貲：財産、財物。《史記》卷一〇二《張釋之傳》："以訾（訾：《漢書》卷五〇《張釋之傳》作'貲'。《漢書》卷五七上《司馬相如傳上》師古《注》曰：'訾讀與貲同。貲，財也。'）爲騎郎。"《集解》："蘇林曰：'顧（顧：《漢書》卷五〇《張釋之傳》作"雇"）錢若出穀也。'如淳曰：'《漢儀（儀：《漢書》卷五〇《張釋之傳》無）注》訾（訾：《漢書》卷五〇《張釋之傳》作"貲"）五百萬得爲常侍郎。'《索隱》：'訾音子移反。《字苑》云"貲，積財也"。'"《漢書》卷五〇《張釋之傳》師古《注》曰："如説是也。"

〔四〕張蒼(？—前一五二年)：陽武(今河南原陽)人。其生平、事迹具載《史記》卷九六《張丞相列傳》、《漢書》卷四二《張蒼傳》。按：據《史記》《漢書》所載張蒼履職，并無以入貲爲郎事，魏氏所言或有誤。山郎：漢代郎官的别稱。《漢書》卷六六《楊惲傳》："郎官故事，令郎出錢市財用，給文書，乃得出，名曰'山郎'。"張晏《注》曰："山，財用之所出，故取名焉。"

〔五〕《漢書》卷九九下《王莽傳下》："令民入米六百斛爲郎。"

〔六〕久次：長久擔任某一職務。《後漢書》卷六一《黄琬傳》："舊制，光禄舉三署郎，以高功久次才德尤异者爲茂才四行。"《注》曰："久次謂久居官次也。"

〔七〕《漢書》卷五四《蘇武傳》："武字子卿，少以父任，兄弟并爲郎。"《漢書》卷七二《貢禹傳》："自禹在位，數言得失，書數十上。……爲御史大夫數月卒，天子賜錢百萬，以其子爲郎。"

〔八〕四色：四種類型。指前文所述入貲爲郎、納粟爲郎、久次爲郎、父任爲郎。按：魏氏之説不確。除了上述四種爲郎官的途徑，兩漢時還有以兄任郎者。《漢書》卷六六《楊惲傳》："忠弟惲……以忠任爲郎。"《漢書》卷六八《霍光傳》："霍光字子孟，票騎將軍去病弟也。……(霍去病)乃將光西至長安，時年十餘歲，任光爲郎。"亦有因娶公主爲妻得任郎者。《後漢書》卷一〇上《皇后紀上》："帝憐郭氏，詔况子璜尚淯陽公主，除璜爲郎。"還有因妹得任郎者。《後漢書》卷二三《竇融列傳》："憲少孤。建初二年，女弟立爲皇后，拜憲爲郎。"

〔九〕宿衛：安氏本、四庫本、益齋本作"衛宿"。三衙：北宋時統轄禁兵和廂兵的中央機構，即殿前都指揮使司(殿前司)、侍衛親軍馬軍都指揮使司(侍衛馬軍司)和侍衛親軍步軍都指揮使司(侍衛步軍司)的總稱。各司各設都指揮使、副都指揮使和都虞候，共計九員，作爲三衙統兵官。三衙管轄全國的禁軍，侍衛馬、步軍司名義上還統轄各地的廂軍。南宋初，雖恢復三衙，但已無權統轄全國軍隊。三衙的軍隊僅指駐守“行在”臨安（今浙江杭州）的三支軍隊。《鶴山先生大全文集》卷一〇九《師友雅言下》：“周宫伯掌王宫之士庶子，凡在版者。《燕義》云：‘庶子，士之嫡子亦謂之庶子。’蓋公、卿、大夫之庶子，以士之嫡子配。古者在天子左右，皆公、卿、大夫、士之子。士有新士，有故士。新是初入者，故是元爲士者。漢法：有三署郎，王宫謂之光禄勛。有父任爲郎者，有以貲爲郎者，有山郎者。貲如今通柢擬之類，不是輸資於官。《景帝紀》：有廉士資筭四萬入官，後來到卜式方納粟爲郎，山郎事見《張蒼傳》。漢官制：如未央宫北闕去兩邊皆爲郎署，郎亦取廊之義，而名公、卿、大夫之子弟皆可爲耶？但漢之公、卿子弟，在禁中止見三署郎一項，不見其入官的次序，大率漢任子不立法。”

又云　漢初，蕭何創未央宫。按《三輔黄圖》，宫中有三十六殿。〔一〕高祖又創長樂宫。至武帝，於南山一邊添創甘泉、〔二〕長揚、〔三〕五柞，共爲五宫，統在北闕、東闕内，皆宫也。

【校注】

〔一〕三：益齋本作“正”。按：《三輔黄圖》記載，未央宫内有宣室殿、温室殿等二十七處宫殿，另有織室、凌室等机构官署，合計三十五處，與魏氏所説之“三十六殿”不符。

〔二〕添：安氏本作“忝”。

〔三〕揚：益齋本作“楊”。

又云 漢制:自公孫弘以前,〔一〕如貢禹、張禹雖爲公、卿,而其子無官。桑(洪)[弘]羊爲御史大夫,〔二〕亦以其子無官怨望。〔三〕惟公孫弘以宰相封侯後,〔四〕乃有子嗣爲侯。〔五〕

【校注】

〔一〕前:益齋本作"後"。按:魏氏下文提及之貢禹、張禹、桑弘羊,皆爲公孫弘稍後或後世人,則此處"前"或爲"後"之訛。

〔二〕洪:四庫本、益齋本作"弘"。按:應作"弘",據改。桑弘羊(前一五二—前八〇年):西漢武帝、昭帝時名臣。洛陽人。其生平、事迹和思想散載於《史記》卷三〇《平準書》,《漢書》卷六《武帝紀》、卷七《昭帝紀》、卷二四下《食貨志下》、卷六八《霍光金日磾傳》,桓寬《鹽鐵論》等文獻。

〔三〕《漢書》卷六六《田千秋傳》:"桑弘羊爲御史大夫八年,自以爲國家興榷筦之利,伐其功,欲爲子弟得官,怨望霍光。"

〔四〕《漢書》卷五八《公孫弘傳》:"元朔中,代薛澤爲丞相。先是,漢常以列侯爲丞相,唯弘無爵,上於是下詔曰:'……其以高成之平津鄉户六百五十封丞相弘爲平津侯。'其後以爲故事,至丞相封,自弘始也。"

〔五〕《漢書》卷五八《公孫弘傳》:"弘子度嗣侯,爲山陽太守十餘歲。"按:子嗣父爵,非如魏氏所説,始自公孫弘。西漢初,有爵位的臣僚去世後,可由嫡長子襲爵。如無嫡長子,可由他子,甚至有以妻襲爵事。《史記》卷五三《蕭相國世家》:"孝惠二年,相國何卒,謚爲文終侯。後嗣以罪失侯者四世,絶,天子輒復求何後,封續酇侯。"《漢書》卷三九《蕭何傳》:"孝惠二年,何薨,謚曰文終侯。子禄嗣,薨,無子。高后乃封何夫人同爲酇侯,小子延爲築陽侯。孝文元年,罷同,更封延爲酇侯。"《鶴山先生大全文集》卷一〇九《師友雅言下》有魏氏之論，内容與此節大致相同。兹引録如下："(洪)[弘]羊爲御史大夫，爲子求官，貢禹爲御史，子亦無官，又不封國者，父死，子爲庶人，位列侯者，有嗣侯，支庶則否。武帝用主父偃説，分封諸侯王子弟之後，庶子方有官。"

掌其政令，行其秩叙，〔一〕**作其徒役之事，授八次八舍之職事。**

【校注】

〔一〕叙：四庫本作"序"。"叙"同"序"。

鄭　秩，禄禀也。〔一〕叙，才等也。作徒役之事，大子所用。衛王宫者，必居四角四中，於徼候便也。

【校注】

〔一〕禀：四庫本、益齋本作"廩"。阮《校》曰："宋本'禀'作'廩'，誤。'禀'……賜也。"

鄭司農云　庶子衛王宫，在内爲次，在外爲舍。

後鄭謂〔一〕　次，其宿衛所在。舍，臣休沐之處。〔二〕

【校注】

〔一〕後鄭：鄭玄《注》作"玄"。

〔二〕臣：鄭玄《注》、四庫本、益齋本、蔣抄本作"其"。

賈 謂庶子衛王宮。〔一〕先鄭意,内、外次、舍有所隔絶。〔二〕

【校注】

〔一〕謂:賈《疏》無,魏氏增。庶:賈《疏》上有“注衛”至“司農云”。宫:賈《疏》下有“在内”至“破訖”。

〔二〕内外次舍:賈《疏》作“内次外舍”。絶:賈《疏》下有“故後”至“處也”。

而三**禮辨謂** 稱士者,公、卿、大夫、元士之適子,〔一〕於《大胥職》所謂學士也。稱庶子者,公、卿、大夫之庶子,於《諸子職》所謂倅也,在《掌客職》則謂之庶子,而禮眂諸侯之大夫,其體亦不輕矣。古者公、卿、大夫之子弟,元士之適子未世其爵者,則又使之偕衆子以衛王宮焉,重之至也。秦周廬設卒不以士庶子爲之,非聖人之法,此所以有望夷之禍。〔二〕

【校注】

〔一〕元士:禮書記載的周代對天子之士的稱謂。《禮記·王制》:“天子之元士視附庸。”《注》曰:“元,善也。善士謂命士也。”《疏》曰:“云‘元,善也。善士謂命士也’者,按《易·文言》云:‘元者,善之長也。’故元爲善也。按《周禮》注‘天子上士三命,中士再命,下士一命’,故云‘善士謂命士’,則上、中、下之士,皆稱元士也。天子之士所以稱元者,异於諸侯之士也。《周禮》公、侯、伯之士,雖一命,不得稱元士,其夏、殷以上,諸侯之士皆不命也。故下文云:‘小國之卿,與下大夫一命。’是士不得命也。”

〔二〕望夷:秦宫殿名。《史記》卷六《秦始皇本紀》《集解》:“張晏曰:‘望夷宫在長陵西北長平觀道東故亭處是也。臨涇水作之,以望北夷。’”《正義》:“《括地志》云:‘秦望夷宫在雍州咸陽縣東南八里。張晏云臨涇水作之,望北夷。’”故址在今陝西省涇陽縣高莊鎮五福村、二楊莊間。望夷之禍:此處指秦二世被趙高殺害於望夷宫事。《史記》卷六《秦始皇本紀》:“趙高爲丞相……自關以東,大氐盡畔秦吏應諸侯,諸侯咸率其衆西鄉。沛公將數萬人已屠武關,使人私於高,高恐二世怒,誅及其身,乃謝病不朝見。……二世乃齋於望夷宫……使使責讓高以盜賊事。高懼,乃陰與其婿咸陽令閻樂、其弟趙成謀曰:‘上不聽諫,今事急,欲歸禍於吾宗。……’使郎中令爲内應,詐爲有大賊……遣樂將吏卒千餘人至望夷宫殿門,縛衛令僕射,曰:‘賊入此,何不止?’衛令曰:‘周廬設卒甚謹,安得賊敢入宫?’樂遂斬衛令,直將吏入……二世怒,召左右,左右皆惶擾不鬬。……閻樂前即二世數曰:‘足下驕恣,誅殺無道,天下共畔足下,足下其自爲計。’二世曰:‘丞相可得見否?’樂曰:‘不可。’二世曰:‘吾願得一郡爲王。’弗許。又曰:‘願爲萬户侯。’弗許。曰:‘願與妻子爲黔首,比諸公子。’閻樂曰:‘臣受命於丞相,爲天下誅足下,足下雖多言,臣不敢報。’麾其兵進。二世自殺。”

(告)[若]邦有大事,〔一〕作宫衆,則令之。月終則均秩,歲終則均叙,以時頒其衣裘,掌其誅賞。

【校注】

〔一〕告:《周禮·天官·宫伯》、四庫本、益齋本作“若”。按:應作“若”,據改。

鄭謂 王宫之士庶子,於邦有大事,或選當行。

賈 事,〔一〕亦謂寇戎之事。作,起也。謂起宫中之衆,使士庶子行,則宫伯戒令之。月終則均其禄稟,〔二〕與《宫正》"均稍食"亦一。〔三〕"歲終則均叙",與《宫正》异,〔四〕彼宫中官府,故會其行事。此其子弟,故均其叙。〔五〕以時班衣裘,〔六〕夏時頒衣,冬時班裘。〔七〕有功即賞,〔八〕有罪則誅也。〔九〕

【校注】

〔一〕事:賈《疏》上有"若邦至令之釋曰"。

〔二〕月:賈《疏》上有"月終至誅賞釋曰"。其:賈《疏》下有"秩秩"。

〔三〕與:賈《疏》上有"則"。一:賈《疏》、益齋本下有"也"。

〔四〕正:賈《疏》下有"則"。

〔五〕叙:賈《疏》下有"叙即上注才等也"。

〔六〕班:賈《疏》作"頒",下同。賈《疏》下有"其"。鄭玄《注》曰:"班,布也。"賈《疏》曰:"賦,班也。班之與賦,皆賜授之義。"孫詒讓曰:"此與《大宰》'匪頒'義同。彼先鄭注亦云'頒讀爲班布之班,謂班賜也'。班訓布,《大史》注亦同。《小爾雅·廣詁》云:'頒,布也。'《廣雅·釋詁》云:'班,布也。'是頒班義通。"(《周禮正義》卷七《宫伯》,第二三五頁)

〔七〕班:賈《疏》、四庫本、益齋本作"頒"。裘:賈《疏》下有"掌其誅賞者"。

〔八〕有:賈《疏》上有"士庶子"。即:賈《疏》作"則"。賞:賈《疏》下有"之"。

〔九〕則:賈《疏》、四庫本作"即"。誅:賈《疏》下有"之"。也:賈

《疏》下有“注若”至“之義”。

膳夫掌王之食飲(食)[膳]羞,〔一〕以養王及后、世子。

【校注】

〔一〕食羞:《周禮·天官·膳夫》、四庫本、益齋本作“膳羞”。按:應作“膳羞”,據改。孫詒讓曰:“膳夫,《燕禮》謂之膳宰,注云‘膳宰,天子曰膳夫,掌君飲食膳羞者’是也。胡匡衷云:‘膳宰亦通稱宰夫,如《左傳》稱“膳宰屠蒯”,而《檀弓》云“蕢也,宰夫也”。《左傳》稱“宰夫胹熊蹯不熟”,而《公羊傳》云“膳宰熊蹯不熟”。是其確證。膳夫亦稱爲膳宰,《玉藻》云“皆造於膳宰”,《國語》云“膳宰不致餼”是也。《左傳》所云“宰夫將解黿”“宰夫和之”之類,皆指謂膳宰。韋昭注《國語》云“膳宰掌賓客之牢禮”,以宰夫職釋膳宰。皆由後世膳宰通稱宰夫,不能辨别,遂誤合爲一。’案:胡説是也。膳夫,《大戴禮記·保傅篇》又謂之大宰,亦與冢宰异。”(《周禮正義》卷一《天官·敘官》,第二五頁)

鄭　食,飯也。飲,酒漿也。膳,牲肉也。羞,有滋味者。凡養之具,大略有四。

賈　“膳夫掌王之食飲”者,〔一〕此一經以其職首,故略舉其目,下别敘之。“以養王及后、〔二〕世子”者,舉爵而言,〔三〕其實群臣及三夫人已下亦養之。〔四〕

【校注】

〔一〕膳:賈《疏》上有“膳夫至世子釋曰云”。食飲:四庫本作

"飲食"。按:經文亦作"食飲",鄭玄亦按先食後飲的順序釋義,四庫本改食飲先後順序。

〔二〕以:賈《疏》上有"云"。

〔三〕爵:賈《疏》作"尊者"。

〔四〕之:賈《疏》下有"注食"至"目也"。

凡王之饋,食用六穀,膳用六牲,飲用六清,羞用百有二十品,〔一〕**珍用八物,醬用百有二十罋。**

【校注】

〔一〕有:《周禮·天官·膳夫》無。阮《校》曰:"唐《石經》作'羞用百有廿品'。朱本、余本、嘉靖本、毛本'百'下皆有'有'字。《疏》中引經同。此本及閩、監本脱。《石經考文提要》云:'宋本《九經》、宋纂圖互注本、宋附《釋音》本、余仁仲本皆有"有"字。'"

鄭 進物於尊者曰饋。此饋之盛者,王舉之饌也。六牲,馬、牛、羊、豕、(大)[犬]、〔一〕鷄也。〔二〕羞,出於牲及禽獸,以備滋味,謂之庶羞。《公食禮》、〔三〕《内則》下大夫十六,上大夫二十,其物數備焉。天子、諸侯有其數,而物未得盡聞。珍謂淳熬、淳母、炮豚、炮牂、擣珍、漬熬、肝膋也。醬謂醯醢也。王舉,則醢人共醢六十罋,以五齏、七醢、七菹、三臡尼實之。〔四〕醯人共齏菹(醢)[醯]物六十罋。〔五〕

【校注】

〔一〕大:鄭玄《注》、四庫本、益齋本作"犬"。按:應作"犬",

據改。

〔二〕"云'六牲,馬牛羊豕犬鷄也'者,《牧人》注義同。《説文·牛部》云:'牲,牛完全也。'引申爲凡畜之稱。鄭意此六牲即《庖人》之六畜,故彼注云'始養之曰畜,將用之曰牲'是也。王引之云:'此六牲與《牧人》不同。《牧人》之六牲謂馬牛羊豕犬鷄,此六牲則牛羊豕犬雁魚也。蓋膳夫之食飲膳羞,與食醫之六食六飲六膳百羞相應。……牛、羊、豕、犬、雁、魚,所謂六膳也。稌、黍、稷、粱、麥、苽,所謂六食也。鄭司農以稌、黍、稷、粱、麥、苽爲六穀,其説洵不可易。由是推之,則牛羊豕犬雁魚,亦膳夫之六牲明矣。雁謂鵝也。……蓋羔與鵝皆常畜之物,故謂之牲也。魚亦可畜之池,故亦謂之牲。……鄭未考《食醫》之文,故説之未確。'案:王説是也。姜兆錫説同。此經所用者,生人膳食之六牲;牧人所掌者,鬼神祭祀之六牲也。馬尤爲大牲,不以供膳羞,惟大司馬喪祭奉之,明其不常用也。"(《周禮正義》卷七《膳夫》,第二三七頁)

〔三〕食:鄭玄《注》下有"大夫"。公食禮:此處指《公食大夫禮》,《儀禮》篇名。《儀禮·公食大夫禮》《疏》曰:"鄭《目録》云:'主國君以禮食小聘大夫之禮,於五禮屬嘉禮。'……若然,《聘禮》據侯、伯之大聘,此篇據小聘大夫者,周公設經,互見爲義。……此《公食》序在《聘禮》之下,是因聘而食之。"

〔四〕尼:魏氏增,係魏氏對"臡"字的標音。

〔五〕醢:四庫本、益齋本、阮《校》作"醯"。阮《校》曰:"嘉靖本、閩本同。監、毛本'醯'誤'醢'。《疏》中云:'醯人共醯物六十罋。'"按:應作"醯",據改。

鄭司農云　羞,進也。六穀,稌、黍、稷、(梁)[粱]、〔一〕麥、苽。[苽],雕胡也。〔二〕六清,水、漿、〔三〕醴、涼、醫、酏。〔四〕

【校注】

〔一〕粱:四庫本、益齋本作"梁"。阮《校》曰:"朱本同,誤也。余本、嘉靖本、閩、監、毛本'梁'作'粱',從米,當訂正。此本《疏》中亦從米。"按:應作"粱",據改。

〔二〕雕:《周禮·天官·膳夫》《注》引鄭衆語、益齋本上有"苽"。按:當有"苽",據補。

〔三〕漿:安氏本、益齋本作"醬"。

〔四〕"《釋文》云:'醇,本又作涼。又酏作酏。'案:此即《漿人》之六飲也。彼文醇亦作涼。酏即酏之俗,陸本非。"(《周禮正義》卷七《膳夫》,第二四一頁)

賈　進物於尊者曰饋,〔一〕鄭注《玉府》云:〔二〕"通行曰饋。"〔三〕"羞出於牲及禽獸"者,〔四〕釋經"羞用百有二十品",此庶羞皆(及)[出]於牲及禽獸。〔五〕案《公食大夫》,下大夫十六豆中,從膷臐膮已下,皆出於牲,不見有出禽獸者。上大夫加以雉、兔、鶉、鴽,此則出禽獸也。以其有牲及禽獸,故云"備滋味[謂]之庶羞"也。〔六〕《内則》云"雉、兔、鶉、鴽"四豆,添前十六,則是二十,〔七〕是上大夫禮。〔八〕天子、〔九〕諸侯有其數,〔一〇〕此經云"百有二十",〔一一〕是天子有其數。《掌客》云:"上公食四十,侯、伯三十二,子、男二十四。"是諸侯有其數也。〔一二〕天子、〔一三〕諸侯之數,皆從上大夫二十豆上加之,〔一四〕《内則》云"牛脩及爵、鷃、蜩、范、芝栭"已下三十一物,鄭《注》云:"人君燕食所加庶羞也。"〔一五〕天子羞百有二十品,〔一六〕記者不能次録。〔一七〕八珍謂淳熬已下,〔一八〕皆《内則》文。〔一九〕淳熬,煎醢加於陸稻上,沃之以膏,曰淳熬。淳母,〔二〇〕煎醢加於黍食上,〔二一〕沃之以膏,曰淳母。母,模也。炮,取豚若牂,〔二二〕(封)[刲]之刳之,〔二三〕實棗於其腹中,(遍)[編]萑以苴之,〔二四〕塗之以墐塗,〔二五〕炮之。塗皆乾,〔二六〕擘之,濯手以摩之,去其皾。爲稻(米)[粉],〔二七〕糔溲之以爲酏,以付豚,煎諸膏,膏必滅之。巨鑊湯,以小鼎薌脯於其中,使其湯毋滅鼎,三日三夜毋絶火,而後調之以醯醢。擣珍,取牛、羊、麋、鹿、麇之肉,必脢,每物與牛若一。捶之,〔二八〕反側之,去其餌,孰,〔二九〕出之,去其皾。〔三〇〕(遍)[編]萑,布牛肉焉,屑桂與薑以灑諸上,而鹽之,乾而食之。施羊,亦如之。〔三一〕肝膋,取狗肝一,幪之以其膋,濡炙之,舉焦其膋,〔三二〕不蓼也。〔三三〕是爲八珍。彼有糝與餰,彼是羞豆之實,非珍,故不取。云"醬謂醯、醢也"者,醬是總名。知醬中兼有醯、醢者,經云百有二十甕,醢人共醢六十甕,醯人共醯六十甕。〔三四〕鄭司農云六穀,知有稌、黍、稷、粱、麥、苽者,據《食(醬)[醫]》而知。〔三五〕"苽,〔三六〕雕胡"者,〔三七〕南方見有苽米。〔三八〕酏良醫翳。〔三九〕

【校注】

〔一〕進:賈《疏》上有"注進"至"釋曰鄭云"。饋:賈《疏》下有"者"。

〔二〕鄭:賈《疏》上有"據此"至"曰饋"。

〔三〕饋:賈《疏》下有"者彼"至"牲也"。

〔四〕羞:賈《疏》上有"云"。

〔五〕此:益齋本作"然",賈《疏》下有"羞"。及:賈《疏》、益齋本作"出"。按:鄭玄《注》作"出",則此處當作"出",據改。

〔六〕滋味之:益齋本此三字處爲一墨釘。味:賈《疏》下有

“謂”;益齋本此處雖無文字,但據其缺三字,則益齋本當亦無“謂”字,據賈《疏》補。也:賈《疏》下有“引公”至“夫禮”。

〔七〕是:賈《疏》無。

〔八〕禮:賈《疏》下有“云其”至“有焉”。

〔九〕天:賈《疏》上有“云”。

〔一〇〕數:賈《疏》、益齋本下有“者”。

〔一一〕十:賈《疏》下有“者”。

〔一二〕也:賈《疏》下有“又云”至“聞者”。

〔一三〕天:賈《疏》上有“謂”。

〔一四〕之:賈《疏》下有“則二十豆聞之矣”。

〔一五〕人:賈《疏》上有“皆”。

〔一六〕天:賈《疏》上有“周禮”。羞:賈《疏》下有“用”。

〔一七〕録:賈《疏》下有“亦是”至“聞也”。

〔一八〕八:賈《疏》作“云”。

〔一九〕文:賈《疏》下有“案内則”。

〔二〇〕母:《禮記·内則》作“毋”,四庫本作“毋”。下同。《禮記·内則》阮《校》曰:“‘淳毋’,閩本同,《石經》同,岳本同,嘉靖本同,衛氏《集説》同,監、毛本‘毋’誤‘母’,《注》《疏》放此。《石經考文提要》云:‘按《正義》,毋是禁辭,非膳羞之體,故讀從模,宋本《九經》、南宋巾箱本并做“毋”。’”孫詒讓引亦作“毋”。(《周禮正義》卷七《膳夫》,第二三九頁)吴金華曰:“‘毋丘’,百衲本作‘母丘’,宋本《册府元龜》卷九六八《外臣部》引此文也作‘母丘’,反映了古本的面貌。這可從四個方面得到證明。證一:漢代有姓‘曼邱’的,後來作‘母邱’,見《漢書·高帝紀》及顔師古注;《隸釋》卷二七有《魏酸棗令母丘悦碑》,是曹魏時已寫作‘母丘’。證二:本文在吴本中作‘毋丘’,舊本《晋書·文帝紀》等《紀》《傳》也作‘毋丘’,唐何超《晋書音義》曰:‘毋丘,音無。下同。’是唐代訓詁家讀‘無’,‘無’與‘母’古音相近。《資治通鑒》卷七三也作‘毋丘’,胡三省注:‘毋丘,復姓,毋音無。’是宋元之際的學者仍承唐以前之説。證三:顧炎武《日知録》卷二三論‘二字姓改一字’曰:‘如馬宫本姓“馬矢”,改爲“馬”。’‘“母丘”“母將”之類,則去而爲“母”。’是明清之際的學者對‘母’姓仍能探其本源。證四:近年曾見連雲港市東海尹灣漢墓出土簡牘有寫着‘毋丘’字樣的姓氏,證之以古印,可知‘母丘’‘曼丘’‘毋丘’是一個姓氏的同音异寫。大概是‘母丘’在連讀過程中發生了音變,從唐代起已有人讀成‘毌丘’,宋刻本《魏志》等有時作‘母丘’或‘毋丘’,有時作‘毌丘’,這種混亂折射出從‘母’到‘毌’的演變過程。”(《三國志叢考》,第六四—六五頁)

〔二一〕醢:四庫本作“醯”。

〔二二〕牂:《禮記·内則》作“將”。《禮記·内則》《注》曰:“‘將’當爲‘牂’,牂,牡(阮校曰:“閩、監、毛本同,岳本同,嘉靖本同,衛氏《集説》同,惠棟校宋本‘牂牂牡’作‘牂牂牝’。宋、監本同,《考文》引古本、足利本‘牡’亦作‘牝’。”按:《周禮正義》卷七《膳夫》第二三九頁引亦作“牝”)羊也。”《疏》曰:“以經云‘取豚若將’,則將是豚類,故知‘將’當爲‘牂’,聲相近,又字體一邊相似。”

〔二三〕封:賈《疏》、四庫本、益齋本作“刲”。按:應作“刲”,據改。

〔二四〕遍:賈《疏》、四庫本、益齋本、《禮記·内則》作“編”。下同。按:應作“編”,據改。苴:賈《疏》作“塗”。阮《校》曰:“此本‘苴’誤‘塗’,據閩、監、毛本訂正。”

〔二五〕墐:《禮記·内則》作“謹”。《禮記·内則》《注》曰:“‘謹’當爲‘墐’,聲之誤也,”《疏》曰:“云‘謹當爲墐’者,以謹非泥塗之物,以聲相近,故爲‘墐’也。”

〔二六〕《禮記·内則》《釋文》:"炮之,絶句。涂皆乾,絶句。涂,本亦作塗。"

〔二七〕米:賈《疏》、四庫本、益齋本、《禮記·内則》作"粉"。按:應作"粉",據改。

〔二八〕捶之:《禮記·内則》、賈《疏》、四庫本、益齋本作"捶"。

〔二九〕孰:四庫本作"熟"。按:"孰"通"熟"。

〔三〇〕皽:賈《疏》下有"柔其"至"其皽"。賈《疏》對所抄録之《禮記·内則》相應文字,略有改寫。郭齊先生曰:該條於"去其皽"下遺漏"柔其肉……去其皽"近四十字,致"擣珍""漬""爲熬"三珍雜糅,文意不通,蓋涉下"爲熬"條之"去其皽"而漏抄漏刻,應據《内則》本文補足。[郭齊:《魏了翁文集版本優劣考辨》,載《四川師範大學學報(社會科學版)》二〇一四年第二期]郭齊先生將此作爲吴本、四庫本存在嚴重缺陷的例證。然此處删略賈《疏》,非吴本、四庫本僅有,開慶本、安氏本、益齋本均無。似爲魏氏抄録時,即删此近四十字所致。

〔三一〕之:《禮記·内則》下有"施麋"至"煎之"。

〔三二〕焦:益齋本此字處爲一墨釘。阮《校》曰:"閩、監、毛本'焦'改'燋',非。案今《内則》作'燋',《釋文》:'舉焦,字又作燋。'陸、賈所據本正合。'焦'字下已從火,更加火旁,俗作也。按《説文》有'燋'字。"

〔三三〕也:《禮記·内則》無。

〔三四〕共醢:賈《疏》下有"物"。醢:賈《疏》下有"故鄭"至"具釋"。

〔三五〕醬:賈《疏》作"醫"。按:應作"醫",據賈《疏》改。

〔三六〕苽:賈《疏》上有"云"。

〔三七〕胡:賈《疏》下有"也"。

〔三八〕米：賈《疏》下有“一名”至“漿醴”。

〔三九〕醫：賈《疏》下有“酏者漿人文也”。“良”“翳”係魏氏分别爲“誏”“醫”所標音讀。

鶴山先生云 饋，上、下通用。後鄭於此言“進於尊者曰饋”，《玉府》《注》又云“通行曰饋”。〔一〕自無定論，如此者不一。〔二〕六牲本用馬牲、狗牲，〔三〕今宗廟中不用此二者。熙寧間，有人建議用馬牲，竟不行。〔四〕此一節言天子備物之享，〔五〕第《詩》《書》皆無及此禮者。《周禮》一部可疑，〔六〕此亦其一。王荆公專本此意，〔七〕以人主當享備物極。〔八〕至童貫、王黼專創應奉司，〔九〕以啓人主侈心，禍至不可勝言。〔一〇〕學術誤國，原於康成，先儒未有發此義者。〔一一〕

【校注】

〔一〕“又云”以下：益齋本未接前文“鶴山先生云”至“玉府注”，而是另起一行，單獨成節。

〔二〕孫詒讓曰：“此謂膳夫親進饋於王也。《説文·食部》云：‘饋，餉也。’《淮南子·詮言訓》許慎注云：‘饋，進食也。’《士虞禮》‘特豕饋食’，注云：‘饋猶歸也。’凡經典於生人飲食、鬼神祭享通謂之饋，亦并取進餉之義，本不辨尊卑，鄭緣文爲訓耳。”（《周禮正義》卷七《膳夫》，第二三七頁）

〔三〕《周禮·天官·膳夫》《注》曰：“六牲，馬、牛、羊、豕、犬、鷄也。”孫詒讓曰：“云‘六牲，馬牛羊豕犬鷄也’者，《牧人》注義同。……鄭意此六牲即《庖人》之六畜……王引之云：‘此六牲與《牧人》不同。《牧人》之六牲謂馬牛羊豕犬鷄，此六牲則牛羊豕犬雁魚也。……鄭未考《食醫》之文,故説之未確。'案:王説是也。姜兆錫説同。此經所用者,生人膳食之六牲;牧人所掌者,鬼神祭祀之六牲也。馬尤爲大牲,不以供膳羞,惟大司馬喪祭奉之,明其不常用也。"(《周禮正義》卷七《膳夫》,第二三七頁)

〔四〕"饋上"至"不行":《周禮注疏删翼》卷三《膳夫》(以下簡稱《删翼》)無。

〔五〕節:四庫本下有"凡"。天子:四庫本作"王",《删翼》作"王人"。《左傳·僖公三十年》:"國君,文足昭也,武可畏也,則有備物之饗,以象其德。薦五味,羞嘉穀,鹽虎形,以獻其功。"

〔六〕一部:《删翼》無。

〔七〕王荆公:四庫本、益齋本此三字未塗黑。按:"王荆公"以下,係魏了翁徵引王安石之説爲論,無需塗黑,故從四庫本、益齋本。

〔八〕極:益齋本作"及"。按:若作"極",則屬上句。若爲"及",則屬下句。

〔九〕應奉司:北宋徽宗於宣和三年(一一二一年)設官署名。宋徽宗曾於崇寧四年(一一〇五年)置應奉局,總領花石綱事務,搜刮各地珍物异寶,供奉宫廷,激發民怨。方腊起義爆發後,被迫取消。宣和三年又恢復諸應奉局,置應奉司總領之,職掌與前同。

〔十〕禍:此處指北宋末徽宗大肆揮霍享受,政治腐敗,國力衰弱,終引起滔天灾禍。則魏氏此處所説的"不可勝言"之"禍",當指"靖康之變",北宋覆滅。

〔一一〕發:《删翼》作"及"。

王日一舉,鼎十有二,物皆有俎。以樂侑食,膳夫(受)[授]祭,〔一〕品嘗食,〔二〕王乃食。卒食,以樂徹於造。

【校注】

〔一〕受:《周禮·天官·膳夫》、四庫本作“授”。按:應作“授”,據改。

〔二〕品:安氏本作“始”。

鄭 殺牲盛饌曰舉。“王日一舉”,以朝食也。后與王同庖。“鼎十有二”,牢鼎九,陪鼎三。物謂牢鼎之實,亦九俎。

賈 一日食有三時,〔一〕同食一舉。〔二〕“鼎十有二”,〔三〕案《聘禮》“致饔餼”,《注》“飪一牢,〔四〕鼎十有二”是也。牢鼎九,在西階前。云牛、〔五〕羊、豕、魚、腊、腸、胃(司)[同]鼎,〔六〕膚、鮮魚、鮮腊。云“陪鼎三”者,當内(廉)[兼]臐、〔七〕膷、膮,并陪牛、羊、豕鼎後是也。〔八〕云“亦九俎”者,陪鼎三,膷、臐、膮者,謂庶羞在於豆,唯牢鼎之物各在俎,故云“亦九俎”。案趙商問:“王日一舉,鼎十有二,是爲三牲備焉。商案《玉藻》:‘天子日食少牢,朔月太牢。’”〔九〕鄭答云:“《禮記》,後人所集。〔一〇〕《王制》之法,與禮違者多,當以經爲正。”〔一一〕此《周禮》周公太平法,《玉藻》據衰世,或异代,〔一二〕故與此不同。案《大司樂》云:〔一三〕“王大食,皆令奏鐘鼓。”大食是朔食,〔一四〕日舉之樂,〔一五〕不言之。〔一六〕殷祭肝,〔一七〕周祭肺。但祭肺有二種:一者名爲舉肺,亦名離肺,此爲食而有也。〔一八〕二者名爲祭肺,亦名刌肺,此爲祭而有也。王將食,必祭先,膳夫授之。〔一九〕備火齊不得,〔二〇〕膳夫品皆嘗之,〔二一〕王乃食。〔二二〕天子徹食作樂,〔二三〕樂章未聞,惟祭祀《雍》以徹。〔二四〕造,後鄭云“作也”,〔二五〕先鄭云“徹置故處”,〔二六〕皆謂造食之處,〔二七〕即厨也。〔二八〕

【校注】

〔一〕一:賈《疏》上有“王日”至“也者”。

〔二〕舉:賈《疏》下有“案玉”至“可知”。

〔三〕鼎:賈《疏》上有“云”。二:賈《疏》下有“牢鼎九陪鼎三者”。

〔四〕注:賈《疏》、四庫本下有“云”。

〔五〕云:賈《疏》無。

〔六〕司:賈《疏》、四庫本、益齋本作“同”。按:“司”無義,或因抄刻者筆誤,或因字迹漫湮,導致“同”字缺筆。應作“同”,據改。

〔七〕廉:賈《疏》、四庫本、益齋本作“兼”。按:應作“兼”,據改。

〔八〕也:賈《疏》下有“云物”至“類也”。

〔九〕牢:賈《疏》下有“禮數”至“其説”。

〔一〇〕集:賈《疏》下有“據時”至“據也”。

〔一一〕正:賈《疏》下有“若然”。

〔一二〕或:賈《疏》下有“是”。

〔一三〕案:賈《疏》上有“以樂”至“可知”。

〔一四〕大:賈《疏》上有“彼”。大食之食:益齋本此處爲一墨釘,賈《疏》、益齋本下有“自”。

〔一五〕樂:賈《疏》下有“大司樂或不令奏”。

〔一六〕不:賈《疏》、益齋本上有“故”。之:賈《疏》下有“矣”。

〔一七〕殷:賈《疏》上有“無妨”至“侑猶至者也釋曰”。按:其中“王將”至“乃食”,魏氏後移至“此爲祭而有也”句下。

〔一八〕食:益齋本下有“祭”。

〔一九〕之:賈《疏》下有“云品”至“注云”。按:其中“王將”至“乃食”,賈《疏》在“殷祭肝”前,魏氏引時顛倒其先後順序。

〔二〇〕得:賈《疏》下有“也”。

〔二一〕膳:賈《疏》、益齋本上有“故”。品:賈《疏》下有“物”。

〔二二〕食:賈《疏》下有“也”。

〔二三〕天:賈《疏》上有“卒食”至“終也”。

〔二四〕“天子”至“以徹”:此十六字爲魏氏改寫。賈《疏》原文作“天子食終徹器之時,作樂以徹之。但天子祭祀,歌《雍》以徹,徹食器之時樂章未聞也。”

〔二五〕造後鄭云:賈《疏》作“後鄭云造”。後:賈《疏》上有“注造作也至故處釋曰”。

〔二六〕處:賈《疏》下有“二鄭義同”,益齋本下有“者”。

〔二七〕皆:益齋本無。

〔二八〕厨:賈《疏》下有“是”。也:賈《疏》下有“案内”至“於造”。“注云‘造,作也’者,《爾雅·釋言》文。……賈疏云:‘二鄭義同……。’惠士奇云:‘《大祝》注云“故書造作竈”,然則古文造竈通矣。《吴越春秋》“勒馬銜枚,出火於造,闇行而進”。案“造”《吴語》作“竈”,所謂係馬舌,出火竈。《龜策傳》灼鑽之處,亦以造名。注造音竈,本此。……’案:惠説甚確。……竈,《禮經》謂之爨,《有司徹》云‘乃燅尸俎’,注云‘温尸俎於爨’是也。”(《周禮正義》卷七《膳夫》,第二四七頁)

鶴山先生云 禮:飲食必祭,示有所先。〔一〕凡祭,皆祭先造食者。〔二〕今士大夫此禮已廢,惟公燕,開酒先酹於地近之。釋、老二氏飲食尚先祭。

【校注】

〔一〕“禮飲”至“所先”:鄭玄對《周禮·天官·膳夫》“膳夫授祭”所作《注》文。

〔二〕“凡祭”至“食者”：賈公彦對《周禮·天官·膳夫》“膳夫授祭”，及鄭玄《注》“禮：飲食必祭，示有所先”所作《疏》文。《周禮·春官·大祝》《注》曰：“玄謂九祭，皆謂祭食者。”《疏》曰：“‘玄謂九祭皆謂祭食’者，謂生人將食，先以少許祭先造食者，故謂之祭食。”“《曲禮》：‘主人延客祭。祭食，祭所先進，殽之序，遍祭之。’注云：‘祭，祭先也，君子有事，不忘本也。’又《士昏禮》注云：‘必爲所祭者謙敬，示有所先也。’《論語·鄉黨》皇疏云：‘祭謂祭食之先也。夫禮，食必先取食種種出片子置俎豆籩地，名爲祭。祭者，報昔初造此食者也。君子得惠不忘報，故將食而先出報也。’《釋文》引干注云：‘祭五行六陰之神與民起居。’案：依鄭、賈説，凡食祭，泛祭先造食之人，無所主命。干氏謂祭五行六陰之神，五行即十日，六陰即十二辰，六陽六陰也。其説不知何據。”（《周禮正義》卷七《膳夫》，第二四六頁）這一禮儀，至少在商代，出於敬畏虔誠心態，時人一般也是先祭後饗。（參見宋鎮豪《夏商社會生活史》，中國社會科學出版社一九九四年版，第三一四頁）

三禮辨 陪鼎三，膷音香，〔一〕牛臛也。膷許雲切，〔二〕羊臛也。膮許堯切，〔三〕豕臛也。〔四〕牢鼎九，所謂俎實也。陪鼎三，所謂豆實也。皆所謂羞也。

【校注】

〔一〕音香：《周禮折衷》諸本此二字与“膷”字字號同。按：“音香”二字應是李心傳对“膷”字所標音讀。此處仿前文例，將此二字字號調小。下“許雲切”“許堯切”是李心傳引《禮記·内則》《釋文》，分别對“臐”“膮”二字所標音讀，處理方式與“音香”二字同，後文不再一一出注。

〔二〕切：《禮記·内則》《釋文》作“反”。

〔三〕切:《禮記·内則》《釋文》作“反”。

〔四〕《儀禮·公食大夫禮》《注》曰:“膷、膮、膮,今時臛也。牛曰膷,羊曰膮,豕曰膮,皆香美之名也。”《禮記·内則》《釋文》:“膮,許堯反,豕臛也。《字林》云:‘豕羹也,火攸反。’”

荆公　“品嘗食”,〔一〕養至尊當慎故也,〔二〕其所防也微矣。〔三〕

【校注】

〔一〕品:《周官新義》卷三《膳夫》上有“膳夫”至“仁焉”。食:《周官新義》卷三《膳夫》、《周禮詳解》卷四《膳夫》(以下簡稱《周禮詳解》)、《周禮集説》卷二《膳夫》(以下簡稱《周禮集説》)下有“者”,《周禮訂義》卷六《膳夫》無。

〔二〕養:《周禮集説》上有“每物皆嘗之”。慎故也:《周禮集説》作“謹之”。慎:《周禮訂義》卷六《膳夫》作“謹”。

〔三〕其:《周禮訂義》卷六《膳夫》無。也:《周禮訂義》卷六《膳夫》作“者”,《周禮集説》無。矣:《周官新義》卷三《膳夫》下有“事君”至“於造”。

王齋,日三舉。大喪則不舉,大荒則不舉,大(礼)[札]則不舉,〔一〕天地有灾則不舉,邦有大故則不舉。

【校注】

〔一〕礼:安氏本作“禮”,《周禮·天官·膳夫》、四庫本、益齋本作“札”。按:應作“札”,據改。

鄭司農云 齋必變食。

賈 齋必變食,〔一〕謂加牲體至三大牢。〔二〕

【校注】

〔一〕齋:賈《疏》上有"王齊"至"散齊致齊"。賈《疏》曰:"'齊必變食',《論語》文。"按:此語出自《論語·鄉黨》。

〔二〕謂:賈《疏》作"故"。牢:賈《疏》下有"案玉"至"語文"。

鄭〔一〕 大荒,凶年。大札,疫癘。〔二〕天灾,日、月晦食。地灾,崩動。〔三〕大故,寇(戍)[戎]之事。〔四〕

【校注】

〔一〕此節爲鄭玄《注》文。諸本將其與前節合爲一節,易被誤解爲賈《疏》文。仿前文例,將其單獨成節,節首加"鄭"字。

〔二〕癘:鄭玄《注》下有"也"。

〔三〕動:鄭玄《注》下有"也"。

〔四〕戍:鄭玄《注》、四庫本、益齋本、蔣抄本作"戎"。按:應作"戎",據改。

司農云〔一〕 大故,刑殺也。《春秋傳》曰:"司寇行戮,君爲之不舉。"

【校注】

〔一〕司:《周禮·天官·膳夫》《注》引鄭衆語上有"鄭"。此節爲《周禮·天官·膳夫》《注》引鄭衆語,諸本將其與前節合爲一節,節首雖有“司農云”,但未塗黑。仿前文例,將其獨立成節,節首“司農云”三字加粗。

賈〔一〕 此經數事不舉,〔二〕司農意謂不舉樂,〔三〕但(比)[此]膳夫不舉,〔四〕在食料之中,不舉即是不殺牲。〔五〕

【校注】

〔一〕此節爲賈《疏》文。諸本將其與前節合爲一節,易被誤解爲《周禮·天官·膳夫》《注》引鄭衆語。仿前文例,將其單獨成節,節首加“賈”字。

〔二〕此:賈《疏》上有“大喪”至“舉樂”。經:益齋本無。

〔三〕意:賈《疏》下有“亦”。樂:賈《疏》下有“故引以爲證”。“《漢書·五行志》引《左氏説》曰‘不舉,去樂也。’則西漢時已誤解矣。”(《周禮正義》卷七《膳夫》,第二五〇頁)

〔四〕比:賈《疏》、四庫本、益齋本、蔣抄本作“此”。按:應作“此”,據改。夫:賈《疏》下有“云”。

〔五〕牲:賈《疏》下有“引司”至“舉樂”。孫詒讓曰:“凡不舉并謂不特殺牲也。蓋食魚腊之屬。大喪則又不肉食,禮尤殺也。”(《周禮正義》卷七《膳夫》,第二四九頁)

鶴山先生云 二義俱備。〔一〕

【校注】

〔一〕二義俱備:此四字非賈《疏》文,或爲魏氏語。仿前文例,將其單獨成節,於節首加“鶴山先生云”。

荆公 祭祀之齋,[一]不御於内,[二]不聽樂,不飲酒,不膳葷,[三]不以哀樂欲惡貳其心,[四]又去物之可以昏憒其志意者,[五]而致養其氣體焉。[六]然後可以交神明矣。[七]大荒、[八]大喪、[九]大札,[一〇]天地有災、[一一]邦有大故不舉者,[一二]王以能順承天地,[一三]和理神人,使無災害變故,宜饗備味,[一四]聽備樂。今不能然,則宜貶損而不舉。[一五]

【校注】

〔一〕祭祀:文淵閣本、《經苑》本、《四部叢刊初編》本《周官新義》卷三《膳夫》作"孔子",《墨海》本《周官新義》卷三《膳夫》作"君子"。之:《周官義疏》卷四《膳夫》(以下簡稱《周官義疏》)作"致"。

〔二〕御於:《三禮考注》卷三《膳夫》(以下簡稱《三禮考注》)作"敢御"。於:《周禮要義》卷四《膳夫》(以下簡稱《周禮要義》)、《周官義疏》、益齋本無。

〔三〕"祭祀"至"膳葷":《周禮詳解》卷三二《蜡氏》(以下簡稱《周禮詳解》卷三二)、《周禮集説》卷九上《蜡氏》(以下簡稱《周禮集説》)、《周禮注疏删翼》卷二五《蜡氏》(以下簡稱《删翼》)作"大祭祀先王所以致精神之至而交乎神明之隱",《周禮全經釋原》卷一一《蜡氏》(以下簡稱《周禮全經釋原》)作"大祭祀所以致精神之至以交乎神明之德"。據《周禮詳解》卷三二,《周禮集説》《删翼》所謂"王氏曰"中的王氏,應指王昭禹。膳:《三禮考注》作"茹"。葷:《周官義疏》、《周官新義》卷三《膳夫》下有"喪者"至"見也",《三禮考注》《周禮要義》下有"凡可以亂其精神者,無不去也。喪者弗見,不蠲,則弗見。凡可以褻瀆其志意者,無不去也"。

〔四〕不:《周官新義》卷三《膳夫》、《周官義疏》上有"蓋"。欲惡:《周禮全經釋原》作“惡欲”。

〔五〕“不以”至“物之”:《三禮考注》作“凡”。可以:《周官義疏》無。昏憒:《三禮考注》作“褻瀆”。意:《刪翼》作“氣”。者:《三禮考注》下有“無不去也”,《周禮詳解》卷三二、《周禮集説》下有“焉”。

〔六〕“不以”至“體焉”:《三禮考注》無。而致養其氣體焉:《周官義疏》作“所以致精明之至”。焉:《周官新義》卷三《膳夫》下有“則所以致精明之至也”。

〔七〕“祭祀”至“明矣”:《樂書》卷二《禮記訓義》(以下簡稱《樂書》)、《禮記集説》卷三〇無。然:《周官新義》卷三《膳夫》、《三禮考注》上有“夫”。夫然後可:《周官義疏》無。交:《三禮考注》下有“於”。矣:《周官義疏》作“也”,《三禮考注》無。《周官新義》卷三《膳夫》下有“然此”至“幾焉”。

〔八〕大:《樂書》《禮記集説》上有“古者天子”。

〔九〕大荒大喪:《樂書》、《禮記集説》、《周官新義》卷三《膳夫》作“大喪大荒”。

〔一〇〕大:《周官新義》卷三《膳夫》上有“喪荒”至“不舉”。札:《樂書》、安氏本作“礼”,《樂書》、《禮記集説》、《周官新義》卷三《膳夫》下有“則不舉”。

〔一一〕灾:《周官新義》卷三《膳夫》下有“則不舉”。

〔一二〕“祭祀”至“大故”:《周禮詳解》卷四《膳夫》(以下簡稱《周禮詳解》卷四)無。不:《周禮詳解》卷四上有“若此屬而王皆”。故:《樂書》、《禮記集説》、《周官新義》卷三《膳夫》下有“則”。舉:《樂書》下有“至於”至“宜哉”。者:《樂書》《禮記集説》無。

〔一三〕王:《周禮詳解》卷四上有“蓋”,下有“所”。王以:《樂書》《禮記集説》作“蓋天子”。順承:《樂書》、《周禮詳解》卷四、《禮記集説》、《周官新義》卷三《膳夫》作“承順”。

〔一四〕味：孔繼涵抄校本《周官新義》卷三《膳夫》作“位”。《四庫全書考證》卷八：‘原本“味”訛“位”，今改。’”宜：《周官新義》卷三《膳夫》上有“故”，《周禮詳解》卷四上有“然後”，《樂書》《禮記集説》作“然後可以”。

〔一五〕“而致”至“不舉”：《周禮詳解》卷三二、《周禮集説》、《刪翼》、《周禮全經釋原》無。“大荒”至“不舉”：《三禮考注》《周官義疏》無。“今不”至“不舉”：《樂書》《禮記集説》無。則：《周禮詳解》卷四、《周官新義》卷三《膳夫》無。貶損：《周禮詳解》卷四、《周官新義》卷三《膳夫》作“自貶”。不：《周禮詳解》卷四、《周官新義》卷三《膳夫》作“弗”。舉：《周禮詳解》卷四、《周官新義》卷三《膳夫》下有“矣”。按：《三禮考注》卷三引臨川王氏曰與此節文字差异較大，兹録寫如下：“大荒，凶年也。大札，疫癘也。天灾者，日月晦蝕也。地灾者，山崩地震川沸也。大故，寇戎之事也。”《禮記·曲禮下》：“歲凶，年穀不登。君膳不祭肺，馬不食穀，馳道不除，祭事不縣。”《注》曰：“皆自爲貶損憂民也。《禮》：食殺牲則祭先，有虞氏以首，夏后氏以心，殷人以肝，周人以肺。不祭肺，則不殺也。”《穀梁傳·襄公二十四年》：“大饑。五穀不升爲大饑。一穀不升謂之嗛，二穀不升謂之饑，三穀不升謂之饉，四穀不升謂之康，五穀不升謂之大侵。大侵之禮，君食不兼味，臺榭不塗。”《白虎通·諫諍》：“《禮·保傅》曰：‘王失度……宰夫徹其膳。……’宰不徹膳亦死。……宰所以徹膳何？陰陽不調，五穀不熟，故王者爲不盡味而食之。《禮》曰：‘一穀不升，不備鶉鷃。二穀不升，不備鳧雁。三穀不升，不備雉兔。四穀不升，不備囿獸。五穀不升，不備三牲。’”（《白虎通疏證》，第二三八頁）

鶴山先生云　葷本衹是薑、桂、韭、薤之類，今却以爲葷腥，〔一〕猶國有故，則天子素服减膳，〔二〕今却又有素食之説。荆公

所謂“宜饗備味,聽備樂”,〔三〕亦非三代王者之言,此所以開蔡京、王黼輩享上之説。〔四〕

【校注】

〔一〕爲:《彙評》引《折衷》作“薦”,張鈺翰校理本《周禮新義》卷三《膳夫》引《彙評》作“薦”。葷腥:肉食品。《鼠璞》卷下《程蘇争致齋》:“《東坡年譜》載程、蘇當致齋,厨禀造食葷素。蘇令辦葷,程令辦素。蘇謂致齋在心,豈拘葷素?爲劉者左袒,時館中附蘇者令辦葷,附程者令辦素。予謂不然,齋之禁葷,見於法令,乃禁五辛,慮耗散人之氣,間其精誠,與禁飲酒、聽樂、嗜欲、悲哀一同,欲其致一之妙,通於神明耳。二公未免以葷爲魚肉,徒有是非之辯。《莊子》載顔回‘不飲酒,不茹葷’,謂‘祭祀之齋’是也。”

〔二〕素服:主要指居喪或遭到其他凶事時所穿的白色衣服。《周禮·春官·司服》:“大札、大荒、大灾,素服。”《禮記·檀弓下》:“軍有憂,則素服哭於庫門之外。”《注》曰:“素服者,縞冠也。”《禮記·郊特牲》:“皮弁素服而祭。素服,以送終也。”《注》曰:“素服,衣裳皆素。”《疏》曰:“‘素服,衣裳皆素’者,謂白素衣積素裳。經直云‘素服,以送終’,不云‘皮弁’者,從上省文也。”《禮記·玉藻》:“年不順成,則天子素服,乘素車,食無樂。”《注》曰:“自貶損也。”《疏》曰:“‘天子素服乘素車’者,此由‘年不順成’,則天子恒素服素車,食無樂也。若大札、大灾,則亦素服,故《司服》云:‘大札、大荒、大灾,素服。’此是天子、諸侯罪己之義,故素服。此素服者,謂素衣,故下文‘諸侯年不順成,君衣布’與此互文也。若其臣下,即不恒素服,唯助君禱請之時乃素耳。故《司服》云:士服‘玄端素端’。《注》云:‘素端者,爲札、荒,有所禱請也。’”《左傳·昭公十七年》《疏》曰:“古之素服,禮無明文。蓋象朝服而用素爲之,如今之單衣也。

近世儀注：日食則擊鼓於大社，天子單衣介幘，闢正殿，坐東西堂，百官白服坐本司，大常率官屬繞大廟，過時乃罷。"減膳：中國古代皇帝發生天災或天象變异時，吃素或減少肴饌，以示自責。《詩經·周南·羔羊》："退食自公。"《箋》云："退食，謂減膳也。"《疏》曰："減膳食者，大夫常膳日特豚，朔月少牢，今爲節儉減之也。王肅云：'自減膳食，聖人有逼下之譏。'孫毓云：'自非天災，無減膳之制。'所以得減膳食者，以《序》云節儉，明其減於常禮，經言'退食'，是減膳可知。禮者，苦人之奢，制其中法，若車服之文物，祭祀之犧牲，不可逼下……至於奉養已食，容得減退。"

〔三〕荆公：四庫本、益齋本此二字未塗黑。按："荆公"二字以下爲魏了翁徵引王安石之説，無需單獨成節，此二字亦無需塗黑。

〔四〕輩：四庫本無。按：《鶴山先生大全文集》卷一〇九《師友雅言》載魏了翁語，義與此節大體相類。兹據開慶本録寫如下："王介甫錯看膳夫一義，以爲王者受天下之奉。後王黼等專置應奉司，以爲當受四海九州之奉。不知他經元無此義，獨《周禮·膳夫》一職有備享之事。介甫差處，衹爲大荒、大扎（按："扎"應作"札"）不舉，今無此可以備享。解經如此最關利害，政、宣之誤至於亡國，皆《膳夫》一句誤之。古人衹説共儉、菲飲食底事；此一職幾乎開後世人主之心，釋經者可不嚴哉！"《宋元學案》卷九八《荆公新學案》亦引此節，與《鶴山先生大全文集》前引文有异。

王燕食，則奉膳贊祭。凡王祭祀、賓客食，則徹王之胙俎。〔一〕

【校注】

〔一〕孫詒讓曰："胙俎，《特牲》《少牢饋食禮》并作'阼俎'，胙阼字通。鄭彼注云:'阼俎,主人俎也。'案:《説文·阜部》云:'阼,主人階也。'以下文及《少牢》注義推之,鄭意蓋以東階爲主人之位,故即稱主人之俎爲阼俎。"(《周禮正義》卷七《膳夫》,第二五二頁)

賈 案《玉藻》,〔一〕天子與諸侯相互爲三時食,故鄭謂燕食者日中與夕相接爲三時。〔二〕奉朝之餘膳,〔三〕則一牢分爲三時,〔四〕所贊祭者牢肉,〔五〕天子、〔六〕諸侯朝皆祭肺,日中與夕皆祭牢肉。〔七〕案《玉藻》,諸侯"夕深衣,〔八〕祭牢肉"。〔九〕王與賓客禮食於廟,〔一〇〕賓在户牖之間,王在阼階上,各有饌,皆設俎,故亦有胙俎。〔一一〕

【校注】

〔一〕案:賈《疏》上有"王燕至"至"牢肉釋曰"。

〔二〕鄭謂:賈《疏》無。者:賈《疏》作"以爲"。相接爲三時:賈《疏》無。按:"日中"至"三時"句,賈《疏》置於"云奉膳者"句前。

〔三〕奉:賈《疏》上有"云奉膳"。膳:賈《疏》下有"者"。

〔四〕時:賈《疏》下有"故奉朝之餘餕也"。

〔五〕所:賈《疏》上有"云"。贊:賈《疏》無。肉:賈《疏》下有"者"。

〔六〕天:賈《疏》上有"鄭注"至"挾則"。

〔七〕肉:賈《疏》下有"故言所祭者牢肉也"。按:"天子諸侯"至"皆祭牢肉"本在"案玉藻"至"牢肉"後,魏氏前移至此。

〔八〕侯:賈《疏》下有"云"。

〔九〕諸侯夕深衣祭牢肉：賈《疏》原置於“所祭者牢肉”句下，魏氏改置於此。

〔一〇〕王：賈《疏》上有“凡王”至“食謂”。賈《疏》作“工”，安氏本作“玉”。按：“工”“玉”皆當爲“王”之訛。

〔一一〕胙：賈《疏》下有“此二”至“之也”。

凡王之稍事，設薦脯醢。

鄭司農云　稍事，謂非日中大舉時而間食，〔一〕謂之稍事，膳夫主設薦脯醢。〔二〕

【校注】

〔一〕謂：《周禮·天官·膳夫》《注》引鄭衆語作“爲”。阮《校》引經文作“爲”：“孫志祖云：‘“爲”當作“謂”。《疏》作“謂”可證。’”《周禮正義》卷七《膳夫》（第二五二頁）引鄭衆語亦作“謂”。

〔二〕脯：四庫本、益齋本作“酺”。

玄謂　稍事，有小事而飲酒。

賈　脯醢是飲酒肴羞，〔一〕非是食饌。若大夫以下燕食，〔二〕有脯無會。〔三〕

【校注】

〔一〕脯：賈《疏》上有“凡王”至“知又”。醢：賈《疏》下有“者”。

〔二〕以：賈《疏》作“已”。阮《校》曰：“閩、監、毛本‘已’作‘以’。”

〔三〕會：阮《校》曰："浦鏜云：'"膾"誤"會"。'"會：賈《疏》下有"設脯"至"飲酒"。

王燕飲(食)[酒]，〔一〕則爲獻主。掌后及世子之膳羞。

【校注】

〔一〕食：《周禮·天官·膳夫》、四庫本作"酒"。按：應作"酒"，據改。

鄭司農〔一〕　主人當獻賓，則膳夫代王爲主，君不敵臣也。《燕義》曰："使宰夫爲獻主，臣莫敢與君亢禮。"

【校注】

〔一〕農：《周禮·天官·膳夫》《注》引鄭衆語、四庫本下有"云"。

賈　王日一舉，〔一〕注：鄭以后與王同庖，〔二〕不言世子，則世子與王別牲，亦膳夫所掌。〔三〕

【校注】

〔一〕王：賈《疏》上有"掌后"至"上云"。

〔二〕鄭以：賈《疏》無。

〔三〕掌：賈《疏》下有"故云"至"之耳"。

凡肉脩之頒賜(守)[皆]掌之。〔一〕凡祭祀之致福者，受

而膳之,以摯見者,亦如之。

【校注】

〔一〕守:《周禮·天官·膳夫》、四庫本、益齋本作“皆”。按:應作“皆”,據改。

鄭司農云 脩,脯也。

後鄭謂〔一〕 致福,(爲)[謂]諸臣祭祀,〔二〕進其餘肉,歸胙於王。

【校注】

〔一〕此節爲鄭玄對經文“凡祭”至“膳之”所作《注》。魏氏將其與前節合爲一節,易被誤解爲《周禮·天官·膳夫》《注》引鄭衆語。仿前文例,將其單獨成節,“後鄭謂”三字加大、加粗。

〔二〕爲:鄭玄《注》作“謂”。按:應作“謂”,據改。

又云〔一〕 膳夫受之,以給王膳。以羔、雁、雉爲摯見者,亦受,以給王膳。

【校注】

〔一〕又:鄭玄《注》作“鄭司農”。“膳夫”至“王膳”是鄭衆對經文“凡祭”至“膳之”所作《注》。“以羔”至“王膳”,爲鄭衆對經文“以摯見者亦如之”所作《注》。

賈 加薑、桂(銀)[鍛]治者謂之脩,〔一〕不加薑、桂,以鹽乾之者謂之脯。〔二〕諸臣自祭家廟,〔三〕致(祥)[胙肉]於王。〔四〕而云"致福"者,〔五〕凡祭祀,主人受福,若與王受福然。〔六〕知諸臣有致胙法者,《左氏》昭[十]六年子産云:〔七〕"祭有受脤歸脤。"〔八〕彼《注》云:"受脤,謂君祭,以肉賜大夫。歸脤,〔九〕謂大夫祭,歸肉於公"也。〔一〇〕

【校注】

〔一〕加:賈《疏》上有"凡肉至"至"者謂"。鍛:賈《疏》、四庫本、益齋本作"鍛"。按:應作"鍛",據改。

〔二〕乾:賈《疏》、益齋本下有"之"。脯:賈《疏》下有"則脩"至"通也"。

〔三〕諸:賈《疏》上有"凡祭"至"凡則"。廟:賈《疏》下有"祭訖"。

〔四〕祥:安氏本、蔣抄本作"祚",四庫本、益齋本作"胙",賈《疏》作"胙肉"。按:作"胙"或"胙肉",義均通,據賈《疏》改爲"胙肉"。

〔五〕而:賈《疏》上有"謂之"至"致膳"。

〔六〕然:賈《疏》下有"故云致福"。

〔七〕左氏:賈《疏》上有"案春秋"。六:賈《疏》上有"十"。按:引文出自《左傳·昭公十六年》,故此處應有"十"字,據補。

〔八〕祭有:《左傳·昭公十六年》原文作"喪祭有職"。賈氏改寫原文,魏氏因之。

〔九〕脤:四庫本無。

〔一〇〕公:《左傳·昭公十六年》《注》下有"皆社之戎祭"。也:賈《疏》下有"今彼"至"王也"。

鶴山先生云　文王廟在豐，武王廟在鎬，以文、武胙賜齊，〔一〕道（理）［里］甚遠，〔二〕不知如何致。〔三〕

【校注】

〔一〕周天子賜齊侯文、武胙事發生於魯僖公九年（前六五一年）舉行的葵丘之盟時。時周天子爲周襄王，齊侯爲齊桓公。《左傳·僖公九年》："王使宰孔賜齊侯胙，曰：'天子有事於文、武，使孔賜伯舅胙。'"《注》曰："胙，祭肉。尊之，比二王後。"《疏》曰："《傳》稱'大子祭於曲沃，歸胙於公'，此天子有事於文、武，賜齊侯以胙，知胙是祭肉也。《周禮·大宗伯》：'以脤膰之禮，親兄弟之國。'鄭玄云：'脤膰，社稷、宗廟之肉，以賜同姓之國，同福禄也。'脤膰即胙肉也。言親兄弟之國，則异姓不合賜也。二十四年《傳》曰：'宋，先代之後也，於周爲客，天子有事膰焉。'是言二王之後，禮合得之。今賜齊侯，是尊之比二王後也。"

〔二〕理：賈《疏》、四庫本、益齋本作"里"。按：應作"里"，據改。道里：路途、距離。《史記》卷一一七《司馬相如列傳》："道里遼遠，山川阻深。"

〔三〕致：送達、送到。按：魏氏之説不確。自周平王遷都洛邑，關中一帶爲秦國之封土，秦、戎征戰頻繁，豐鎬爲墟。所謂文、武王廟，自宜於洛邑重建。宰孔將胙肉自洛邑携至葵丘（今河南蘭考、民權一帶）會盟之處，路途并不遥遠。

歲終則會，唯王及后、世子之膳不會。

鄭　不會計多少，優尊者。其頒賜諸臣，則計之。

荊公　至尊不可以有司法數制之，〔一〕世子則唯膳正，〔二〕禮

可以不會。〔三〕膳禽則燕食之膳也,〔四〕與其飲食及服皆會,〔五〕則所以防荒侈故也。〔六〕

【校注】

〔一〕至:《周官新義》卷三《膳夫》上有"所謂"至"會者"。至尊不可:《周禮詳解》卷四《膳夫》(以下簡稱《周禮詳解·膳夫》)作"所以優尊者不"。制之:《周禮詳解·膳夫》作"拘之也"。

〔二〕則唯:《周官新義》卷三《膳夫》作"則惟",《周禮詳解·膳夫》作"常"。

〔三〕可以不:《墨海》本、《經苑》本、《四部叢刊初編》本、楊小召點校本《周官新義》卷三《膳夫》、益齋本作"不可以"。"至尊"至"不會":《周禮詳解》卷四《庖人》(以下簡稱《周禮詳解·庖人》)無。

〔四〕也:《周禮詳解·庖人》無。

〔五〕"膳禽"至"及服":《周禮詳解·膳夫》作"其餘膳禽飲酒及膳"。食:《周官新義》卷三《膳夫》、益齋本作"酒"。與其飲食及服皆會:《周禮詳解·庖人》作"非正禮必會者"。

〔六〕則:《周禮詳解·膳夫》作"所",《周禮詳解·庖人》無。所:《周官新義》卷三《膳夫》無。故:《周禮詳解·膳夫》無。

庖人掌共六畜、六獸、六禽,辨其名物。

鄭 始養之曰畜,〔一〕將用之曰牲。《春秋傳》曰:"卜日曰牲。"

【校注】

〔一〕始:鄭玄《注》上有"六畜六牲也"。孫詒讓曰:"《說文·嘼部》云:‘嘼,犍也。’……《爾雅·釋畜》《釋文》引《説文》作‘嘼牲也。’案:凡經典牲畜之畜,并嘼之借字。”(《周禮正義》卷七《庖人》,第二五八頁)

鄭司農云 六獸,麋、鹿、熊、麇、野豕、兔。〔一〕六禽,雁、鶉、鷃、雉、鳩、鴿。”〔二〕

【校注】

〔一〕《周禮·天官·庖人》《釋文》:“干《注》:‘麐作獐,熊作貆。’……麇,本又作麕,亦作麐……獐也。”孫詒讓曰:“《説文·鹿部》云:‘鹿,獸也。麋,鹿屬。麇,獐也,籀文作麕。獐,麋屬。’麐即麕之俗。干説惟以貆易熊,餘與二鄭同。……吴廷華云:‘據《内則》,有兔羹、麋膚、麇腥、鹿脯、田豕脯、麇脯,而不言熊;《左氏》則有熊蹯,先鄭言本此。’”(《周禮正義》卷七《庖人》,第二五八頁)

〔二〕“吴廷華云:‘據《内則》,曰雉羹,曰雁宜麥,曰爵鷃鶉羹,《夏官·羅氏》則曰獻鳩,唯鴿無考。”(《周禮正義》卷七《庖人》,第二五八—二五九頁)

玄謂 獸人冬獻狼,夏獻麋。又《内則》無熊,則六獸當有狼,而熊不屬。六禽於禽獸及六摯宜爲羔、〔一〕豚、犢、麛、雉、雁。凡鳥獸未孕曰禽。《司馬職》曰:“大獸公之,小禽私之。”

【校注】

〔一〕獸:《周禮·天官·庖人》、《周禮正義》卷七《庖人》(第二五二、二五九頁)作“獻”。

賈 六畜者,〔一〕馬、牛、(羔)[羊]、〔二〕豕、(大)[犬]、〔三〕鷄。〔四〕謂夏官校人、地官牛人、春官鷄人、秋官(大)[犬]人、〔五〕冬官豕人,總送六畜與(比)[此]庖人。〔六〕始養之曰畜,將用之曰牲。禽中有羔,〔七〕"雄狐綏綏",〔八〕"牝鷄無晨"。〔九〕

【校注】

〔一〕六:賈《疏》上有"庖人"至"掌共"。

〔二〕羔:賈《疏》、四庫本、益齋本作"羊"。按:應作"羊",據改。

〔三〕大:賈《疏》、四庫本、益齋本作"犬"。按:應作"犬",據改。

〔四〕六畜者馬牛羊豕犬鷄:孫詒讓曰:"《左傳》桓六年孔疏云:'《爾雅·釋畜》於馬牛羊豕狗鷄之下,題曰六畜。故鄭衆、服虔皆以六畜爲馬牛羊豕犬鷄。'然則先鄭《左傳注》説亦同後鄭義。"(《周禮正義》卷七《庖人》,第二五八頁)

〔五〕大:賈《疏》、四庫本、益齋本作"犬"。按:應作"犬",據改。

〔六〕比:賈《疏》、四庫本、益齋本、蔣抄本作"此"。按:應作"此",據改。人:賈《疏》下有"六獸"至"之意"。孫詒讓曰:"六牲中,羊爲夏官羊人所共,賈誤遺之。又六禽内羔、豚、犢,亦羊人、豕人、牛人共之,舒雁則掌畜共之,獸人共者,唯雉、麛耳。賈據後注,謂六禽并獸人所獻,説未備。豕人文闕,賈知屬冬官者,依《小宰》注'司空奉豕'義補也。"(《周禮正義》卷七《庖人》,第二五七—二五八頁)

〔七〕禽:賈《疏》上有"膳夫"至"六摯"。中:賈《疏》下有"亦"。羔:賈《疏》下有"是其"至"對文"。

〔八〕雄:賈《疏》上有"案《詩》云"。綏:賈《疏》下有"走亦曰雄"。引詩出自《詩經·齊風·南山》。

〔九〕牝:賈《疏》上有"《尚書》云"。晨:賈《疏》下有"飛亦"至

“之義”。引文出自《尚書·牧誓》。《疏》曰:“牝鷄,雌也。《爾雅》飛曰雌、雄,走曰牝、牡,而此言牝鷄者,《毛詩》《左傳》稱雄狐,是亦飛、走通也。”

鶴山先生云 禽、獸通稱。〔一〕

【校注】

〔一〕稱:益齋本無。禽獸通稱:此四字當爲魏氏對賈《疏》的概括。賈《疏》原文作:“云‘凡鳥獸未孕曰禽’,鄭言此者,見《爾雅》‘四足而毛曰獸,兩足而羽曰禽’,是對文例,若散文則通。其獸未孕時,雖曰四足,亦曰禽,是以名爲禽獻,其中亦有羔、豚、犢、麛。又云以禽作六摯,禽中亦有羔,是其未孕者也。”仿前文例,將此節單獨成節,於節首增“鶴山先生云”。孫詒讓曰:“《説文·内部》云:‘禽,走獸總名。’《曲禮》:‘鸚鵡能言,不離飛鳥;猩猩能言,不離禽獸。’孔疏云:‘別而言之,羽則曰禽,毛則曰獸。通而爲説,獸亦可曰禽,故《易》曰:“王用三驅,失前禽。”《白虎通》云:“禽者,鳥獸之總名。”禽名通獸者,以其小獸可擒,故得通名禽也。’案:孔説是也。水蟲亦得稱禽,故後經禽獻又有鱐鱻。”又曰:“上云六禽,此又有鱐鱻者,魚爲小牲,亦得稱禽也。《國語·魯語》云:‘使水虞登川禽。’韋注云:‘鱉蟹之屬。’案:彼當亦含有魚,蓋水蟲通得謂之川禽,與此經義可互證也。”(《周禮正義》卷七《庖人》,第二五九、二六四頁)

鶴山先生云 古《注》取包肉之義,〔一〕謂之庖。庖字從(六)[包],〔二〕恐非包肉。蓋火化始於宓犧氏,〔三〕厥初茹毛飲血,〔四〕宓犧始取物,墐塗而炮之,〔五〕所以謂之庖犧氏,犧亦取

牛旁。〔六〕

【校注】

〔一〕古注：魏氏此處指鄭玄《周禮注》。《周禮·天官·序官》《注》曰："庖之言苞也，裹肉曰苞苴。"《疏》曰："言庖者，今之厨轉作包者，欲取庖人主六獸、六禽，以供庖厨，有裹肉之意也。又云'裹肉曰包苴'者，《詩》云：'野有死麕，白茅包之。'《禮記·内則》云：'炮取豚若將，編萑以苴之。'皆是裹肉之物，故云'裹肉曰苞苴'也。"

〔二〕六：四庫本作"包"，益齋本、蔣抄本作"广"。按：應作"包"，據改。

〔三〕火化：以火制作食物。《韩非子·五蠹》："民食果蓏蜯蛤，腥臊惡臭而傷害腹胃，民多疾病，有聖人作，鑽燧取火，以化腥臊。"(《韓非子集解》，第四四二頁)宓犧：中國古史傳説中的人物。文獻記載或作伏羲、炮犧、伏戲、伏希、庖犧、包羲、包犧、虙戲、太皞等。現代學者章太炎、王國維、吕思勉、聞一多、姜亮夫、鍾敬文等，對其都多有研究。(參見程德祺《伏羲新考》，載《原始社會新探》，第二〇八—二二〇頁)

〔四〕《禮記·禮運》："未有火化，食草木之實，鳥獸之肉，飲其血，茹其毛。"《疏》曰："雖食鳥獸之肉，若不能飽者，則茹食其毛以助飽也。若漢時蘇武以雪雜羊毛而食之，是其類也。"《詩經·大雅·烝民》《疏》曰："茹者，噉食之名，故取菜之入口名爲茹。《禮》稱茹毛，亦其事也。"按："噉"，《詩經·大雅·烝民》《疏》原作"敢"。阮《校》曰："閩本、明監本、毛本同。案山井鼎云：'"敢"恐"噉"誤。'是也。"故此處徑改"敢"爲"噉"。

〔五〕《詩經·豳風·七月》："塞向墐户。"《傳》曰："墐，塗也。"《疏》曰："備寒而云'墐户'，明是用泥塗之，故以墐爲塗也。"《禮記·月令》:"皆墐其户。"《注》曰:"墐,爲塗閉之。"《禮記·内則》:"塗之以謹塗,炮之。"《注》曰:"'謹'當爲'墐',聲之誤也,墐塗,塗有穰草也。"《疏》曰:"塗之以謹塗,謂穰草相和之塗也。以此墐塗而泥塗之,炮之,塗皆乾。"

〔六〕亦:安氏本此處爲空格,缺字。

凡其死生鱻薨之物,〔一〕**以共(主)[王]之膳,**〔二〕**與其薦羞之物,及后、世子之膳羞。共祭祀之好羞。**

【校注】

〔一〕鱻:古同"鮮"。《周禮·天官·庖人》《疏》曰:"新殺爲鮮,乾者爲薨。"孫詒讓曰:"經典多借鮮爲鱻。此經皆作鱻,注皆作鮮,亦經用古字,注用今字之例。……《説文·夗部》云:'薨,夗人里也。'又《木部》云:'槀,木枯也。'此經薨并爲枯魚乾肉之稱。《内則》則堇荁枌榆亦以乾爲薨,蓋皆槀之借字。《獻人》'鱻薨',《釋文》載别本作'槁',槁即槀字。《淮南子·泰族訓》云'以奉宗廟鮮犒之具。'高注云:'乾肉爲犒。'犒亦槁之假借字。"又曰:"《釋文》云:'薨,本又作槁。'案:槁槀字同,槁正字,薨假字。《庖人》亦作薨……槁即槀之變體。"(《周禮正義》卷七《庖人》、卷八《獻人》,第二六〇、三〇三頁)

〔二〕主:《周禮·天官·庖人》、四庫本、益齋本作"王"。按:應作"王",據改。

鄭 凡,計數之。羞亦進也,〔一〕備品物曰薦,致滋味乃爲羞。王言薦者,味以不褻爲尊。

【校注】

〔一〕羞:鄭玄《注》、益齋本作"薦"。

鄭司農云 鲜謂生肉,〔一〕薧謂乾肉。

【校注】

〔一〕謂:四庫本作"爲"。

鄭〔一〕 好羞謂四時所爲膳食,〔二〕若荆州之鯗魚,青州之蟹胥者,〔三〕雖非常物,進之孝也。

【校注】

〔一〕此節爲鄭玄對經文"共祭祀之好羞"所作《注》。魏氏將其與前節合爲一節,易被誤解爲《周禮·天官·庖人》《注》引鄭衆語。仿前文例,將其單獨成節,節首加"鄭"字。

〔二〕好羞:鄭玄《注》無。孫詒讓曰:"依賈義,則注'膳食'疑當爲'善食'。好與善美義同,此非正膳,不當云膳食也。《北堂書鈔·酒食部》引此注作'四時之善羞',雖有省改,而善字不誤。"(《周禮正義》卷七《庖人》,第二六一頁)

〔三〕者:鄭玄《注》無。

賈 謂四時之間非常(大)[美]食。〔一〕《禮器》云:"大饗其王事與?三牲、魚腊,四海九州之美味。"苟可薦者,莫不咸在。〔二〕

【校注】

〔一〕謂：賈《疏》上有“共祭”至“食者”。大：賈《疏》、四庫本、益齋本作“美”。按：應作“美”，據改。食：賈《疏》下有“云若”至“禮記”。

〔二〕在：賈《疏》下有“且禹”至“魚也”。

荆公　“共祭祀之好羞”者，〔一〕先王、先公及先后、〔二〕夫人平生所好，〔三〕祭祀則特羞之，〔四〕事亡如事存之意。〔五〕夫齊則思其所嗜，〔六〕則其祭也，〔七〕可以不羞其所好哉！〔八〕

【校注】

〔一〕共祭祀之好羞者：《周禮集説》卷二《庖人》（以下簡稱《周禮集説》）、《周官義疏》卷四《庖人》（以下簡稱《周官義疏》）。共祭祀之：《周禮詳解》卷四《庖人》（以下簡稱《周禮詳解》）無。

〔二〕先王：《周禮詳解》《周禮集説》上有“蓋”。及：《周禮集説》無。先王先公：周人對歷代擔任部族首領的祖先的稱謂。關於“先公”包括祖先，古代儒者的注釋存在分歧。《詩經·小雅·天保》：“禴祠烝嘗，於公先王。”《箋》云：“公，先公，謂后稷至諸盩。”《疏》曰：“‘先公，謂后稷至諸盩’，俗本皆然，定本云：‘諸盩至不窋。’疑定本誤。《中庸》《注》云：‘先公，祖紺以上至后稷也。’《司服》《注》云：‘先公，不窋至諸盩。’《天作》《箋》云：‘諸盩至不窋。’所以同是先公，而注异者，以周之所追太王以下，其太王之前皆爲先公，而后稷，周之始祖，其爲先公，《書傳》分明，故或通數之，或不數之。此《箋》‘后稷至諸盩’，《中庸》《注》‘組紺以上至后稷’也，組紺即諸盩,大王父也。一上一下,同數后稷也。《司服》《注》'不窋至諸盩',《天作》《箋》'諸盩至不窋',亦一上一下,不數后稷。皆取便通,無義例也。"

〔三〕先王先公及先后夫人:《周官義疏》作"先祖先妣"。所:《周禮詳解》作"嗜"。

〔四〕則特羞:《周禮集説》作"因而脩"。特:《周禮詳解》作"因而"。

〔五〕事亡如事存之意:《周禮詳解》作"以生事死以存事亡也",《周禮集説》作"以生事死以存事亡故也"。如事:《周官新義》卷三《庖人》無"事"字。事亡如事存:服侍、對待死者,就像他(她)還在世的時候那樣對待他(她)。《禮記·中庸》:"夫孝者,善繼人之志,善述人之事者也。春秋修其祖廟,陳其宗器,設其裳衣,薦其時食。……踐其位,行其禮,奏其樂,敬其所尊,愛其所親,事死如事生,事亡如事存,孝之至也。"

〔六〕夫:《周禮詳解》作"蓋",《周禮集説》作"故"。

〔七〕則其:《周禮詳解》《周禮集説》無。也:《周禮詳解》作"必",《周禮集説》作"則"。

〔八〕可以不羞:《周禮集説》作"思"。可以不:《周禮詳解》無。所:《周官新義》卷三《庖人》無。哉:《周禮詳解》《周禮集説》無,《周官新義》卷三《庖人》下有"雖然"至"喪紀"。

共喪紀之庶羞,賓客之禽獻。

鄭 喪事之祭,〔一〕謂虞、〔二〕祔也。〔三〕禽(獸)[獻],〔四〕獻禽於賓客。獻,古文爲獸。

【校注】

〔一〕喪：鄭玄《注》上有"喪紀"。

〔二〕虞：此處指中國古代喪葬禮儀中的"虞"祭。《儀禮·士虞禮》《疏》曰："鄭《目録》云：'虞，安也。士既葬父母，迎精而反，日中祭之於殯宫以安之。虞於五禮屬凶。'……以其虞、卒哭在寢，祔乃在廟，是以鄭注《喪服小記》云'虞於寢，祔於祖廟'是也。"士禮，"虞"祭共舉行三次。"首虞"祭（第一次"虞"祭）於入葬之日日中舉行。《禮記·檀弓下》："葬日虞，弗忍一日離也。""再虞"祭（第二次"虞"祭）與"首虞"祭間隔一日舉行。"三虞"祭在"再虞"祭的明日舉行。天子、諸侯、公、卿、大夫等各依身份尊卑差异，舉行"虞"祭的次數、所需天數也不同。《禮記·檀弓下》《疏》曰："《雜記》又云：'諸侯七虞，大夫五，士三。'……然則天子九虞也。……士之三虞用四日，則大夫五虞當八日，諸侯七虞當十二日，天子九虞當十六日。""首虞""再虞"皆用柔日，"三虞"用剛日。（柔日、剛日，中國古人依天干對奇數日、偶數日進行的區分。《禮記·曲禮上》："外事以剛日，内事以柔日。"《疏》曰："外事，郊外之事也。剛，奇日也。十日有五奇、五偶，甲、丙、戊、庚、壬五奇爲剛也。外事剛義，故用剛日也。……内事，郊内之事也。乙、丁、己、辛、癸五偶爲柔也。"）《禮記·檀弓下》《疏》曰："虞皆用柔日。柔日者，鄭注《士虞禮》云：'柔日陰，陰取其静。'最後一虞用剛日。故《士虞記》云：'三虞卒哭，他用剛日。'鄭注云：'用剛日，剛日，陽也。陽取其動。'謂動而將祔廟也。……士三虞卒哭，同在一月。初虞已葬日而用柔，第二虞亦用柔日。假令丁日葬，葬日而虞，則已日二虞，後虞改用剛，則庚日三虞也。"具體儀節詳見《儀禮·士虞禮》。

〔三〕祔：中國古代喪葬禮中，於"卒哭"祭的明日（"卒哭"祭於

"三虞"祭後間隔一日舉行),舉行的奉死者神主入宗廟,依昭穆次序,附於死者祖父之後而舉行的祭祀禮儀。祭祀結束後,仍奉死者神主於寢室安置。《儀禮·士虞禮》:"明日,以其班祔。"《注》曰:"卒哭之明日也。班,次也。《喪服小記》曰:祔必以其昭穆,亡則中一以上。凡祔已,復於寢。"《疏》曰:"孫祔祖爲正,若無祖,則祔於高祖,以其祔必以昭穆,孫與祖昭穆同,故間。一以上取昭穆相當者,若婦則祔於夫之所祔之妃,無亦間一以上,若妾祔,亦祔於夫之所祔之妾,無則易牲祔女君也。"具體儀節詳見《儀禮·士虞禮》。

〔四〕獸:鄭玄《注》、益齋本作"獻"。按:應作"獻",據改。

杜子春云 當爲獻。〔一〕

【校注】

〔一〕"段玉裁云:'此字之誤也,故曰當爲。'徐養原云:'獸爲字之誤,古文即故書也。'案:注云古文者,惟此經與《㮚氏》兩見。徐謂古文即故書是也。此即謂舊本,非古文大篆,與《儀禮》古文亦异。……又案:此及下文言禽獻者凡三。此注叠古文不云皆爲獸,則下文禽獻字古文及今書自不异,杜即據彼兩文正讀也。"(《周禮正義》卷七《庖人》,第二六二頁)

賈 凡喪,〔一〕未葬已前,無問朝夕奠及大(莫)[奠],〔二〕皆無薦羞之法。今言共喪紀庶羞者,謂虞、祔之祭乃有之。〔三〕天子九虞後作卒哭祭,虞、卒哭在寢,明日祔於祖廟。〔四〕舉前後虞、祔,則卒哭在其中,〔五〕賓客之禽,〔六〕由主人獻之。〔七〕

【校注】

〔一〕凡:賈《疏》上有“共喪至禽獻釋曰”。

〔二〕莫:賈《疏》、安氏本、四庫本、益齋本、蔣抄本作“奠”。按:應作“奠”,據改。

〔三〕之:賈《疏》下有“云賓”至“祔也者”。

〔四〕廟:賈《疏》下有“今直”至“哭者”。

〔五〕中:賈《疏》下有“共庶”至“獻者”。

〔六〕賓:賈《疏》上有“但”。

〔七〕之:賈《疏》下有“若直”至“取也”。

鶴山先生云 死而未葬,無几筵,〔一〕無薦羞,以其體魄在此。〔二〕生者可以用几筵,(字)[《詩》]“或(賜)[肆]之筵,〔三〕或授之几”是也。〔四〕始死,〔五〕祇説奠有朝夕奠,〔六〕朔月月半則謂之殷奠。〔七〕奠亦無庶羞,羞却是祭當在虞、〔八〕祔之後,不當言於始死之時。今人用庶羞之奠與几、筵字盡錯。且如孔子廟祇使得“奠”字,〔九〕使不得“祭”字。今謂之丁祭,〔一〇〕亦非。釋奠字祇見於《禮記》,〔一一〕不見於他經。二漢以前亦無釋奠字,然却未至大誤。非報功,〔一二〕使“祭”字不得。

【校注】

〔一〕《禮記·檀弓下》:“虞而立尸,有几筵。”《疏》曰:“未葬之前,殯宫雖有脯醢之奠,不立几筵。其大斂之奠,雖在殯宫,但有席而已,亦無几也。此席素席,故前云‘奠以素器’。其下室之内有吉几筵。今葬訖,既設虞祭,有素几筵。筵雖大斂之時已有,至於虞祭，更立筵與几相配，故云'有几筵'，故《士虞禮》云：'祝免，澡葛絰帶，布席於室中，東面右几'是也。然此虞祭而有几，謂士大夫禮。若天子、諸侯，則葬前有几，故《周禮·司几筵》云：'喪事素几。'鄭注云：'謂凡奠時，天子既爾，諸侯南面之君，其事亦然。'"《禮記·曾子問》《疏》曰："按阮諶《禮圖》云：'几長五尺，高尺二寸，廣二尺。'皇氏云：'《周禮》天子下室喪奠有素几，不云殯宫有几，而諸侯雖無文，當與天子同。而大夫、士，葬前下室并無几，降於人君也。并葬後殯宫皆有几。人君未葬前，而於下室有素几，其殯宫無几。……'庾氏云：'未虞，施几筵常於下室，然殯宫几筵，爲朝夕之奠，常在不去。今更特設几筵於殯宫東者，特异其事，以爲世子之生，故鄭云："几筵於殯東，明繼體也。"今按《既夕禮》，燕養饋羞如他日，則下室所供之物如平常，皆用吉物。即今之告靈，不得有素几。又《司几筵》云："凡喪事，右素几。"注云："喪事，謂凡奠也。"又云："凶事仍几。"注云："凶事，謂凡奠，几朝夕相因，喪禮略。"以此推之，即素几。是殯宫朝夕設奠之几，不在下室，而庾、皇等以爲素几設於下室，未審何以知之，其義非也。熊氏以爲天子、諸侯在殯宫則有几筵，大夫、士大斂有席，虞始有几。然殯宫几筵爲朝夕之奠，常在不去。今更特設几於殯東，當明世子是繼體之貴，故於常几筵之外，别特設之。考三家之説，熊以爲是，皇、庾以爲非。"筵：竹席。古人席地而坐，用筵爲坐具，所以座位也稱筵。《周禮·春官·司几筵》《疏》曰："凡敷席之法，初在地者一重即謂之筵，重在上者即謂之席。"

〔二〕魄：古時指人的形體之靈。《左傳·昭公七年》："人生始化曰魄，既生魄，陽曰魂。"《注》曰："魄，形也。"《疏》曰："其初人之生也，始變化爲形，形之靈者名之曰魄也。既生魄矣，魄内自有陽氣，氣之神者名之曰魂也。魂、魄，神靈之名，本從形氣而有。形氣既殊，魂、魄亦异。附形之靈爲魄，附氣之神爲魂也。"

〔三〕字:四庫本、益齋本作“詩”。賜:《詩經·大雅·行葦》、四庫本、益齋本作“肆”。按:應作“詩”“肆”,據改。

〔四〕授:安氏本作“後”。引詩出自《詩經·大雅·行葦》。《傳》曰:“肆,陳也。或陳言筵者,或授几者。”《箋》云:“年稚者,爲設筵而已。老者,加之以几。”《釋文》:“筵……席也。鋪陳曰筵,藉之曰席。”《疏》曰:“几者,所以安身。少不當憑几,而經‘筵’‘几’别文,故知老者加之以几也。”

〔五〕始死:指人剛去世時。《儀禮·士喪禮》《疏》曰:“鄭《目録》云:‘士喪其父母,自始死至於既殯之禮。’”

〔六〕朝夕奠:指死者去世三日後,死者親屬在三日内,依次履行了復、沐浴、飯含、小斂、大斂、成殯等禮儀後,開始依照與死者的血緣親疏,穿戴不同等級的喪服,謂之“成服”。自此日至下葬前,死者的親人依禮每天早、晚在殯所哭泣、祭奠,謂之朝夕哭、朝夕奠。

〔七〕朔月:每月的朔日(夏曆初一日)。月半:每月之中(夏曆十五日)。《儀禮·士喪禮》:“朔月,奠用特豚、魚、腊,陳三鼎如初。東方之饌亦如之。……月半不殷奠。”《注》曰:“朔月,月朔日也。自大夫以上,月半又奠。‘如初’者,謂大斂時。……殷,盛也。士月半不復如朔盛奠,下尊者。”《疏》曰:“知‘大夫以上月半又奠’者,下經云‘月半不殷奠’,士不者,大夫以上則有之。謂若下文云‘不述命’,大夫已上則有之。又若《特牲》云士‘不諏日’,大夫已上則諏。諸士言‘不’者,大夫已上則皆有之,故知大夫以上又有月半奠也。”

〔八〕羞:四庫本、益齋本無。

〔九〕如:安氏本、四庫本作“爲”,益齋本作“謂”。

〔一〇〕丁祭:又稱“祭丁”。中國古代祭祀孔子的禮儀。因唐玄宗時起,祭孔禮定於每年春季、秋季的仲月(每季第二個月,即夏曆之二月、八月)的第一個丁日(上丁)舉行,故名。孔子去世後,至唐代以前，祭孔禮雖史不乏載，但其舉行的時間并不固定。《史記》卷四七《孔子世家》："魯世世相傳以歲時奉祠孔子冢。"《漢書》卷一下《高帝紀下》："（十二年）十一月，行自淮南還。過魯，以大牢祠孔子。"《後漢書》卷一上《光武帝紀上》："（建武五年）冬十月，還，幸魯，使大司空祠孔子。"《後漢書》卷二《顯宗孝明帝紀》："（永平十五年三月）幸孔子宅，祠仲尼及七十二弟子。"《後漢書》卷三《肅宗孝章帝紀》："（元和二年三月）庚寅，祠孔子於闕里，及七十二弟子。"《五禮通考》卷一二一《祀孔子》："靈帝建寧二年詔祀孔子，依社稷出王家穀，春、秋行禮。"《晉書》卷一九《禮志上》："及武帝泰始三年十一月……又詔太學及魯國，四時備三牲以祀孔子。明帝太寧三年，詔給奉聖亭侯孔亭四時祠孔子祭直。……魏齊王正始二年二月，帝講《論語》通，五年五月，講《尚書》通，七年十二月，講《禮記》通，并使太常釋奠，以太牢祠孔子於辟雍，以顏回配。武帝泰始七年，皇太子講《孝經》通。咸寧三年，講《詩》通，太康三年，講《禮記》通。惠帝元康三年，皇太子講《論語》通。元帝太興二年，皇太子講《論語》通。太子并親釋奠，以太牢祠孔子，以顏回配。成帝咸康元年，帝講《詩》通。穆帝升平元年三月，帝講《孝經》通。孝武寧康三年七月，帝講《孝經》通。并釋奠如故事。"《宋書》卷五《文帝本紀》："（元嘉十九年）十二月丙申，詔曰：'……於先廟地，特爲營造，依舊給祠置令，四時饗祀。'"《魏書》卷四下《世祖紀下》："（太平真君十一年）十有一月辛卯，至於鄒山……使使者以太牢祀孔子。"《魏書》卷一〇八之一《禮志一》："顯祖皇興二年，以青徐既平，遣中書令兼太常高允……以太牢祀孔子。"《隋書》卷九《禮儀志四》："隋制，國子寺，每歲以四仲月上丁，釋奠於先聖先師。……州郡學則以春秋仲月釋奠。"《舊唐書》卷五《高宗本紀下》："（乾封元年正月）甲午，次曲阜縣，幸孔子廟……以少牢致祭。"直至唐玄宗時，始確定以春、秋二季仲月(夏曆二月、八月)第一個丁日舉行祭禮。《舊唐書》卷二四《禮儀志四》載,唐太宗貞觀二十一年(六四七年)詔曰:"春秋二仲,行釋奠之禮。"唐玄宗於開元二十七年(七三九年)八月後,始定於"上丁"日行禮:"春秋二仲上丁,令三公攝行事。"

〔一一〕"釋奠"祇見於《禮記·王制》《文王世子》二篇經文。《禮記·王制》:"出征執有罪,反釋奠於學。"《注》曰:"釋菜奠幣,禮先師也。"《疏》曰:"按《大胥職》云:'春入學,舍采合舞。'《文王世子》亦云'釋菜',鄭《注》云:'釋菜,禮輕也。'則釋菜惟釋蘋藻而已,無牲牢,無幣帛。《文王世子》又云:'始立學者,既興器用幣。'《注》云:'禮樂之器成,則釁之。又用幣告先聖先師以器成。'此則徒用幣,而無菜,亦無牲牢也。《文王世子》又云:'凡始立學者,必釋奠於先聖、先師。及行事,必以幣。'是釋奠有牲牢,又有幣帛,無用菜之文。熊氏以此爲釋菜奠幣者,謂釋奠之禮,以獻俘馘,故云'釋菜奠幣'。言釋奠之時,既有牲牢,菜幣兩有。今按《注》云'釋菜',解經中'釋'字。奠幣,解經中'奠'字。又云'禮先師',不云祭先師,則以訊馘告之時,但有菜幣而已,未必爲釋奠有牲牢也。於事有疑,未知孰是,故備存焉。然則釋菜奠幣,皆告先聖先師,此直云先師,文不具耳。"《禮記·文王世子》:"凡學,春官釋奠於其先師,秋冬亦如之。凡始立學者,必釋奠於先聖先師。及行事,必以幣。……始立學者,既興器用幣,然後釋菜。不舞,不授器。"《注》曰:"釋奠者,設薦饌酌奠而已,無迎尸以下之事。……'興'當爲'釁',字之誤也。禮樂之器成,則釁之,又用幣告先聖先師以器成。……釋菜禮輕也。釋奠則舞,舞則授器。司馬之屬司兵、司戈、司盾祭祀授舞者,兵也。"《疏》曰:"以其釋奠,直奠置於物,無食飲酬酢之事,故云'設薦饌酌奠而已,無迎尸以下之事'。釋奠所以無尸者,以其主於行禮,非報功也。……始立學云必用幣,則四時常奠不用幣也。皇氏云:

'行事必用幣,謂禮樂器成及出軍之事,其告用幣而已。'案釁器用幣,下别具其文。此行事必用幣,繫於釋奠之下,皇氏乃離文析句,其義非也。……凡釋奠有六:始立學釋奠,一也;四時釋奠有四,通前五也;《王制》師還釋奠於學,六也。釋菜有三:春入學釋菜合舞,一也;此釁器釋菜,二也;《學記》皮弁祭菜,三也。秋頒學合聲,無釋菜之文,則不釋菜也。釋幣唯一也,即此釁器用幣是也。"

〔一二〕報功:酬報有功者。《論衡·祭意》:"山川以下,報功之義也。緣生人有功得賞,鬼神有功亦祀之。……凡祭祀之義有二:一曰報功,二曰修先。報功以勉力,修先以崇恩,力勉恩崇,功立化通,聖王之務也。"(《論衡校釋》,第一〇五七、一〇六五頁)

凡令禽(獸)[獻],〔一〕以法授之。其出入,亦如之。

【校注】

〔一〕獸:《周禮·天官·庖人》、安氏本、益齋本作"獻"。按:應作"獻",據改。

鄭 令,令獸人也。禽獸不可久處,賓客至,將獻之,庖人乃令獸人取之,必書其所當獻之數與之。〔一〕及其來致禽,亦以此書校數之。至於獻賓客,又以此書付使者,展而行之。《掌客》:"乘禽於諸侯,各如其命之數。"《聘禮》:"乘禽於客,日如其饔餼之數。士中日則二雙。"

【校注】

〔一〕其:鄭玄《注》無。

賈 掌客乘禽於諸侯,〔一〕各如其命之數,〔二〕上公九命,〔三〕日九十雙。〔四〕饔餼五牢,日五雙。〔五〕士中日則二雙者,〔六〕謂作介時,士爵一日則一雙,禽獻不以命數。中,間也,故言間日則二雙。〔七〕

【校注】

〔一〕掌:賈《疏》上有"凡令"至"去云"。

〔二〕數:賈《疏》下有"者"。

〔三〕上:賈《疏》上有"謂"。

〔四〕雙:賈《疏》下有"之等"至"卿也"。

〔五〕雙:賈《疏》下有"故言"至"之數"。

〔六〕士:賈《疏》上有"云"。

〔七〕雙:賈《疏》下有"言此"至"數也"。

鶴山先生云 古人春不毁胎卵,〔一〕又數罟不入污池,〔二〕取禽獸有時節。其法禁甚嚴,然國客之至,不可以時拘。賓客禽獻之事,至九十雙、七十雙之類,不知如何區處,此不可曉。

【校注】

〔一〕春不毁胎卵:《禮記·月令》:"(孟春之月)犧牲毋用牝。(《注》曰:'爲傷妊生之類。')禁止伐木。毋覆巢,毋殺孩蟲、胎、夭、飛鳥,毋麛毋卵。(《注》曰:'爲傷萌幼之類。')"

〔二〕數罟不入污池:《孟子·梁惠王上》:"數罟不入洿池。"《注》曰:"數罟,密網也。密細之網所以捕小魚鱉也,故禁之不得用。"《疏》曰:"數,密也。罟,網也。《荀子》曰:'網罟毒藥不入澤,洿池淵沼謹其時禁，故魚鱉優多，而百姓有餘用。’”《禮記·月令》：“是月（指仲春之月）也，毋竭川澤，毋漉陂池，毋焚山林。”

凡用禽（獸）［獻］，〔一〕春行羔豚，膳膏香。夏行腒鱐，膳膏臊。秋行犢麛，膳膏腥。冬行鱻羽，膳膏羶。

【校注】

〔一〕獸：《周禮·天官·庖人》、益齋本作“獻”。按：應作“獻”，據改。

鄭　用禽（獸）［獻］，〔一〕謂煎和之以獻王。

【校注】

〔一〕獸：鄭玄《注》作“獻”。按：應作“獻”，據改。

司農云〔一〕　膏香，牛脂也，以牛脂和之。腒，乾雉。鱐，乾魚。膏臊，豕膏也。〔二〕

【校注】

〔一〕司：《周禮·天官·庖人》《注》引鄭衆語上有“鄭”。

〔二〕也：《周禮·天官·庖人》《注》引鄭衆語下有“以豕膏和之”。

杜子春云　膏臊，（大）［犬］膏。〔一〕膏腥，豕膏。〔二〕鮮，魚也。羽，雁也。〔三〕膏羶，羊脂也。

【校注】

〔一〕大:《周禮·天官·庖人》《注》引杜子春語、四庫本、益齋本作“犬”。按:應作“犬”,據改。

〔二〕膏:《周禮·天官·庖人》《注》引杜子春語下有“也”。孫詒讓曰:“杜子春云‘膏臊犬膏,膏腥豕膏也’者,據《内饔》文。《内則》注亦云‘犬膏臊’。俞樾云:‘臊腥羶三者,均當以杜説爲定。《内饔職》云:“辨腥臊羶香之不可食者。羊泠毛而毳,羶;犬赤股而躁,臊;豕盲視而交睫,腥。”然則臊以犬言,腥以豕言,羶以羊言,在本經具有明證。先鄭以膏臊爲豕膏,則與《内饔職》不合。後鄭以膏腥爲鷄膏,附會土木金火爲義,更不足據矣。’案:俞説是也。《説文·肉部》云:‘胜,犬膏臭也。’與杜、鄭此注字義又异,疑本賈侍中説。又《許書》腥字,别爲‘星見食豕,令肉中生小息肉’,不爲牲臭。”“兩司農作‘腥’,而一云豕膏,一云鷄膏,許作‘胜’而曰犬膏,説又乖异耳。……《庖人》之膏腥,亦當依杜子春説訓爲豕膏。”(《周禮正義》卷七《庖人》,第二六五—二六六頁。《周禮正義》卷八《内饔》,第二七三頁)

〔三〕鮮,魚也。羽,雁也:孫詒讓曰:“《内則》注云:‘鮮,生魚也。’……云‘羽,雁也’者,《内則》注同。《説文·羽部》云:‘羽,鳥長毛也。’此與《司裘》《羅氏》羽物義同,乃禽鳥之通名。杜據《食醫》六牲有雁,故專舉雁爲釋,雁亦即鵝也。《釋文》出‘鮮羽’云:‘鄭云:“鮮,魚也;羽,雁也。”杜云:“鮮羽,雁也。”’則陸所見本,杜注無‘魚也’二字,而以鮮羽二字連讀。然雁曰鮮羽,於義無取,其本殆不足據。其所引後鄭説,蓋據《内則》注,非此經注義。”(《周禮正義》卷七《庖人》,第二六六頁)

玄謂 膏腥,鷄膏也。羔豚,物生而肥。犢與(麋)[麛],[一]物成而充。腒、鱐,暵熱而乾。[二]魚、雁,水涸而性定。此八物者,得四時之氣尤盛,爲人食之弗勝,是以用休廢之脂膏煎和膳之。牛屬司徒,土也。鷄屬宗伯,木也。犬屬司寇,金也。羊屬司馬,火也。

【校注】

〔一〕麋:鄭玄《注》、四庫本、益齋本作"麛"。按:應作"麛",據改。

〔二〕熱:益齋本作"熟"。

賈 此經四時所膳者,[一]皆取所賊死之脂膏。火賊金,即膏臊犬膏也,不得云北方(之)[豕]膏。[二]杜子春"膏臊,[三]犬膏"者是也。[四]膏腥,[五]豕膏也者,非也,[六]以其秋行犢麛,秋時金(玉)[王],[七]金克木,鷄屬東方木,則膏腥鷄膏也,不得爲豕膏。[八]用休廢之脂膏者,五行王相相克。春木王,[九]火相,土死,金囚,水爲休廢。夏火王,土相,金死,水囚,木爲休廢。已下推之可知。王所勝者死,相所勝者囚,新謝者爲休廢。(言)[若]然,[一〇]向來之所膳膏者,[一一]皆是死之脂膏。[一二]鄭以休廢言之也。[一三]

【校注】

〔一〕此:賈《疏》上有"凡用"至"膏臊"。

〔二〕之:賈《疏》、四庫本、益齋本作"豕"。按:應作"豕",據改。

〔三〕杜:賈《疏》上有"又"。春:賈《疏》下有"云"。

〔四〕者:賈《疏》下有"於義"。孫詒讓曰:"《説文·肉部》云:'腺,豕膏臭也。'《一切經音義》引《通俗文》云:'豭臭曰腺。'并與先鄭説同。《説文·魚部》云'鱢,鮏臭也',引'《周禮》曰膳膏鱢'。'鮏,魚臭也。'阮元云:'《周禮》諸本不同。《説文》引經,每兼釋异本。蓋膏腺一作膏鱢,而其義爲魚臭,與鄭以爲豕膏,杜以爲犬膏,俱互异。《説文》於鱢下引《周禮》,於腺下止存豕膏臭一義,則許氏所據古文本作鱢。'案:阮説是也。惠士奇説同。然腺爲犬臭,《内饔》有明文,則不當别爲魚臭之鱢,許所據本不及杜、鄭本之長。又《吕氏春秋·本味篇》云:'水居者腥,内玃者腺。'高注云:'肉玃者,玃拏肉而食之,謂鷹鵰之屬,故其臭腺也。'高説腺臭,與此經及《説文》并异。"(《周禮正義》卷七《庖人》,第二六五頁)

〔五〕膏:賈《疏》上有"云"。

〔六〕非:賈《疏》上有"於義"。

〔七〕玉:賈《疏》、安氏本、四庫本、益齋本、蔣抄本作"王"。按:應作"王",據改。

〔八〕膏:賈《疏》下有"云鮮"至"是以"。孫詒讓曰:"《内則》注亦云'鷄膏腥',此無正文,後鄭以五牲分屬五行,而以時令合之,謂秋當用鷄膏,故不從子春説。其實非也。又五牲無雉,《釋文》所載或説亦非。"(《周禮正義》卷七《庖人》,第二六六頁)

〔九〕木:四庫本作"水"。

〔一〇〕言:賈《疏》、益齋本作"若"。按:應作"若",據改。

〔一一〕之:賈《疏》、益齋本無。

〔一二〕膏:賈《疏》下有"鄭云"至"休廢"。

〔一三〕鄭:賈《疏》上有"故"。也:賈《疏》下有"云牛"至"屬火"。孫詒讓曰:"《春秋繁露·天地之行篇》(按:以下引文出自今本《春秋繁露·循天之道》篇,非《天地之行篇》,孫氏誤,且有删略)

云:'飲食臭味,每至一時,亦有所勝有所不勝之理,不可不察也。四時不同氣,氣各有所宜,宜之所在,其物代美。視代美而代養之,同時美者雜食之,是皆其所宜也。春秋雜物其和,而冬夏代服其宜,則當得天地之美四時和矣。'案:此經説四時之味所宜,即董子所謂春秋雜物其和而冬夏代服其宜也。鄭、賈以五行休王爲説,於經無當。""鄭意當如賈説,但膳羞齊和,當取性味相成,不宜傅合五行休王爲釋。且秋行犢麛膳膏腥,腥實爲豕膏,豕北方畜,秋時金王水相,亦非休廢之膏。鄭、賈説不可從。"(《周禮正義》卷七《庖人》,第二六四、二六七頁)

荆公 膳用牛膏。〔一〕牛,土畜也,〔二〕春木用事,〔三〕則助養脾也。〔四〕膳用犬膏,〔五〕犬,金畜也,〔六〕夏火用事,〔七〕則助養肺也。〔八〕膳用鷄膏,〔九〕鷄,木畜也,〔一〇〕秋金用事,〔一一〕宜助養肝也。〔一二〕膳用羊膏,〔一三〕羊,火畜也,〔一四〕冬水用事,〔一五〕宜助養心也。〔一六〕

【校注】

〔一〕膳用牛膏:《周禮注疏删翼》卷三《庖人》(以下簡稱《删翼》)、《周官義疏》卷四《庖人》(以下簡稱《周官義疏》)無。膳:《周官新義》卷三《庖人》上有"春行"至"香者"。膏:《周禮詳解》卷四《庖人》(以下簡稱《周禮詳解》)、《周官新義》卷三《庖人》下有"也"。按:《删翼》雖引莊渠魏氏之説,但魏氏之説與王安石説大略同,或係受王安石説影響。

〔二〕也:《周禮詳解》《删翼》無。

〔三〕春:《周禮詳解》、《周官新義》卷三《庖人》上有"方"。木:四庫本作"水"。用事:《删翼》作"旺"。事:《周禮詳解》、《周官新義》卷三《庖人》下有“之時”。

〔四〕則:《周禮詳解》、《周官新義》卷三《庖人》下有“宜”,《删翼》作“以”,《周官義疏》作“宜”。脾:《周禮詳解》、《周官新義》卷三《庖人》下有“故”。也:《删翼》《周官義疏》無。

〔五〕膳用犬膏:《删翼》《周官義疏》無。膳:《周禮詳解》、《周官新義》卷三《庖人》上有“膳膏臊者”。膏:《周禮詳解》、《周官新義》卷三《庖人》下有“也”。

〔六〕也:《周禮詳解》《删翼》無。

〔七〕夏:《周禮詳解》、《周官新義》卷三《庖人》上有“方”。用事:《删翼》作“旺”。事:《周禮詳解》、《周官新義》卷三《庖人》下有“之時”。

〔八〕則:《周官義疏》、《周官新義》卷三《庖人》作“宜”,《周禮詳解》下有“宜”,《删翼》作“以”。助:四庫本無。肺:《周禮詳解》作“肝”。也:《周禮詳解》、《周官新義》卷三《庖人》上有“故”,《删翼》《周官義疏》無。

〔九〕膳用鷄膏:《删翼》《周官義疏》無。膳:《周禮詳解》、《周官新義》卷三《庖人》上有“膳膏腥者”。膏:《周禮詳解》、《周官新義》卷三《庖人》下有“也”。

〔一〇〕也:《周禮詳解》《删翼》無。

〔一一〕秋:《周禮詳解》、《周官新義》卷三《庖人》上有“方”。用事:《删翼》作“旺”。事:《周禮詳解》、《周官新義》卷三《庖人》下有“之時”。

〔一二〕宜:《删翼》作“以”。肝:《周禮詳解》作“肺”,《周禮詳解》、《周官新義》卷三《庖人》下有“故”。也:《删翼》《周官義疏》無。

〔一三〕膳用羊膏:《删翼》《周官義疏》無。膳:《周禮詳解》、《周官新義》卷三《庖人》上有“膳膏膻者”。膏:《周禮詳解》、《周官新義》卷三《庖人》下有“也”。

〔一四〕也:《周禮詳解》《删翼》無。

〔一五〕冬:《周禮詳解》、《周官新義》卷三《庖人》上有“方”。用事:《删翼》作“旺”。事:《周禮詳解》、《周官新義》卷三《庖人》下有“之時”。

〔一六〕宜:《删翼》作“以”。心:《周禮詳解》、《周官新義》卷三《庖人》下有“故”。也:《删翼》《周官義疏》無。宋衛湜《禮記集説》卷七〇《内則》引嚴陵方氏(方愨,《宋元學案》卷九八《荆公新學略》列其於王安石後學):“膳膏薌者,以春木用事之時,脾土,有所不勝,故以牛薌之土氣,助養脾也。夏火用事之時,肺金,有所不勝,故必以犬臊之金氣,助養肺也。秋金用事之時,肝木有所不勝,故必以鷄腥之木氣,助養肝也。冬水用事之時,心火,有所不勝,故必以羊膻之火氣,助養心也。”顯係對王安石學説的承繼與增益。

鶴山先生云　鄭説非,荆公説是。吕成公云:〔一〕自《傳》《注》盛行,人都不看經,亦爲時王所尚,〔二〕列於學官,〔三〕科舉以取士。漢、唐以至國初,惟古《注》是從。如“當仁不讓於師”,〔四〕寧取落韵,〔五〕不取違古《注》。〔六〕至程、張、歐、蘇方破口斥《傳》《注》之泥,〔七〕前此《周易》有多少解説,列於學官者,止用王弼。〔八〕唐人以《論語》應舉,謂之“習何論”。〔九〕王子雍排鄭康成,〔一〇〕劉(鉉)[炫]排杜元凱,〔一一〕其説甚當,亦何曾行。〔一二〕孔穎達[多所不取],〔一三〕又每科與之辨。〔一四〕又有學究一科,〔一五〕全是念《傳》《注》,謂之貼經。〔一六〕

【校注】

〔一〕吕成公:此處指南宋初儒學名臣吕祖謙(一一三七—一一八一年),字伯恭,婺州(今浙江金華)人。世稱"東萊先生",爲與其伯祖吕本中相區别,亦有"小東萊先生"之稱。謚曰成,故魏氏謂之"吕成公"。嘉熙二年(一二三八年),改謚"忠亮"。其生平、事迹具載《宋史》卷四三四《吕祖謙傳》。

〔二〕《公羊傳·隱公元年》:"王者孰謂?"《注》曰:"欲言時王則無事,欲言先王又無謚。"尚:崇尚。

〔三〕學官:又稱教官,指中國古時主管學務的官員和官學教師,如漢代設置的五經博士、博士祭酒,西晋設置的國子祭酒、博士、助教,宋代以後歷代設置的提學、學政、教授、學正、教諭等。《史記》卷一二一《儒林列傳》:"公孫弘爲學官。"亦指學校。《漢書》卷八九《循吏傳》:"又修起學官於成都市中。"

〔四〕引語出自《論語·衛靈公》。孔《注》曰:"當行仁之事,不復讓於師,言行仁急。"

〔五〕落韵:出韵、不押韵。

〔六〕《續資治通鑑長編》卷五九《真宗》"景德二年三月甲寅"條:"迪與賈邊皆有聲場屋,及禮部奏名,而兩人皆不與,考官取其文觀之,迪賦落韵,邊論'當仁不讓於師',以師爲衆,與注疏异,特奏令就御試。參知政事王旦議落韵者,失於不詳審耳;捨注疏而立异論,輒不可許,恐士子從今放蕩無所準的。遂取迪而黜邊。當時朝論,大率如此。"古注:此處指漢魏時儒者對《論語》所作注釋。

〔七〕《宋元學案》卷八〇《鶴山學案》:"如先王禮樂刑政,始變於厲、宣、幽、平,浸微於春秋、戰國,大壞於秦,不能復於漢,而盡亡於五胡之亂。今從殘編中搜討,於孔、孟、王、鄭、伏、杜諸儒訓注中參求,諸儒已是臆度,無三代以前規模在胸中,衹在漢、晋諸儒脚迹下盤旋,終不濟事。程、邵、張諸公皆由此而充者。”(第二六五三頁)程:此處指程顥、程頤。張:此處指張載。歐:此處指歐陽修。蘇:此處指蘇軾、蘇轍。上述儒者對儒家經典,如《周禮》《禮記》《詩經》《周易》等經文及後世儒者的注釋的懷疑、批評,可參見楊世文《宋代經學懷疑思潮研究》,四川大學二〇〇五年博士學位論文;楊新勛《宋代疑經研究》,中華書局二〇〇七年版。

〔八〕王弼(二二六—二四九年),字輔嗣,三國魏山陽(今河南焦作,一説山東微山)人,經學家、哲學家,魏晋玄學的主要代表人物之一,著有《周易注》《老子注》。其生平、事迹具載《三國志》卷二八《鍾會傳》裴《注》。

〔九〕習:研習、學習。宋代陸游、明代方以智等對宋初“何論”含義的理解均有誤。陸游《老學庵筆記》卷一:“國初,《韵略》載進士所習有《何論》一首,施肩吾《及第敕》亦列其所習《何論》一首。何論蓋如‘三杰佐漢孰優’‘四科取士何先’之類。”方以智《通雅》卷三《釋詁》引陸游文,且曰:“何論試題也。……智謂如今吏部考假之類。假如者,設爲趙甲錢乙之事而判之。”李成晴認爲,“何論”係唐人對三國曹魏儒者何晏撰《論語集解》的省稱,或徑指《論語》。具體詳見李成晴《“何論”考》,載香港浸會大學《人文中國學報》編《人文中國學報》第二一期,上海古籍出版社二〇一五年版。

〔一〇〕王子雍:即三國魏經學家王肅(一九五—二五六年),字子雍。其生平、事迹具載《三國志》卷一三《王肅傳》。排:排擠、排斥。王肅遍注群經,與鄭學立异。《三國志》卷一三《王肅傳》:“肅善賈、馬之學,而不好鄭氏,采會同异……其所論駁朝廷典制、郊祀、宗廟、喪紀、輕重,凡百餘篇。”

〔一一〕鉉:四庫本作“炫”。按:當作“炫”,據四庫本、《隋書》卷七五《劉炫傳》、《北史》卷八二《劉炫傳》改。劉炫(約五四六—約六一三年):北周隋時經學家。字光伯,河間景城(今河北獻縣東北)人。其生平、事迹具載《隋書》卷七五《劉炫傳》、《北史》卷八二《劉炫傳》。劉炫著《春秋規過》,對杜預《左傳注》多有批評,《左傳疏》徵引其《規過》十七例。元凱:西晋政治家、軍事家、經學家杜預(二二二—二八五年)的字。其生平、事迹具載《晋書》卷三四《杜預傳》。

〔一二〕亦何曾行:四庫本無。

〔一三〕達:四庫本下有"多所不取",據四庫本補。孔穎達(五七四—六四八年):字冲遠,冀州衡水(今屬河北)人。隋及唐初著名經學家。其生平、事迹具載《舊唐書》卷七七《孔穎達傳》、《新唐書》卷二一一《孔穎達傳》。多所不取:此處指孔穎達等撰作《春秋左傳正義》時,大體遵循"疏不破注"原則,多沿循杜預《左傳注》,對劉炫等人駁杜諸説,或批駁,或摒弃不用。

〔一四〕與之辨:四庫本作"舉之目"。

〔一五〕學究:唐代科舉考試中"學究一經"科目的簡稱。唐代科舉考試,有進士、明經等科。明經又分爲五經、三經、二經和學究一經。《新唐書》卷四四《選舉志上》:"唐制,取士之科……其科之目……而明經之别,有五經,有三經,有二經,有學究一經……此歲舉之常選也。"五代王定保《唐摭言·好及第惡登科》:"許孟容進士及第,學究登科,時號錦褾子上著莎衣。"朱瑞熙認爲,北宋承唐制設置學究科,爲"諸科"之一。開寶七年(九七四年),詔《毛詩》《尚書》《周易》三經學究并爲一科。雍熙二年(九八五年),復分爲三科。景德二年(一〇〇五年),規定《尚書》《周易》學究,考本經時,每十道義,各問《疏》義六道、經《注》四道,以通六者爲合格。熙寧年間罷諸科,此科因祗"誦書不曉理"而亦廢。(《中國歷史大辭典·宋史卷》,第三〇〇頁)朱熹對此科沿革及利弊曾有如下論述:"問學究一科沿革之故。曰:'此科即唐之明經是也。進士科則試文字,學究科但試墨義。有才思者多去習進士科,有記性者則應學究科。凡試一大經者,兼一小經。每段舉一句,令寫上下文,以通不通爲去取。應者多是齊魯河朔間人,衹務熟讀,和注文也記得,故當時有"董五經""黄二傳"之稱。但未必曉文義,正如和尚轉經相似。又有司待之之禮,亦不與進士等。進士入試之日,主文則設案焚香,垂簾講拜。至學究,則徹幕以防傳義,其法極嚴,有渴至飲硯水而黔其口者!當時傳以爲笑。歐公亦有詩云:"焚香禮進士,徹幕待諸生。"其取厭薄如此,荆公所以惡而罷之。但自此科一罷之後,人多不肯去讀書。'"(《朱子語類》卷一二八《本朝二》,第三〇七九—三〇八〇頁)據《穀山筆塵》記載,宋神宗時改革科舉制度,應進士考試經義論策,取中的分爲五等:第一等和第二等"賜進士及第",次之應"賜進士出身",再次"賜同進士出身",最後一等"賜同學究出身"。

〔一六〕貼經:又謂之"帖經",是唐宋時期科舉考試中對參加"明經"科目考試的士人們采取的一種考試方式。其具體方式,杜佑《通典》卷一五《選舉三》記載曰:"帖經者,以所習經掩其兩端,中間開唯一行,裁紙爲帖,凡帖三字,隨時增損,可否不一,或得四、得五、得六者爲通。(自注:後舉人積多,故其法益難,務欲落之,至有帖孤章絶句,疑似參互者以惑之。甚者,或上抵其注,下餘一二字,使尋之難知,謂之'倒拔'。既甚難矣,而舉人則有驅聯孤絶、索幽隱爲詩賦而誦習之,不過十數篇,則難者悉詳矣。其於平文大義,或多墻面焉。)"(中華書局版《通典》,第三五六頁)

歲終則會,唯王及后之膳禽不會。

鄭 膳禽,四時所膳禽獻。加世子可以會之。〔一〕

【校注】

〔一〕加：益齋本作“如”。

賈　上《膳夫職》所掌者是其正，〔一〕此禽獻者是其加。世子可以會，故歲終則唯王及后之膳不會，世子則會之矣。

【校注】

〔一〕上：賈《疏》上有“注膳禽至會之釋曰”。

鶴山先生云　加籩薦豆，則禽獻爲加可知。加則惟王及后不會，世子則會，以防太侈。〔一〕

【校注】

〔一〕太：四庫本作“汰”。

內饔掌王及后、世子膳羞之割亨煎和之事。〔一〕**辨體名肉物，辨百品味之物。**

【校注】

〔一〕亨：安氏本、四庫本、益齋本作“烹”。下或同。按：“亨”通“烹”。

鄭　割，肆解肉也。亨，煮也。〔一〕煎和，齊此五味。〔二〕體名，脊、脅、肩、臂、臑之屬。〔三〕肉物，胾燔《釋文》作膰之屬。〔四〕百品味，庶羞之屬。〔五〕言百,舉成數。

【校注】

〔一〕孫詒讓曰:"《方言》云:'亨,熟也。嵩岳以南,陳、潁之間曰亨。'《士冠禮》注云:'煮於鑊曰亨。'"(《周禮正義》卷八《内饔》,第二六八頁)

〔二〕此:鄭玄《注》、四庫本、益齋本作"以"。

〔三〕體名:"凌廷堪云:'凡牲左體謂之左胖,右體謂之右胖。前體謂之肱骨,又謂之前脛骨。肱骨三,最上謂之肩,肩下謂之臂,臂下謂之臑。後體謂之股骨,又謂之後脛骨。股骨三,最上謂之肫,又謂之膞肫,下謂之胳,又謂之骼,胳下謂之觳。中體謂之脊。脊骨三,前骨謂之正脊,中骨謂之脡脊,後骨謂之橫脊。脊兩旁之肋謂之脅,又謂之胸,胸又謂之榦。脅骨三,中骨謂之正脅,又謂之長脅,前骨謂之代脅,後骨謂之短脅。肩上謂之膉,又謂之脰。肫上謂之髀。餘骨謂之儀殊。左右肱股四,脊一,兩脅二,謂之七體,又謂之豚解。左右肱股骨各六,脊骨三,左右脅骨六,謂之二十一體,又謂之體解。節解謂之折,骨折謂之殽晉。'案:凌説二十一體,有觳而無髀,從《少牢》賈《疏》説也。朱子則謂當加兩髀而去觳。黄以周云:'豚解合升,是并髀升。體解不升髀,而《士虞》《特牲》《少牢饋食》祝俎皆用髀,則髀自在二十一體之中。但神俎升右胖,以髀賤不升,故《少牢禮》止十一體爾。經言髀不升,正明其爲一體也。'案:黄説是也。"(《周禮正義》卷八《内饔》,第二六八—二六九頁)

〔四〕釋文作膰:魏氏引《釋文》增。阮《校》曰:"諸本同。宋本'燔'作'膰'。案:《釋文》:'膰,音燔,本亦作燔。'宋本與《釋文》合,是也。賈《疏》引《注》作'燔'。"膰:益齋本此字處爲空格,無字。孫詒讓曰:"又《炙部》云:'鐇,宗廟火孰肉。'燔即鐇之借字。""《説文·火部》云:'燔,爇也。'……案:鐇正字,燔假借字。《鬱人》注引此經燔作鐇。《左傳》僖公《釋文》云:'膰,《周禮》又作鐇字。'今檢《大宗伯》脤膰字作'膰',此職作'燔',皆不爲鐇字。疑舊本此職經實作'鐇',故《左傳》《釋文》有《周禮》作鐇之語。然本職《釋文》又不出鐇字,所未詳也。"(《周禮正義》卷八《内饔》,第二六九、二三八一—二三八二頁)

〔五〕羞:四庫本作"饈"。"饈"同"羞"。

賈 體名,〔一〕案《少牢》:解羊豕,前體肩、臂、臑,後體膊、胳,〔二〕又有正脊、脡脊、横脊,又有短脅、正脅、代脅,是其體(二)十一體。〔三〕肉物,〔四〕案《公食大夫禮》:十六豆有胾,胾謂切肉。《少牢》:〔五〕主婦獻尸以膰從,〔六〕傳火曰燔。百品,〔七〕庶羞之屬。〔八〕

【校注】

〔一〕體:賈《疏》上有"注割"至"甘云"。名:賈《疏》下有"脊脅肩臂臑之屬者"。

〔二〕胳:賈《疏》作"骼"。

〔三〕二:安氏本此字雖不清晰,似作"一"字,但"一"下又有一點,似爲"一"字之起筆。則安氏本亦作"二"。賈《疏》、益齋本無。按:上文列舉羊體,共十一物,則此處魏氏所謂"二十一",誤。"二"爲衍字,據賈《疏》、益齋本删。

〔四〕肉:賈《疏》上有"云"。物:賈《疏》下有"胾燔之屬者"。

〔五〕少:賈《疏》上有"又案"。

〔六〕膰:賈《疏》作"燔"。按:"燔"同"膰"。

〔七〕百：賈《疏》上有“云”。品：賈《疏》、益齋本下有“味”。

〔八〕屬：賈《疏》下有“案膳”至“成數”。

鶴山先生云 肆，托歷反，〔一〕取剔義。然祇從本字，亦有肆陳於鼎俎之意。〔二〕亨，字本作亯，音香，音亨，音烹，〔三〕祇同一字。〔四〕并同《楚茨》“絜爾牛羊，〔五〕以往烝嘗，或割或亨。〔六〕作香字，〔七〕叶韵。〔八〕或肆或將，〔九〕祝祭於祊”音方。〔一〇〕

【校注】

〔一〕肆，托歷反：《釋文》文。

〔二〕意：益齋本作“義”。

〔三〕音烹：益齋本作“又音享”。

〔四〕同：四庫本作“用”，益齋本作“亨”。

〔五〕楚茨：《詩經·小雅》詩篇。詩《序》曰：“刺幽王也。政煩賦重，田萊多荒，饑饉降喪，民卒流亡，祭祀不饗，故君子思古焉。”《疏》曰：“《楚茨》六章，章十二句……言田萊多荒，茨棘不除，則首章上四句是也。饑饉，倉庾不盈，首章次四句是也。降喪，神不與福助，首章下四句，盡於卒章言古之享祀，神錫爾福，反明今之不饗，神不祐助也。”

〔六〕割：《詩經·小雅·楚茨》、益齋本作“剥”。

〔七〕作香字：益齋本作“亨香”。

〔八〕叶：四庫本無。

〔九〕《詩經·小雅·楚茨》《傳》曰：“亨，飪之也。肆，陳。將，齊也。或陳於牙，或齊於肉。”《箋》云：“祭祀之禮，各有其事。有解剥其皮者，有煮熟之者，有肆其骨體於俎者，或奉持而進之者。”《疏》

曰:“亨謂煮之使熟……《行葦》云:‘肆筵設席。’肆是設之言,故爲陳也。‘將,齊’,《釋言》文。郭璞曰:‘謂分齊也。’《地官·牛人》云:‘凡祭祀,共其牛牲之牙。’《注》云:‘牙若今屠家縣肉架。’則肆謂既殺,乃陳之於牙上也。……或肆或將,其事俱在或亨之前。以二者事類相將,故進或亨於上,以配或剥耳。……孫毓云:‘此章祭時之事,始於絜牛羊,成於神保享,各以次第也。既解剥,則當亨煮之於鑊。既煮熟,當陳其骨體於俎,然後奉持而進之爲尸羞。不待既亨熟,乃分齊所當用也。《箋》義爲長。’”

〔一〇〕《詩經·小雅·楚茨》《傳》曰:“祊,門内也。”《箋》云:“孝子不知神之所在,故使祝博求之平生門内之旁,待賓客之處,祀禮於是甚明。”《釋文》:“門内祭先祖,所彷徨也。”《疏》曰:“《釋宫》云:‘閍,謂之門。’李巡曰:‘閍,廟門名。’孫炎曰:‘《詩》云“祝祭於祊”,祊謂廟門也。彼直言門,知門内者,以正祭之禮,不宜出廟門也。’……又曰:‘索祭祝於祊。’《注》云:‘廟門外曰祊。’又《注》:‘祊之禮,宜於廟門外之西室。’與此不同者,以彼祊對正祭,是明日之名。又彼《記》文稱祊之於東方爲失明,在西方與繹俱在門外,故《禮器》曰:‘爲祊於外。’《祭統》曰:‘而出於祊。’對設祭於堂爲正,是以明日之繹故皆在門外,與此不同。以廟門謂之祊,知内外皆有祊稱也。”

選百羞、醬物、珍物以俟饋,共后及世子之膳羞。

鄭 先進食之時,恒選擇其中御者。〔一〕

【校注】

〔一〕中:益齋本無。“《獨斷》云:‘御者,進也,飲食入於口曰

御。'"(《周禮正義》卷八《内饔》,第二七一頁)

賈〔一〕　百羞者,〔二〕則庶羞百二十。醬物者,即醬用百(一)[二]十罋。〔三〕珍物者,諸八珍之類。俟,待也。内饔恒預選,知當王意所欲者,以待饋王。〔四〕后、世子直言共,〔五〕不言饋者,膳夫饋王,不饋后、世子,此内饔言共,是親饋,故鄭云:"膳夫掌之,是乃共之。"

【校注】

〔一〕百:四庫本、益齋本上有"賈"。按:此節爲賈《疏》文。魏氏將此節與前節合爲一節,易被誤解爲鄭玄《注》文,仿前文例,將其單獨成節。節首增"賈"字,且依前文例,將其加大、加粗。

〔二〕百:賈《疏》上有"選百至俟饋釋曰"。

〔三〕即:賈《疏》、四庫本、安氏本、益齋本作"則"。一:賈《疏》、四庫本、益齋本、蔣抄本作"二"。按:應作"二",據改。

〔四〕待:賈《疏》作"得"。阮《校》曰:"案上云:'俟,待也。'此'得'爲'待'之誤。"

〔五〕后:賈《疏》上有"共后至膳羞釋曰"。

辨腥臊膻香之不可食者:牛夜鳴則庮,〔一〕**羊泠毛而毳,膻。犬赤股而躁,**〔二〕**臊。鳥皫色而沙鳴,**〔三〕**貍。**〔四〕**豕盲眡而交睫,**〔五〕**腥。馬黑脊而般臂,螻。**〔六〕

【校注】

〔一〕庮:《禮記·内則》《注》曰:"庮,惡臭也。《春秋傳》曰:'一薰一廇。'"

〔二〕赤股而躁:《禮記·内則》《注》曰:"赤股,股裏無毛也。"《疏》曰:"臊,謂臊惡。赤股,股裏無毛。躁,謂舉動急躁。"《周禮·天官·内饔》《疏》曰:"言赤股者,股裏無毛謂之赤股,非謂肉赤。謂若《禮記·檀弓》流矢在白肉,非謂肉白,而走又躁疾。"

〔三〕鹿色:《禮記·内則》《注》曰:"鹿色,毛變色也。"

〔四〕狸:《禮記·内則》作"鬱"。《注》曰:"鬱,腐臭也。"

〔五〕眡:《周禮·天官·大宰》:"及執事,眡滌濯。"《注》曰:"眡音視,本又作視。"孫詒讓曰:"眡視古今字。"(《周禮正義》卷八《内饔》,第二七一頁)

〔六〕《禮記·内則》《疏》曰:"從'牛夜鳴'至'般臂漏',皆與《周禮·内饔職》文同。"螻:《禮記·内則》作"漏"。鄭玄《注》曰:"漏,當爲'螻',如螻蛄臭也。"孫詒讓曰:"螻,《内則》作'漏',字通。……《釋文》云:'螻,干音漏,内病也'。則干依《内則》破螻爲漏,與鄭正相反。焦循云:'康成以漏爲螻,令升以螻爲漏。《列子·周穆王篇》云"王之厨饌,腥螻而不可饗。"張湛取鄭注云:"螻蛄臭也。"《方言》"螻蛄一名杜狗"。即今之土狗,不聞其臭惡,螻從婁,《説文》:"婁,空也。"《釋名》:"樓,言牖户諸射孔婁婁然也。"婁爲孔,與漏義正同。《吕氏春秋·慎小篇》云:"巨防空螻而漂邑殺人。"此螻即漏字,空螻即孔漏也。高誘解爲孔穴容螻蛄,非是。此干氏内病之訓,謂内病成孔,婁婁然也。'案:焦申干義,亦足備一解。但據《列子》腥螻之文,則螻自當爲臭味之名。螻,《山海經》郭注引此經又作'膢',螻膢聲類同。"(《周禮正義》卷八《内饔》,第二七一、二七四頁)

鄭 腥臊羶香可食者,是别其不可食者,則所謂者,皆臭味也。"泠毛",毛長總結也。〔一〕䵚,失色,不澤美也。沙,澌也。"交睫,腥","腥"當爲"星",聲之誤也,肉有如米者似星。〔二〕"般臂",臂毛有文。〔三〕

【校注】

〔一〕孫詒讓曰:"疑注'泠毛'下當有'毳'字,而今本挩之。蓋經於泠毛毳之間著一'而'字,明毳與泠毛是二病,下四句文例并同,故鄭亦兼釋之。《内則》《注》云:'泠毛毳,毛别聚於不解者也。'彼注亦兼舉'泠毛毳'三字,可以互證。……'洪頤煊云:'泠與零同,謂毛零落而又毳結。'案:孔、洪説是也。蓋凡畜病則細毛多零落,長毛雖存,而糾結不解。此注以毛長釋泠毛,明細毛零落,僅見長毛也。以總結釋毳者,《掌皮》云'共其毳毛爲氈',故毛結亦謂之毳。……毛零落總結則不柔潤,故爲病矣。"(《周禮正義》卷八《内饔》,第二七二頁)

〔二〕《周禮·天官·内饔》《釋文》曰:"腥,依《注》作星,《説文》云:'腥,星見食豕,令肉中生小息肉也。'"《禮記·内則》《注》曰:"腥,當爲'星',聲之誤也。星,肉中如米者。"孫詒讓曰:"《内則》注同。段玉裁云:'注舉交睫腥三字者,以此腥别於上文腥臊膻香之腥也。鄭君説腥爲鷄膏交睫腥之腥,當易爲星。'云'肉有如米者,似星'者……段玉裁云:'"似星"當作"曰星",謂肉有如米者謂之星,如飯之𥼶也。許叔重説勝爲犬膏之臭,腥爲星見食豕,令肉中生小息肉,故其字從肉星,星亦聲,則腥爲正字,而勝爲《周禮》腥臊之正字。許所據《周禮》,與鄭所據不同。……'阮元云:'《爾雅》"米者謂之𥼶"。郭注云:"飯中有腥。"亦以腥爲正字。'詒讓案:後鄭因此經腥爲豕病,而《庖人》'膏腥'注以爲鷄膏,二者不相當,故破腥爲星,而别爲之説。依許説,則腥自爲豕生息肉之正字,不必改讀。但此經方言氣臭之不可食者,不宜腥獨爲肉有如米之名,鄭説殆非也。此腥實當讀如字,《庖人》之膏腥,亦當依杜子春説訓爲豕膏。兩經文義本相合,鄭歧而二之,遂滋曲説耳。”(《周禮正義》卷八《内饔》,第二七三頁)

〔三〕文:鄭玄《注》下有“鄭司”至“臭也”。

鄭司農云〔一〕 廇,朽木臭也。〔二〕螻,螻(姑)[蛄]臭也。〔三〕

【校注】

〔一〕此節:四庫本無。

〔二〕廇:“《釋文》引干注云‘病也’。《廣雅·釋詁》云:‘瘤,病也。’瘤廇字亦通。”(《周禮正義》卷八《内饔》,第二七四頁)

〔三〕姑:賈《疏》、益齋本作“蛄”。按:應作“蛄”,據改。

杜子春云 “盲視”,〔一〕當爲“望視”。

【校注】

〔一〕視:《周禮·天官·内饔》《注》引杜子春語作“眂”。按:“眂”同“視”。《周禮·天官·大宰》《注》曰:“眂音視,本又作視。”孫詒讓曰:“眂,注例用今字作‘視’,述經亦然,此作‘眂’,疑誤。杜即從《内則》讀也,但杜意正謂盲當爲望耳。其眂視爲古今字,此經用古文,《禮記》用今文,經文各從其朔,不足相校也。鄭彼注云‘望視,視遠也’。孔疏云:‘謂豕視望揚。’案:《左》哀十四年傳云‘陳豹望視’,杜注云:‘目望陽。’孔即本杜義。《家語·辨樂篇》王注云:‘望羊,遠視也。’《莊子·秋水篇》‘盳洋向若而嘆’。彼《釋文》云:

'本亦作"望洋",司馬、崔云:盳洋猶望羊,仰視貌。'《莊子》盳與此盲字正同,揚陽羊洋字并通。段玉裁云:'盲望同音假借。子春不云讀爲,云當爲者,謂爲聲之誤也。'"(《周禮正義》卷八《内饔》,第二七四頁)

賈 此經腥有二字,〔一〕鄭不破腥臊之腥,宜破交睫腥之腥。〔二〕鄭答冷剛"(重)[童]牛之牿",〔三〕牛在手曰梏,〔四〕牛無手,以前足當之。此馬亦然,故言"般臂"。〔五〕朽木、螻(姑)[蛄]皆臭物,〔六〕此皆不利人,〔七〕故禁之。〔八〕

【校注】

〔一〕此:賈《疏》上有"辨腥"至"也者"。

〔二〕腥:賈《疏》下有"故連"至"文者"。

〔三〕重:《周易·大畜》、賈《疏》、四庫本、益齋本作"童"。按:應作"童",據改。牿:賈《疏》、益齋本作"梏"。按:"梏"同"牿"。

〔四〕梏:四庫本作"牿"。

〔五〕臂:賈《疏》下有"鄭司"至"正也"。其中數句魏氏予以概括、改寫,詳見下注。

〔六〕此句係魏氏對賈《疏》"驗今朽木……螻蛄則有臭"數句概括而成。姑:賈《疏》、四庫本、益齋本作"蛄"。按:應作"蛄",據改。

〔七〕此:賈《疏》下有"一經"。皆:賈《疏》下有"是"。

〔八〕"此皆不利人故禁之",原在"注腥臊至望視"前,魏氏移置於此。之:賈《疏》下有"也注"至"正也"。按:其中"此經"至"之腥"、"鄭答"至"般臂",魏氏前引,其餘删。

鶴山先生云 古人格物之精如此。般臂,《傳》《注》以爲般般然。〔一〕此般字,賈誼《吊屈賦》用。〔二〕顔師[古]云:〔三〕般從丹。〔四〕不從舟。交睫,(腥)[星]。〔五〕鄭以爲肉有米似星。鄉在靖州,〔六〕人或告以屠所市豕肉不可食者。〔七〕問其故,則云夜於星下飼豕,則肉上盡有星如米狀,此不可食。索而觀之,信然。乃知康成之言有所據。〔八〕

【校注】

〔一〕注:四庫本作"王"。般般然:賈《疏》文,"謂馬脊黑,前脛般般然。"

〔二〕《史記》卷八四《屈原賈生列傳》:"般紛紛其離此尤兮。"《集解》:"蘇林曰:'般音盤。'孟康曰:'般音班。'或曰盤桓不去,紛紛構讒意也。"《索隱》:"般音班,又音盤,槃桓也。紛紛猶藉藉,構讒之意也,尤謂怨咎也。"《漢書》卷四八《賈誼傳》《注》引孟康曰:"般音班。般,反也。"吊屈賦:賈誼撰寫的吊唁和懷念屈原,并抒發自己懷才不遇心情的賦文。《史記》卷八四《屈原賈生列傳》:"賈生以爲漢興至孝文二十餘年,天下和洽,而固當改正朔,易服色,法制度,定官名,興禮樂,乃悉草具其事儀法……悉更秦之法。孝文帝初即位,謙讓未遑也。諸律令所更定,及列侯悉就國,其説皆自賈生發之。於是天子議以爲賈生任公卿之位。絳、灌、東陽侯、馮敬之屬盡害之,乃短賈生曰:'雒陽之人,年少初學,專欲擅權,紛亂諸事。'於是天子後亦疏之,不用其議,乃以賈生爲長沙王太傅。賈生既辭往行,聞長沙卑濕,自以壽不得長,又以適去,意不自得。及渡湘水,爲賦以吊屈原。"《漢書》卷四八《賈誼傳》:"屈原,楚賢臣也,被讒放逐,作《離騷賦》,其終篇曰:'已矣!國亡人,莫我知也。'遂自投江而死。

誼追傷之,因以自諭。”

〔三〕師:四庫本作“籀”,益齋本下有“古”。按:“籀”爲顔師古名。其生平、事迹詳載《舊唐書》卷七三《顔師古傳》。中華書局點校本《舊唐書》目録作“顔思古”,誤。此處或作“籀”,或作“顔師古”,均可。據開慶本、安氏本、益齋本、蔣抄本,此處爲“顔師古”,或更符魏氏原意,故此處據益齋本補“古”字。

〔四〕《漢書》卷四八《賈誼傳》師古曰:“般,孟音是也。字從‘丹青’之‘丹’。”

〔五〕腥:四庫本作“星”。據前文鄭玄《注》、四庫本改爲“星”。

〔六〕鄉:以往、以前。《漢書》卷六二《司馬遷傳》:“鄉者,僕亦嘗厠下大夫之列。”顔師古《注》曰:“鄉讀曰嚮。嚮,曩昔時也。”靖州:位於今湖南省西南,懷化市南部,湘、黔、桂交界地區。唐代中期,居於此地的侗族大姓楊氏曾自稱誠州、徽州。五代時,楚於此設誠州。北宋曾沿置誠州,宋哲宗時改爲渠陽軍,後復改爲誠州。宋徽宗崇寧二年(一一〇三年),改稱靖州。靖州稱謂始於此。魏了翁被貶居於靖州,事詳見《宋史》卷四三七《魏了翁傳》。同傳又載:“了翁至靖,湖、湘、江、浙之士,不遠千里負書從學。乃著《九經要義》百卷,訂定精密,先儒所未有。”

〔七〕市:賣、出售。

〔八〕據:益齋本無“據”字,但在“所”字下有一“闕”字。

凡宗廟之祭祀,掌割亨之事。〔一〕凡燕飲食,亦如之。凡掌共羞、脩、刑、膴、胖、骨、鱐,以待共膳。

【校注】

〔一〕亨:四庫本作“烹”。下同。按:“亨”通“烹”。

鄭 共當爲具。[一]羞,庶羞也。脩,鍛脯也。胖,如脯而腥者。

【校注】

〔一〕共:鄭玄《注》上有"掌共"。具:安氏本作"其"。孫詒讓曰:"共具形近而誤。"(《周禮正義》卷八《内饔》,第二七五頁)

鄭司農云 刑膴謂夾脊肉,或曰膺肉也。骨鱐,謂骨有肉者。

玄謂 刑,鉶羹也。膴,牒肉大臠,所以祭者。骨,牲體也。鱐,乾魚。

賈 内饔不掌外神,[一]故云"宗廟之祭祀"。言"凡"者,謂四時及祫、禘并月祭等皆在其中,[二]掌其割亨之事。上王后言"煎和",此不言"煎和"者,鬼神尚質,不貴褻味。[三]薑、桂鍛治之謂之脩,[四]不鍛治者謂之脯。[五]乾則爲脯,[六]不乾而腥則謂之胖。刑、[七]膴爲二物,[八]有明文,先鄭以刑膴爲夾脊肉,[九]故後鄭不從。或曰膺肉,[一〇]無所出,亦不從。[一一]骨鱐,[一二]謂骨有肉者,[一三]"玄謂刑,鉶羹也。[一四]膴,[一五]牒肉大臠,所以祭者。[一六]骨,[一七]牲體。鱐,[一八]乾魚"。先鄭合爲一,後鄭不從。[一九]《特牲》有鉶羹,[二〇]謂鉶器盛豕膮,設於薦南。[二一]膴,魚肉總有也。[二二]膴又詁爲大。[二三]

【校注】

〔一〕内:賈《疏》上有"凡宗至共膳釋曰"。

〔二〕四時:《詩經》《周禮》《禮記》等文獻記載的商周時期,王室宗於每年春、夏、秋、冬四季孟月(夏曆之正月、四月、七月、十月)舉行的祭祖禮,謂之"四時祭"。二十世紀出土的商、周甲骨文、金文有關記載表明,上述文獻記載多與史實不符。商周時期宗廟祭祖禮類型繁多、複雜而又嚴格有序。周初還没有形成按照四個季節定期舉行祭禮的制度。將宗廟祭禮與四時聯繫起來,大致在春秋、戰國時。四時祭的完全統一,直至秦漢以後始告完成。祫:傳世文獻中記載的祭祀規格高於四時祭的宗廟大祭,每三年舉行一次。迄今,商代卜辭中不見有"祫"字。禘:傳世文獻中記載的祭祀規格高於四時祭的宗廟大祭,每五年舉行一次。與儒家禮書記載完全不同的是,甲骨文、金文有關記載表明,商周時,王、諸侯皆可舉行禘祭禮。西周金文中,并没有禘祭是專門用於祭祀始祖的記載,其受祭者都是近世祖先。禘禮不分專祭、合祭。後世儒者主張的禘祭亦爲祭天之禮,并不確切。西周金文中的禘祭全是對祖考進行祭祀的祭禮。禘祭舉行的時間有五月、六月、八月、九月,并不是在夏季舉行的時祭。歷代學者關於四時祭、禘祫祭的詮釋與争議,參見郭善兵《略述宋儒對周天子宗廟禮制的詮釋——以宗廟廟數、祭祀禮制爲考察中心》,載《東方論壇》二〇〇六年第五期;《略論清儒對"漢學"、"宋學"的繼承與創新——以清儒對周天子宗廟祭祖禮制的詮釋爲中心》,載《河南大學學報(社會科學版)》二〇〇八年第四期;《中國古代帝王宗廟禮制研究》,第三九—四九頁。

〔三〕味:賈《疏》下有"故不"至"是也"。

〔四〕薑桂鍛治之謂之脩:賈《疏》作"云脩鍛脯也者謂加薑桂鍛治之"。

〔五〕不:賈《疏》上有"若不加薑桂"。謂:賈《疏》上有"直"。

〔六〕乾:賈《疏》上有"云胖如脯而腥者"。

〔七〕刑:賈《疏》上有"鄭司農云刑膴謂夾脊肉者"。

〔八〕爲二物：安氏本、四庫本、益齋本無。

〔九〕以刑膴爲：賈《疏》作“以爲刑膴”。

〔一〇〕或：賈《疏》上有“云”。肉：賈《疏》下有“者”。

〔一一〕亦：賈《疏》上有“後鄭”。

〔一二〕骨：賈《疏》上有“云”。

〔一三〕者：賈《疏》下有“骨自”至“不從”。

〔一四〕也：賈《疏》下有“者案”至“鉶羹”。按：其中“特牲”至“薦南”，魏氏引，置於後文，詳見下。

〔一五〕膴：賈《疏》上有“云”。

〔一六〕者：賈《疏》下有“膴魚”至“者也”。按：其中“膴魚肉總有也”“膴又詁爲大”，魏氏引，置於後，詳見下。

〔一七〕骨：賈《疏》下有“自是”。

〔一八〕鱐：賈《疏》下有“自是”。

〔一九〕先鄭合爲一後鄭不從：此九字，賈《疏》原在“謂骨”與“謂刑”之間，魏氏後移至此。後：賈《疏》上有“故”。鄭：賈《疏》下有“亦”。

〔二〇〕特：賈《疏》上有“案”。

〔二一〕“特牲”至“薦南”：賈《疏》原在“鉶羹”與“大臠”之間，魏氏後移至此。

〔二二〕膴魚肉總有也：賈《疏》此句原在“牒肉大臠所以祭者”句下，魏氏移置此。也：賈《疏》下有“公食”至“言也”。

〔二三〕大：賈《疏》下有“故云”至“乾魚”。孫詒讓曰：“凡牒肉大臠，在牲謂之大，在魚謂之膴。通言之，大亦得名膴。”（《周禮正義》卷八《内饔》，第二七六頁）

凡王之好賜肉脩，則饔人共之。〔一〕

【校注】

〔一〕饔人：孫詒讓曰："饔人即内饔，稱人者，通舉其官長徒屬之言。凡此經總舉官屬者皆稱人，若《射人》稱大僕爲僕人，《大祝》稱甸師爲甸人是也。《左》襄二十八年傳云：'公膳日雙鷄，饔人竊更之以鶩。'……彼饔人與此正同。"（《周禮正義》卷八《内饔》，第二七七頁）

鄭　好賜，王所善而賜也。

賈　言"好賜"者，〔一〕謂群臣所愛好，〔二〕則賜之肉羞，〔三〕饔人共之。

【校注】

〔一〕言：賈《疏》上有"凡王至共之釋曰"。

〔二〕臣：賈《疏》、益齋本下有"王"。

〔三〕羞：賈《疏》、四庫本作"脩"。

外饔掌外祭祀之割亨，共其脯、脩、刑、膴，陳其鼎俎，實之牲體、魚、腊。凡賓客之飧饔、饗食之事，亦如之。

鄭　飧，客始至之禮。饔，既將幣之禮。致禮於客，莫盛於饔。

賈　"致禮於賓客，〔一〕莫盛於饔"者，以其饔之中有飪，有腥，有牽，又有酒，有米，兼燕與食，其中芻薪米禾又多，〔二〕故朝聘之日致之，是以鄭云"急歸大禮"，故云"莫盛於饔"也。

【校注】

〔一〕致:賈《疏》上有"外饔"至"也云"。

〔二〕薪:安氏本作"新"。

邦饗耆老、孤子,則掌其割亨之事,〔一〕**饗士庶子,亦如之。**

【校注】

〔一〕亨:四庫本作"烹"。

鄭 孤子者,死王事者之子也。士庶子,衛王宫者,若今時之饗衛士矣。〔一〕《王制》曰:"周人養國老於東膠,養庶老於虞庠。"〔二〕

【校注】

〔一〕饗衛士:《續漢書·禮儀志中》:"饗遣故衛士儀:百官會,位定,謁者持節引故衛士入自端門。衛司馬執幡鉦護行。行定,侍御史持節慰勞,以詔恩問所疾苦,受其章奏所欲言。畢饗,賜作樂,觀以角抵。樂闋罷遣,勸以農桑。"

〔二〕《禮記·王制》:"有虞氏養國老於上庠,養庶老於下庠。夏后氏養國老於東序,養庶老於西序。殷人養國老於右學,養庶老於左學。周人養國老於東膠,養庶老於虞庠,虞庠在國之西郊。"《注》曰:"皆學名也。异者,四代相變耳,或上西,或上東,或貴在國,或貴在郊。上庠、右學,大學也,在西郊;下庠、左學,小學也,在國中王宫之東;東序、東膠,亦大學,在國中王宫之東;西序、虞庠亦小學也,西序在西郊,周立小學於西郊。膠之言糾也,庠之言養也。周之小學爲有虞氏之庠制,是以名庠。云其立鄉學亦如之。膠,或作絿。"孫詒讓曰:"東膠即《文王世子》之東序,《祭義》《樂記》通言之則曰大學。周大學在南郊,《王制》注以爲在國中王宫之東,非周制也。《白虎通義·鄉射篇》謂事三老在辟雍。辟雍亦即大學,故《禮運》云'三老在學'。《初學記·禮部》引《白虎通》則云'禮三老於明堂,禮五更於大學',蓋禮家傳聞之异。"(《周禮正義》卷八《外饔》,第二八〇—二八一頁)

賈 "邦饗耆老"者,〔一〕謂死事者之父、祖,兼有國老、庶老。〔二〕謂卿、〔三〕大夫致仕者,庶老謂士之致仕者。經直言"耆老",對"孤子",則"耆老"者,死事者之父、祖可知。〔四〕《左氏》哀二十三年,〔五〕晉知伯親禽顔庚。至二十七年,齊師將興,陳成子屬孤子,三日朝,設乘車兩馬,繫五邑焉,召顔庚之子而賜之,是禮孤子之法。〔六〕

【校注】

〔一〕邦:賈《疏》上有"邦饗至如之釋曰云"。

〔二〕老:賈《疏》下有"云孤"至"謂若"。其中"左氏"至"之法",魏氏移置於後,詳見下文。四庫本下有"云孤子者,謂死王事者之子。死事者之子,謂若"。

〔三〕謂:賈《疏》、益齋本上有"國老"。

〔四〕"謂卿"至"可知":四庫本無。賈《疏》原在"故曰虞庠"句下,魏氏移置於此。

〔五〕左:賈《疏》上有“邦饗”至“謂若”。哀:賈《疏》下有“公”。按:“左氏”至“孤子之法”,四庫本在“死事者之子謂若”下。

〔六〕是:賈《疏》下有“其”。法:賈《疏》下有“云王”至“庶老”。

師役,則掌共其獻、賜脯肉之事。凡小喪紀,陳其鼎俎而實之。

鄭 獻謂酌其長帥。喪事之奠祭。〔一〕

【校注】

〔一〕喪:鄭玄《注》上有“謂”,益齋本上有“小喪紀”。

賈 獻謂獻酒,〔一〕非獻肉,故鄭謂“酌其長帥”。長(師)[帥],〔二〕軍將已下至五長,有功者饗獻之。小喪紀,〔三〕謂夫人已下之喪。“陳其鼎俎”,〔四〕謂殷奠及虞、〔五〕(附)[祔]之祭,〔六〕皆有鼎俎。〔七〕

【校注】

〔一〕獻謂獻酒:賈《疏》上有“師役”至“以經”。

〔二〕師:賈《疏》、四庫本、益齋本作“帥”。按:前文亦曰“帥”,則“師”爲“帥”之訛,據改。

〔三〕小:賈《疏》上有“凡小喪”至“釋曰言”。紀:賈《疏》下有“者”。

〔四〕陳:賈《疏》上有“云”。俎:賈《疏》下有“者”。

〔五〕謂:賈《疏》下有“其”。

〔六〕附:賈《疏》、四庫本、益齋本作“祔”。按:應作“祔”,據改。

〔七〕俎：賈《疏》下有“故鄭”至“祭也”。

荆公　外饔言“饗耆老、孤子”，〔一〕而以士庶子如之。〔二〕酒正言“饗士庶子”，而後言“饗耆老、孤子”。〔三〕外饔掌饔，〔四〕饔以養之爲主。〔五〕酒正掌酒，〔六〕酒以禮之爲主。

【校注】

〔一〕外饔：《周禮詳解》卷四《外饔》（以下簡稱《周禮詳解》）作“此”，《周官新義》卷三《外饔》上有“耆老、孤子，蓋所謂死政之老與其孤也”。

〔二〕以：文淵閣本《周官新義》卷三《外饔》無。子：文淵閣本《周官新義》卷三《外饔》下有“亦”。

〔三〕子：《周禮詳解》下有“者”。

〔四〕外饔掌饔：《周禮詳解》無。

〔五〕饔：《周禮詳解》上有“蓋”。

〔六〕酒正掌酒：《周禮詳解》無。

亨人掌共鼎鑊，〔一〕以給水火之齊。職外、内饔之爨亨煮，〔二〕辨膳羞之物。祭祀，共大羹、鉶羹。賓客，亦如之。

【校注】

〔一〕亨：四庫本作“烹”。下同。

〔二〕“王念孫云：‘煮即亨也，既言亨，則無庸更言煮。案鄭《注》云“爨，今之竈，主於其竈煮物”。《疏》云“主外内饔爨竈亨煮之事。”皆以竈釋爨，以煮釋亨，而經文原無竈煮二字也。唐《石經》

有煮字，即涉注文而衍，而各本遂沿其誤。《詩·楚茨》及《左傳》桓十四年《正義》引此有煮字，疑亦後人依唐《石經》加之。《瓠葉》《正義》云"天官亨人掌外内饔之爨，亨，煮物之名"。《正義》以煮釋亨，則經文之有亨無煮甚明，故知他篇引此有煮字者，後人所加也。《大宰》及《少牢饋食》疏引此皆作"職外内饔之爨亨"，無煮字。《特牲饋食》疏云"《周禮》亨人，其職主爨亨之事，以供外内饔"。亦無煮字。'案：王説是也。凡經亨煮字例作'鬻'，注乃作'煮'。此經作煮，與字例亦不合。"(《周禮正義》卷八《亨人》，第二八二頁)

鄭　鑊，所以煮肉及魚、腊之器。既熟，〔一〕乃脀於鼎。齊，多少之量。職，主也。爨，今之竈。主於其竈煮物。

【校注】

〔一〕熟：賈《疏》、益齋本作"孰"。按："孰"通"熟"。

賈　案《少牢禮》，〔一〕爨在廟門外之東，大夫五鼎，羊、豕、腸、胃、魚、腊，各异鑊。鑊别有一鼎，鑊中肉孰，各升一鼎，故鄭云"既孰，乃脀於鼎"。〔二〕《周禮》、〔三〕《儀禮》皆言爨，〔四〕《論語》王孫賈"寧媚於竈"，〔五〕《禮記·祭法》"天子七祀"之中亦言竈。若然，自孔子已後皆言竈，〔六〕故鄭云"爨，今之竈"。

【校注】

〔一〕案：賈《疏》上有"注鑊"至"器者"。禮：賈《疏》無。

〔二〕鼎：賈《疏》下有"云齊"至"之齊"。

〔三〕周：賈《疏》上有"職外"至"竈者"。

〔四〕禮：安氏本無。

〔五〕賈：賈《疏》下有“云”。《論語·八佾》：“王孫賈問曰：‘與其媚於奥，寧媚於竈，何謂也？’”《疏》曰：“媚，趣鄉也；奥，内也，謂室内西南隅也，以其隱奥，故尊者居之。其處雖尊，而閑静無事，以喻近臣雖尊，不執政柄，無益於人也。竈者，飲食之所由，雖處卑褻，爲家之急用，以喻國之執政，位雖卑下，而執賞罰之柄，有益於人也。”

〔六〕孫詒讓曰：“《説文·爨部》云：‘爨，齊謂之炊爨。’《釋名·釋宫室》云：‘爨，銓也，銓度甘辛調和之處也。’《楚辭·九嘆》王注云：‘爨，炊竈。’《詩·小雅·楚茨篇》‘執爨踖踖’，毛傳云：‘爨，饔爨、廪爨也。’案：外内饔之爨，即《禮經》之雍爨也。《少牢饋食禮》云：‘雍人摡鼎匕俎於雍爨。雍爨在門東南，北上。’注云：‘……爨，竈也。羊豕魚腊皆有竈。’案：《特牲饋食禮》又謂之牲爨、魚腊爨。……《士虞》及《特牲禮》又謂之饎爨，乃炊黍稷之竈。……鄭《儀禮注》直釋爨爲竈，此獨云爨今之竈者，以古時爨竈兩稱，漢時則皆稱竈，不稱爨，故釋之。”（《周禮正義》卷八《亨人》，第二八三頁）

鶴山先生云　七祀非古禮。竈也者，〔一〕老婦之祭也。〔二〕孔子已後，改“爨”爲“竈”，不知何故。大羹，肉湆。〔三〕先儒以大羹不致五味也，鉶羹加鹽菜矣。〔四〕肉湆盛於登，肉汁一名湆，〔五〕汁字當從肉，從泣。作湆，衹有張參能辨。〔六〕若衹從水旁，字書中無。蓋湆字以注爲聲，〔七〕以肉爲形。若是汁，却無聲。

【校注】

〔一〕竈：益齋本作“爨”。

〔二〕老婦之祭:《禮記·禮器》:"燔柴於奥。(《注》曰:"奥當爲爨字之誤也,或作竈。")夫奥者,老婦之祭也。(《注》曰:"老婦,先炊者也。")"《疏》曰:"奥音爨,爨以爨煮爲義也。禮,祭至尸食竟而祭爨神,言其有功於人,人得飲食,故祭報之。而夏父弗綦爲禮官,謂爨神是火神,而遂燔柴祭之,此是失禮。……'夫奥者,老婦之祭也'者,既譏燔柴於爨,又明祭爨不可以燔柴之義。爨者,是老婦之祭,其祭卑,唯盛食於盆,盛酒於瓶,卑賤若此,何得燔柴祭之也?"

〔三〕湆:鄭玄《注》、益齋本作"涪",下同。按:"湆"同"涪"。大羹肉湆:此四字爲魏氏引鄭玄《注》。

〔四〕先儒以:《周禮·天官·亨人》《注》作"鄭司農云",則此處魏氏所謂"先儒",應爲鄭衆。《左傳·桓公二年》《疏》曰:"五味,即《洪範》所云酸、苦、辛、鹹、甘也。"《儀禮·士昏禮》《疏》曰:"謂不致五味,故知不和鹽菜。唐、虞以上曰大古,有此羹。三王以來更有鉶羹,則致以五味。雖有鉶羹,猶存大羹,不忘古也。"

〔五〕"肉湆"至"名湆":魏氏引賈《疏》文。賈《疏》"登"下有"謂大古之羹,不調以鹽菜及五味,謂鑊中煮肉汁。"《儀禮·士昏禮》《注》曰:"今文涪皆作汁。"

〔六〕張參:祖籍河間(今屬河北)。唐玄宗開元、天寶年間舉明經,唐代宗大曆初,曾任國子司業。唐德宗初去世。大曆十年(七七五年),詔儒官校訂經本,張參辨齊魯之音,考古今之字,詳定五經,撰成《五經文字》。顧炎武稱張參"刊正繆失,甚有功於學者"。關於此書的研究,可參見王海洋《張參〈五經文字〉研究》,山東師範大學二〇一七年碩士學位論文。

〔七〕注:益齋本作"泣"。

又云 王者典禮,齊(威)[桓]公出來一壞,〔一〕晋文公出來一壞,〔二〕道路之政不修,賓客之政不舉,然而子産説晋文之時"車馬有數",〔三〕以至"客至如歸"一段,〔四〕猶見晋文之時尚餘些典禮。祇如泰山之下明堂之祭,則齊宣時猶在。〔五〕

【校注】

〔一〕威:四庫本作"桓"。按:應作"桓",據改。南宋人改"桓公"曰"威公",蓋避宋欽宗趙桓名諱。前人有稱"桓公"者,或亦改稱"威公"。如蘇洵《嘉祐集·管仲論》尚作"管仲相桓公",宋謝枋得編《文章軌範》卷三《管仲論》則改作"管仲相威公",其他儒者也多有稱齊桓公爲齊威公者,如宋李幼武纂集《宋名臣言行録》:"因言管仲相威公以伐楚。"吕祖謙《歷代制度詳説》卷五《制度》:"自管仲相威公。"章如愚《群書考索後集》卷五六《財賦門》:"齊管仲相威公。"由此推測,"威公"或即南宋人爲避諱,改齊桓公謚號爲威公所致。齊桓公破壞周代禮制事,如《禮記·曾子問》:"昔者齊桓公亟舉兵,作僞主以行。及反,藏諸祖廟。廟有二主,自桓公始也。"《注》曰:"僞猶假也。舉兵以遷廟主行,無則主命。爲假主,非也。"《禮記·郊特牲》:"庭燎之百,由齊桓公始也。"《注》曰:"僭天子也。庭燎之差,公蓋五十,侯、伯、子、男皆三十。"《詩經·大雅·江漢》《箋》云:"王於江、漢之水上命召公,使以王法征伐,開闢四方,治我疆界於天下,非可以兵病害之也,非可以兵急躁切之也。使來於王國,受政教之中正而已。齊桓公經陳、鄭之間及伐北戎,則違此言者。"《疏》曰:"以王法行征伐,謂以王者之正法,不妄殺以爲功,不譎詐以求勝也。……非可以兵急躁之……故引齊桓二事以反之。……宣王使行王法,齊桓則用霸道,霸道劣於王法,故違此言。"

〔二〕晋文公出來一壞:《詩經·譜序》:"五霸之末,上無天子,下無方伯,善者誰賞?惡者誰罰?紀綱絶矣。"《疏》曰:"'五霸'之字,或作‘五伯’。成二年《左傳》云:‘五伯之霸也。’《中候》‘霸免’,《注》云:‘霸猶把也,把天子之事也。’然則言伯者,長也,謂與諸侯爲長也。五伯者,三代之末,王政衰微,諸侯之强者以把天子之事,與諸侯爲長,三代共有五人。服虔云:‘五伯,謂……周伯齊桓、晋文也。’……此言五霸之末,正謂周代之霸齊桓、晋文之後……僖元年《公羊傳》云:‘上無天子,下無方伯,天下諸侯有相滅亡者,桓公不能救,則桓公耻之。’是齊桓、晋文能賞善罰惡也。其後無復霸君,不能賞罰,是天下之綱紀絶矣。”《論語·憲問》:“子曰:“晋文公譎而不正,齊桓公正而不譎。”晋文公蔑視毁壞周代禮制,蓋尤以魯僖公二十八年(前六三二年)召周天子參加標志自己稱霸的“踐土之盟”爲著。故《春秋》爲尊者讳,記載此事曰:“天王狩於河陽。”杜預注曰:“晋實召王,爲其辭逆而意順,故經以王狩爲辭。”

〔三〕數:《左傳·襄公三十一年》載子産語作“所”。

〔四〕客:《左傳·襄公三十一年》載子産語作“賓”。《左傳·襄公三十一年》:“子産相鄭伯以如晋,晋侯以我喪故,未之見也。子産使盡壞其館之垣,而納車馬焉。士文伯讓之……(子産)對曰:‘……僑聞文公之爲盟主也,宫室卑庳,無觀臺榭,以崇大諸侯之館。館如公寢,庫厩繕脩,司空以時平易道路,圬人以時塓館宫室。……僕人巡宫。車馬有所,賓從有代,巾車脂轄,隸人、牧、圉,各瞻其事。百官之屬,各展其物。公不留賓,而亦無廢事。憂樂同之,事則巡之。教其不知,而恤其不足。賓至如歸,無寧菑患。’”

〔五〕《孟子·梁惠王下》:“齊宣王問曰:‘人皆謂我毁明堂,毁諸?已乎?’(《注》曰:‘謂泰山下明堂,本周天子東巡狩朝諸侯之處也,齊侵地而得有之。人勸齊宣王,諸侯不用明堂,可毁壞,故疑而問於孟子,當毁之乎?已,止也。’)孟子對曰:‘夫明堂者,王者之堂也,王欲行王政,則勿毁之矣。’(《注》曰:‘言王能行王道者,則可無毀也。’)”《疏》曰:“案《禮記·明堂位》云:‘明堂者,明諸侯之尊卑。……成王封周公於曲阜,令魯世世祀周公以天子之禮樂。’然則太山下明堂即周公朝諸侯之處。蓋魯封内有太山,後嘗爲齊所伐,故齊南有太山。”

又云 鄭康成《五經》皆有《傳》《注》,〔一〕又注《五經緯》,〔二〕今《乾坤鑿度》之類猶在,〔三〕皆以三字爲名,如《參同契》、〔四〕《元命包》,〔五〕亦是康成自五六十時注到八十歲。〔六〕今《左氏正義》内間引鄭《注》。〔七〕

【校注】

〔一〕五經:中國古代歷史上,皇帝欽定五部儒家典籍爲“經”者,計有二次:一是漢武帝於建元五年(前一三六年)立《周易》、《尚書》、《禮》(今《儀禮》)、《詩經》(齊、魯、韓三家《詩》)、《春秋》(《春秋公羊傳》)“五經”博士。二是唐太宗時,詔孔穎達等修撰《五經正義》,以《周易》、《尚書》、《詩經》(《毛詩》)、《禮記》(《小戴禮記》)、《左傳》爲“五經”。鄭玄所撰經注、傳中,有《周易注》《尚書注》《毛詩箋》《儀禮注》《禮記注》。鄭玄所注經中,并無專門的《春秋》及三《傳》注,有針對何休所撰《公羊墨守》《左氏膏肓》《穀梁廢疾》,而撰作的辯論文《發公羊墨守》《箴左氏膏肓》《起穀梁廢疾》。另撰有《駁何氏漢議》(《駁何氏春秋漢議》)、《駁何氏漢議叙》、《春秋左氏分野》、《春秋十二公名》等與《春秋》《左傳》相關之著述。關於鄭玄“五經”及《孝經》《論語》諸經注、傳,詳參楊天宇《鄭玄三禮注研究》第二章“鄭玄著述考”,第一五——一九頁。

〔二〕緯:此處指先秦秦漢時期的儒生用詭秘的話語附會、解釋儒家經典形成的著作。漢代的緯書也稱“讖緯”“緯候”“圖緯”“圖讖”等,此學被稱爲“内學”。緯書里部分内容與經義有關,係對若干經文進行詮釋的文字。也有部分内容與經義無關。其中有的記録或編造一些古代帝王、聖人的符瑞故事,以渲染、坐實“聖人感天而生”“君權神授”“聖賢先知”等説教,同時夾雜著一些歷史記載、神話傳説。有的是預言、占驗的内容,如《易緯》講卦氣占驗,《春秋潛潭巴》《河圖帝覽嬉》等是專門闡述天文占驗,包含了大量古代天文曆法的内容。有的如《河圖括地象》《河圖絳象》等,專言地理,里面有不少古代地理資料和古人對地理的認識。五經緯:漢代儒生針對《周易》《尚書》《詩經》《禮记》《春秋》五部儒家經典,編撰各經緯書。據東漢光武帝於建武中元元年(五六年)公布之圖讖,共有八十一篇,其中七經緯有三十六篇。唐代李賢注《後漢書·樊英傳》,臚列其中三十五篇:《易緯》有《稽覽圖》《乾鑿度》《坤靈圖》《通卦驗》《是類謀》《辨終備》,《詩緯》有《推度灾》《記曆樞》《含神霧》,《書緯》有《璇機鈐》《考靈耀》《刑德放》《帝命驗》《運期授》,《禮緯》有《含文嘉》《稽命征》《斗威儀》,《樂緯》有《動聲儀》《稽耀嘉》《汁圖征》,《春秋緯》有《演孔圖》《元命包》《文耀鉤》《運斗樞》《感精符》《合誠圖》《考异郵》《保乾圖》《漢含孳》《佐助期》《握誠圖》《潛潭巴》《説題辭》。另有《孝經緯》之《援神契》《鈎命决》。李賢《注》或漏《春秋緯》之《命曆序》。後世諸書徵引,又往往多有超出上述者。關於鄭玄“五經緯”及《孝經緯》《樂緯》《尚書中候》《河圖洛書》諸緯書之注釋,詳參楊天宇《鄭玄三禮注研究》第二章“鄭玄著述考”,第一九—二一頁。

〔三〕乾坤鑿度:《四庫全書總目》卷六《經部六》:“其書分上、下二篇。上篇論四門四正,取象取物,以至卦爻蓍策之數。下篇爲坤有十性,而推及於蕩配、陵配。又雜引《萬形經》《地形經》《制靈經》

《著成經》《含靈孕》諸緯文,詞多聱牙不易曉。故晁公武疑爲宋人依托,胡應麟亦以爲《元包》《洞極》之流。而胡一桂則謂漢去古未遠,尚有祖述,有裨《易》教。評騭紛然,真僞莫辨。伏讀御製《題乾坤鑿度詩》,定作者後於莊子……援據審核,折衷至當。臣等因考《列子》《白虎通》《博雅》諸書,皆以太易、太初、太始、太素爲氣、形、質之始,與《鑿度》所言相合。獨《莊子》於外篇《天地》略及'泰初有無'之語,而其他名目,概未之見。則儵忽、混沌,實即南華氏之變文,作《鑿度》者復本其義而緣飾之耳。仰蒙聖明剖示,精確不刊,洵永爲是書定論矣。案《七經》緯皆佚於唐,存者獨《易》。逮宋末而盡失其傳。今《永樂大典》所載,《易》緯具存,宋以後諸儒所未見,而此書實爲其一。"

〔四〕參同契:《周易參同契》的簡稱。東漢會稽上虞(今浙江上虞)人魏伯陽撰。全書六千餘字,是一部用《周易》理論、道家哲學與煉丹術(爐火)三者參合而成的煉丹養生著作,是道教最早系統論述煉丹養生的典籍,也是一部内外丹兼修的道教理論著作,被後人譽爲"丹經之祖""萬古丹經王"。該書總結了當時的一些化學知識,推動了我國古代化學事業的發展,在世界科技史上具有一定地位和影響。據上述,《參同契》非《周易》緯書,魏氏此處誤。

〔五〕元命包:或作《元命苞》,《春秋緯》之一種。

〔六〕魏了翁關於鄭玄享年及注經、緯書年齡之叙述均不確。據考,鄭玄出生於東漢順帝永建二年(一二七年)七月五日(戊寅),卒於漢獻帝建安五年(二〇〇年)六月,享年七十四歲。"據鄭珍《鄭學録·年譜》所載,鄭玄著述之次如下:熹平三年(一七四年)鄭玄四十八歲以前,注《尚書中候》及《易》《書》《詩》《禮》四經之《緯》;熹平四年(一七五年)鄭玄四十九歲以後在禁錮中,注《周官》《儀禮》《禮記》;光和五年(一八二年)鄭玄五十六歲,針對何休而作《發公羊墨守》《箴左氏膏肓》《起穀梁廢疾》,又《答何休書》;中平元年(一八四年)鄭玄五十八歲,這以後注《古文尚書》《毛詩》《論語》,又撰《毛詩譜》《論語釋義》《仲尼弟子目》;獻帝初平二年(一九一年)鄭玄六十五歲,初至徐州,居南城山,注《孝經》;建安五年(二〇〇年),鄭玄七十四歲,至元城注《周易》,注畢知病不起,作《自序》。"(詳參楊天宇《鄭玄三禮注研究》第一章"鄭玄生平事迹考略",第三、九頁)《鶴山集》卷一〇九《師友雅言下》:"九緯書皆三字名,如《乾坤鑿度》及《參同契》等皆然,可細考。然鄭康成皆有注,是經書、緯書盡讀也。"

〔七〕左氏正義:此處指唐孔穎達等奉唐太宗敕,撰作的疏解《左傳》及西晋杜預《春秋左傳集解》的著作,六十卷,是《五經正義》中的一種。孔穎達等以杜預《春秋左傳集解》爲據,旁徵博引東漢儒者賈逵、服虔,及南北朝隋時儒者沈文阿、劉炫等人的義疏,引用"三禮"、《公羊傳》、《穀梁傳》、《爾雅》等文獻有關記載,注釋詳備,是唐代《左傳》詮釋代表作。初,杜《注》與孔《疏》各單行。南宋將杜《注》、孔《疏》與隋唐之際儒者陸德明所撰《經典釋文》中之《春秋左傳音義》合刻,遂爲定式。《左傳正義》時或徵引鄭玄《箴左氏膏肓》《起穀梁廢疾》之文。如《左傳·文公元年》《疏》曰:"何休《膏肓》以爲三年之喪使卿出聘,於義《左氏》爲短。鄭康成箴云:'《周禮》:"諸侯邦交,歲相問,殷相聘,世相朝。"《左氏》合古禮,何以難之?'"

甸(帥)[師]掌帥其屬而耕耨王藉,〔一〕以時入之,以共齍盛。祭祀,共蕭茅。

【校注】

〔一〕甸帥之帥:《周禮·天官·甸師》、四庫本作"師"。按:

"帥"應作"師",據改。《續漢書·禮儀志上》《注》引干寶《周禮注》:"古之王者,貴爲天子,富有四海,而必私置藉田,蓋其義有三焉:一曰,以奉宗廟,親致其孝也;二曰,以訓於百姓在勤,勤則不匱也;三曰,聞之子孫,躬知稼穡之艱難無逸也。"

鄭 耨,〔一〕芸芓也。〔二〕王以孟春躬耕帝籍,〔三〕天子三推,三公五推,〔四〕卿、諸侯九推,庶人終於千畝。庶人謂徒三百人。藉之言借也。王一耕之,而使庶人芸芓終之。齍盛,〔五〕祭祀所用穀也。齍,〔六〕稷也,穀者稷爲長,是以名云。在器曰盛。

【校注】

〔一〕耨:鄭玄《注》上有"其屬府史胥徒也"。

〔二〕芓:古同"秄"。阮《校》曰:"宋本'芸'作'耘'。案:《釋文》:'芸音云,本或作耘。'《疏》云:'耕種耘耨於王之藉田。'蓋《釋文》作'芸',賈《疏》作'耘'。今本《注》及《疏》作'芸',係依《釋文》改。"

〔三〕籍:鄭玄《注》、益齋本作"藉"。按:"籍"通"藉"。孫詒讓曰:"藉,正字作'耤'。《説文·耒部》云:'耤,帝耤千畝也。古者使民如借,故謂之藉。'應劭《風俗通義·祀典篇》義同。《初學記·禮部》引《月令章句》,《續漢書·祭祀志》注引薛綜《二京賦》注,釋藉田亦并從許、鄭義。藉,《毛詩·載芟叙》《國語·周語》字并作'籍'。《吕氏春秋·孟春》《季秋紀》并作'帝籍田'。又《上農篇》云'故天子率諸侯耕帝籍田'。案:藉、籍并耤之借字,故鄭《載芟》箋云:'籍之言借也,借民力治之,故謂之籍田。'孔疏及《周語》韋注亦同鄭義。明藉、籍字雖乖异,義實一也。《北堂書鈔·禮儀部》引賈逵《國語》注云:'天子躬耕籍田,助民力也。'《續漢志》注引盧植云:

‘藉，耕也。《春秋傳》曰‘鄗人藉稻’，故知藉爲耕也。’《漢書·文帝紀》‘藉田’，顔注引應劭云：‘籍（按：中華書局版《漢書·文帝紀》“籍”作“藉”，下同）者，帝王典籍之常。’又引臣瓚云：‘親耕本以躬親爲義，不得以假借爲稱，籍謂蹈籍也。’顔從瓚説。據應説以典籍爲釋，則字當爲籍，與《風俗通》説异。瓚説以蹈籍爲釋，則字當爲藉，故《後漢書·明帝紀》李注引《五經要義》云‘藉，蹈也。言親自履蹈於田而耕之’。即瓚説所本。今案：許、鄭訓藉爲借，即指使庶人終畝而言，其義甚精。應氏典籍之言，望文生訓，固不可通；臣瓚蹈藉之説，亦淺陋無取，而以親耕不得稱假借，妄破鄭義，則《載芟》疏已㢋其謬矣。”（《周禮正義》卷八《甸師》，第二八七頁）

〔四〕孫詒讓曰：“《續漢書·禮儀志》劉注引此注‘公五推’上無‘三’字。王念孫據《月令》孔疏述經及《唐月令》諸書并無‘三’字，謂今本有‘三’字，爲後人據誤本《月令》加之。其説近是。”（《周禮正義》卷八《甸師》，第二八五頁）

〔五〕阮《校》曰：“案‘齍’亦當爲‘粢’。《肆師》：‘表齍盛。’《注》：‘粢，六穀也，在器曰盛。’是經作‘齍盛’，《注》皆作‘粢盛’。《疏》云：‘六穀曰粢，在器曰盛，以其祭祀，故云粢盛。’易‘齍盛’爲‘粢盛’，本《注》也。此及《舂人》《注》同。經作‘齍’，非。《漢讀考》云：‘小宗伯辨六齍之名物。《注》曰：“齍讀爲粢，六粢謂六穀，黍、稷、稻、粱、麥、苽。”全經内“齍”字當以此例之。’案《甸師》《注》：‘粢盛者，祭祀之主也。’”

〔六〕齍：鄭玄《注》作“粢”。

鄭大夫云〔一〕　蕭字或爲莤，莤讀爲縮。〔二〕束茅，立之。祭前，沃酒其上，酒滲下去，若神飲之，故謂之縮。縮，浚也。〔三〕齊桓公責楚不貢包茅，〔四〕無以縮酒。

【校注】

〔一〕鄭大夫:後世學者對東漢初經學家鄭興的稱謂,因其曾任職諫議大夫,故名。鄭興,字少贛,河南開封人。其生平、事迹具載《後漢書》卷三六《鄭興傳》。

〔二〕莤:四庫本作"字"。"臧琳云:'《説文·酉部》:"……據《説文》,知《左傳》作"無以莤酒"。據《甸師》注,知《周禮》作"祭祀共莤茅"。蓋《毛詩》《周禮》《左傳》皆古文,故與六書之旨合。今《左傳》作"縮酒"……皆莤之聲近假借字。《甸師》云"莤茅"者,以茅爲莤酒之用,當如字讀。鄭少贛既從《左傳》莤酒義,而復讀爲縮者,恐人不識莤字,故以今文讀之。'段玉裁云:'鄭大夫依或本作莤,大夫讀爲縮酒之縮。《説文·酉部》有莤字,許所據同大夫也。若王獻之《辭中令帖》云"蓬莤與蘭蕙齊榮",蓋謂莤即蕭字,非事。'"(《周禮正義》卷八《甸師》,第二八九—二九〇頁)

〔三〕孫詒讓曰:"《左傳》僖四年孔疏及《論語·憲問》邢昺疏引,浚并作'滲'。《説文·水部》云:'滲,下漉也。'與浚義略同。此冡上酒滲爲文,疑作滲爲是。然《釋文》云:'浚,荀潤反。劉思順反。'則劉昌宗及陸本并作'浚',與孔所見本异。"(《周禮正義》卷八《甸師》,第二九〇—二九一頁)

〔四〕齊:鄭玄《注》引鄭興語上有"故"。包:鄭玄《注》引鄭興語作"苞"。阮《校》曰:"嘉靖本'苞'作'包'。此本《疏》引《左傳》亦作'包'。閩、監、毛本改'苞'。案:'苞苴''苞裹',字多從草,而《左傳》及《説文》'莤'下引《春秋傳》皆作'包'。'茅'蓋從省。按:版本多依舊不同,莤作'包'未爲非也。"茅:鄭玄《注》引鄭興語下有"王祭不共"。

杜子春　讀爲蕭。〔一〕蕭，香蒿也。

【校注】

〔一〕"段玉裁云：'爲當作"從"。凡二本字乖异，而用一廢一，曰從。如蕭或爲莤，鄭仲師從莤讀縮，杜則從蕭是也。鄭君從杜，蕭與茅爲二。大夫、許君莤茅爲一。'"（《周禮正義》卷八《甸師》，第二九一頁）

玄謂　《詩》"取蕭祭脂"，〔一〕《郊特牲》：〔二〕"蕭合黍稷，臭陽達於墻屋，故既薦，〔三〕然後焫蕭合馨香。"〔四〕合馨香者，是蕭之謂也。茅以共祭之苴，亦以縮酒，苴以藉祭。縮酒，泲酒也。醴齊縮酌。

【校注】

〔一〕詩：鄭玄《注》下有"所云"。引《詩》出自《詩經·大雅·生民》。《傳》曰："取蕭合黍稷，臭達墻屋。先奠，而後爇蕭，合馨香也。"《疏》曰："又云'蕭合黍稷，臭達墻屋。既奠，而後爇蕭，合馨香'，皆《郊特牲》文。彼唯'馨'作'膻'。注云：'膻當作馨，字之誤也。'蓋毛時未誤，故讀彼從此。彼言'臭陽達於墻屋'，此無'陽''於'二字，引之略耳。……此言'祭脂'，彼不言脂；彼言'黍稷'，此不言黍稷，皆文不具耳。"

〔二〕牲：鄭玄《注》下有"云"。

〔三〕薦：《禮記·郊特牲》作"奠"。鄭玄《注》曰："'奠'或爲'薦'。"

〔四〕馨香：《禮記·郊特牲》作"膻薌"。鄭玄《注》曰："'膻'當爲‘馨’,聲之誤也。”

賈 言“帝藉”者,〔一〕藉田之穀,衆神皆用,獨言帝藉者,舉尊言之。〔二〕《周語》:〔三〕“王耕一發,班三之。”〔四〕天子藉田千畝,在南郊,自天子三推已下,示相恭敬鬼神之法,〔五〕又示帥先天下。〔六〕稷爲五穀長,〔七〕《爾雅》以稷爲粢,〔八〕通而言之,六穀皆是粢,《小宗伯》“辨六粢之名物”。〔九〕取蕭祭脂,〔一〇〕見用蕭之時有脂。〔一一〕謂饋獻之後,陰厭之節,取蕭與脂及黍稷焫燒之,取香氣上聞。〔一二〕茅以共祭苴,〔一三〕則《士虞禮》“束茅長五寸,立於几東”是也。〔一四〕

【校注】

〔一〕言:賈《疏》上有“甸師”至“是也”。藉:四庫本作“籍”,下“帝藉”“藉田”同。按:“藉”通“籍”。

〔二〕之:賈《疏》下有“云天”至“五發”。

〔三〕周:賈《疏》上有“故”。語:賈《疏》下有“云”。

〔四〕之:賈《疏》下有“云庶”至“語文”。

〔五〕相:賈《疏》、益齋本作“有”。阮《校》曰:“惠校本‘有’作‘相’。”

〔六〕帥:四庫本作“師”。下:賈《疏》下有“故暫”至“爲尊”。

〔七〕稷:賈《疏》上有“故知”。

〔八〕爾:賈《疏》上有“及”。

〔九〕小:賈《疏》上有“故”。伯:賈《疏》下有“云”。物:賈《疏》下有“是也”。

〔一〇〕取:賈《疏》上有“祭祀”至“所云”。

〔一一〕脂：賈《疏》下有"又引"至"屋者"。

〔一二〕聞：賈《疏》下有"故云"至"馨香"。

〔一三〕茅：賈《疏》上有"云"。祭：賈《疏》下有"之"。苴：賈《疏》下有"者"。

〔一四〕東：賈《疏》下有"謂之苴者"。也：賈《疏》下有"云亦"至"苴耳"。

鶴山先生云 古無灌茅之義。所謂縮酒，祇是醴有糟，故縮於茅以清之。若曰滲下去如神飲，此是鄭大夫臆説。〔一〕

【校注】

〔一〕是鄭大夫：《禹貢錐指》卷七《包匭菁茅》無。説：《禹貢錐指》下有"也"。"賈疏云：'此鄭大夫之意，取《士虞禮》束茅立几東，所以藉祭。'案：賈説是也。大夫此注，隱據《禮經》之苴爲釋。依《士虞禮》設饌饗神陰厭時，祝取奠觶祭於苴，即所謂沃酒其上。《左傳》僖四年杜注云：'束茅而灌之以酒爲縮酒。'《國語·晋語》'置茅蕝'，韋注云：'蕝謂束茅而立之，所以縮酒。'説并與大夫同。《説文》謂加祼圭而灌鬯酒，則是祼事亦用茅。《論語·八佾》皇疏説灌法云：'於太祖室裏龕前，東向束白茅，置地上，而持鬯酒灌白茅上，使酒味滲入淵泉，以求神也。'皇説與許略同。蓋祭初降神之祼，與二祼獻尸事异，但祼圭即圭瓚，用以酌鬱鬯，非束茅所加，許説與禮微迕，不知何據。至《禮經·少牢》《特牲》，大夫士吉祭無茅苴，唯《士虞》喪祭有之。彼賈《疏》據《司巫》注，謂天子諸侯吉祭亦有苴，大夫意或亦當然。……故《通典·吉禮》謂饋孰尸入室時，尸舉奠斝祭酒以菁茅，謂之縮酒。此亦用大夫義，謂祭苴在尸舉奠時也。"(《周禮正義》卷八

《甸師》,第二九〇頁)

又云〔一〕 沸與河、濟之濟通。

【校注】

〔一〕此節及下節,開慶本、四庫本、安氏本、蔣抄本均未獨立成節,而皆與前節合爲一節。益齋本此兩節合爲一節,仿前文例,將此節及下節皆獨立成節。“又云”二字加大、加粗。

又云 鄉在靖州,〔一〕見有菁茅甚多。有劉子澄者作《貢茅亭記》,謂齊(威)[桓]公葵丘之會,〔二〕據司馬遷《書》,是合諸侯以封禪,〔三〕所以責楚不貢茅。最後謂他日上封泰山,於此亭取茅,因爲言。〔四〕孔、孟取葵丘之會,自有明文,〔五〕如何不取?乃舉司馬遷封禪之説?封、禪二字竟莫曉。如茅,當以《禹貢》爲說,劉不聽云。

【校注】

〔一〕鄉:以往、以前。

〔二〕威:四庫本作“桓”。按:發起“葵丘之會”的齊國國君是齊桓公,應作“桓”,據改。丘:益齋本作“邱”。下同。

〔三〕《史記》卷二八《封禪書》:“齊桓公既霸,會諸侯於葵丘,而欲封禪。管仲曰:‘……今鳳皇麒麟不來,嘉穀不生,而蓬蒿藜莠茂,鴟梟數至,而欲封禪,毋乃不可乎?’於是桓公乃止。”封禪:中國古代帝王在泰山舉行的祭祀天地的禮儀。在泰山上築土爲壇祭天,報天之功,謂之“封”。在泰山山南梁父山上闢土祭地,報地之功,謂之

"禪"。《白虎通·封禪》:"王者易姓而起,必升封泰山何?報告之義也。始受命之日,改制應天,天下太平功成,封禪以告太平也。所以必於泰山何?萬物之始,交代之處也。必於其上何?因高告高,順其類也。故升封者,增高也。下禪梁甫之基,廣厚也。皆刻石紀號者,著己之功迹以自效也。天以高爲尊,地以厚爲德,故增泰山之高以報天,附梁甫之基以報地。明天之命,功成事就,有益於天地,若高者加高,厚者加厚矣。……封者,廣也。言禪者,明以成功相傳也。梁甫者,泰山旁山名。正於梁甫何?以三皇禪於繹繹之山,明己成功而去,有德者居之。繹繹者,無窮之義也。五帝禪於亭亭之山。亭亭者,制度審諟,道德著明也。三王禪於梁甫之山。梁者,信也。甫者,輔也。信輔天地之道而行之也。太平乃封,知告於天,必也於岱宗何?明知易姓也。刻石紀號,知自紀於百王也。燎祭天,報之義也。望祭山川,祀群神也。"(《白虎通疏證》,第二七八—二八二頁)

〔**四**〕齊桓公糾合魯、宋、陳、衛、鄭、許、曹諸國之師伐楚,并以楚不貢包茅事責楚,在周惠王二十一年、魯僖公四年、齊桓公三十年,即公元前六五六年。後齊、楚簽訂召陵之盟,齊等還軍,戰事平息。齊桓公召集葵丘之會,在周襄王元年、魯僖公九年,即公元前六五一年。劉子澄顛倒葵丘之會與伐楚二事前後順序,故有齊桓公葵丘之會欲封禪,因無楚貢之包茅,而伐楚討取包茅的錯誤論述。

〔**五**〕《孟子·告子下》:"五霸桓公爲盛,葵丘之會諸侯,束牲載書而不歃血。初命曰:'誅不孝,無易樹子,無以妾爲妻。'再命曰:'尊賢育才,以彰有德。'三命曰:'敬老慈幼,無忘賓旅。'四命曰:'士無世官,官事無攝;取士必得,無專殺大夫。'五命曰:'無曲防,無遏糴,無有封而不告。'曰:'凡我同盟之人,既盟之後,言歸於好。'"

共野果蓏之薦。喪事,代王受(貴)[眚]灾。〔一〕

【校注】

〔一〕貴:《周禮·天官·甸師》、四庫本、益齋本作"眚"。按:應作"眚",據改。

鄭 甸在遠郊之外,郊外曰野。果,桃李之屬。蓏,瓜(佚)[瓞]之屬。〔一〕粢盛者,祭祀之主也。今國遭大喪,若云此黍稷不馨,使鬼神不逞於王。既殯,大祝作禱辭,授甸人,使以禱藉田之神。〔二〕受眚灾,弭後殃。

【校注】

〔一〕佚:鄭玄《注》、四庫本、益齋本、蔣抄本作"瓞"。按:應作"瓞",據改。

〔二〕藉:四庫本作"籍"。按:"藉"通"籍"。

賈 "既殯,〔一〕大祝作禱辭授甸人"者,知大祝作禱辭在既殯後,〔二〕見《大祝職》也。〔三〕

【校注】

〔一〕既:賈《疏》上有"喪事"至"死云"。按:其中部分疏文魏氏移於後,詳見下文。

〔二〕後:賈《疏》下有"者"。

〔三〕職:賈《疏》下有"云授"至"殯後"。也:賈《疏》無。

鶴山先生云 代王受眚灾,〔一〕乃是灾禍之來,欲代王受之。今人不自殞滅之義,〔二〕因説古人遇灾禍,〔三〕衹是罪已。如《雲漢》一詩"胡寧瘨我以旱,〔四〕憯不知其故"。〔五〕至於"大命近止",〔六〕"無弃爾成。何求爲我,以戾庶正。瞻卬昊天,〔七〕曷惠其寧"!初無後世祈禱早降甘澤之語。〔八〕所以杜元凱《釋例》上衹説古人有祭祀,〔九〕無所禱禳,〔一〇〕禬則有之。〔一一〕自异端之教興,〔一二〕然後有祈禱。〔一三〕

【校注】

〔一〕眚灾:《周禮注疏删翼》卷三《甸師》(以下簡稱《删翼》)、《竹書統箋》卷八《夷王》(以下簡稱《竹書統箋》)作"灾眚"。

〔二〕今:《删翼》《竹書統箋》上有"即"。

〔三〕人:益齋本作"文"。遇:《删翼》作"受"。

〔四〕雲漢:《詩經·大雅》詩名。八章,章十句。《箋》云:"雲漢,謂天河也。"《疏》曰:"此《雲漢》與《大東》天漢爲一,故云天河也。……《河圖括地象》云:'河精上爲天漢。'是天河河水光之精氣也。"《詩經·小雅·大東》:"維天有漢。"《傳》曰:"漢,天河也。"《疏》曰:"《河圖括地象》云:'河精上爲天漢。'楊泉《物理論》云:'星者,元氣之英也。漢,水之精也,氣發而著,精華浮上,宛轉隨流,名曰天河,一曰雲漢。《大雅》云"倬彼雲漢"是也。'"其主要内容是周宣王面對旱灾肆虐,憂心如焚,祈求上天及祖先神靈庇佑,呼籲群臣恪盡職守,賑灾救民。瘨:《詩經·大雅·雲漢》《箋》云:"瘨,病也。"《釋文》:"瘨……《韓詩》作'疹'……云:'重也。'"《疏》曰:"以瘨字從病類,故爲病也。"

〔五〕憯:竟、曾。《詩經·大雅·雲漢》《釋文》:"憯……曾也。"

〔六〕大命近止:《詩經·大雅·雲漢》《傳》曰:"大命近止,民近死亡也。"《箋》云:"衆民之命近將死亡。"《疏》曰:"命者,人所稟受之度,死則謂之命盡。今言'大命近止',言期不遠將澌,故爲民近死亡。大者,多衆之辭,故箋以爲衆民之命。"

〔七〕卬:《删翼》、四庫本、益齋本作"仰"。按:"卬"通"仰"。

〔八〕早:《删翼》無。甘:《删翼》無。《周禮·春官·大宗伯》《疏》曰:"求福曰禱,禱輕。得求曰祠,祠禮重,則祠者依正祭之禮也。則禱禮輕者,雖依正禮,祭饌略少。"

〔九〕上:《删翼》無。釋例:此處指杜預所撰《春秋釋例》。杜預《春秋序》:"其發凡以言例,皆經國之常制,周公之垂法,史書之舊章。仲尼從而修之,以成一經之通體。其微顯闡幽,裁成義類者,皆據舊例而發義,指行事以正褒貶。諸稱'書''不書''先書''故書''不言''不稱''書曰'之類,皆所以起新舊,發大義,謂之變例。然亦有史所不書,即以爲義者,此蓋《春秋》新意,故《傳》不言'凡',曲而暢之也。……故發傳之體有三,而爲例之情有五。……又别集諸例及地名、譜第、曆數……相與爲部,凡四十部,十五卷,皆顯其异同,從而釋之,名曰《釋例》。"《四庫全書總目》卷二六《經部二六》:"是書以經之條貫必出於《傳》,《傳》之義例歸總於凡,《左傳》稱凡者五十,其别四十有九,皆周公之垂法,史書之舊章,仲尼因而修之,以成一經之通體,諸稱'書''不書''先書''故書''不言''不稱''書曰'之類,皆所以起新緒,發大義,謂之變例。亦有舊史所不書,適合仲尼之意者,仲尼即以爲義,非互相比較,則褒貶不明,故别集諸例,及地名、譜第、曆數相與爲部,先列經傳數條,以包通其餘,而傳所述之凡系焉,更以己意申之,名曰'釋例'。"《經典釋文》卷一《序録》、《隋書》卷三二《經籍志一》、《宋史》卷二〇二《藝文志一》、《九經辨字瀆蒙》卷一二《注解傳述人》、《古經解鈎沉》卷一下《序録下》、《四庫全書總目》卷二六《經部二六》、《四庫全書簡明目録》卷三《經部五》、《清史稿》卷一四五《藝文志一》皆著録爲一五卷。明代時,原書已佚,僅《永樂大典》中尚存三十篇,其中有六篇有釋例而無經傳,餘亦多有脱文,四庫館臣輯出後,又隨篇掇拾,復取孔穎達《春秋左傳正義》及諸書所引《釋例》之文補之,校其僞謬,重新釐爲四十七篇,仍分爲十五卷。書中多有晋以後北魏、隋、唐建置地名,當是原書散佚後,後人補輯失察所致。此書除《四庫全書》本外,尚有掃葉山房重刊本、《古經解彙函》等本傳世。

〔一〇〕所:《删翼》、益齋本作"祈"。

〔一一〕禬:孫詒讓曰:"經凡云禬者有三:此(指《女祝》)禬與《大祝》六祈詛祝禬禜之禬爲一,皆爲祭名。《神仕》之禬則與《庶氏》之禬爲一,爲禬災害之通語,其音讀如潰。《大宗伯》之禬則與《大行人》《小行人》之禬爲一,爲會財救災之事,與祭祀之禬不相涉也。"(《周禮正義》卷一四《女祝》,第五六四頁)

〔一二〕之:《删翼》無。

〔一三〕"因説"至"祈禱":《竹書統箋》無。

王之同姓有罪,則死刑焉。

鄭司農云 王同姓有罪當刑者,斷其獄於甸師之官者也。〔一〕

【校注】

〔一〕者:《周禮·天官·甸師》《注》引鄭衆語無。也:《周禮·天官·甸師》《注》引鄭衆語下有"文王"至"兄弟"。按:此處省略之文,魏氏於下文引之。

賈　甸師在疆埸，[一]多有屋舍，以爲隱處，故就而刑焉。案《掌囚》云："凡有爵者，與王之同族，奉而適甸師氏，以待刑殺。"[二]

【校注】

〔一〕甸：賈《疏》上有"王之"至"氏者"。按：其中"絶服"至"師氏"，魏氏於後引之。師：賈《疏》下有"氏"。

〔二〕殺：賈《疏》下有"此中"至"者也"。

司農又云[一]　《文王世子》：[二]"公族有死罪，則磬於甸人。"又曰："公族無宫刑，獄成，致刑於甸人。"又曰："公族無宫刑，不踐其類踐，音剪。[三]刑於隱者，不與國人慮兄弟。"

【校注】

〔一〕按：此節，《周禮·天官·甸師》、四庫本與前魏氏引《周禮·天官·甸師》《注》引鄭衆語爲一節，開慶本、安氏本、益齋本、蔣抄本引《賈》疏，將鄭衆注文分隔爲二處。

〔二〕子：《周禮·天官·甸師》《注》引鄭衆語下有"曰"。

〔三〕踐音剪：魏氏引《釋文》所注音。剪：《釋文》、益齋本作"翦"。類：《周禮·天官·甸師》《注》引鄭衆語下有"也"。

賈[一]　絶服之外同姓姬者。[二]有罪者，謂凡五刑，則刑殺不於市朝，於此死刑焉，[三]必在甸師氏。[四]鄭注：[五]"磬於甸人，[六]懸縊殺之曰磬。"[七]

【校注】

〔一〕按:此節,《周禮·天官·甸師》、四庫本與前魏氏引賈《疏》爲一節,開慶本、安氏本、益齋本、蔣抄本引前節"司農又云",將賈《疏》分隔爲二處。

〔二〕絶:賈《疏》上有"王之"至"姓者"。其中,"周姓姬言同姓者",四庫本引,安氏本、益齋本、蔣抄本無。

〔三〕焉:賈《疏》下有"謂死"至"師氏"。

〔四〕氏:賈《疏》、四庫本下有"者"。按:"者"下"甸師"至"刑殺",魏氏已於前引。

〔五〕鄭:賈《疏》上有"甸師"至"人者",下有"彼"。注:賈《疏》下有"云"。

〔六〕磬於甸人:賈《疏》、四庫本無。

〔七〕磬:賈《疏》下有"云又"至"者也"。"鄭注"至"曰磬":四庫本無。

荆公 甸師共祭薦之物,〔一〕所以事宗廟,宗廟之親,〔二〕而致死刑焉,則正法,然後能保天下、國家。能保天下、國家,然後宗廟可得而事也。然則親而致死刑,乃所以事宗廟也。

【校注】

〔一〕甸:《周官新義》卷三《甸師》上有"公田"至"亦以"。之:《周禮詳解》卷五《甸師》無。物:《周官新義》卷三《甸師》下有"故也共祭薦之物"。

〔二〕宗廟:《周禮詳解》卷五《甸師》無。

鶴山先生云 王之同姓有罪,則死刑焉。賈氏謂“絶服之外,同姬姓者”,蓋五服之内,則在議親之辟也。〔一〕李微之謂此説足以補漢儒之所未及,〔二〕是爾。〔三〕至荆公“親而致死刑,〔四〕乃所以事宗廟”,夫刑於甸師,隱之也,豈有殺其子孫以事祖禰乎?〔五〕必不然矣!是荆公心術之誤也。

【校注】

〔一〕《周禮·秋官·小司寇》:“以八辟麗邦法,附刑罰:一曰議親之辟。”《注》引鄭衆語曰:“若今時宗室有罪,先請是也。”《疏》曰:“‘親’,謂五屬之内,及外親有服者,皆是議限。”

〔二〕以:《周禮注疏删翼》卷三《甸師》(以下簡稱《删翼》)無。之:《删翼》無。微之:李心傳字。

〔三〕爾:益齋本作“也”,《删翼》作“矣”。

〔四〕公:《删翼》下有“云”。

〔五〕禰:《删翼》下有“者”。

帥其徒以薪蒸役外、内饔之事。

鄭 役,謂給役也。〔一〕木大曰薪,小曰蒸。

【校注】

〔一〕謂:鄭玄《注》作“爲”。

賈 此《纂要》文。〔一〕又《左傳》云:〔二〕“其父析薪。”〔三〕即大木。可析曰薪,自然小者曰蒸也。

【校注】

〔一〕此：賈《疏》上有“帥其”至“蒸釋曰”。《纂要》：魏晉南北朝時人編撰的一部類書性質的文獻。歷代關於其成書時代、作者、卷帙等，多有歧异。如關於其作者，即有陸機、戴安道、顔延之、何承天、梁元帝等不同的説法。上述五人皆編有《纂要》，展現了中國古代學者對知識的加工整理。此類典籍的功能，就是廣采諸書之精華，分門别類，積累、彙集資料，供學者作文、談論之用，給人積纍知識以便利。參見劉全波《論魏晉南北朝時期〈纂要〉的編纂》，載《東方論壇》二〇一六年第五期。

〔二〕左：賈《疏》下有“氏”。云：益齋本作“田”。

〔三〕引文出《左傳·昭公七年》。

獸人掌罟田獸，辨其名物。冬獻狼，夏獻麋，〔一〕**春、秋獻獸物。**

【校注】

〔一〕麋：四庫本作“麇”。下同。

鄭 罟，網也。〔一〕以網搏所當田之獸。狼膏聚，麋膏散，聚則温，散則凉，以救時之苦也。“獸物”，凡獸皆可獻也，及狐狸。

【校注】

〔一〕網：鄭玄《注》作“罔”，下同。阮《校》曰：“閩、毛本同，監本‘罔’改‘網’。”

賈　“冬獻狼”者,[一]狼,山獸。山是聚,故“狼膏聚,聚則温”,故冬獻之。云“夏獻麋”者,[二]麋是澤獸,澤主銷散,故“麋膏散,散則凉”,故夏獻之。春、秋寒温適,[三]故獸物皆獻之。[四]

【校注】

〔一〕冬:賈《疏》上有“冬獻至獸物釋曰云”。

〔二〕云:益齋本無。

〔三〕春:賈《疏》上有“云春秋獻獸物者”。

〔四〕之:賈《疏》下有“注狼”至“兼獻”。

鶴山先生云　天地間莫非氣。凡散皆陽,凡聚皆陰。然冬間陽氣在内,亦有聚時。夏間陰氣在内,亦有散時。又須分冬、夏方説得。

又云[一]　陽氣上,鹿角解。陰氣上,麋角解。

【校注】

〔一〕按:此節,魏氏將其與上節合爲一節,未單獨分節。仿前文例,將其單獨成節。“又云”二字加大、加粗。

時田,則守罟。及弊田,令禽注於虞中。

鄭　弊,仆也。仆而田止。

鄭司農云[一]　“弊田”,謂春火弊,夏車弊,秋羅弊,冬徒弊。“虞中”,謂虞人釐所田之野。[二]“及弊田,植虞旗於其中,[三]致禽而珥焉”。[四]獸人主令田衆得禽者,置虞人所立虞旗之中,當以給四時社、廟之祭。故曰春獻禽以祭社,[五]夏獻禽以響禴,[六]

秋獻禽以祀祊,[七]冬獻禽以享烝。[八]又曰:"大獸公之,小禽私之。""公之",謂輸之虞中。[九]"珥焉"者,取左耳以致功,若斬首折馘。故《春秋傳》曰:"以數軍實。"[一〇]

【校注】

〔一〕司農:益齋本作"大夫"。此節爲《周禮·天官·獸人》《注》引鄭衆語,非鄭興所作注釋,應作"司農"。

〔二〕萊:孫詒讓曰:"《釋文》云:'萊,本亦作萊。'阮元云:'《山虞職》作"萊山田之野",此作萊。本作萊者,依彼經所改。賈本作萊。'詒讓案:萊、萊音近字通。《山虞》《澤虞》《大司馬》文并作'萊',此注兼約彼職文。疑故書或本有借萊爲萊者,故先鄭依用之。"(《周禮正義》卷八《獸人》,第二九八頁)

〔三〕其:《周禮·地官·山虞》無。

〔四〕"及弊"至"珥焉":《周禮·地官·山虞》文。《周禮·地官·山虞》《注》曰:"弊田,田者止也。植猶樹也。田上樹旗,令獲者皆致其禽,而校其耳,以知獲數也。山虞有旗,以其主山,得畫熊虎,其仞數則短也。"《注》引鄭衆語曰:"珥者,取禽左耳,以效功也。《大司馬職》曰:'獲者取左耳。'"《疏》曰:"又'及弊田,植虞旗於中',使民得禽牲者望見之,致禽於其所。'而珥焉','珥'當爲'衈',謂輸禽者割取左耳,以效功也。……案《司常》云:'師都建旗,大夫建物。'此山虞是士,不建物而建旗者,以其主山,山多熊虎,故得有旗。《禮緯》:'旌旗之杠,天子九仞,諸侯七仞,大夫五仞,士三仞。'若軍吏是卿、大夫,則杠長五仞。今山虞是士,雖有熊、虎爲旗,仞數則短,宜三仞。必取左耳者,以其聽鄉任左,故皆取左耳也。"

〔五〕春獻禽以祭社:《周禮·夏官·大司馬》:"遂以蒐田……

獻禽以祭社。"《注》曰:"春田爲蒐。……春田主祭社者,土方施生也。"

〔六〕饗:賈《疏》作"享"。按:"享"通"饗"。禴:或作"礿",據鄭玄《注》,"禴"通"礿"。《詩經·小雅·天保》《周禮·春官·大宗伯》《禮記·明堂位》《春秋公羊傳·桓公八年》《爾雅·釋天》等記載的夏商周三代天子宗廟夏季孟月(農曆四月)祭祖禮名。《公羊傳·桓公八年》《注》曰:"礿,麥始熟可礿,故曰礿。"《爾雅·釋天》郭璞《注》:"礿,新菜可汋。"至於《禮記·王制》所載"春曰礿,夏曰禘",《禮記·祭統》所載"春祭曰礿,夏祭曰禘",鄭玄注《禮記·王制》曰:"此蓋夏、殷之祭名。周則改之,春曰祠,夏曰礿,以禘爲殷祭。"對鄭玄之説,後世儒者或贊同遵循之,或否定批駁之。參見郭善兵《略述宋儒對周天子宗廟禮制的詮釋——以宗廟廟數、祭祀禮制爲考察中心》,載《東方論壇》二〇〇六年第五期;《略論清儒對"漢學"、"宋學"的繼承與創新——以清儒對周天子宗廟祭祖禮制的詮釋爲中心》,載《河南大學學報(社會科學版)》二〇〇八第四期。《周禮·夏官·大司馬》:"遂以苗田,如蒐之法,車弊獻禽以享礿。"《注》曰:"夏田爲苗。……礿,宗廟之夏祭也。冬夏田主於祭宗廟者,陰陽始起,象神之在内。"

〔七〕祊:古通"方",指四方之祭。《周禮·夏官·大司馬》:"遂以獮田,如搜田之法,羅弊致禽以祀祊。"《注》曰:"秋田爲獮。獮,殺也。……祊當爲方,聲之誤也。秋田主祭四方,報成萬物,《詩》曰:'以社以方。'"《疏》曰:"云'祊當爲方,聲之誤也'者,以祊乃是廟門之外内,惟因祭宗廟及明日繹祭,乃爲祊祭。今既因秋田而祭,當是祭四方之神,故云誤也。……云'《詩》曰"以社以方"'者,《詩·大雅》。引之,證方是四方之神也。"

〔八〕《周禮·夏官·大司馬》:"遂以狩田……入獻禽以享烝。"

《注》曰:“冬田爲狩,言守取之,無所擇也。”烝:或作“蒸”,《周禮·春官·大宗伯》《禮記·王制》《禮記·祭統》《春秋公羊傳·桓公八年》《爾雅·釋天》等記載的夏商周三代天子宗廟冬季孟月(農曆十月)祭祖禮名。《公羊傳·桓公八年》何休《注》曰:“烝,衆也,氣盛貌。冬萬物畢成,所薦衆多,芬芳備具,故曰烝。”

〔九〕虞:《周禮·天官·獸人》《注》引鄭衆語、益齋本上有“於”。

〔一〇〕以數軍實:語出《左傳·隱公五年》。《注》曰:“以數車徒、器械及所獲也。”《疏》曰:“軍之資實,唯有車徒、器械,獵則有所獲。……故知‘數軍實’者,數車徒、器械及所獲也。《説文》云:‘械,器之總名。’虞喜云:‘器械謂鎧甲、兜鍪也。’宣十二年《傳》言:‘楚國“無日不討軍實而申儆之。”’襄二十四年《傳》曰:‘齊社蒐軍實,使客觀之。’二《注》并云‘軍器’,不言‘車徒及所獲’者,彼無獵事,故不言也。”

賈 襄二十四年,〔一〕齊侯祭社,蒐軍實。〔二〕蒐,〔三〕數。軍實,〔四〕《注》謂兵甲器械,〔五〕隱公《傳》三年而治兵數軍實,〔六〕引之以證斬首折馘爲軍實。〔七〕又生執俘囚,〔八〕如先軫曰“墮軍實”,〔九〕皆是軍實。僖三十三年〔一〇〕

【校注】

〔一〕襄:賈《疏》上有“及弊”至“者案”。年:賈《疏》下有“楚薳啓强如齊聘”。魯襄公二十四年,即公元前五四九年。此年爲齊莊公五年。

〔二〕實:賈《疏》下有“使客觀之”。

〔三〕蒐：賈《疏》上有"注云"。

〔四〕蒐數軍實：益齋本置此四字於下句"注謂"下。

〔五〕注謂：賈《疏》無。械：賈《疏》下有"與"。

〔六〕實：賈《疏》下有"一也"。《左傳·隱公五年》："三年而治兵，入而振旅，歸而飲至，以數軍實。"

〔七〕以：賈《疏》作"者"。實：賈《疏》下有"若然"至"軍實"。

〔八〕又：賈《疏》作"仍於"。俘囚：賈《疏》作"囚俘"。俘：賈《疏》下有"亦爲"至"秦囚"。

〔九〕如：賈《疏》無。實：賈《疏》下有"是也"。

〔一〇〕僖三十三年：賈《疏》無。按：此五字係魏氏標注先軫所謂"墮軍實"發生之年。

鶴山先生云　吕東萊曾説，〔一〕人之生也，各有血氣。因設爲田獵，〔二〕以發泄之，亦以寓軍法。

【校注】

〔一〕吕東萊：吕祖謙。

〔二〕田：益齋本此處爲一墨釘。

凡祭祀、喪紀、賓客，共其死獸、生獸。凡獸入於腊人，皮、毛、筋、角入於玉府。凡田獸者，掌其政令。

鄭　共其完者。皮、毛、筋、角給作器物。〔一〕

【校注】

〔一〕皮毛筋角：鄭玄《注》無。

賈 “獸入於腊人”,〔一〕是不完者。〔二〕生獸、死獸是完者,〔三〕擇取堪作器物者,〔四〕送入於玉府。〔五〕

【校注】

〔一〕獸:賈《疏》上有“凡祭”至“云凡”。

〔二〕是:賈《疏》下有“其”。

〔三〕生獸死獸:賈《疏》作“故知此”。

〔四〕擇:賈《疏》上有“皮毛”至“筋角”。

〔五〕府:賈《疏》下有“擬給百工飾作器物”。

林氏謂 此四者可共玩好之器。

荆公謂 王之設官,能去民物之害,〔一〕於是可以兼百姓之奉,〔二〕備萬物之養,以足其燕私玩好之欲也。〔三〕

【校注】

〔一〕“王之”至“之害”:《周禮詳解》卷五《獸人》(以下簡稱《周禮詳解》)、《周禮集説》卷二《獸人》(以下簡稱《周禮集説》)、《周禮全經釋原》卷三《獸人》(以下簡稱《周禮全經釋原》)、《周禮注疏删翼》卷三《獸人》(以下簡稱《删翼》)無。之設官能去民物之害:《周官新義》卷三《獸人》作“者仁民愛物其施如是”。

〔二〕於是:《周禮集説》《删翼》作“如是然後”,《周官新義》卷三《獸人》、《周禮全經释原》作“然後”,《周禮詳解》作“如此然則”。

〔三〕也:《周官新義》卷三《獸人》下有“然則”至“大矣”。

鶴山先生云 荆公專以《周禮》爲辭,謂人主“可以兼百姓之奉，備萬物之養，以足其燕私玩好之欲"。此所以誤天下，而開後來豐亨豫大與享上之侈，〔一〕卒啓裔夷之禍，〔二〕可不戒哉！

【校注】

〔一〕豐亨豫大：《周易·豐》："豐：亨，王假之。"《注》曰："大而亨者，王之所至。"《疏》曰："'豐，亨'者，'豐'，卦名也，《彖》及《序卦》皆以'大'訓'豐'也，然則豐者，多大之名，盈足之義，財多德大，故謂之爲豐。德大則無所不容，財多則無所不齊。無所擁礙謂之爲'亨'，故曰'豐，亨'。"《周易·豫》："天地以順動，故日月不過，而四時不忒，聖人以順動，則刑罰清而民服。豫之時義大矣哉！"本用以形容富足興盛的太平安樂景象，後多指好大喜功，奢侈揮霍。

〔二〕啓裔夷：四庫本作"起外寇"。啓：開啓、導致。裔夷：夷人。《左傳·定公十年》："兩君合好，而裔夷之俘以兵亂之。"《注》曰："裔，遠也。"此處係魏氏對女真等族的稱謂。裔夷之禍：此處指女真族建立的金朝滅亡北宋、侵犯南宋事。

𩾏人掌以時𩾏爲梁，春獻王鮪。辨魚物爲鱻薨，以共王膳羞。

鄭 《月令》季冬命漁師爲梁。

鄭司農云 梁，水偃也。偃水爲關空孔，〔一〕以笱承其空。《詩》曰："敝笱在梁。"〔二〕

【校注】

〔一〕孔：益齋本作"子"，《周禮·天官·𩾏人》《注》引鄭衆語無。孫詒讓曰："空孔古今字。"（《周禮正義》卷八《𩾏人》，第三〇二

頁）

〔二〕引詩出自《詩經·齊風·敝笱》。《詩經·齊風·敝笱》《釋文》："敝笱……本又作'弊'，敗也。笱……取魚器也。"

鄭〔一〕　王鮪，鮪之大者。玄以《月令》季春"薦鮪於寢廟"。〔二〕鱻，生。〔三〕薨，乾也。

【校注】

〔一〕此節爲鄭玄對經文"春獻"至"膳羞"所作《注》，魏氏將其與前節《周禮·天官·𩟄人》《注》引鄭衆語合爲一節，未單獨分節，易被誤解爲鄭衆注文。仿前文例，單獨成節，節首加"鄭"字，且將其加大、加粗。

〔二〕玄以：鄭玄《注》無。按：開慶本、安氏本、蔣抄本將"玄"字塗黑，表示以下爲鄭玄《注》。因上文"王鮪，鮪之大者"亦爲鄭玄《注》，故此處"玄"字無須加粗。

〔三〕生：鄭玄《注》下有"也"。

賈　偃水爲關空，〔一〕以笱承其空者，謂偃水兩畔。中央通水爲關孔。笱者，葦薄。以薄承其關孔。〔二〕魚過者，以薄承取之。故《詩》云："敝笱在梁。"〔三〕取魚之法有五：〔四〕孟春獺祭魚，〔五〕一也。季春薦鮪，〔六〕二也。〔七〕鱉人秋獻龜魚，〔八〕三也。〔九〕《王制》：〔一〇〕"獺祭魚，然後虞人入澤梁。"《孝經·援神契》云〔一一〕"陰用事，木葉落，獺祭魚"同時，是十月取魚，四也。獺則春、冬二時祭魚。《潛》之詩"季冬薦魚"，〔一二〕《月令》季冬漁人始魚同，〔一三〕五也。是一歲三時五取魚，唯夏不取。宣公夏濫於泗

淵,〔一四〕以其非時,里革諫之。〔一五〕

【校注】

〔一〕偃:賈《疏》上有"㪤人"至"偃也"。

〔二〕承:安氏本、四庫本無。

〔三〕梁:賈《疏》下有"彼齊"至"爲之"。

〔四〕取:賈《疏》上有"春獻"至"寢廟"。法:賈《疏》、四庫本、益齋本下有"歲"。

〔五〕孟:賈《疏》上有"案月令"。春:賈《疏》下有"云"。魚:賈《疏》下有"此時得取矣"。

〔六〕春:賈《疏》下有"云"。鮪:賈《疏》下有"於寢廟"。

〔七〕二:賈《疏》上有"即此所引者"。

〔八〕鱉:賈《疏》上有"又案"。人:賈《疏》下有"云"。魚:賈《疏》下有"也"。

〔九〕三也:賈《疏》無。

〔一〇〕制:賈《疏》下有"云"。

〔一一〕孝:賈《疏》上有"與"。

〔一二〕潛之詩:賈《疏》作"案潛詩云"。潛:《詩經·周頌》詩。《疏》曰:"《潛》詩者,季冬薦魚,春獻鮪之樂歌也。謂周公、成王太平時,季冬薦魚於宗廟,至春又獻鮪。澤及潛逃魚皆肥美,獻之先祖,神明降福。作者述其事,而爲此歌焉。"

〔一三〕月:賈《疏》上有"與"。

〔一四〕宣:賈《疏》上有"案魯語云"。"濫,漬也。漬罟於泗水之淵以取魚也。"(《國語集解》,第一六七頁)

〔一五〕之:賈《疏》下有"乃止"。里革諫魯宣公語,詳見《國語·魯語上》。

凡祭祀、賓客、喪紀,共其魚之鱻薨。凡獻者,掌其政令,凡獻徵,入於玉府。

鄭司農云 漁徵,漁者之租税,漁人主收之,入於玉府。〔一〕

【校注】

〔一〕玉:《周禮·天官·獻人》《注》引鄭衆語作“王”。

賈 政令以知取之時節及處所。〔一〕凡漁徵,〔二〕入於玉府。〔三〕水族之類,〔四〕其中須骨之事堪飾器物者,徵税入於玉府,〔五〕以當邦賦也。

【校注】

〔一〕政:賈《疏》上有“凡祭”至“所有”。令:賈《疏》下有“皆漁人掌之”。以:賈《疏》下有“其”。

〔二〕凡:賈《疏》上有“云”。

〔三〕玉:賈《疏》作“王”。府:賈《疏》下有“者”。

〔四〕水:賈《疏》上有“言漁”至“取魚”。

〔五〕徵:賈《疏》上有“所有”。税:賈《疏》下有“漁人主收之”。入:賈《疏》上有“送”。

鱉人掌取互物,以時簎魚、〔一〕鱉、龜、蜃,凡狸物。

【校注】

〔一〕簎:孫詒讓曰:“《説文·手部》云:‘簎,刺也。《周禮》曰:簎魚鱉。’惠士奇云:‘《説文》説本司農。《國語·魯語》……作矠。

《莊子·則陽篇》……作擉。《列子·仲尼篇》……作簎。殷敬順《釋文》謂"簎本作簎,以竹木圍繞叉刺也"。'……阮元云:'作簎爲正字,作簎爲聲借字。《説文》簎從手,簎省聲,故《列子》竟省手作簎也。'吕飛鵬云:'……宋庠《補音》:"矠,或作擉,又作簎。"蓋簎爲正字,矠擉爲同聲通用字。'案:惠、阮、吕説是也。矠、擉、簎并與簎同。"(《周禮正義》卷八《鱉人》,第三〇五—三〇六頁)

鄭司農云 "互物",謂有甲㒼胡龜鱉之屬。

鄭 蜃,大蛤。〔一〕

【校注】

〔一〕蜃大蛤:鄭玄《注》文。魏氏將此節與前節及下節《周禮·天官·鱉人》《注》引鄭衆語合爲一節,且未標明注者姓氏,易被誤認爲鄭衆注。仿前文例,將此三字單獨成節,於節首加"鄭"字,且將其加大、加粗。

鄭司農云〔一〕 簎謂以扠刺泥中搏取之。〔二〕"狸物",龜鱉之屬,自狸藏伏於泥中者。

【校注】

〔一〕此節爲《周禮·天官·鱉人》《注》引鄭衆語,原與前兩節合爲一節。仿前文例,將其單獨成節,於節首加"鄭司農云",且將此四字加大、加粗。

〔二〕扠:益齋本作"杈"。下同。阮《校》曰:"宋本、嘉靖本、閩、監、毛本'扠'作'杈',宋本作'扠',從手,《釋文》通志堂本作'杈',

宋本載《音義》作‘扠’。此本補刻‘扠’誤‘技’，今訂正。”

玄謂 狸物亦謂鱴刀、含漿(水)之屬。〔一〕(簎謂以扠刺泥中搏取之)。〔二〕

【校注】

〔一〕水：鄭玄《注》、四庫本、益齋本無。按：據《爾雅·釋魚》“蚌，含漿”，可知“含漿”爲“蚌”之别稱。故此處“水”當爲衍字，删。

〔二〕“簎謂”至“取之”：鄭玄《注》、四庫本、益齋本無。按：此句爲《周禮·天官·鱉人》《注》引鄭衆語，魏氏前已引，此處爲衍文。

釋文〔一〕 簎，敕角反。〔二〕《莊子》云：〔三〕“冬則擉鱉於江。”〔四〕擉，〔五〕叉角反。〔六〕蜃，〔七〕蛸類。〔八〕狸，莫皆反。扠音叉。〔九〕

【校注】

〔一〕此節爲陸德明《經典釋文》文。魏氏將其與前節合爲一節，易被誤認爲是鄭玄《注》。仿前文例，將其單獨成節，節首加“釋文”二字。

〔二〕簎敕角反：四庫本無。敕：《釋文》上有“戚”。反：《釋文》下有“劉倉”至“昔反”。

〔三〕莊：《釋文》上有“簎”。

〔四〕引文出自《莊子·雜篇·則陽》。擉：《注》曰：“擉，刺也。”(《莊子集解》，第二二五頁)

〔五〕擉：《釋文》下有“音”。

〔六〕反:《釋文》下有"義與此同今從彼讀"。

〔七〕蜃:《釋文》下有"上軫反干云"。

〔八〕蝤:《釋文》作"鰍"。

〔九〕扠:益齋本作"杈"。

鶴山先生云 魚隨陰陽而上下。冬在水底,春在水之半,夏在水上。冬腹腴在下,夏至腹腴在鰭。夏時下水,〔一〕以後上水。〔二〕

【校注】

〔一〕鰭夏時下:益齋本此四字處爲一墨釘。

〔二〕上水:安氏本、四庫本、益齋本作"水上"。

春獻鱉蜃,秋獻龜魚。祭祀,共蠯、蠃、蚳,以授醢人。掌凡邦之籍事。

鄭 此其出在淺處可得之時。魚亦謂自狸藏。蠃,螔蝓。

鄭司農云 蠯,蛤也。

杜子春云 蠯,蜯也。蚳,蛾子。《國語》曰:"蟲舍蚳蝝。"〔一〕

【校注】

〔一〕蝝:安氏本下有"螔"。按:"螔"當爲衍字。

賈 〔一〕案《醢人》有蠯醢、〔二〕蠃、蚳醢,〔三〕蠃,螔蝓,〔四〕一物兩名。司農與子春義同。〔五〕"蚳,〔六〕蛾子"者,謂蟻子之子取白者以爲醢。〔七〕蟲舍蚳蝝,〔八〕《國語》[里革](陳)[諫]宣公言。〔九〕

【校注】

〔一〕賈:安氏本無。

〔二〕案:賈《疏》上有"祭祀至醢人釋曰"。

〔三〕醢:賈《疏》下有"故以"至"蚳蝝釋曰"。

〔四〕蜱:安氏本、四庫本作"蚳"。蝓:賈《疏》下有"者"。

〔五〕司農與子春義同:此是魏氏對賈《疏》的概括。賈《疏》原文作"司農云'蠯,蛤也'者,杜子春云'蠯,蜯也'者,蜯即蛤也,亦一物"。

〔六〕蚳:賈《疏》上有"云"。

〔七〕蟻子:賈《疏》、益齋本作"蟻"。

〔八〕蟲:賈《疏》上有"國語曰"。蝝:賈《疏》下有"者"。

〔九〕國:賈《疏》上有"此亦是"。語:賈《疏》下有"曰蟲"至"里革",益齋本下有"里革"。阮《校》曰:"案'《國語》'當作'里革'。"陳:賈《疏》、四庫本、益齋本作"諫"。按:應作"諫",據改。公:賈《疏》下有"之"。言:賈《疏》下有"謂夏"至"之也"。

腊人掌乾肉,凡田獸之脯、腊、膴、胖之事。〔一〕**凡祭祀,共豆脯、薦脯、膴、胖,凡腊物。賓客、喪紀,共其脯、腊,凡乾肉之事。**

【校注】

〔一〕"阮元云:'"膴胖之事"四字疑衍文,下經"膴胖"始有注。若於此先言膴胖,二鄭、杜氏、康成當於此下注矣。《釋文》出胖字音於"豆脯"之下,則陸本尚未誤衍。此疏引趙商問腊人掌凡乾肉而有膴胖何,亦據下文言之。'案:阮據《釋文》校,於義近是。《甸祝》疏亦引此經'掌凡田獸之脯腊',而此疏標起止,則有'之事'二字,或是後人竄改,非賈氏之舊。但有此四字,於義亦尚可通,未敢專輒删定也。"(《周禮正義》卷八《腊人》,第三〇八—三〇九頁)

鄭 大物解肆乾之,謂之乾肉,若今凉州烏翅矣。〔一〕薄折曰脯,〔二〕捶而施薑、〔三〕桂曰鍛脩。腊,小物全乾。脯非豆實,豆當爲羞,聲之誤也。〔四〕

【校注】

〔一〕州:安氏本無。

〔二〕折:四庫本、益齋本作"析"。

〔三〕捶:鄭玄《注》、益齋本作"棰",鄭玄《注》下有"之"。

〔四〕豆當爲羞:孫詒讓曰:"古音豆在侯部,羞在尤幽部,合音相近,故云聲之誤。……據《爾雅·釋器》云:'竹豆謂之籩。'是籩亦可稱豆。而鄭必破豆爲羞者,以此經凡言籩豆者,皆確爲二器,不相假借,不可援彼釋此頁。易祓、陳友仁、姜兆錫、江永并據《王制》天子歲三田一爲乾豆之文,證此豆脯不必破字。考《王制》鄭注云:'乾豆謂腊之以爲祭祀豆實也。'賈《醢人》、《甸祝》及《鄉射禮》疏,《王制》孔疏,并謂脯非豆實,而别據《醢人》注云'作醢及醬者,必先膊乾其肉',釋乾豆之義,此與易、陳諸説可互通。惠士奇又據《内則》脯羹,證脯可爲豆實。依諸家説,則脯雖不盛於豆,而以脯爲醢爲羹,則不妨爲豆實。此皆不破字,而説尚可通,附著之以廣异義。"(《周禮正義》卷八《腊人》,第三一〇—三一一頁)

賈 趙商問:〔一〕"腊人掌凡乾肉,而有膴、胖何?"鄭答:"雖鮮,亦屬腊人。"知"脯非豆實"者,〔二〕案《籩人職》有栗脯,則脯是籩實。〔三〕知"豆當爲羞"者,案《籩人職》〔四〕"凡祭祀,共其籩、薦、羞之實"。鄭云:"未飲未食曰薦,已飲已食曰羞。"羞、薦相對,下既言薦脯,明上當言羞脯也。〔五〕

【校注】

〔一〕趙:賈《疏》上有"腊人"至"者耳"。

〔二〕知:賈《疏》上有"注脯非"至"乃亨釋曰"。

〔三〕籩:益齋本此處爲一空格,無字。實:賈《疏》下有"故云脯非豆實也"。

〔四〕職:賈《疏》下有"云"。

〔五〕也:賈《疏》下有"鄭司"至"之意"。按:其中"又云禮家"至"非也"、"祭祀"至"不同",下文引之,詳見後。

鄭司農云〔一〕 膴,膺肉。

【校注】

〔一〕按:此節及下三節《周禮·天官·腊人》《注》引鄭興、杜子春語,賈《疏》亦引,且文字無异。諸本皆將其與前節及後節"又云禮家以胖爲半體者"合爲一節,亦無誤。此處仿前文例,將上述内容各自單獨成節。

鄭大夫 胖讀爲判。

杜子春 讀胖爲版。〔一〕

【校注】

〔一〕《周禮·天官·腊人》《疏》:"鄭大夫'胖讀爲判',杜子春'讀胖爲版'……文無所出,皆非也。""段玉裁云:'判、版、胖,古音同在元寒桓删山先部,兩"讀爲"疑當作"讀如",此擬其音,不必易其字。其字從肉,則正字也。《説文·半部》:胖字下曰"半體肉也"。膴字下曰"《周禮》有膴判"。'案:段謂兩'讀爲'當作'讀如'是也。《説文·肉部》引《周禮》作判者,依鄭大夫讀;《半部》胖訓半體者,據《儀禮》。二文不相妨也。"(《周禮正義》卷八《腊人》,第三一一頁)

又云　膴、胖皆謂夾脊肉。

賈〔一〕　又云"禮家以胖爲半體"者,〔二〕文無所出,皆非也。〔三〕祭祀之禮,肫解而腥之,〔四〕又有體解而爓之,又有薦孰之禮,三者皆當先制爲胖。〔五〕此證胖與膴不同。〔六〕賓客、喪紀所共者,〔七〕共内外之饔也。〔八〕

【校注】

〔一〕本節爲賈《疏》文。魏氏將其與前節合爲一節,易誤解。仿前文例,將其單獨成節,節首加"賈"字。

〔二〕又:賈《疏》上有"注脯"至"脊肉"。

〔三〕也:賈《疏》下有"玄謂"至"之者"。孫詒讓曰:"禮凡用成牲者皆胖升。《少牢饋食禮》云:'司馬升羊右胖,髀不升,肩、臂、臑、膊、骼,正脊一、脡脊一、横脊一、短脅一、正脅一、代脅一,皆二骨以并。'又司士升豕右胖,文與升羊同。又《既夕禮》云:'厥明,陳鼎五於門外,其實羊左胖,髀不升。'是《禮經》所謂胖者,并謂半體。凡吉禮牲皆用右胖,變禮反吉,用左胖。《説文》亦以胖爲半體肉。《廣雅·釋詁》云:'胖,半也。'并與禮家説同。後鄭則謂此膴胖義與左右胖异,故亦不從其説。……引《内則》曰'麋鹿田豕麇皆有胖'者,《内則》文胖本作'軒',鄭彼注云:'軒讀爲憲,憲謂藿葉切也。軒或爲胖。'此鄭依或本引之。……又彼下文云:'肉腥細者爲膾,大者爲軒。'又云:'野豕爲軒。'注'軒亦或作胖。'……則知《内則》之胖不爲半體矣。……據《内則》,知此胖與禮家半體之胖不同,皆足相參證也。"(《周禮正義》卷八《腊人》,第三一一、三一二頁)

〔**四**〕朊:賈《疏》上有"注脯"至"脊肉"。

〔**五**〕三:賈《疏》上有"禮經固有此"。

〔**六**〕此:賈《疏》上有"言",下有"者"。膴:四庫本作"脯"。同:賈《疏》下有"破諸家之意"。

〔**七**〕賓客喪紀:賈《疏》作"賓客至之事釋曰此"。

〔**八**〕共:四庫本無。之:賈《疏》無。

鶴山先生云　《禮器》:晏平仲"豚肩不掩豆",〔一〕肩當在俎,〔二〕不在豆,謂平仲儉不中禮。〔三〕對文假豆而言,以形言豚肩之小也。〔四〕

【校注】

〔**一**〕《禮記·禮器》:"晏平仲祀其先人,豚肩不掩豆。"《注》曰:"祀不以少牢,與無田者同,不盈禮也。大夫、士有田則祭,無田則薦。"晏平仲:即晏子。

〔**二**〕肩:四庫本無。

〔**三**〕《禮記·禮器》《疏》曰:"此一節論儉而不中禮,非稱之事。”

〔**四**〕魏氏“當在俎”至“小也”之説,與《禮記·禮器》《疏》略同。《禮記·禮器》《疏》曰:“豚又過小,并豚兩肩不掩豆也。必言肩者,周人貴肩也。肩在俎,今云豆,喻其小,假豆言之,其實在俎,不在豆也。”

周禮折衷校注

（下）

〔宋〕魏了翁 撰
郭善兵 校注

齊魯書社
·濟南·

天官冢宰下

醫師掌醫之政令,聚毒藥以共醫事。凡邦之有疾病者、疕匹婢反**瘍者,**〔一〕**造焉,則使醫分而治之。**

【校注】

〔一〕疕:《周禮正義》卷九《醫師》上有"有"字。孫詒讓曰:"宋本經'疕瘍'上無'有'字,今從唐《石經》及宋小字本。彭元瑞云:'下《獸醫》"凡獸之有病者有瘍者",亦疊有字。'王念孫云:'《太平御覽·疾病部》一引此,亦疊有字。'案:彭、王校是也。"(《周禮正義》卷九《醫師》,第三一六—三一七頁)匹:《釋文》上有"戚"。匹婢反:魏氏引《釋文》對"疕"字所標音讀。

鄭 "毒藥",藥之辛苦者,藥之物恒多毒。《孟子》曰:〔一〕"藥不瞑眩,〔二〕厥疾無瘳。"〔三〕疕,頭瘍,亦毒也。〔四〕身傷曰瘍。分之者,醫各有能。

【校注】

〔一〕曰:益齋本無。

〔二〕藥:鄭玄《注》、益齋本上有"若"。

〔三〕無:鄭玄《注》、四庫本作"不"。阮《校》曰:"閩、監、毛本同。岳本、嘉靖本作‘藥不瞑眩，厥疾無瘳’，宋本作‘藥不瞑眩，厥疾弗瘳’。惠棟云：‘余本仍有“若”字，“不瘳”作“無瘳”，《音義》同。’案：賈《疏》作‘藥不瞑眩，厥疾不瘳’。葉鈔《釋文》作‘無瘳’。以多者言之，‘若’衍；‘不’當作‘無’。”孫詒讓曰：“惠棟校余本作‘若藥不瞑眩，厥疾無瘳’，明汪道昆本同。阮元校宋本作‘藥不瞑眩，厥疾弗瘳’。賈疏作‘藥不瞑眩，厥疾不瘳’。葉鈔《釋文》作‘無瘳’，盧本仍作‘不瘳’。今從嘉靖本，宋、岳本亦同。《孟子》趙注本作‘若藥不瞑眩厥疾不瘳’，《國語·楚語》同。”（《周禮正義》卷九《醫師》，第三一六頁）《疏》曰：“此是《古文尚書·説命》之篇，高宗語傅説之言也。不引《説命》而引《孟子》者，鄭不見《古文尚書》故也。”

〔**四**〕亦：鄭玄《注》、益齋本下有“謂”。毒：鄭玄《注》、四庫本、益齋本作“禿”。

賈　藥之無毒亦聚之。〔一〕直言“聚毒藥”者，以毒爲主。〔二〕引《孟子》，〔三〕證藥中有毒之意。〔四〕此是《古文尚書·説命》篇語，〔五〕而引《孟子》者，〔六〕鄭不見《古文尚書》故也。〔七〕言“疕，頭瘍”，〔八〕案下《瘍醫》腫瘍等不言疕，此特言疕者，腫瘍等可以兼之。〔九〕“醫各有能”者，疾醫知疾不知瘍，瘍醫知瘍不知疾，故云“醫各有能”。

【校注】

〔**一**〕藥：賈《疏》上有“醫師”至“是也”。

〔**二**〕主：賈《疏》下有“故鄭”至“多毒”。

〔**三**〕引：賈《疏》上有“又”。子：賈《疏》下有“者”。

〔**四**〕證：賈《疏》上有“案孟”至“之者”。

〔五〕篇語：賈《疏》作“之篇”。

〔六〕而：賈《疏》上有“高宗”至“説命”。

〔七〕孫詒讓曰：“賈説非也。《方言》云‘凡飲藥傅藥而毒，東齊海岱之間謂之瞑，或謂之眩。’又云：‘南楚飲毒藥懣，謂之頓愍，猶中齊言眠眩也。’《國語》韋注云：‘瞑眩頓瞀，攻己之急也。’據此，是瞑眩亦謂藥氣味辛苦酷烈，飲之傅之，使人頓悶痛苦，即所謂毒也。故鄭引以爲證，非證藥中有毒也。又賈所引《孟子》趙注，與今本少异，而義旨校長。至東晋僞古文《説命》有此二語，即取《孟子》爲之。鄭注真古文《書》，本無此篇，不足據也。”（《周禮正義》卷九《醫師》，第三一六頁）

〔八〕言：賈《疏》上有“凡邦”至“有能釋曰”。瘍：賈《疏》下有“者”。

〔九〕之：賈《疏》下有“故云”至“之者”。

鶴山先生云　醫師不知甸、稍、縣、都之中各有，〔一〕或衹主王畿内政令？〔二〕若中、外衹一醫師，〔三〕雖分其屬治之，〔四〕亦豈能遍？〔五〕如墓大夫掌丘墓之政，〔六〕不知郊、野盡其掌否？

【校注】

〔一〕各有：此處指魏氏是否在甸、稍、縣、都各級行政區域内分别設置醫師的疑惑。

〔二〕衹：益齋本作“止”。

〔三〕中外：此處指王畿内、外，或指中央與地方。

〔四〕分：分配、分派。屬：下屬。《周禮》所載之食醫、疾醫、瘍醫、獸醫皆爲醫師下屬。《周禮·天官·序官》《注》曰：“醫師，衆醫之長。”《周禮·天官·醫師》《疏》曰：“下有食醫、獸醫，亦屬醫師。”

〔五〕孫詒讓曰:“此醫師所屬疾醫瘍醫各八人,皆有禄之命士也。然以王國之大,而止此醫士十有六人,於事必不給。《周書·大聚篇》云:‘鄉立巫醫,具百藥以備疾災。’是則鄉遂以外亦立醫官之證。竊疑疾醫瘍醫兩官,當各有散醫,無員數,亦無爵秩。《夏官·巫馬》别有醫四人,無爵,即其比例也。散醫無爵,則亦不受禄,但以給事於官,受稍食而已。”(《周禮正義》卷九《醫師》,第三一八頁)

〔六〕丘:益齋本作“邱”。《周禮·春官·墓大夫》:“墓大夫掌凡邦墓之地域,爲之圖,令國民族葬,而掌其禁令,正其位,掌其度數,使皆有私地域。凡争墓地者,聽其獄訟。帥其屬而巡墓厲,居其中之室以守之。”

又云〔一〕　凡瘡,惟陰陽所侵謂之瘍,刀劍所傷謂之創。創非本字,刅乃本字。

【校注】

〔一〕此節原與上節合爲一節。仿前文例,將其單獨成節,“又云”二字加粗。

歲終,則稽其醫事,以制其食:十全爲上。十失一,次之。十失二,次之。十失三,次之。十失四,爲下。

鄭　食,禄也。全,猶愈也。以(夫)[失]四爲下者,〔一〕五則半矣,或不治自愈。

【校注】

〔一〕夫:鄭玄《注》、四庫本、益齋本作“失”。按:應作“失”,

據改。

賈 依《序官》,[一]疾醫中士,(陽)[瘍]醫下士。[二]《王制》:[三]下士視上農夫,食九人禄。中士倍下士,十八人禄。中士禄食有常,今差爲五等,但功適中者守本禄,功高者益之,功下者損之。[四]

【校注】

〔一〕依:賈《疏》上有"歲終"至"解食"。

〔二〕陽:賈《疏》、四庫本、益齋本作"瘍"。按:應作"瘍",據改。

〔三〕王:賈《疏》上有"案禮記"。

〔四〕之:賈《疏》下有"欲勉"至"之意"。

荆公謂[一] 餼廩稱事,[二]然後能者勸,不能者勉。[三]

【校注】

〔一〕此節,魏氏原將其於上節合爲一節。仿前文例,將此節單獨成節,"荆公謂"三字加大、加粗。

〔二〕餼:《周官新義》卷四《醫師》上有"毒所"至"食者",《王魏公集》卷二《翰林醫官副使殿中省尚藥奉御仇肅可依前殿中省尚藥奉御充榷易副使制》(以下簡稱《王魏公集》)上有"敕具官某古者",《周禮詳解》卷五《醫師》(以下簡稱《周禮詳解》)上有"故必"。廩:《周禮全經釋原》卷三《醫師》(以下簡稱《周禮全經釋原》)作"稟",下有"必"。

〔三〕不:《周禮訂義》卷八《醫師》、《周官義疏》卷五《醫師》、

《王魏公集》上有“而”。勉:《周官新義》卷四《醫師》下有“故十”至“必愈”,《周禮詳解》卷五《醫師》下有“故十”至“愈哉”,《周官義疏》卷五《醫師》下有“鄭氏”至“愈之”。

程子謂〔一〕 鄭氏“全猶愈也,失五則半矣”非是。〔二〕但知可(冶)[治]者、〔三〕不可治者,〔四〕十人皆中,〔五〕即爲上,〔六〕觀和、〔七〕緩、〔八〕倉、〔九〕扁之言,〔一○〕豈能使人人皆愈哉? 蓋失者,〔一一〕謂法本當愈,而失之。〔一二〕

【校注】

〔一〕此節,魏氏原將其與上節合爲一節。仿前文例,將此節單獨成節,“程子謂”三字加大、加粗。按:魏氏所引程氏(此處或指程頤)説,與《二程遺書》所載有异。後世文獻徵引《二程遺書》,也歧异紛呈。

〔二〕“鄭氏”至“非是”:《二程遺書》卷一《端伯傳師説》(以下簡稱《二程遺書》)作“《周官》醫以十全爲上,非爲十人皆愈爲上。若十人不幸皆死病,則奈何?”

〔三〕治:《二程遺書》、安氏本、四庫本、益齋本、蔣抄本作“治”。按:應作“治”,據改。

〔四〕不:《周官集傳》、《周官義疏》上有“與”,《周禮全經釋原》上有“者與”。

〔五〕十:《周官集傳》上有“治證分明”,《周官義疏》上有“證治分明”。

〔六〕即:《周禮集説》《周禮全經釋原》《删翼》《周官集注》作“則”。上:《周禮全經釋原》下有“也”,《周禮述注》《周禮纂訓》《周官集注》下有"耳"。

〔七〕和:此處指春秋時秦國名醫醫和。曾於魯昭公元年(前五四一年)奉秦景公之命,赴晋國爲晋平公診病。他在與晋平公的談話中,除了向晋平公解釋了"蠱"病的各種含義,還使用了陰陽、四時、五行、五聲、五色、五味、六氣等中醫病因學和診斷學的概念,對後世中醫有關理論的發展和普及有一定的推動作用。詳見《左傳·昭公元年》。醫和提出了"六氣病源"的病因學説,被後世稱爲病因理論的創始者。

〔八〕緩:此處指春秋時秦國名醫醫緩。他曾於魯成公十年(前五八一年)奉秦桓公之命,赴晋國爲晋景公診病。詳見《左傳·成公十年》。

〔九〕倉:此處指太倉公,即西漢名醫淳于意(前二一五—前一四〇年)。因其曾任齊國太倉長,故名。其生平、事迹及醫學理論具載《史記》卷一〇五《扁鵲倉公列傳》。

〔一〇〕扁:此處指扁鵲。扁鵲,戰國時著名醫家,姓秦,名越人,渤海(今河北任丘北)人,一説今山東長清人。扁鵲醫術卓越,有豐富的醫療實踐經驗。《戰國策·秦策二》、《史記》卷一〇五《扁鵲倉公列傳》載有其生平、事迹和病案,被推崇爲脉學的倡導者。據有關史料記載,扁鵲救治的病人年代相距甚遠。因而,也有學者提出,扁鵲乃古代良醫的稱號,并非真實的歷史人物。

〔一一〕蓋:四庫本無。

〔一二〕"觀和"至"而失之":《二程遺書》《周官集傳》《周禮集説》《周禮全經釋原》《删翼》《周官義疏》《周禮纂訓》《周官集注》《周禮述注》無。

食醫掌和王之六食、六飲、六膳、百羞、百醬、八珍之齊。

凡食齊眡春時,羹齊眡夏時,醬齊眡秋時,飲齊眡冬時。凡和,春多酸,夏多苦,秋多辛,冬多鹹,調以滑甘。

鄭 和,調也。飯宜温,羹宜熱,醬宜凉,飲宜寒。各尚其時味,而甘以成之,猶水、火、金、木之載於土。〔一〕

【校注】

〔一〕土:鄭玄《注》下有"内則"至"滑之"。

賈 掌和王之六食以下,〔一〕此等并是膳夫所掌,食醫調和而已。〔二〕案《公食大夫》,〔三〕"公親設醬"。醬者,食之主,言醬則該諸豆實。〔四〕

【校注】

〔一〕掌:賈《疏》上有"食醫至之齊釋曰言"。下:賈《疏》下有"者"。

〔二〕食:賈《疏》上有"此"。已:賈《疏》下有"其六"至"膳夫"。孫詒讓曰:"并食醫之官法,與膳夫、庖人、内外饔、饎人爲官聯也。……此并庖人共其物,内饔割亨煎和之,膳夫饋之,食醫唯掌其調和齊量而已。"(《周禮正義》卷九《醫師》,第三一九頁)

〔三〕案:賈《疏》上有"凡食"至"醬也"。

〔四〕實:賈《疏》下有"四時"至"故也"。

三禮辨 謂《食醫》酸、苦、辛、鹹之和,與《黄帝書》略同。〔一〕"調以滑甘",鄭《注》謂"猶水、火、金、木之載於土"者,甚善。

【校注】

〔一〕黄帝書：黄老學派典籍的總稱。歷代典籍記載的黄帝書有《黄帝四經》(《經法》《十六經》《稱》《道原》)、《黄帝銘》六篇(存《金人銘》《巾幾銘》二篇)、《墳》、《歸藏》、《黄帝陰陽》、《黄帝内經》、《外經》、《脉經》、《難經》等。

凡會膳食之宜：牛宜稌，羊宜黍，豕宜稷，犬宜粱，雁宜麥，魚宜苽。凡君子之食，恒放焉。

鄭 會，成也，謂其味相成。

司農云〔一〕 稌，粳也。《爾雅》曰："稌，稻。"苽，雕胡也。

【校注】

〔一〕司：《周禮·天官·食醫》《注》引鄭衆語上有"鄭"。按：此節，魏氏將其與前節合爲一節，未單獨成節。仿前文例，將其單獨成節，"司農云"三字加大、加粗。

賈 皆謂味甘苦相成。〔一〕上六食、〔二〕六飲一經，據共王，不通於下。〔三〕凡食"春多酸"已下，至"魚宜苽"已上，〔四〕齊和相成之事，雖以王爲主，君子大夫已上亦依之，故云"恒放焉"。〔五〕

【校注】

〔一〕皆謂味：賈《疏》無。甘：賈《疏》上有"凡會"至"又温"。成：賈《疏》下有"故云"至"是也"。

〔二〕上：賈《疏》上有"凡君至放焉釋曰"。

〔三〕於:賈《疏》作“放”。

〔四〕魚:益齋本作“於”。

〔五〕《周禮·天官·食醫》《注》曰:“放猶依也。”孫詒讓曰:“《廣雅·釋詁》云:‘放,依也。’《墨子·法儀篇》云:‘放依以從事。’是放依義同。”(《周禮正義》卷九《食醫》,第三二三頁)

鶴山先生云 此一段荆公謂“君子以節飲食”,〔一〕講得節字是。節非節縮之義,祇是恰好合宜。

【校注】

〔一〕君子以節飲食:《周官新義》卷四《食醫》:“‘君子之食,恒放焉’者,温熱凉寒酸苦辛鹹滑甘,與膳食之宜,凡百君子所以自養,恒放王如此。在《易》之《頤》,‘君子以節飲食’,此之謂節飲食。”

疾醫掌養萬民之疾病。〔一〕四時皆有癘疾:春時有痟首疾,夏時有癢疥疾,秋時有瘧寒疾,冬時有嗽上氣疾。〔二〕

【校注】

〔一〕掌:益齋本下有“醫”。

〔二〕嗽:《周禮·天官·疾醫》作“漱”,益齋本作“嗽”。阮《校》曰:“唐《石經》、諸本‘漱’作‘嗽’。案:《説文》無‘嗽’字。此本《注》及《疏》仍作‘嗽’。《釋文》:‘嗽,本亦作欶字。’按:作‘欶’爲是。”

鄭 “癘疾”,氣不和之疾。“痟”,痠削也。“首疾”,頭痛也。“嗽”,咳也。“上氣”,逆喘也。《五行傳》曰:〔一〕“六癘作見。”

【校注】

〔一〕行：四庫本作“刑”。

賈 言“癘疾，〔一〕氣不和之疾”者，癘，謂癘疫。人君政教失所，則有五行相克，氣敘不和，癘疫起。〔二〕案《五行傳》，〔三〕六沴，〔四〕貌、言、視、聽、思之不和則爲沴。〔五〕天雖無沴，〔六〕皇不極配之，〔七〕亦有痾疾病，并五者爲六沴。〔八〕彼言沴，此言癘，〔九〕彼以五行相乖沴，〔一〇〕此以癘氣與人爲疫。〔一一〕

【校注】

〔一〕言：賈《疏》上有“疾醫”至“作見釋曰”。

〔二〕起：賈《疏》下有“故云”至“作見”。

〔三〕傳：賈《疏》下有“云五福乃降用彰於下”。

〔四〕沴：賈《疏》下有“作見”。

〔五〕“貌言”至“爲沴”：此句係魏氏對賈《疏》“一曰”至“沴也”的概括。

〔六〕天：賈《疏》上有“言六沴者”。沴：賈《疏》下有“案洪”至“曰弱”。

〔七〕不：益齋本下有“以”。配：賈《疏》無。之：賈《疏》下有“誅據”至“不極”。

〔八〕并：賈《疏》下有“前”。

〔九〕此：賈《疏》下有“鄭注”。癘：賈《疏》下有“者”。

〔一〇〕彼以：賈《疏》作“言沴謂”。

〔一一〕以:賈《疏》作“言癘”。疫:賈《疏》下有“故不”至“者也”。

荆公 《列子》曰:〔一〕“指擿無痟癢。”〔二〕痟,痛也。〔三〕《素問》曰:〔四〕“冬傷於寒,春必病温。〔五〕夏傷於暑,秋必痎瘧。”〔六〕病温則所謂痟首之疾,〔七〕痎瘧則所謂瘧寒之疾。〔八〕蓋方冬時,〔九〕陽爲主於内,〔一〇〕寒雖入之,勢未能動。〔一一〕及春,陽出而陰爲内主,〔一二〕然後寒動而摶陽,〔一三〕爲痟首之疾矣。〔一四〕方夏之時,〔一五〕陰爲主於内,〔一六〕暑雖入之,勢未能動。及秋,陰出而陽爲内主,〔一七〕然後暑動而摶陰,〔一八〕爲瘧寒之疾矣。〔一九〕癢疥疾,〔二〇〕則夏陽溢於膚革,〔二一〕清摶而淫之故也。〔二二〕嗽上氣疾,〔二三〕則冬陽溢於藏府,〔二四〕清乘而逆之故也。〔二五〕

【校注】

〔一〕列子:本名列御寇,古籍中又寫作列圄寇、列圉寇、子列子,世人尊稱爲列子。東周威烈王時鄭國圃田(今河南鄭州)人。道家學派的杰出代表人物,著名的哲學家、思想家、文學家。《列子》一書,西漢劉向整理時,尚存八篇。西晋永嘉之亂,《列子》因戰亂而殘缺,張湛搜羅補全,流傳後世。現存《天瑞》《黄帝》《周穆王》等八篇。楊伯峻《列子集釋》是目前《列子》較好的注本。

〔二〕擿:《周禮詳解》卷五《疾醫》(以下簡稱《周禮詳解》)作“摘”。

〔三〕“列子”至“痛也”:《周禮集説》卷三《疾醫》(以下簡稱《周禮集説》)、《周禮注疏删翼》卷三《疾醫》(以下簡稱《删翼》)、《周官義疏》卷五《疾醫》(以下簡稱《周官義疏》)無。

〔四〕“列子”至“素問曰”:《周禮全經釋原》卷三《疾醫》(以下

簡稱《周禮全經釋原》)無。按:《周禮全經釋原》"秋必痎瘧"句下有"素問云然也",當是此處删略的"素問曰"後置。曰:《周官義疏》無。素問:《黄帝内經素問》的簡稱,是現存最早的中醫理論著作。素,源本;問,黄帝問於岐伯。相傳爲黄帝創作,以黄帝與上古醫學名家岐伯問答的形式,撰成的綜合性醫學文獻。現代學者大多認爲,《素問》并非出自一時一人之手,大約成書於春秋戰國時期,至西漢中晚期(前九一—前三二年)最終定型。原書九卷,後經唐代王冰訂補,改編爲二十四卷,八十一篇,定名爲《黄帝内經素問》。宋代林億、孫兆又加以校正、改誤,稱《重廣補注黄帝内經素問》。此書以人與自然統一觀、陰陽學説、五行説、臟腑經絡學爲主綫,論述攝生、臟腑、經絡、病因、藥物及養生防病等各方面的關係,集醫理、醫論、醫方於一體,突出闡發了古代的哲學思想,强調了人體内外統一的整體觀念,成爲中醫基本理論的淵源。《宋元學案》卷八〇《鶴山學案》:"《素問》,人以爲黄帝書,但其中云'醉後入房',决非黄帝時語。以《六經》考之,有門有廬,有唐有階,有陳有督,有垂有塾,有阼有廉,其中爲堂爲室,堂室各半,大率堂之向北一半爲室,室之兩夾爲房,乃祭祀享賓之所,非人燕休之地,謂房爲婦人所在,後世語也。"(第二六五五頁)

〔五〕温:《周禮詳解》作"瘟"。

〔六〕夏傷於暑秋必痎瘧:《周禮詳解》將此二句置於"方夏之時"前,且前加"素問曰"三字。痎:《删翼》《周官義疏》作"病"。瘧:《周禮全經釋原》下有"素問云然也"。

〔七〕温:《周禮詳解》作"瘟"。所謂:《周禮詳解》無。疾:《周禮詳解》下有"也"。

〔八〕"列子"至"之疾":《素問入式運氣論奥》卷下《論六病第二十八》(以下簡稱《論奥》)、《傷寒論注釋》卷二《傷寒例第三》(以下簡稱《傷寒論注釋》)、《醫經溯洄集》卷上《四氣所傷論》(以下簡稱《溯洄》)、《赤水玄珠》卷一七《熱論》(以下簡稱《赤水玄珠》)無。“夏傷”至“之疾”:《周禮詳解》此三句及下之“言如虎之虐言該時而發”置於“方夏之時”前,且前有“素問曰”三字。“病温”至“之疾”:《周禮集説》《删翼》《周禮全經釋原》《周官義疏》無。疾:《周禮詳解》作“瘧”。

〔九〕蓋方:《傷寒論注釋》《溯洄》《赤水玄珠》作“當”。蓋:《周禮集説》《論奥》《删翼》《周官義疏》無。冬:《周官新義》卷四《疾醫》、《周禮詳解》、《論奥》、《傷寒論注釋》、《溯洄》、《赤水玄珠》下有“之”。時:《傷寒論注釋》《溯洄》《赤水玄珠》下有“寒氣大行冬傷於寒冬以”。按:本節,《論奥》遵王安石原文序“冬時”“夏時”徵引文字,《傷寒論注釋》《溯洄》《赤水玄珠》則改爲“夏時”“冬時”序徵引文字,皆有改寫,各隨文校注。

〔一〇〕於:《傷寒論注釋》《溯洄》《赤水玄珠》無。

〔一一〕勢:《周禮詳解》上有“而”。

〔一二〕内主:《周禮詳解》作“主於内”。

〔一三〕而:《傷寒論注釋》《溯洄》《赤水玄珠》無。搏:《傷寒論注釋》《赤水玄珠》作“傳”。

〔一四〕爲痟首之疾矣:《傷寒論注釋》《溯洄》《赤水玄珠》作“而爲温病”。爲:《周禮集説》《删翼》《周禮全經釋原》《周官義疏》作“故有”。痟首:《論奥》作“温疫”。疾:《周禮集説》下有“痟酸痟也”。矣:《周禮集説》《删翼》《周禮全經釋原》《周官義疏》無。

〔一五〕方:《傷寒論注釋》《溯洄》《赤水玄珠》作“當”,《删翼》《周官義疏》無。之:《删翼》《周官義疏》無。時:《周禮詳解》下有“雖傷於暑然”,《傷寒論注釋》《溯洄》《赤水玄珠》下有“暑氣大行夏傷於暑夏以”。

〔一六〕爲:《赤水玄珠》無。於:《傷寒論注釋》《溯洄》《赤水玄珠》無。

〔一七〕内主:《周禮詳解》作"主於内"。

〔一八〕而:《傷寒論注釋》《溯洄》《赤水玄珠》無。搏:《傷寒論》《赤水玄珠》作"傳"。

〔一九〕爲:《傷寒論注釋》《溯洄》《赤水玄珠》上有"而"。瘧寒之疾矣:《傷寒論注釋》《溯洄》《赤水玄珠》作"痎瘧"。矣:《周禮詳解》《周禮集説》《删翼》《周禮全經釋原》《周官義疏》無,四庫本作"也"。孫詒讓曰:"《素問·瘧論》云:'岐伯曰:夏傷於大暑,其汗大出,腠理開發,因遇夏氣凄滄之水,寒藏於腠理皮膚之中,秋傷於風,則病成矣。夫寒者,陰氣也;風者,陽氣也,先傷於寒,而後傷於風,故先寒而後熱也。病以時作,名曰寒瘧。'"(《周禮正義》卷九《疾醫》,第三二四頁)

〔二〇〕痒疥疾:《周禮詳解》《周禮集説》《删翼》《周禮全經釋原》無。

〔二一〕"痒疥"至"膚革":《周官義疏》作"夏陽溢於皮膚故有痒疥之疾"。則:《周禮集説》《删翼》無。則夏:《周禮全經釋原》作"夏則"。膚革:《周禮詳解》《周禮集説》《删翼》《周禮全經釋原》作"皮膚"。

〔二二〕清搏而淫之故也:《周禮集説》《删翼》《周禮全經釋原》無。清:《周禮詳解》作"風"。故也:《周禮詳解》作"爲痒疥之疾故夏時有痒疥疾"。

〔二三〕嗽上氣疾:《周禮全經釋原》無,《周禮集説》《删翼》作"而爲嗽上氣之疾矣",標爲"王氏"之説。

〔二四〕"嗽上"至"藏府":《周官義疏》作"冬陽溢於臟腑故有嗽上氣之疾"。則:《經苑》本、《四部叢刊初編》本《周官新義》卷四《疾醫》、《周禮集説》、《删翼》無。則冬:《周禮全經釋原》作"冬則"。藏府:《周禮集説》《删翼》《周禮全經釋原》作"臟腑"。按:"夏陽溢於膚革""冬陽溢於藏府"二句,《周禮集説》《删翼》謂"王氏曰",以分别與二書對王安石所標"王介甫""臨川王氏曰"有别,而王氏此二句注釋,實引自王安石《周官新義》。

〔二五〕"癢疥疾"至"故也":《論奥》《赤水玄珠》無。"嗽上"至"故也":《周禮詳解》無。清乘而逆之故也:《周禮集説》《删翼》《周禮全經釋原》無。

鶴山先生云 荆公此一節最好,常舉以教醫者。〔一〕

【校注】

〔一〕舉:列舉、提及、推薦。

又云〔一〕 "齊侯疥,〔二〕遂痁。"〔三〕本是疥疾,後變而爲痁。梁元帝改"疥"作"痎",〔四〕以爲初是隔日瘧,後來變痁,非是。此便是"夏陽溢於膚革",至秋則痁。

【校注】

〔一〕此節,魏氏原將其與上節合爲一節,未單獨成節。仿前文例,將其單獨成節。

〔二〕齊侯:此處指齊景公(生卒年:? —前四九〇年。在位年:前五四八—前四九〇年),名杵臼。其生平、事迹詳見《史記》卷三二《齊太公世家》。

〔三〕此二句引自《左傳·昭公二十年》。《注》曰:"痁,瘧疾。"

〔四〕魏氏之説,當據《經典釋文》而言。《左傳·昭公二十年》《釋文》:"疥,舊音戒,梁元帝音該,依字則當作痎。《説文》云,兩日一發之瘧也。痎音皆,後學之徒僉以疥字爲誤。案《傳》例,因事曰遂,若痎已是瘧疾,何爲復言遂痁乎?"《疏》曰:"後魏之世,嘗使李繪聘梁。梁人袁狎與繪言及《春秋》,説此事云,疥當爲痎,痎是小瘧,痁是大瘧。痎患積久,以小致大,非疥也。狎之所言,梁王之説也。案《説文》,疥,搔也。瘧,熱寒休作。痁有熱瘧。痎,二日一發瘧。今人瘧有二日一發,亦有頻日發者,俗人仍呼二日一發。久不差者爲痎瘧,則梁王之言信而有徵也。是齊侯之瘧初二日一發,後遂頻日熱發,故曰'疥,遂痁'。以此久不差,故諸侯之賓問疾者多在齊也。若其不然,疥搔小患,與瘧不類,何云'疥,遂痁'乎?徐仙民音作疥,是先儒舊説皆爲疥遂痁,初疥後瘧耳。今定本亦作疥。"

以五味、五穀、五藥養其病,以(王)[五]氣、〔一〕五聲、五色眡其死生。

【校注】

〔一〕王:《周禮·天官·疾醫》、安氏本、四庫本、益齋本、蔣抄本作"五"。按:應作"五",據改。

鄭 養猶治也。病由氣勝負而生,攻其羸,〔一〕養其不足者。五味,醯、酒、飴蜜、薑、鹽之屬。五穀,麻、黍、稷、麥、豆也。五藥,草、木、蟲、石、穀也。其治合之齊,則存乎神農、子儀之術云。"五氣",〔二〕五藏所出氣也。肺氣熱,心氣次之,肝氣凉,脾氣温,腎氣寒。五聲,言語,宫、商、角、徵、羽也。五色,面貌,青、赤、黄、白、黑也。察其盈虚休王,吉凶可知。審用此者,莫若扁鵲、倉公。

【校注】

〔一〕孫詒讓曰:"贏,《釋文》作'羸'。盧文弨云:'《爾雅·釋天》"夏爲長贏",注云:"本或作羸。"是古并通用。'"(《周禮正義》卷九《疾醫》,第三二六頁)

〔二〕五:鄭玄《注》上有"三者"至"外者"。

賈 案劉向云:〔一〕"子儀脉神,子術案摩。"〔二〕并不説神農。張仲景《金匱》云:〔三〕"神農能嘗百藥。"〔四〕《漢·藝文志》:〔五〕大古有岐伯、〔六〕榆柎,〔七〕中世有扁鵲、秦和,漢有倉公。〔八〕

【校注】

〔一〕案:賈《疏》上有"注養"至"云者"。云:賈《疏》下有"扁鵲"至"炊湯"。

〔二〕摩:賈《疏》下有"又中"至"人也"。孫詒讓曰:"賈所引劉向説,見《説苑·辨物篇》。今本作'子明吹耳,陽儀反神,子游矯摩'。蓋傳寫訛舛,當據此以正之。《韓詩外傳》亦載其事,作'子明灸陽,子游案摩,子儀反神'。"(《周禮正義》卷九《疾醫》,第三二八頁)

〔三〕張:賈《疏》上有"案"。

〔四〕藥:賈《疏》下有"則炎"至"術耳"。

〔五〕漢:賈《疏》上有"以五"至"者依",下有"書"。

〔六〕岐:四庫本作"歧"。

〔七〕榆柎：賈《疏》作"揄附"。阮《校》曰："閩、監、毛本作'榆柎'。浦鏜云：'《漢志》作"俞拊"。'"《周禮·天官·疾醫》《釋文》："揄……本亦作俞。"孫詒讓曰："榆柎，《鶡冠子·世賢篇》《淮南子·人間訓》并作'俞跗'。《史記·扁鵲傳》：'……醫有俞跗……'《漢書·藝文志·方技家論》云'大古有岐伯、俞拊。'又經方有《泰始黄帝扁鵲俞拊方》二十三卷。案：《釋文》'或本作俞'，與《史記》《漢志》諸書合。"(《周禮正義》卷九《疾醫》，第三三三頁)

〔八〕公：賈《疏》下有"若然"至"者也"。

鶴山先生云 神農、子儀能治合之齊，亦必能候和氣也。扁鵲、倉公能候氣也，亦必能合和此齊。〔一〕鄭氏以臆説分之，太拘。

【校注】

〔一〕此：益齋本作"凡"。

兩之以九竅之變，參之以九藏之動。凡民之有疾病者，分而治之。死終，則各書其所以，而入於醫師。

鄭 "兩""參"之者，以觀其死生之驗。"竅之變"，謂開閉非常。陽竅七，陰竅二。"藏之動"，謂脉至與不至。正藏五，又有(冑)[胃]、〔一〕旁胱、〔二〕大腸、小腸。脉之大候，要在陽明、寸口，能專是者，其惟秦和乎？岐伯、榆柎則兼彼數術者。

【校注】

〔一〕冑：鄭玄《注》、四庫本、益齋本作"胃"。按：應作"胃"，據改。

〔二〕旁：益齋本作“膀”。阮《校》曰：“宋本、岳本、嘉靖本同。閩、監、毛本‘旁’改爲‘膀’，俗字。《疏》中準此。”

賈　正藏五，〔一〕謂肺、〔二〕心、肝、脾、腎，并氣之所藏，故得正藏之稱。〔三〕云“又有胃、旁胱、大腸、小腸”者，此乃六府中取此四者，以益五藏爲九藏也。六府，胃、小腸、大腸、旁胱、膽、三焦。以其受盛，故謂之府。〔四〕亦有藏稱，故入九藏之數。然六府取此四者，案《黄帝八十一難經》，説胃爲水穀之府，小腸爲受盛之府，大腸爲行道之府，〔五〕旁胱爲津滴之府。〔六〕氣之所生，〔七〕下氣象天故，〔八〕故寫而不實，〔九〕實不滿。若然，此則正府也，故入九藏。其餘，膽者清净之府，三焦爲孤府，非正府，故不入九藏也。〔一〇〕

【校注】

〔一〕正：賈《疏》上有“兩之”至“又云”。五：賈《疏》下有“者”。

〔二〕謂：賈《疏》下有“五藏”。

〔三〕稱：賈《疏》下有“不數之者上已有注”。

〔四〕之：賈《疏》下有“爲”。

〔五〕行道之府：阮《校》曰：“案：《素問》作‘傳導之府’。”

〔六〕滴：益齋本、《周禮正義》卷九《疾醫》引賈《疏》作“液”。阮《校》曰：“閩本亦作‘津滴’。監、毛本‘滴’改‘液’。”

〔七〕氣：《周禮正義》卷九《疾醫》引賈《疏》上有“天”。

〔八〕下：《周禮正義》卷九《疾醫》引賈《疏》作“其”。故：《周禮正義》卷九《疾醫》引賈《疏》無。孫詒讓曰：“賈所引《難經》，見本經《第三十五難》及《素問五藏别論篇》。舊注疏本，文多訛羨，今各據

本書校正。"(《周禮正義》卷九《疾醫》,第三三一頁)

〔九〕故:四庫本、益齋本無。

〔一〇〕也:賈《疏》下有"云脉"至"之耳"。

荆公 死終,〔一〕終則盡其道而死,〔二〕所謂"君子曰終"是也。〔三〕終亦有所以,〔四〕而非醫之罪也。〔五〕

【校注】

〔一〕死:《周官新義》卷四《疾醫》上有"醫師"至"醫曰"。死終:《周禮詳解》卷五《疾醫》、《周禮注疏删翼》卷三《疾醫》無,《周禮訂義》卷八《疾醫》作"獸醫曰死疾醫曰終"。

〔二〕終則:《周禮詳解》作"記曰君子曰終小人曰死"。死:《周禮詳解》下有"者",《周禮訂義》下有"者也"。

〔三〕所謂君子曰終是也:《周禮訂義》無。《禮記·檀弓上》:"君子曰終。"《注》曰:"事卒爲終。"

〔四〕《周禮·天官·疾醫》《注》曰:"所以,謂治之不愈之狀也。"孫詒讓曰:"《漢書·劉向傳》顔注云:'以,由也。'謂病治之不愈所由情狀。"(《周禮正義》卷九《疾醫》,第三三三頁)

〔五〕也:《周禮訂義》無,《周官新義》卷四《疾醫》下有"亦書"至"不治"。

三禮辨謂 分治之,則疾醫似非一科。然僅有士八人,豈非所治止於邦内,而鄉、遂、都、鄙各有人與?〔一〕

【校注】

〔一〕與:《周禮注疏删翼》卷三《疾醫》作"歟"。

瘍醫掌腫瘍、潰瘍、金瘍、折瘍之祝藥劀殺之齊。

鄭 “腫瘍”,癰而上生創者。“潰瘍”,癰而含膿血者。“金瘍”,刃創也。“折瘍”,踠跌者。“祝”當爲“注”,〔一〕聲之誤也。注謂附著藥。〔二〕刮,〔三〕刮去膿血。“殺”,謂以藥食其惡肉。

【校注】

〔一〕注:鄭玄《注》下有“讀如注病之注”。孫詒讓曰:“祝注一聲之轉。……’段玉裁云:‘此易其字而釋其音,又釋其義也。’”(《周禮正義》卷九《瘍醫》,第三三四頁)

〔二〕“惠士奇云:‘古人假借,多取音同。《函人》甲屬,《匠人》水屬,注皆云屬讀如注。音同,古文通。《左傳》“韎韋之跗注”,賈、服皆云注,屬也。’案:惠説是也。《士冠禮》鄭注云:‘屬猶著也。’注、屬、著,音義并相近。”(《周禮正義》卷九《瘍醫》,第三三四—三三五頁)

〔三〕刮:四庫本、益齋本作“劀”。阮《校》曰:“嘉靖本同。閩、監、毛本上‘刮’依經改‘劀’,非。《釋文》:‘劀,音刮。’本《注》也。《説文》:‘劀,刮去惡創肉也。《周禮》曰“劀殺之齊”。’亦訓‘劀’爲刮,與鄭義同。按《説文》‘劀’‘㓉’异義,鄭君謂爲一字。”孫詒讓曰:“《説文·刀部》云‘劀,刮去惡創肉也。’引《周禮》曰‘劀殺之齊’。又‘㓉,掊把也’。刮即㓉之隸變。阮元云:‘《説文》劀刮异義,鄭君謂爲一字。’詒讓案:鄭蓋謂劀刮古今字,故經作劀,注并作刮,亦經用古字,注用今字之例也。下注直云‘刮殺’可證。《釋文》出‘刮去’二字,似陸本注上刮字作劀,則是以刮釋劀,殆非鄭之本舊。俗注疏本同,非也。”(《周禮正義》卷九《瘍醫》,第三三五頁)

凡療瘍，以五毒攻之，以五氣養之，以五藥療之，以五味節之。

鄭　既刮殺而攻盡其宿肉，乃養之也。"五氣"當爲"五穀"，字之誤也。〔一〕"節"，節成其藥之力。

【校注】

〔一〕孫詒讓曰："據《疾醫》校也。惠棟云：'《説文》"饋客芻米曰氣。"氣本餼字。經傳無五氣之文。《内經·藏氣法時論》云："五穀爲养，五果爲助，五菜爲充。"故鄭據此五氣當爲五穀。'案：惠説足申鄭讀。惠士奇、吕飛鵬并據《素問·六節藏象論》云'天食人以五氣'，謂五氣即五行之氣，不必改爲五穀。亦足備一義。"（《周禮正義》卷九《瘍醫》，第三三七頁）

賈〔一〕　言"止病曰療"。〔二〕

【校注】

〔一〕此節，開慶本、安氏本、蔣抄本未如前例，將"賈"字塗黑，且將其與前節、後節合爲一節，易被混淆。故此處將其單獨成節，且循前例，將"賈"字加大，加粗。

〔二〕言：賈《疏》上有"凡療"至"盡出釋曰"。療：賈《疏》下有"者治"至"古也"。

鄭謂〔一〕　"五毒，〔二〕五藥之有毒"者，今醫方有五毒之藥，〔三〕作之，合黄堥，〔四〕置石膽、丹砂、〔五〕雄黄、礜石、慈石其中。燒之三日三夜，其烟上著，以注創，〔六〕惡肉破，骨則盡出。

【校注】

〔一〕鄭謂：鄭玄《注》無。按：此節爲鄭玄《注》，魏氏將其與前節及下節賈《疏》合爲一節，易被誤爲賈《疏》文。將其單獨成節，節首“鄭”字加大、加粗。

〔二〕五：鄭玄《注》上有“止病曰療攻治也”。

〔三〕方：鄭玄《注》作“人”，阮《校》引鄭玄《注》作“方”。阮《校》曰：“此本補刻‘方’誤‘人’。今據諸本訂正。”

〔四〕埶：孫詒讓曰：“《釋文》云：‘埶，本又作䥝。’案：《内則》‘敦牟’鄭注云：‘牟讀曰埶也。……’孔疏引《隱義》云：‘埶，土釜。’《説文·金部》云：‘鍪，鍑屬也。’又《虘部》云：‘䖒，土鍪也。’埶、䥝、牟，并鍪之借字。’”(《周禮正義》卷九《瘍醫》，第三三六頁)

〔五〕砂：《周禮正義》卷九《瘍醫》引鄭玄《注》作“沙”。孫詒讓曰：“丹沙，宋本、注疏本作丹砂，砂即沙之俗。”(《周禮正義》卷九《瘍醫》，第三三五、三三六頁)

〔六〕以：鄭玄《注》上有“以鷄羽掃取之”。注：益齋本作“著”。

賈　此“五藥”在“五穀”下者，〔一〕以上已言用五毒攻之，〔二〕用此五穀養之，〔三〕於理爲順。〔四〕

【校注】

〔一〕此節爲賈《疏》文。諸本將其與前節合爲一節，且無著者標識，易混淆。此處循前例，將其單獨成節，節首增“賈”字，且將其加大、加粗。此：賈《疏》上有“以五”至“若然”。

〔二〕用：賈《疏》無。

〔三〕之：賈《疏》下有“則此”至“養之”。

〔四〕順：賈《疏》下有"此文"至"是也"。

凡藥，以酸養骨，以辛養筋，以鹹養脉，以苦養氣，以甘養肉，以滑養竅。凡有瘍者，受其藥焉。

鄭 以類相養也。酸，木味，木根立地中，似骨。辛，金味，金之纏合异物，似筋。鹹，水味，水之流行地中，似脉。苦，火味，火出入無形，似氣。甘，土味，土含載四者，似肉。〔一〕滑，滑石也。凡諸滑物，通利往來，似竅。

【校注】

〔一〕孫詒讓曰："賈《疏》云：'金木水火，非土不載，故云含載四者，似人之肉，亦含載筋骨氣脉，故以甘養之也。'此經辨諸味所養，與古醫家言不相應，未審其義。鄭、賈以象類釋之，亦無當瘵疾之用，殆非其本旨。今以古醫經校之，當是此經文有訛互。蓋以酸養骨，骨當作氣；以苦養氣，氣又當作骨。……蓋此經凡言養者，皆謂補其本。《素問》以酸補肺，即此以酸養氣也；以辛補肝，即此以辛養筋也；以鹹補心，即此以鹹養脉也；以苦補腎，即此以苦養骨也。《内經》諸文，皆此經之確詁。自漢以後，經文氣骨二字互易，鄭賈緣誤爲釋，遂不可通。要之醫療之術，古今不易，不可誣也。"(《周禮正義》卷九《瘍醫》，第三三八—三三九頁)

荆公 "以酸養骨"者，〔一〕骨欲收。"以辛養筋"者，筋欲散。"以鹹養脉"者，脉欲耎。"以苦養氣"者，氣欲堅。"以甘養肉"者，肉欲緩。"以滑養竅"者，竅欲利。〔二〕

【校注】

〔一〕以:《周官新義》卷四《瘍醫》上有"腫瘍"至"後味"。

〔二〕利:《周官新義》卷四《瘍醫》下有"於瘍醫"至"養之"。

鶴山先生云 鄭氏之説牽合,而"滑石"尤誤人。[一]荆公似近之。[二]

【校注】

〔一〕孫詒讓曰:"《神農本草經》云:'滑石味甘寒,主身熱泄澼,女子乳難癃閉,利小便,蕩胃中積聚寒熱,益精氣,久服輕身、耐饑、長年。'賈疏云:'以五味酸苦辛鹹甘,養骨筋氣脉與肉,相配訖。前《食醫》云'調以滑甘'。平常服食,五味之外有滑,彼滑用堇荁枌榆。今此養病,五味之外亦宜有滑,但於藥分之中慎滑,則不得如平常用堇荁等,故以滑石解之。'……《本草·名醫别録》云:'滑石通九竅六腑津液,去留結,令人利中。'是通利往來之藥,故可以養竅。"(《周禮正義》卷九《瘍醫》,第三三九頁)

〔二〕近:此處指魏氏認爲,王安石的詮釋("'以滑養竅'者,竅欲利")與鄭玄之説("滑,滑石也。凡諸滑物,通利往來,似竅")相近。潘斌先生則認爲,魏了翁在批評鄭玄學説牽强時,贊同王安石之説。參見潘斌《宋代"三禮"詮釋研究》,人民出版社二〇一八年版,第九七頁。似與此句文義不符。

獸醫掌療獸病,療獸瘍。

鄭 畜、獸之疾病及瘍、療同醫。

賈　此醫惟療家畜,〔一〕不療野獸,(伹)[但]畜、〔二〕獸義通,〔三〕重人賤畜,故獸病、獸瘍同醫。〔四〕

【校注】

〔一〕此:賈《疏》上有"注畜獸至同醫釋曰"。

〔二〕伹:賈《疏》、益齋本作"但"。按:應作"但",據改。

〔三〕通:賈《疏》下有"今以"至"醫者"。

〔四〕獸病獸瘍同醫:賈《疏》作"略同在一醫也"。

凡療獸病,灌而行之,以節之,以動其氣,觀其所發而養之。凡療獸瘍,灌而劀之,以發其惡,然後藥之,養之,食之,凡獸之有病者,有瘍者,使療之。死,則計其數,以進退之。

鄭　療畜、獸必灌行之者,爲其病狀難知,灌以緩之,且强其氣也。節,趨聚之節。〔一〕氣謂脉氣,既行之,乃以脉視之,以知所病。先攻而後養之。〔二〕

【校注】

〔一〕節:鄭玄《注》下有"也"。

〔二〕先:鄭玄《注》上有"亦"。攻:鄭玄《注》下有"之"。

荆公　言醫師"稽其醫事,〔一〕以制其食"。《獸醫》言死則計其數,而進退之。〔二〕人言死終,〔三〕獸言死,〔四〕則亦以物之所以死,〔五〕不可不察也。〔六〕

【校注】

〔一〕醫:《周官新義》卷四《獸醫》(以下簡稱《周官新義》)上有

"兽言"至"故也"。言醫師:《周禮詳解》卷六《獸醫》、《周官新義》卷四《獸醫》、益齋本作"醫師言"。稽:《周禮詳解》作"主"。

〔二〕而:《周禮詳解》、《周官新義》卷四《獸醫》作"以"。之:《周禮詳解》下有"者",孔繼涵抄校本《周官新義》卷四《獸醫》原無"者"字,孔氏增;《周官新義》卷四《獸醫》下有"制其食,則有進退;進退之,則因亦制其食矣"。

〔三〕言死:《周禮詳解》作"死言"。

〔四〕"則計"至"言死":益齋本無。

〔五〕亦:《周官新義》卷四《獸醫》無。

〔六〕不可不察:《周官新義》卷四《獸醫》作"有不可察故"。不察:《周禮詳解》作"察故"。也:《周官新義》卷四《獸醫》下有"不稽"至"故也"。

三禮辨　以爲此醫似専爲牛、犬之屬有勞於人者設,〔一〕馬别有醫,見《(馬丞)[巫馬]職》。〔二〕牲用其全,無所事乎此。

【校注】

〔一〕犬:四庫本作"馬"。設:四庫本作"據"。

〔二〕見馬丞職:四庫本作"見巫馬職",益齋本無。按:《周禮》無"馬丞"一職,當從四庫本作"巫馬"。

酒正掌酒之政令,以式法授酒材。[凡]爲公酒者,〔一〕亦如之。

【校注】

〔一〕爲:《周禮·天官·酒正》、四庫本、益齋本上有"凡"。按:

應有“凡”,據補。

鄭 “式法”,作酒之法式。作酒既有米麯之數,又有功沽之巧。〔一〕《月令》曰:“乃命大酋,秫稻必齊,麴糵必時,湛饎必絜,〔二〕水泉必香,陶器必良,火齊必得。”

【校注】

〔一〕功沽:孫詒讓曰:“《國語·齊語》云:‘辨其功苦。’《管子·小匡篇》及《荀子·王制篇》,亦并有功苦之語。苦與沽亦聲類同。蓋凡器物飲食之精者并謂之功,粗者并謂之沽。作酒之法同,而作之則有詳略久速,故亦有功沽之巧,二者并法式所該也。”(《周禮正義》卷九《酒正》,第三四一頁)

〔二〕饎:《禮記·月令》作“熾”。

司農云〔一〕 授酒材,〔二〕授酒人以其材。

【校注】

〔一〕司:《周禮·天官·酒正》《注》引鄭衆語上有“鄭”。

〔二〕授酒材:《周禮·天官·酒正》《注》引鄭衆語無。阮元曰:“余本、嘉靖本‘鄭司農云’下有‘授酒材’三字,宋本亦無。”《周禮正義》卷九《酒正》引鄭衆注文,亦有“授酒材”三字。

鄭〔一〕 鄉射飲酒以公事作酒者,〔二〕亦以式法及酒材授之,使自釀之。

【校注】

〔一〕此節係鄭玄爲經文“凡爲公酒者亦如之”所作《注》。魏氏將其與上節《周禮·天官·酒正》《注》引鄭衆語合爲一節,易被誤爲鄭衆注。仿前文例,將其單獨成節,節首加“鄭”字。

〔二〕鄉:鄭玄《注》上有“謂”。

賈 功沽謂善惡。〔一〕鄉射飲酒者,〔二〕謂鄉飲酒、〔三〕鄉射飲酒。〔四〕鄉飲中,〔五〕有黨正飲酒,賓賢能飲酒。鄉射中,〔六〕有州長春、秋習射於序,〔七〕又有鄉大夫賓賢能後,〔八〕以五物詢衆庶,用州長射禮,并是鄉射飲酒。〔九〕或是鄉大夫居州黨,〔一〇〕或是鄉大夫親來臨禮,故并謂之鄉。〔一一〕爲國行禮,〔一二〕乃得公酒。〔一三〕其百家爲族,不得公酒,族祭步神之時,合錢飲酒。

【校注】

〔一〕功:賈《疏》上有“酒正”至“巧者”。謂:四庫本作“爲”。惡:賈《疏》下有“善惡”至“所也”。

〔二〕鄉:賈《疏》上有“凡爲”至“釋曰言”。

〔三〕鄉飲酒:指鄉飲酒禮。《儀禮·鄉飲酒禮》《疏》曰:“鄭《目録》云:‘諸侯之鄉大夫,三年大比,獻賢者能者於其君,以禮賓之,與之飲酒,於五禮屬嘉禮。《大戴》此乃第十,《小戴》及《别録》此皆第四。’……凡鄉飲酒之禮,其名有四:案此賓賢能謂之鄉飲酒,一也;又案《鄉飲酒義》云:‘六十者坐,五十者立侍。’是黨正飲酒,亦謂之鄉飲酒,二也;鄉射州長春秋習射於州序,先行鄉飲酒,亦謂之鄉飲酒,三也;案《鄉飲酒義》,又有卿大夫士飲國中賢者,用鄉飲酒,四也。其《王制》云:‘習射尚功,習鄉尚齒。’還是鄉飲酒黨飲酒法。”

〔四〕鄉射:指鄉射禮。《儀禮·鄉射禮》《疏》曰:“鄭《目録》云:‘州長春秋以禮會民,而射於州序之禮。謂之鄉者,州,鄉之屬,鄉大夫或在焉,不改其禮。射禮於五禮屬嘉禮。《大戴》十一,《小戴》及《别録》皆第五。’……云‘謂之鄉’者,欲見州長射,得名《鄉射》之意。……云‘鄉大夫或在焉’者,一鄉管五州,鄉大夫或宅居一州之内,則鄭注《禮記》云‘或則鄉之所居州黨,而鄉大夫來臨此射禮’,是爲鄉大夫在焉,則名《鄉射》。又鄉大夫三年大比,興賢者能者訖,而以鄉射之禮五物詢衆庶,亦行此州長射禮以詢之,亦是鄉大夫在焉,故名爲《鄉射》。”

〔五〕飲:賈《疏》下有“酒”。

〔六〕射:賈《疏》下有“飲酒”。

〔七〕《周禮·地官·州長》:“春、秋以禮會民而射於州序。”《注》曰:“序,州黨之學也。會民而射,所以正其志也。《射義》曰:‘射之爲言繹也。繹者,各繹己之志。’”《疏》曰:“州長因春、秋二時皆以禮會聚其民,而行射禮於州之序學中。言‘以禮’者,亦謂先行鄉飲酒之禮乃射,故云以禮也。注‘序州’至‘之志’,釋曰:此知‘序,州、黨學’者,案下《黨正》亦云‘飲酒於序’,故知州、黨學同名爲序。若鄉則立庠,故《禮記·鄉飲酒義》云:‘主人迎賓於庠門之外。’彼鄉大夫行賓賢能,非州長、黨正所行,故知庠則鄉學也。云‘會民而射,所以正其志也’者,凡禮射,皆須存其志意,故鄭即引《射義》曰:‘射之爲言繹也,繹者,各繹己之志。’繹,陳也。言各陳己志者,謂若《射義》云‘射者,内志正,外體直,乃能中之’是也。”

〔八〕夫:賈《疏》下有“三年”。

〔九〕酒:賈《疏》下有“若然”至“鄉者”。

〔一〇〕夫:賈《疏》下有“所”。

〔一一〕故并:賈《疏》作"并得鄉名故"。

〔一二〕爲:賈《疏》上有"此數事者皆",益齋本上有"此皆"。禮:賈《疏》下有"不可横斂於民"。

〔一三〕乃:賈《疏》、益齋本作"故"。

鶴山先生云 三代盛時,計口授田,不許靡穀。〔一〕其飲酒有三:"惟祀,〔二〕德將無醉",一也。"肇牽車牛,遠服賈,用孝養厥父母。〔三〕厥父母慶,自洗腆,致用酒",〔四〕二也。鄉飲、鄉射以行(三禮)[禮,三]也。〔五〕意其時人雖家有酒,而群飲則執拘而將殺之。必無賣酒者,亦無沽酒者。《詩》雖言"無酒沽我",〔六〕沽字,毛公音古,〔七〕謂再宿酒。〔八〕而鄭康成以秦、漢榷酤後解之,〔九〕殊失經意。《鄉黨》:"沽酒市脯不食。"亦當爲音古。

【校注】

〔一〕靡:益齋本作"縻"。

〔二〕惟:《尚書·酒誥》上有"飲"。

〔三〕《尚書·酒誥》《傳》曰:"農功既畢,始牽車牛,載其所有,求易所無,遠行賈賣,用其所得珍异孝養其父母。"

〔四〕《尚書·酒誥》《傳》曰:"其父母善子之行,子乃自絜厚,致用酒養也。"

〔五〕三禮:四庫本、益齋本作"禮三"。按:應作"禮三",據改。

〔六〕引詩出自《詩經·小雅·伐木》。沽:《詩經·小雅·伐木》作"酤"。

〔七〕毛公:指毛亨。西漢初,河間人毛亨(本魯國人,秦始皇焚書時,逃至河間。後人謂之"大毛公")及其侄毛萇(後人謂之"小毛公”)傳授《毛詩》,撰有《毛詩故訓傳》三十卷。

〔八〕按:此處魏氏引毛氏音、注皆誤。《詩經·小雅·伐木》《傳》曰:“酤,一宿酒也。”《箋》云:“酤,買也。”《釋文》曰:“酤,毛音户,《説文》同,鄭音顧,又音沽。”《疏》曰:“毛以爲,言無酒,明是卒爲之,故云‘一宿酒’。蓋於時有之。《箋》以經、傳無名一宿酒爲酤者。既有一宿之酒,不得謂之無酒。《論語》云:‘酤酒市脯不食。’是古買酒爲酤酒,故易之爲‘酤,買’也。”

〔九〕榷酤後:益齋本作“後榷酤”。榷酤:亦作“榷沽”。西漢武帝時起實行的酒專賣制度。《漢書》卷六《武帝紀》:“初榷酒酤。”應劭曰:“縣官自酤榷賣酒,小民不復得酤也。”韋昭曰:“以木渡水曰榷。謂禁民酤釀,獨官開置,如道路設木爲榷,獨取利也。”師古曰:“榷者,步渡橋,《爾雅》謂之石杠,今之略彴是也。禁閉其事,總利入官,而下無由以得,有若渡水之榷,因立名焉。韋説如音是也。”

辨五齊之名:一曰泛齊,二曰醴齊,三曰盎齊,四曰緹音體**齊,**〔一〕**五曰沈齊**。

【校注】

〔一〕音體:《周禮·天官·酒正》《釋文》文。

鄭 泛者,成而滓浮泛泛然,如今宜成醪矣。醴猶體也,成而汁滓相將,如今恬酒矣。盎猶翁也,成而翁翁然,葱白色,如今酇白矣。緹者,成而紅赤,如今下酒矣。沈者,成而滓沈,如今造清矣。自醴以上尤濁,縮酌者。盎以下差清。其象類則然,古之法式,未可盡聞。

杜子春 讀"齊"爲"粢"。[一]又云:[二]《禮器》曰:"緹酒之用,玄酒之尚。"

【校注】

〔一〕齊:《周禮·天官·酒正》《注》引杜子春語下有"皆"。《周禮·天官·酒正》《疏》曰:"'杜子春讀齊皆爲粢'……子春意,見《禮運》云'粢醍在堂',又見《禮器》云'醴酒之用',又粢穀爲醍酒,則其餘四齊皆以粢穀爲之,故讀齊皆爲粢。'玄謂齊者,每有祭祀,以度量節作之'……不從子春爲粢者,《禮運》唯有醍齊稱粢,於此五者皆稱齊,子春破五齊從一粢,於義不可,故鄭於《禮運》注'粢當爲齊',破一粢從五齊,於義可也。"孫詒讓曰:"《司尊彝》郁齊、醴齊、盎齊,杜讀同。賈疏云:'……'詒讓案:齊正字,粢假借字。杜轉讀齊爲粢者,蓋兼據《司尊彝》故書粢爲齍,齍粢字同也。《禮運》注云:'粢讀爲齊,聲之誤也。'後鄭説與杜正相反,故不從杜讀。孔疏云:'《爾雅》:"粢,稷也。"作酒用黍,不用稷,故粢當爲齊。'今案:杜讀齊爲粢,惟取聲類同耳,非必取以稷作酒之義,賈説不若孔説之當。……後鄭蓋讀齊與《月令》'秋稻必齊'之齊同。《司尊彝》先鄭注,讀齊爲齊和之齊,與後鄭此注正同。"(《周禮正義》卷九《酒正》,第三四六頁)

〔二〕云:《周禮·天官·酒正》《注》引杜子春語無。孫詒讓曰:"賈疏述注,'又'作'云',疑當作'又云',今本似誤。"(《周禮正義》卷九《酒正》,第三四六頁)

玄謂 齊者,每有祭祀,以度量節作之。

賈 五齊與下三酒及《春官·鬯人》所造鬯酒所以异者,[一]

五齊、三酒俱用秫稻麴蘗,又三酒味厚,人所飲者也。五齊味薄,所以祭者也。是以下經鄭《注》云:"祭祀必用五齊者,至敬不尚味,而貴多品。"〔二〕鬯酒自用黑黍爲之。〔三〕

【校注】

〔一〕五:賈《疏》上有"辨五"至"也此"。

〔二〕品:賈《疏》下有"五齊"至"是也"。

〔三〕鬯:賈《疏》上有"其"。酒:賈《疏》下有"者"。之:賈《疏》下有"與此别也"。

鶴山先生云〔一〕 翁,烏動反。〔二〕

【校注】

〔一〕此節,魏氏將其與上節賈《疏》合爲一節,不確。此四字非賈《疏》文。其對"翁"字所標音讀,又與《釋文》异(詳見下),當是魏氏對"翁"字所標音讀。故將此節單獨成節。仿前文例,節首加"鶴山先生云"。此節,四庫本無。

〔二〕烏:《周禮·天官·酒正》《釋文》作"嗚"。"烏"亦可作"嗚"。《史記》卷六〇《三王世家》:"皇帝使御史大夫湯廟立子閎爲齊王。曰:於戲,小子閎,受茲青社!"《索隱》:"於戲音嗚呼。戲或音羲。"《漢書》改"於戲"爲"烏呼(或嗚呼)"。《漢書》卷六三《武五子傳》:"皇帝使御史大夫湯廟立子閎爲齊王,曰:烏呼! 小子閎,受茲青社。……嗚呼! 小子旦,受茲玄社。"

辨三酒之物:一曰事酒,二曰昔酒,三曰清酒。

鄭司農云　“事酒”,有事而飲也。“昔酒”,無事而飲也。“清酒”,祭祀之酒。

玄謂　“事酒”,酌有事者之酒,其酒則今之醳酒也。“昔酒”,今之酋久白酒,所謂舊醳酒者也。清酒,今中山冬釀,接夏而成。

賈　“其酒則今之醳酒”者,〔一〕事酒,冬釀春成,以漢之醳酒況之。〔二〕云“昔酒,今之酋久白酒”者,言昔爲久,酋亦遠久之義,故以漢之酋久白酒況之。《晋語》云:〔三〕“味厚寔昔毒。”〔四〕酒久則毒也。〔五〕

【校注】

〔一〕其:賈《疏》上有“辨三”至“也云”。

〔二〕以:益齋本上有“故”。

〔三〕晋:賈《疏》上有“故”。

〔四〕寔:四庫本、益齋本作“實”。

〔五〕也:賈《疏》下有“云所”至“千日”。

辨四飲之物:一曰清,二曰醫,三曰漿,四曰酏。

鄭　[清],〔一〕謂醴之泲者。醫,《内則》所謂“或以酏爲醴”。凡醴濁,釀酏爲之,則少清矣。醫之字,從殹從酒省也。〔二〕漿,今之截漿也。酏,今之粥。《内則》有黍酏。酏飲,粥稀者之清也。

【校注】

〔一〕謂:鄭玄《注》、四庫本上有“清”字,益齋本作“清”,據補。

〔二〕酒：鄭玄《注》、四庫本作“酉”。“臧琳云：‘醫字正從殹從酉，不當言從酉省。考賈《疏》云“從殹省者去羽，從酉省者去水”；則賈《疏》本作“從翳從酒省也”。《釋文》音烏兮反，蓋已誤作殹。……當作蔽翳之翳，與賈疏本同。今賈《疏》亦作“從醫從酉”，幸有去羽去水之言可考也。《説文·酉部》云：“醫，治病工也。殹，惡姿也。醫之性然，得酒而使，從酉。王育説，一曰殹，病聲，酒所以治病也。《周禮》有醫酒。”據《説文》則殹爲病容，一曰病聲，皆取會意，不從翳省。而鄭云從翳省者，鄭以醫爲諧聲字。凡醞釀醴醇等字皆從酉，酉即酒也。《説文》醫下云“從酉，醫之性得酒而使”，又云“酒所以治病也”，亦以酉爲酒。鄭云從酒省，則凡從酒字，皆因省從酉，是酉酒不同矣。’惠棟云：‘文當云：從殹從酒省。’段玉裁亦改酉爲酒，云：‘鄭意此字俗用爲醫藥字，而其字上從殹，下從酒省，則四飲之一，乃此字本義也。鄭不言從酒省殹聲者，殹翳緊字在古音脂微齊皆灰部，醫字古音在之咍部，與《内則》臆字同物同音。’案：惠、段説是也。臧氏謂徐音及賈《疏》本并作‘從翳從酒省’，亦足正今本之誤。然徐、賈所見，仍是晋宋以後之誤本，非鄭君之舊。”（《周禮正義》卷九《酒正》，第三五一—三五二頁）

鄭司農 説以《内則》曰：“飲重醴，稻醴清糟，黍醴清糟，粱醴清糟，〔一〕或以酏爲醴，漿、水、醷。”〔二〕后致飲於賓客之禮，有醫、酏、糟。糟音聲與糟音糟相似，〔三〕醫與醷於紀反相似，〔四〕文字不同，記之者各异耳，〔五〕此皆一物。

【校注】

〔一〕糟：阮《校》曰：“《漢讀考》云：‘今《内則》“糟”作“糟”，疑是用《周禮》改也。司農云:“糟音聲與湭相似。”謂之相似,則非一字也。“湭”之本義當是草類,從草,酒聲,故沈重音子由反。“糟”,曹聲,古讀如揫,同在第三部。“糟”是正字,“湭”是假借字。’”

〔二〕醷:《周禮·天官·酒正》《注》引鄭衆語作“臆”。阮《校》曰:“宋本、嘉靖本‘臆’作‘醷’,下同。惠棟云:‘萬卷堂本此仍作“臆”,下作“醷”。’案:葉鈔《釋文》云:‘臆,本又作醷。’宋本《注》載《音義》云:‘醷,本又作臆。’《内則》《釋文》作‘醷,本又作臆’。《漢讀考》云:‘醫是正字,臆是假借字,今本《内則》作醷者,俗制也。’”孫詒讓曰:“舊本‘臆’作‘醷’,宋建陽本、注疏本并作‘臆’。《釋文》云:‘醷,本又作臆。’案:建本與陸合,今從之。”(《周禮正義》卷九《酒正》,第三五二頁)

〔三〕音糟:非《周禮·天官·酒正》《注》引鄭衆語。魏氏引自《周禮·天官·酒正》《釋文》“湭音糟,下同”。

〔四〕醷:《周禮·天官·酒正》《注》引鄭衆語作“臆”。相:《周禮·天官·酒正》《注》引鄭衆語上有“亦”。阮《校》曰:“宋本、嘉靖本‘臆’作‘醷’。又宋本無‘亦’字。”於紀反:非《周禮·天官·酒正》《注》引鄭衆語文。魏氏引自《周禮·天官·酒正》《釋文》。《釋文》曰:“臆,本又作醷,於紀反。”

〔五〕記:益齋本作“紀”。

賈 向者後鄭解或以酏爲醴,〔一〕爲醫,今先鄭以爲醴,共重醴爲一物。又後鄭於《内則》注醷爲梅漿,亦與先鄭不同,以無正文,故引之在下,亦得爲一義故也。

【校注】

〔一〕向:賈《疏》上有“辨四”至“醴也”。

荆公 “辨五齊之名”,〔一〕“三酒之物”,〔二〕其物之法,其名之義,皆無所經見,不可得而知。〔三〕然五齊言辨名,〔四〕三酒言辨物者,〔五〕五齊以祭,〔六〕祭則致其義。〔七〕名,〔八〕義之所出也。〔九〕三酒以飲,〔一〇〕飲則致其實。〔一一〕物,〔一二〕實之所效也。〔一三〕共王獨三酒,則三酒以飲,五齊以祭故也。〔一四〕

【校注】

〔**一**〕辨:《周官新義》卷四《酒正》上有“以式”至“之也”。

〔**二**〕物:《周官新義》卷四《酒正》下有“者”。

〔**三**〕“辨五”至“而知”:《周禮詳解》卷六《酒正》“辨五齊之名”、“辨三酒之物”(以下分别簡稱《周禮詳解》“五齊”、《周禮詳解》“三酒”)、《周禮訂義》卷八《酒正》(以下簡稱《周禮訂義》)無。

〔**四**〕然:《周禮詳解》“三酒”、《周禮訂義》無。辨:《周禮訂義》無。

〔**五**〕“辨五齊”至“物者”:《周官義疏》卷五《酒正》(以下簡稱《周官義疏》)無。“然五齊”至“物者”:《周禮詳解》“五齊”無。辨:《周禮訂義》無。者:《周禮詳解》“三酒”下有“蓋三酒以飲”。

〔**六**〕齊:《周禮詳解》“五齊”下有“用之”。祭:《周禮詳解》“五齊”下有“祀”。

〔**七**〕則致其義:《周官義疏》作“不致其味”。祭則:《周禮詳解》“五齊”作“不致其味”。義:《周禮詳解》“五齊”下有“而已”。

〔**八**〕名:《周禮詳解》“五齊”上有“故酒正辨其名”,《周禮詳解》“五齊”、《周禮訂義》下有“者”。

〔**九**〕“五齊”至“出也”:《周禮詳解》“三酒”作“非若齊之致其義”。名義之所出也:《周官義疏》作“故辨其名”。出:《周禮詳解》

“五齊”、《周禮訂義》下有“故”。

〔一〇〕三:《周禮詳解》“三酒”上有“蓋”。按:“蓋三酒以飲”句,《周禮詳解》“三酒”在“三酒言辨物者”句下。

〔一一〕“五齊”至“其實”:《周官總義》卷四《酒正》作“三酒以飲,非若齊之致其義,務致其實而已”,《大學衍義補》卷五六《治國平天下之要》作“三酒以飲,非若齊之致其義也”。文義皆大略同。飲則:《周禮詳解》“三酒”作“務”。實:《周禮詳解》“三酒”下有“而已”。

〔一二〕物:《周禮訂義》下有“者”。

〔一三〕效:《周禮訂義》下有“故”。物實之所效也:《周官義疏》作“故辨其物”。也:《周禮詳解》“三酒”無。

〔一四〕“三酒以飲”至“故也”:《周禮詳解》“五齊”無。“共王”至“故也”:《周禮詳解》“三酒”、《周禮訂義》、《周官義疏》無。也:《周官新義》卷四《酒正》下有“言共”至“饌也”,益齋本下有“醫於”至“再反”。按:此部分文字,魏氏引自《釋文》。開慶本、安氏本、四庫本、《四部叢刊初編》本、蔣抄本皆置於下節魏氏語末,與益齋本异。

鶴山先生曰 賈謂“三酒味厚,人所飲者也。五齊味薄,所以祭也”,〔一〕此語未瑩。〔二〕五齊之醴最味厚,若曰“五齊加明水,三酒加玄酒”,〔三〕以用於祭祀,合爲十六尊可也。〔四〕豈有以人則飲味厚者,以祭祀則共味薄者哉?

【校注】

〔一〕祭:賈《疏》下有“者”。

〔二〕瑩:明白、確切。

〔三〕加:益齋本作"和"。"五齊"至"玄酒":《周禮·天官·酒正》"凡祭祀,以法共五齊三酒,以實八尊"《疏》文。

〔四〕《周禮·天官·酒正》:"凡祭祀,以法共五齊三酒,以實八尊。"《疏》曰:"五齊五尊,三酒三尊,故云'以實八尊'。此除明水、玄酒,若五齊加明水,三酒加玄酒,此八尊爲十六尊。不言之者,舉其正尊而言也。"

釋文〔一〕 醫,於已反。酏,以支反。泲,〔二〕子禮反。截,昨再反。

【校注】

〔一〕此節爲《周禮·天官·酒正》《釋文》文。諸本將其與前節合爲一節,未單獨成節,不確。仿前文例,將其單獨成節,節首加"釋文"二字。

〔二〕泲:安氏本作"涕"。

掌其厚薄之齊,以共王之四飲三酒之饌,及后、世子之飲與其酒。

鄭 后、世子不言饌,其饋食不必具設之。五齊正用醴爲飲者,〔一〕取醴恬與酒味异也。其餘四齊,味皆似酒。

【校注】

〔一〕正:四庫本、益齋本作"止"。

賈〔一〕 鄭意五齊之中不用餘四齊,〔二〕以其醴恬,故取入六飲。"其餘四齊味皆似酒"者,三酒味厚,五齊味薄,故言"似酒"。醴恬,全與酒味別也。

【校注】

〔一〕鄭:四庫本、益齋本上有"賈"。按:開慶本、《四部叢刊初編》本、安氏本、蔣抄本"鄭"字上爲一空格。此節爲賈《疏》文,原與上節合爲一節,易被誤爲鄭玄《注》文。仿前文例,將其單獨成節,據四庫本、益齋本,節首補"賈"字。

〔二〕鄭:賈《疏》上有"掌其"至"也者"。

凡祭祀,以法共五齊三酒,以實八尊。大祭三貳,中祭再貳,小祭壹貳,皆有酌數。唯齊酒不貳,皆有器量。

鄭 酌器,所用注尊中者,數量之多少未聞。

鄭司農(玄)[云]〔一〕 三貳,三益副之也。大祭,天、地。中祭,宗廟。小祭,五祀。"齊酒不貳",爲尊者質,不敢副益也。

【校注】

〔一〕玄:《周禮·天官·酒正》《注》引鄭衆語、四庫本、益齋本作"云"。按:此節爲《周禮·天官·酒正》《注》引鄭衆語,非鄭玄《注》。"玄"字誤,應作"云",據改。

杜子春云 "齊酒不貳",謂五齊以祭,不益也。其三酒,人所飲者,益也。《弟子職》曰:"周旋而貳,(帷)[唯]嗛之視。"〔一〕

【校注】

〔一〕孫詒讓曰:"《漢書·藝文志》《弟子職》一篇,在《孝經》家。

今在《管子》第五十九篇。彼文云:'……周還而貳,唯嗛之視……'尹知章注云:'貳謂再益。食盡曰嗛。'周還,此引作周旋,字通。彼文本以益食爲貳,與此經益酒爲貳義同。賈《疏》謂彼周旋而貳亦爲副益酒尊,失之。"(《周禮正義》卷九《酒正》,第三五六頁)帷:《周禮·天官·酒正》《注》引杜子春語、益齋本、《管子·弟子職》(《管子校注》本,第一一四七頁)作"唯",四庫本作"惟"。按:應作"唯","唯"同"惟",據改。

玄謂 "大祭"者,王服大裘、衮冕所祭也。"中祭"者,王服鷩冕、毳冕所祭也。〔一〕"小祭"者,王服希冕、〔二〕玄冕所祭也。"三貳"、"再貳"、〔三〕"一貳"者,〔四〕謂就三酒之尊而益之也。《禮運》曰:"玄酒在室,醴醆在户,粢醍在堂,〔五〕澄酒在下。"澄酒是三酒也。〔六〕益之者,以飲諸臣,若今常滿尊也。祭祀必用五齊者,至敬不尚味,而貴多品。

【校注】

〔一〕孫詒讓曰:"後鄭《肆師》注,以大祀爲天地、宗廟,中祀爲日月、星辰、社稷、五祀、五岳,則大祀有先公,中祀有社稷、五祀而無先公,并與此注義异。金鶚據彼注糾此云:'鄭既以宗廟爲大祭,鷩冕以享先公,獨非宗廟之祭乎?何又以鷩冕所祭爲中祭也?'吴廷華亦云:'先王先公之祭,其禮原無隆殺,其分衮冕、鷩冕者,不過視先王先公之服以爲服,所謂不敢以已之尊服臨先公,非以此爲中祭也。蓋先公之祭若在親廟之中,則與先王之祭何別,若在禘祫,則尤爲大祭,况據《中庸》上祀先公以天子之禮,是先公之祀等於先王也。'案:金、吴説是也。"(《周禮正義》卷九《酒正》,第三五七頁)

〔二〕希:益齋本作“絺”。《周禮·春官·司服》《注》曰:“希讀爲絺,或作‘黹’,字之誤也。”孫詒讓曰:“《釋文》云:‘希,本又作絺。’案:作絺者,依《司服》注讀改,非鄭之舊。《司服》《弁師》注説希冕,并依經作希,不改字。”(《周禮正義》卷九《酒正》,第三五七頁)

〔三〕貳:安氏本作“二”。下注〔四〕同。

〔四〕孫詒讓曰:“凡經作‘壹’,注例并作‘一’,亦古今字也。”(《周禮正義》卷九《酒正》,第三五八頁)

〔五〕孫詒讓曰:“《釋文》云:‘醍,本亦作緹。’案:《禮運》作‘醍’,《釋文》或本作‘緹’者,疑依上經文改。醍緹字同。《司尊彝》注亦引此文釋之作緹,與此别本同。鄭《禮運》注云:‘粢讀爲齊,聲之誤也。《周禮》五齊,字雖异,醆與盎,澄與沈,蓋同物也。奠之不同處,重古略近也。’”(《周禮正義》卷九《酒正》,第三五八頁)

〔六〕孫詒讓曰:“《禮運》疏云:‘此注澄是沈齊。案《酒正》注,澄酒是三酒,二注不同,故趙商疑而致問,鄭答之云:“此本不誤,轉寫益澄字耳。”如鄭所答,是轉寫《酒正》之文,誤益澄字,當云“酒,三酒也”,則是與《禮運》注同。然案《坊記》云:“醴酒在室,醍酒在堂,澄酒在下。”注又以澄爲清酒,田瓊疑而致問,鄭答之云:“《禮運》云醴醆醍澄,各是一物。”皆不言酒,故推其意澄爲沈齊,酒爲三酒。《坊記》云醴也,醍也,澄也。皆言酒,故因注云澄酒,清酒也,其實沈齊也。”如鄭此言,《坊記》所云醴酒醆酒。五齊亦言酒,則澄酒是沈齊也。是五者最清,故云澄酒,非爲三酒之中清酒也,是與《禮運》不异也。’賈《疏》亦云:‘案《鄭志》趙商問:《禮運》注澄是沈齊,今此注澄酒是三酒何?鄭答今解可去澄字。若然,鄭本於此注時,直云酒是三酒,無澄字,有澄字者誤,當云酒是三酒。’段玉裁云:‘按鄭作注時,謂澄酒之酒字是三酒,以别於上文玄酒之酒字。趙商不善讀鄭

答語，蓋忘其有澄字之意矣。而賈徑云本無澄字，有者誤也，是賈誤矣。'"(《周禮正義》卷九《酒正》，第三五八—三五九頁)

賈 言"凡祭祀"者，〔一〕謂天、地及宗廟等。〔二〕"五齊三酒，〔三〕以實八尊"〔四〕者，五齊五尊，三酒三尊，〔五〕此除明水、玄酒，若五齊加明水，三酒加玄酒，此八尊爲十六尊。〔六〕案《禮器》云：〔七〕"一獻質。"謂祭群小祀，〔八〕當玄冕。"三獻文"，謂祭社稷、五祀，當希冕。"五獻察"，謂祭四望、山川，當毳冕。"七獻神"，謂祭先公，當鷩冕。雖不言九獻，〔九〕下云"大饗，其王事與"，大饗謂祫祭先王，爲九獻，〔一〇〕當衮冕。〔一一〕據此一獻至九獻，以此獻數約之，故六服差爲三。案《司服》，〔一二〕四望山川，〔一三〕服毳冕，五獻。社稷，服希冕，三獻。社稷在山川下，案《大宗伯》"以血祭祭社稷、五祀、五岳"，〔一四〕而社稷在五岳上者，五岳與土地异形，若畿外諸侯，服、獻則尊於王朝之臣。〔一五〕社稷號曰土神，似若王朝之臣，服、獻則卑於五岳。而在五岳上者，似若王人雖微，〔一六〕猶叙諸侯之上。〔一七〕

【校注】

〔一〕言：賈《疏》上有"凡祭至器量釋曰"。

〔二〕等：賈《疏》作"祭"。

〔三〕五：賈《疏》上有"總目之言云以法共"。酒：賈《疏》下有"者但"至"三酒"。

〔四〕以：賈《疏》上有"云"。

〔五〕尊：賈《疏》下有"故云以實八尊"。

〔六〕十六尊：賈《疏》下有"不言"至"若然"。

〔七〕案：賈《疏》作“則”。阮《校》曰：“惠校本‘則’作‘按’。”

〔八〕《周禮·春官·肆師》《注》引鄭衆語曰：“大祀，天地。次祀，日月星辰。小祀，司命已下。”鄭玄《注》曰：“大祀又有宗廟，次祀又有社稷、五祀、五岳，小祀又有司中、風師、雨師、山川、百物。”

〔九〕九：安氏本、四庫本作“下”。

〔一〇〕爲：四庫本作“謂”。

〔一一〕冕：賈《疏》下有“禮器”至“大裘”。

〔一二〕案：賈《疏》作“按”。下同。“按”同“案”。

〔一三〕四望：賈《疏》無。阮校曰：“惠校本‘司服’下有‘四望’二字。”

〔一四〕五岳：漢武帝時，以位於今安徽潛山西北的霍山（或稱衡山、天柱山）爲南岳。漢宣帝於神爵元年（前六一年）頒詔，正式確定五岳制度：東岳泰山、西岳華山、南岳霍山、北岳常山（或稱恒山、大茂山）、中岳嵩山。其中，霍山的南岳地位，一直維持到隋文帝開皇九年（五八九年），纔改位於今湖南衡山等縣境内的衡山爲南岳。北岳常山，最初指位於今河北曲陽西北的恒山。直至明代，始以位於今山西渾源的恒山爲北岳。清順治十七年（一六六〇年）移祀北岳於今山西恒山。

〔一五〕於王：安氏本作“王於”。

〔一六〕王人：此處指東周王室公卿貴族。微：微弱、衰微。

〔一七〕上：賈《疏》下有“按王”至“品也”。叙：依身份、地位之尊卑排先後順序。

鶴山先生云　社稷在五岳之上，自是本等。〔一〕鄭康成牽合引王人叙諸侯之上爲證，〔二〕非是。

【校注】

〔一〕本等：原本的等級。魏氏認爲，社稷地位尊於五岳，有的文獻置五岳次序於社稷前，并不意味五岳地位尊於社稷。《禮記·禮器》《疏》曰："案《周禮·司服職》玄冕一章……絺冕三章，祭社稷、五祀，故知三獻祭社稷、五祀也。毳冕五章，祀四望山川，故知五獻祭四望山川也。……案此社稷三獻，卑於四望山川，而《大宗伯職》云：'以血祭社稷、五岳。'又《大司樂》祭社稷，奏大簇；祀四望，奏姑洗。又《禮緯》云：'社稷牛角握，五岳四瀆角尺。'以此言之，則社稷尊於四望山川，而獻與衣服卑者，熊氏云：'獻與衣服從神之尊卑，其餘處尊者，以其有功，與地同類，故進之在上。從國中之神，莫貴於社稷之類，直以功見尊，其實卑也。以是地别神，故不爲尊也。'"

〔二〕魏氏謂"王人叙諸侯之上"爲鄭玄説，或當據鄭玄《周禮·天官·内司服》《注》。其《注》曰："《春秋》之義，王人雖微者，猶序乎諸侯之上，所以尊尊也。"鄭玄之言，則或據《公羊》《穀梁》之載。《公羊傳·僖公八年》："八年，春，王正月，公會王人、齊侯、宋公、衛侯、許男、曹伯、陳世子款、鄭世子華盟於洮。王人者何？微者也。曷爲序乎諸侯之上？先王命也。"《注》曰："銜王命會諸侯，諸侯當北面受之，故尊序於上。"《穀梁傳·僖公八年》："八年，春，王正月，公會王人、齊侯、宋公、衛侯、許男、曹伯、陳世子款盟於洮。王人之先諸侯，何也？貴王命也：朝服雖敝，必加於上；弁冕雖舊，必加於首；周室雖衰，必先諸侯。"按：魏氏謂"鄭康成牽合引王人叙諸侯之上爲證"，似有誤。據前引賈《疏》，"引王人叙諸侯之上"以證社稷在五岳之上者爲賈公彦，非鄭玄。

又云〔一〕 古者祭祀，自迎牲以來，凡三獻皆是王。〔二〕自四獻以下,皆有酬酢。〔三〕九獻之間,〔四〕尸飲酒極多。

【校注】

〔一〕又云:安氏本作"云又"。此節原與上節爲一節。仿前文例,將其單獨成節,節首"又云"二字加大、加粗。

〔二〕王:安氏本作"玉"。

〔三〕獻酬酢:古代飲酒禮儀中的主、賓彼此敬酒的行爲。主人向賓敬酒,謂之獻;獻數取决於主人的身份。《周禮·秋官·大行人》:"上公之禮……王禮再祼而酢,饗禮九獻,食禮九舉……諸侯之禮……王禮壹祼而酢,饗禮七獻,食禮七舉……諸伯執躬圭,其他皆如諸侯之禮。諸子……饗禮五獻,食禮五舉。"《儀禮·士冠禮》《注》曰:"士禮一獻,卿、大夫三獻。"《疏》曰:"案《大行人》云上公饗禮九獻,侯、伯七獻,子、男五獻。是以大夫三獻,士一獻,亦是其差也。"主人先自飲,後勸賓飲酒,謂之酬。賓還敬主人之酒,謂之酢。酬酒,賓不飲。《儀禮·鄉飲酒禮》:"主人坐取爵,實之賓之席前,西北面獻賓。賓實爵主人之席前,東南面酢主人。主人阼階上拜,賓少退。主人進,受爵。……主人實觶酬賓……坐祭,遂飲……主人實觶賓之席前……賓北面坐,奠觶於薦東,復位。"獻、酬、酢,謂之一獻。《儀禮·士冠禮》:"乃醴賓,以壹獻之禮。"

〔四〕九獻:安氏本、四庫本作"獻九"。

共賓客之禮酒,共后之致飲於賓客之禮,醫、酏、糟,皆使其士奉之。

鄭 "禮酒",王所致酒也。王致酒,后致飲,夫婦之義。糟,醫、酏不泲者。泲曰清,不泲曰糟。后致飲,無醴、醫、酏不清者,與王同體,屈也,亦因以少爲貴。士謂酒人、漿人、奄士。

賈 “王致酒,〔一〕后致飲,夫婦之義”者,酒是陽,故王致之。飲是陰,故后致之。是陰陽相成。〔二〕“后致飲,〔三〕無醴、醫、酏不清者”,〔四〕對下《漿人》“共夫人致飲於賓客之禮,清醴、醫、酏、糟,而奉之”,謂夫人卑於后,致三飲醫、酏、糟上,加之以清醴。今后尊,惟有醫、〔五〕酏二飲,無清醴。既無清醴,醫、酏當清。今皆不清者,以其后尊,夫妻片合,〔六〕與王同體,故屈。夫人卑,與王不同體,得申,故加以清醴也。〔七〕案《序官》,酒人,奄十人。漿人,奄五人。皆不言士。此經《注》皆士者,爲官首當是士,但非賢,故不言士。内小臣是奄,而稱士,鄭云“异其賢”。

【校注】

〔一〕王:賈《疏》上有“共賓”至“之云”。

〔二〕成:賈《疏》下有“故云夫婦之義”。

〔三〕后:賈《疏》上有“云”。

〔四〕者:賈《疏》下有“與王”至“清者”。

〔五〕惟:賈《疏》作“唯”。

〔六〕片:益齋本作“胖”。

〔七〕加:賈《疏》下有“之”。也:賈《疏》下有“云亦”至“士者”。

鶴山先生云 古者天子、諸侯饗燕賓客,王后及君夫人預獻禮,故有致飲於賓客之酒。自陽侯殺穆侯,而奪其夫人,〔一〕是以大享廢夫人之禮。然鄭康成又謂古者天子禮命諸侯,王后禮命諸侯之夫人,〔二〕恐未必然。

【校注】

〔一〕陽侯殺穆侯:《禮記·坊記》曰:"子云:'禮,非祭,男女不交爵。以此坊民,陽侯猶殺繆侯,而竊其夫人,故大饗廢夫人之禮。'"《注》曰:"同姓也,以貪夫人之色,至殺君而立,其國未聞。"《疏》曰:"云'其國未聞'者,唯有陽侯、繆侯是兩君之謚,未聞何國君,故云'未聞'。"

〔二〕《周禮·天官·内宰》:"致后之賓客之禮。"《注》曰:"謂諸侯來朝覲及女賓之賓客。"《疏》曰:"云'女賓之賓客'者,謂畿内同姓諸侯夫人有會見王后之法,故亦致禮焉。"

凡王之燕飲酒,共其計,酒正奉之。

鄭 "共其計"者,獻酬多少,度當足也。〔一〕故書"酒正"無"酒"字。〔二〕

【校注】

〔一〕足:安氏本作"是"。

〔二〕孫詒讓曰:"先鄭依故書無酒字,則官名未著,故特釋之。後鄭則以故書今書義并通,而有酒字,文尤詳備,故不從故書也。"(《周禮正義》卷九《酒正》,第三六二頁)

鄭司農云 "正奉之",酒正奉之也。

荆公 至尊不可以有司法數制之,〔一〕故共其計,使知其不節,則自戒。〔二〕

【校注】

〔一〕至:《周禮詳解》卷六《酒正》上有“蓋”,文津閣本、文淵閣本、《墨海》本、楊小召點校本《周官新義》卷四《酒正》上有“王燕”至“計者”。《經苑》本、《四部叢刊初編》本《周官新義》卷四《酒正》、《周禮訂義》卷八《酒正》上有“建國”至“計者”。按:“建國”至“計者”,《彙評》、張鈺翰校理本《周禮新義》卷四《酒正》據《周禮訂義》卷八《酒正》輯佚,將其單獨成節,置於文淵閣本注節下。

〔二〕“至尊”至“自戒”:《周禮詳解》卷六《酒正》作“故共其多寡之計,使知其不節,則自戒矣。蓋至尊不可以有司法數制之,故但共其計而已”。戒:《周官新義》卷四《酒正》下有“也然”至“賞也”。

凡饗士庶子,饗耆老、孤子,皆共其酒,無酌數。掌酒之賜頒,皆有法以行之。凡有秩酒者,以書契授之。

鄭 要以醉爲度。〔一〕法,尊卑之差。

【校注】

〔一〕要:益齋本上有“無酌數”。

司農云〔一〕 有秩酒者,給事中與之酒。秩,常也。常受酒者,《國語》曰:“至於今秩之。”

【校注】

〔一〕司:《周禮·天官·酒正》《注》引鄭衆語上有“鄭”。

玄謂 所秩者,謂老臣。《王制》曰:“七十不俟朝,八十月告存,九十日有秩。”

賈 士庶子,[一]謂若宫伯宿衛王宫者。士,適子。庶子,其支庶。耆老,[二]謂國老。孤子,[三]謂死王事之子,[四]則共其酒。尊者得多,[五]卑者得少,賜頒皆有常法。[六]司農之意,[七]謂在朝群臣親近於王,總名給事中,王常以酒與之,故云“常受酒”者。[八]引《王制》文者,證秩酒如九十日日有秩膳,[九]亦如秩酒也。[一〇]

【校注】

〔一〕士:賈《疏》上有“凡饗”至“言饗”。

〔二〕耆:賈《疏》上有“云饗”至“饔注”。

〔三〕子:賈《疏》下有“者”。

〔四〕子:賈《疏》下有“王皆饗養之”。

〔五〕尊:賈《疏》上有“掌酒”至“之者”。

〔六〕賜頒:賈《疏》作“多少”。法:賈《疏》下有“言以”至“給之”。

〔七〕司:賈《疏》上有“凡有”至“酒者”。

〔八〕者:賈《疏》下有“又引”至“之矣”。

〔九〕“文者”至“九十”:賈《疏》作“曰七”至“者謂”。

〔一〇〕亦如秩酒也:賈《疏》作“即此經秩酒是也”。也:賈《疏》下有“故引以爲證”。

酒正之出,日入其成,月入其要,小宰聽之。

鄭 出謂授酒材及用酒之多少也。受用酒者,日言其計於酒正,酒正月盡言於小宰。

歲終則會,唯王及后之飲酒不會,以酒式誅賞。

鄭 誅賞作酒之善惡者。

賈 直言"唯王及后不會",〔一〕不云世子,以其酒與膳异。膳羞食之正,則世子亦不會。〔二〕膳禽食之加,世子會之,酒亦爲加,故亦會之。〔三〕作酒有舊法式,依法善則賞之,〔四〕惡者則誅責之。

【校注】

〔一〕直:賈《疏》上有"歲終至誅賞釋曰"。

〔二〕世:四庫本作"庶"。

〔三〕之:賈《疏》下有"以酒式誅賞者"。

〔四〕善:賈《疏》下有"者"。

酒人掌爲五齊三酒,祭祀則共奉之,以役世婦。

鄭 世婦謂宫卿之官,掌女宫之宿戒,〔一〕及祭祀,比其具。酒人共酒,因留與其奚爲世婦役,亦官聯。〔二〕

【校注】

〔一〕宫:阮《校》曰:"宋本作'謂宫卿之宫,掌女官之宿戒'。誤也。"

〔二〕孫詒讓曰:"云'亦官聯'者,聯,黄丕烈校改'連'是也。舊本并誤。"(《周禮正義》卷一〇《酒人》,第三六五頁)

賈 "世婦謂宫卿之官"者,〔一〕所謂《春官》云"每宫卿二人",〔二〕故云"世婦謂宫卿之官"也。《世婦職》云:〔三〕"及祭

祀,[四]比其具。"則此酒等是,送酒以往,[五]爲世婦所役使。[六]

【校注】

〔一〕世:賈《疏》上有"酒人"至"曰云"。

〔二〕所謂春官:益齋本作"謂春官所"。二:賈《疏》作"一"。

〔三〕世:賈《疏》上有"云掌"至"此亦"。職:賈《疏》下有"文引此者其職"。

〔四〕祀:賈《疏》無。

〔五〕送:益齋本上有"奚",賈《疏》上有"故"。

〔六〕役:賈《疏》下有"言亦"至"是也"。使:賈《疏》無。

序官[一] **奄十人,女酒三十人,奚三百人。**

【校注】

〔一〕按:此節係魏氏引《周禮·天官·序官·酒人》經文。魏氏將其與上節賈《疏》合爲一節,易誤爲賈氏《疏》文。將其單獨成節,文字同《周禮》經文。

鄭謂[一]　奄,精氣閉藏者,今謂之(官)[宦]人。[二]《月令》:仲冬"其器閎以奄"。女酒,女徒曉酒者。古者從坐男、女没入縣官爲奴,其少才智,[三]以爲奚,今之侍史官婢。或曰:"奚,宦女。"[四]

【校注】

〔一〕按:此節係魏氏引《周禮·天官·序官·酒人》《注》文。

魏氏將其與上節合爲一節。此處將其單獨成節,仿前文例,節首"鄭謂"二字加大、加粗。

〔二〕官:鄭玄《注》、四庫本、益齋本作"宦"。按:應作"宦",據改。

〔三〕智:鄭玄《注》作"知"。按:"知"通"智"。

〔四〕宦:鄭玄《注》作"官"。阮《校》曰:"余本、嘉靖本、閩、監、毛本皆作'宦女'爲是。《玉海》《漢制考》作'官女',引《疏》亦同,皆誤耳。《疏》以《左傳》'宦女'釋《注》文,'宦女'不得改爲'官'也。奄爲宦人,故女奴曰奚宦女。"

賈〔一〕　晋惠公之女名妾,〔二〕宦事秦公子,〔三〕亦云宦女也。〔四〕鄭依《秋官·司厲》,〔五〕從坐男、女没入縣官爲奴,則奴者男、女同名。〔六〕侍史官婢,漢法宦女,〔七〕漢時亦有此别號。〔八〕

【校注】

〔一〕按:此節係魏氏引《周禮·天官·序官·酒人》《疏》文,且有顛倒、删略之處。魏氏將其與上節鄭玄《注》文合爲一節,易誤爲鄭玄《注》。此處將其單獨成節,仿前文例,節首加"賈"字,且加大、加粗。

〔二〕晋:賈《疏》上有"酒人"至"左氏"。妾:賈《疏》下有"稱爲宦女"。《左傳·僖公十七年》:"惠公之在梁也,梁伯妻之。梁嬴孕,過期,卜招父與其子卜之。其子曰:'將生一男一女。'招曰:'然。男爲人臣,女爲人妾。'故名男曰圉,女曰妾。"

〔三〕宦:賈《疏》上有"謂"。《左傳·僖公十七年》:"及子圉西質,妾爲宦女焉。"《注》曰:"宦,事秦爲妾。"

〔四〕"晋惠"至"女也":賈《疏》原在"漢時有此别號"句後,魏氏前移至此。

〔五〕鄭：賈《疏》上有"酒人"至"云云"。

〔六〕名：賈《疏》下有"以其"至"之也"。

〔七〕漢：賈《疏》上有"舉"。法：賈《疏》下有"言之又云或曰"。女：賈《疏》下有"者"。

〔八〕亦：賈《疏》無。號：賈《疏》下有"按左"至"女也"。按：其中"晉惠公之女"至"亦云宦女也"，魏氏引，前移置於此節首。

鶴山先生云 《春官》世婦主王后已下至女御事，〔一〕王后六宫，每宫卿二人。〔二〕賈義以爲卿、〔三〕大夫、士并奄人爲之。〔四〕《左氏》(祭餘)[餘祭]之弑，〔五〕譏其近刑人。〔六〕周公制禮，必不使天子近刑人可知。鄭康成多舉漢法以解經。〔七〕胡五峰疑此書爲劉歆所傳會者，〔八〕此亦其一也。

【校注】

〔一〕魏氏之所以在"世婦"前冠以"春官"，或是因爲《周禮·天官》中亦有職官名"世婦"者。二者職掌不同，魏氏爲避免讀者混淆、誤解，故特地在"世婦"前冠以"春官"二字。

〔二〕《周禮·春官·世婦》："世婦，每宫卿二人。"《周禮·春官·序官·世婦》《疏》曰："王后有六宫，每宫卿二人，則十二人也。"

〔三〕賈：開慶本、安氏本、蔣抄本將此字塗黑，無必要。

〔四〕奄人爲之：《周禮·春官·序官·世婦》《疏》曰："此主婦人，則卿、大夫、士并奄人爲之。若然，《天官》云：'内小臣，奄上士四人。'鄭云：'奄稱士，异其賢。'似卿、大夫不用奄人者。案彼天官之内職，内有婦人者，皆用奄人，獨此宫卿、大夫、士與下女府、女史、奚同居，不用奄，非其宜。但此經不言奄，故鄭亦不言奄，其實是奄可知，是以賈、馬皆云‘奄卿’也。然鄭云‘漢始大長秋’，亦見周時用奄之義也。但天官惟有小臣是上士用奄人，鄭即云‘奄稱士，异其賢’也。若然，小臣上士言奄，此不言奄者，但上天官共婦人同職，皆已言奄，於此略而不言耳。”

〔五〕祭餘：四庫本、益齋本作“餘祭”。按：應作“餘祭”，據改。餘祭（生卒年：前五八七—前五四四年。在位年：前五四八—前五四四年）姬姓，又稱戴吴（《左傳·襄公三十一年》：“閽戕戴吴。”杜預《注》曰：“在二十五年。戴吴，餘祭。”按：此處杜云“二十五年”誤。餘祭被殺事，發生於魯襄公二十九年，見下引《春秋》《左傳》之記載）、吴安王，吴王壽夢次子，諸樊弟，春秋時期吴國國君。後被由俘虜充任的閽人所殺。《春秋·襄公二十九年》：“閽弑吴子餘祭。”《疏》曰：“《穀梁傳》曰：‘不稱名姓，閽不得齊於人；不稱其君，閽不得君其君也。’”《左傳·襄公二十九年》：“吴人伐楚，獲俘焉，以爲閽，使守舟。吴子餘祭觀舟，閽以刀弑之。”

〔六〕《公羊傳·襄公二十九年》：“閽弑吴子餘祭。閽者何？門人也，刑人也。刑人則曷爲謂之閽？刑人非其人也。君子不近刑人，近刑人，則輕死之道也。”

〔七〕鄭玄注釋《周禮》《儀禮》《禮記》等儒家文獻時，多引漢代禮法制度，詮釋經義。詳參劉善澤《三禮注漢制疏證》，岳麓書社一九九七年版。

〔八〕五峰：兩宋之際理學家胡宏（一一〇二—一一六一年）號。胡宏，字仁仲，號五峰，人稱五峰先生，崇安（今福建崇安）人。胡安國子，湖湘學派創立者。《鶴山先生大全文集》卷一〇九《師友雅言》曰：“《周禮》……此不可信也。又王畿之外，甸、稍、縣、都各五百里。王畿之地墉長一千里，湊合豐與洛之地，方得一千里，甸、稍、縣、都如何安排？此又不可信也。”先儒衹去僻處説，不曾從大處看。惟胡五峰斷然以爲劉歆。《周禮》蓋漢成帝時，向子歆校理秘書，始將此書列序於《録》《略》。亡《冬官》一篇，以《考工記》足之。是起於成帝、劉歆而成於鄭玄，附離者大半。《周禮》一部可疑處甚多，然制度紀綱縝密處亦多。看《周禮》，須是衹用三代法度看，義理方精。鄭注多引後世之法釋經，尤不是。”

又云〔一〕 奄是有此天奄之病者，非是後世刑餘之人。春秋時，如“二五耦”皆奄，〔二〕趙高元是病，非刑餘。〔三〕

【校注】

〔一〕此節魏了翁語，諸本皆將其與前節合爲一節。此處仿前文例，將其單獨成節，節首“又云”二字加大、加粗。

〔二〕二五耦：春秋時晋獻公的兩名寵臣。因其名字中俱有“五”字，故名。他們與驪姬勾結，讒殺晋獻公太子申生，放逐公子重耳、夷吾等。《左傳·莊公二十八年》：“晋獻公……烝於齊姜，生秦穆夫人及太子申生。又娶二女於戎，大戎狐姬生重耳，小戎子生夷吾。晋伐驪戎，驪戎男女以驪姬。歸，生奚齊。……驪姬嬖，欲立其子，賂外嬖梁五與東關嬖五，（《注》曰：姓梁名五。在閨闥之外者，東關嬖五，别在關塞者，亦名五。皆大夫，爲獻公所嬖幸，視聽外事。）使言於公曰：‘曲沃，君之宗也。蒲與二屈，君之疆也。不可以無主。宗邑無主，則民不威；疆埸無主，則啓戎心。戎之生心，民慢其政，國之患也。若使大子主曲沃，而重耳、夷吾主蒲與屈，則可以威民而懼戎，且旌君伐。’使俱曰：‘狄之廣莫，於晋爲都。晋之啓土，不亦宜乎？’晋侯説之。夏，使大子居曲沃，重耳居蒲城，夷吾居屈。群公子皆鄙，唯二姬之子在絳。二五卒與驪姬譖群公子而立奚齊，晋人謂之'二五耦'。(《注》曰:二耜相耦,廣一尺,共起一伐。言二人俱共墾傷晋室若此。)"魏氏謂二五俱爲奄者,於史無據。

〔三〕刑餘:本義指受過刑罰,尤其是肉刑的人。《史記》卷六五《孫子吴起列傳》:"齊威王欲將孫臏,臏辭謝曰:'刑餘之人不可。'"後引申爲受過宫刑成爲閹人的人。《魏書》卷九四《閹官列傳》:"丐乞刑餘之家,覆養閹人之室。"元是病非刑餘:魏氏認爲,趙高是因病,或先天性器官發育不全,成爲宦官,非因受宫刑等割除男性生殖器官之故。魏氏所説此種現象,古人或謂之天閹,或稱天宦、隱宫,指男子先天性陰莖短小,甚至缺如。《南村輟耕録》卷二八《黄門》"世有男子,雖娶婦,而終身無嗣育者,謂之天閹,世俗則命之曰黄門。……按《黄帝針經》曰:人有具傷於陰,陰氣絶而不起,陰不能用,然其鬚不去。"《本草綱目》卷五二《人傀》:"夫乾爲父,坤爲母,常理也。而有五種非男不可爲父……何也?豈非男得陽氣之虧……五不男,天、犍、漏、怯、變也。天者,陽痿不用,古云天宦是也。"清代學者趙翼等認爲,趙高爲國復仇,自宫成爲閹人。《陔餘叢考》卷四一《趙高志在報仇》:"然《史記》《索隱》謂高本趙諸公子,痛其國爲秦所滅,誓欲報仇,乃自宫以進,卒至殺秦子孫,而亡其天下。"(第九〇五頁)趙高究竟是不是閹人,古今頗有争議。《史記》卷八八《蒙恬列傳》:"趙高昆弟數人,皆生隱宫,其母被刑僇,世世卑賤。……高有大罪,秦王令蒙毅法治之。毅不敢阿法,當高罪死,除其宦籍。"《集解》:"徐廣曰:'爲宦者。'"《索隱》:"劉氏云:'蓋其父犯宫刑,妻子没爲官奴婢,妻後野合所生子皆承趙姓,并宫之,故云"兄弟生隱宫"。謂"隱宫"者,宦之謂也。'"考古出土的張家山漢簡記載,"宦"爲在宫中任職之義。宦人,就是任職於宫内之人,爲帝王的親近侍衛之臣。宦籍,是用來登録出入宫門者的登記册。秦漢時,"宦人""宦籍""宦官"等詞語,都無被去勢男子出仕宫内官職之義。當時,被去勢後的男子被稱爲"奄(閹)人",在宫中任職的閹人被稱爲"宦奄(閹)"。《史記》等文獻記載的所謂"隱宫",馬非百先生據《睡虎地雲夢秦簡》指出,"隱宫"是"隱官"的誤寫。(參見李超《也談秦代"隱官"》,見雷依群等主編《秦漢研究》第三輯,陝西人民出版社二〇〇九年版,第二一〇—二一六頁)張家山漢墓竹簡有關記載表明,隱官既用來指稱刑滿人員做工之處,也用來指稱刑滿人員的身份,與宫刑和"去勢"等没有關係。

共賓客之禮酒、飲酒而奉之。

鄭〔一〕 酒正使之也。"禮酒",饗燕之酒。"飲酒",食之酒。此謂給賓客之稍,王不親饗,燕不親食,而使人各以其爵,〔二〕以酬幣侑幣致之,則從而以酒往。〔三〕

【校注】

〔一〕此節鄭玄《注》文,四庫本在後文"漿人"經文"共賓"至"共之"引賈《疏》下又引,衍。按:自此節以下,至《漿人》"共賓"至"共之"引賈《疏》"故鄭謂'非食時'"句前,皆不見於原文處。其中,自經文"凡事"至"如之"節引賈《疏》"之府上云祭祀"句起,至《漿人》"共賓"至"共之"引賈《疏》"凡飲共之故"句止的内容,被置於經文"凌人"至"治鑒"節引魏氏"行夏時也昭公"句下。"鄭酒"至"酒正"所涉及之經、《注》、《疏》及魏了翁語,又被置於"凡飲共之故"句後。"共酒入於酒正"句下又接"四年申豐云"。文字雖未佚失,然先後次序顛倒、混亂。

〔二〕各:益齋本無。

〔三〕"此謂"至"酒往":四庫本無。

賈[一] “禮酒，[二]饗燕之酒”者，謂饗燕食賓之酒也。云“飲酒，食之酒”者，[三]《曲禮》曰：[四]“酒漿處右。”此非獻酬酒，[五]酳口之酒也。[六]酬幣侑幣，[七]案《聘禮》：[八]“若不親食，使大夫以侑幣致享，[九]以酬幣亦如之。”[一〇]諸侯來朝，[一一]遣三公致享。卿來聘，遣卿、大夫致饗。致饗，[一二]燕以酬幣，致食以侑幣。[一三]

【校注】

〔一〕按：此節賈《疏》文，四庫本將其置於後文《漿人》經文“共賓”至“共之”所引賈《疏》中，誤。

〔二〕禮：賈《疏》上有“共賓”至“矣云”。

〔三〕者：賈《疏》下有“謂食時有酒者”。

〔四〕曰：賈《疏》作“云”。

〔五〕此：賈《疏》上有“則”。

〔六〕酳：賈《疏》、益齋本上有“是”。口：四庫本“漿人”引賈《疏》作“尸”。也：賈《疏》下有“云此”至“其爵”。

〔七〕酬：賈《疏》上有“以”。侑幣之幣：賈《疏》下有“致之”至“禮文”。

〔八〕聘禮：賈《疏》作“彼云”。

〔九〕夫：賈《疏》下有“各以”至“致之”。享：賈《疏》、益齋本作“饗”。下同。按：“享”通“饗”。

〔一〇〕之：賈《疏》下有“彼雖”至“爵者”。

〔一一〕諸：賈《疏》上有“則”。

〔一二〕致饗：賈《疏》無。

〔一三〕幣：賈《疏》下有“故云”至“賓客”。

鶴山先生云〔一〕　古者天子有迎送諸侯之禮。〔二〕如今之饗，大賓至，〔三〕則王乘金輅迓之。〔四〕有大饗於廟之禮，〔五〕燕於寢之禮，有戒，有宿，有速，〔六〕謂之“友邦冢君”。〔七〕乃是與諸侯共守天下。〔八〕天子統天下而君之，諸侯統一國而君之，皆有君道，〔九〕上下相維，相親，相敬。自秦罷侯置守，〔一〇〕尊君卑臣，〔一一〕一人恣睢於上，極情縱欲，而天下瓦解土崩，〔一二〕此焚滅典籍，隳壞先王法制之過也。〔一三〕

【校注】

〔一〕按：此節魏氏文，四庫本置於後文“漿人”經文“共賓”至“共之”下，誤。

〔二〕古者：《宋元學案》卷八〇《鶴山學案》作“故”。

〔三〕《周禮·秋官·大行人》：“大行人掌大賓之禮及大客之儀，以親諸侯。”《注》云：“大賓，要服以内諸侯。”《疏》曰：“言‘要服以内諸侯’者，對要服已外爲小賓，下文云‘九州之外，謂之蕃國，世壹見’是也。”

〔四〕迓：益齋本作“迎”。《儀禮·覲禮》《疏》曰：“此經直云‘伯父其入’，不云迎之，《禮記·郊特牲》云：‘覲禮天子不下堂而見諸侯。’故無迎法。若然，案《夏官·齊僕》云‘掌馭金路以賓，朝、覲、宗、遇、饗食皆乘金路，其法儀各以其等爲車送逆之節’者，覲、遇雖無迎法，至於饗，即與春、夏同，故連言之。”《爾雅·釋詁下》：“迓，迎也。”《疏》曰：“謂相逢迎也。……宣三年《左傳》曰：‘狂狡輅鄭人。’杜《注》云：‘輅，迎也。’《周禮·秋官》有訝士，及《聘禮》云：‘厥明，訝賓於館。’鄭《注》皆云：‘訝，迎也。’《召南·鵲巢》云：‘百兩御之。’鄭《注》云：‘御，迎也。’字形雖别，音義實同。蓋以作非一人，致兹异也。當以迓爲正字,餘皆假借。”

〔五〕禮:《宋元學案》下有“有故使人致享致幣”。

〔六〕宿:《儀禮·特牲饋食禮》:“乃宿尸。”《注》曰:“‘宿’讀爲‘肅’。肅,進也。進之者,使知祭日當來。古文‘宿’皆作‘羞’。凡宿,或作‘速’,《記》作‘肅’,《周禮》亦作‘宿’。”《疏》曰:“云‘古文宿皆作羞’,叠之不從古文。云‘凡宿或作速’,謂一部之内,或作速者,若《公食大夫》‘速賓’之類是也。云‘《記》作肅’者,《曲禮》云‘主人肅客而入’是也。又云‘《周禮》亦作宿’者,《大宗伯》文‘宿眡滌濯’是也。是以鄭泛云‘或’也。”

〔七〕《尚書·泰誓上》《尚書·牧誓》:“王曰:‘嗟!我友邦冢君。’”《泰誓上》《傳》曰:“冢,大。……友諸侯,親之。稱大君,尊之。”《疏》曰:“‘冢,大’,《釋詁》文。……同志爲‘友’,天子友諸侯,親之也。《牧誓》《傳》曰:‘言志同滅紂。’令總呼國君皆爲大君,尊之也。”

〔八〕“古者”至“天下”:《宋元學案》無。按:其中“古者天子有迎送諸侯之禮”“有大饗於廟之禮”,《宋元學案》移置於“相敬”句下,且有增删改寫,各隨文注之。

〔九〕皆有君道:《宋元學案》無。

〔一〇〕《史記》卷六《秦始皇本紀》:“丞相綰等言:‘諸侯初破,燕、齊、荆地遠,不爲置王,毋以填之。請立諸子,唯上幸許。’始皇下其議於群臣,群臣皆以爲便。廷尉李斯議曰:‘周文武所封子弟同姓甚衆,然後屬疏遠,相攻擊如仇讎,諸侯更相誅伐,周天子弗能禁止。今海内賴陛下神靈一統,皆爲郡縣,諸子功臣以公賦税重賞賜之,甚足易制。天下無异意,則安寧之術也。置諸侯不便。’始皇曰:‘天下共苦戰鬥不休,以有侯王。賴宗廟,天下初定,又復立國,是樹兵也,而求其寧息,豈不難哉!廷尉議是。’分天下以爲三十六郡,郡置守、尉、監。”

〔一一〕臣:《宋元學案》下有“無復古意其亡宜矣”。

〔一二〕《漢書》卷六四上《徐樂傳》:“天下之患,在於土崩,不在瓦解,古今一也。何謂土崩?秦之末世是也。陳涉無千乘之尊、疆土之地,身非王公大人名族之後,無鄉曲之譽,非有孔、曾、墨子之賢,陶朱、猗頓之富也。然起窮巷,奮棘矜,偏袒大呼,天下從風,此其故何也?由民困而主不恤,下怨而上不知,俗已亂而政不修,此三者陳涉之所以爲資也。此之謂土崩。故曰天下之患在乎土崩。何謂瓦解?吴、楚、齊、趙之兵是也。七國謀爲大逆,號皆稱萬乘之君,帶甲數十萬,威足以嚴其境内,財足以勸其士民,然不能西攘尺寸之地,而身爲禽於中原者,此其故何也?非權輕於匹夫而兵弱於陳涉也。當是之時,先帝之德未衰,而安土樂俗之民衆,故諸侯無竟外之助。此之謂瓦解。故曰天下之患不在瓦解。”

〔一三〕“一人”至“過也”:《宋元學案》無。

(几)[凡]事,〔一〕**共酒而入于酒府。**〔二〕**凡祭祀,共酒以往,賓客之陳酒,亦如之。**

【校注】

〔一〕几:《周禮·天官·酒人》、四庫本、益齋本、蔣抄本作“凡”。按:應作“凡”,據改。

〔二〕孫詒讓曰:“于,注例當作‘於’,各本并誤。”(《周禮正義》卷一〇《酒人》,第三六七頁)

鄭 入於酒正之府者,是王燕飲之酒,酒正當奉之。不言奉,謂小祭祀。〔一〕陳酒若歸饔餼之酒,〔二〕亦自有奉之者,以酒從往。

【校注】

〔一〕謂:鄭玄《注》無。

〔二〕陳酒:鄭玄《注》作"謂"。

賈 以其事非一,〔一〕故言"凡事"。共酒入於酒正之府。上云祭祀共奉之,〔二〕謂大祭、次祭。此不言奉,謂小祭祀。〔三〕經直云賓客陳酒,〔四〕不指斥言饔餼,鄭不敢正言,謂若"饔餼之酒,〔五〕亦自有奉之者"。〔六〕

【校注】

〔一〕以:賈《疏》上有"凡事"至"奉之"。

〔二〕上:賈《疏》上有"凡祭至以往釋曰"。

〔三〕祀:賈《疏》下有"王玄"至"以往"。

〔四〕經:賈《疏》上有"賓客"至"從往釋曰"。

〔五〕謂:賈《疏》作"故言",益齋本上有"故"。

〔六〕亦:賈《疏》上有"云"。者:賈《疏》下有"謂使"至"致之"。

漿人掌共王之六飲:水、漿、醴、凉、醫、酏,入於酒府。

鄭 王之六飲,亦酒正當奉之。醴,醴清也。

鄭司農云 凉,以水和酒也。

玄謂 凉,今寒粥,若糗飯雜水也。酒正不辨水凉者,無厚薄之齊。

賈　“玄謂凉,〔一〕今寒粥,若糗飯雜水”者,〔二〕案《内則》,飲内有濫無凉,彼鄭云:“以《周禮》六飲校之,則濫,凉也。紀、莒之間名諸爲濫。”言“諸”者,非一之義。《内則》名凉爲濫,參驗相當。〔三〕此文六飲并有水、凉,酒正辨四飲,無水、凉,以其水則臨時取用,凉則至用乃和,〔四〕二者并不須預辦,〔五〕故言“無厚薄之齊”。

【校注】

〔一〕玄:賈《疏》上有“漿人”至“不從”。

〔二〕水:賈《疏》下有“也”。

〔三〕當:賈《疏》下有“故鄭”至“齊者”。

〔四〕至:益齋本作“致”。

〔五〕預:賈《疏》作“豫”。按:“預”通“豫”。辦:賈《疏》、四庫本作“辨”。

共賓客之稍禮,共夫人致飲於賓客之禮,清、醴、醫、酏、糟,而奉之。凡飲,共之。

鄭　稍禮,非飧饔之禮,留間,王稍所給賓客者。漿人所給,亦六飲而已。共夫人,〔一〕亦酒正使之,三物有清有糟。夫人不體王,得備之。禮,飲醴用柶者,糟也。不用柶者,清也。〔二〕

【校注】

〔一〕共夫人:鄭玄《注》無。

〔二〕也:四庫本下有“凡飲謂非食時”。按:“謂非食時”爲鄭玄對經文“凡飲共之”所作注,四庫本增“凡飲”二字。

賈 “留間”,〔一〕謂賓未去,留間,王稍稍所給賓者也,故以稍言之。〔二〕漿人不主酒齊,惟主飲。〔三〕上共王飲,〔四〕此又云“凡飲共之”,故鄭謂“非時食”。〔五〕

【校注】

〔一〕留:賈《疏》上有“注稍”至“之禮”。間:賈《疏》下有“王稍所給賓客者”。

〔二〕之:賈《疏》下有“云漿”至“已者”。

〔三〕飲:賈《疏》下有“故知”至“而已”。

〔四〕上:賈《疏》上有“凡飲共之釋曰”。王:賈《疏》下有“六”。飲:賈《疏》下有“食時以共訖”。

〔五〕故:安氏本無。鄭:賈《疏》作“云”。謂非食時:四庫本無。按:“謂非食時”本爲鄭玄對經文“凡飲共之”所作注。“鄭”,賈《疏》原作“云”,故“謂”字下讀,與“非食時”相聯。魏氏改“云”爲“鄭”,則“謂”字宜上讀,與“鄭”字相聯。四庫本此句僅有“故鄭”二字,顯非完句,有闕文。非食時:安氏本、益齋本作“非時食”。

凌人掌冰。正歲,十有二月,令斬冰,三其凌。春,始治鑒。

鄭 正歲季冬,火星中,大寒,冰方盛之時。〔一〕《春秋傳》曰:“火星中而寒、暑退。”凌,冰室也。三之者,謂消釋度也。〔二〕故書“正”爲“政”。

【校注】

〔一〕孫詒讓曰:“此後鄭誤從杜以正歲連讀也。……此經及《月令》皆十二月斬冰，當月即納於凌室。《詩·豳風·七月篇》則十二月鑿冰，正月納之，與此納校一月。……引《春秋傳》曰'火星中而寒暑退'者，《左》昭三年傳，晋張趯語。引之者，證火星中在季冬大寒之時也。今本《左傳》作'火中寒暑乃退'。賈疏引作'火中而寒暑乃退'。又引注云：'火星，季冬十二月平旦，正在南，大寒退。季夏六月黄昏，火中，暑退。'案《詩·豳風》《禮記·檀弓》孔疏，李善《文選·閑居賦》注，引《左傳》并作'火星中而寒暑乃退'。疑今本《左傳》有挩字也。賈引注説，與杜義同而文异，蓋據賈、服義。"(《周禮正義》卷一〇《凌人》，第三七二—三七三頁)

〔二〕謂：鄭玄《注》作"爲"。

鄭司農云　掌冰政，主藏冰之政也。

杜子春　讀"掌冰"爲"主冰"也。〔一〕"政"當爲"正"，正謂夏正。〔二〕"三其凌"，三倍其冰。

【校注】

〔一〕掌冰：益齋本作"掌水"。

〔二〕正謂夏正："段玉裁云：'此鄭君用杜説，改政爲正，下屬也。考《周禮》全書言正歲者，皆謂寅月。言歲終、歲十有二月者，皆謂丑月。凡言歲者，皆謂夏正也。言歲十有二月，則爲夏正已顯明，不必加正字，以混於全書内之謂寅月者。司農從故書"掌冰正"爲長。'王引之云：'建寅之月，爲一歲十二月之長，故謂之正歲。若建丑之十二月，則當謂之歲終，何得謂之正歲乎？鄭釋《小宰》正歲命名之義，不明其爲一歲之長，而但以爲得四時之正。於是寅月之名正歲，其義不明；而夏時十二月，遂若皆得四時之正，而可以蒙正歲之稱。此

凌人掌冰正歲十有二月之所以誤讀也。’案:段、王説是也。”(《周禮正義》卷一〇《凌人》,第三七三—三七四頁)

鄭〔一〕 鑒音撼〔二〕如甀,大口,以盛冰,置食物於中,以禦温氣。春而始治之,爲二月將獻羔而啓冰。

【校注】

〔一〕此節爲鄭玄《注》文,魏氏將其與前節《周禮·天官·凌人》《注》引杜子春語合爲一節,易被誤解爲杜子春注。仿前文例,將其單獨成節,節首加“鄭”字,且將其加大、加粗。

〔二〕音撼:魏氏對“鑒”所標音讀。《周禮·天官·凌人》《釋文》:“鑒,胡暫反,本或作監,音同。”

賈云 “正歲季冬”者,〔一〕周雖以建子爲正,行事皆用夏之正歲。若據殷、周,則十二月冰未堅。若據夏之十二月,冰則堅厚,故正歲據夏也。〔二〕引“《春秋傳》火星中而寒暑退”,〔三〕《注》云:〔四〕“火星,季冬十二月平旦,正在南,〔五〕大寒退。季夏六月黄昏,火中,暑退。”〔六〕證十二月寒退之時冰最盛,故取之。故書“正”爲“政”,〔七〕先鄭從之,〔八〕云“掌冰政”。〔九〕後鄭不從,〔一〇〕言正謂夏正,〔一一〕於下還從正歲。〔一二〕若歲字向下,即是周之十二月,冰未厚,故從子春也。〔一三〕“鑒,〔一四〕如甀”者,漢時名爲甀,即今瓮也。〔一五〕《月令》:〔一六〕“獻羔而開冰,先薦寢廟。”〔一七〕

【校注】

〔一〕云:賈《疏》上有“凌人”至“其冰釋曰”。

〔二〕也：賈《疏》下有"云火"至"時也"。

〔三〕傳：賈《疏》下有"曰"。退：賈《疏》下有"者"。

〔四〕注：賈《疏》上有"此左"至"乃退"。

〔五〕在南：安氏本作"南在"。

〔六〕退：賈《疏》下有"此其"至"此者"。

〔七〕故：賈《疏》上有"云"。政：賈《疏》下有"者政是政教字"。

〔八〕先：賈《疏》上有"故"。

〔九〕政：賈《疏》下有"主藏冰之政"。

〔一〇〕從：賈《疏》下有"先鄭"至"主冰"。

〔一一〕謂：四庫本作"爲"。

〔一二〕從：賈《疏》下有"經"。歲：賈《疏》下有"向下"至"改者"。

〔一三〕也：賈《疏》下有"又云"至"冰也"。

〔一四〕鑒：賈《疏》上有"春始"至"啓冰釋曰"。

〔一五〕今：賈《疏》下有"之"。瓮：賈《疏》下有"是"。也：賈《疏》下有"故云"至"冰者"。

〔一六〕月：賈《疏》上有"案"。令：賈《疏》下有"仲春云"。

〔一七〕廟：賈《疏》下有"七月"至"用之"。

鶴山先生云〔一〕　在季春云。〔二〕

【校注】

〔一〕此節非賈《疏》文，當爲魏氏語。魏氏將其與前節賈《疏》文合爲一節，易被誤解爲賈《疏》文。仿前文例，將其單獨成節，節首加"鶴山先生云"，且將其加大、加粗。

〔二〕季春：四庫本作“仲夏”。按：此處經文所言“春”爲仲春，開慶本、安氏本、益齋本、蔣抄本載“季春”，四庫本載“仲夏”皆誤。

鶴山先生云 三正之説，自鄭康成始，某以爲無。〔一〕商、周其實止以十一月、十二月爲歲首，而時則行夏時也。昭公四年申豐云：〔二〕“古者，日在北陸而藏冰。”〔三〕“謂夏十二月，日在虚危，冰堅而藏之。”〔四〕“西陸朝覿而出之。”〔五〕“謂夏二月，〔六〕日在昴畢，〔七〕蟄虫出而用冰。〔八〕春分之中，奎星朝見東方。”〔九〕“祭寒而藏之，〔一〇〕獻羔而啓之，〔一一〕公始用之。火出而畢賦。”“火星昏見東方，謂三月、四月中。”〔一二〕“自命夫、命婦至於老疾，無不受冰。”“其藏之也周，其用之也遍，則冬無愆陽，夏無伏陰，春無凄風，秋無苦雨，雷出不震，無菑霜雹，癘疾不降，〔一三〕民不夭札。”〔一四〕此見三代明君良臣財成天地之道，〔一五〕輔相天地之宜，與“論道經邦，燮理陰陽”，〔一六〕祇藏冰一事，可知其贊化育之功。一部《左氏》專以星紀時，書法最密，雖世代更革，各有所尚，而氣候可推。

【校注】

〔一〕某：益齋本作“其”。

〔二〕豐：安氏本、四庫本作“豊”。

〔三〕陸：《左傳·昭公四年》《注》曰：“陸，道也。”《疏》曰：“《釋天》云：‘北陸，虚也。西陸，昴也。’孫炎云：‘陸，中也。北方之宿，虚爲中也；西方之宿，昴爲中也。’彼以陸爲中，杜以陸爲道者，陸之爲中、爲道，皆無正訓，各以意言耳。杜以‘西陸朝覿’，謂‘奎星朝見’。昴爲西方中宿，則昴未得見。宿是日行之道。《爾雅》言‘平曰陸’，高平是道路之處，故以陸爲道也。日在北陸，爲夏之十二月也。十二月，日在玄枵之次，小寒節，大寒中。《漢書·律曆志》載劉歆《三統曆》云：'玄枵之初，日在婺女八度爲小寒節；在危初度爲大寒中；終於危十五度。'是夏之十二月，日在虚危也。"

〔四〕"謂夏"至"藏之"：此數句爲《左傳·昭公四年》《注》文。《疏》曰："《周禮·凌人》：'正歲十有二月，令斬冰。'《詩》云：'二之日鑿冰冲冲。'《月令》：'季冬冰盛水腹，命取冰。'"

〔五〕《左傳·昭公四年》《疏》曰："覿，見也。西道之宿，有星朝見者，於是而出之，謂奎星晨見而出冰也。"

〔六〕二：《左傳·昭公四年》《注》作"三"。

〔七〕昴：安氏本此處爲一空格，益齋本無。

〔八〕虫：益齋本作"者"。出：益齋本上有"畢"。

〔九〕奎：益齋本作"室"。"謂夏"至"東方"：此數句爲《左傳·昭公四年》《注》。《疏》曰："杜以西陸爲三月，日在大梁之次，清明節，穀雨中。《三統曆》云：'大梁之初，日在胃七度，爲清明節；在昴八度，爲穀雨中；終於畢十一度。'是夏之三月，日在昴畢。於是之時，蟄蟲已出，有温暑臭穢，宜當用冰，故以時出之也。曆法：星去日半次，則得朝見。《三統曆》：'春分日在婁四度，宿分奎有十六度，乃次婁。'則春分之日，奎之初度，去日已二十度矣，故春分之中，得早朝見東方也。"

〔一〇〕祭寒而藏之：《左傳·昭公四年》："其藏之也，黑牡秬黍，以享司寒。"《注》曰："黑牡，黑牲也。秬，黑黍也。司寒，玄冥，北方之神。故物皆用黑。有事於冰，故祭其神。"《疏》曰："此祭玄冥之神，非大神，且非正祭，計應不用大牲。杜言'黑牡、黑牲'，當是'黑牡'，羊也。'秬，黑黍'，《釋草》文也。啓冰唯獻羔、祭韭。藏冰則祭用牲黍者，啓唯告而已，藏則設享祭之禮，祭禮大而告禮小故也。《月令》於冬云'其神玄冥'，故知司寒是玄冥也。北方之神,故物皆用黑,從其方色也。有事於冰,故祭其寒神。"《釋文》曰:"祭寒而藏之,本或作'祭司寒'者,非。"《疏》曰:"上已云'其藏冰也,黑牡秬黍,以享司寒',今復云'祭寒而藏之',與上一事而重其文者,欲明獻羔而啓之,還是獻之於寒神,故更使'藏之''啓之'文相對也。"

〔一一〕《左傳·昭公四年》《注》曰:"謂二月春分獻羔、祭韭,開冰室。"《疏》曰:"《詩》云:'四之日其蚤,獻羔祭韭。'四之日,即夏之二月也。告神而始開冰室,始薦宗廟;薦神之後,公遂用之,俱在春分之月。"

〔一二〕"火星"至"月中":此爲《左傳·昭公四年》《注》文。《疏》曰:"十七年《傳》云:'火出於夏爲三月,於商爲四月,於周爲五月。'此云'火出而畢賦',謂以火出而後賦之,以火出爲始也。《周禮》云'夏頒冰',爲正歲之夏,即四月是也,故杜兼言四月。"

〔一三〕癘:益齋本作"厲"。

〔一四〕《左傳·昭公四年》《注》曰:"短折爲夭,夭死爲札。"《疏》曰:"《洪範》:'六極:一曰凶短折。'孔安國曰:'短未六十,折未三十。'是短折爲少夭之名也。《周禮·膳夫》:'大札則不舉。'鄭玄云:'夭札,疫癘也。'謂遭疫癘而夭死也。癘疾,謂民病。夭札,謂人死。故云:'夭死爲札。'"

〔一五〕財:益齋本作"材"。

〔一六〕論道經邦燮理陰陽:語出《尚書·周官》。《傳》曰:"佐王論道,以經緯國事,和理陰陽。"《疏》曰:"於公云'燮理陰陽',於孤云'寅亮天地','和理''敬信'義亦同爾。以孤副貳三公,故其事所掌不异。"

凡内、外饔之膳羞鑒焉。〔一〕**凡酒漿之酒醴，亦如之。**

【校注】

〔一〕内外：《周禮·天官·凌人》作"外内"。

鄭 酒醴見温氣亦失味。酒漿，酒人、漿人也。

賈 "凡内、外饔之膳羞"，〔一〕謂王后及世子，并饗耆老、孤子之等。以下文祭祀，〔二〕此經直云膳羞，非祭祀也。〔三〕二月之後，皆須鑒以盛冰。〔四〕

【校注】

〔一〕凡：賈《疏》上有"凡外至如之釋曰言"。羞：賈《疏》下有"鑒焉者"。内外：賈《疏》作"外内"。

〔二〕文：賈《疏》、益齋本下有"云"。

〔三〕非：賈《疏》上有"明"。

〔四〕冰：賈《疏》下有"故云"至"盛冰"。

祭祀，共冰鑒。賓客，共冰。大喪，共夷槃冰。

鄭 不以鑒往，〔一〕嫌使停膳羞。夷之言尸也。〔二〕實冰於夷槃中，置之尸床之下，〔三〕所以寒尸。尸之槃曰夷槃，床曰夷床，衾曰夷衾，移尸曰夷於堂，皆依尸而爲言也。〔四〕《漢禮器制度》：〔五〕大槃廣八尺，長丈二尺，深三尺，漆赤中。

【校注】

〔一〕不：益齋本上有"賓客"。

〔二〕孫詒讓曰:"《喪大記》注同。夷尸音近,得轉相訓。《士喪禮》注亦云'夷槃,承尸之槃'。吕飛鵬引成十七年《左傳》'一朝而尸三卿',《韓非子》載厲公語曰'吾一朝而夷三卿'。是夷尸訓得通也。"(《周禮正義》卷一〇《凌人》,第三七五頁)

〔三〕床:安氏本作"狀",蓋因其與"床"之异體字"牀"形似致誤。

〔四〕言:鄭玄《注》下有"者"。阮《校》曰:"案:宋本無'者'。案:《疏》云:'是皆依尸而爲言也。'亦無'者'。諸本蓋衍。"

〔五〕孫詒讓曰:"《漢禮器制度》,蓋即《後漢書·曹褒傳》所云'叔孫通《漢儀》十二篇'。王充《論衡·謝短篇》云'高祖詔叔孫通制作《儀品》十六篇',亦即是書。惟篇數不同,未知孰是。"(《周禮正義》卷一〇《凌人》,第三七六頁)

賈　祭祀謂天地、〔一〕社稷及宗廟之等,皆共鑒。〔二〕諸侯來朝,〔三〕王禮之以飧及饔餼,直共冰,〔四〕無鑒也。〔五〕前漢叔孫通作《禮器制度》,〔六〕多得古之周制,鄭君依而用之。〔七〕周謂之夷槃,〔八〕漢謂之大槃,是别代异名。〔九〕《喪大記》:〔一〇〕君設大槃,〔一一〕諸侯不敢與天子同名。〔一二〕大夫云夷槃,〔一三〕卑,不嫌得與天子同名,其制則小也。

【校注】

〔一〕祭:賈《疏》上有"祭祀"至"此云"。祀:賈《疏》下有"者"。

〔二〕鑒:賈《疏》下有"云賓客共冰者"。

〔三〕諸:賈《疏》上有"謂"。

〔四〕冰:賈《疏》下有"以往"。

〔五〕也:賈《疏》下有"注不"至"膳羞"。

〔六〕叔：賈《疏》上有"大喪"至"云者"。作：賈《疏》下有"漢"。前漢叔孫通：賈《疏》作"叔孫通前漢時"。

〔七〕鄭：賈《疏》上有"故"。之：賈《疏》下有"也"。

〔八〕周：賈《疏》上有"依制"至"然此"。

〔九〕代：賈《疏》作"大"。

〔一〇〕喪：賈《疏》上有"案"。

〔一一〕槃：賈《疏》下有"者"。

〔一二〕諸：賈《疏》上有"彼"。名：賈《疏》下有"夷盤故名大盤"。

〔一三〕大：賈《疏》上有"彼"。槃：賈《疏》下有"者"。

鶴山先生云 漢興，叔孫通作《禮器制度》，即蕝蕝儀，〔一〕皆其臆決，故魯兩生不肯從之，〔二〕三代禮樂隳廢。鄭康成取以證經，〔三〕故多乖刺。

【校注】

〔一〕蕝：四庫本、益齋本作"綿"。《史記》卷九九《叔孫通列傳》："上左右爲學者與其弟子百餘人爲綿蕞野外。"《集解》："徐廣曰：'表位標準。……'駰案：如淳曰：'置設綿索，爲習肄處。蕞謂以茅翦樹地爲纂位。《春秋傳》曰"置茅蕝"也。'"《索隱》："如淳云：'翦茅樹地，爲纂位尊卑之次。'……韋昭云：'引繩爲綿，立表爲蕞。'按：賈逵云：'束茅以表位爲蕝。'又《纂文》云：'蕝，今之"纂"字。'"《漢書》卷四三《叔孫通傳》《注》曰："應劭曰：'立竹及茅索營之，習禮儀其中也。'如淳曰：'謂以茅翦樹地，爲纂位尊卑之次也。《春秋傳》曰"置茅蕝"。'師古曰："蕞與蕝同，并音子悦反。如説是。"

〔二〕魯兩生不肯從：《史記》卷九九《叔孫通列傳》："高帝悉去

秦苛儀法,爲簡易。群臣飲酒爭功,醉或妄呼,拔劍擊柱,高帝患之。叔孫通知上益厭之也,説上曰:'夫儒者難與進取,可與守成。臣願徵魯諸生,與臣弟子共起朝儀。'……於是叔孫通使徵魯諸生三十餘人。魯有兩生不肯行,曰:'公所事者且十主,皆面諛以得親貴。今天下初定,死者未葬,傷者未起,又欲起禮樂。禮樂所由起,積德百年而後可興也。吾不忍爲公所爲。公所爲不合古,吾不行。公往矣,無污我!'叔孫通笑曰:'若真鄙儒也,不知時變。'"

〔三〕鄭玄《周禮注》徵引《漢禮器制度》文尚有:《周禮·天官·籩人》(《注》曰:"籩,竹器如豆者,其容實皆四升。"《疏》曰:"鄭知籩是竹器者,以其字竹下爲之,亦依《漢禮器制度》而知也。云'如豆'者,皆面徑尺,柄尺,亦依《漢禮》知之也。")、《縫人》(《注》曰:"《漢禮器制度》:飾棺,天子龍、火、黼、黻,皆五列,又有龍翣二,其戴皆加璧。")、《周禮·春官·典瑞》(《注》曰:"《漢禮》,瓚槃大五升,口徑八寸,下有槃,口徑一尺。"《疏》曰:"此據《禮器制度》文,叔孫通所作。")、《周禮·考工記》(《注》曰:"大扃,牛鼎之扃,長三尺。"《疏》曰:"知'大扃,牛鼎之扃,長三尺'者,此約《漢禮器制度》。")

夏,頒冰,掌事。秋,刷。

鄭 暑氣盛,王以冰頒賜,則主爲之。《春秋傳》曰:"古者日在北陸而藏冰,西陸朝覿而出之。"刷,清也。

鄭司農云 刷除冰室,當更納新冰。〔一〕

【校注】

〔一〕納:《周禮·天官·凌人》《注》引鄭衆語作"内"。按:"内"通"納"。

玄謂 秋凉,冰不用,可以清除其室。

賈 三月蠅蟲已生,〔一〕公始用之。四月暑氣漸盛,〔二〕則賜及群下。〔三〕北陸、西陸,〔四〕服氏:〔五〕北陸言在,謂十二月日在危一度。西陸朝覿不言在,則不在昴,謂二月在婁四度,春分時,〔六〕奎、婁晨見東方而出冰,公始用之。〔七〕孫皓問:"藏之既晚,出之又早,何?"鄭答:"豳土晚寒,故夏正月納冰。夏二月仲春,大簇用事,陽氣出,地始温,故禮應開冰,先薦寢廟,是以公始用之。"〔八〕

【校注】

〔一〕三:賈《疏》作"二"。月:賈《疏》上有"夏頒"至"謂二",下有"之時"。

〔二〕月:賈《疏》下有"已後"。

〔三〕下:賈《疏》下有"云春"至"虚也"。

〔四〕北陸西陸:賈《疏》無。

〔五〕氏:賈《疏》下有"云陸道也"。服氏:東漢後期經學家服虔。初名重,又名祇,後更名虔,字子慎,今河南滎陽人。其生平、事迹具載《後漢書》卷七九下《服虔傳》。

〔六〕春:賈《疏》上有"謂"。

〔七〕公:賈《疏》上有"是"。之:賈《疏》下有"今此"至"祭韭"。

〔八〕以:賈《疏》無。之:賈《疏》下有"也"。

籩人,掌四籩之實。

鄭 籩,竹器如豆者,其容實皆四升。

賈 言"四籩",〔一〕謂下經朝事、饋食、加籩、羞籩是也。實:〔二〕麷、〔三〕蕡、白、黑之等。〔四〕鄭知籩(下)[是]竹器,〔五〕以其字

竹下爲之,依《漢禮器制度》而知之。〔六〕云"如豆"者,皆面徑尺,〔七〕柄(天)[尺],〔八〕亦依《漢禮》知之。〔九〕

【校注】

〔一〕言:賈《疏》上有"籩人至之實釋曰"。

〔二〕實:賈《疏》上有"云之",下有"者"。

〔三〕𪍿:賈《疏》上有"謂掌"至"之物"。

〔四〕等:賈《疏》下有"是也"。

〔五〕鄭:賈《疏》上有"注籩竹至四升釋曰"。知:四庫本作"加"。下:賈《疏》、益齋本作"是"。按:應作"是",據改。器:賈《疏》下有"者"。

〔六〕依:賈《疏》上有"亦"。之:賈《疏》、益齋本作"也"。

〔七〕皆:益齋本無。

〔八〕天:賈《疏》、安氏本、四庫本、益齋本、蔣抄本作"尺"。按:應作"尺",據改。

〔九〕之:賈《疏》下有"也云"至"同也"。

朝事之籩,其實𪍿、蕡、白、黑、形鹽、膴、鮑魚、鱐。

鄭 蕡,枲實也。

鄭司農云 朝事,謂清朝未食,先進寒具口實之籩。熬麥曰𪍿,〔一〕麻曰蕡,稻曰白,黍曰黑。築鹽以爲虎形,謂之形鹽,故《春秋傳》曰:"鹽虎形。"

【校注】

〔一〕熬:《周禮·天官·籩人》《注》引鄭衆語作"故"。

玄謂 以《司尊彝》之職參之,朝事謂祭宗廟(祭)[薦]血腥之事。[一]形鹽,鹽之似虎者。膴,牒生魚爲大臠。鮑者,於煏室中糗乾之,[二]出於江、淮也。鱅者,析乾之,[三]出東海。王者備物,近者腥之,遠者乾之,因其宜也。今河間以北煮穜麥賣之,[四]曰逢。[五]燕人膾魚方寸,切其腴以啗所貴。[六]

【校注】

〔一〕廟祭:鄭玄《注》、賈《疏》、益齋本作"廟薦"。魏氏下文引賈《疏》亦作"薦",則此處"祭"當爲"薦",據改。

〔二〕煏:益齋本作"楅"。阮《校》曰:"《漢制考》同。閩、監、毛本'煏'改'楅'。"孫詒讓曰:"又乾,《釋文》作幹,云'又作乾'。阮元云:'賈《疏》本亦作乾,經乾藤字作乾。陸本作幹,殆非。'案:阮校是也。《漢書》顔注引并與今本同。《方言》説火乾五穀云:'關西、隴、冀以往謂之僨,秦晋之間或謂之聚。'煏僨字同,糗聚音義亦相近。蓋煏糗并爲熬穀,引申爲凡以火乾物之通稱。"(《周禮正義》卷一〇《籩人》,第三八三頁)

〔三〕析:四庫本作"折"。乾:益齋本作"幹"。

〔四〕孫詒讓曰:"又煮麥,宋本賈疏述注作'炙麥',阮元謂炙當作'炙'。賈所據注,蓋本作炙。穜麥,案《説文》亦作'煮麥',則賈引非也。《御覽·飲食部》引束晳《餅賦》云:'朝事之籩,煮麥爲麷。'亦從許及後鄭説。"(《周禮正義》卷一〇《籩人》,第三八四頁)

〔五〕曰:鄭玄《注》上有"名"。

〔六〕啗:益齋本此處爲一墨釘。"啗","啖"的异體字。

賈[一] 司農云"朝事,[二]謂清朝未食,先進寒具口實之籩"

者,先鄭不推上下文勢祭祀爲義,〔三〕直以爲生人所食解之,故後鄭不從。〔四〕築鹽以爲虎形,〔五〕《左氏·僖三十年》,〔六〕周公閲來聘,〔七〕饗有昌歜、白黑、形鹽。服氏云:"昌歜,昌本之菹。"辭曰:"國君文足昭也,武可畏也,則有備物之饗,以象其德,薦五味,羞嘉穀,鹽虎形。"服云"克形",非築。〔八〕"玄謂以《司尊彝》之職參之,〔九〕朝事謂祭宗廟薦血腥之事",〔一〇〕案《司尊彝職》,〔一一〕除(一)[二]灌有朝踐饋獻,〔一二〕爲食前二節,彼又有朝獻、再獻,食後酳尸爲一節。又參《少牢》,主人酬尸,宰夫羞房中之羞,復爲一,〔一三〕總四節,皆據祭宗廟。〔一四〕禘祭之禮,自血腥始。皆謂毛以告純,血以告殺。是爲告殺時有血,與朝踐薦腥同節耳。〔一五〕"王者備物,〔一六〕近者腥之",膴是也。"遠者乾之",鮑及鱐是也。〔一七〕

【校注】

〔一〕賈:四庫本無。

〔二〕司:賈《疏》上有"朝事"至"也鄭",四庫本上有"鄭"。

〔三〕先:賈《疏》上有"此"。

〔四〕從:賈《疏》下有"也云"至"從之"。

〔五〕築:賈《疏》上有"云"。形:賈《疏》下有"又引《春秋傳》曰者"。

〔六〕年:賈《疏》下有"冬"。

〔七〕周:賈《疏》上有"王使"。

〔八〕非:賈《疏》下有"是"。築:賈《疏》下有"克爲"至"從也"。

〔九〕玄:開慶本、安氏本、蔣抄本將此字塗黑,無必要。此下爲賈《疏》引鄭玄《注》文,故"玄"無需塗黑,亦不必單獨成節。

〔一〇〕之事：賈《疏》下有“者”。

〔一一〕彝：益齋本下有“之”。

〔一二〕一：賈《疏》、四庫本、益齋本作“二”。按：應作“二”，據改。

〔一三〕一：益齋本下有“節”。

〔一四〕皆：賈《疏》作“亦”。廟：賈《疏》下有“故鄭”至“亦云”。

〔一五〕節：賈《疏》下有“故連言血”。耳：賈《疏》下有“非謂”至“知之”。

〔一六〕王：賈《疏》上有“云”。

〔一七〕也：賈《疏》下有“因其”至“同也”。

饋食之籩，其實棗、㮚、桃、乾䕩、榛實。

鄭 “饋食”，薦孰也。今吉禮存者，《特牲》《少牢》，諸侯之大(天)[夫]、〔一〕士祭祀也。〔二〕不祼、不薦血腥，而自薦孰始，是以皆云饋食之禮。“乾䕩”，乾梅也。有桃諸、梅諸，是其乾者。榛，似栗而小。

【校注】

〔一〕天：鄭玄《注》、安氏本、四庫本、益齋本、蔣抄本作“夫”。按：應作“夫”，據改。

〔二〕祀：鄭玄《注》、益齋本作“禮”。按：下賈《疏》引亦作“禮”。

賈 有乾桃、〔一〕濕梅，〔二〕添五爲七籩，〔三〕則棗亦有乾、〔四〕濕，取一，以添前爲八籩。〔五〕朝事加八，〔六〕豈饋食而不八乎？〔七〕以義參之爲八。〔八〕“不祼、〔九〕不薦血腥”者，若天子、諸侯，則有室中二祼、堂上朝踐薦血腥之禮，大夫則無此二者。〔一〇〕自薦孰始，〔一一〕是以皆云饋食之禮，〔一二〕天子、諸侯、大夫、士雖同名饋食，仍有少别。〔一三〕天子、諸侯尸食前，仍有饋獻二，是饋孰陰厭，陰厭後，尸入室食，乃獻。大夫、士則饋孰與黍稷爲陰厭，陰厭前無饋獻，以此爲异耳。〔一四〕

【校注】

〔一〕有：賈《疏》、益齋本作"以"。乾：益齋本作"濕"，賈《疏》上有"饋食"至"知以"。桃：賈《疏》、益齋本作"梅"。

〔二〕濕梅：益齋本作"乾桃"。

〔三〕五：賈《疏》下有"者"。籩：賈《疏》下有"案桃梅既并有乾濕"。

〔四〕棗：賈《疏》下有"中"。亦：賈《疏》下有"宜"。

〔五〕取：賈《疏》上有"復"。以：賈《疏》無。籩：賈《疏》作"也"。

〔六〕朝：賈《疏》上有"必知"至"上文"。事：賈《疏》下有"之籩言八下"。加：賈《疏》下有"籩亦"，益齋本下有"籩皆"。

〔七〕豈：賈《疏》下有"此"。乎：賈《疏》下有"數事不可"。而不八：賈《疏》作"在其中六"。

〔八〕以：賈《疏》上有"故"。八：賈《疏》下有"若不"至"禮也"。

〔九〕不：賈《疏》上有"云"。

〔一〇〕者：賈《疏》下有"也"。

〔一一〕自：賈《疏》上有"云而"。

〔一二〕禮：賈《疏》下有"者"。

〔一三〕别：賈《疏》下有"何者"。

〔一四〕耳：賈《疏》下有"云乾"至"知之"。

加籩之實，菱、芡、㮚、脯，菱、芡、㮚、脯。

鄭 "加籩"，謂尸既食，后亞獻尸所加之籩。重言之者，以四物爲八籩。菱，芰也。芡，雞頭也。栗與饋食同。〔一〕

【校注】

〔一〕孫詒讓曰："經作㮚，注作栗者，亦經用古字，注用今字之例。"(《周禮正義》卷一〇《籩人》，第三八九頁)

鄭司農云 菱芡脯羞。〔一〕

【校注】

〔一〕羞：《周禮·天官·籩人》《注》引鄭衆語、四庫本作"脩"。"段玉裁云：'"司農云"之下，脱"當言"二字，謂菱芡栗脯，當作菱芡脯脩。'"(《周禮正義》卷一〇《籩人》，第三八九頁)

賈 知籩是"尸既食，〔一〕后亞獻尸所加之籩"者，案《春官·内宗》云："掌宗廟之祭祀，薦加豆籩。"以其内宗所薦，明主於后。又見《特牲》主婦獻尸云："宗婦執兩籩於户外，主婦受，設於敦南。"主人獻尸之時，不見有設籩之事，故知惟主於后也。〔二〕菱芰者，〔三〕屈到嗜芰，即菱角。〔四〕

【校注】

〔一〕知：四庫本作"加"。

〔二〕也：賈《疏》下有"少牢"至"同也"。

〔三〕菱：賈《疏》上有"云"。芰：賈《疏》下有"也"。

〔四〕角:賈《疏》下有“者也”至“下也”。

羞籩之實,糗餌、粉餈。

鄭 羞籩,謂若《少牢》主人酬尸,宰夫羞房中之羞於(户)[尸],〔一〕侑主人、主婦,皆右之者。故書“餈”作“茨”。〔二〕

【校注】

〔一〕户:鄭玄《注》、四庫本、益齋本作“尸”。按:應作“尸”,據改。

〔二〕“徐養原云:‘茨爲餈之假借。’”(《周禮正義》卷一〇《籩人》,第三九一頁)

鄭司農云 糗,熬大豆與米也。粉,豆屑也。茨,字或作餈,謂乾餌餅之也。

玄謂 此二物皆粉稻米、黍米所爲也。合蒸曰餌,餅之曰餈。糗者,擣粉熬大豆,爲餌餈之黏著,以粉之耳。餌言糗,餈言粉,互相足。

賈 此(王當)[當王]酬尸,〔一〕内饔進之於尸侑等者也。〔二〕案《有司徹》,上大夫當日賓尸,正祭不設内羞,〔三〕故於賓尸設之。此天子之禮,賓尸在明日,則祭祀日當設之。案《少牢》,下大夫不賓尸者,賓長致爵受酢,云宰夫羞房中之羞,司士羞庶羞於尸、祝、主人、主婦,内羞在右,庶羞在左。天子之禮,賓長受酢後,亦當設此内羞、〔四〕庶羞於尸、祝及王與后。〔五〕但正祭設於祝,賓尸設於侑,又賓尸主人酬尸後,正祭賓長受酢後爲异耳。〔六〕餌糗餈粉,〔七〕此本一物,餌言糗,謂熬之,亦粉之。餈言粉,擣之,亦糗之。凡言互者,據兩物相互。今一物之上自相互,〔八〕故言"互相足"。《内則》《注》:"搗,熬穀。"穀則大豆也。〔九〕穀,總名。〔一〇〕

【校注】

〔一〕此:賈《疏》上有"羞籩至粉糍釋曰"。王當:賈《疏》、益齋本作"當王"。按:應作"當王",據改。

〔二〕也:賈《疏》下有"云糗"至"解之"。

〔三〕設:安氏本作"説"。

〔四〕當:益齋本作"常"。

〔五〕后:賈《疏》下有"然鄭"至"其一"。

〔六〕耳:賈《疏》下有"云故"至"成之"。

〔七〕餌糗糍粉:賈《疏》作"云餌言糗糍言粉互相足者"。

〔八〕互:賈《疏》下有"直是理不足明"。

〔九〕則:益齋本無。

〔一〇〕名:賈《疏》、益齋本下有"也"。

鶴山先生云 朝事謂迎牲納亨以前,饋食謂薦孰以後。

凡祭祀,共其籩、薦、羞之實。喪事及賓客之事,共其薦籩、羞籩。爲王及后、〔一〕世子共其内羞。凡籩事,掌之。

【校注】

〔一〕后:益齋本無。

鄭 薦、羞,皆進也。未食未飲曰薦,既食既飲曰羞。

賈 "喪事"謂大奠時,〔一〕"賓客之事"謂饗燕時,〔二〕亦共其薦籩、羞籩。

【校注】

〔一〕喪：賈《疏》上有"喪事至羞籩釋曰"。

〔二〕饗：賈《疏》、益齋本作"享"。

鄭　喪事之籩，謂殷奠時。於王、后、世子以共房中之羞。〔一〕

【校注】

〔一〕王后世子：鄭玄《注》、益齋本作"其飲食"。共：益齋本作"其"。

賈　殷，〔一〕大也。大奠，朔月、〔二〕月半、薦新、祖奠、遣奠之類。〔三〕言凡王、〔四〕后、世子飲食之時，用房中之羞。

【校注】

〔一〕殷：賈《疏》上有"注喪事至奠時釋曰"，下有"尤"。

〔二〕月：益齋本無。

〔三〕類：賈《疏》下有"也"。孫詒讓曰："凡喪禮之奠有十，惟始卒及朝夕奠爲小奠，其小斂、大斂、朔月、月半、薦新、遷祖奠、祖奠、大遣奠，并有牲體，爲殷奠。此注本兼小斂、大斂奠言之，賈乃漏釋耳。"(《周禮正義》卷一〇《籩人》，第三九四頁）遣奠：或謂之"大遣奠"，中國古代喪葬禮儀儀節之一，死者行朝祖禮後，將葬前，於葬日之晨，在祖廟門前設祭品，親友對其進行的祭奠，謂之"遣奠"。《禮記·檀弓下》："將行，遣而行之。"《注》曰："將行，將葬也。葬有遣奠。"《周禮·天官·内豎》《疏》曰:"朝七廟訖,且將行,在大祖廟中爲大遣奠,苞牲取下體。天子大牢,苞九個,遣車九乘,后亦同。"《儀禮·既夕禮》:"厥明,陳鼎五於門外,如初。"《注》曰:"鼎五,羊、豕、魚、臘、鮮獸各一鼎也。士禮,特牲三鼎,盛葬奠加一等,用少牢也。如初,如大斂奠時。"《疏》曰:"葬日之明,陳大遣奠於廟門外。"

〔四〕言:賈《疏》上有"注於其至之羞釋曰"。王:賈《疏》作"共"。

醢人掌四豆之實。朝事之豆,其實韭菹、醓醢,昌本、麋臡,菁菹、鹿臡,茆菹、麇困字〔一〕**臡**麕字省。〔二〕

【校注】

〔一〕麇:四庫本作"麋"。阮《校》曰:"唐《石經》、余本、嘉靖本、毛本同,閩、監本'麇'誤'麋'。"困字:四庫本、益齋本無。

〔二〕麕字省:四庫本無,益齋本將此三字置於"麇"字下,"臡"字下無字。

鄭　醓,肉汁也。昌本,昌蒲根,切之四寸爲菹。三臡亦醢也。作醢及臡者,必先膊乾其肉,乃後莝之,雜以粱、〔一〕麴及鹽,漬以美酒,塗置甄中,〔二〕百日則成矣。

【校注】

〔一〕粱:鄭玄《注》作"粱"。阮《校》曰:"嘉靖本'粱'作'梁'。此從木,訛。"

〔二〕甄:鄭玄《注》、益齋本作"瓶"。阮《校》曰:"閩、監、毛本同。宋本、余本、岳本、嘉靖本‘瓶’作‘甀’，當據以訂正。《公食大夫禮》《疏》引此亦作‘甀’。”

鄭司農云 麋臡，麋骭髓醢。

或曰〔一〕 麋臡，醬也。

【校注】

〔一〕“或曰”以下，當爲鄭衆引某氏之説。仿前文例，將其單獨成節，“或曰”二字加大、加粗。

鄭司農云〔一〕 有骨爲臡，無骨爲醢。菁菹，韭菹。

【校注】

〔一〕此節爲《周禮·天官·醢人》《注》引鄭衆語。魏氏將其與前節合爲一節，不確。仿前文例，將其單獨成節，節首增“鄭司農云”四字，且加大、加粗。

鄭大夫 讀茆爲茅。茅菹，茅初生。

或曰〔一〕 茆，水草。

【校注】

〔一〕“或曰”以下，當爲鄭興引某氏之説。仿前文例，將其單獨成節，“或曰”二字加大、加粗。

杜子春 讀茆爲卯。〔一〕

【校注】

〔一〕“段玉裁改卯爲茆,云:‘杜子春以茆不見於經傳,易爲《魯頌》“薄采其茆”之茆。鄭申之曰鳧葵。知鄭必申杜者,若非杜説,則鄭當云“茆當爲茆,鳧葵也”。且今本杜説讀茆爲卯,殊不可通。若云讀茆如卯,亦當訓爲何物。惟杜破字作茆,則鳧葵之解,已在其中,鄭特明言之耳。陸氏作《釋文》,賈氏作《正義》時,注文已訛繆。又不知卯丣本二聲,茆茆必二字,誤謂本一字,故不能諟正。《周禮》《釋文》“茆音卯,北人音栁”,《魯頌》《釋文》“茆音卯,徐音栁”,皆混茆茆爲一字。《泮水》本是茆字,訓鳧葵,《説文·草部》可證。韋昭音萌藻反,則韋時丣已誤爲茆矣。《漢·律曆志》“冒茆於卯”,茆字僅見於此。’又云:‘按杜不云茆當爲茆,而云讀爲茆者。古音卯聲丣聲同在尤幽部。凡易其字而音韵同部者,皆曰讀爲也。’案:段據《説文》定茆字當爲茆,諧丣聲,不當從卯,其説自是。但杜、鄭説字形聲正别,不盡與許同。證以《漢志》冒茆之文及韋昭萌藻之讀,蓋漢時自有從草卯聲之字,至許君乃定其字爲諧丣聲。然丣卯古音同部,未必卯聲之必不可諧也。竊疑杜、鄭自作茆字,此當云‘讀茆如卯’,非正其字,乃擬其音耳。《管子·五行篇》‘卯菱’,尹注云:‘卯,鳧葵,早春而生也。’字亦作卯可證。”(《周禮正義》卷一〇《醢人》,第三九九頁)

玄謂 菁,蔓菁也。茆,鳧葵也。凡菹醢皆以氣味相成,其狀未聞。

饋食之豆,其實葵菹、蠃醢,脾析、蠯醢,蜃、蚳醢,豚拍、魚醢。

鄭 贏,螔蝓。蜃,大蛤。蚳,蛾子。

鄭司農云 脾析,牛百葉也。蠯,蛤也。

鄭大夫 杜子春 皆以拍爲膊,謂脅也。〔一〕

【校注】

〔一〕"段玉裁云:'以拍爲膊,即讀拍爲膊也,易其字而訓爲脅。'詒讓案:《士喪禮》'特豚而胉',鄭彼注云'胉,脅也。今文胉爲迫'。《文選·東京賦》'毛炰豚胉',李注引此經作胉,蓋兼據《禮》古文改。《山海經·西山經》'有窮鬼居之,各在一搏'。郭注云:'搏猶脅也。'案:《説文》無胉字,古蓋無正字,故假借作拍、胉、迫及膊、搏,聲類并相近也。"(《周禮正義》卷一〇《醢人》,第四〇二頁)

或曰〔一〕 豚拍,肩也。〔二〕

【校注】

〔一〕"或曰"以下,當爲鄭玄引某氏之説。魏氏此處徑引作鄭玄《注》,未加區别,不確。仿前文例,將其單獨成節,"或曰"二字加大、加粗。

〔二〕"段玉裁云:'此又一説,不易字而訓爲肩,拍不得訓肩,此是讀拍爲髆。《説文》曰:"髆,肩甲也。"'案:段説是也。惠士奇説同。《士喪禮》小斂奠云:'兩肩亞,兩胉亞。'此拍與胉字同。彼肩拍相亞,則拍非肩明矣。"(《周禮正義》卷一〇《醢人》,第四〇二頁)

鄭〔一〕 今河間名豚脅,聲如鍛鎛。〔二〕

【校注】

〔一〕此節爲鄭玄《注》。魏氏將其與上節合爲一節，不確。仿前文例，將其單獨成節，節首增“鄭”字，且加大、加粗。“段玉裁云：‘此鄭君援方言以證前説之是也。河間謂豚脅爲鎛，則易拍爲膊，訓脅宜矣。膊訓薄，脯膊之屋上，非謂脅也。而依河間語言，則字用膊訓脅可矣。拍古音與膊、鎛同，鍛鎛即段氏爲鎛器也。古段鍛通用。’”（《周禮正義》卷一〇《醢人》，第四〇二頁）

〔二〕鍛：鄭玄《注》、益齋本作“鍛”。

賈　八豆之内，〔一〕脾析、蜃、豚拍三者不言菹，皆虀也。〔二〕

【校注】

〔一〕八：賈《疏》上有“饋食”至“者此”。

〔二〕也：賈《疏》下有“注蠃”至“豚拍”。

加豆之實，芹菹、兔醢，深蒲、醓醢，箈音苔〔一〕**菹、雁醢，筍菹、魚醢。**

【校注】

〔一〕音苔：《周禮·天官·醢人》無，係魏氏對“箈”字所標音讀，非《釋文》文。《釋文》：“箈音迨，《爾雅》作‘箈’，同。”

鄭　芹，楚葵也。

鄭司農云　深蒲，蒲蒻入水深，故曰深蒲。

或曰〔一〕 深蒲,桑耳。

【校注】

〔一〕此節爲《周禮·天官·醢人》《注》引鄭衆所引某氏之説,魏氏將其與上節合爲一節,不確。仿前文例,將其單獨成節,節首“或曰”二字加大、加粗。

鄭司農云〔一〕 醓醢,肉醬也。箈,〔二〕水中魚衣。

【校注】

〔一〕此節爲《周禮·天官·醢人》《注》引鄭衆語。魏氏將其與上節合爲一節,不確。仿前文例,將其單獨成節,節首加“鄭司農云”四字,且加大、加粗。

〔二〕“段玉裁云:‘……然則先鄭本作落。今本經文作箈,混誤不成字。’洪頤煊云:‘《詩·采菽》《正義》引此作落菹。’案:段、洪校是也。《祭統》孔疏引經亦作落。《説文》落字注,今本作‘水衣’,段從《爾雅音義》引《説文》校改。……然則經先鄭本固當作落;後鄭本則自作箈,故釋爲箭萌。蓋二鄭本自不同,注偶未别白釋之耳。孔引作落,則與後鄭説不合,今不據改。……云‘箈,箭萌’者,不從先鄭本作落也。箈即篡之俗。《爾雅·釋草》云:‘篡,箭萌。’郭注……引‘《周禮》曰:篡菹雁醢’。……案:郭引此經作篡者,從《爾雅》文改也。《釋文》出箈字,云‘《爾雅》作箈’,則經本不與《釋草》同可知。”(《周禮正義》卷一〇《醢人》,第四〇四頁)

鄭〔一〕 故書“雁”或爲“鶉”。

【校注】

〔一〕此節爲鄭玄《注》。魏氏將其與上節合爲一節，易被誤解爲鄭衆注文。仿前文例，將其單獨成節，節首加“鄭”字，且加大、加粗。

杜子春云 當爲雁。〔一〕

【校注】

〔一〕“段玉裁云：‘“爲”宜作“從”，故書本不畫一，杜從其長者也。’”（《周禮正義》卷一〇《醢人》，第四〇四頁）

玄謂 深蒲，蒲始生水中子。箈，箭萌。筍，竹萌。

賈 饋食之豆亦與饋食之籩同時而薦，〔一〕加豆之實亦與加籩之實同時設之。〔二〕“深蒲，〔三〕蒲始生水中子”者，先鄭謂蒲蒻，〔四〕後鄭以時事破先鄭也。〔五〕“箈，〔六〕箭萌”者，一名篠。〔七〕筍，竹萌，〔八〕一名簜。〔九〕

【校注】

〔一〕“饋食”至“而薦”：賈氏對經文“饋食”至“魚醢”所作《疏》，魏氏引移至此節經文下。饋食之豆：賈《疏》上有“饋食至魚醢釋曰言”。豆：賈《疏》下有“者”。薦：賈《疏》下有“其實”至“豚拍”。按：其中“八豆”至“齏也”十七字，前文已引。

〔二〕加豆：賈《疏》上有“加豆至魚醢釋曰此”。設之：賈《疏》下有“深蒲”至“不從”。

〔三〕深：賈《疏》上有“玄謂”。

〔四〕先鄭謂蒲蒻：賈《疏》無。

〔五〕後：賈《疏》上有"此"。事：賈《疏》下有"而知"。

〔六〕箈：賈《疏》上有"云"。

〔七〕篠：賈《疏》下有"者也"。

〔八〕萌：賈《疏》下有"者"。

〔九〕簜：賈《疏》下有"者也"至"爲菹"。

羞豆之實，酏食、糝食。

鄭司農云 "酏食"，以酒酏爲餅。"糝食"，菜餗蒸。

玄謂 酏，餰也。《内則》曰："取稻米舉糔溲之，小切狼臅膏，以與稻米爲餈。"又曰：〔一〕糝，取牛、羊、豕之肉三如一，小切之，與稻米；〔二〕稻米二、肉一，合以爲餅，〔三〕煎之。

【校注】

〔一〕按：仿前文例，"又曰"以下本應單獨成節，但其與前節"玄謂"以下，皆爲鄭玄《注》文，故從諸本，合爲一節。

〔二〕與：益齋本作"爲"。

〔三〕餅：鄭玄《注》、益齋本作"餌"。

賈 此羞豆之實亦與羞籩之實同時設之。〔一〕言"酏食"者，謂餰占與糝食爲二豆。〔二〕

【校注】

〔一〕此：賈《疏》上有"羞豆至糝食釋曰"。時：賈《疏》作"特"。

〔二〕占：賈《疏》無。"占"字爲魏氏對"餰"字所標音讀。豆：賈

《疏》下有“注鄭”至“不同”。

凡祭祀,共薦羞之豆實。賓客、喪紀,亦如之。爲王及后、世子共其内羞。王舉,則共醢六十瓮。以五齊、七醢、七菹、三臡實之。

鄭 “齊”當爲“齏”。“五齏”:昌本、脾析、蜃、豚拍、深蒲也。“七醢”:醓、蠃、蠯、蚳、魚、兔、雁醢。“(十)[七]菹”:〔一〕韭、菁、茆、葵、芹、箈、笋菹。“三臡”:麋、鹿、麇臡也。凡醓醬所和,〔二〕細切爲齏,全物若腜爲菹。《少儀》曰:“麋鹿爲菹,野豕爲軒獻,〔三〕皆腜而不切。麇爲辟鷄,兔爲宛脾,皆腜而切之。切葱若薤實之,醓以柔之。”〔四〕由此言之,則齏菹之稱,菜、肉通。

【校注】

〔一〕十:鄭玄《注》、四庫本、益齋本作“七”。按:應作“七”,據改。

〔二〕醓:益齋本作“醢”。

〔三〕獻:鄭玄《注》無。按:開慶本、安氏本、蔣抄本“獻”字字體、字號與其他文字同,四庫本、益齋本“獻”字較其他文字變小。此處“獻”字,爲“軒”字之音讀,魏氏引自《釋文》。《禮記·少儀》《釋文》曰:“軒音獻,注同,俱倫反。”故此處應從四庫本、益齋本,將“獻”字字號變小。

〔四〕醓:益齋本作“醢”。

賓客之禮,共醢五十瓮。凡事,共醢。

鄭 致饔餼時。

賈 賓客，〔一〕謂五等諸侯來朝也。天子致饔餼，〔二〕案《掌客》，上公之禮，醯醢百有二十瓮，侯、伯百瓮，子、男八十瓮。此共醢五十瓮，并醯人所共五十瓮，〔三〕共爲百瓮。此據侯、伯饔餼之禮，舉中言之，明兼有上公與子、男。若然，上公百二十瓮，與王數同者，據二王之後，王所尊敬者而言。其同姓諸侯，唯魯得與二王後同，〔四〕其餘同姓，雖車、服如上公，從侯、伯百瓮而已。又案《掌客》，上公已下，并是諸侯自相待法，天子待諸侯，亦與之同。又案《聘禮》，待聘臣亦云醯醢百瓮，得與諸侯同者，彼别爲臣禮，禮有損之而益，故子、男之卿百瓮，其數多於君。

【校注】

〔一〕賓：賈《疏》上有"賓客至共醢釋曰"。

〔二〕餼：賈《疏》下有"與之"至"時也"。

〔三〕共：賈《疏》下有"醢"。

〔四〕二王後：中國古代歷代統治者以本朝前二代或三代統治者的後裔爲"賓"，或謂之"二王後""三恪"，給予一定的政治、經濟上的優待。《禮記·郊特牲》："天子存二代之後，猶尊賢也。尊賢不過二代。"《注》曰："二或爲三。"《疏》曰："天子繼世而立，子孫以不肖滅亡，見在子孫又無功德，仍須存之，所以存二代之後者，猶尚尊其往昔之賢所能法象。"至於尊前代之數，諸文獻記載不同。《禮記·郊特牲》《疏》曰："案《异義》：'《公羊》説：存二王之後，所以通天三統之義，引此文。古《春秋左氏》説：周家封夏、殷二王之後以爲上公，封黄帝、堯、舜之後，謂之三恪。'許慎謹案云：'治《魯詩》丞相韋玄成、治《易》施讎等説引《外傳》曰："三王之樂，可得觀乎？知王者所封三代而已。"不與《左氏》説同。'鄭駁之云：'所存二王之後者，命使郊天,以天子之禮祭其始祖,受命之王自行其正朔服色。恪者,敬也,敬其先聖而封其後,與諸侯無殊异,何得比夏、殷之後?'如鄭此言,《公羊》自據二王之後,《左氏》兼論三恪,義不乖异也。"

荆公 朝事之籩豆,〔一〕以象朝事,〔二〕其親所進也。〔三〕饋食之籩豆,〔四〕以象食時所進也。〔五〕加籩加豆,〔六〕則以象饋之有加。〔七〕羞籩羞豆,〔八〕則以象養之有羞也。〔九〕孝子之事其親,〔一〇〕欲致其養。〔一一〕其養也,〔一二〕欲致其盛。〔一三〕既盛矣,〔一四〕以爲未足,〔一五〕則欲備其細。〔一六〕既備矣,〔一七〕以爲是養而已,弗敬,不足以爲孝,〔一八〕則又欲致其敬。〔一九〕既備且致其敬,〔二〇〕斯可以已矣。〔二一〕乃若孝子之心,〔二二〕則又欲致其難,且致其美。夫致其難,〔二三〕且致其美,是亦有力者所易也,則又欲自致焉。〔二四〕服其勤而致新以進之,則所以自致也。"朝事之籩,其實麷、蕡、白、黑、形鹽、膴、鮑魚、鱐","朝事之豆,〔二五〕其實韭菹、醓醢,昌本、麋臡,菁菹、鹿臡,〔二六〕茆菹、麇臡",〔二七〕則所以致其養之盛也。〔二八〕王使周公閱來聘,〔二九〕魯饗有昌歜、〔三〇〕白、黑、形鹽。辭曰:"國君文足昭也,武可畏也,則有備物之饗,〔三一〕以象其德,羞嘉穀,鹽虎形。"鹽虎形,則所謂形鹽。〔三二〕昌本,則所謂昌歜。〔三三〕麷、蕡、白、黑,則所謂嘉穀。〔三四〕推公閱之言,〔三五〕則凡朝事之籩豆,〔三六〕爲致其盛矣。〔三七〕"饋食之籩,其實棗、栗、〔三八〕桃、乾穄、榛實",〔三九〕"饋食之豆,〔四〇〕其實葵菹、蠃醢,脾析、蠯醢,蜃、蚳醢,豚拍、魚醢",〔四一〕則所以備其細,〔四二〕且致其敬也。〔四三〕脾析、豚拍,物之小體。〔四四〕蠃、蚳、蠯、蜃及魚,〔四五〕則亦皆物之細也,〔四六〕此所以爲備其細。〔四七〕棗、栗、榛實,〔四八〕女所用摯,以告虔也。此所以爲致其敬。〔四九〕桃、乾穄,則亦備其細而已。〔五〇〕"加籩之實,菱、芡、栗、脯，〔五一〕菱、芡、栗、脯"，〔五二〕"加豆之實，〔五三〕芹菹、兔醢、深蒲、醓醢，箈菹、〔五四〕雁醢，笋菹、魚醢"，〔五五〕所以致其難，且致其美也。〔五六〕棗、栗、桃、榛蓛及葵，〔五七〕則取諸園圃而足。〔五八〕菱、芡、深蒲、芹、〔五九〕箈及笋，〔六〇〕則取之遠矣。蠃、蠯、蜃、蚳，則可掇也。〔六一〕兔、雁、魚，則不可掇而取矣。〔六二〕此所以爲致其難。〔六三〕葵不若芹之美，桃、乾蓛不若栗、脯之美，蠃、蠯、〔六四〕蜃、蚳不若兔、〔六五〕雁、魚之美，此所以爲致其美。蓋醓可以爲盛，〔六六〕亦可以爲美，故朝事、加豆皆以爲實。〔六七〕魚可以爲美，亦可以爲備。栗可以爲敬，亦可以爲美。故饋食、加籩皆以爲實也。〔六八〕"(籩羞)[羞籩]之實，〔六九〕糗餌、粉糍"，"羞豆之[實]，〔七〇〕酏食、〔七一〕糝食"，〔七二〕其穀出於耕耨，〔七三〕而皆用舂治煎和之力爲多，〔七四〕而非若菹醢之屬可以久。〔七五〕此所以爲服其勤，〔七六〕而致新以進之，〔七七〕自致之道也。〔七八〕"凡祭祀，共其籩薦羞之實"者，祭祀各有所共常器，籩人共其實而已。〔七九〕"喪事及賓客之事，〔八〇〕共其薦籩、羞籩"，則王有喪事，及賓客之事也，〔八一〕非特共其實而已，〔八二〕并以籩共之也。〔八三〕《醢人》言：〔八四〕"凡祭祀，共薦羞之豆實，〔八五〕賓客、喪紀，亦如之。"則非以共王喪事，〔八六〕及賓客之事，乃以共喪紀及賓客也。共薦羞之豆實，〔八七〕則共其實而已。〔八八〕籩豆相須而成禮，〔八九〕《籩人》言共"喪事及賓客之事"，〔九〇〕則醢人亦如之矣。〔九一〕《醢人》言共"賓客、喪紀"，〔九二〕則籩人亦如之矣。〔九三〕"喪事及賓客之事"并器共之，則籩、醢之器，正以共王事故也。賓客、喪紀，則共實而已。〔九四〕蓋掌客、職喪之屬主其事者，自有器也。〔九五〕籩人言"共其薦羞之實"者，〔九六〕籩人官以籩名故也。〔九七〕醢人言"共薦羞之豆實"者，〔九八〕醢人之官，〔九九〕不以豆名故也。〔一〇〇〕籩人、醢人皆不言共王及后、世子之内羞，〔一〇一〕而曰〔一〇二〕“爲王及后、世子共其内羞”,〔一〇三〕則此内羞非共王及后、世子,〔一〇四〕乃王及后、世子以此内羞共禮事,〔一〇五〕而籩人、醢人爲之共之也。世婦“及祭之日,莅陳女宫之具”,〔一〇六〕凡内羞之物,則内羞所共,〔一〇七〕爲祭事矣。〔一〇八〕

【校注】

〔一〕朝事之籩豆:《埤雅》卷五《釋獸》(以下簡稱《埤雅》)無。豆:《周禮詳解》卷六《籩人》(以下簡稱《周禮詳解》)無。

〔二〕以:《周禮詳解》“朝事之籩”節引作“則”。

〔三〕親:《周禮詳解》“朝事之籩”節引下有“之”。

〔四〕饋:《埤雅》上有“則”。食:《周禮注疏删翼》卷四《醢人》(以下簡稱《删翼》)作“事”。之籩豆:《埤雅》無。豆:《周禮詳解》卷六《籩人》“饋食之籩”節引無。

〔五〕時:《周官新義》卷四《籩人·醢人》、益齋本下有“之”。以:《埤雅》無。也:《埤雅》作“矣”,《周禮訂義》卷九《籩人》(以下簡稱《周禮訂義》)無。

〔六〕加豆:《周禮詳解》“加籩之實”節引無,《周禮訂義》作“豆”。

〔七〕則:《周禮詳解》“加籩之實”節引、《周官義疏》卷五《籩人》(以下簡稱《周官義疏》)無。饋:《周禮詳解》“加籩之實”節引下有“愛”,《周禮訂義》卷九《籩人》“加籩之實”(以下簡稱《周禮訂義》“加籩之實”)節引下有“食”。之:孔繼涵抄校本《周官新義》卷四《籩人·醢人》(以下簡稱孔抄本)下有“饋之”,孔氏删此二字。加:《周禮詳解》“加籩之實”節引、《周官義疏》下有“也”。

〔八〕羞籩羞豆:文淵閣本、《墨海》本、《經苑》本、《四部叢刊初編》本《周官新義》卷四《籩人·醢人》上有“至於”,《周禮訂義》“羞籩之實”節引作“羞籩豆”。羞豆:《周禮詳解》卷六《籩人》“羞籩之實”節引無。

〔九〕則:《周官義疏》無。以象:《周禮訂義》“羞籩之實”節引作“象其”。

〔一〇〕其:《周禮詳解》“朝事之籩”節引、《周禮訂義》卷九《籩人》“朝事之籩”、“饋食之籩”(以下分别簡稱《周禮訂義》“朝事之籩”、《周禮訂義》“饋食之籩”)節引、《五禮通考》卷六五《吉禮六五》(以下簡稱《五禮通考》)皆無。

〔一一〕欲致其養:《周禮訂義》“饋食之籩”節引作“致其養者”。致:文淵閣本《周官新義》卷四《籩人·醢人》作“如”,《周禮訂義》第二處引上有“欲”。養:《周禮訂義》第二處引下有“者”。

〔一二〕事其親欲致其養其:《周禮詳解》“饋食之籩”節引無。其:《周禮訂義》“朝事之籩”節引、《五禮通考》無。也:《周禮詳解》“饋食之籩”節引、《周禮訂義》“朝事之籩”節引、《五禮通考》無。

〔一三〕“孝子”致“其盛”:《周禮訂義》第一處引將其置於“爲致其盛矣”句後。其養也欲致其盛:《周禮訂義》第二處引無。

〔一四〕既盛矣:《周禮詳解》“饋食之籩”節引無。矣:文淵閣本《周官新義》卷四《籩人·醢人》無。

〔一五〕未:《周禮詳解》“饋食之籩”節引作“不”。

〔一六〕則欲:《周禮訂義》“饋食之籩”節引作“又”。欲:《周禮詳解》“饋食之籩”節引作“又”。

〔一七〕既:《周官新義》卷四《籩人·醢人》、益齋本上有“細”。矣:《周禮詳解》“饋食之籩”節引、《周禮訂義》“饋食之籩”節引作“其物”。

〔一八〕《禮記·祭義》:“孝有三:大孝尊親,其次弗辱,其下能養。……亨孰膻薌,嘗而薦之,非孝也,養也。……養可能也,敬爲難。敬可能也,安爲難。"《禮記·檀弓下》:"孔子曰:'啜菽飲水,盡其歡,斯之謂孝。'"

〔一九〕則:文淵閣本《周官新義》卷四《籩人·醢人》上有"孝"。欲:《周禮詳解》"饋食之籩"節引、《周禮訂義》"饋食之籩"節引無。敬:《周禮詳解》下有"焉",《周禮訂義》"饋食之籩"節引下有"故饋食之籩豆其實如此"。按:"孝子之事其親"至"則又欲致其敬":《周禮訂義》"饋食之籩"節引改寫後,置於"凡此所謂備其細且致其敬"句下。

〔二〇〕且:《墨海》本《周官新義》卷四《籩人·醢人》作"具"。

〔二一〕程元敏曰:"'孝子之事其親'以下,《訂義》卷九頁二王氏曰,多所改易。"

〔二二〕乃若:《周禮詳解》卷六《籩人》"加籩之實"(以下簡稱《周禮詳解》"加籩之實")節引作"然而"。若:《刪翼》無。

〔二三〕夫:《周禮詳解》"羞籩之實"節引下有"孝子之養以爲",《刪翼》作"其"。

〔二四〕"夫致其難"至"致焉":《周禮詳解》"羞籩之實"節引移置於"自致之道也"句後。

〔二五〕"其實"至"事之":《刪翼》無。

〔二六〕菁菹鹿臡:孔抄本《周官新義》卷四《籩人·醢人》原無,孔校增。

〔二七〕"其實韭菹"至"麋臡":《刪翼》無。

〔二八〕其:《墨海》本、《經苑》本、《四部叢刊初編》本、楊小召點校本《周官新義》卷四《籩人·醢人》無。養之:《刪翼》無。

〔二九〕閱:《周禮訂義》"朝事之籩"節引作"閑"。

〔三〇〕饗:《周禮訂義》"朝事之籩"節引、《五禮通考》作"享"。

〔三一〕饗:《周禮訂義》"朝事之籩"節引、《五禮通考》作"享"。

〔三二〕鹽虎形則所謂形鹽:《周禮詳解》"朝事之籩"節引作"形鹽則公閱所謂鹽虎形也"。按:"形鹽則公閱所謂鹽虎形也"句,《周禮詳解》"朝事之籩"節引移置於"則公閱所謂嘉穀也"句下。

〔三三〕昌本則所謂昌歜:《周禮詳解》"朝事之籩"節引無。

〔三四〕"鹽虎"至"嘉穀":《周禮訂義》"朝事之籩"節引、《五禮通考》作"麷、蕡、白、黑,則所謂羞嘉穀也。形鹽,則所謂鹽虎形也。昌本,則所謂昌歜也"。則:《周禮詳解》"朝事之籩"節引下有"公閱"。穀:《周禮詳解》"朝事之籩"節引下有"也"。

〔三五〕公閱之:《周禮訂義》"朝事之籩"節引、《五禮通考》作"類而"。

〔三六〕凡朝事之籩豆:《周禮訂義》"朝事之籩"節引、《五禮通考》作"膴鮑魚鱐與夫朝事之享"。

〔三七〕爲致其盛矣:《周禮訂義》"朝事之籩"節引、《五禮通考》作"皆所謂致其養之盛者也"。"王使"至"盛矣":《删翼》無。其中若干語句,《周禮訂義》"朝事之籩"節引、《五禮通考》有改寫,置於"孝子之事其親"至"其養也"句前,詳見後校注。

〔三八〕栗:《墨海》本、《經苑》本、《周官新義》卷四《籩人·醢人》作"㮚"。

〔三九〕"王使"至"榛實":《删翼》無。

〔四〇〕之:《删翼》下有"籩"。

〔四一〕"榛實"至"魚醢":《周禮訂義》"饋食之籩"節引無。"其實葵菹"至"魚醢":《删翼》無。

〔四二〕則所以:《周禮訂義》"饋食之籩"節引作"凡此所謂"。

〔四三〕"則所"至"敬也":《周禮訂義》"饋食之籩"節引改寫後,移置於"以告虔也"句下。

〔四四〕物之小體:《周禮訂義》"饋食之籩"節引無。物:《周禮詳解》卷六《醢人》“饋食之豆”(以下簡稱《周禮詳解》“饋食之豆”)節引上有“皆”。

〔**四五**〕蚳蠯蜃:《周官新義》卷四《籩人·醢人》、《周禮詳解》“饋食之豆”節引、《周禮訂義》“饋食之籩”節引作“蠯蜃蚳”。

〔**四六**〕則亦:《周禮訂義》“饋食之籩”節引無。細:《周禮訂義》“饋食之籩”節引下有“者”。

〔**四七**〕此所以爲備其細:《周禮訂義》“饋食之籩”節引無。

〔**四八**〕實:安氏本作“寔”,下同。

〔**四九**〕此所以爲致其敬:《周禮訂義》“饋食之籩”節引將前“則所以備其細且致其敬也”二句,改寫爲“凡此所謂備其細且致其敬”,移置此,代替“此所以爲致其敬”句。“凡此所謂備其細且致其敬”句下,爲《周禮訂義》“饋食之籩”節引、改寫“孝子之事其親”至“則又欲致其敬”諸句。爲:文淵閣本、《周官新義》卷四《籩人·醢人》、楊小召點校本、張鈺翰校理本《周官新義》卷四《籩人·醢人》作“謂”。

〔**五〇**〕“脾析”至“而已”:《删翼》無。

〔**五一**〕菱芡栗脯:《周官新義》卷四《籩人·醢人》無。

〔**五二**〕“之實”至“栗脯”:《删翼》無。

〔**五三**〕加:《周禮詳解》卷六《醢人》“加豆之實”(以下簡稱《周禮詳解》“加豆之實”)節引上有“凡”。

〔**五四**〕箈:四庫本作“菭”。下同。

〔**五五**〕“芹菹”至“魚醢”:《周禮詳解》“加豆之實”無。“之實”至“魚醢”:《删翼》無。

〔**五六**〕也:《周禮詳解》“加豆之實”無。

〔**五七**〕棗栗桃榛蘈及葵:《周禮詳解》“加豆之實”作“葵棗之類”。榛:《周官新義》卷四《籩人·醢人》作“乾”。及:《周官新義》卷四《籩人·醢人》上有“榛實”。

〔**五八**〕則:《周禮詳解》“加豆之實”無。

〔**五九**〕菱芡深蒲芹:《周禮詳解》“加豆之實”作“芹與深蒲”。

〔**六〇**〕及:《周禮詳解》“加豆之實”無。

〔**六一**〕也:《周禮詳解》“加豆之實”作“而取”。

〔**六二**〕可:《周官新義》卷四《籩人·醢人》下有“以”。取:《周禮詳解》“加豆之實”下有“之”。

〔**六三**〕爲:文淵閣本《周官新義》卷四《籩人·醢人》作“謂”。

〔**六四**〕麤:安氏本作“若”。

〔**六五**〕若:安氏本作“善”。

〔**六六**〕醢:《周官新義》卷四《籩人·醢人》、益齋本作“醓”。

〔**六七**〕“蓋醢”至“爲實”:《周禮詳解》“加豆之實”作“醓於醢爲盛,而於味爲美。故朝事之豆有醓醢,而加豆之實又有之”。

〔**六八**〕“棗栗”至“實也”:《刪翼》無。“魚可”至“實也”:《周禮詳解》“加豆之實”作“魚則於物爲細,於味亦爲美,故饋食之豆有魚,而加豆亦有之”。

〔**六九**〕籩羞:《周禮·天官·醢人》、《周官新義》卷四《籩人·醢人》、《刪翼》、益齋本作“羞籩”。按:應作“羞籩”,據改。程元敏曰:“羞籩:《折衷》作‘籩羞’。”(《彙評》,第一三四頁)不確,其未見益齋本之故。之實:《刪翼》作“羞豆”。

〔**七〇**〕羞豆之:《周禮訂義》“羞籩之實”節引、《刪翼》無。之:《周禮·天官·醢人》、《周禮詳解》卷六《醢人》“羞豆之實”(以下簡稱《周禮詳解》“羞豆之實”)節引、《周官新義》卷四《籩人·醢人》、益齋本下有“實”。按:應有“實”字,據補。程元敏曰:“《折衷》無‘實’字。”(《彙評》,第一三四頁)不確,其未見益齋本之故。《周禮詳解》“羞豆之實”節引且改寫(改寫詳見後文)後文“此所以爲服其勤,而致新以進之”,置“羞豆之實”句下。

〔七一〕酏：《周禮詳解》“羞豆之實”上有“蓋”。

〔七二〕羞豆之酏食糝食：《周禮詳解》“羞籩之實”節引無。酏食糝食：《删翼》作“酏糝之類”。糝食：《周禮詳解》“羞豆之實”無。

〔七三〕其穀：《周禮訂義》“羞籩之實”節引無。

〔七四〕皆：《周禮詳解》“羞籩之實”節引、《周禮訂義》“羞籩之實”節引無，《删翼》作“且”。舂：《周禮詳解》“羞籩之實”節引、《删翼》作“舂”。煎和：《周禮詳解》“羞籩之實”節引、《周禮詳解》“羞豆之實”節引、《周禮訂義》“羞籩之實”節引無。爲多：《周禮詳解》“羞豆之實”節引無。

〔七五〕“而非”至“以久”：《周禮詳解》“羞籩之實”節引、《周禮詳解》“羞豆之實”節引、《删翼》無。而：《周禮訂義》“羞籩之實”節引無。屬：《周禮訂義》“羞籩之實”節引作“薦”。

〔七六〕此所以：《删翼》作“則所”。此：《周禮詳解》“羞籩之實”節引、《周禮詳解》“羞豆之實”節引、《周禮訂義》“羞籩之實”節引無。以爲：《周禮詳解》“羞籩之實”節引作“謂”。爲：《周禮詳解》“羞豆之實”、《周禮訂義》“羞籩之實”節引無。其：《周禮詳解》“羞籩之實”節引無。勤：《周禮詳解》“羞豆之實”節引下有“也”。

〔七七〕而致新：《周禮詳解》“羞籩之實”節引無。而：《周禮詳解》“羞豆之實”節引作“所以爲”。以進之：《周禮詳解》“羞豆之實”節引作“也”。進之：《周禮詳解》“羞籩之實”節引無。進：《周禮詳解》“羞豆之實”作“獻”。

〔七八〕以進之自致之道：《周禮訂義》“羞籩之實”節引無。之道：《周禮詳解》“羞籩之實”節引無。“孝子之養以爲”至“則又欲自致焉”：《周禮詳解》“羞籩之實”節引移置於“自致也”句後。

〔七九〕人：《周禮詳解》卷六《籩人》“凡祭祀”（以下簡稱《周禮詳解》“凡祭祀”）節引下有“特”。

〔八〇〕之事:益齋本作“之客”。

〔八一〕“共其”至“事也”:《周官義疏》卷五《籩人》“喪事及賓客之事”(以下簡稱《周官義疏》“喪事”)節引無。

〔八二〕非:《周官義疏》“喪事”節引上有“則”。其:文淵閣本、《墨海》本《周官新義》卷四《籩人·醢人》無。而已:《周官義疏》“喪事”節引無。

〔八三〕程元敏曰:“‘祭祀各有所共’以下、‘籩人言共其籩’以下兩段,《欽定義疏》卷五頁三九合爲一條,有删易。”

〔八四〕人:安氏本、四庫本作“三”。按:應作“人”。安氏本、四庫本誤。言:《删翼》作“云”。

〔八五〕共薦羞之豆實:《删翼》無。

〔八六〕以:文淵閣本、《墨海》本《周官新義》卷四《籩人·醢人》、益齋本作“其”。

〔八七〕共薦羞之豆實:《删翼》無。

〔八八〕則:四庫本、益齋本無。共:《删翼》上有“亦”。

〔八九〕籩:《周禮詳解》“羞豆之實”節引上有“夫”,下有“與”。豆:《周禮詳解》“羞豆之實”節引下有“所以”。而:《删翼》無。

〔九〇〕共:《删翼》無。

〔九一〕則醢人亦如之矣:《删翼》無。

〔九二〕共:《删翼》無。

〔九三〕則籩人亦如之矣:《删翼》作“互文也”。

〔九四〕則:《删翼》無。

〔九五〕“醢人”至“器也”:《周官義疏》無。“賓客喪紀則共實而已”至“自有器也”:《周禮詳解》卷六《醢人》“凡祭祀”(以下簡稱《周禮詳解》“凡祭祀”)節引作“賓客、喪紀,則掌客、職喪之屬匄有共其器者。醢人所共,其實而已。”

〔**九六**〕其:《周禮·天官·醢人》、《周官新義》卷四《籩人·醢人》、益齋本下有“籩”,《周官義疏》“喪事”節引作“籩”。者:《周禮詳解》“凡祭祀”節引無。

〔**九七**〕籩:《周禮詳解》“凡祭祀”節引上有“則”。人:《周官新义》卷四《籩人·醢人》、益齋本下有“之”。官以籩名:《周禮詳解》“凡祭祀”節引、《周官義疏》“喪事”節引作“以籩名官”。故也:《周禮詳解》“凡祭祀”節引無。故:《周官義疏》“喪事”節引無。

〔**九八**〕“醢人言”至“實者”:《周禮詳解》“凡祭祀”節引無。豆:《周官義疏》“喪事”節引無。

〔**九九**〕之官:《周禮詳解》“凡祭祀”節引無。

〔**一〇〇**〕名:《周禮詳解》“凡祭祀”節引下有“官”。

〔**一〇一**〕不言共王及后世子之内羞:《周禮訂義》卷九《籩人》“爲王及后”(以下簡稱《周禮訂義》“爲王及后”)節引無。之:益齋本作“共其”。

〔**一〇二**〕而:《周禮訂義》“爲王及后”節引無。

〔**一〇三**〕“而曰”至“内羞”:益齋本無。

〔**一〇四**〕非共王及后世子:《周禮訂義》“爲王及后”節引無。

〔**一〇五**〕内羞:《周禮訂義》“爲王及后”節引無。

〔**一〇六**〕莅:四庫本作“位”。宫:《周禮訂義》“爲王及后”節引作“官”。具:《删翼》作“戒”。

〔**一〇七**〕則:四庫本作“財”,《删翼》下有“此”。

〔**一〇八**〕“加籩加豆”至“爲祭事矣”:《埤雅》無。按:上述文字中,“朝事之籩,其實麷、蕡、白、黑、形鹽”“豆……實韭菹、醓醢,昌本”“饗有昌歜、白、黑、形鹽”“加豆之實……深蒲、醓醢……笋菹、魚醢”等文字,《埤雅》置於“以象朝事”句前。“籩人醢人皆不言”至“爲祭事矣”:《周官義疏》無。事:《周官新義》卷四《籩人·醢人》、益齋本作“祀”。

醓人掌共五齊七菹，凡醓物。以共祭祀之齊菹，凡醓醬之物。賓客，亦如之。王舉，則共齊菹醓物六十瓮，共后及世子之醬齊菹。賓客之禮，共醓五十瓮。凡事，共醓。

鄭 齊菹醬屬醓人者，皆須醓成味。

賈 與醓人共掌。〔一〕醓人連言醬者，并豆醬亦掌。〔二〕“王舉，〔三〕則共齊菹醓物六十瓮”，〔四〕并醓人六十瓮，〔五〕即《膳夫》醬用百有二十瓮是也。〔六〕“王后及世子之醬齊菹”者，〔七〕以其與醓人共掌。〔八〕“賓客之禮，〔九〕共醓五十瓮”，〔一〇〕與醓人五十瓮，總共爲百瓮，亦據侯、伯，舉中言之。

【校注】

〔一〕與：賈《疏》上有“醓人”至“味故”。掌：賈《疏》下有“云以”至“物者”。

〔二〕掌：賈《疏》下有“言賓”至“致之”。

〔三〕王：賈《疏》上有“云”。

〔四〕瓮：賈《疏》下有“者”。

〔五〕瓮：賈《疏》下有“者”。

〔六〕即：賈《疏》上有“并醓人六十瓮”。

〔七〕王：賈《疏》作“云共”。者：賈《疏》下有“案醓”至“齏菹”。

〔八〕掌：賈《疏》下有“齏菹”至“爲言”。

〔九〕賓：賈《疏》上有“云”。

〔一〇〕瓮：賈《疏》下有“者”。

(監)[鹽]人掌鹽之政令,〔一〕**以共百事之鹽。祭祀,共其苦鹽、散鹽。**

【校注】

〔一〕此職官中之"鹽",開慶本、安氏本、蔣抄本經文及《注》、《疏》皆作"監",四庫本皆作"鹽"。按:下節魏氏引杜子春"讀'苦'爲'鹽'",開慶本、安氏本、蔣抄本作"讀'苦'爲'監'"。可知開慶本、安氏本、蔣抄本所寫"監"字,皆爲"盬"的异體字;四庫本"鹽"爲"鹽"的异體字。此處從《周禮·天官·鹽人》、益齋本,改"監"爲"鹽",下經文及《注》、《疏》皆徑改,不再一一出校。

鄭 "政令",謂受入教所處置,求者所當得。

杜子春〔一〕 讀"苦"爲"盬",〔二〕謂出鹽直用,不湅治。

【校注】

〔一〕杜子春:開慶本、安氏本、蔣抄本皆未將其塗黑,且將此節與前節及下節合爲一節。循前文例,將此三字加大、加粗,將此節單獨成節。

〔二〕孫詒讓曰:"苦盬聲類同,故杜讀從之。《典婦功》先鄭讀同。……段玉裁云:'凡《周禮》苦讀爲盬者甚多,故杜比例知之也。'……然則苦鹽盬鹽,義本兩通,不必破字矣。"又曰:"《吕氏春秋·誣徒篇》云'從師苦而欲學之功也',高注云:'苦,讀如盬會之盬,不精至也。'……則苦不破字亦可通。"(《周禮正義》卷一一《鹽人》,第四一一—四一二頁;卷一四《典婦功》,第五六九頁)

鄭司農云 “散鹽”,湅治者。

玄謂 (鬻)[鬻]水爲鹽曰散鹽。〔一〕

【校注】

〔一〕鬻:鄭玄《注》、四庫本、益齋本作“鬻”。按:“鬻”當爲“鬻”,據改。鬻水爲鹽曰散鹽:鄭玄《注》作“散鹽鬻水爲鹽”。孫詒讓曰:“《釋文》於下經鬻鹽,始發音,疑此注鬻字本作‘煮’,注例用今字也。……此經凡言散者,皆粗沽猥雜、亞次於上之義。故《屨人》散屨次於功屨;《巾車》散車次於良車;《充人》之散祭祀,别於五帝先王之祭;《旄人》之散樂,别於雅樂;《司弓矢》之散射,别於師田之射。事异而義并相近也。”(《周禮正義》卷一一《鹽人》,第四一二頁)

賈 政令,〔一〕謂四方鹽來,〔二〕有數種,〔三〕處置不同,故云“受入教所處置”也。“杜子春讀苦爲鹽”者,〔四〕鹽鹹非苦,〔五〕故破苦爲鹽,見今海傍出鹽之處謂之鹽。不用湅治者,〔六〕對下經鬻鹽是湅治。〔七〕鄭司農云“散鹽,湅治者”,下經自有鬻鹽是湅治,故後鄭不從。鹽謂出於鹽池,今之顆鹽是也。散鹽,煮水爲之,出於東海。

【校注】

〔一〕政:賈《疏》上有“注政令至當得釋曰”。

〔二〕謂:賈《疏》、四庫本上有“謂受入教所處置者”。

〔三〕有:賈《疏》上有“鹽”。

〔四〕杜:賈《疏》上有“祭祀”至“爲鹽釋曰”。按:其中“鹽謂”至“東海”二十二字,魏氏置於後,詳見下。杜子春:開慶本、《四部叢刊初編》本、安氏本、蔣抄本將此三字塗黑。按：其下文字，爲賈《疏》引杜子春語，無須塗黑。

〔五〕鹹：益齋本作"鹽"，賈《疏》上有"鹽"。

〔六〕不用：賈《疏》作"云直用不"。

〔七〕治：賈《疏》下有"者也"。《周禮·天官·鹽人》阮校曰："（盬）毛本同，閩、監本'盬'誤'鹽'，下'鬻盬'同。"

鶴山先生云　苦鹽自對下文飴鹽，不改爲盬，亦可。〔一〕然賈謂池鹽爲顆而味苦，此即解盬之類，不用湅治，因南風起，灑水於草上，即結成顆鹽，却不味苦。賈仕於長安，〔二〕此不可曉。

【校注】

〔一〕孫詒讓曰："魏説亦通。"（《周禮正義》卷一一《鹽人》，第四一二頁）

〔二〕仕：益齋本作"任"。

賓客，共其形鹽、散鹽。王之膳羞，共飴鹽。后及世子，亦如之。凡齊事，鬻盬以待戒令。〔一〕

【校注】

〔一〕《周禮·天官·鹽人》阮校曰："（盬，）唐《石經》、宋本、余本、嘉靖本、毛本同，閩本、監本'盬'誤'鹽'，《注》中同。"

鄭　"形鹽"，鹽之似虎形。"飴鹽"，鹽之恬者，今戎鹽有焉。"齊事"，和五味之事。"鬻盬"，〔一〕湅治之。

【校注】

〔一〕孫詒讓曰:"鬻,注例當作'煮',凡注復述經文,亦不用古字。"(《周禮正義》卷一一《鹽人》,第四一三頁)

賈 《左氏》:〔一〕鹽,虎形。〔二〕戎鹽即石鹽。〔三〕言"齊事",〔四〕《食醫》春酸、〔五〕夏苦之類。〔六〕今湅治鹽以待戒令,則齊和之。

【校注】

〔一〕左:賈《疏》上有"注形"至"鹽即"。氏:賈《疏》下有"傳"。

〔二〕形:賈《疏》下有"是也籩人已釋訖"。

〔三〕戎:賈《疏》上有"飴鹽"至"云今"。即:賈《疏》上有"有焉者"。石:四庫本作"右"。石鹽:賈《疏》下有"是也"。

〔四〕言:賈《疏》上有"注齊事至治之釋曰"。事:賈《疏》下有"者"。

〔五〕食:賈《疏》上有"謂若"。春:賈《疏》下有"多"字。

〔六〕夏:賈《疏》下有"多"字。類:賈《疏》下有"是也"。

幂人掌共巾幂。祭祀,以疏布巾幂八尊。

鄭 共巾可以覆物。以疏布者,天、地之神尚質。

賈 據經巾、〔一〕幂俱有,鄭唯言"共巾可以覆物",不言幂者,但幂唯衹覆物,其巾兼以拭物,〔二〕故特解"巾可以覆物"者也。下經畫布幂六彝〔三〕是宗廟之祭,〔四〕是疏布幂八尊。〔五〕無灌,〔六〕是天、地可知。《禮器》云:〔七〕"大路素而越席,疏布幂。"彼皆據祭天,則疏布是祭天、地可知。舉天、地,則四望山川、社稷、林澤

皆用疏布，皆是尚質之義。[八]

【校注】

〔一〕據：賈《疏》上有"幂人"至"覆物釋曰"。

〔二〕其：四庫本作"共"。巾：賈《疏》下有"則"。

〔三〕下：賈《疏》上有"祭祀"至"以其"。

〔四〕祭：賈《疏》下有"用六彝"。

〔五〕是：賈《疏》作"即知此"。

〔六〕灌：賈《疏》、四庫本、益齋本作"祼"。

〔七〕禮：賈《疏》上有"又見"。

〔八〕義：賈《疏》下有"也"。

以畫布巾幂六彝，凡王巾，皆黼。

鄭 宗廟可以文。畫者，畫其雲氣與？四飲三酒皆畫黼。周尚武，其用文德則黻可。

賈 舉六彝，[一]對上經八尊。無鬱鬯，以言宗廟有鬱鬯。其實天、地亦有鬱鬯之彝，[二]用疏布。宗廟亦有八尊，亦用畫布。互舉以明義。[三]言"宗廟可以文"者，[四]以其用畫布，對上疏布爲質。[五]畫其雲氣者，[六]《三禮》通例，所言畫者，解畫皆可以爲畫雲氣，[七]謂畫爲五色之雲。俱無正文，故言"與"以疑之。黼，[八]鄭據《酒正》之文而言，其實酒飲之外，巾皆用黼。黼者，白與黑作斧文，取今斧斷割之義。[九]"周尚武"者，[一〇]周以武得天下，故云"尚武"，故用黼也。"用文德則黻可"，[一一]謂若夏以揖讓得天下，是文定天下，當用黑與青。[一二]謂之黻，兩巳相背。[一三]

【校注】

〔一〕舉:賈《疏》上有"以畫"至"六彝此"。

〔二〕鬱:賈《疏》原作"粔",《周禮正義》卷一一《幂人》引作"秬"。"按孫校:'"秬"誤"粔",據改。'"(北京大學出版社版《周禮注疏》,第一四四頁)

〔三〕義:賈《疏》下有"也"。

〔四〕言:賈《疏》上有"注宗廟至氣與釋曰"。

〔五〕質:賈《疏》下有"故言宗廟可以文"。

〔六〕畫:賈《疏》上有"云畫者"。氣:賈《疏》下有"與"。

〔七〕可:賈《疏》、四庫本、益齋本無。

〔八〕黼:賈《疏》上有"凡王"至"畫者",下有"者"。

〔九〕今:益齋本作"合"。

〔一〇〕周:賈《疏》上有"云"。

〔一一〕用:賈《疏》上有"云其"。可:賈《疏》下有"者"。

〔一二〕當:賈《疏》上有"則"。

〔一三〕背:賈《疏》下有"也若"至"黼耳",益齋本下有"也"。

鶴山先生云 凡言畫,鄭康成皆臆決,以爲雲雷,於義無所考。〔一〕以周尚武用黼,夏尚揖讓用黻,恐亦未盡然。〔二〕

【校注】

〔一〕孫詒讓曰:"鄭君諸經注凡言畫者,多以雲氣爲説。如《射人》及《鄉射記》之畫侯,《司几筵》及《書·顧命》之畫純,《司常》之畫象,《喪大記》之畫荒,皆以爲雲氣。蓋皆意爲之説,於經典無確

證。王昭禹、黄以周謂下文凡王巾皆黼，則畫布巾亦畫黼，其説亦通。”(《周禮正義》卷一一《幂人》，第四一六頁)

〔二〕孫詒讓曰：“黼斧字通。《周書·器服篇》記明器有斧巾，即此黼巾也。云‘其用文德則黻可’者，亦鄭以意言之，明不必皆用黼也。”(《周禮正義》卷一一《幂人》，第四一六頁)

宫人掌王之六寢之脩。

鄭 六寢者，路寢一，小寢五。《玉藻》曰：“朝，辨色始入。君日出而視朝，退適路寢聽政。使人視大夫，大夫退，然後適小寢，釋服。”是路寢以治事，小寢以時燕息焉。《春秋》書魯莊公薨於路寢，〔一〕是則人君非一寢明矣。

【校注】

〔一〕寢：鄭玄《注》下有“僖公薨於小寢”。

賈 案《守祧職》，〔一〕其廟則有司修除之，其祧則守祧黝堊之。鄭《注》，〔二〕此雖不注修，〔三〕亦是埽除。路寢制如明堂，〔四〕以聽政。路，(夭)[大]也，〔五〕人君所居皆曰路。〔六〕君日出，〔七〕始出路門而視朝，退適路寢聽政，〔八〕使人視大夫，〔九〕大夫退，然後適小寢，釋服，〔一〇〕服玄端。又引《左氏·莊三十二年》“薨於路寢，〔一一〕得其正”，《僖三十三年》“薨於小寢”，〔一二〕譏其即安。〔一三〕言此時有不信《周禮》，〔一四〕故引諸文以證之。〔一五〕所引諸侯法。〔一六〕天子六寢，則諸侯當三，〔一七〕亦路寢一，燕寢一，側室一，〔一八〕《内則》所云是。〔一九〕

【校注】

〔一〕案：賈《疏》上有“宫人至之修釋曰”。

〔二〕注:賈《疏》下有“云修除黝堊互言之”。

〔三〕注:賈《疏》作“主”。

〔四〕路:賈《疏》上有“注六”至“五者”。

〔五〕夭:賈《疏》、四庫本、益齋本作“大”。按:應作“大”,據改。

〔六〕路:賈《疏》下有“又引”至“體盤”。

〔七〕君:賈《疏》作“故”。

〔八〕政:賈《疏》下有“者謂路門”至“聽政”。

〔九〕使:賈《疏》上有“云”。

〔一〇〕服:賈《疏》下有“者朝罷”至“朝服”。

〔一一〕引:賈《疏》下有“春秋者”。莊:賈《疏》下有“公”。薨:賈《疏》上有“公”。

〔一二〕僖:賈《疏》下有“公”。薨:賈《疏》上有“公”。

〔一三〕安:賈《疏》下有“云是”至“明矣”。

〔一四〕此:賈《疏》、益齋本下有“者”。

〔一五〕之:賈《疏》下有“若然”。

〔一六〕引:賈《疏》下有“者皆”。

〔一七〕三:賈《疏》下有“寢”。

〔一八〕孫詒讓曰:“《大戴禮記·保傅篇》云:‘《青史氏之記》曰:古者胎教,王后腹之,七月而就宴室。’盧注云:‘宴室,郟室,次宴寢也,亦曰側室。’案:宴燕字通,盧謂即側室是也。其云郟室者,郟,夾之誤。《内則》云:‘妻將生子及月辰,居側室。’注云:‘側室謂夾之室,次燕寢也。’此即盧所本。然古書無以夾室爲側室者,宋本《内則》注夾作‘夫’,於義較長。盧所據本蓋已訛作夾,故又訛爲郟,殆不足馮也。”(《周禮正義》卷一三《内宰》,第五三六頁)

〔一九〕云:賈《疏》下有“者”。是:賈《疏》、四庫本下有“也”。

爲其井匽，〔一〕**除其不蠲，去其惡臭**。

【校注】

〔一〕井匽："惠士奇云：'井匽一名偃，一名屏匽。……屏厠則以偃溲，此井匽乃屏厠之明證。而後鄭謂漏井匽猪者，非也。……《廣雅·釋器》云："圊、圂、庰，厠也。"'王念孫云：'……井字疑是并字之譌。并屏古字通，屏匽謂厠也。據下文云"除其不蠲，去其惡臭"，則以匽爲路厠者是也。'案：惠、王説甚確。但先鄭不釋井字，疑以井匽爲二，蓋不知井爲并之譌也。"(《周禮正義》卷一一《宫人》，第四二一頁)

鄭　井，漏井，所以受水潦。蠲猶潔也，〔一〕《詩》云："吉蠲爲饎。"

【校注】

〔一〕"段玉裁云：'圭訓絜，蠲不訓絜，因音同而以猶通之。'案：段説是也。蠲即圭之借字。"(《周禮正義》卷一一《宫人》，第四二〇頁)

鄭司農云〔一〕　匽，路厠也。

【校注】

〔一〕鄭司：安氏本作"司司"。

玄謂　匽猪，謂霤下之池，受畜水而流之者。

賈　謂於宫中爲漏井，〔一〕以受穢。又爲匽猪，使四邊流水入焉。井、[二]匽二者,皆所以除其不蠲潔,又去其惡臭之物。[三]《秋官·蜡氏》云:[四]"大祭祀,令州里除不蠲。"《注》云:"蠲,讀如'吉圭爲饎'之圭。[五]圭,潔也。"此云"蠲",彼《注》云"圭",不同者,蓋是三家《詩》,[六]故與此不同。司農云:"匽,路厠。"後鄭不從者,以其匽字與規匽猪同,[七]故不從。[八]

【校注】

〔一〕謂:賈《疏》上有"爲其至惡臭釋曰"。

〔二〕井:賈《疏》作"非"。

〔三〕物:賈《疏》下有"注井"至"爲饎"。

〔四〕秋:賈《疏》上有"案"。

〔五〕爲:賈《疏》作"惟"。

〔六〕蓋:賈《疏》上有"彼"。三家詩:西漢時立於官學的齊人轅固所傳授的《齊詩》、魯人申培所傳授的《魯詩》、燕人韓嬰所傳授的《韓詩》的合稱。因上述三家《詩經》均用漢代通行的隸書文字書寫,又稱今文詩。東漢後期鄭玄爲古文毛《詩》作《箋》後,毛《詩》逐漸流行,三家《詩》逐漸亡佚。除了《韓詩外傳》尚存,齊《詩》至曹魏時亡佚,韓《詩》至宋時亡佚。宋代王應麟及清代陳壽祺、陳喬樅等,都曾遍檢文獻,對三家《詩》進行輯佚。王先謙撰《詩三家義集疏》,被譽爲輯佚三家《詩》的集大成之作。

〔七〕規:賈《疏》作"親"。阮《校》曰:"惠校本'親'作'規',此誤。……按:'規匽猪'見《左傳·襄公二十五年》。今《左傳》作'偃',其義略同,皆謂汚下之地。鄭君實用《左氏》也。"

〔八〕從:賈《疏》下有"後鄭"至"去之"。

共王之沐浴。凡寢中之事，埽除、執燭、共爐炭，凡勞事。四方之舍事，亦如之。

鄭〔一〕 “勞事”，勞褻之事。從王適四方及會同所舍。

【校注】

〔一〕按：此節鄭玄《注》及下節賈《疏》，開慶本、《四部叢刊初編》本、安氏本、益齋本、蔣抄本次序顛亂。節首并列“鄭賈”二字，且塗黑。下接賈《疏》“宫人”至“清之事”，下接鄭注“勞事”至“所舍”，下又接賈《疏》“亦如”至“褻之事”。今據鄭玄《注》、四庫本乙正。二節節首皆仿前文例，分别加“鄭”“賈”，且加大、加粗。

（鄭）賈〔一〕 宫人掌潔清之事。〔二〕沐用潘煩，〔三〕浴用湯，亦是自潔清之事。“亦如之”，〔四〕亦如上掌凡勞褻之事。

【校注】

〔一〕鄭賈：四庫本無“鄭”字。按：此節係賈公彦對經文“共王”至“如之”所作《疏》，非鄭玄《注》文，此處“鄭”字衍，故删。

〔二〕宫：賈《疏》上有“共王之沐浴釋曰”。

〔三〕煩：此字爲魏氏對“潘”所標音讀。

〔四〕亦：賈《疏》上有“四方”至“之處言”。之：賈《疏》下有“者”。

掌舍掌王之會同之舍，設梐枑，再重。

鄭 故書“枑”爲（拒）“［柜］”。〔一〕

【校注】

〔一〕拒:鄭玄《注》、四庫本、益齋本作“柜”。阮《校》曰:“嘉靖本‘柜’作‘拒’,下同。此本《疏》中亦作‘拒’,葉鈔《釋文》‘拒’音‘矩’。”孫詒讓曰:“宋婺州本、建陽本、董氏本、嘉靖本并作拒,下同。葉鈔本《釋文》亦作拒。案:拒即柜之誤,今依宋互注本正。徐養原云:‘《司會》“參互”,故書互爲巨,杜子春讀爲參互。《脩閭氏》“互欜”,故書互爲巨,鄭司農云當爲互。是古者梐枑之枑,或通作互,互與巨形聲相似。故作柜則讀爲枑,作巨則讀爲互,杜鄭各依字讀之。’……蓋交木爲行馬謂之梐,樹木爲藩落謂之櫃,二者皆以備守衛,故經并舉之。以此釋故書,或可備一義與?”(《周禮正義》卷一一《掌舍》,第四二三、四二四頁)按:應作“柜”,據改。

司農云〔一〕 梐,榱梐也。(拒)[柜],〔二〕受居溜水涑槖者也。

【校注】

〔一〕司:鄭玄《注》、益齋本上有“鄭”。

〔二〕拒:《周禮·天官·掌舍》《注》引鄭衆語、四庫本、益齋本作“柜”。按:應作“柜”,據改。

杜子春 讀爲梐枑,梐枑謂行馬。〔一〕

【校注】

〔一〕孫詒讓曰:“《説文·木部》云:‘梐,梐枑也。枑,行馬也。

《周禮》曰：設梐枑再重。'段玉裁云：'杜易柜爲枑，鄭君從杜也。司農梐枑爲二物，杜梐枑爲一物。枑與柜形聲皆相似。《説文》枑字下云"行馬也"，引《周禮》。柜字下不引《周禮》，亦是從子春説，不從故書。'案：段説是也。行馬，以木相連比，交互爲之，故謂之梐枑。枑字亦作'互'，《脩閭氏》先鄭注云：'互謂行馬，所以障互禁止人也。'亦謂之閑，《虎賁氏》'舍則守王閑'，注云：'閑，梐枑。'《六韜·軍用篇》云：'三軍拒守木螳螂，劍刃扶胥，廣二丈，百二十具，一名行馬。'是周時有行馬之名，漢時因之，《藝文類聚·職官部》引《漢官儀》云：'光禄勳門外，特施行馬以旌别之。'是也。"(《周禮正義》卷一一《掌舍》，第四二四—四二五頁)

玄謂　行馬"再重"者，以周衛有外内列。

賈　掌舍掌閑衛，〔一〕不掌潔净之事。〔二〕又行止之處，未即有蟲可涑。先鄭輒依故書(拒)[柜]，〔三〕而爲溜水涑橐，又(拒)[柜]非必是受溜水之物，〔四〕故後鄭從子春爲行馬也。〔五〕《虎賁氏》：〔六〕"舍則守王閑。"《注》云："閑，梐枑。"此梐枑是周衛之具耳。〔七〕

【校注】

〔一〕掌舍：賈《疏》上有"掌舍"至"内列釋曰"。

〔二〕净：益齋本作"清"。

〔三〕拒：四庫本、益齋本作"柜"。阮《校》曰："閩、監、毛本'拒'作'柜'，下同。"據改。

〔四〕拒：四庫本、益齋本作"柜"。據阮《校》改。物：賈《疏》下有"於義未可"。

〔五〕鄭:賈《疏》下有"不從"。

〔六〕虎:賈《疏》上有"案"。氏:賈《疏》下有"云"。

〔七〕耳:賈《疏》下有"此梐"至"桓也"。

鶴山先生云 梐桓爲行馬,自周以來已有之。魏晋間得上賜,方門施行馬。〔一〕其他宫府,惟丞相府或有之,如葬賜鹵簿之類也。〔二〕唐李義山見令狐楚之子(騊)[綯]有詩云:〔三〕"郎君官貴施行馬"云。〔四〕

【校注】

〔一〕門施行馬:《三國志》卷二《文帝紀》裴《注》引《續漢書》:"黄初四年……又爲門施行馬,致吏卒,以優崇之。"《晋書》卷三三《王覽傳》:"後轉光禄大夫,門施行馬。"《宋書》卷七七《沈慶之傳》:"元景在從公之上……門施行馬。"《北齊書》卷二三《魏蘭根傳》:"魏帝遣舍人石長宣就家勞問,猶以開府儀同,門施行馬,歸於本鄉。"《陳書》卷三一《蕭摩訶傳》:"後主特賜摩訶開黄閣,門施行馬。"

〔二〕鹵簿:古代帝王駕出時扈從的儀仗隊。漢以後,亦用於后妃、太子、王公大臣出行或喪葬等禮儀場合。《晋書》卷二〇《禮志中》:"漢魏故事,將葬,設吉凶鹵簿,皆以鼓吹。新禮以禮無吉駕導從之文,臣子不宜釋其衰麻以服玄黄,除吉駕鹵簿。"

〔三〕騊:四庫本作"綯"。按:《舊唐書》卷一七二《令狐綯傳》作"綯",據改。李義山:晚唐著名詩人李商隱(約八一三—約八五八年)字。其生平、事迹具載《舊唐書》卷一九〇下《李商隱傳》。令狐楚:字殼士。其生平、事迹具載《舊唐書》卷一七二《令狐楚傳》。綯:

此處指令狐楚之子令狐綯,字子直。其生平、事迹具載《舊唐書》卷一七二《令狐綯傳》。

〔四〕魏氏引《詩》出自李商隱詩《九日》。"'官',馮引一本作'漸'。'貴',《北夢瑣言》作'重'。"[朱注]"……《漢官儀》:'光禄勛門外特施行馬以旌别之。'後世人臣得用行馬始此。"[吴景旭注]"《名義考》云:'本以禁馬,曰行馬者,反言之也。'……"[程注]"應璩《與滿公琰書》:'外嘉郎君謙下之德。'《注》:'滿寵爲太尉,璩嘗事之,故呼其子曰郎君。'"[馮注]……《唐摭言》:"義山師令狐文公,呼小趙公爲郎君。"[補]行馬,攔阻人馬通行之木架。程大昌《演繁露》卷一:"晋、魏以後,官至貴品,其門得施行馬。行馬者,一木横中,兩木互穿以成四角,施之於門以爲約禁也。《周禮》謂之梐枑,今官府前叉子是也。"(《李商隱詩歌集解》,第一〇二八、一〇二九頁)

設車宫、轅門。

鄭　謂王行止宿阻險之處,備非常。次車以爲藩,則仰車,以其轅表門。

賈　鄭知在險阻之處者,〔一〕下文"爲壇壝宫",是平地,有土可掘,則爲壝宫。明此無土可以爲壝,故知此山間險阻,爲此車宫也。〔二〕仰兩乘,〔三〕車轅相向以表門,故爲轅門。〔四〕

【校注】

〔一〕鄭:賈《疏》上有"設車"至"表門"。

〔二〕也:賈《疏》下有"言仰"至"門者"。

〔三〕仰:賈《疏》上有"謂"。

〔四〕故:賈《疏》下有"名"。

爲壇壝宫,棘門。

鄭謂 王行止宿平地,築壇,又委壝土,起堳埒,以爲宫。

鄭司農云 棘門,以戟爲門。〔一〕

【校注】

〔一〕棘:孫詒讓曰:"棘戟古同讀,故經典戟字多作棘。"(《周禮正義》卷一一《掌舍》,第四二六頁)

杜子春云 棘門或爲材門。〔一〕

【校注】

〔一〕孫詒讓曰:"存异文也。宋世犖云:'《詩·斯干》"如矢斯棘",《韓詩》棘作"朸"。《聲類》:"朸,古材字。"'案:宋説是也。棘朸材三字,古音同部,故棘門或爲材門。其義未聞。……案:賈説亦通。"(《周禮正義》卷一一《掌舍》,第四二六—四二七頁)

賈 知"王行止宿平地"者,〔一〕以下文二者非止宿之事,唯有此壝宫及上文車宫爲止宿,但險阻、平地,二所不同,故知是止宿平地也。云"委壝土起堳埒"者,止宿之間,不可築作墻壁,宜掘塹爲宫。〔二〕土在坑畔而高,則堳埒也。鄭司農"以戟爲門",〔三〕知棘是戟者,《左氏·隱十一年》:"子都與潁考叔争車,〔四〕子都拔棘以逐之。"〔五〕故知棘即戟也。杜子春"棘門或爲材門",〔六〕閔二年,衛文公居楚丘,〔七〕齊桓公共門材,〔八〕是以材木爲門也。〔九〕

【校注】

〔一〕知:賈《疏》上有“注謂王至材門釋曰”。

〔二〕塹:賈《疏》、四庫本作“地”。阮《校》曰:“惠校本‘地’作‘塹’。此本‘地’字剜改。”

〔三〕農:賈《疏》下有“云棘門”。

〔四〕子:賈《疏》上有“鄭欲”至“大宫”。潁:賈《疏》作“鄭”。阮《校》曰:“惠校本‘鄭’作‘潁’。”按:《左傳·隱公十一年》作“潁”。子都:《左傳·隱公十一年》作“公孫閼”。車:《左傳·隱公十一年》下有“潁考叔挾輈以走”。潁考叔:春秋鄭莊公時大夫,曾執掌潁谷(今河南登封西),故名。魯隱公十一年(前七一二年),鄭國攻伐許國時,被意欲奪功的鄭國大夫公孫閼(字子都)暗箭射殺。

〔五〕拔:賈《疏》作“扳”。阮《校》曰:“‘扳’當作‘拔’。”按:《左傳·隱公十一年》亦作“拔”。

〔六〕春:賈《疏》下有“云”。“材門”之“門”:賈《疏》下有“者”。

〔七〕丘:益齋本作“邱”,賈《疏》下有“國家新立”。

〔八〕材:賈《疏》下有“先令”至“材門”。

〔九〕是:賈《疏》上有“即”。

爲帷宫,設旌門。

鄭　謂王行晝止,有所展肆,〔一〕若食息,張帷爲宫,則樹旌以表門。

【校注】

〔一〕肆:益齋本作“肂”。孫詒讓曰:“肆即肂之借字。……《曲

禮》經注肆并作‘肄’,賈引作‘肆’,與彼《釋文》所載别本同。”(《周禮正義》卷一一《掌舍》,第四二七頁)

賈 “若食息”者,〔一〕非直有展習,亦有食息之時,則張帷爲宫,樹立旌旗以表門。案《司常》云:“會同、賓客,置旌門。”〔二〕則轅門之等皆彼他官置之,掌舍直主當取。〔三〕(具)[其]云旌門,〔四〕則《司常》所云“析羽爲旌”者也。

【校注】

〔一〕若:賈《疏》上有“注謂”至“習云”。

〔二〕門:賈《疏》下有“注引”至“若然”。

〔三〕當:阮《校》曰:“浦鏜云:‘當’蓋‘掌’字誤,下‘當取’同。”

〔四〕具:賈《疏》、四庫本作“其”。按:應作“其”,據改。

無宫,則共人門,凡舍事,則掌之。

鄭 謂王行有所逢遇,若住游觀,陳列周衛,則立長大之人以表門。

賈 知此者,〔一〕一則據上三者見夜宿晝止訖,今復云無宫共人門,是非常之事。二則云無宫及人門是暫駐之事,非久停,知止是有所逢遇。〔二〕若有住游觀,〔三〕陳列周衛,非如上三者爲宫。〔四〕

【校注】

〔一〕知:賈《疏》上有“注謂王至表門釋曰鄭”。此:賈《疏》下有“是王行有所逢遇”。

〔二〕知止:賈《疏》作“止此知”,四庫本作“止知”,益齋本作“止故知"。按：賈《疏》、四庫本、益齋本，"止"字皆應上讀。

〔三〕有：益齋本無。

〔四〕宫：賈《疏》下有"則立"至"門也"。

鶴山先生云　古者天子所次舍即名宫。〔一〕以車爲宫，仰車，以轅表門，爲轅門。今之連帥以治所而號轅門，〔二〕失其義。三代王者多省方，〔三〕以觀民風，問耆老，命大師采詩，〔四〕省耕、省斂，〔五〕未曾少燕安於内，〔六〕後世反是。

【校注】

〔一〕孫詒讓曰："宫之爲言營也，凡野舍爲營域以象墻壁，通謂之宫。"(《周禮正義》卷一一《掌舍》，第四二五頁)

〔二〕連帥：禮書記載的古代十國諸侯之長的稱謂。《禮記·王制》："十國以爲連，連有帥。"唐代以後，泛指觀察使、按察使等地方高級軍政長官。

〔三〕省：巡視。方：四方。此處指國家疆域四方所至。《周易·觀》："先王以省方觀民設教。"《疏》曰："以省視萬方，觀看民之風俗，以設於教。"《左傳·莊公二十一年》《注》曰："天子省方，謂之巡守。"

〔四〕《漢書》卷二四上《食貨志上》："孟春之月，群居者將散，行人振木鐸徇於路以采詩，獻之大師，比其音律，以聞於天子。"《漢書》卷三〇《藝文志》："誦其言謂之詩，咏其聲謂之歌。故古有采詩之官，王者所以觀風俗，知得失，自考正也。"

〔五〕《孟子·梁惠王下》："天子適諸侯曰巡狩，巡狩者，巡所守也。諸侯朝於天子曰述職，述職者，述所職也。無非事者，春省耕而補不足,秋省斂而助不給。"《注》曰:"言天子、諸侯出,必因王事,有所補助於民,無非事而空行者也。春省耕,補耒耜之不足。秋省斂,助其力不給也。"《告子下》:"天子適諸侯曰巡狩,諸侯朝於天子曰述職。春省耕而補不足,秋省斂而助不給。"

〔六〕少:稍微。燕安:安寧、安適,引申爲安逸享樂。内:内朝,指帝王起居休息的場所,此處引申爲京師、朝廷。

幕人掌帷、幕、幄、帟、綬之事。

鄭 王出宫則有是事。在傍曰帷,〔一〕在上曰幕。幕或在地,展陳於上。帷、幕皆以布爲之。四合象宫室,曰幄,王所居之帳也。

【校注】

〔一〕傍:鄭玄《注》作"旁"。按:"傍"通"旁"。

鄭司農云 帟,平帳也。綬,組綬,所以繫帷也。

玄謂 帟,王在幕若幄中,〔一〕坐上承塵。幄、帟皆以繒爲之。凡四物者,以綬連繫焉。

【校注】

〔一〕王:鄭玄《注》、四庫本、益齋本作"主"。阮《校》曰:"閩、監、毛本同,誤也。宋本、余本、嘉靖本'主'作'王'。此本及惠校本《疏》中引《注》亦作'王'。當據以訂正。浦鏜云:'"王"誤"主",從《集注》校。'"

賈 “或在地展陳於上”者,[一]《聘禮》云:[二]管人布幕,官陳幣,史展幣,皆於幕上。又賓入境,[三]至館,皆展幕。是幕在地,展陳於上。又云“帷、幕皆以布爲之”,[四]《既夕禮》:[五]明衣裳用幕布。[六]“四合象宫室曰幄”,[七]見顔延之《(幕)[纂]要》。[八]鄭司農:[九]“帟,平帳”,後鄭不從,[一〇]見下王喪張帟三重之等,皆據承塵。又幄已是帳,又言帟,明帟非帳也。先鄭又云“組綬,[一一]綬所以繫帷”者,[一二]此語未足,後鄭增成其義。[一三]“玄謂帟,王在幕若幄中,[一四]坐上承塵”者,[一五]《掌次》云:“朝日,祀五帝,則張大次、小次,設重帟。”次即幄,是幄中坐上有承塵也。云“幄、帟皆以繒爲之”者,以其在帷幕之内,[一六]宜細密。又案《喪大記》,[一七]有素錦褚[褚],[一八]褚[褚]即幄。[一九]彼喪用錦,明此用繒可知。[二〇]

【校注】

〔一〕或:賈《疏》上有“幕人”至“也云”。

〔二〕聘:賈《疏》上有“案”。

〔三〕又:賈《疏》上有“聘禮”。

〔四〕之:賈《疏》下有“知者”。

〔五〕既:賈《疏》上有“案”。禮:賈《疏》下有“云”。

〔六〕布:賈《疏》下有“其帷”至“繒也”。

〔七〕四:賈《疏》上有“云”,賈《疏》作“曰”。按:據鄭玄《注》,賈《疏》作“曰”,誤。幄:賈《疏》下有“知四”至“句者”。

〔八〕幕:安氏本此字不可辨,賈《疏》、四庫本、益齋本作“纂”。按:應作“纂”,據改。要:賈《疏》下有“云四”至“句也”。顔延之(三八四—四五六年),字延年,琅邪臨沂(今山東臨沂)人。其生平、事迹具載《宋書》卷七三《顔延之傳》。《纂要》:顔延之所撰小學類著作名。其體例祖述《爾雅》,其釋詞主要側重於區分同義詞和近義詞之間的差别。原書已佚,清代學者任大椿、王念孫、馬國翰、黄奭、曹元忠、王仁俊等均有輯本。

〔九〕農:賈《疏》下有"云"。

〔一〇〕從:賈《疏》下有"者"。

〔一一〕組綬:賈《疏》、益齋本作"綬組"。

〔一二〕帷:安氏本、四庫本、益齋本作"幄"。

〔一三〕後:賈《疏》上有"故"。

〔一四〕王:四庫本、益齋本作"主"。

〔一五〕者:賈《疏》下有"云在"至"帟者"。

〔一六〕在:賈《疏》作"布"。

〔一七〕記:安氏本、四庫本、益齋本作"紀"。按:"紀"誤,應作"記"。

〔一八〕褚:益齋本作"褚"。按:當作"褚",據改。

〔一九〕褚:益齋本作"褚"。按:當作"褚",據改。

〔二〇〕知:賈《疏》下有"云凡"至"鄭也"。

三禮辨〔一〕 帷,〔二〕今壁衣也。〔三〕幕,今拂廬帳之類。〔四〕帷在堂上,幕在堂下。幄,今之帳坐也。〔五〕帟,今之承塵也。〔六〕綬,組也,所以繫四物者。〔七〕

【校注】

〔一〕按:諸本均將所引《三禮辨》文與賈《疏》合爲一節。四庫本所引《三禮辨》字號與同節其他文字同。開慶本、《四部叢刊初編》本、安氏本、益齋本、蔣抄本所引《三禮辨》文使用小號字體,且爲一欄雙行。仿前文例,將其單獨成節,節首“三禮辨”三字加大、加粗,節首及正文字號與他節同。

〔二〕帷:益齋本作“物”。

〔三〕壁衣:古代用織錦或布帛做成,用來裝飾墻壁的帷幕。《御定全唐詩》卷一九九岑參《玉門關蓋將軍歌》:“暖屋綉簾紅地爐,織成壁衣花氍毹。”

〔四〕類:益齋本作“内”。拂廬帳:古代吐蕃人居住的一種氈帳名。《新唐書》卷二一六上《吐蕃傳上》:“其贊普居跋布川,或邏娑川,有城郭廬舍不肯處,聯毳帳以居,號大拂廬,容數百人。其衛候嚴,而牙甚隘。部人處小拂廬。”大概在唐朝時傳入内地。《舊唐書》卷四《高宗本紀上》:“(永徽五年八月)辛未,吐蕃使人獻馬百匹及大拂廬可高五丈,廣袤各二十七步。”

〔五〕坐:益齋本作“幄”。

〔六〕承塵:古代用來承接塵土的帳子或小帳幕。

〔七〕物:四庫本無。四物:即帷、幕、幄、帟。李心傳此句注釋,與鄭玄《注》“凡四物者,以綬連繫焉”大略同義。

凡朝覲、會同、軍旅、田役、祭祀,共其帷、幕、幄、帟、綬。大喪,共帷、幕、帟、綬。三公及卿、大夫之喪,共其帟。

鄭 爲賓客飾也。帷以帷堂,或與幕張之於庭。帟在柩上。

賈 朝覲、會同皆共掌次,〔一〕使張之。此云“朝覲、會同”,即《掌次》“諸侯朝覲、會同”是也。〔二〕此云“軍旅、田役”,即《掌次》云“師田”。〔三〕此云“祭祀”,即《掌次》云“大旅及朝日祀五帝”是也。此數事,共帷、〔四〕幕、幄、帟、綬與掌次,是以鄭云“共之者,掌次當以張”也。“爲賓客飾”者,〔五〕若《顧命》成王喪,〔六〕召公、畢公率諸侯入，[七]與二王後皆賓客，[八]故爲之飾也。[九]《喪大記》、[一〇]《士喪禮》，[一一]始死帷堂，小斂徹之。及殯在堂，亦帷之也。[一二]

【校注】

〔一〕朝覲會同：賈《疏》作"此一經"。共：賈《疏》作"供"。掌：賈《疏》、益齋本上有"與"，四庫本、安氏本無。

〔二〕次：賈《疏》下有"云"。

〔三〕田：賈《疏》下有"彼師"至"田役是也"。

〔四〕共：賈《疏》上有"皆"。

〔五〕者：賈《疏》下有"王喪而有賓客者謂"。

〔六〕喪：賈《疏》下有"諸侯"至"命云"。

〔七〕召公畢公率諸侯入：賈《疏》作"畢公率東方諸侯入應門右召公率西方諸侯入應門左"。

〔八〕與：賈《疏》作"并有"。王：賈《疏》下有"之"。皆：賈《疏》下有"是"。

〔九〕也：賈《疏》下有"云帷以帷堂者"。

〔一〇〕喪：賈《疏》上有"謂若"。記：益齋本作"紀"。

〔一一〕士：賈《疏》上有"及"。

〔一二〕也：賈《疏》下有"云或"至"是也"。

荆公[一]　鄭氏以爲"王出宫則有是事"，[二]以《掌次》考之，[三]則王出宫，有掌次掌其法，"以待張事"，幕人共張物而已。所謂"凡朝覲、[四]會同、軍旅、田役、祭祀，共其帷、幕、幄、帟、綬"是也。[五]謂之掌事，[六]則非特掌其物矣。[七]"大喪，共帷、幕、帟、

綏”,而不共幄,則王方宅喪,無所事幄,〔八〕以帷、幕、帟、綬共張喪柩而已。〔九〕

【校注】

〔一〕此節,魏氏將其與前節合爲一節,未單獨成節。且“荆公”二字與其他文字字號亦無异。仿前文例,將此節單獨成節,“荆公”二字加粗、加大。

〔二〕鄭:《周官新義》卷四《幕人》上有“幕人”至“之事”。

〔三〕以:《經苑》本、《四部叢刊初編》本《周官新義》卷四《幕人》作“所”。

〔四〕凡:《周官新義》卷四《幕人》、《周禮詳解》卷七《幕人》無。

〔五〕是也:《周官新義》卷四《幕人》作“之事”。

〔六〕謂:《周官新義》卷四《幕人》上有“則正謂王在宫非出次之時”,《周禮詳解》上有“則正所謂王在宫非出次之時”。

〔七〕“鄭氏”至“物矣”:《周禮訂義》卷九《幕人》無。“謂之”至“物矣”:《周禮詳解》、《周官義疏》卷五《幕人》作“幕人非特掌其物又掌其事”。

〔八〕所事:《周禮詳解》《周禮訂義》作“事於”。

〔九〕柩:《經苑》本、《四部叢刊初編》本《周官新義》卷四《幕人》作“匶”。按:“匶”同“柩”。

掌次掌王次之法,以待張事。王大旅上帝,則張氈案,設皇邸。〔一〕

【校注】

〔一〕孫詒讓曰:“《釋文》云:‘皇邸,一本作皇羽邸。’阮元云:

‘此因注云皇羽覆上，經亦誤衍羽字。疏云見經皇是鳳皇之字，故知以皇羽覆邸上。是賈疏本不衍羽字也。’案：阮説是也。”(《周禮正義》卷一一《掌次》，第四三三頁)

鄭 “法”，大小丈尺。“大旅上帝”，祭天於圜丘。〔一〕國有故而祭，亦曰旅。此以旅見祀也。“張氈案”，以氈爲床於幄中。

【校注】

〔一〕圜：孫詒讓曰：“經注例，凡圜字當作‘圜’，此疑誤。”(《周禮正義》卷一一《掌次》，第四三三頁)

鄭司農云 皇，羽覆上。邸，後版也。

玄謂 後版，屏風與？染羽象鳳皇羽色以爲之。

賈 “大旅上帝”，〔一〕祭天於圜丘。〔二〕案《大宗伯》，“國有大故，則旅上帝及四望”，是國有大故而祭，〔三〕謂之旅。“張氈案”者，〔四〕案謂床也。床上著氈，即謂之氈案。“設皇邸”者，邸謂以版爲屏風，〔五〕又以鳳皇羽飾之。此謂王坐所置也。言“後版”者，〔六〕謂爲大方版於坐後，畫爲斧文。言“屏風”者，據漢法況之，無正文，故言“與”以疑之。染羽，〔七〕象鳳皇羽以爲之。〔八〕

【校注】

〔一〕大：賈《疏》上有“王大”至“云王”。帝：賈《疏》下有“者”。

〔二〕祭：賈《疏》上有“謂冬至”。丘：賈《疏》下有“則張”至“旅者”。按：“張氈”至“置也”，魏氏下文引之，詳見下。

〔三〕大：賈《疏》無。

〔四〕張:賈《疏》上有“則”。按:此句本在“祭天於圜丘”句下,魏氏將“張氈”至“置也”後移置此。

〔五〕版:安氏本作“叛”。

〔六〕言:賈《疏》上有“云此”至“農義”。

〔七〕羽:賈《疏》上有“云”。

〔八〕羽:賈《疏》下有“色”。之:賈《疏》下有“者案”至“皇邸”。

鶴山先生云　“舜在床琴”,〔一〕“樂正子春坐於床上”。〔二〕床所以寢息,案則床也。〔三〕自古有床,案惟皇邸案。二鄭以床後有版,〔四〕染羽象鳳皇爲之。

【校注】

〔一〕舜在床琴:語出《孟子·萬章上》。

〔二〕樂正子春坐於床上:語出《禮記·檀弓上》。上:《禮記·檀弓上》作“下”。《注》曰:“子春,曾參弟子。”

〔三〕則:益齋本作“即”。孫詒讓曰:“《(説文·)木部》云:‘案,几屬。床,安身之几坐也。’案:對文則案與床异,散文則通。”(《周禮正義》卷一一《掌次》,第四三五頁)

〔四〕鄭:開慶本、安氏本、《四部叢刊初編》本、蔣抄本將此字塗黑,四庫本、益齋本此字與他字無异。按:此處魏氏是在行文中引鄭衆、鄭玄語,無需像他節徵引鄭注或賈《疏》,要塗黑被徵引者之姓氏、官銜等。此處保持其字形、字號不變。版:安氏本作“叛”。

荆公曰〔一〕　邸,〔二〕宿次,〔三〕猶漢時諸侯王俟見天子之邸。〔四〕

【校注】

〔一〕按:"荆公曰"以下,當爲魏氏引王安石之説。魏氏將此節與前節合爲一節,"荆公曰"三字未循前例塗黑。仿前文例,將此節單獨成節,"荆公曰"三字加大、加粗。

〔二〕邸:《周官新義》卷四《幕人》前有"王大"至"邸則"。

〔三〕宿:《周官新義》卷四《幕人》下有"所"。次:《周官新義》卷四《幕人》下有"也"。

〔四〕猶漢時諸侯王俟見天子之邸:《周官新義》卷四《幕人》無。俟:安氏本、四庫本作"伺",益齋本作"祠"。《史記》卷九《吕太后本紀》:"乃置酒齊邸。"《正義》:"漢法,諸侯各起邸第於京師。"《史記》卷一〇《孝文本紀》《索隱》:"《説文》:'邸,屬國舍。'"《漢書》卷四《文帝紀》師古《注》曰:"郡國朝宿之舍,在京師者率名邸。邸,至也。"《漢書》卷三四《韓彭英盧吴傳》師古《注》曰:"諸侯王及諸郡朝宿之館,在京師者謂之邸。"

或曰〔一〕 皇,君也。其言皇邸,猶《離騷經》所謂"皇輿"。〔二〕以皇爲君,斷自朱文公發之,〔三〕如《書》"皇帝清問下民"、〔四〕"皇建其有極",〔五〕《詩》"皇尸"。〔六〕旅者,〔七〕國有大故則旅。〔八〕祭上帝有旅,〔九〕有大旅。〔一〇〕

【校注】

〔一〕此節當爲魏氏引某氏之説。魏氏將其與前節合爲一節,未單獨成節。"或曰"與其他文字字形、字號無异。仿前文例,將其單獨成節,"或曰"二字加大、加粗。

〔二〕離騷經：又稱《離騷》。《楚辭章句》卷一《離騷經章句第一》："《離騷經》者，屈原之所作也。……離，别也。騷，愁也。經，徑也。言已放逐離别，中心愁思，猶陳直徑以風諫君也。"洪興祖曰："太史公曰：'離騷者，猶離憂也。'班孟堅曰：'離猶遭也，明己遭憂作辭也。'顔師古云：'憂動曰騷。'余按古人引《離騷》，未有言經者。蓋後世之士祖述其詞，尊之爲經耳，非屈原意也，逸説非是。"皇輿：《楚辭章句》卷一《離騷經章句第一》："皇，君也。輿，君之所乘，以喻國也。"

〔三〕《朱子語類》卷七九《尚書二》："皇，君也。"（第二〇四一頁）按：魏氏謂朱熹首先釋"皇"爲"君"，不確。《詩經·小雅·楚茨》《箋》已云："皇，君也。"

〔四〕皇帝清問下民：語出《尚書·吕刑》。《釋文》："清問，馬云：'清，訊。'"《疏》釋爲"清審詳問"。《禮記·曲禮上》《疏》曰："散而言之，則三皇亦稱帝，則《月令》云'其帝太昊'是也。五帝亦稱皇，則《吕刑》云'皇帝清問下民'是也。"《孟子·盡心下》趙岐《注》引《甫刑》無"皇"字："《甫刑》曰：'帝清問下民。'"《疏》加"皇"字："云《甫刑》曰'皇帝清問於下民'者，蓋吕侯見命爲天子司寇，後爲甫侯，故或稱《甫刑》。"皇帝作爲最高統治者的稱謂，正式確立於秦統一之後。《史記》卷六《秦始皇本紀》："秦初并天下，令丞相、御史曰：'……寡人以眇眇之身，興兵誅暴亂，賴宗廟之靈，六王咸伏其辜，天下大定。今名號不更，無以稱成功，傳後世。其議帝號。'丞相綰、御史大夫劫、廷尉斯等皆曰：'昔者五帝地方千里，其外侯服夷服諸侯或朝或否，天子不能制。今陛下興義兵，誅殘賊，平定天下，海内爲郡縣，法令由一統，自上古以來未嘗有，五帝所不及。臣等謹與博士議曰："古有天皇，有地皇，有泰皇，泰皇最貴。"臣等昧死上尊號，王爲"泰皇"。……'王曰：'去"泰"，著"皇"，采上古"帝"

位號,號曰“皇帝”。他如議。’”

〔五〕皇建其有極:語出《尚書·洪範》。

〔六〕魏氏此處引《詩》當爲“神具醉止,皇尸載起”,出自《詩經·小雅·楚茨》。《傳》曰:“皇,大也。”《箋》云:“皇,君也。尸,節神者也。……尸稱君,尊之也。”《疏》曰:“《箋》依《釋詁》,以皇爲君稱,君尊之。《少牢》亦云‘皇尸命工祝’,《傳》皇爲大,言尊大之,尸亦君義。”

〔七〕旅:益齋本此處爲一墨釘。

〔八〕《周禮·春官·大宗伯》:“國有大故,則旅上帝及四望。”《注》曰:“旅,陳也。”

〔九〕祭上帝有旅:《周禮·春官·典瑞》:“四圭有邸以祀天,旅上帝。”《注》引鄭衆語曰:“上帝,玄天。”鄭玄《注》曰:“祀天,夏正郊天也。上帝,五帝,所郊亦猶五帝,殊言天者,尊异之也。《大宗伯職》曰:‘國有大故,則旅上帝及四望。’”《疏》曰:“‘旅上帝’者,上帝,五帝也。國有故而祭,故稱旅也。”《周禮·秋官·職金》:“旅於上帝,則共其金版。”《疏》曰:“旅上帝,謂祭五天帝於四郊及明堂。”

〔一〇〕有大旅:《周禮·天官·掌次》:“王大旅上帝,則張氈案,設皇邸。”《禮記·禮器》:“大饗之禮,不足以大旅。大旅具矣,不足以饗帝。”《注》曰:“大旅,祭五帝也。饗帝,祭天。”孫詒讓曰:“凡言旅者,并指非常之祭而言。所旅者止於上帝四望,不云旅昊天、旅五帝,則知旅祭上不及昊天,下不徧及五帝。此大旅上帝,自專指有故祭受命帝,與南郊之祭帝同而禮不同,與圜丘昊天之祭則迥不相涉也。蓋受命帝在五帝之中爲特尊,而卑於昊天,旅上帝有張氈案、設皇邸,則祀昊天亦同可知。旅禮略而郊祀詳,旅有張設,則郊祀亦同又可知。經舉上帝而不及昊天者,明舉卑可以見尊。舉大旅而不及郊祀者,明舉略可以見詳,經固有此文例也。……然以經考之,昊

天似無旅法，鄭、賈并謂昊天亦有旅，非也。"（《周禮正義》卷一一《掌次》，第四三三—四三四頁）

朝日、祀五帝，則張大次、小次，設重帟、重案。合諸侯，亦如之。

鄭　"朝日"，春分拜日於東門之外。"祀五帝"於四郊。〔一〕"次"謂幄也，大幄，初往所止居也。小幄，既接祭退俟之處。《祭義》曰："周人祭日，以朝及闇。"雖有强力，孰能支之，是以退俟與諸臣代有事焉。"合諸侯"於壇，王亦以時休息。"重帟"，複帟。"重案"，床重席也。

【校注】

〔一〕郊：益齋本作"野"。

鄭司農云　五帝，五色之帝。

賈　五色之帝，〔一〕謂東方青帝靈威仰、南方赤帝赤熛怒、〔二〕中央黄帝含樞紐、西方白帝白招拒、北方黑帝汁光紀，并依《文耀鈎》所説。〔三〕

【校注】

〔一〕五：賈《疏》上有"朝日"至"五帝"。帝：賈《疏》下有"者"。

〔二〕熛怒：賈《疏》作"奮若"。阮《校》曰："（奮若），此本闕，據閩、監、毛本補。浦鏜云：'"奮若"，當"熛怒"之誤。'"

〔三〕文耀鈎：一作《文曜鈎》，亦名《春秋緯文耀鈎》。耀、曜古字通。《春秋緯》十四種之一。

師田，〔一〕**則張幕，設重帟、重案。**

【校注】

〔一〕師：益齋本作"帥"。

鄭 不張幄者，於是臨誓衆，王或回顧占察。

賈 言"師田"者，〔一〕謂出師征伐、田獵。"則張幕"者，〔二〕爲王設坐。不言帷者，亦有可知。"重帟""重案"，〔三〕如上説。

【校注】

〔一〕言：賈《疏》上有"師田至重案釋曰"。
〔二〕張：賈《疏》作"幄"。阮《校》曰："浦鏜云：'張'誤'幄'。"
〔三〕案：賈《疏》下有"者"。

諸侯朝覲、會同，則張大次、小次。師田，則張幕，設案。

鄭 "大次"，亦初往所止居。"小次"，即位待事之處。〔一〕

【校注】

〔一〕位：鄭玄《注》、四庫本、益齋本作"宫"。

鄭司農云 謂諸侯相與師田。〔一〕

【校注】

〔一〕謂：《周禮·天官·掌次》《注》引鄭衆語上有"師田"。

玄謂 此掌次張之,諸侯從王而師田者。

賈 此與諸侯張之,〔一〕若四時常朝在國内。今言"朝覲、會同",爲會同而來,故在國外,與大宰大朝覲、會同一也。張大、〔二〕小次,〔三〕亦如上文,〔四〕丈尺則減耳。〔五〕後鄭以天子掌次不合與諸侯國内張幕,〔六〕故明非諸侯相與師田也。〔七〕

【校注】

〔一〕此:賈《疏》上有"諸侯至小次釋曰",下有"謂"。

〔二〕張:賈《疏》上有"言則"。大:賈《疏》下有"次"。

〔三〕次:賈《疏》下有"也者"。

〔四〕文:賈《疏》下有"大小次"。

〔五〕耳:賈《疏》下有"故鄭"至"及府"。

〔六〕後:賈《疏》上有"師田"至"田者釋曰"。鄭:賈《疏》下有"不從先鄭者"。以:賈《疏》下有"其"。幕:賈《疏》下有"故云掌次張之"。

〔七〕故:賈《疏》作"以"。也:賈《疏》下有"此至"至"别也"。

孤、卿有邦事,則張幕,設案。

鄭 "有邦事",謂以事從王,若以王命出也。孤,王之孤,三人,副三公論道者。不言公,公如諸侯禮。從王祭祀、合諸侯,張大次、小次。師田,亦張幕,設案。

賈 "邦事",〔一〕謂若上王大旅上帝、朝日、祀五帝、合諸侯及師田等數事,王親行,則從王往也。"若以王命出"者,〔二〕若祭祀,則容王有故不視,〔三〕群臣攝之。若諸侯使臣時聘、殷(頫)[覜],〔四〕王不親行,則於國外使群臣受之,是王命出也。〔五〕

【校注】

〔一〕邦：賈《疏》上有"孤卿"至"言有"。事：賈《疏》下有"謂以事從王者"。

〔二〕若：賈《疏》上有"云"。

〔三〕視：益齋本作"親"。

〔四〕頫：賈《疏》、四庫本作"覜"。按：應作"覜"，據改。頫：同"俯"，低頭，面向下。《説文·頁部》："低頭也。從頁逃省。大史卜書頫仰字如此。""李善引《聲類》：頫，古文俯字。……從逃，猶從兔也。《匡謬正俗》引張揖《古今字詁》云：頫，今之俯俛也。"(段玉裁《説文解字注》，第四一九頁)覜：古代諸侯聘問相見之禮。《周禮·春官·典瑞》："以覜聘。"《注》曰："大夫衆來曰覜，寡來曰聘。"《周禮·秋官·大行人》："殷覜以除邦國之慝。"《注》曰："殷覜，謂一服朝之歲也。……一服朝之歲，五服諸侯，皆使卿以聘禮來覜天子。"《周禮·秋官·小行人》："存、覜、省、聘、問，臣之禮也。"《疏》曰："存、覜、省三者，天子使臣撫邦國之禮。聘、問二者，是諸侯使臣行聘。"《左傳·昭公五年》："享覜有璋。"《注》曰："覜，見也。"《爾雅·釋詁》："覜，視也。"《注》曰："謂察視也。"

〔五〕也：賈《疏》下有"云孤"至"同也"。

三禮辨〔一〕　古者天子之待諸侯，用大賓之禮，故其法如此。

【校注】

〔一〕此節，魏氏將其與上節合爲一節。不確。仿前文例，將此節單獨成節。

荆公云〔一〕　言"掌凡邦之張事",〔二〕則在宫張事,自幕人掌之。〔三〕掌次所掌,凡在邦而已。

【校注】

〔一〕此節,魏氏將其與上節合爲一節,"荆公云"與他字無异,不確。仿前文例,將此節單獨成節,"荆公云"三字加大、加粗。

〔二〕言:《周禮詳解》卷七《掌次》、《周禮訂義》卷九《掌次》、《周官新義》卷四《掌次》無。掌:《周官新義》卷四《掌次》上有"王大"至"故也"。

〔三〕掌:《周禮詳解》《周禮訂義》作"共"。

凡喪,王則張帟三重,諸侯再重,孤、卿、大夫不重。

鄭　張帟,柩上承塵。

賈　喪言"凡"者,〔一〕以其王以下至孤、卿、大夫,兼有后及三夫人已下。〔二〕后與王同三重,世子、三夫人與諸侯再重,〔三〕九嬪、二十七世婦與孤、卿、大夫同不重,一而已。八十一御妻與士同,無帟,有賜乃得帟也。此諸侯謂三公、王子、母弟。若畿外諸侯,掌次不張之。〔四〕

【校注】

〔一〕喪:賈《疏》上有"凡喪至不重釋曰"。

〔二〕下:賈《疏》下有"故言凡以廣之也"。

〔三〕侯:益齋本下有"同"。

〔四〕之:賈《疏》下有"注張"至"上也"。

凡祭祀,張其旅幕,張尸次。

鄭 “旅”,衆也。公、卿以下即位所祭祀之門外,以待事,爲之張大幕。尸則有幄。

司農云〔一〕 尸次,祭祀之尸所居更衣帳。

【校注】

〔一〕司:《周禮·天官·掌次》《注》引鄭衆語、益齋本上有“鄭”。

賈 若宗廟自有廟門之外,〔一〕若外神於郊,則亦有壝宮之門,門外并有立位。言“(謂)[爲]之張大幕”者,〔二〕以其言旅,故知大幕也。司農云“更衣帳”者,未祭則常服,至祭所,乃更去常衣,〔三〕服祭服也。〔四〕

【校注】

〔一〕若:賈《疏》上有“凡祭”至“事者”。

〔二〕謂:賈《疏》作“爲”。按:據上文鄭玄《注》,應作“爲”,據鄭玄《注》、賈《疏》改。

〔三〕衣:賈《疏》作“服”。

〔四〕也:賈《疏》下有“故言更衣”。

三禮辨〔一〕 古者祭祀立尸,各以死者之上服衣之,〔二〕故尸有次以更衣,且待事也。

【校注】

〔一〕此節,諸本將其與上節合爲一節,且每欄雙行,字號變小。

仿前文例，將其獨立成節，節首“三禮辨”三字加大、加粗。

〔二〕《周禮·春官·守祧》：“守祧掌守先王先公之廟祧，其遺衣服藏焉。若將祭祀，則各以其服授尸。”《注》曰：“遺衣服，大斂之餘也。……尸當服卒者之上服，以象生時。”《疏》曰：“尸服卒者之上服，《士虞記》文，鄭引之者，欲見天子已下，凡尸皆服死者大斂之遺衣。……既言卒者上服，則先王之尸服衮冕，先公之尸服鷩冕也。”

射則張耦次。掌凡邦之張事。

鄭　耦，俱升射者。次在洗東。《大射》曰：“遂命三耦取弓矢於次。”

賈　案《大射》、〔一〕《鄉射》，耦皆兩兩揖讓，升自西階，鄉兩楹之間，履射物，南面而射。射訖，又兩兩揖讓，降自西階。“次在洗東”，〔二〕《大射》文。〔三〕以天子之次無文，雖六耦不同，設次則與諸侯同也。〔四〕

【校注】

〔一〕案：賈《疏》上有“射則”至“射者”。

〔二〕次：賈《疏》上有“云”。東：賈《疏》下有“者”。

〔三〕文：賈《疏》下有“又引”至“之者”。

〔四〕也：賈《疏》下有“儀禮”至“耦也”。

大府掌九貢、九賦、九功之貳，以受其貨賄之入，頒其貨於受藏之府，〔一〕頒其賄於受用之府。

【校注】

〔一〕藏：益齋本此字處爲一墨釘。

鄭 大府,爲王治藏之長,若今司農矣。〔一〕"九功"謂九職也。"受藏之府",若内府也。"受用之府",若職内也。凡貨賄皆藏,以給用耳,良者以給王之用,〔二〕或言"受藏",或言"受用",又雜言"貨""賄",皆互文。

【校注】

〔一〕"大府"至"農矣":《周禮·天官·序官·大府》《注》文。此節《周禮·天官·大府》經文鄭玄無《注》。魏氏移《周禮·天官·序官·大府》《注》於此。

〔二〕用:鄭玄《注》、益齋本下有"其餘以給國之用"。

賈 大府與下諸府官爲長,〔一〕故以大夫爲之。云"若今司農矣"者,漢時司農主府藏,〔二〕故史游《章》云:〔三〕"司農、少府,國之淵。"案《尚書》:〔四〕"一曰食,二曰貨。"已上皆言飲食,訖,〔五〕次言貨賄,故大府在此也。有賈者,府官須有市買,并須知物貨善惡。〔六〕言貳者,〔七〕大宰掌其正,此官掌其副貳,〔八〕以其物入大府故也。〔九〕"以受其貨賄之入"者,〔一〇〕九貢謂諸侯九貢,自然有金、玉,曰貨。布、帛,曰賄。九賦謂畿内之九賦,口率出泉。九職,如三農園圃之類。〔一一〕亦有不出貨賄者,〔一二〕雖以泉、穀爲主,民欲得出貨賄者,則取之,以當邦賦之數。〔一三〕云"頒其貨"者,〔一四〕言大府雖自有府,其物仍分置於衆府。〔一五〕頒貨於受藏之府,〔一六〕以其善物。〔一七〕頒賄於受用之府,〔一八〕以其賤物。〔一九〕"良者以給王之用",〔二〇〕覆解入内府意。以其餘以給國之用,〔二一〕覆解入職内意。〔二二〕二者善惡不同耳。〔二三〕

【校注】

〔一〕大:賈《疏》上有“大府”至“農矣釋曰”。其中“案尚書”至“善惡”,魏氏下文引之,詳見下。

〔二〕府:賈《疏》、益齋本作“治”。阮《校》曰:“惠校本‘治’作‘府’。案:《漢制考》亦引作‘府藏’。此因《注》誤改。”

〔三〕史游:西漢時人,生卒年不詳,漢元帝時曾任黄門令,精字學,工書法,著有《急就章》(亦有稱其爲《急就篇》者)。章:此處指史游約在公元前四〇年撰作的供兒童啓蒙學習的《急就章》,因此書首句“急就奇觚與衆异”,於是取前兩字爲篇名。

〔四〕案尚書:益齋本作“洪範云”。案:賈《疏》上有“大府”至“之事”。書:賈《疏》下有“洪範云”。

〔五〕訖:賈《疏》、益齋本作“此”。阮《校》曰:“惠校本‘次’作‘訖’。‘此’誤。”“孫校:‘次’不誤。”(北京大學出版社版《周禮注疏》,第一六頁)

〔六〕“大府”至“善惡”:《周禮·天官·序官·大府》《疏》文。按:賈《疏》原文“案尚書”至“善惡”在“大府與下諸府官爲長”前,魏氏顛倒其先後順序。惡:賈《疏》下有“故也”至“之淵”。其中“大府”至“之淵”,魏氏前引之,詳見前。

〔七〕言:賈《疏》上有“大府至之府釋曰”,下有“掌九貢九賦之”。貳:四庫本作“二”。

〔八〕貳:賈《疏》下有“者”。

〔九〕也:賈《疏》下有“九功”至“貳也”。

〔一〇〕以:賈《疏》上有“云”。

〔一一〕圃:四庫本作“囿”。

〔一二〕者:賈《疏》下有“皆言”至“入者”。

〔一三〕數:賈《疏》下有“故大”至“泉也”。

〔一四〕云:賈《疏》無。貨:賈《疏》下有“於受藏之府”。

〔一五〕府:賈《疏》下有“受藏”至“經云”。

〔一六〕頒:賈《疏》下有“其”。府:賈《疏》下有“金玉曰貨”。

〔一七〕以其善物:賈《疏》作“物之善者藏之於内府”。

〔一八〕頒:賈《疏》上有“近王”至“經云”,下有“其”。府:賈《疏》下有“賄賤”至“用者”。

〔一九〕物:賈《疏》下有“其實”至“用耳”。

〔二〇〕良:賈《疏》上有“云”。用:賈《疏》下有“者”。

〔二一〕以:賈《疏》作“云”,益齋本無。用:賈《疏》下有“者”。

〔二二〕意:四庫本作“但”,賈《疏》下有“云或”至“互文”。

〔二三〕二:賈《疏》上有“但”。耳:賈《疏》上有“故别言之”。

鶴山先生云 貨爲金、玉,入受藏之府,以給王用。賄爲布、帛,入受用之府,以貿遷之,以給國用。賈謂互文,〔一〕恐不然。

【校注】

〔一〕謂:四庫本作“爲”。

凡官府、都鄙之吏及執事者,受財用焉。

賈 “凡官府”者,〔一〕謂王朝三百六十官有事須用官物者。云“都鄙之吏”,〔二〕謂三等采地吏、謂群臣等有事須取官物者。“及執事”者,謂爲官執掌之事,須有營造合用官物者,皆來於大府處受財用。〔三〕

【校注】

〔一〕凡:賈《疏》上有"凡官至用焉釋曰言"。

〔二〕吏:賈《疏》下有"者"。

〔三〕處:賈《疏》、四庫本、安氏本、益齋本無。用:賈《疏》下有"焉"。

凡頒財,以式法授之。關市之賦,以待王之膳服。邦中之賦,以待賓客。四郊之賦,以待稍秣。家稍之賦,〔一〕以待匪頒。邦甸之賦,以待工事。邦縣之賦,以待幣帛。邦都之賦,以待祭祀。山澤之賦,以待喪紀。幣餘之賦,以待賜予。

【校注】

〔一〕稍:《周禮·天官·大府》、四庫本、益齋本作"削"。

鄭 待,猶給也。此九賦之財給九式者。"膳服",即羞服也。"稍秣",即芻秣也。謂之稍,稍用之物也。"喪紀",即喪荒也。賜(子)[予],〔一〕即好用也。

【校注】

〔一〕子:鄭玄《注》、四庫本、益齋本、蔣抄本作"予"。按:應作"予",據改。

鄭司農云 "幣餘",使者有餘來還也。

玄謂 "幣餘",占賣國之斥幣。

賈 自關市之賦已下,[一]并與九式事同,文有交錯。[二]案九賦先邦中之賦,次四郊,[三]次邦甸,[四]次家稍,[五]次邦縣,次邦都,次關市,次山澤,次幣餘。此先言關市,在邦中上,此家稍又在邦甸上。所以次第不同者,見事起無常。[六]鄭司農云"幣餘,使者有餘來還"者,[七]案《大宰》司農注:"幣餘,百工之餘。"與此《注》不同者,蓋是司農互舉以相足。後鄭不從者,聘使之物,禮數有限,何得有餘來還?又且有餘來還,何得有賦?[八]"玄謂幣餘,占賣國之斥幣"者,謂百官所用官物不盡,[九]歸入職幣。職幣得之,不入本府,恐久藏朽蠹,則有人占賣,依國服出息。謂之斥幣者,謂指斥與人,故謂之斥幣也。

【校注】

〔一〕自:賈《疏》上有"凡頒"至"服者"。關市之賦:賈《疏》作"此"。

〔二〕文:賈《疏》上有"但"。錯:賈《疏》下有"與九賦不次"。

〔三〕次:安氏本無。

〔四〕邦:安氏本下有"次"。

〔五〕稍:四庫本作"削"。

〔六〕常:賈《疏》下有"注待"至"一也"。

〔七〕還:賈《疏》下有"也"。

〔八〕賦:賈《疏》下有"故後鄭不從"。

〔九〕謂:賈《疏》作"後鄭之意"。

鶴山先生云 古者關譏而不徵,澤梁無禁。[一]此不知何以關市有賦?而關市之賦何以專共王之膳服?又先、後鄭"幣餘"

之說互不同,或以爲使者有餘來還,或以爲百工之餘,或以爲占賣國之斥幣,依國服出息。此書所以可疑,而康成又專以王莽國服出息等弊法以證三代,誤後世多矣。

【校注】

〔一〕關譏而不徵澤梁無禁:典出《孟子·梁惠王下》:"關市譏而不徵,澤梁無禁。"《注》曰:"關以譏難非常,不徵稅也。陂池魚梁不設禁,與民共之也。"《疏》曰:"關市,司關、司市之所,但譏問之,不令奸人出入,而不徵取其稅;川澤魚梁之所,但與民共之,而不設禁止之法。"《孟子·公孫丑上》:"關譏而不徵,則天下之旅皆悦,而願出於其路矣。"《注》曰:"言古之設關,但譏禁异言、識异服耳,不徵稅出入者也,故《王制》曰:'古者關譏而不徵。'《周禮·太宰》曰:'九賦,七曰關市之賦。'《司關》曰:'國凶札,則無關門之徵,猶譏。'《王制》謂文王以前也,文治岐,關譏而不徵。《周禮》有徵者,謂周公以來。"《禮記·王制》:"古者……關譏而不徵,林麓川澤,以時入而不禁。"《注》曰:"譏,譏异服,識异言。徵亦稅也。《周禮》:'國凶劄,則無門關之徵,猶譏也。'《疏》曰:"徵,稅也。關,竟上門也。譏,謂呵察。公家但呵察非違,不稅行人之物。此夏、殷法,周則有關門之徵,但不知稅之輕重。若凶年則無稅也,猶須譏禁,禁謂防遏。"《玉藻》:"年不順成……關梁不租,山澤列而不賦。"《注》曰:"關梁不租,此《周禮》也。殷則關恒譏而不徵。列之言遮列也。雖不賦,猶爲之禁,不得非時取也。"《疏》曰:"關,謂關門。梁,謂津梁。租,謂課稅。以其凶年,故不課稅。此《周禮》,殷則雖非凶年,亦不課稅也。……列,謂遮列。但遮列人不得非時而入,恐有損傷於物,不賦斂也。……按《王制》云'關譏而不徵'。譏,謂呵察。但呵察其非,不徵稅。"

凡邦國之貢,以待吊用。凡萬民之貢,以充府庫。凡式貢之餘財,以(充)[共]玩好之用。〔一〕

【校注】

〔一〕充:《周禮·天官·大府》、四庫本、益齋本作“共”。按:應作“共”,據改。

鄭 此九貢之財所給也。給“吊用”,給凶禮之五事。充此以九職之財。〔一〕充,〔二〕足。

【校注】

〔一〕充:鄭玄《注》無。以:鄭玄《注》無。

〔二〕充:鄭玄《注》、益齋本下有“猶”。

賈〔一〕 式謂九式,〔二〕貢謂九貢,及萬民之貢。有餘財,以共玩好器物之用。〔三〕

【校注】

〔一〕此節係賈公彦對經文“凡式”至“之用”所作《疏》。魏氏將其與前節鄭玄《注》文合爲一節,易被誤解爲鄭玄《注》文。仿前文例,將其單獨成節,節首加“賈”字,且加大、加粗。

〔二〕式謂:賈《疏》上有“凡式至之用釋曰”。

〔三〕共:賈《疏》、益齋本作“供”。按:“共”通“供”。

鄭〔一〕 謂先給九式及吊用,足府庫而有餘財,乃可以供玩好。[二]明玩好非治國之用。言式,言貢,互文。

【校注】

〔一〕此節係鄭玄對經文"凡式"至"之用"所作《注》。魏氏將其與前節賈《疏》合爲一節,易被誤解爲賈《疏》文。仿前文例,將其單獨成節,節首加"鄭"字,且加大、加粗。

〔二〕供:鄭玄《注》、四庫本作"共"。

賈 "給凶禮之五事",[一]《大宗伯》云"凶禮哀邦國"之事,[二]有喪禮、[三]荒禮、吊禮、禬禮、恤禮,皆須以財貨哀之。[四]按《大宰》[五]"九職任萬民",此上文又云九功,此貢即是九職之功所税,故知此是九職之財也。[六]

【校注】

〔一〕給:賈《疏》上有"凡邦"至"五事釋曰云"。事:賈《疏》下有"者"。

〔二〕大:賈《疏》上有"案"。

〔三〕有:賈《疏》上有"下云"。

〔四〕皆:賈《疏》上有"五禮"。之:賈《疏》下有"故云"至"職者"。

〔五〕按:賈《疏》作"案"。宰:賈《疏》下有"云"。

〔六〕也:賈《疏》下有"案大"至"府也"。

鶴山先生云 《旅獒》[一]以"玩人喪德、玩物喪志"爲戒,[二]且云:"無有遠邇,畢獻方物,惟服食器用。"[三]周公制禮,必不專立一條,以共王者玩好之用。此書所以人疑劉歆之傅會。

【校注】

〔一〕旅獒:《尚書》篇名。《尚書·旅獒》:"西旅獻獒,太保作《旅獒》。……西旅厎貢厥獒,太保乃作《旅獒》,用訓於王。"《傳》曰:"西戎之長,致貢其獒。犬高四尺曰獒,以大爲异。"

〔二〕《尚書·旅獒》《傳》曰:"以人爲戲弄,則喪其德。以器物爲戲弄,則喪其志。"《疏》曰:"'喪德''喪志',其義一也。'玩人'爲重,以'德'言之。'玩物'爲輕,以'志'言之。終是志荒而德喪耳。"

〔三〕《尚書·旅獒》《傳》曰:"天下萬國無有遠近,盡貢其方土所生之物,惟可以供服食器用者。言不爲耳目華侈。"《疏》曰:"以言'無有遠近',是華夷總統之辭。《釋詁》云:'畢,盡也。'故云'天下萬國無有遠之與近,盡貢其方土所生之物'。'惟可以供服食器用'者,玄纁絺紵供服也,橘柚菁茅供食也,羽毛齒革瑶琨篠簜供器用也。下言'不役耳目',故知言'不爲耳目華侈'也。《周禮·大行人》云:'九州之外謂之蕃國,世壹見,各以其所貴寶爲贄。'鄭玄云:'所貴寶見經傳者,犬戎獻白狼、白鹿是也,餘外則《周書·王會》備焉。'案:《王會》篇諸方致貢,無所不有,此言'惟服食器用'者,遠方所貢雖不充於器用,實亦受之,召公深戒武王,故言此耳。"

凡邦之賦用,取具焉。歲終,則以貨賄之入出會之。

鄭 "賦用",用賦。

賈 上有九貢、〔一〕九賦、九功,此特言賦,明兼有九貢、九功,亦取具焉。入者,〔二〕謂九賦、九貢、〔三〕九功入大府。〔四〕出者,〔五〕

謂分置於衆府,〔六〕及給九式之用。至歲終,〔七〕總會計之。

【校注】

〔一〕上:賈《疏》上有“凡邦至具焉釋曰”。

〔二〕入:賈《疏》上有“歲終”至“賄之”。

〔三〕九賦九貢:賈《疏》作“九貢九賦”。

〔四〕入:賈《疏》下有“來至”。

〔五〕出:賈《疏》上有“言”。

〔六〕謂:賈《疏》作“大府以貨賄”。

〔七〕至:賈《疏》上有“亦是”。

玉府掌王之金玉、玩好、兵器,凡良貨賄之藏。

鄭　良,善也。此物皆式貢之餘財所作。其不良,又有受而藏之者。

賈　“掌王之金玉、〔一〕玩好、兵器”,〔二〕言玉府以玉爲主,玉外所有美物亦兼掌之。〔三〕

【校注】

〔一〕掌:賈《疏》上有“玉府至之藏釋曰云”。

〔二〕器:賈《疏》下有“者”。

〔三〕之:賈《疏》下有“注良”至“是也”。

三禮辨〔一〕　謂如《顧命》所陳是也。〔二〕

【校注】

〔一〕魏氏將此節與前節合爲一節,未單獨成節。仿前文例,將其單獨成節,節首"三禮辨"三字加大、加粗。

〔二〕如《顧命》所陳:《尚書·顧命》曰:"越玉五重,陳寶,赤刀、大訓、弘璧、琬琰,在西序。大玉、夷玉、天球、河圖,在東序。胤之舞衣、大貝、鼖鼓,在西房。兑之戈、和之弓、垂之竹矢,在東房。大輅在賓階面,綴輅在阼階面,先輅在左塾之前,次輅在右塾之前。"

共王之服玉、佩玉、珠玉。

鄭 佩玉者,王之所帶也。〔一〕《玉藻》曰:"君子於玉比德焉。天子佩白玉而玄組綬。"《詩》《傳》曰:"佩玉,上有葱衡,下有雙璜、衝牙,玭珠以納其間。"

【校注】

〔一〕也:鄭玄《注》作"者"。

鄭司農云 服玉,冠飾十二玉。

賈 《玉藻》謂天子所佩白玉,〔一〕謂衡、璜、琚、瑀。〔二〕用玄組條穿連衡、璜等,使相承受。〔三〕《韓詩》〔四〕"佩玉上有葱衡"者,衡,横也,謂葱玉爲横梁。"下有雙璜、衝牙",〔五〕謂以組懸於衡之兩頭,兩組之末皆有半璧曰璜,故曰"雙璜"。又以一組懸於衡之中央,於末著衝牙,使前後觸璜,故言"衝牙"。〔六〕案《詩》《傳》,〔七〕衡、〔八〕璜之外,别有琚、瑀。其琚、瑀所置,當於懸衝牙組之中央,又以二組穿於琚、瑀之内角,斜繫於衡之兩頭,於組末繫於璜。玭珠納其間,〔九〕以組繩有五,〔一〇〕皆穿珠於其間,〔一一〕先鄭〔一二〕"服玉,冠飾十二玉"者,弁師掌五冕,〔一三〕旒皆十二玉。〔一四〕

【校注】

〔一〕"玉藻"之"玉":賈《疏》上有"注佩"至"此亦"。謂天子:賈《疏》作"文"。

〔二〕瑀:賈《疏》下有"玄組綬者"。

〔三〕受:賈《疏》下有"引詩傳曰"。

〔四〕韓:賈《疏》上有"謂是"。

〔五〕牙:賈《疏》下有"者"。

〔六〕衡:四庫本作"衡"。

〔七〕案:賈《疏》、益齋本下有"毛"。

〔八〕衡:益齋本作"衡"。

〔九〕玭:賈《疏》、益齋本上有"云"。珠:賈《疏》下有"以"。間:賈《疏》、益齋本下有"者"。

〔一〇〕以:賈《疏》、益齋本無。組:賈《疏》上有"玭蚌"至"間者"。

〔一一〕間:賈《疏》下有"故云以納其間"。

〔一二〕先鄭:賈《疏》作"鄭司農云"。

〔一三〕弁:賈《疏》上有"案"。冕:賈《疏》下有"衮冕"至"三旒"。

〔一四〕旒:賈《疏》無。玉:賈《疏》下有"冕則"至"玉也"。

王齊,則共食玉。

鄭 玉是陽精之純者,食之以禦水氣。

鄭司農云 王齊,當食玉屑。

賈 知玉是純陽之精者,〔一〕但玉聲清,清則屬陽。又案《楚語》云:"王孫圉與趙簡子言:[二]'玉足以庇蔭嘉穀,使無水旱之灾,則寶之。珠足以禦火,則寶之。'"服氏云:"珠,水精,足以禁火。"如是,則玉是火精可知。云"食之以禦水氣"者,致齊時居於路寢,[三]恐起動多,故須玉以禦水氣也。先鄭"食玉屑"者,[四]研之乃可食。[五]

【校注】

〔一〕知:賈《疏》上有"王齊"至"玉屑釋曰"。純陽之精:賈《疏》作"陽精之純"。

〔二〕言:賈《疏》下有"曰"。

〔三〕寢:賈《疏》下有"思其"至"之類"。

〔四〕先鄭:賈《疏》作"鄭司農云王齊當"。

〔五〕研:賈《疏》上有"其玉屑"。食:賈《疏》下有"故云當食玉屑也"。

鶴山先生云[一]　荆公又舉北齊李預得食玉法,[二]益誤矣。[三]

【校注】

〔一〕按:開慶本、安氏本、《四部叢刊初編》本、蔣抄本抄刻者或誤將此節視爲王安石語,故將"荆公"二字塗黑。四庫本、益齋本"荆公"二字與其他文字同。據《周官新義》卷五《玉府》及下文"益誤矣"三字,此節係魏氏引王安石語,及魏氏評論之語。仿前文例,於節首加"鶴山先生云"四字,且將四字加大、加粗。

〔二〕北:開慶本、《四部叢刊初編》本作"比",安氏本、蔣抄本作

“比”。按“比”“比”當爲“北”的异體字。程元敏先生未見四庫本、益齋本，誤認開慶本、《四部叢刊初編》本“比”爲“比”字，故曰：“荆公又舉比（北之誤）齊李預得食玉法。”（《彙評》，第一四八頁）《周官新義》卷五《玉府》：“食玉，則其食之蓋有法矣。北齊李預嘗得食法，采而食之。及其死也，形不壞而無穢氣，則食玉之所養可知矣。”

〔三〕益誤：孫詒讓曰：“《楚辭·離騷》云：‘精瓊靡以爲粻。’王注云：‘精，鑿也。靡，屑也。’精鑿玉屑以爲儲糧，是古有食玉屑之法。……俞正燮云：‘《太平御覽》引吴普《本草》云：“玉泉一名玉屑，神農、岐伯、雷公甘。”《三輔黄圖》云：“武帝銅盤玉杯承露，和玉屑服之，以求仙道。”皆食玉也。’惠士奇云：‘食玉，掌於玉府，而不掌於膳夫，則玉非可食之物矣。《左傳》成十七年，聲伯夢，或與己瓊瑰食之。食玉者，含象，聲伯夢而惡之。則玉非可食之物益明。’曾釗云：‘方書亦有食玉法，然非經義也。《膳夫職》云“王齊日三舉”，是齊食加日食二等，其器必有用玉者。《玉藻》《正義》：“天子朔月，太牢當六簋，盛舉則八簋。”《禮器》注：“鏤簋，謂刻而飾之，天子以玉。”然則食玉，蓋即簋歟？日食朔食并有簋，玉府獨共王齊者，變食亦變器也。’案：先鄭説蓋據漢時神仙服食家言，若俞氏所舉是也。然其説不經，於古未聞，殆不足據。惠氏糾之甚允。通校諸家之説，惟曾説較爲近理。蓋王齊備盛饌，則饌具之器，亦宜備飾。食玉者，殆即以玉飾食器，若玉敦、玉豆之類皆是與？”（《周禮正義》卷一二《玉府》，第四五六—四五七頁）

大喪，共含玉、復衣裳、角枕、角柶。

鄭　角枕以枕尸。

鄭司農云　復，招魂也。衣裳生時服，招魂復魄於大廟，至四郊。角柶,角匕也,以楔齒。《士喪禮》:〔一〕"楔齒用角柶。"楔齒者,令可飯含。

【校注】

〔一〕禮:《周禮·天官·玉府》《注》引鄭衆語下有"曰"。

玄謂 復於四郊,以綏。

賈 先鄭復爲招魂,〔一〕人之死者,〔二〕魂氣上歸於天,形魄仍在。欲招取其魂,復於魄内,故《離騷》有《招魂》篇。〔三〕王有七廟及寢皆復焉,獨言"大廟",語雖不足,義猶可。又言"至四郊",後鄭不從之。角柶,〔四〕角匕也。〔五〕《既夕禮》:〔六〕"楔貌如軛,上兩末。"狀如枇杷,拔屈中央楔齒。"玄謂復於四郊,〔七〕以綏"者,《夏采》云:〔八〕"以冕服復於大廟,以乘車建綏復於四郊。"〔九〕破先鄭於四郊亦以衣服。

【校注】

〔一〕先鄭:賈《疏》作"鄭司農云"。鄭司農:賈《疏》上有"大喪"至"以綏釋曰"。鄭:四庫本下有"云"。復:安氏本作"後"。爲:賈《疏》、四庫本無。魂:賈《疏》、四庫本下有"也者",益齋本下有"者"。

〔二〕者:益齋本無。

〔三〕篇:賈《疏》下有"云招"至"郊者"。

〔四〕角:賈《疏》上有"云"。

〔五〕也:賈《疏》下有"者"。

〔六〕既:賈《疏》上有"案"。

〔七〕玄:開慶本、安氏本、《四部叢刊初編》本、蔣抄本將其塗黑,四庫本、益齋本"玄"字與他字同。按:"玄謂復於四郊以綏",乃賈公彦引鄭玄《注》文,下仍爲賈《疏》文,無須將其塗黑。

〔八〕夏:賈《疏》上有"案"。

〔九〕郊:賈《疏》下有"故鄭"至"此者"。

掌王之燕衣服,衽席、床笫,凡褻器。

鄭 "燕衣服"者,巾絮、寢衣、袍襗擇音之屬,〔一〕皆良貨賄所成。"笫",〔二〕簀也。

【校注】

〔一〕擇音:四庫本作"音擇"。魏氏對"襗"字的標音。《釋文》:"襗,劉音澤,徐待各反。"

〔二〕笫:孫詒讓曰:"《説文·竹部》云:'笫,床簀也。簀,床棧也。'《爾雅·釋器》云:'簀謂之笫。'郭注云:'床,版也。'……案:笫爲床上竹木之棧,亦通謂床爲笫。《方言》云:'床,齊魯之間謂之簀,陳楚之間或謂之笫。'"(《周禮正義》卷一二《玉府》,第四六〇頁)

司農云〔一〕 衽席,單席也。褻器,清器,虎子之屬。

【校注】

〔一〕司:《周禮·天官·玉府》《注》引鄭衆語、益齋本上有"鄭"。

賈 以燕字爲目,〔一〕衣服已下至褻器,皆是燕。〔二〕案《内竪》

“及葬,執褻器,以從遣車”。彼“褻器”,振飾類沐之器,與此《注》不同,〔三〕彼從葬於死者。〔四〕

【校注】

〔一〕以:賈《疏》上有“掌王”至“寢中”。

〔二〕燕:賈《疏》下有“注燕”至“之屬”。

〔三〕與:賈《疏》上有“彼褻器”。

〔四〕者:賈《疏》下有“不用”至“之器”。

若合諸侯,則共珠槃,玉敦音對。〔一〕

【校注】

〔一〕玉敦:安氏本作“敦玉”。音對:《釋文》文。

鄭 敦,槃類,珠玉以爲飾。古者以槃盛血,以敦盛食。“合諸侯”者,必割牛耳,取其血,歃之以盟。珠槃以盛牛耳,尸盟者執之。故書“珠”爲“夷”。

司農云〔一〕 夷槃或爲珠槃。〔二〕“玉敦”,歃血玉器。

【校注】

〔一〕司:《周禮·天官·玉府》、益齋本上有“鄭”。

〔二〕“段玉裁云:‘司農從或本作珠,鄭君從之也。’徐養原云:‘珠夷形聲不同,各爲一字。凌人共夷槃冰,依尸而爲言者也。此不應與之同名,故不從故書。’詒讓案:徐鍇本《説文·冏部》,説盟禮作朱盤玉敦,疑故書或本有作朱者。朱與夷形近,與珠聲同,故傳寫互

异與?”(《周禮正義》卷一二《玉府》,第四六四—四六五頁)

賈 “敦,〔一〕槃類”,〔二〕珠玉爲飾,〔三〕槃、〔四〕敦應以木爲之,珠玉爲飾。〔五〕《特牲》、〔六〕《少牢》:〔七〕敦盛黍稷,〔八〕郊血及血以告殺,當以槃盛血也。“合諸侯者,〔九〕必割牛耳,取其血,歃之以盟。〔一〇〕珠槃以盛牛耳”者,祭祀之時有黍、稷,故敦中盛黍、稷。今盟無黍、稷,敦中宜盛血,牛耳宜在槃。〔一一〕

【校注】

〔一〕敦:賈《疏》上有“若合”至“曰言”。

〔二〕類:賈《疏》下有“者”。

〔三〕珠:賈《疏》上有“按明”至“聞也云”。玉:賈《疏》下有“以”。飾:賈《疏》下有“者”。

〔四〕槃:賈《疏》上有“此”。

〔五〕珠:賈《疏》上有“將”。飾:賈《疏》下有“耳”。

〔六〕特:賈《疏》上有“云古”至“食者案”。

〔七〕牢:賈《疏》下有“皆”。

〔八〕稷:賈《疏》下有“以槃盛血雖無文”。

〔九〕合:賈《疏》上有“云”。

〔一〇〕歃:安氏本此字不可辨,益齋本作“飲”。

〔一一〕槃:賈《疏》下有“云尸”至“耳也”。

荊公 盟必割牛耳,取血相與歃之。〔一〕牛耳以示順聽,〔二〕血則告幽之物,示信之由中也。〔三〕珠槃、〔四〕玉敦,蓋歃血之器也。〔五〕珠,陰精之所化。玉,陽精之所生。以陰、陽之精物爲器,〔六〕而使

掌王生服、[七]死含之物者共焉,[八]則示諸侯以信之至也。[九]

【校注】

〔一〕相與:《周禮詳解》卷七《玉府》作“將以”,《周禮訂義》卷一〇《玉府》無。之:《周禮集説》卷七《戎右》作“也”。

〔二〕順聽:《周禮詳解》作“聽順也”。

〔三〕示:《周禮詳解》作“求”。中:心、内心。《禮記·樂記》:“樂由中出。”《注》曰:“和在心也。”《疏》曰:“謂樂從心起也。”後引申爲衷心、誠心之義。《左傳·隱公三年》:“周、鄭交質。……周、鄭交惡。君子曰:‘信不由中,質無益也。’”

〔四〕槃:《周禮詳解》《周禮訂義》作“盤”。

〔五〕也:《周禮詳解》《周禮訂義》無。

〔六〕精:蔣抄本作“情”。

〔七〕而:《經苑》本、《四部叢刊初編》本《周官新義》卷五《玉府》、《周禮詳解》、《周禮訂義》、益齋本作“又”。王:《周禮詳解》作“玉”。

〔八〕之物:《周禮詳解》無。

〔九〕“血則”至“至也”:《周禮集説》、《周禮傳》卷四下《戎右》、《周禮注疏刪翼》卷二一《戎右》無。則:《周禮詳解》作“以此”,《周禮訂義》無。以:《周禮詳解》作“是爲”。也:《周禮訂義》無。

凡王之獻金玉、兵器、文織、良貨賄之物,受而藏之。

鄭 謂百工爲王所作,可以獻遺諸侯。古者致物於人,尊之則曰獻,通行曰饋。《春秋》曰:“齊侯來獻戎捷。”尊魯也。文織,畫及綉錦。

賈　言“凡王之獻金玉”者,〔一〕此金玉已下,〔二〕皆是擬王獻遺諸侯,故云“受而藏之”。〔三〕獻遺諸侯,〔四〕“古者致物於人,〔五〕尊之則曰獻”者,若正法,〔六〕上於下曰賜,〔七〕下於上曰獻。若尊敬前人,雖上於下亦曰獻,是以天子於諸侯云獻,〔八〕故知金玉是獻遺諸侯者也。況諸侯中兼有二王後,〔九〕王所尊敬,自然稱“獻”也。若王肅之義,取《家語》曰:〔一〇〕“吾聞之,君取於臣曰取,與於臣曰賜。臣取於君曰假,〔一一〕與於君謂之獻。”以此難鄭君。鄭君弟子馬昭之等難王肅:“《禮記》曰:〔一二〕‘尸飲五,君洗玉爵,獻卿。’況諸侯之中有二王後,〔一三〕何得不云‘獻’也?”〔一四〕齊侯來獻戎捷。〔一五〕齊大於魯,〔一六〕言“來獻”,明尊之則曰獻,未必要卑於尊乃得言獻。〔一七〕

【校注】

〔一〕言:賈《疏》上有“凡王至藏之釋曰”。

〔二〕此:賈《疏》作“謂”。

〔三〕之:賈《疏》下有“注謂”至“可以”。

〔四〕侯:賈《疏》下有“也”。

〔五〕古:賈《疏》上有“云”。

〔六〕若:賈《疏》作“名”。阮《校》曰:“惠校本‘名’作‘若’……當訂正。”

〔七〕賜:賈《疏》作“饋”。阮《校》曰:“惠校本……‘饋’作‘賜’。當訂正。”

〔八〕獻:賈《疏》下有“案月”至“在此”。

〔九〕王:賈《疏》下有“之”。

〔一〇〕曰:益齋本作“云”。

〔一一〕假:賈《疏》作"取"。阮《校》曰:"惠校本下'取'作'假'。此誤。"

〔一二〕記:安氏本作"紀"。

〔一三〕王:賈《疏》下有"之"。

〔一四〕也:賈《疏》下有"云通"至"尊魯也者"。

〔一五〕齊:賈《疏》上有"案莊"至"羊云"。捷:賈《疏》下有"齊大"至"引者"。

〔一六〕齊大於魯:賈《疏》作"以齊大國專"。阮《校》曰:"惠校本'國專'作'於魯',此非。"

〔一七〕卑:賈《疏》下有"者"。孫詒讓曰:"依王肅説,則此經云獻,亦爲下獻於王,劉敞、易祓、黄度、林之奇、王與之、方苞、林喬蔭、黄以周説并同。江永云:'注唯王用以獻遺諸侯,恐不然。此謂臣下有獻於王,如《曲禮》所謂"大夫私行,反必有獻",《少儀》所謂"君將適他,臣如致金玉貨貝於君"是也。四方之幣獻,則入之内府。'王引之云:'獻者,獻於王也。諸侯獻金玉、兵器、文織、良貨賄之物於王,則玉府爲王受而藏之,若魯僖公納玉於王十珏之類是也。若謂王獻諸侯之物則受而藏之者,當在諸侯,不得在玉府矣。且何以别於下文凡王之好賜乎?《内府》:"凡適四方,使者共其所受之物而奉之。"鄭彼注曰:"王所以遺諸侯者。"彼注王遺諸侯之物,故曰共曰奉,此爲諸侯獻王之物,故曰受曰藏,不可比而同之也。至《内府》"凡四方之幣獻之金玉、齒革、兵器,凡良貨賄入焉",與此相同,所謂官聯也。若謂内府所掌,玉府不應與之同,則内府掌共王及冢宰之賜予,玉府何以亦共王之好賜乎?殆失之矣。'案:江、王申王肅説,并通。《少儀》:"臣致襚於君,則曰致廢衣於賈人。"彼注引此經爲釋,似亦以獻屬臣獻君言之,足正此注之誤。"(《周禮正義》卷一二《玉府》,第四六五—四六六頁)

鶴山先生云　“君有饋焉，曰獻”。〔一〕賜焉，則曰“寡君獻之”，〔二〕義通，上下可言。富鄭公使北，〔三〕以死争“獻”“納”二字，〔四〕惜不舉此二語折虜尤切。〔五〕

【校注】

〔一〕君有饋焉曰獻：語出《禮記·檀弓下》。《注》曰：“君有饋，有饋於君。”《疏》曰：“‘君有饋焉曰獻’者，饋，餉也。‘君有饋’，謂臣有物饋獻於君。既奉餉君上，故曰‘獻’。”

〔二〕《禮記·檀弓下》：“晋獻文子成室，晋大夫發焉。”《注》曰：“晋君獻之，謂賀也。”《疏》曰：“‘獻’謂慶賀也。”

〔三〕富鄭公：北宋名臣富弼（一〇〇四—一〇八三年），因其曾被封爲鄭國公，故名。字彦國，河南人。其生平、事迹具載《宋史》卷三一三《富弼傳》。宋張鎡《仕學規範》卷二《爲學》：“先生曰：某之北歸，與東坡同途。兩舟相銜，未嘗三日不相見。嘗記東坡自言，少年時，與其父并弟同讀《富鄭公使北語録》。”元湯允謨《雲烟過眼續録》：“司馬文正公父手録《富鄭公使北日抄》一卷，其長五六丈，字畫雖若古拙，而首尾端書如一。”明楊士奇編《文淵閣書目》卷二《宙字號第二厨書目》著録有“《富鄭公使北語録》一部（一册）”。

〔四〕富弼争“獻”“納”事，《宋史》卷三一三《富弼傳》載曰：“契丹不復求婚，專欲增幣，曰：‘南朝遺我之辭當曰“獻”，否則曰“納”。’弼争之……契丹主曰：‘卿勿固執，古亦有之。’弼曰：‘自古唯唐高祖借兵於突厥，當時贈遺，或稱獻納。其後頡利爲太宗所擒，豈復有此禮哉！’弼聲色俱厲，契丹知不可奪，乃曰：‘吾當自遣人議之。’復使劉六符來。弼歸奏曰：‘臣以死拒之，彼氣折矣，可勿許也。’朝廷竟以‘納’字與之。”宋朱翌《猗覺寮雜記》卷下：“富鄭公使北，争獻、納二字甚切。後之議者以爲二字不必苦争。孔子適季孫，季孫之宰曰:‘君使求假於田,將與之乎?’孔子曰:‘吾聞君取於臣謂之取,與於臣謂之賜,臣取於君謂之假,與於君謂之獻。’季孫悟,遂命其宰:自今往君有取之,一切不得復言假也。鄭公力不肯言獻,以此也夫!然非博學通古,今其可出疆專對乎?”《續通志》卷三三八《富弼傳》《注》曰:“伏讀《通鑑輯覽》,御批:‘貢、獻義同,納亦貢獻之謂。富弼争執再三,稍有丈夫氣。而其時宰相畏懦,務爲苟安。仁宗又急圖了事,遂至名實兩虧。積弱之勢既成,益見懨懨不振,誠可笑耳。’”

〔五〕虜:四庫本作“之”。此二語:指魏氏前文所引《禮記·檀弓下》“君有饋焉曰獻”。折:使折服、屈服。虜:此處指契丹(遼)人。切:貼切、恰當。

凡王之好賜,共其貨賄。

賈 此謂王於群臣有恩好,〔一〕用燕飲而(揚)[賜]之貨賄者也。〔二〕

【校注】

〔一〕此:賈《疏》上有“凡王至貨賄釋曰”。

〔二〕用:賈《疏》、益齋本作“因”。揚:賈《疏》、安氏本、四庫本、益齋本作“賜”。按:應作“賜”,據改。

内府掌受九貢、九賦、九功之貨賄,良兵、良器,以待邦之大用。

鄭 “大用”,朝覲之班賜。〔一〕

【校注】

〔一〕班：鄭玄《注》、益齋本作“頒”。阮《校》曰：“岳本、嘉靖本‘頒’作‘班’，注皆用‘班’字。”

賈　掌受九貢已下，〔一〕大府頒之，〔二〕内府受藏之也。〔三〕“良兵、〔四〕良器”，〔五〕《冬官》百工所作，〔六〕亦由大府而來。“良兵”謂弓、矢、殳矛、戈、戟，五兵之良者。“良器”謂車乘及禮樂器之善者。以待諸侯來朝覲，〔七〕給頒賜。〔八〕常給九式及吊用，〔九〕是大府所給也。玩好之用，玉府所給也。〔一〇〕此又“以待邦之大用”，〔一一〕明是朝覲頒賜可知。

【校注】

〔一〕掌：賈《疏》上有“内府至大用釋曰”。已下：賈《疏》作“九賦”至“言受”。

〔二〕大：賈《疏》上有“即是”。府：賈《疏》下有“所云九貢已下”。之：賈《疏》下有“於受”至“而來”。其中“案彼大府所云”，阮《校》曰：“惠校本作‘即是九府所云’。此本‘即是’二字實闕，閩、監、毛本改作‘案彼’，非。”

〔三〕府：賈《疏》下有“皆”。

〔四〕良：賈《疏》上有“云”。

〔五〕良：賈《疏》下有“者”。

〔六〕冬：賈《疏》上有“此是”。

〔七〕以：賈《疏》上有“云”。待：賈《疏》下有“邦之大用者謂”。

〔八〕給：賈《疏》作“所”。賜：賈《疏》下有“者也”。

〔九〕常:賈《疏》、益齋本作"掌"。掌:賈《疏》上有"注大用至頒賜釋曰"。

〔一〇〕玉:四庫本作"王"。

〔一一〕又:賈《疏》下有"言"。

凡四方之幣獻之金玉、〔一〕齒革、兵器,凡良貨賄入焉。

【校注】

〔一〕幣:安氏本作"弊"。

鄭 諸侯朝聘所獻國珍。〔一〕

【校注】

〔一〕聘:鄭玄《注》作"覲"。阮《校》曰:"此本《疏》中釋經,亦作'朝覲',下釋《注》仍作'朝聘'。案:宋本、余本、岳本、嘉靖本、閩、監、毛本皆作'聘'字。賈《疏》引《覲禮》以釋朝,引《聘禮》以釋聘,明'聘'字是也。"

賈 "凡四方之幣獻"者,〔一〕謂四方諸侯來朝覲,〔二〕及遣[卿]、〔三〕大夫來聘問,將幣三享,貢獻珍异,有此金、玉及齒、革之等。〔四〕《覲禮》所云"一馬卓上,九馬隨之,龜金竹箭,分爲三享"是也。〔五〕《聘禮》"束帛加璧",庭實乘皮是也。〔六〕此因朝聘而貢,先入於掌貨賄,入其要於大府,乃始通之於内府也。

【校注】

〔一〕凡:賈《疏》上有"凡四至入焉釋曰云"。

〔二〕朝:益齋本作“聘”。

〔三〕開慶本、安氏本、《四部叢刊初編》本、蔣抄本“遣”與“大”二字間爲一空格,無字;賈《疏》、四庫本、益齋本下有“卿”字。據補“卿”字。

〔四〕等:賈《疏》下有“金者”至“珍者”。

〔五〕也:賈《疏》下有“諸侯”至“謂若”。

〔六〕皮:賈《疏》下有“之等”。

凡適四方使者,共其所受之物而奉之。凡王及冢宰之好賜予,則共之。

鄭 王所以遺諸侯者。〔一〕冢宰待四方賓客之小治,或有所善,亦賜予之。

【校注】

〔一〕者:益齋本作“之”。

賈 即上王之獻金玉、〔一〕兵器已下是也。彼據藏之,此據用之。以冢宰貳王治事,〔二〕或有所善,亦得賜予之。云“所善”,釋經中“好”也。

【校注】

〔一〕即:賈《疏》上有“凡適”至“侯者釋曰”。

〔二〕以:賈《疏》上有“注冢”至“平之”,下有“其”。

三禮辨 謂古者君臣一體,榮辱共之,故列國之賓至,大夫

有饟,有饔,有食,則冢宰之有好賜予,亦其宜也。"好賜予",猶《春秋傳》所謂"好貨"也。事見昭公六年。[一]

【校注】

〔一〕《左傳·昭公六年》:"宴有好貨。"《注》曰:"宴飲以貨爲好。衣服、車馬,在客所無。"《疏》曰:"謂主國宴賓,以貨才爲恩好。謂'衣服、車馬,在客所無'者,與之也。明年,晋享季武子,重其好貨。僖二十九年,介葛盧來,禮之加宴好。《詩序》云:'《鹿鳴》,燕群臣嘉賓也。既飲食之,又實幣帛筐篚以將其厚意'是也。"

外府掌邦布之入出,以共百物,而待邦之用,凡有法者。

鄭　布,泉也。[一]布讀爲宣布之布。[二]其藏曰泉,其行曰布,取名於水泉,其流行無不遍。"入出",謂受之復出之。"共百物"者,或作之,或買之。"待"猶給也。"有法",百官之公用也。泉始蓋一品。周景王鑄大泉,而有二品。後數變易,不復識本制。至漢,唯有五銖(之)[久]行。[三]王莽改貨而异作,泉布多至十品,今存於民間多者,有貨布、大泉、貨泉。貨布長二寸五分,[四]廣寸,首長八分有奇,廣八分。其圜好徑二分半,足枝長八分,其右文曰"貨",左文曰"布",重二十五銖,直貨泉二十五。大泉徑一寸二分,重十二銖,文曰"大泉",直十五貨泉。[五]貨泉徑一寸,重五銖,右文曰"貨",左曰"泉",[六]直一也。

【校注】

〔一〕孫詒讓曰:"《載師》《司市》《廛人》《羊人》《巫馬》注并同。《檀弓》注云:'古者謂錢爲泉布,所以通布貨財。'《國語·周語》韋

注云：'泉者，金幣之名，古曰泉，後轉曰錢。'"(《周禮正義》卷一二《外府》，第四六九頁)

〔二〕讀爲：阮《校》曰："諸本同。《漢制考》作'讀如'。案：《疏》云：'此讀如《秋官·布憲》，彼布是宣布之布，此布亦宣布，故讀從之。'然則賈《疏》本亦作'讀如'也。漢時布帛、宣布蓋兩讀，此擬其音，而義即隨之。……按：此當作'讀爲'。凡'讀爲'下用本字者，皆同字同音，而義不同也。""段玉裁云：'凡言"讀爲"者，必易其字。此未易其字而曰讀爲，何也？雖未易其形而易其義也，布字枲織爲本義，宣布爲引伸之義，以布可舒捲而引伸之也。鄭恐人疑經謂布匹，故舉引伸之義以易本義。'"(《周禮正義》卷一二《外府》，第四六九—四七〇頁)

〔三〕之：鄭玄《注》、四庫本、益齋本作"久"。按：下文賈《疏》引鄭玄《注》亦作"久"，則此處應作"久"，據改。

〔四〕二寸五分：鄭玄《注》作"二尺五寸"。阮《校》曰："岳本、嘉靖本、《漢制考》、賈《疏》皆作'二寸五分'，此誤，當訂正。"

〔五〕孫詒讓曰："亦據《漢志》文，已詳前。宋建陽本無'貨泉'二字，亦通。賈《疏》云：'案彼大泉直五十，不云五十言十五者，亦誤，當從五十爲正也。'詒讓案：《周語》注引此注作'文曰大泉五十'，與《漢志》同，疑今本挩誤。"(《周禮正義》卷一二《外府》，第四七一頁)

〔六〕左：鄭玄《注》、安氏本、四庫本、益齋本下有"文"。阮《校》曰："宋本、嘉靖本、《漢制考》同。閩、監、毛本'左'下衍'文'。案：此本'右'下'文'字剜擠，蓋上云'右文曰"貨"，左文曰"布"'，此蒙上，故云'右曰"貨"，左曰"泉"'，二'文'字皆析。""孫校：《檀弓·疏》有'文'，宋本、十行本同。"(北京大學出版社版《周禮注疏》，第一六一頁)

賈 “周景王”已下,〔一〕并《漢·食貨志》文。〔二〕案周景王時患泉輕,〔三〕將更鑄大泉。單穆公曰:“不可。”王不聽,鑄大泉,文曰“寶貨”。漢興,爲秦泉重,難用,更令民鑄榆莢錢。至孝(文)[武],〔四〕有司言榆莢三銖輕,易奸詐,請鑄五銖。至王莽居攝,變漢制,更造大泉,徑寸二分,重一十二銖,文曰“大泉”,直五十。又造契刀,形如刀,〔五〕直五百。又造錯刀,以黄金錯其文曰“一刀直五千”。〔六〕與五銖錢凡四品,并行。至莽即真,罷五銖錢,异作泉布,〔七〕多至十品。其布有大布、〔八〕次布、弟布、壯布、中布、差布、厚布、幼布、幺布、〔九〕小布,是爲貨十品也。其泉十品者,莽居攝,作大泉、錯刀、契刀。即真,作小錢、幺錢、〔一〇〕幼錢、中錢、壯錢。(元)[天]鳳年,〔一一〕更造貨布,與貨錢爲十品。莽以劉有金刀,〔一二〕罷契刀、錯刀。〔一三〕鄭云“後數變易,〔一四〕不復識本制”,〔一五〕據秦、漢至莽已前而言也。〔一六〕從孝(文)[武]作五銖錢,〔一七〕至莽,世數既多,故云“久行”也。〔一八〕“今存於民間有貨布、〔一九〕大泉”已下者,是(後)[從]莽至漢末鄭君時,〔二〇〕見行此三者。〔二一〕案彼文,其貨布直云長二寸五分,廣寸,首長八分,圜好徑二分,無“有奇廣八分半,足(支)[枝]長八分”等十一字。〔二二〕此并鄭君目所親見,〔二三〕以義增之。〔二四〕王莽大泉與景王大泉亦异也。〔二五〕

【校注】

〔一〕周:賈《疏》上有“外府”至“也云”。已:四庫本作“以”。

〔二〕漢:賈《疏》下有“書”。

〔三〕案:賈《疏》下有“彼”。

〔四〕阮《校》曰:“《漢制考》云:武帝鑄五銖,《疏》謂孝文作五銖,誤也。”按:漢代始制五銖錢者爲漢武帝,《漢制考》所言甚是。故此處“文”應作“武”,據改。

〔五〕刀:賈《疏》作“錢”。阮《校》曰:“《漢制考》作‘形如刀’。此本‘刀’字實闕。閩、監、毛本改作‘錢’。”

〔六〕直:賈《疏》上有“直”。阮《校》曰:“惠校本、《漢制考》同,‘直’字不復衍。閩、監、毛本‘錯’誤‘鏤’,‘五’誤‘一’。”

〔七〕异:阮《校》曰:“惠校本‘异’作‘直’。當訂正。《漢制考》亦誤。”

〔八〕其布:賈《疏》作“其中”。阮《校》曰:“《漢制考》‘中’作‘布’。”

〔九〕幺:賈《疏》作“公”,四庫本作“么”,安氏本作“玄”。按:《漢書》卷二四下《食貨志下》作“幺”。當從開慶本、益齋本、《四部叢刊初編》本、蔣抄本作“幺”。

〔一〇〕幺:四庫本作“么”。

〔一一〕元:阮《校》曰:“惠校本、《漢制考》‘元’作‘天’。此誤。”按:應作“天”,據改。天鳳:亦作始建國天鳳上戊、始建國天鳳。王莽新朝使用的第二個年號,起止年爲一四——一九年,共計六年。天鳳年號有繁、簡之别。天鳳爲簡稱,始建國天鳳、始建國天鳳上戊是繁稱。

〔一二〕刀:賈《疏》作“刅”。阮《校》曰:“惠校本、《漢制考》‘刅’作‘刀’。此誤。”

〔一三〕刀:賈《疏》下有“若然”。

〔一四〕變:四庫本作“多”。

〔一五〕識:賈《疏》下有“舊”。制:賈《疏》下有“者”。阮《校》曰:“此本‘本’字剜擠。閩、監、毛本排入。惠校本無‘舊’。”

〔一六〕也:賈《疏》下有“云唯有五銖久行者”。

〔一七〕從：賈《疏》下有“漢”。文：安氏本無。按：據前文阮《校》引《漢制考》，“文”當作“武”，故改。

〔一八〕也：四庫本無。

〔一九〕今：賈《疏》上有“云”。間：賈《疏》下有“多者”。

〔二〇〕後：賈《疏》、四庫本、益齋本作“從”。按：應作“從”，據改。

〔二一〕者：賈《疏》下有“故云今存於民間也”。

〔二二〕支：四庫本、益齋本作“枝”。阮《校》曰：“《漢制考》同。閩、監、毛本‘支’改‘枝’。按：‘枝’是。”據四庫本、益齋本、阮《校》改“支”爲“枝”。字：賈《疏》下有“今鄭言之者”。

〔二三〕親：賈《疏》作“覿”。君：賈《疏》作“言”。

〔二四〕之：賈《疏》下有“耳又”至“正也”。阮《校》曰：“浦鏜云：‘今《漢志》與鄭《注》同。豈賈君所見本异邪？’案：唐初本《漢書》，當如賈《疏》所言。今本多者，蓋依鄭《注》增加。”

〔二五〕王：賈《疏》上有“且”。莽：賈《疏》下有“之”。與：賈《疏》上有“蓋”。景王：賈《疏》下有“所鑄”。景王大泉：益齋本作“景王莽泉”。

共王及后、世子之衣服之用。凡祭祀、賓客、喪紀、〔一〕會同、軍旅，共其財用之幣賫，賜予之財用。

【校注】

〔一〕紀：四庫本、安氏本作“記”。

鄭 “賫”，〔一〕行道之財用也。《聘禮》曰：“問幾月之賫。”

【校注】

〔一〕孫詒讓曰："《聘禮記》……鄭彼注云：'資，行用也。……古文資作賫。'案：彼依今文作資，此經字與古文同，故鄭即從古文作賫引之也。"(《周禮正義》卷一二《外府》，第四七三頁)

鄭司農云　"賫"或爲"資"，〔一〕今禮家定"賫"作"資"。〔二〕

【校注】

〔一〕孫詒讓曰："謂故書或本也。不云故書者，文略。丁晏云：'《掌皮》先鄭注"賫或爲資"；《典婦功》注"故書賫爲資，杜子春讀爲資"；《典枲》注"故書賫作資"；《考工記注》"故書資作齊，杜子春云齊當爲資"；古賫齊資并通用。'"(《周禮正義》卷一二《外府》，第四七三頁)

〔二〕孫詒讓曰："先鄭據《聘禮記》今文作資，與古文异。今禮家即謂禮今文家也。"(《周禮正義》卷一二《外府》，第四七三頁)

玄謂　"賫""資"同耳，其字以齊次爲聲，從(具)[貝]變易，〔一〕古字亦多或[作"資"]。〔二〕

【校注】

〔一〕具：鄭玄《注》、四庫本、益齋本作"貝"。阮《校》曰："此本及閩、監本'貝'誤'具'，嘉靖本、毛本不誤。今訂正。"按：應作"貝"，據改。

〔二〕或：益齋本下有"作資"。按：至"或"結句，義似不妥。益齋本"作資"二字,與本節鄭玄義同,故據益齋本補。"段玉裁云:'此司農説禮家定齊當作資,而鄭君非之,謂二字皆可用。賫,從貝琪聲,資從貝次聲,實一字也。古字亦多或者,謂古字多或體,如《説文》多云某或某字者是也。《説文·貝部》:"資,貨也。賫,持遺也。"不云是一字,似較鄭君爲長。'詒讓案:賫資兩文,杜、許并分爲二;先鄭則兩列其字,不敢决定;後鄭則徑合之,故全經字并從賫,而訓解則兼取《許書》二義。……曰行道,曰賫來,曰給予,曰來取,此并與《許書》賫字説解持遺之義略同;而曰財用,曰財物,曰絲枲,則又兼取資財之義。然則後鄭雖合二字爲一,不及許之分析;而隨文作訓,義則二者兼備,未嘗偏持一説矣。至《考工記·總叙》'或通四方之珍异以資之',注云:'資,取也,操也。'此亦與持遺義同。依《許書》正當作賫,而鄭顧從資者,以彼記故書作齊,爲賫之同聲假借字,義更不及資之明切,故不得不從今書耳。"(《周禮正義》卷一二《外府》,第四七三—四七四頁)

賈 資,〔一〕行用也。古者君臣謀密草創,未知所之遠近,問行用,當知多少而已。〔二〕

【校注】

〔一〕資:賈《疏》上有"共王"至"之資注云"。

〔二〕當:賈《疏》作"常"。阮《校》曰:"浦鏜云:'當'誤'常'。"已:賈《疏》下有"是其"至"易耳"。

凡邦之小用,皆受焉。歲終則會,唯王及后之服不會。

鄭 皆來受。

賈　但外府所納泉布,[一]所積既少,有小用,則給之。若大用,即取餘府。言王及后不會,[二]以衣服异於膳羞與所加禽獸,故通世子可以會之也。

【校注】

〔一〕但:賈《疏》上有"凡邦至受焉釋曰"。

〔二〕言:賈《疏》上有"歲終至不會釋曰"。

司會掌邦之六典、八法、八則之貳,以逆邦國、都鄙、官府之治。

鄭　"逆",受而鉤考之。

賈　案《大宰》[一]"六典治邦國,八法治官府,八則治都鄙",但司會是鉤考之官,還以此三者鉤考知得失。[二]

【校注】

〔一〕案:賈《疏》上有"司會"至"貳者"。宰:賈《疏》下有"云"。

〔二〕此三者:賈《疏》作"六典"至"皆謂"。

以九貢之法致邦國之財用,[一]以九賦之法令田野之財用,以九功之法令民職之財用,以九式之法均節邦之財用。掌國之官府、郊、野、縣、都之百物財用凡在書契版圖者之貳,[二]以逆群吏之治,而聽其會計。

【校注】

〔一〕貢:益齋本此處殘破,無法辨識。

〔二〕“曾剑云:‘……當以“掌國之官府郊野縣都之百物財用凡在書契版圖者之貳”绝句。……賈疏讀“財用”絶句,誤矣。’案:曾説是也。黄以周説同。”(《周禮正義》卷一二《司會》,第四七六頁)

鄭 “郊”,四郊,去國百里。“野”,甸、稍也。甸去國二百里,稍三百里,縣四百里,都五百里。“書”,謂簿書。“契”,其最凡也。“版”,户籍也。“圖”,土地形象,田地廣狹。

賈 此九式用九賦,〔一〕故以郊野以下,〔二〕依(記)[此]《大宰》九賦次第以釋之。〔三〕彼九賦“一曰邦中之賦”當此“官府”,此“郊”當彼“四郊之賦”,據遠郊言之,故云“去國百里”。郊外曰野,大總之言,〔四〕故此“野”當彼“三曰邦”。甸去國二百里,又當彼“四曰家稍”,故鄭云“甸去國二百里,稍三百里”也。此經“縣”當彼“五曰邦縣之賦”,故云“縣四百里”。此經“都”,即彼“六曰邦都之賦”,故云“都五百里”。〔五〕云“書謂簿書”者,〔六〕漢時以簿書記事,至於餘物記事,亦謂之簿書,舉漢法而言。〔七〕“書契”,〔八〕即《小宰》八成“取予以書契”之類。“最凡”,謂計要之多少以爲契要。“版,〔九〕户籍也”者,漢之户籍皆以版書之。〔一〇〕土地之圖有其形象,〔一一〕即是民之田地廣狹多少,皆在於圖也。

【校注】

〔一〕此:賈《疏》上有“以九”至“廣狹釋曰”。

〔二〕以下:賈《疏》作“已下”。

〔三〕記:賈《疏》、四庫本、益齋本作“此”。按:應作“此”,據改。

〔四〕之言:益齋本作“言之”。

〔**五**〕里：益齋本下有“也”。

〔**六**〕云：益齋本無。

〔**七**〕舉：賈《疏》、益齋本上有“故”。言：賈《疏》、益齋本下有“也”。

〔**八**〕書：賈《疏》上有“契其”至“此之”。

〔**九**〕版：賈《疏》上有“云”。

〔**一〇**〕版：安氏本作“叛”。之：賈《疏》下有“故以漢法況”。

〔**一一**〕土：賈《疏》上有“云圖”至“書云”。

以參互考日成，以月要考月成，以歲會考歲成。

鄭　“參互”，謂司書之要貳，與職内之入，職歲之出。故書“互”爲“巨”。〔一〕

【校注】

〔**一**〕孫詒讓曰：“《脩閭氏》云：‘掌比國中宿互柝者。’注云：‘故書互爲巨。鄭司農云，巨當爲互。’與此義同。互巨形聲并相近，故傳寫易訛。掌舍‘梐枑’，故書枑爲柜，杜讀柜爲枑，亦其比例。”（《周禮正義》卷一二《司會》，第四七八頁）

杜子春　讀爲參互。

賈　案《司書職》云：〔一〕“凡稅斂，掌事者受法焉。及事成，則入要貳焉。”《職内》云：〔二〕“掌邦之賦入。”《職歲》云：〔三〕“掌邦之賦出。”參互鉤考，〔四〕明知此(二)[三]官出内事。〔五〕

【校注】

〔**一**〕案：賈《疏》上有“以參”至“貳者”。

〔二〕職：賈《疏》上有"又案"。

〔三〕職：賈《疏》上有"又案"。

〔四〕參：賈《疏》上有"云"。

〔五〕此二：賈《疏》作"有此三"，益齋本作"此三"。按：賈《疏》上文提及司書、職内、職歲三種職官，則此處"二"字當作"三"，據賈《疏》、益齋本改。事：賈《疏》下有"共鉤考之"。

以周知四國之治，以詔王及冢宰廢置。

鄭 "周"猶遍也。言"四國"者，本逆邦國之治，亦鉤考以告。

賈 "四國"，〔一〕謂四方諸侯之國。遍知諸侯之治，〔二〕以此職文書以詔王及冢宰，〔三〕以其冢宰者副貳王之治事，故并告之。〔四〕

【校注】

〔一〕四：賈《疏》上有"以周"至"遍也"。

〔二〕治：賈《疏》下有"者"。

〔三〕以：賈《疏》上有"以是"至"得失"。此：賈《疏》、益齋本下有"治"。宰：賈《疏》下有"有功"至"宰者"。

〔四〕之：賈《疏》下有"注周"至"告也"。

荆公 以三考之爲參，以兩考之爲互。逆邦國、〔一〕都鄙"群吏之治，而聽其會計"。又考其歲、月、日成，〔二〕則四國之治皆可知也，〔三〕然後以所知"詔王及冢宰廢置"。〔四〕

【校注】

〔一〕逆:《周禮詳解》卷七《司會》上有“司會”。

〔二〕考其歲月日成:即前文之“以參互考日成,以月要考月成,以歲會考歲成”。

〔三〕皆可:《周禮詳解》作“可周”。

〔四〕所知:《周禮詳解》作“其功過”。

司書掌邦之六典、八法、八則、九職、九正、九事,邦中之版,土地之圖,以周知入出百物,以叙其財,受其幣,使入於職幣。〔一〕凡上之用財用,〔二〕必考於司會。

【校注】

〔一〕入:安氏本作“凡”。

〔二〕“王引之云:‘經兩“用”字復出,文不成義,下“用”字蓋因注而衍。賈《疏》云“此經上之用財必考於司會者”,又云“司會以九式均節邦之財用者”,據此則注文作“財用”,經文則作“用財”,不得云“用財用”也。唐《石經》始誤衍。’案:王説是也。此“用”字,疑即下經民之財用之捝文,誤移著此者。”(《周禮正義》卷一二《司書》,第四八一頁)

鄭　“九正”謂九賦、九貢。正,税也。“九事”謂九式,變言之者,重其職。明本而掌之,〔一〕非徒相副貳也。叙猶比次也,謂鈎考其財幣所給,及其餘見,爲之簿書。故書“受”爲“授”。

【校注】

〔一〕本:鄭玄《注》作“木”。

鄭司農云 “授”當爲“受”,〔一〕謂受財幣之簿書也。

【校注】

〔一〕孫詒讓曰:“授從受得聲,故傳寫易誤。段玉裁云:‘此從司農以爲聲之誤而改之也。’丁晏云:‘《典婦功》注:“授當爲受,聲之誤也。”《掌葛》注:“故書受或爲授,杜子春云,當爲受。”’”(《周禮正義》卷一二《司書》,第四八〇頁)

玄 謂亦受録其餘幣,而爲之簿書,使之入於職幣。幣物當以時用之,久藏將朽蠹。

賈〔一〕 古有簡册以記事。〔二〕若在君前,以笏記事。後代用簿。簿,今手版。故云吏當持簿,簿則簿書也。

【校注】

〔一〕按:此節係賈公彦對《周禮·天官·序官·司書》所作《疏》,魏氏引置於此,四庫本無。

〔二〕古:賈《疏》上有“注司”至“書者”。册:賈《疏》作“策”。

賈〔一〕 變“九賦”、〔二〕“九貢”言“九正”,變“九式”言“九事”,〔三〕重以其職,〔四〕明本而掌之,非徒相副貳也。其相副貳者,謂《司會》八法、〔五〕八則之貳是也。云“所給及其餘見爲之簿書”者，司書“周知入出百物，〔六〕以叙其財”，明知“叙其財”者，〔七〕所給諸官餘不盡者，即以餘見爲之簿書，擬與司會鈎考之。〔八〕

【校注】

〔一〕賈：益齋本作“去”。

〔二〕變：賈《疏》上有“司書”至“職謂”。

〔三〕事：賈《疏》下有“也”。

〔四〕以：四庫本、益齋本作“於”。阮《校》曰：“監本‘以’改‘於’。”

〔五〕阮《校》曰：“此本‘法’作‘瀍’，據閩、監、毛本訂正。”

〔六〕周：益齋本無。

〔七〕者：益齋本作“幣”。

〔八〕之：賈《疏》下有“玄謂”至“利也”。

荆公　“叙其財”，〔一〕則叙掌事者之財，〔二〕以知其所餘。〔三〕“受其幣”，則受官府、〔四〕都鄙凡用邦財者之幣。〔五〕“使入於職幣”，〔六〕則所餘及幣皆“使入於職幣”也。〔七〕“上之用財”，但知多少而闕之，非是會王用也。〔八〕

【校注】

〔一〕叙其財：《周禮全經釋原》卷三《司書》（以下簡稱《周禮全經釋原》）無。叙：《周禮句解》卷二《司書》（以下簡稱《周禮句解》）上有“以”，《周官新義》卷五《司書》上有“九正”至“故也”。

〔二〕則：《周禮句解》作“然後以”，《周禮全經釋原》作“次”。

叙:《周禮詳解》卷七《司書》(以下簡稱《周禮詳解》)作“次序”。

〔三〕所:《周禮句解》《周禮全經釋原》無。

〔四〕受其幣則:《周禮全經釋原》作“乃以幣餘之簿書”。受:《周禮全經釋原》下有“之於”。則:《周禮句解》無。

〔五〕者:《周禮詳解》上有“爲數”,《周禮句解》無。幣:《周禮句解》下有“所餘”。

〔六〕凡用邦財者之幣使:《周禮全經釋原》無。

〔七〕則所:《周禮句解》作“以其”。則:《周禮詳解》無。及幣皆使:《周禮句解》無。皆使:《周禮詳解》作“以”。也:《周禮詳解》《周禮句解》無。

〔八〕“則所餘”至“用也”:《周禮全經釋原》無。“上之用財”至“用也”:《周禮詳解》《周禮句解》無。

三歲,則大計群吏之治,以知民之財器械之數,〔一〕以知田野夫家六畜之數,以知山林川澤之數,以逆群吏之徵令。

【校注】

〔一〕“王引之云:‘賈《疏》釋經曰:“以知民之財用器械之數者,民之財用謂幣帛多少。”則所據經文,“財”下有“用”字。財用、器械,相對爲文,與田野、夫家、六畜、山林、川澤文義亦相稱也。唐《石經》始脱“用”字。’案:王説是也。”(《周禮正義》卷一二《司書》,第四八一—四八二頁)

鄭 “械”猶兵也。“逆”,受而鈎考之。山林川澤童枯則不税。

賈 言"三歲"者,〔一〕三年一閏,天道小成。考校群吏,須有黜陟,故云"三歲則大計群吏之治","群吏"則百官也。"民之財用",〔二〕謂幣帛多少。"器"謂禮樂之器。"械"謂兵器,弓、矢、戈、殳、戟、(予)[矛]。〔三〕此等則器械之數皆知之。又云"以逆群吏之徵令",〔四〕逆謂鈎考。〔五〕此司書知"民之財器"已下,川澤已上,恐其群吏濫徵斂萬民,故知此本數乃鈎考其徵令也。所税税其有,〔六〕山林不茂爲枯,〔七〕則無林木。〔八〕川澤無水爲枯,〔九〕則無魚鱉、蒲葦,不税之。〔一〇〕

【校注】

〔一〕言:賈《疏》上有"三歲至徵令釋曰"。

〔二〕民:賈《疏》上有"以知"至"數者"。

〔三〕予:賈《疏》、四庫本、益齋本作"矛"。按:應作"矛",據改。

〔四〕又:賈《疏》上有"以知"至"之也"。令:賈《疏》下有"者"。

〔五〕考:賈《疏》下有"也"。

〔六〕所:賈《疏》上有"注械"至"爲枯"。所税:賈《疏》下有"者"。其:益齋本下有"所"。

〔七〕山:賈《疏》上有"今"。爲枯:賈《疏》無,益齋本作"爲童"。

〔八〕林:賈《疏》、益齋本作"材"。

〔九〕爲枯:賈《疏》無。

〔一〇〕不:賈《疏》上有"故"。

荆公 凡在民者,〔一〕皆知其數,〔二〕然後知群吏徵令有當否。〔三〕知其有當否,然後可得而治正也。

【校注】

〔一〕凡:《周官新義》卷五《司書》上有“所謂”至“之數”。

〔二〕凡在民者皆知其數:《周禮詳解》卷七《司書》無。

〔三〕然後:《周禮詳解》作“既已周”。吏:《周禮詳解》下有“之”。

凡税斂,掌事者受法焉。及事成,則入要貳焉。凡邦治考焉。

鄭 “法”猶數也,應當税者之數。“成”猶畢也。“考”者,〔一〕考其法於司書。

【校注】

〔一〕考者:鄭玄《注》無。

賈 “當税者之數”,〔一〕即上“田野夫家”之等。〔二〕邦之所治有善惡,〔三〕皆來考於司書者,以司書“大計群吏之治”,知其功過故也。

【校注】

〔一〕當:賈《疏》上有“凡税”至“云應”。

〔二〕等:賈《疏》下有“是其”至“數也”。

〔三〕邦:賈《疏》上有“凡邦治考焉釋曰”。

荆公 “要貳”,〔一〕物數之要。要,書之貳也。〔二〕

【校注】

〔一〕貳:《周禮句解》卷二《司書》、《周官新義》卷五《司書》下有“者”,《周禮集説》卷三《司書》(以下簡稱《周禮集説》)下有“焉”。

〔二〕也:《周禮集説》無。

職内掌邦之賦入,辨其財用之物,而執其總,以貳官府、都鄙之財入之數,以逆邦國之賦用。

鄭 辨財用之物,處之,使種類相從。“總”謂簿書之種别與大凡。〔一〕官府之有財入,〔二〕若關市之屬。

【校注】

〔一〕阮《校》曰:“諸本同。盧文弨云:‘上“種類”《釋文》云:“種,章勇反”,當有“下同”二字。此“種别”當音彼列反,今皆不著,則陸所見本當是“總謂簿書之大凡”,無“種别與”三字,“種别”之與“大凡”義正相反,注疏本係誤衍。觀賈氏所釋,亦似無此三字。案:賈《疏》釋上經《注》“辨”字云:“種類不同,須分别之。”又云:“分别使衆類相從。”釋此經《注》“總”字云:“總謂税入多少總要簿書。”是此《注》之言“種别”爲衍文無疑。’”阮氏案曰:“按財用物既種類相從,則簿書有‘種别’。有‘種别’,因有‘大凡’。‘辨’謂處物,‘總’謂簿書。删去三字,則失其義矣。”

〔二〕官:益齋本作“宫”。

賈 “賦入”,〔一〕賦是總名。〔二〕“執其總”,〔三〕謂税入多少總要簿書。〔四〕賦之所入,〔五〕先由職内,始至大府,大府分致於衆府,〔六〕官府、〔七〕都鄙有財入,〔八〕"若關市之屬"者,司關、司市皆屬地官。關、〔九〕市皆有出税,〔一〇〕言"屬"者,〔一一〕兼有城十二門,亦有税入。

【校注】

〔一〕賦:賈《疏》上有"職内"至"獨云"。入:賈《疏》下有"者"。

〔二〕名:賈《疏》下有"下言"至"别之"。

〔三〕執:賈《疏》上有"而"。總:賈《疏》下有"者"。

〔四〕謂:賈《疏》上有"總"。

〔五〕賦:賈《疏》上有"又云"至"者但"。

〔六〕衆府:賈《疏》下有"以是"至"相從"。

〔七〕官:賈《疏》上有"云"。

〔八〕都鄙:賈《疏》作"之"。按:上文鄭玄《注》亦作"之"。

〔九〕關:安氏本無。

〔一〇〕税:賈《疏》下有"故知"至"市也"。

〔一一〕言:賈《疏》下有"之"。

凡受財者,受其貳令而書之。

鄭 "受財",受於職内以給公用者。〔一〕"貳令"者,〔二〕謂若今御史所寫下本奏,王所可者。"書之",若言某月某日某甲,詔書出某物若干,給某官某事。

【校注】

〔一〕用:安氏本下有"貳"。

〔二〕貳:安氏本無。

賈　其有官府(八)[合]用官物而受財者,〔一〕并副寫一通敕令文書與職内,然後職内依數付之,故云“受其貳令書之”。〔二〕“貳令,〔三〕謂若今御史所寫下本奏,王所可者”,案《御史職》云:“掌贊書。”彼《注》云:“王有令,則以書致之。”則贊爲詞,〔四〕若今尚書作詔文,是其用官財者先奏白於王,王許可,則御史贊王爲辭。下職内是其貳令,職内則書之爲本案,然後給物與之。若然,職内主入,職歲主出。職内分置於衆府,〔五〕職内亦有府,貨賄留之者,故得出給。〔六〕

【校注】

〔一〕其:賈《疏》上有“凡受至書之釋曰”。八:賈《疏》、安氏本、四庫本、益齋本、蔣抄本作“合”。按:應作“合”,據改。

〔二〕阮《校》曰:“浦鏜云:‘令’下脱‘而’。”按:此節經文有“而”字,賈《疏》、諸本無“而”。之:賈《疏》下有“注受財至某事釋曰”。

〔三〕貳:賈《疏》上有“云”。

〔四〕詞:賈《疏》作“辞”。

〔五〕府:賈《疏》下有“所以”至“衆府”。

〔六〕給:賈《疏》下有“故大”至“是也”。

及會,以逆職歲與官府財用之出,而叙其財,以待邦之移用。

鄭　亦參互鈎考之。亦鈎考今藏中餘見,爲之簿。“移用”,謂轉運給他。

賈　案《司會》“參互考”,〔一〕(成)[鄭]彼《注》云:〔二〕“參互謂司書之要貳。”職内之入,職歲之出,以三官相鉤考。此職内逆職歲,明兼有司[書]之要貳,〔三〕故言參互。〔四〕此言叙財,〔五〕案《司書》〔六〕“以叙其財”,《注》謂“叙猶比次”,〔七〕亦謂比次職内藏中餘見,爲簿書,以待邦之移用,更給他官。〔八〕

【校注】

〔一〕案:賈《疏》上有“及會”至“考者”。會:賈《疏》下有“以”。考:賈《疏》下有“之”。

〔二〕成:賈《疏》、四庫本作“鄭”。按:應作“鄭”,據改。

〔三〕司:賈《疏》、四庫本下有“書”。按:應有“書”,據補。

〔四〕互:賈《疏》下有“言亦者亦如大府也”。

〔五〕此:賈《疏》上有“而叙”至“幣也”。按:其中“案司書以叙其財”“叙猶比次”十一字,魏氏移用於下。

〔六〕書:賈《疏》下有“云”。

〔七〕注謂:賈《疏》作“鄭彼注云”。

〔八〕“亦謂”至“他官”:此數句賈《疏》在“此言叙財”下。官:賈《疏》下有“若然”至“之也”。

職歲掌邦之賦出,以貳官府、都鄙之財,出賜之數,以待會計而考之。

鄭 “以貳”者,亦如職内書其貳令而編存之。

賈 《職内》云:〔一〕“凡受財者,受其貳令而書之。”此官主出,所出亦皆由上令。所出前後不同,亦皆書其貳令,編存爲案,以待會計而考之也。

【校注】

〔一〕職：賈《疏》上有“職歲”至“之者”。其中，“職內”至“鈎考”，魏氏移至賈氏對經文“凡上”至“逆會”所作《疏》中。詳見下。

凡官府、都鄙群吏之出財用，受式法於職歲。〔一〕

【校注】

〔一〕法於：安氏本作“於法”。

鄭 百官之公用式法多少，職歲掌出之舊用事存焉。

賈 以其出財用皆爲有事，〔一〕事有舊法，用有常。〔二〕職歲出財，〔三〕皆有舊法式在於職歲，故須受法於職歲也。〔四〕

【校注】

〔一〕以：賈《疏》上有“凡官”至“法者”。

〔二〕常：四庫本、益齋本下有“式”。

〔三〕職：四庫本、益齋本無。

〔四〕受：益齋本作“爲”。

凡上之賜予，以叙與職幣授之。〔一〕**及會，以式法贊逆會。**

【校注】

〔一〕魏氏雖未引鄭玄對經文“凡上”至“授之”所作《注》，但其

置鄭《注》於賈《疏》中,詳見下。孫詒讓曰:"此與職幣爲官聯也。"(《周禮正義》卷一二《職歲》,第四八七頁)

鄭 助司會鈎考群吏之計。

賈 鄭謂"叙受賜者之尊卑",〔一〕王與冢宰所有小賜予之事,〔二〕以叙與職幣授之。〔三〕至歲終會計之時,〔四〕則以式法贊助司會鈎考會計之事,故云"以式法贊逆會"。職内〔五〕"以貳官府、都鄙之財入之數",此職歲以貳官府、都鄙之財出賜之數,二官一出一入,〔六〕皆書其貳,共相鈎考。〔七〕

【校注】

〔一〕叙受賜者之尊卑:鄭氏對經文"凡上"至"授之"所作《注》。魏氏置其於賈《疏》中,前加"鄭謂"二字。

〔二〕王:賈《疏》上有"凡上"至"上謂"。事:賈《疏》下有"則職"至"是也"。

〔三〕以:賈《疏》上有"故云"。

〔四〕至:賈《疏》上有"及會"至"至也"。

〔五〕内:賈《疏》下有"云"。

〔六〕一出一入:賈《疏》作"一入一出"。

〔七〕"職内"至"鈎考":係賈氏對經文"職歲"至"考之"所作《疏》,魏氏移至此處。共:賈《疏》作"其"。

職幣掌式法,以斂官府、都鄙與凡用邦財者之幣。

鄭 幣謂給公用之餘。"凡用邦財者",謂軍旅。

賈 職幣主餘幣給諸官之用,〔一〕亦依法式與之,故云"掌式法以斂官府”已下之幣。幣則餘幣也。以此官主斂餘幣,〔二〕故知幣謂給公用之餘。别言“用邦財”,〔三〕謂國之大事,惟有軍旅。

【校注】

〔一〕職:賈《疏》上有“職幣至之幣釋曰”。

〔二〕以:賈《疏》上有“注幣”至“餘者”,下有“其”。

〔三〕别:賈《疏》上有“知凡”至“都鄙”。財:賈《疏》下有“故知用邦財”。

振掌事者之餘財,皆辨其物而奠其録,以書(揭)[楬]之,〔一〕**以詔上之小用賜予。** **抍**音蒸,〔二〕之上声。杖,〔三〕助也。〔四〕

【校注】

〔一〕揭:《周禮·天官·職幣》、安氏本、四庫本、益齋本作“楬”。阮《校》曰:“唐《石經》、余本、閩、監、毛本同。《釋文》亦作‘楬’,從‘木’。宋本、嘉靖本、《漢制考》作‘揭’字,從手,《注》中同。按:從‘木’是。”按:本節及下文《注》、《疏》之“揭”,皆爲“楬”,於文中徑改,不再一一注明。

〔二〕抍:益齋本作“振”。

〔三〕杖:益齋本作“仗”。

〔四〕“抍音”至“助也”:四庫本無。

鄭　振猶抍也,檢也。〔一〕“掌事”,謂以王命有所作爲,先言斂幣,後言振財,互文。〔二〕奠,定也。故書“録”爲“禄”。

【校注】

〔一〕孫詒讓曰:"檢,舊本作'撿'。今據宋建陽本、注疏本正。……王念孫云:'經言斂言振,注言拚言撿,皆謂收取之也。……《廣雅》曰:"收、斂、拚,取也。"又"拚,收也。"……振、拚、檢、斂四字同義,故曰振猶拚也,檢也。賈不曉振字之義,又不曉拚字、檢字之義,乃云"以財與之謂之拚",此誤以拚爲拚濟之拚;"知其足剩謂之撿",此誤以檢爲檢察之檢。'案:王説是也。"(《周禮正義》卷一二《職幣》,第四八八—四八九頁)

〔二〕文:鄭玄《注》、四庫本作"之"。

杜子春云 "禄"當爲"録",〔一〕定其録籍。

【校注】

〔一〕孫詒讓曰:"禄録聲類同,亦通作菉。《周書·王會篇》云:'堂下之東面,郭叔掌爲天子菉幣焉。'孔注云:'菉,録諸侯之幣也。……而録義與此同。'"(《周禮正義》卷一二《職幣》,第四九〇頁)

司農云〔一〕 (揭)[楬]之,若今時爲書,以著其幣。

【校注】

〔一〕司:鄭玄《注》引鄭衆語、益齋本上有"鄭"。

賈 振者,〔一〕拚也,檢也。以財與之謂之拚,知其足剩謂之撿。〔二〕職幣檢掌事者,〔三〕有餘則以受取,〔四〕故云"振掌事者之餘財”。知“掌事以王命有所作爲”,〔五〕以上經官府已下是其國家常事,〔六〕此別言“掌事”,是王命有所作爲。“先言斂幣,〔七〕後言振財,互之”者,〔八〕凡用國家財物,皆先振,而後斂。今於上文直言斂,不言振,〔九〕財有餘,〔一〇〕亦斂之可知。〔一一〕上經斂得幣,〔一二〕皆當辨其物,知其色類及善惡。“而奠其録”者,謂定其所録簿書色別,〔一三〕(人)[入]一府。〔一四〕“以書(揭)[楬]之”者,謂府別各爲一牌,書知善惡價數多少,謂之楬。“小賜予”,〔一五〕此謂常賜予。《玉府》:〔一六〕“王之好賜。”〔一七〕《内府》:〔一八〕“王、〔一九〕冢宰之好賜。”此二者非常賜,〔二〇〕外府及典絲、枲三官言“賜予”,〔二一〕與此職幣同,是國家常賜予。〔二二〕

【校注】

〔一〕振:賈《疏》上有“振掌至餘財釋曰”。

〔二〕撿:賈《疏》、益齋本作“檢”。

〔三〕職:賈《疏》上有“掌事”至“爲故”。

〔四〕以:賈《疏》、益齋本無。

〔五〕知:賈《疏》上有“注振猶至互之釋曰”。事:賈《疏》下有“謂”。爲:賈《疏》、益齋本下有“者”。

〔六〕以:賈《疏》下有“其”。

〔七〕先:賈《疏》上有“又云”。

〔八〕之:益齋本作“文”。

〔九〕振:賈《疏》下有“亦振之”。

〔一〇〕財:賈《疏》上有“下言振”。

〔一一〕知:賈《疏》下有“故言互之也”。

〔一二〕上:賈《疏》上有“皆辨至賜予釋曰”。經:賈《疏》下有

“既”。

〔一三〕别:賈《疏》、益齋本下有“各”。

〔一四〕人:賈《疏》、四庫本、益齋本作“入”。按:應作“入”,據改。

〔一五〕小:賈《疏》上有“又云”至“冢宰”。下有“用”。予:賈《疏》下有“之事”。

〔一六〕府:賈《疏》下有“所云”。

〔一七〕王:賈《疏》上有“凡”。賜:賈《疏》下有“共其貨賄”。

〔一八〕内:賈《疏》上有“及”。府:賈《疏》下有“云”。

〔一九〕王:賈《疏》上有“凡”。

〔二〇〕賜:賈《疏》下有“與”。

〔二一〕予:賈《疏》下有“者”。《周禮·天官·序官》《疏》曰:“《周禮》之内……諸典婦功、典絲、典枲之類,言‘典’者,出入由己,課彼作人,故謂之爲典也。”

〔二二〕是:賈《疏》上有“亦”。

歲終,則會其出。凡邦之會事,以式法贊之。

賈 以其職幣主出,〔一〕故歲終與司會會之。下贊之,〔二〕亦贊司會之會事。〔三〕

【校注】

〔一〕以:賈《疏》上有“歲終則會其出釋曰”。

〔二〕下:益齋本無。

〔三〕亦:賈《疏》下有“謂”。之會事:賈《疏》作“會之事也”。

三禮辨 振猶舉也，亦幣餘之屬也。《巾車》：〔一〕凡車之"毁折入賫於職幣"，〔二〕此亦餘財之類。定其録而(揭)[楬]之，但掌其籍，而不私其財耳。古者上下相信，而吏奸不行。方率作興事之初，〔三〕其予財固稍寛也。有餘則歸之公上，宜矣。

【校注】

〔一〕《周禮·春官·巾車》《注》曰："巾猶衣也。巾車，車官之長。"《疏》曰："'巾猶衣也'者，謂玉金象革等，以衣飾其車，故訓巾猶衣也。云'巾車，車官之長'者，謂與下典路、車僕等爲長也。"

〔二〕凡：益齋本作"几"。

〔三〕《尚書·益稷》："率作興事，慎乃憲，欽哉！"

司裘掌爲大裘，以共王祀天之服。

鄭司農云 "大裘"，黑羔裘。服以祀天，示質。

賈 先鄭知"大裘，〔一〕黑羔裘"者，祭服皆玄上纁下，〔二〕以其衮已下皆有采章，(爲)[惟]此大裘更無采章，〔三〕故云"示質"。〔四〕案《鄭志》"大裘之上又有玄衣，與裘同色"，亦是無文采。四時所有祭天之事，皆共之，不限六天之大小。直言祀天。〔五〕

【校注】

〔一〕先：賈《疏》上有"司裘"至"示質釋曰"。按：其中部分文字，魏氏於下文引之。

〔二〕下：賈《疏》下有"明此"至"質者"。

〔三〕爲：賈《疏》原作"爲"。阮《校》曰："惠校本'爲'作'惟'，此誤。"按：應作"惟"，據惠校本及阮《校》改。

〔四〕示：賈《疏》無。

〔五〕“四時”至“祀天”：此節文字賈《疏》原在“云以”至“經緯”之間。魏氏後移至此。

鶴山先生云 陸農師有《陶山集》一編，〔一〕首論大裘未必專是黑羔裘。羔裘豈容通四時服之，以共祭祀？〔二〕《春官·司服》有六冕，其五曰衮，曰鷩，曰毳，曰希，曰玄，惟祀昊天上帝，〔三〕則服大裘而冕。凡冕服皆玄衣纁裳，則大裘而冕與五〔冕〕别與？〔四〕

【校注】

〔一〕農師：北宋後期著名政治家、經學家、文學家陸佃（一〇四二——一一〇二年）字。號陶山，越州山陰（今浙江紹興）人。其生平、事迹具載《宋史》卷三四三《陸佃傳》。陶山集：收録陸佃詩文的别集。詳參孔凡禮《陸游家世叙録》（載《文史》第三十一輯）；余瓊霞《陸佃及〈陶山集〉考述》，華東師範大學二〇一〇年碩士學位論文。

〔二〕《鶴山集》卷一〇八《師友雅言上》：“陸農師《陶山集》首辨大裘。鄭康成謂黑羔裘者，非云王有六冕，而大裘祇一。恐是大裘不可以通四時服之。”

〔三〕孫詒讓曰：“蓋帝之於天，雖可互稱，而此經則確有區别。通校全經，凡云昊天者，并指圜丘所祭之天。凡云上帝者，并指南郊所祭受命帝。”（《周禮正義》卷一一《掌次》，第四三三頁）

〔四〕五冕之冕：益齋本此處爲一墨釘。據上下文意，或當爲“冕”字，故補之。

中秋獻良裘，〔一〕王乃行羽物。

【校注】

〔一〕孫詒讓曰:“唐《石經》誤作‘仲秋’,今從宋本正。凡經四‘仲’字并作‘中’,《釋文》亦不誤。”(《周禮正義》卷一三《司裘》,第四九三頁)

鄭 “良”,善也。中秋鳥獸毨毨,〔一〕因其良可用之。〔二〕

【校注】

〔一〕孫詒讓曰:“此即《書·堯典》‘中秋鳥獸毛毨’之异文。……惠棟云:‘《釋文》云:“毨音毛。”案:毨當爲氂字之誤也。《尚書》云:“中秋鳥獸氂毨,中冬鳥獸毨氂。”涉下而誤耳。’案:惠説是也。……《説文》之毨,即今書鳥獸氄毛之氄字。此注毨字,與毪形近,惠謂涉彼而誤,近是。鳥獸毪氂,惟見《説文》。鄭注《尚書》,與許本同异,今無可考。此毛毨之爲毪毨,蓋鄭君涉筆之誤,非鄭所讀《堯典》如是也。毪,傳寫又誤作‘毨’,後人不敢輕易,而依今書讀之,故陸音毛,亦非謂毨即毛字。《玉燭寶典》引此注作毛毨,蓋六朝舊讀如是。《集韵·六豪》云:‘毛或作毨。’又誤采陸音,古實無是字也。”(《周禮正義》卷一三《司裘》,第四九四頁)

〔二〕良:鄭玄《注》下有“時”。可:鄭玄《注》作“而”。

鄭司農云 “良裘”,王所服也。“行羽物”,以羽物飛鳥賜群吏。

玄謂 “良裘”,《玉藻》所謂“黼裘”與?此“羽物”,小鳥鶉雀之屬,鷹所擊者。中秋,鳩化爲鷹。中春,鷹化爲鳩。順其始殺，與其將止，而大班羽物。

賈　中秋所獻善裘者，〔一〕爲八月誓獮田所用，故獻之。“王乃行羽物”者，行，賜也。以羽鳥之物賜群臣，以應秋氣也。〔二〕《月令》：〔三〕“孟冬，天子始裘。”先鄭謂良裘王所服，〔四〕後鄭謂王裘不得在中秋。〔五〕“惟君有黼裘以誓獮”，〔六〕獮是仲秋田獵之名，後鄭約之也。〔七〕白與黑謂之黼，謂狐白與黑羔合爲黼文，〔八〕秋氣嚴猛，故取斷割之義。〔九〕

【校注】

〔一〕中：賈《疏》上有“中秋”至“善也”，賈《疏》作“仲”。

〔二〕也：賈《疏》下有“注良”至“之者”。

〔三〕令：賈《疏》下有“云”。

〔四〕先鄭謂：賈《疏》作“此”。裘：賈《疏》下有“若是”。王：賈《疏》下有“之”。服：賈《疏》下有“裘”。

〔五〕後鄭謂王裘不：賈《疏》作“何”。中：賈《疏》作“仲”。秋：賈《疏》下有“故後”至“文云”。

〔六〕惟君有黼裘以誓獮：《禮記·玉藻》文。獮：阮《校》曰：“浦鏜云：‘《玉藻》“獮”作“省”，《注》云：“省”當爲“獮”。’”

〔七〕後鄭約之也：賈《疏》作“彼獮”至“裘者”。

〔八〕文：賈《疏》下有“故謂之黼裘”。

〔九〕故：賈《疏》無。義：賈《疏》下有“故用”至“羽物”。

季秋，獻功裘，以待頒賜。

鄭　“功裘”，人功微粗，〔一〕謂狐青麛裘之屬。

【校注】

〔一〕粗:阮《校》曰:"宋本'粗'作'麄'。俗字。此本《疏》中亦作'人功微麄',今并訂正。"

鄭司農云 "功裘",卿、大夫所服。

賈 九月授衣之節。〔一〕"獻功裘,以待班賜",〔二〕言"功裘,〔三〕人功微粗"者,此對良裘與大裘人功微密。〔四〕麛裘者,〔五〕鄭《注》引孔子"素衣麛裘",〔六〕是君臣視朔之服。〔七〕羔裘者,〔八〕鄭引孔子"緇衣,羔裘"。〔九〕是君視朝之服,〔一〇〕亦卿、大夫、士祭於君之服。〔一一〕狐裘者,〔一二〕鄭《注》引孔子"黃衣,狐裘",〔一三〕謂十月農功畢,〔一四〕臘祭先祖之服。〔一五〕狐青裘,〔一六〕豹褎,〔一七〕鄭注《玉藻》:〔一八〕"蓋玄衣之裘。"天子下士玄端之服皆服之。〔一九〕

【校注】

〔一〕九:賈《疏》上有"季秋"至"則是"。節:賈《疏》下有"季秋"。

〔二〕班:賈《疏》作"頒"。賜:賈《疏》下有"者"。

〔三〕言:賈《疏》上有"注功裘"至"所服釋曰"。

〔四〕密:賈《疏》下有"此裘"至"服之"。按:其中"狐青"至"之服",魏氏下文引之。

〔五〕麛:賈《疏》上有"又云"。

〔六〕鄭:賈《疏》下有"彼"。"素衣麛裘"及下文"緇衣羔裘""黃衣狐裘",皆《論語·鄉黨》文。

〔七〕是:賈《疏》上有"謂"。

〔八〕羔:賈《疏》上有"彼云"。者:賈《疏》無。

〔九〕鄭：賈《疏》作“注”。裘：賈《疏》下有“注論語云”。

〔一〇〕是：賈《疏》無。君：賈《疏》下有“之”。

〔一一〕服：賈《疏》下有“若然”至“裘也”。

〔一二〕狐：賈《疏》上有“又云”。

〔一三〕注：賈《疏》下有“玉藻”。

〔一四〕謂：賈《疏》下有“是”。

〔一五〕服：賈《疏》下有“據鄉”至“在下”。

〔一六〕狐：賈《疏》上有“季秋”至“君子”。

〔一七〕褎：賈《疏》下有“麛裘”至“裘者”。褎：同“袖”。

〔一八〕注玉藻：賈《疏》作“玉藻注云”。

〔一九〕服之：賈《疏》下有“又云麛裘”至“在下”。按：其中“麛裘”至“之服”，魏氏前文引之。“狐青”至“之服”，本在“麛裘者”句前，魏氏後置於此。

王大射，則共虎侯、熊侯、豹侯，設其鵠。諸侯，則共熊侯、豹侯。卿、大夫，則共麋侯。皆設其鵠。

鄭 “大射”者，謂祭祀射。〔一〕王將有郊、廟之事，以射擇諸侯及群臣與邦國所貢之士可以與祭者。射者可以觀德行，其容體比於禮，其節比於樂，而中多者，得與於祭。“諸侯”，謂三公及王子弟封於畿内者。“卿、大夫”亦皆有采地焉，其將祀其先祖，亦與群臣射以擇之。凡大射，各於其射宫。侯者，其所射也。以虎、熊、豹、麋之皮飾其側，又方制之以爲辜準，謂之鵠，著於侯中，所謂皮侯。〔二〕凡此侯道，虎九十弓，熊七十弓，豹、麋五十弓。列國之諸侯大射，大侯亦九十，糝七十，〔三〕豻五十，〔四〕遠尊得伸，可同耳。所射正謂之侯者，天子中之，則能服諸侯。諸侯以下中之，則得爲諸侯。

【校注】

〔一〕謂:鄭玄《注》作“爲”。

〔二〕侯:鄭玄《注》下有“王之”至“射焉”。

〔三〕糝:鄭玄《注》作“糁”。

〔四〕豻:鄭玄《注》作“干”。阮《校》曰:“(干),宋本、余本、嘉靖本、閩本同。岳本亦作‘干’,監、毛本‘糁’改‘糝’,‘干’改‘豻’。案《釋文》:‘參七’,素感反。‘干五’,‘劉音雁,本又作犴。’今本作‘糝’,作‘豻’,非。‘糁七十’‘干五十’,《大射》文《注》云:‘糁讀爲糝,干讀爲豻’。”孫詒讓曰:“《大射儀》作‘干’,鄭讀爲豻。犴即豻之或體……鄭彼(《大射儀》)注云:‘……參讀爲糝。糝,雜也。……干讀爲豻。’”(《周禮正義》卷一三《司裘》,第五〇一、五〇二頁)

鄭司農云 “鵠”,鵠毛也。方十尺曰侯,四尺曰鵠,二尺曰正,四寸曰質。

玄謂 侯中之大小,取數於侯道。《鄉射記》曰:“弓二寸以爲侯中。”則九十弓者,侯中廣丈八尺。七十弓者,侯中廣丈四尺。五十弓者,侯中廣一丈。尊卑异等,此數明矣。《考工記》曰:“梓人爲侯,廣與崇方,參分其廣,而鵠居一焉。”然則侯中丈八尺者,鵠方六尺。侯中丈四尺者,鵠方四尺六寸大半寸。侯中一丈者,鵠方三尺三寸少半寸。謂之鵠者,取名於鳱鵠。鳱鵠,小(息)[鳥]而難中,〔一〕是以中之爲雋。亦取鵠之言較,較者,直也,射所以直己志。用虎、熊、豹、麋之皮,示服猛討迷惑者。射者大禮,故取義衆也。士不大射,士無臣,祭無所擇。故書“諸侯則共熊侯、

虎侯”。〔二〕

【校注】

〔一〕息:《周禮·天官·司裘》《注》作“鳥”。應作“鳥”,據改。

〔二〕阮《校》曰:“宋本、余本、嘉靖本、閩本同,監、毛本‘熊侯’誤作‘熊虎’。《漢讀考》云:《説文》:侯,天子射熊、虎、豹,諸侯射熊、虎,此從故書,以熊侯爲最貴,天子、諸侯同之。《射人》:‘王以六耦射三侯。’鄭司農云:‘三侯,熊、虎、豹也。’與許云‘天子射熊、虎、豹’合。然則經文本作‘王大射,則共熊侯、虎侯、豹侯’,作義疏者因司農説‘虎侯,王所自射。熊侯,諸侯所射’,因升虎於熊上耳。《司常》熊、虎爲旗,熊在虎上,《射人》《注》‘熊、虎、豹’,余仁仲本如是,作《疏》者亦易爲‘虎、熊、豹’。”

杜子春云　“虎”當爲“豹”。〔一〕

【校注】

〔一〕孫詒讓曰:“賈《疏》云:‘虎侯是天子大侯,不宜在諸侯熊侯之下,故不從也。’段玉裁云:‘《説文》“侯,天子射熊、虎、豹,諸侯射熊、虎”。此從故書,以熊侯爲最貴,天子、諸侯同之。《射人》“王以六耦射三侯”,鄭司農云“三侯,熊虎豹也”,與許云“天子射熊虎豹”合。然則經文本作“王大射則共熊侯虎侯豹侯”。《司常》“熊虎爲旗”,熊在虎上。’詒讓案:《論語·八佾篇》《集解》引馬融云:‘天子有三侯,以熊虎豹皮爲之。’亦以熊貴於虎,與先鄭及許同。又《鄉射記》:……彼指鄉射燕射之侯,亦以熊貴於虎。竊疑此經故書天子則虎侯先熊侯,諸侯則熊侯先虎侯,兩文錯异。先鄭即馬季長、許叔重讀并改天子三侯，首熊侯，次虎侯，而諸侯二侯則仍故書之舊。後鄭從杜子春説，不改天子三侯，而破諸侯虎侯爲豹侯，以合三侯之次。二説不同，由所讀各异也。"(《周禮正義》卷一三《司裘》，第五〇七—五〇八頁)

賈　"所射正謂之侯者，〔一〕天子中之"以下，〔二〕皆《禮記·射義》文。鄭司農云"鵠，鵠毛也"者，先鄭意以"鵠"字與"鴻鵠"字同，故爲鵠毛解之。案《梓人》云："張皮侯而栖鵠。"毛非可栖之物。〔三〕取名於鳱鵠者，〔四〕《淮南子》：〔五〕"鳱鵠知來。"〔六〕俗云鳱鵠是小鳥捷黠者也，"鳱鵠，〔七〕小鳥而難中"。〔八〕《射義》：〔九〕"不失正鵠。"〔一〇〕若鵠爲鳥，正亦爲鳥，鵠爲直，〔一一〕正則爲正直之正。故《射義》云："内志正，〔一二〕外體直。"是正鵠之名，各有二義。"用虎、〔一三〕熊、豹、麋之皮，示伏猛討迷惑"者，虎、熊、豹是猛獸，將以爲侯，侯則諸侯也，是示能伏得猛厲諸侯。麋者，迷也，將以爲侯，示能討擊迷惑諸侯。〔一四〕

【校注】

〔一〕所：賈《疏》上有"王大"至"侯云"。

〔二〕以：賈《疏》作"已"。

〔三〕物：賈《疏》下有"故後"至"鵠者"。

〔四〕鵠：賈《疏》下有"鳱鵠"。

〔五〕淮：賈《疏》上有"案"。

〔六〕鳱鵠：向宗魯云："《周禮·司裘》《疏》、《儀禮·大射》《疏》注作'鳱鵠'。《説文·隹部》：'鳱，鳱鷽也。'《鳥部》：'鷽，山鵲，知來事也。'《爾雅》亦云：'鷽，山鵲。'是乾鵠即鳱鷽，即山鵲。

《廣雅》:‘鳱鵠,鵲也。’《廣韵·二十五寒》:‘鳱鵲……鵲字或作鵠。’《玉篇·鳥部》:‘鳱,鳱鵲也,亦作䧔。’案䧔䧿亦與鳱鵠同。《論衡·是應篇》、《抱樸子·對俗篇》、《金樓子·識怪篇》皆作乾鵲。”(《淮南子集釋》,第九五七—九五八頁)《論衡·龍虛篇》《注》曰:“孫曰:《是應篇》亦作‘乾鵲’。‘鵲’并當作‘鵠’。……(鄭注《大射儀》引作“鳱鵠”。)……《易林·小畜之漸》云:‘餌吉知來。’‘餌吉’即‘乾告’之訛。《列女傳·晋羊叔姬傳》云:‘南方有鳥,名曰乾吉。’《抱樸子·對俗篇》云:‘乾鵲知來。’古寫本《抱樸子》殘卷作‘乾吉’。‘吉’并‘告’字之殘。此皆‘乾鵲’當作‘乾鵠’之證。然《説文》:‘鵻鷽,山鵲,知來事鳥也。’‘鵻鷽’與‘乾鵲’聲亦相近。暉按:《實知篇》作‘鳱鵲’。《西京雜記》陸賈曰:‘乾鵲噪而行人至。’方以智《通雅》四五謂‘乾鵲’即‘喜鵲’。(《論衡校釋》,第二九二—二九三頁)王利器曰:“‘干鵲’,原作‘午鵲’。尋《論衡·龍虛》、《是應》兩篇、《酉陽雜俎》前集卷十六《廣動植序》,俱有‘乾鵲知來’語;字又作‘乾鵠’……《儀禮·大射儀》《注》、《周禮·天官·司裘》《疏》引《淮南子》作‘鳱鵠知來。’《廣雅·釋鳥》:‘鳱鵠,鵲也。’‘干’即‘鳱’之俗别字,作‘午’者,則又以與‘干’形相近而誤耳。今改正,下同。……然則‘乾’又‘鵻’之借字也。”(《新語校注》,第一八一頁)

〔七〕鳱:賈《疏》上有“故云”。

〔八〕中:賈《疏》下有“云亦”至“禮記”。

〔九〕義:賈《疏》下有“云循聲而發”。

〔一〇〕鵠:賈《疏》下有“若然”至“之物”。

〔一一〕鵠:賈《疏》上有“若”。

〔一二〕内:賈《疏》上有“射者”。

〔一三〕用:賈《疏》上有“又云”。

〔一四〕侯：賈《疏》下有"云射"至"從也"。

鶴山先生云 《梓人》祭侯之辭曰："惟若寧侯，〔一〕毋或若女不寧侯，不屬於王所，故抗而射女。〔二〕强飲强食，詒女曾孫諸侯百福。"〔三〕其爲侯之義，如此而已。"服猛討迷惑"者，鄭臆説也。

【校注】

〔一〕惟若寧侯：《周禮·考工記·梓人》《注》曰："若猶女也。寧，安也。謂先有功德，其鬼有神。"《疏》曰："祭侯者，祭先有功德之侯。若射侯，則射不寧侯，有罪者也，下文'毋或'一經是也。舉有功以勸示，又舉有罪以懲之，故兩言之也。"

〔二〕《周禮·考工記·梓人》《注》曰："或，有也。若，如也。屬猶朝會也。抗，舉也，張也。"阮《校》曰："《説文·矢部》'矦'字下稱其祝曰：'毋若不寧侯，不朝於王所，故伉而射汝。'按此《注》云：'或，有也。''屬猶朝會也。'許氏蓋以義引之，非經本文。《大戴記·投壺》作'嗟爾不寧侯，不朝於王所，故亢而射女'。"

〔三〕《周禮·考工記·梓人》《注》曰："詒，遺也。曾孫諸侯，謂女後世爲諸侯者。"

三禮辨 大射三侯之名與本義异，蓋天子、諸侯之别也。虎、熊、豹、麋之皮所以爲鵠也，皆取其文與"服猛"之義。"大人虎變"，〔一〕天子之文也。"如熊如羆"、〔二〕"君子豹變"、〔三〕"國君文足昭、武足畏"之象也。麋，鹿之大者，文下於豹，卿、大夫之象也。

【校注】

〔一〕《周易·革》:“九五:大人虎變,未占有孚。《象》曰:‘大人虎變’,其文炳也。”《疏》曰:“九五居中處尊,以大人之德爲革之主,損益前王,創制立法,有文章之美,焕然可觀,有似‘虎變’,其文彪炳。則是湯、武革命,廣大應人,不勞占决,信德自著,故曰‘大人虎變,未占有孚’也。‘其文炳’者,義取文章炳著也。”《儀禮·士相見禮》《疏》曰:“《易·革卦》云‘君子豹變’,據諸侯,則‘大人虎變’是天子可知。”《禮記·禮運》《疏》曰:“凡文各有所對,《易·革卦》‘大人虎變’,對‘君子豹變’,故大人爲天子。”

〔二〕《尚書·牧誓》:“如虎如貔,如熊如羆,於商郊。”《釋文》曰:“《爾雅》云:‘羆如熊,黄白文。’”

〔三〕《周易·革》:“上六:君子豹變。”《注》曰:“居變之終,變道已成,君子處之,能成其文。”《疏》曰:“上六居革之終,變道已成,君子處之,雖不能同九五革命創制,如虎文之彪炳,然亦潤色鴻業,如豹文之蔚縟,故曰‘君子豹變’也。”本義指幼豹剛出生時,醜陋不堪;隨著年齡的增長,胎毛逐漸褪去,新毛光澤發亮,文采斑斕,身體也日漸雄健、美麗。後用來比喻潤飾事業、文字或遷善去惡,也用來比喻人地位、勢力迅速高升、顯貴。《史記》卷一一一《衛將軍驃騎列傳》《索隱》述贊:“君子豹變,貴賤何常。”

大喪,廞裘,飾皮車。凡邦之皮事,掌之。歲終則會,唯王之裘與其皮事不會。

鄭 “皮車”,遣車之革路。故書“廞”爲“淫”。

鄭司農云 淫裘,陳裘也。〔一〕

【校注】

〔一〕孫詒讓曰:"《司服》《大師》《司兵》注義并同。徐養原云:'廞之爲淫,蓋聲之誤。然先鄭直訓淫爲陳,是不必改從廞也。《説文·广部》:"廞,陳輿服於庭也。"字從今書,義同先鄭,然則淫與廞皆可訓爲陳也。《爾雅·釋詁》:"廞、熙,興也。"此後鄭所本,而不能通其義於淫。'曾釗云:'淫與陳聲近。《詩·行葦》"以引以翼",引本或作淫。《爾雅》"引,陳也"。則司農訓爲陳,正合古義。'詒讓案:《司服》、《司兵》先鄭注并云'淫讀爲廞',則先鄭亦不從故書也。此與《大師》注獨無讀爲廞之文,疑所引不備。"(《周禮正義》卷一三《司裘》,第五〇八頁)

玄謂 "廞",興也,〔一〕若《詩》之興,謂象似而作之。〔二〕凡爲神之偶衣物,必沽而小耳。〔三〕

【校注】

〔一〕孫詒讓曰:"《爾雅·釋詁》文。《大司樂》《大師》《笙師》《典庸器》《巾車》《司兵》注并同。後鄭亦以廞裘爲明器之裘,而訓義則與先鄭异。段玉裁云:'此鄭君不從故書作淫、司農訓陳也。書或作廞,故鄭君從之,爲之説如此。《説文》所據《周禮》亦作廞,與後鄭同。'詒讓案:全經五篇,大喪言廞者十有六職:此司裘,廞裘也;司服,共廞衣服也;大司樂,涖廞樂器也;大師,帥瞽而廞也;小師,與廞也;眂瞭、笙師、鎛師、籥師,廞樂器也;典庸器,廞筍虡也;司干,廞舞器也;巾車,飾遣車遂廞之行之也;車僕,廞革車也;司常,建廞車之旌也;司兵,廞五兵也;圉人,廞馬也。先鄭皆訓爲陳,後鄭皆訓爲輿,謂作之。賈《司兵》疏云:'先鄭廞皆爲陳,後鄭皆不從,以爲廞輿解之者……以此言之,廞陳既别,則廞不得爲陳,以輿象爲義也。'姜兆錫申先鄭説云:'廞即陳也,爲王喪异其文耳。……飾而遂陳,其義甚明。若遣車既飾矣,而又云遂輿似而作之,義可通乎?'王引之説同。案:姜、王説是也。凡廞者陳而不用之名。《司服》之陳序,冢上復斂奠廞四者衣服而言,故廞衣服之外,復言掌其陳序。……要之,凡器物之陳而不用者謂之廞,亦可謂之陳,故《大旅》之廞,《笙師》謂之陳,《既夕禮》言陳明器而不言廞,明言陳猶言廞也。其用者則謂之陳,而不可謂之廞,故《圉人》云'陳馬',又云'廞馬',明兩文不相涉也。後鄭以《爾雅》有廞興之訓,遂據以易先鄭之説,而於《巾車》注,仍云'廞,興也,謂陳駕之'。則自知其不可通,而兼用先鄭之義,亦足徵其非達詁矣。"(《周禮正義》卷一三《司裘》,第五〇九頁)

〔二〕似:鄭玄《注》作"飾"。阮《校》曰:"諸本皆作'象似'。疏云:'象似生時而作。'此作'飾',涉經'飾皮車'致誤。"

〔三〕阮《校》曰:"案賈《疏》讀'凡爲神之偶衣'句絶,'物必沽而小耳'句絶。惠士奇云:'"物"當屬上句。'按:惠説是。"

賈 "皮車,〔一〕遣車之革路"者,《考工記》:〔二〕"飾車欲侈,棧車欲弇。"除棧車之外,皆用革鞔,即此皮車,非專革路。鄭特云皮車革路者,此司裘所飾,唯革路而已。云"故書'廞'爲'淫',鄭司農云'淫裘,陳裘也'"者,此《周禮》一部内,〔三〕稱"廞"者衆多,故書皆爲"淫",先鄭皆爲"陳",後鄭皆從"興",〔四〕興謂興象生時之物而作之。必知爲"陳"非,爲"興"是者,《車僕》云:"大(裘)[喪],〔五〕廞革車。"《圉人》云:"廞馬亦如之。"即是所廞車馬。又《禮記·檀弓》云:"竹不成用,瓦不成味,琴瑟張而不平,竽笙備而不和,皆是興象所作。”明器非陳設之理,故不從先鄭。“玄謂廞,興也,若《詩》之興,謂象似而作之”者,象似生時而作,但粗惡而小耳。“凡爲神之偶衣物,〔六〕必沽而小”者,〔七〕《檀弓》孔子云:〔八〕“爲俑者不仁。”〔九〕鄭以俑爲偶,〔一〇〕此神之偶衣,〔一一〕謂作送死之衣,〔一二〕沽,粗也。謂其物沽略而又小,即“竹不成用,瓦不成味”也。〔一三〕

【校注】

〔一〕皮:賈《疏》上有“大喪”至“小耳釋曰”。

〔二〕考:賈《疏》上有“案冬官”。

〔三〕部:賈《疏》下有“之”。

〔四〕皆:賈《疏》下有“破”。《周禮·春官·司服》《注》曰:“鄭司農云:‘……廞,陳也。’玄謂廞衣服,所藏於椁中。”此處鄭玄不釋“興”,賈《疏》概括似不確。

〔五〕裘:賈《疏》作“喪”。按:應作“喪”,據改。

〔六〕凡:賈《疏》上有“云”。

〔七〕小:賈《疏》下有“耳”。

〔八〕檀:賈《疏》上有“案禮記”。

〔九〕爲:賈《疏》上有“謂”。

〔一〇〕偶:賈《疏》下有“也”。

〔一一〕此:賈《疏》作“故鄭云”。孫詒讓曰:“偶衣物謂明器,賈《疏》讀偶衣句斷,失之。”(《周禮正義》卷一三《司裘》,第五一〇頁)

〔一二〕衣:賈《疏》下有“與生”至“小者”。

〔一三〕也:賈《疏》上有“是”。

荆公 掌皮則斂皮者也，故會其材賫而已。〔一〕司裘則用皮者也，故歲終則會其皮。〔二〕

【校注】

〔一〕材：《周官新義》卷五《司裘》作“財”。

〔二〕終：《經苑》本、《四部叢刊初編》本《周官新義》卷五《司裘》無。

三禮辨謂 大喪所廞蓋非一事。司裘、司服廞衣服，〔一〕眡瞭、笙、鎛、籥師“廞樂器”，〔二〕典庸器“廞笋虡”，司干“廞舞器”，大司樂涖之。〔三〕司兵又“廞五兵”，〔四〕巾車“廞遣車”，〔五〕車僕“廞革車”，〔六〕司常“廞車之旌”。〔七〕司農以爲“陳”，近之。

【校注】

〔一〕《周禮·春官·司服》：“大喪，共其復衣服、斂衣服、奠衣服、廞衣服。”

〔二〕《周禮·春官·眡瞭》《周禮·春官·笙師》《周禮·春官·鎛師》《周禮·春官·籥師》：“大喪，廞其樂器。”《周禮·春官·眡瞭》：“大喪，廞樂器。”

〔三〕《周禮·春官·大司樂》：“大喪，涖廞樂器。”《注》曰：“涖，臨也。廞，興也。臨笙師、鎛師之屬，興樂器也。興謂作之也。”《疏》曰：“鄭知臨笙師、鎛師者，案《笙》、《鎛師》皆云‘喪廞，其樂器奉而藏之’，故知也。云‘之屬’，《籥師》亦云：‘大喪廞，其樂器奉而藏之。’《司干》亦云：‘大喪廞舞器。’此不言之，即屬中兼之也。”

〔四〕《周禮·春官·司干》《疏》曰：“其眡瞭所廞者，謂鼓與磬，

《鐘師》不云廞，則鐘亦眡瞭廞之。如是，《瞽矇》及《大師》、《小師》皆不云廞者，以其無目。其《瞽矇》所云柷、敔、塤、簫、管及琴瑟，皆當眡瞭廞之。不云奉而藏之，文不具。《笙師》云'竽笙'已下，則笙師自廞之，故其職云'廞藏'。《鎛師》云：'擊晋鼓。'則晋鼓鎛師廞之。其兵舞所廞，入五兵中，故《司兵》云：'大喪廞五兵。'凡廞樂器，皆大司樂臨之，故其職云：'大喪臨廞樂器。'《典同》不云廞者，以其律吕與鐘器等爲制度，不掌成器，故不云廞。《韎師》《旄人》《鞮鞻氏》等不云廞者，死後無一天下之事，故不云廞也。《典庸器》不云廞者，以其庸器非常，故不廞也。以其樂師非一，故諸官各廞不同。"

〔五〕《周禮·春官·巾車》："大喪，飾遣車，遂廞之。"

〔六〕《周禮·春官·車僕》："大喪，廞革車。"《注》曰："言興革車，則遣車不徒戎路，廣、闕、蘋、輕皆有焉。"《疏》曰："經不云戎路而云革車，亦是五戎之總名，故知不徒戎路，廣、闕、蘋、輕皆有可知。若然，王喪遣車九乘，除此五乘之外，加以金、玉、象、木四者，則九乘矣。"

〔七〕《周禮·春官·車僕》："建廞車之旌。"《疏》曰："此謂在廟陳時建之，謂以廞旌建於遣車之上。"

掌皮掌秋斂皮，冬斂革，春獻之。

鄭 皮革逾歲，乾久可用。〔一〕"獻之"，獻其良者於王，以入司裘，給王用。

【校注】

〔一〕久：鄭玄《注》下有"乃"。

賈 許氏《説文》：〔一〕"獸皮治去其毛曰革。""秋斂皮"者，

鳥獸毛毨之時，其毛善，〔二〕以司裘掌爲王大裘，〔三〕知良者入之。〔四〕

【校注】

〔一〕許：賈《疏》上有"掌皮"至"之者"。

〔二〕毛：賈《疏》作"皮"。善：賈《疏》下有"故秋"至"裘者"。

〔三〕以：賈《疏》下有"其"。大裘：賈《疏》下有"以下"。

〔四〕知：賈《疏》上有"故"。之：賈《疏》作"司裘也"。

遂以式法頒皮革於百工。共其毳毛爲氈，以待邦事。

鄭　"式法"，作物所用多少故事。當用氈，則共之。"毳毛"，毛細縟者。

賈　上文獻良者入司裘，〔一〕其餘入百工。因上事，故云"遂"。〔二〕"百工"，〔三〕即冬官六十官主作器物，若裘氏、韋氏、函人之類用皮者也。〔四〕"當用氈"，〔五〕謂若掌次張氈案。〔六〕

【校注】

〔一〕上：賈《疏》上有"遂以至百工釋曰"。

〔二〕遂：賈《疏》下有"也"。

〔三〕工：賈《疏》下有"者"。

〔四〕也：賈《疏》下有"注式"至"舊法者也"。

〔五〕當：賈《疏》上有"共其"至"鄭云"。氈：賈《疏》下有"則共之"。

〔六〕案：賈《疏》下有"是當"至"次也"。

歲終，則會其財賫。

鄭　“財”,斂財本數及餘見者。“賫”,所給予人以物曰賫。今時詔書或曰“賫計吏”。

鄭司農云　“賫”或爲“資”。

賈　“歲終”,〔一〕周之十二月,則會計其皮之本數之財,及出與人物之賫,計知多少也。〔二〕賫有兩義,上《外府》《注》“行道曰賫”,〔三〕此皮革無行道所用之義,故賫爲出給與人物解之也。〔四〕漢時考使謂之計吏,有詔賜予之則曰賫。引之,證賫是與人物也。〔五〕先鄭意,一部書“賫”爲“資”。〔六〕

【校注】

〔一〕歲:賈《疏》上有“歲終至財賫釋曰”。

〔二〕也:賈《疏》下有“注財”至“賫者”。

〔三〕阮《校》曰:“浦鏜云:‘行道’下脱‘之財用’三字。”

〔四〕也:賈《疏》下有“云今”至“吏者”。

〔五〕也:賈《疏》下有“鄭司農云賫或爲資”。

〔六〕阮《校》曰:“案:‘書’下當脱‘内’。”賫:賈《疏》下有“或”。資:賈《疏》下有“也”。

内宰掌書版圖之法,以治王内之政令,均其稍食,分其人民以居之。

鄭　“版”謂宫中閽寺之屬及其子弟録籍也。“圖”,王及后、世子之宫中吏、官府之形象也。“政令”謂施閽寺者。“稍食”,吏禄(廪)[稟]也。〔一〕“人民”,吏子、弟。分之,使衆者就寡,均宿衛。

【校注】

〔一〕廩:鄭玄《注》作“稟”。阮《校》曰:“宋本、嘉靖本‘稟’作‘廩’,非。‘禄稟’與‘倉廩’絶不同。”按:應作“稟”,據阮《校》改。

賈 内宰既職掌内事,〔一〕與大宰主外事相似,故知版之所書,〔二〕謂宫中閽寺之屬,并宫中官之子弟,皆屬内宰,書之於版焉。既主内事,故知所圖者,不出王及后、世子之(官)[宫]中吏、〔三〕官府之形象也。又知“政令謂施閽寺”者,以其閽人主中門之禁,寺人掌王之内人之戒令,内宰爲之長。〔四〕米稟爲禄之月俸。〔五〕均之,〔六〕宿衛王宫還是民吏之子弟。〔七〕

【校注】

〔一〕内:賈《疏》上有“注版謂至宿衛釋曰”。掌:賈《疏》作“當”。

〔二〕書:賈《疏》下有“者”。

〔三〕官中之官:賈《疏》作“宫”。按:前文鄭玄《注》亦作“宫”,益齋本引之亦作“宫”,應作“宫”,據鄭玄《注》、賈《疏》改。

〔四〕長:賈《疏》下有“故知”至“宫者”。

〔五〕米:賈《疏》上有“以”。

〔六〕之:賈《疏》下有“者”。

〔七〕宿:賈《疏》上有“當知”至“所分”。王宫:賈《疏》無。民:賈《疏》無。弟:賈《疏》下有“也”。

以陰禮教六宫,以陰禮教九嬪。

鄭司農云 “陰禮”,婦人之禮。“六宫”,後五前一,王之妃百二十人：后一人，夫人三人，嬪九人，世婦二十七人，女御八十一人。

玄謂　"六宫"，謂后也。婦人稱寢曰宫。宫，隱蔽之言。(後)[后]象王，〔一〕立六宫而居之，亦正寢一，燕寢五。"教"者，不敢斥言之，謂之六宫，若今稱皇后爲中宫矣。《昏禮》："母戒女曰：'夙夜毋違宫事。'""教九嬪"，〔二〕不[言]教夫人、〔三〕世婦，〔四〕舉中，省文。

【校注】

〔一〕後：鄭玄《注》作"后"。按：應作"后"，據改。

〔二〕九嬪：鄭玄《注》作"以婦人之禮"。

〔三〕不：鄭玄《注》下有"言"。益齋本此字處爲一空格，據鄭玄《注》補"言"字。

〔四〕婦：鄭玄《注》下有"者"。

賈　天子謂之六寢，〔一〕《宫人》所云是也。〔二〕后亦象王，立宫亦後五前一，在王六寢之後，〔三〕南北相當耳。〔四〕"玄謂六宫謂后"，不從先鄭者，若此文兼后至女御，應言及與凡殊之，下別自教三夫人已下。〔五〕明專教后一人而已。〔六〕先鄭意以九嬪掌婦學之法，〔七〕使之教九御，故内宰特更别教之也。〔八〕後鄭意，下文别教九御，故知此教三夫人已下。〔九〕

【校注】

〔一〕天：賈《疏》上有"以陰"至"一者"。

〔二〕云：賈《疏》下有"者"。

〔三〕後:賈《疏》下有"爲之"。

〔四〕耳:賈《疏》下有"云王"至"人也"。

〔五〕下:賈《疏》下有"此文既在於上"。

〔六〕已:賈《疏》下有"云若"至"意也"。

〔七〕先:賈《疏》上有"注教"至"嬪者"。

〔八〕特:賈《疏》此處標注"元缺"。阮《校》引經文以"□"表示空字。校曰:"閩本亦實闕一字,監、毛本補作'特'。按:此當是'復'字,扶又反,上經教皇后,此經教夫人、九嬪、世婦,而省文,單舉九嬪。"

〔九〕下:賈《疏》下有"不言"至"省文"。

鶴山先生云 "教六宫",恐無專教后一人之理。后鄭説拘。〔一〕《易》《詩》《書》,如"后以財成天地之道"、〔二〕"樹后王、君公"、〔三〕"作元后"、〔四〕"皇后憑玉几",〔五〕皆指人君。如"誕后稷之穡"、〔六〕"三后成功",〔七〕君、臣通謂后,而未嘗以人君之配名后。自孔子作《春秋》,始書"逆王后於紀"。〔八〕不知此"后"字自何時起。

【校注】

〔一〕孫詒讓同鄭玄説:"後鄭意下文别出九嬪,則此六宫不得通晐嬪御,其三夫人班秩雖在九嬪之上,究不可與后并言,明此六宫當專屬后,故不從先鄭説也。"(《周禮正義》卷一三《内宰》,第五一四頁)

〔二〕《周易·泰卦》《疏》曰:"'后以財成天地之道'者,由物皆通泰,則上下失節。后,君也。於此之時,君當翦財,成就天地之道。……

‘天地之道’者，謂四時也，冬寒、夏暑、春生、秋殺之道。若氣相交通，則物失其節。物失其節，則冬温、夏寒、秋生、春殺。君當財節成就，使寒暑得其常，生殺依其節，此天地自然之氣，故云‘天地之道’也。……此卦言‘后’者，以不兼公、卿、大夫，故不云君子也。兼通諸侯，故不得直言先王，欲見天子、諸侯俱是南面之君，故特言‘后’也。”

〔三〕《尚書·説命中》《疏》曰：“‘樹’，立也。‘后王’謂天子也。‘君公’謂諸侯也。”

〔四〕此句爲《尚書·泰誓上》文。

〔五〕此句爲《尚書·顧命》文。《周禮·春官·司几筵》：“左右玉几。”《注》曰：“席左右有几，優至尊也。”《疏》曰：“此經所云，王皆立不坐，既立，又於左右皆有几，故鄭注《大宰》云：‘立而設几，優至尊。’據立而言。此據‘左右皆有’而言，故注相兼乃具也。”

〔六〕此句爲《詩經·大雅·生民》文。

〔七〕此句爲《尚書·吕刑》文。三后：三位君主，指伯夷、禹、后稷。《尚書·吕刑》：“乃命三后，恤功於民。伯夷降典，折民惟刑。禹平水土，主名山川。稷降播種，農殖嘉穀。”

〔八〕此句爲《春秋·桓公八年》文。《左傳·桓公八年》《公羊傳·桓公八年》《穀梁傳·桓公八年》皆載。《春秋·桓公八年》《注》曰：“王使魯主昏，故祭公來，受命而迎也。天子無外，故因稱王后。”《疏》曰：“從周向紀，不由魯國。縱令因使過魯，自當假道而去，不須言來也。凡言遂者，因上事生下事之辭。既書其來，又言遂逆，是先來見魯君，然後向紀，知王使魯主昏，故祭公來受魯命而往迎也。凡昏姻，皆賓主敵體相對行禮。天子嫁女於諸侯，使諸侯爲主，令與夫家爲禮。天子聘后於諸侯，亦使諸侯爲主，令與后家爲禮。嫁女，則送女於魯，令魯嫁女與人。迎后，則令魯爲主，使魯遣使往逆。故祭公受魯命也。嫁王女者,王姬至魯而后至夫家。其王后昏,后不來至魯者,以王姬至魯,待夫家之逆以爲禮,故須至魯。后則王命已成,於魯無事,故即歸京師。於逆稱'王后',舉其得王之命,后禮已成。"《公羊傳·桓公八年》:"使我爲媒,可則因用是往逆矣。女在其國稱女,此其稱王后何?王者無外,其辭成矣。"《注》曰:"婚禮成於五:先納采、問名、納吉、納徵、請期,然後親迎。時王者遣祭公來,使魯爲媒,可則因用魯往迎之,不復成禮,疾王者不重妃匹,逆天下之母若逆婢妾,將謂海内何哉?故譏之。"《穀梁傳·桓公八年》《注》曰:"親逆例時,不親逆例月。"

以婦職之法教九御,使各有屬,以作二事,正其服,禁其奇邪,展其功緒。

鄭 "婦職",謂織紝組紃縫綫之事。"九御",女御也,九九而御於王,因以號焉。使之九九爲屬,同時御,又同事也。"正其服",止踰侈。"奇邪",若今媚道。"展"猶録也。"緒",業也。故書"二"爲"三"。

杜子春云 當爲"二"。"二事",謂絲枲之事。〔一〕

【校注】

〔一〕"段玉裁云:'此鄭君從杜定爲字誤而改之也。'王引之云:'故書作三是也。三事謂祭祀、賓客、喪紀之事。祭祀、賓客、喪紀謂之三事,猶祭祀、朝覲、會同、賓客、軍旅、田役、喪荒,《小宰》謂之七事也。下文云:"大祭祀贊九嬪之禮事,凡賓客之祼獻瑶爵皆贊,凡喪事佐后使治外内命婦正其服位。"曰祭祀,曰賓客,曰喪事,所謂三事也。……'案:此作事冢上婦職爲文,則杜、鄭破字,義自允協。但

王申故書,於義亦通,黄以周説同。”(《周禮正義》卷一三《内宰》,第五一七頁)

賈 上文世婦已上,〔一〕皆直言“陰禮”,不言職。此言“職”者,以世婦已上貴,〔二〕無絲枲等職業之法。〔三〕案《詩》《注》云:〔四〕“王后織玄紞,公、侯夫人紘綖,〔五〕卿之内子大帶,大夫命婦成祭服,士妻朝服,庶士以下各依其夫。”〔六〕“媚道”,〔七〕如孝文時,〔八〕婦人蠱惑媚道,更相咒詛,作木偶人,埋之於地。漢法又有宫禁,〔九〕謂妖邪巫蠱。〔一〇〕

【校注】

〔一〕上文:賈《疏》上有“以婦”至“九御”。

〔二〕以:賈《疏》下有“其”。已:賈《疏》作“以”。

〔三〕法:賈《疏》下有“故也”。

〔四〕案:賈《疏》上有“云使”至“職也”。

〔五〕《左傳·桓公二年》《疏》曰:“紞者,縣瑱之繩,垂於冠之兩旁,故云‘冠之垂者’。《魯語》敬姜曰:‘王后親織玄紞。’則紞必織綫爲之,若今之絛繩。鄭玄詩《箋》云充耳‘謂所以縣瑱者,或名爲紞織之人。君五色,臣則三色’是也。絛必雜色,而《魯語》獨言玄者,以玄是天色,故特言之,非謂純玄色也。紘纓皆以組爲之,所以結冠於人首也。纓用兩組,屬之於兩旁,結之於頷下,垂其餘也。紘用一組,從下屈而上,屬之於兩旁,垂其餘也。紘纓同類,以之相形,故云‘紘,纓從下而上者’。《弁師》:‘掌王之五冕。’皆玉笄朱紘。《祭義》稱諸侯冕而青紘,《士冠禮》稱緇布冠青組纓,皮弁笄、爵弁笄緇組紘。鄭玄云,有笄者,屈組爲紘,垂爲飾。無笄者,纓而結其絛。

以其有笄者用紘力少，故從下而上屬之；無笄者用纓力多，故從上而下結之。冕弁皆有笄，故用紘；緇布冠無笄，故用纓也。《魯語》稱公、侯夫人織紘綖，知紘亦織而爲之。《士冠禮》言組纓、組紘，知天子諸侯之紘亦用組也。綖，冠上覆者，冕以木爲干，以玄布衣其上，謂之綖。《論語》《商書》皆云麻冕，知其當用布也。《弁師》：'掌王之五冕。'皆玄冕，知其色用玄也。孔安國《論語》《注》言：'績麻三十升布以爲冕。'即是綖也。鄭玄《玉藻·注》云：'延，冕上覆也。'此云冠上覆者，冠、冕通名，故此《注》衡及綖皆以冠言之，其實悉冕飾也。"

〔六〕依：賈《疏》作"衣"。夫：賈《疏》下有"貴賤"至"上也"。

〔七〕媚：賈《疏》上有"云奇邪若今"。道：賈《疏》下有"者"。

〔八〕如：賈《疏》作"案漢書漢"。

〔九〕宫：賈《疏》作"官"。阮《校》曰："(官，)《漢制考》同。閩、監、毛本'官'作'宫'。按：當是'宫'字。"禁：賈《疏》下有"云敢行媚道者"。

〔一〇〕謂：賈《疏》上有"若然媚道"，下有"道"。蠱：賈《疏》下有"以自"至"邪也"。阮《校》曰："《漢制考》'蠱'作'術'。"

大祭祀，后祼獻，則贊，瑤爵亦如之。〔一〕

【校注】

〔一〕阮《校》曰："唐《石經》'瑤爵'上更有'贊'字，今本脱。案下云：'凡賓客之祼獻、瑤爵，皆贊。'承此經言之，則此經當灌、獻，言贊瑤爵、言贊也。按：'亦如之'者，謂亦贊也，正下文所謂'皆贊'也。若'瑤'上復有'贊'字，則不可通。唐《石經》非。"孫詒讓曰："阮説

是也。嚴可均亦據疏云'瑶爵亦如之者亦贊之也',謂少一贊字爲是。今不據增。"(《周禮正義》卷一三《内宰》,第五一七頁)

鄭 謂祭宗廟,王既祼而出迎牲,后乃從後祼也。《祭統》曰:"君執圭瓚祼尸,大宗執璋瓚亞祼。"此大宗亞祼,謂夫人不與而攝耳。"獻"謂王薦腥薦熟,〔一〕后亦從後獻也。"瑶爵",謂尸卒食,王既酳尸,后亞獻之,其爵以瑶爲飾。〔二〕

【校注】

〔一〕熟:鄭玄《注》作"孰"。阮《校》曰:"宋本、余本、嘉靖本、閩本同。監、毛本'孰'改'熟',《疏》'是其薦腥薦孰也'同。"

〔二〕阮《校》曰:"此本'其'誤'瑶',今據諸本訂正。"

賈 "大祭祀"謂宗廟也。〔一〕以天地、〔二〕山川、社稷等外神,后、夫人不與。又天、地無祼,〔三〕"后祼",〔四〕謂室中二祼,后亞王祼尸。"獻"謂朝踐饋獻,后以玉爵亞王而獻尸。"則贊"者,此三事内宰皆佐后。祼時以璋瓚授后,獻時以玉爵授后,〔五〕瑶爵,〔六〕謂尸卒食,王酳尸,后亞王而酳尸,則内宰以瑶爵授后,后親酌盎齊以酳尸,〔七〕亦贊之也。〔八〕宗廟之祭,〔九〕四時與禘、祫六享,皆有此祼獻瑶爵之事,〔一〇〕"王既祼而出迎牲,〔一一〕后乃從後祼也",〔一二〕"獻謂王薦腥薦熟,〔一三〕后亦從後獻"者,〔一四〕《禮運》云:〔一五〕"腥其俎,熟其(殺)[骰]"。〔一六〕鄭云:"'腥其俎',謂豚解而腥之。'熟其骰',〔一七〕謂體解而爓之。"〔一八〕是其薦腥薦孰也。此二者是堂上朝踐饋獻之節。室中二灌訖,王出迎牲時,〔一九〕祝延尸於户外之西,南面,后薦八豆八籩。王牽牲入,以血毛告訖,以此腥其俎,薦於神前,王以玉爵酌醴齊以獻尸,后亦如之。[二〇]名爲饋獻。[二一]瑶爵,[二二]亦如之。[二三]《儀禮》鄭《注》云:[二四]"諸侯尸十三飯,天子尸十五飯。"[二五]尸食後,王以玉爵酌朝踐醴齊以酳尸,謂之朝獻。后亦於後以瑶爵酌饋獻時盎齊以酳尸,謂之再獻。[二六]瑶玉爲璧形,飾角口則曰璧角,角受四升,爵爲總號。[二七]

【校注】

〔一〕大:賈《疏》上有"大祭至如之釋曰"。謂:賈《疏》下有"祭"。也:賈《疏》下有"后祼"至"之也"。按:其中"后祼"至"授后"、"瑶爵"至"之也",魏氏下文引,詳見後。

〔二〕以:賈《疏》上有"注謂"至"釋曰",下有"其"。

〔三〕按:"以天"至"無祼":賈《疏》原在"亦贊"與"之祭"二句間,魏氏前移至此。

〔四〕后:賈《疏》上有"大祭"至"廟也"。祼:賈《疏》下有"者"。

〔五〕"后祼"至"授后",賈《疏》原在"大祭祀謂祭宗廟也"句下,魏氏後移至此。

〔六〕瑶:賈《疏》上有"故云則贊也"。爵:賈《疏》下有"亦如之者"。

〔七〕尸:賈《疏》下有"云瑶爵亦如之者"。

〔八〕也:賈《疏》下有"注謂"至"言也"。按:其中"以天"至"無祼",魏氏前文引之。

〔九〕宗:賈《疏》上有"但"。

〔一〇〕事:賈《疏》下有"故總言宗廟也"。

〔一一〕王:賈《疏》上有"云"。

〔一二〕也:賈《疏》下有"者"。

〔一三〕獻:賈《疏》上有"案郊"至"又云"。熟:賈《疏》作"孰"。

〔一四〕獻:賈《疏》下有"也"。

〔一五〕禮:賈《疏》上有"案禮記"。

〔一六〕熟:賈《疏》作"孰"。殺:賈《疏》、《禮記·禮運》作"殽"。按:應作"殽",據改。

〔一七〕熟:賈《疏》作"孰"。

〔一八〕爓:賈《疏》作"孰"。

〔一九〕牲:賈《疏》作"時"。阮《校》曰:"浦鏜云:'牲'誤'時'。"

〔二〇〕如之:賈《疏》作"以玉爵酌醴齊以獻尸也"。

〔二一〕名:賈《疏》上有"朝踐"至"獻尸"。

〔二二〕瑶:賈《疏》上有"云"。

〔二三〕亦如之:賈《疏》作"謂尸"至"之者"。

〔二四〕儀:賈《疏》上有"案"。

〔二五〕《儀禮·有司徹》:"尸不飯,告飽。主人拜侑,不言。尸又三飯。"《注》曰:"凡十一飯,士九飯,大夫十一飯,其餘有十三飯、十五飯。"《疏》曰:"上篇士禮九飯,《少牢》上、下大夫同十一飯,士、大夫既不分命數爲尊卑,則五等諸侯同十三飯,天子十五飯可知。"

〔二六〕獻:賈《疏》下有"故云"至"玉名"。

〔二七〕號:賈《疏》下有"故鄭"至"飾也"。

正后之服位,而詔其禮樂之儀。贊九嬪之禮事。

鄭 薦徹之禮當與樂相應。"位"謂房中、户内及阼所立處。助九嬪贊后之事。九嬪者贊后薦玉齍,薦徹豆籩。

賈 "服"謂若《内司服》褘衣已下六服,〔一〕皆正之。〔二〕"位"

謂后助祭之位,正之,使不失其所。〔三〕后行禮時,〔四〕皆合於樂節,各當其威儀,皆内宰告后,〔五〕使依於法度。〔六〕“助九嬪贊后之事”,〔七〕爲后薦玉齍,〔八〕薦徹豆籩等。〔九〕

【校注】

〔一〕服謂:賈《疏》上有“正后”至“位者”。

〔二〕之:賈《疏》下有“使服當其用”。

〔三〕所:賈《疏》下有“而詔”至“儀者”。

〔四〕后:賈《疏》下有“之”。禮:賈《疏》下有“之”。

〔五〕宰:賈《疏》無。阮《校》曰:“此本脱‘宰’,據閩、監、毛本補。”

〔六〕度:賈《疏》下有“故云”至“言也”。

〔七〕助:賈《疏》上有“注助”至“助也鄭云”。事:賈《疏》下有“者”。

〔八〕爲:賈《疏》上有“以經”至“贊后”。

〔九〕等:賈《疏》下有“是九”至“后也”。

凡賓客之祼獻、瑶爵,皆贊。致后之賓客之禮。〔一〕

【校注】

〔一〕魏氏將鄭玄對經文“致后之賓客之禮”所作《注》後移置賈《疏》中,詳見下文。

鄭 謂王同姓及二王之後來朝覲爲賓客者。祼之祼禮,〔一〕亞王而禮賓。“獻”謂王饗燕,亞[王]獻賓也。〔二〕“瑶爵”,所以亞王酬賓也。《坊記》曰:"陽侯殺穆侯,〔三〕而竊其夫人,故大饗廢夫人之禮。"

【校注】

〔一〕"祼禮"之"祼":鄭玄《注》無。

〔二〕亞:鄭玄《注》下有"王"。益齋本此處爲一墨釘。據鄭玄《注》補"王"字。

〔三〕阮《校》曰:"浦鏜云:'《坊記》"穆"作"翏"。'"

賈 案《大行人》云:〔一〕"上公之禮,再祼而酢。侯、伯,一祼而酢。子、男,一祼不酢。"則上公乃有再祼,〔二〕王先一祼,次后再祼。〔三〕二王之後稱公,則知二王之後有后祼也。又案上公三饗、〔四〕三食、三燕,侯、伯再饗、再食、再[燕],〔五〕子、男一饗、一食、一燕。無飲酒之禮,唯有饗、燕耳。饗者亨大牢以飲賓客,〔六〕立行禮,在廟。獻依命數,爵盈而不飲。燕禮其牲狗,行一獻之禮,四舉旅,〔七〕降,脱屨,升,坐,其爵以醉爲度。饗、燕皆有獻賓、酬賓,后亦助王獻賓、酬賓之事,内宰皆贊后也。〔八〕"后之賓客",〔九〕鄭謂諸侯來朝覲及女賓之賓客,〔一〇〕則畿内同姓諸侯夫人有會見王后之法,〔一一〕故亦致禮焉。

【校注】

〔一〕案:賈《疏》作"見"。見:賈《疏》上有"凡賓"至"後者"。

〔二〕則:賈《疏》下有"是"。

〔三〕祼:賈《疏》下有"按《孝經緯》云"。

〔四〕案:賈《疏》下有"巾車"至"與焉"。上:賈《疏》上有"案

《大行人》云”。阮《校》曰:“浦鏜云:‘掌客’誤‘大行人’。監本‘三’誤‘二’。”

〔五〕再:賈《疏》下有“燕”,益齋本此處爲一墨釘。據賈《疏》補“燕”字。

〔六〕客:賈《疏》無。

〔七〕阮《校》曰:“浦鏜云:‘四’疑‘至’字誤。”“孫校曰:‘汪云:“四舉旅”者,謂君舉旅、卿舉旅、大夫舉旅、士舉旅,《燕義》有其文。浦説非。’”(北京大學出版社版《周禮注疏》,第一八二頁)

〔八〕也:賈《疏》下有“引坊”至“事也”。

〔九〕后:賈《疏》上有“注謂諸至賓客釋曰致”。客:賈《疏》下有“之禮”至“客者”。

〔一〇〕“謂諸”至“賓客”:此句爲鄭玄對經文“致后之賓客之禮”所作《注》。魏氏移置賈《疏》中,“謂”前增“鄭”字。

〔一一〕則:賈《疏》作“謂”。

凡喪事,佐后使治外、内命婦,正其服位。

鄭 “使”,使其屬之上士。“内命婦”謂九嬪、世婦、女御。

鄭司農云 “外命婦”,卿、大夫之妻。王命其夫,后命其婦。

玄謂 士妻亦爲命婦。〔一〕

【校注】

〔一〕孫詒讓曰:“析言之則士妻不得稱命婦,故《魯語》云‘列士之妻’。《釋名·釋親屬》云:‘士庶人曰妻,妻,齊也,夫賤不足以尊稱,故齊等言也。’《喪大記》云:‘士妻不當斂,則爲命婦出。’《屨人》

注亦分士妻與命婦爲二。此經通言之,則外命婦得下關士妻也。”(《周禮正義》卷一三《内宰》,第五二四頁)

賈 以外、〔一〕内命婦卑,故内宰不自治之,故經云“使”,明使其屬。〔二〕鄭司農云〔三〕“王命其夫,后命其婦”者,先鄭見《玉藻》云:〔四〕“君命屈狄。”是子、男夫人,彼是后命之,明王朝之臣亦王命其夫,后命其婦可知。“玄謂士妻亦爲命婦”者,夏、殷之禮,爵命不及於士。周禮,〔五〕上士三命,中士再命,下士一命。夫尊於朝,妻榮於室,明士妻亦爲命婦可知。若然,《喪服》命(其)[夫]、〔六〕命婦,皆據大夫,不含士者,彼據降服、不降服爲説,〔七〕故唯據大夫爲命夫,其妻爲命婦,不及士也。

【校注】

〔一〕以:賈《疏》上有“凡喪”至“命婦釋曰”。

〔二〕屬:賈《疏》下有“之上”至“言也”。

〔三〕鄭:賈《疏》無。

〔四〕見:賈《疏》下有“禮記”。云:賈《疏》作“曰”。阮《校》曰:“惠校本‘曰’作‘云’。”

〔五〕周:賈《疏》下有“之”。

〔六〕其:阮《校》曰:“惠校本‘其’作‘夫’。此誤。”按:應作“夫”,據改。

〔七〕説:賈《疏》原作“識”。阮《校》曰:“閩本同,監、毛本‘識’作‘説’,訂正。”

鶴山先生云 先、後鄭皆以約法講經,凡《周禮》之不可通者,并托於夏、殷之禮,如"王命其夫,后命其婦",無此理。

凡建國,佐后立市,設其次,置其敘,正其肆,陳其貨賄,出其度、量、淳、制,祭之以陰禮。

鄭 市、朝者,君所以建國也。"建國"者,必面朝後市。王立朝,而后立市,陰、陽相(承)[成]之義。"次",思次也。〔一〕"敘",介次也。"陳",猶處也。"度",丈、尺也。"量",豆、區也。〔二〕

【校注】

〔一〕思:鄭玄《注》作"司"。阮《校》曰:"(承、思),閩、監、毛本同。宋本、余本、嘉靖本'承'作'成','司'作'思'。賈《疏》本同。浦鏜云:'釋曰彼處破"思"爲"司"字解之,則此仍作"思"字也。'"按:賈《疏》亦作"思","司"誤。北京大學出版社版《周禮注疏》即據賈《疏》,分别改"承"爲"成"、"司"爲"思"。(北京大學出版社版《周禮注疏》,第一八三頁)

〔二〕也:鄭玄《注》作"之屬"。

鄭司農云 "佐后立市"者,始立市,后立之也。"祭之以陰禮"者,市中之社,先后所立社也。故書"淳"爲"敦"。〔一〕

【校注】

〔一〕阮《校》曰:"《漢讀考》云:'此子春易"敦"爲"純",鄭依所據本作"淳",稱天子巡狩禮以爲證也。《質人》"淳制",杜亦云:"'淳'當爲'純'。"《禮説》云:"丈尺綧制。"見《管子·君臣》篇。"斗斛敦概",見《荀子·君道》篇。杜讀爲"純",義本《淮南·墜形訓》"門閭四里,里間九純,純丈五尺",《注》云:"純,量名。"'"

杜子春　讀"敦"爲"純"。〔一〕純謂幅廣也,〔二〕制謂匹長。〔三〕

【校注】

〔一〕孫詒讓曰:"故書作敦,杜讀爲純,今經作淳者,從今書也。《質人》亦作淳,杜讀同。徐養原云:'《質人》"壹其淳制",杜子春云"淳當爲純,純謂幅廣"。玄謂"淳讀爲淳尸盥之淳"。淳純音同,古字通用。至《管子·君臣篇》"丈尺綧制",作綧,注以爲古準字。蓋淳純皆有準音,此字以純之左傍,淳之右傍合而成之。《説文》所無,乃俗體也。'……惠士奇云:'淳與純通。'"(《周禮正義》卷一三《内宰》,第五二六、五二七頁)

〔二〕孫詒讓曰:"《淮南子·天文訓》云:'幅廣二尺七寸。'《漢書·食貨志》云:'周法,布帛廣二尺二寸爲幅。'《鄉射禮》注云:'今官布幅廣二尺二寸。'後疏引《鄭志》又謂二尺四寸爲幅,蓋據帛言之,故《王制》孔疏謂布廣二尺二寸,帛廣二尺四寸。鄭、孔説與班説异,不知杜從何説也。"(《周禮正義》卷一三《内宰》,第五二六頁)

〔三〕孫詒讓曰:"《説文·匚部》云:'匹,四丈也。'《漢·食貨志》説同。《淮南子·天文訓》云:'四丈而爲匹,一匹而爲制。'是制即一匹之長也。《管子·乘馬篇》云:'季絹三十三制,當一鎰。'《韓非子·外儲説右上篇》云:'終歲布帛取二制焉。'此制似皆即匹之异名。字又作'製',《説苑·復恩篇》云:'吴赤市使於智氏,假道於衛,寧文子具紵絺三百製,將以送之。'是也。依杜及《淮南》説,則制即《媒氏》之兩布帛,每端長二丈,合兩端而成匹,則四丈也。然據鄭引《巡守禮》,則制長丈八尺,又是一端之長,與杜及《淮南書》并不合。又《王制》云'度量數制',鄭彼注云:'制,布帛幅廣狹也。'是制

又爲幅廣矣。”(《周禮正義》卷一三《内宰》,第五二六—五二七頁)

玄謂　純制,《天子巡守禮》所云〔一〕“制幣丈八尺,純四㚈”與?“陰禮”,婦人之祭禮。

【校注】

〔一〕守:阮《校》作“狩”。按:“守”通“狩”。

賈　“面朝後市”,〔一〕乃《冬官·匠人》文。云“王立朝”,〔二〕即三朝皆王立之也。“而后立市”者,即此文是也。〔三〕《司市》云:〔四〕“思次、介次。”彼《注》破“思”爲“司”字解之。“敘,〔五〕介次也”者,亦《司市》文。介,副也。謂若胥師、賈師等所居也。案《司市》《注》:“次謂吏所治舍。思次、介次也,若今市亭然。敘肆,行列也。”與此《注》不同,〔六〕鄭望文解之也。〔七〕“陳猶處也”者,〔八〕謂處置其貨賄也。〔九〕趙商謂:〔一〇〕“《天子巡守禮》,制丈八尺,純四㚈何?”答云:“《巡守禮》:制丈八尺,咫八寸,四咫三尺二寸。又大廣,‘四’當爲‘三’,三八二十四,二尺四寸,幅廣也。古‘三’‘四’積畫,是以‘三’誤爲‘四’也。”

【校注】

〔一〕面:賈《疏》上有“凡建”至“後市”。

〔二〕朝:賈《疏》下有“者”。

〔三〕也:賈《疏》下有“云陰”至“也者”。

〔四〕司:賈《疏》上有“地官”。

〔五〕敘:賈《疏》上有“云”。

〔六〕同：賈《疏》下有“者”。

〔七〕之：賈《疏》下有“彼經”至“釋也”。也：賈《疏》無。

〔八〕陳：賈《疏》上有“云”。

〔九〕也：賈《疏》下有“云度”至“春義”。

〔一〇〕謂：賈《疏》作“問云”。

中春，詔后帥外、内命婦始蠶於北郊，以爲祭服。

鄭 “蠶於北郊”，婦人以純陰爲尊。郊必有公桑蠶室焉。

賈 《祭統》云：〔一〕“天子親耕於南郊。”鄭以諸侯爲少陽，是天子以純陽爲尊，則后“蠶於北郊”，純陰爲尊也。〔二〕《月令》，〔三〕三月，后、妃親東鄉躬桑，此云二月，〔四〕案《馬(職)[質]》云：〔五〕“禁原蠶者。”彼《注》云：〔六〕“天文，辰爲馬。”引《蠶書》曰：“蠶爲龍精，月直大火，〔七〕則浴其種，是蠶與馬同氣。”故此亦仲春始蠶。蠶者亦謂浴種。至三月臨生蠶之時，又浴種，乃生之，故設文有异也。〔八〕

【校注】

〔一〕祭：賈《疏》上有“中春”至“禮記”。

〔二〕也：賈《疏》下有“云郊”至“焉者”。

〔三〕月：賈《疏》上有“案”。

〔四〕月：賈《疏》下有“與彼不同者”。

〔五〕職：阮《校》曰：“浦鏜云：‘“質”误“職”。’”按：馬質，《周禮》所載秋官系統的職官。此處應作“質”，據《周禮·秋官·馬質》、阮《校》改。

〔六〕云：賈《疏》無。

〔七〕直：賈《疏》、《周禮·秋官·馬質》《疏》作"值"。

〔八〕有：賈《疏》無。阮《校》曰："惠校本'文'下有'有'字。"

歲終，則會内人之稍食，稽其功事。佐后而受獻功者，比其小大與其粗良，而賞罰之。會内宫之財用。

鄭 "内人"，主謂九御。"獻功者"，九御之屬。

鄭司農云 烝而獻功。

玄謂 《典婦功》曰："及秋獻功。""會内宫"，〔一〕計夫人以下所用財。

【校注】

〔一〕會内宫：鄭玄《注》無。

賈 "歲終"，〔一〕亦謂周之季冬。〔二〕"稽其功事"者，〔三〕稽計女御絲、〔四〕枲二者之功事，以知多少。〔五〕《典婦功》：〔六〕"受嬪、〔七〕婦及内人女功之事賫。"嬪、婦既是九嬪、世婦，明内人是九御。〔八〕司農"烝而獻功"，〔九〕謂冬獻功。玄引《典婦功職》秋獻功，不從先鄭者，以内宰佐后受，〔一〇〕明是婦官所造，還是典婦功、女御等秋獻功也。内宫是總六宫之内，〔一一〕所有財用皆會計之。〔一二〕

【校注】

〔一〕歲：賈《疏》上有"歲終至功事釋曰"。

〔二〕冬：賈《疏》下有"内宰"至"是也"。

〔三〕稽：賈《疏》上有"云"。

〔四〕計：賈《疏》下有"也"。女：賈《疏》上有"又當計"。

〔五〕少：賈《疏》下有“注内”至“御者”。

〔六〕典：賈《疏》上有“案”。

〔七〕受：賈《疏》作“授”。

〔八〕御：賈《疏》下有“也”。

〔九〕司：賈《疏》上有“佐后”至“可知”。農：賈《疏》下有“云”。

〔一〇〕以：賈《疏》下有“其”。

〔一一〕内：賈《疏》上有“會内宫之財用釋曰以其云”。

〔一二〕之：賈《疏》下有“故鄭”至“財也”。

正歲均其稍食，施其功事，憲禁令於王之北宫，而糾其守。

鄭 “均”猶調度也。“施”猶賦也。〔一〕“北宫”，后之六宫。謂之(六)[北]宫者，〔二〕繫於王言之，明用王之禁令令之。“守”，宿衛者。

【校注】

〔一〕阮《校》曰：“浦鏜云：‘“頒”誤“賦”，從《注》校。’按：鏜誤也。古凡以物分布曰賦……《注》妄改，而鏜從之。”孫詒讓曰：“云‘施猶賦也’者，此假借之義也。……施即攱之借字。……攱賦同訓敷，故施亦訓賦。《大戴禮記·曾子天圓篇》盧注云：‘施，賦也。’”(《周禮正義》卷一三《内宰》，第五三三頁)

〔二〕六：鄭玄《注》作“北”。按：應作“北”，據改。

賈 “正歲”，〔一〕謂建寅之月，歲始，故總均宫中稍食月俸之人。〔二〕因歲始，又施其女功絲、枲之事。“憲禁令於王之北宫”者，

亦以歲始。“憲”謂表縣禁令於王之北宫。北宫則后宫。“而糾其守”者,謂宿衛之子弟,糾其惰慢者。〔三〕

【校注】

〔一〕正:賈《疏》上有“正歲至其守釋曰”。

〔二〕中:賈《疏》下有“所受”。

〔三〕者:賈《疏》下有“也注均猶”至“者也”。

上春,詔王后帥六宫之人而生穜稑之種,而獻之於王。

鄭 “六宫之人”,夫人以下分居后之六宫者。古者使后宫藏種,以其有傳類蕃孳之祥。〔一〕必生而獻之,示能育之,使不傷敗,且以佐王耕事,共禘、〔二〕郊也。

【校注】

〔一〕蕃:《周禮正義》卷一三《内宰》作“番”。孫詒讓曰:“番,蕃之省,明仿岳本及注疏本并作‘蕃’,與《釋文》不合。《釋文》又云:‘孳,本又作滋。’案:孳滋聲義同。謂皆取生育之義象類同也。”(《周禮正義》卷一三《内宰》,第五三四頁)

〔二〕阮《校》曰:“此本‘禘’作‘帝’,誤。今據諸本訂正。”

鄭司農云 先種後熟謂之穜,〔一〕後種先熟謂之稑,〔二〕王當以耕種於藉田。〔三〕

【校注】

〔一〕熟:《周禮·天官·内宰》《注》引鄭衆語作“孰”。

〔二〕熟:《周禮·天官·内宰》《注》引鄭衆語作“孰”。孫詒讓曰:“《釋文》云:‘穜,本或作重,案如字書禾旁作重,是種稑之字,作童,是穜殖之字。今俗則反之。稑,本又作穋。’案:陸説是也。《説文·禾部》云‘種,先穜後孰也,從禾重聲。稑,疾孰也,從禾坴聲。……重文穋,稑或從翏。穜,蓺也,從禾童聲。’經注穜稑字,正字當作種。經之穜,注藏種、先種、後種、耕種字,正字當作穜。穜稑字,此及《舍人》《司稼》凡三見,及《籩人》注穜麥字,并作穜,陸所謂俗反互易也。《釋文》‘或本作重’,即種之省,稑作穋則或體也。”(《周禮正義》卷一三《内宰》,第五三四—五三五頁)

〔三〕阮《校》曰:“宋本、余本、嘉靖本、閩本同。監、毛本‘藉’作‘籍’,誤。”

玄謂 《詩》云“黍稷穜稑”是也。〔一〕

【校注】

〔一〕也:鄭玄《注》下有“夫人”至“婦禮”。《詩經·豳風·七月》《釋文》:“先種後熟曰重,又作‘種’,音同。《説文》云‘禾邊作重’是重穋之字,‘禾邊作童’是穜蓺之字,今人亂之已久。穋音六,本又作稑,音同,《説文》云:‘稑或從翏。’”孫詒讓曰:“《豳風·七月》《魯頌·閟宫》并有此文。‘穜稑’,《毛詩》并作‘重穋’。……《吕氏春秋·任地篇》,高注引《詩》作‘重稑’。字并小异。”(《周禮正義》卷一三《内宰》,第五三五頁)

内小臣掌王后之命,正其服位。后出入,則前驅。

鄭 “命”謂使令所爲。或言“王后”,或言后,通耳。“前

驅”,〔一〕道之。〔二〕

【校注】

〔一〕前驅:鄭玄《注》無。

〔二〕孫詒讓曰:“道,唐《石經》作‘導’。……導正字,道假借字。《訝士》《掌訝》二職道字,《石經》亦皆作導。宋本并作道,與《釋文》合。”(《周禮正義》卷一四《内小臣》,第五三八頁;《寺人》,第五四八頁)

賈 《叙官》云:〔一〕“奄上士四人。”案《夏官·太僕》:〔二〕“掌正王之服位,出入王之大命。”則太僕掌王命及服位。〔三〕此《小臣》亦云:“掌王后之命,正其服位。”則小臣侍后與大僕侍王同也。〔四〕此小臣是奄人,〔五〕與后導道,是其常也。

【校注】

〔一〕叙:賈《疏》上有“内小至服位釋曰”。

〔二〕太:賈《疏》作“大”。僕:賈《疏》下有“云”。

〔三〕太:賈《疏》作“大”。

〔四〕也:賈《疏》下有“注命”至“例也”。

〔五〕此:賈《疏》上有“后出至前驅釋曰”。

若有祭祀、賓客、喪紀,則擯,詔后之禮事,相九嬪之禮事,正内人之禮事,徹后之俎。

鄭 “擯”,爲后傳辭,有所求爲。“詔”“相”“正”者,异尊卑也。“俎”,謂后受尸之爵,飲於房中之俎。

賈 “祭祀、[一]賓客、喪紀”,[二]此三者事至無常,故云“若”。若,不定之辭也。則擯者,此三者后皆有事,九嬪以下從后往也。[三]“詔”“相”“正”皆是擯,[四]但據尊卑不同。[五]后尊,云“詔”,詔告而已。九嬪稍卑,則言“相”,相,佐助之言也。女御卑,直“正”之而已。[六]

【校注】

〔一〕祭:賈《疏》上有“若有”至“若有”。

〔二〕紀:賈《疏》下有“則擯者”。

〔三〕也:賈《疏》下有“三事”至“事者”。

〔四〕是:賈《疏》下有“上”。

〔五〕同:賈《疏》下有“故以”至“也者”。

〔六〕已:賈《疏》下有“云俎”至“同也”。

后有好事於四方,則使往。有好令於卿、大夫,則亦如之。掌王之陰事、陰令。

鄭 后於其親族所善者,[一]使往問遺之。“陰事”,后、[二]妃御見之事。若今掖庭令晝漏不盡八刻,(日)[白]録所記,[三]推當御見者。“陰令”,王所求爲於北宫。

【校注】

〔一〕親族:鄭玄《注》作“族親”。

〔二〕后:鄭玄《注》作“群”。

〔三〕日:鄭玄《注》作“白”。阮《校》曰:“宋本、岳本、嘉靖本、《漢制考》同。閩、毛本‘白’誤‘日’,監本誤‘目’。宋本‘記’下空闕一字，蓋本作‘白所記録’。按：《漢官舊儀》有此條作‘白録所記’。”孫詒讓曰：“《漢舊儀》云：‘掖庭令晝漏未盡八刻，廬監以茵次上婕好以下至後庭，訪白録所，推當御見。’案：《漢儀》‘訪白録所’當作‘白録所記’，謂録次所記宫人之名籍，此注與彼正同也。鄭以此内小臣亦掌群妃御見之事，故以漢法爲況。”（《周禮正義》卷一四《内小臣》，第五四〇頁）按：當作“白”，據改。

賈 后有親族在四方，〔一〕謂畿外諸侯，〔二〕謂若魯、衛、晋、鄭之等。〔三〕於卿、大夫，亦謂同姓族在朝廷者。〔四〕王后意有所善，〔五〕遣小臣往，〔六〕以物問遺之。四方諸侯言“事”，卿、大夫言“令”，〔七〕后雖無正令施與卿、大夫，時有言教至焉。〔八〕北宫，〔九〕王六寢在南，〔一〇〕后六宫在北。〔一一〕

【校注】

〔一〕后：賈《疏》上有“注后”至“親者”。親族：賈《疏》作“族親”。

〔二〕侯：賈《疏》下有“於王有親”。

〔三〕等：賈《疏》下有“也”。

〔四〕者：賈《疏》下有“也”。

〔五〕有：賈《疏》作“行”。

〔六〕遣：賈《疏》作“遺”。阮《校》曰：“浦鏜云：‘上“遺”當“遣”字誤。’”

〔七〕令：賈《疏》下有“者”。

〔八〕焉：賈《疏》下有“故云”至“之也”。

〔九〕北：賈《疏》上有“注陰事”至“者也言”。宫：賈《疏》下有

"者"。

〔一〇〕王：賈《疏》上有"對"。

〔一一〕后：賈《疏》上有"以"。北：賈《疏》下有"故云北宫也"。

三禮辨　"后有好事於四方"，如申、吕甥舅之國，皆四方也。"好令於卿、大夫"，古者卿聘於同姓之國，"則問夫人"，〔一〕故亦有此禮。况内小臣止四人，則其往四方，歲不過一二，可謂有節。本朝宫省之禁甚備。中宫之"好令"止達於外家，蓋合此。

【校注】

〔一〕《儀禮·聘禮》："若兄弟之國，則問夫人。"《注》曰："兄弟，謂同姓若昏姻甥舅有親者。問猶遺也，謂獻也。不言獻者，變於君也。非兄弟，獻不及夫人。"《疏》曰："云'兄弟，謂同姓'者，若魯於晋、鄭之等，同姓也。云'若昏姻甥舅有親'者，若魯取齊女以爲舅，齊則以魯爲甥，是有親者也。云'非兄弟，獻不及夫人'者，以其經云'兄弟之國則問'，夫人則非兄弟，問不及夫人可知。"

閽人掌守王宫之中門之禁。

鄭　"中門"，於外内爲中，若今宫闕門。

鄭司農云　王有五門，外曰皋門，二曰雉門，三曰庫門，〔一〕四曰應門，五曰路門。路門，一曰畢門。

【校注】

〔一〕阮《校》曰："宋本作'二曰庫門，三曰雉門'，誤。"

玄謂　雉門,三門也。《春秋傳》曰:“雉門災,及兩觀。”

賈　言“閽人”者,〔一〕墨者使守門。〔二〕“中門”者,王有五門,雉門爲中門。掌守雉門之禁,譏其出入。〔三〕“玄云謂雉門爲三門”者,〔四〕破先鄭雉門爲二門。必知雉門爲中門者,〔五〕若魯三門,則有庫、雉、路,故《明堂位》説魯制,三兼四云庫門,天子皋門,則庫門向外兼皋門矣。又云“雉門,天子應門”,則雉門向内兼應門矣。既言庫門向外兼皋門,雉門向内兼應門,則天子五門,庫門在雉門外明矣。引《春秋傳》,〔六〕定公二年,〔七〕“雉門及兩觀災”。〔八〕雉門有兩觀,爲中門。則知天子五門,雉門亦爲中門,有兩觀矣。

【校注】

〔一〕言:賈《疏》上有“閽人至之禁釋曰”。

〔二〕門:賈《疏》下有“閽人守王宫中門耳”。

〔三〕入:賈《疏》下有“之者也”。

〔四〕玄:賈《疏》上有“注中”至“終畢”。云:賈《疏》無。

〔五〕者:賈《疏》下有“凡平”至“是也”。

〔六〕引:賈《疏》上有“又”。傳:賈《疏》下有“者”。

〔七〕年:賈《疏》下有“夏五月壬辰”。

〔八〕災:賈《疏》下有“公羊”至“三門”。

喪服、凶器不入宫,潛服、賊器不入宫,奇服、怪民不入宫。

鄭　“喪服”,衰絰也。“凶器”,明器也。“潛服”,若衷甲者。“賊器”,盗賊之任器。兵物皆有刻識。“奇服”,衣非常。

《春秋傳》曰:“尨奇無常,〔一〕怪民狂易。”

【校注】

〔一〕《左傳·閔公二年》《注》曰:“雜色奇怪非常之服。”

賈 案《曲禮》:〔一〕“苞屨、〔二〕扱衽、〔三〕厭冠不入公門。”〔四〕“兵物皆有刻識”,〔五〕定十年,〔六〕侯犯以郈叛,叔孫氏之甲有物是也。〔七〕“尨奇無常,金玦不(服)[復]。”〔八〕晋罕夷語,在閔二年。〔九〕

【校注】

〔一〕案:賈《疏》上有“注喪”至“衰絰也者”,下有“下”。禮:賈《疏》下有“云”。

〔二〕《禮記·曲禮下》《注》曰:“苞,藨也,齊衰藨蒯之菲也。”《疏》曰:“苞屨,謂藨蒯之草爲齊衰喪屨。”

〔三〕《禮記·曲禮下》《注》曰:“《問喪》曰:‘親始死,扱上衽。’”《疏》曰:“‘扱衽’者,親始死,孝子徒跣扱上衽也。”陳澔《禮記集説》卷一《曲禮下》:“扱衽,以深衣前衽扱之於帶也。蓋親初死時,孝子以號踊履踐爲妨,故扱之也。”

〔四〕門:賈《疏》下有“苞屨”至“衷甲是也”。

〔五〕兵:賈《疏》上有“云”。識:賈《疏》下有“者”。

〔六〕定:賈《疏》上有“案”。

〔七〕也:賈《疏》下有“云奇”至“夷曰”。

〔八〕服:賈《疏》作“復”。按:應作“復”,據改。復:賈《疏》下有“先丹”至“是也”。

〔九〕“龙奇”至“二年”：賈《疏》作“案閔二年，晋使大子申生伐東山皋落氏，衣以偏衣，佩之金玦。罕夷曰：‘龙奇無常，金玦不復。’”

凡内人、公器、賓客，無帥則幾其出入。以時啓閉。

鄭 三者之出入，當須使者符節乃行。

鄭司農云 “公器”，將持公家器出入者。“幾”謂無將帥引之者，則苛其出入。〔一〕

【校注】

〔一〕孫詒讓曰：“《釋文》云‘苛，本又作呵。’……苛者訶之假字，呵即訶之俗，亦即《宫正》注所謂‘幾荷’也。”（《周禮正義》卷一四《閽人》，第五四六頁）

鄭〔一〕 “時”，漏盡。

【校注】

〔一〕時漏盡：鄭玄對經文“以時啓閉”所作《注》。益齋本將此三字與上節合爲一節，易被誤解爲鄭衆對經文“以時啓閉”所作注釋。故此處仿前文例，將其單獨成節，節首加“鄭”字，且將其加大、加粗。

賈 道路用旌節乃得行。〔一〕“漏盡”者，〔二〕謂若夏至，晝則日見漏六十刻，〔三〕夜則四十刻。冬至，晝則日見漏四十刻，夜則六十刻。就時之間，大判九日校一刻。

【校注】

〔一〕道:賈《疏》上有“注三”至“節者”。行:賈《疏》下有“耳”。

〔二〕漏:賈《疏》上有“時漏盡釋曰”。

〔三〕見:賈《疏》下有“之”。

鶴山先生云 昧爽以前二刻半屬晝。〔一〕黄昏以前,〔二〕亦有二刻半屬晝。是晝六十刻,則常有六十二刻半。夜四十刻,止三十七刻半。蓋常明迫陰,陰不能盡掩明。古人謂高舂而起、〔三〕三商而眠,〔四〕此也。

【校注】

〔一〕昧爽:古時又稱爲“黎明”“早晨”“日旦”,相當於現在的凌晨三時至五時。刻:漏刻計時,中國古時一種分割晝夜的計時方式。大概自商朝時起,人們開始使用漏刻計時,將一晝夜分成均衡的一百刻。漢時改爲一百二十刻,南朝梁改爲九十六刻、一百零八刻。直至明末,歐洲天文學知識傳入中國後,改爲九十六刻制。清初正式定爲九十六刻制。古時每刻,相當於現在十四点四分。

〔二〕黄昏:又名“日夕”“日暮”“日晚”等。相當於現在十九時至二十一時。

〔三〕高舂:日影西斜近黄昏時。《淮南子·天文訓》:“日出於暘谷,浴於咸池……至於淵虞,是謂高舂。”高誘《注》曰:“高舂,時加戌,民碓舂時也。”劉文典曰:“《初學記》引注云:‘言尚未冥,上蒙先舂,曰高舂。’”(《淮南鴻烈集解》,第一〇八—一〇九頁)

〔四〕三商:古代用漏刻計算時間,謂之商。三商就是三刻。《詩經·齊風·東方未明》:“狂夫瞿瞿。”《疏》曰:“《尚書緯》謂刻爲商。鄭作《士昏禮》《目録》云:‘日入三商爲昏。’舉全數以言耳。”《儀禮·士昏禮》《疏》曰:“鄭《目録》云:‘……日入三商爲昏。’……鄭云‘日入三商’者,商謂商量,是漏刻之名,故三光靈曜亦日入三刻爲昏,不盡爲明。案馬氏云:‘日未出、日没後皆云二刻半,前後共五刻。’今云‘三商’者,據整數而言,其實二刻半也。”明焦竑《焦氏筆乘·三商》:“《士昏禮》:‘漏下三商爲昏。’商,音滴,與夏、商之商不同。蘇易簡文‘三商而眠,高舂而起’,用其語也。今人多誤讀。”按:此處焦竑謂“三商而眠,高舂而起”爲蘇易簡文,不確。此二句爲蘇易簡孫蘇舜欽文。《宋史》卷四四二《文苑列傳四》:“蘇舜欽字子美,參知政事易簡之孫。……舜欽娶宰相杜衍女,衍時與仲淹、富弼在政府,多引用一時聞人,欲更張庶事。御史中丞王拱辰等不便其所爲。會進奏院祠神,舜欽與右班殿直劉巽輒用鬻故紙公錢召妓樂,間夕會賓客。拱辰廉得之,諷其屬魚周詢等劾奏……於是舜欽與巽俱坐自盜除名……舜欽既放廢,寓於吴中,其友人韓維責以世居京師而去離都下,隔絶親交。舜欽報書曰:‘……三商而眠,高舂而起……’”

凡外、内命夫、命婦出入,則爲之闢。掌埽門庭。

鄭 辟行人,〔一〕使無干也。“内命夫”,卿、大夫、士之在宫中者。“門庭”,門相當之地。

【校注】

〔一〕辟:孫詒讓曰:“《釋文》云:‘闢,本又作辟。’案:闢辟聲類同,字亦通,然經當本與注同作‘辟’,《釋文》所載或本是也。凡此經辟人字并作辟。……蓋杜、鄭校定字例如是。若此經故書作闢，杜、鄭不宜無説，足證其誤。……凡經辟人字，《大司寇》杜注、《小司寇》先鄭注并訓爲辟除，即辟法引申之義，後鄭義亦當同。陸訓爲避，義雖得通，而非杜、鄭之旨。"（《周禮正義》卷一四《閽人》，第五四六頁）

賈　在朝卿、〔一〕大夫、士爲外命夫。鄭雖不解外、内命婦，其外命婦則總外、内命夫之妻。〔二〕閽人掌中門，〔三〕則門相當之地，唯中門外之地，謂之門庭也。若餘門庭，則各有守門者埽之。〔四〕

【校注】

〔一〕在：賈《疏》上有"注辟行"至"掌者也對"。

〔二〕妻：賈《疏》下有"内命"至"下也"。

〔三〕閽：賈《疏》上有"注門庭至之地釋曰"。

〔四〕之：賈《疏》下有"也"。

大祭祀、喪紀之事，設門燎，蹕宫門、廟門。凡賓客亦如之。

鄭　"燎"，地燭也。"蹕"，止行者。〔一〕廟在中門之外。

【校注】

〔一〕蹕：孫詒讓曰："《師氏》《大司寇》注義并同。又《隸僕》先鄭注云：'蹕謂止行者，清道，若今時儆蹕。'段玉裁云：'《説文·走部》："趩，止行也。"《足部》無蹕字。今《周禮》皆作蹕，惟《大司寇》《釋文》作趩。'詒讓案：蹕者，清道，禁止人不得行。辟者，禁人干犯，

不干犯者仍得行。二字義异。”(《周禮正義》卷一四《閽人》,第五四七—五四八頁)

賈 燭在地曰燎,〔一〕謂若天子百,公五十,侯、伯、子、男皆三十。所作之狀,蓋百根葦皆以布纏之,以蜜塗其上,若今蠟燭矣。〔二〕對人手執者爲手燭,〔三〕故云“地燭也”。〔四〕賓客在宫中、〔五〕廟中,〔六〕謂若饗食在廟,燕在寢,皆爲設門燎,及蹕止行人。

【校注】

〔一〕燭:賈《疏》上有“大祭”至“燭也者”。

〔二〕蠟:賈《疏》作“臘”。

〔三〕執:賈《疏》作“爇”。阮《校》曰:“浦鏜云:‘“執”誤“爇”,非也。’”

〔四〕也:賈《疏》下有“又云廟”至“社稷”。

〔五〕賓:賈《疏》上有“凡賓至如之釋曰”。

〔六〕中:賈《疏》無。

鶴山先生云 古衹設庭燎,後世粈盆近之。賈燎爲地燭,謂百根葦以布纏之,蜜塗其上。自唐以上,其時蠟燭止呼爲蜜燭,〔一〕如唐人蜜章元是蠟,而呼蜜,故賈有地燭、手燭之辨。

【校注】

〔一〕蠟燭止呼爲蜜燭:《西京雜記》卷四:“閩越王獻高帝石蜜五斛,蜜燭二百枚。”唐《夜怪録》:“少頃有秉蜜炬自内出者。”

寺人掌王之内人及女宫之戒令，相道其出入之事而糾之。

鄭 “内人”，女御也。“女宫”，刑女之在宫中者。“糾”猶割察也。

賈 “刑女”，〔一〕謂男、女没入爲奴者。〔二〕

【校注】

〔一〕刑：賈《疏》上有“注内”至“女宫”。女：賈《疏》下有“之在宫中者”。

〔二〕入：賈《疏》下有“斯官”。奴：賈《疏》作“嬪”。者：賈《疏》下有“也”。阮《校》曰：“惠校本作‘男女没入縣官爲奴者也’，此誤。”

若有喪紀、賓客、祭祀之事，則帥女宫而致於有司。佐世婦治禮事。

鄭 “有司”謂宫卿世婦。世婦，二十七世婦。

賈 明是男子官宫卿所掌女宫也，〔一〕非是下文世婦之帥女宫者也。以寺人是奄者，〔二〕故得佐世婦治禮事。〔三〕

【校注】

〔一〕明：賈《疏》上有“注有”至“有司”。

〔二〕以：賈《疏》上有“注世”至“世婦”。

〔三〕禮：賈《疏》作“喪”。阮《校》曰：“惠校本‘喪’作‘禮’，此誤。”事：賈《疏》下有“禮事”至“是也”。

掌内人之禁令，凡内人吊臨於外，則帥而往，立於其前，而詔相之。

鄭　從世婦所吊，若哭其族親。立其前者，賤也。賤而必“詔相之”者，出入於王宫，不可以闕於禮。〔一〕

【校注】

〔一〕不：鄭玄《注》作“未”。

賈　王后有哭族親之法，〔一〕則内人女御亦往哭之。

【校注】

〔一〕王：賈《疏》上有“注從”至“而言”。

内豎掌内外之通令，凡小事。若有祭祀、賓客、喪紀之事，則爲内人蹕。〔一〕

【校注】

〔一〕“惠士奇云：‘内豎爲王后之喪蹕，又爲内人蹕。内人，六宫之人，則蹕之名通上下矣。至秦，天子出入稱警蹕，諸侯出入稱課促，惟至尊乃蹕也。’案：惠説是也。《冢人》云：‘凡諸侯及諸臣葬於墓者爲之蹕。’則諸侯諸臣皆得稱蹕矣。”（《周禮正義》卷一四《内豎》，第五五〇頁）

鄭　“内”，后六宫。“外”，卿、大夫也。使童豎通王内、外之命、給小事者，以其無與爲禮，出入便疾。内、外以大事聞王，則俟朝而自復。"内人",從世婦有事於廟者。内豎爲六宫蹕者,以其掌内小事。

賈 鄭知豎是童子者,〔一〕如《左氏》豎牛。〔二〕復,白也,明大事待朝自復,〔三〕豎通小事。〔四〕豎爲祭祀、〔五〕賓客、喪紀三事。"爲内人蹕",〔六〕祭祀在廟,〔七〕謂禘、祫、四時之祭。〔八〕賓客在廟,謂饗食時。〔九〕喪紀在廟,謂喪朝廟祖奠、〔一〇〕遣奠時。〔一一〕

【校注】

〔一〕鄭:賈《疏》上有"注内后至自復釋曰"。

〔二〕如:賈《疏》作"謂若"。左:賈《疏》上有"春秋"。豎:賈《疏》作"叔孫穆子於庚宗婦人生"。牛:賈《疏》下有"牛能"至"小事"。

〔三〕復:賈《疏》下有"不使内豎也"。

〔四〕通小事:賈《疏》此三字原在"復白也"前,魏氏在"通"字前增"豎"字,後移至此。

〔五〕豎:賈《疏》上有"若有至人蹕釋曰此"。

〔六〕蹕:賈《疏》下有"者"。

〔七〕祭:賈《疏》上有"皆謂在廟時若然"。

〔八〕祭:賈《疏》下有"祀也"。

〔九〕時:賈《疏》下有"也"。

〔一〇〕廟:賈《疏》下有"爲"。

〔一一〕時:賈《疏》下有"也皆"至"蹕也"。

王后之喪遷於宫中,則前蹕。及葬,執褻器以從遣車。

鄭 "喪遷"者,將葬,朝於廟。"褻器",振飾頮沐之器。

賈 后“喪遷於宫中”,〔一〕謂七月而葬。將葬,而朝七廟。〔二〕云“及葬,執褻器以從遣車”者,謂朝七廟訖,且將行,在太祖廟中爲大遣奠。〔三〕内豎執褻器以從遣車之後。〔四〕以其遣車載牲體,鬼神依之,〔五〕若生時亦執褻器。〔六〕鄭以爲清器虎子之屬,〔七〕此爲振飾頮沐器者,〔八〕《特牲》爲尸有槃匜,〔九〕有簞巾,〔一〇〕巾爲振飾,槃匜爲盥手,明其頮(而)[面]沐髮。〔一一〕《既夕禮》用器之中亦有槃匜,〔一二〕是送葬時褻器也。〔一三〕

【校注】

〔一〕后:賈《疏》上有“王后至遣車釋曰”。

〔二〕廟:賈《疏》下有“則亦”至“人也”。孫詒讓曰:“此后喪將葬朝於祖廟,準王禮,蓋亦以葬前八日啓殯,即朝祖,每廟一日,七日而舉,明日而遂葬也。”(《周禮正義》卷一四《内豎》,第五五一頁)

〔三〕奠:賈《疏》下有“苞牲”至“如墓”。

〔四〕内:賈《疏》上有“則此”。以:賈《疏》無。

〔五〕之:賈《疏》下有“故使執褻器從之”。

〔六〕器:賈《疏》下有“從也”。

〔七〕鄭:賈《疏》上有“注喪”至“褻器”,下有“注”。子:賈《疏》下有“不爲”至“虎子也”。之屬:賈《疏》無。

〔八〕此爲:賈《疏》作“知其”。阮《校》曰:“惠校本‘其’作‘有’。”

〔九〕特:賈《疏》上有“案”。尸:賈《疏》下有“而”。

〔一〇〕有:賈《疏》上有“并”。

〔一一〕而:賈《疏》作“面”。按:應作“面”,據改。髮:賈《疏》下有“亦有之”。

〔一二〕既：賈《疏》上有“故”。亦：賈《疏》無。

〔一三〕葬：賈《疏》下有“之”。時：賈《疏》下有“有”。

鶴山先生云 天子“七月而葬”，〔一〕后必須殺等。〔二〕又朝祖止朝太祖，〔三〕而下皆可稱祖，亦無盡朝七廟之禮。遣奠苞三牲之禮以行禮。〔四〕《記》謂朝祖爲“順死者之孝心”，〔五〕遣奠爲賓客之亦以感發仁人孝子之心也。

【校注】

〔一〕《禮記·王制》：“天子七日而殯，七月而葬。諸侯五日而殯，五月而葬。大夫、士、庶人三日而殯，三月而葬。”《注》曰：“尊者舒，卑者速。”

〔二〕殺：降低。等：等級、規格。

〔三〕朝祖：此處指中國古代喪禮中的“朝祖”禮，即死者殯期結束後，於葬日之前一日，親友以輁軸運載其棺柩，去朝見祖廟，象其生時外出辭别尊長之意。《儀禮·士喪禮》：“遷於祖，用軸。”《注》曰：“遷，徙也。徙於祖，朝祖廟也。《檀弓》曰：‘殷朝而殯於祖，周朝而遂葬。’蓋象平生，將出，必辭尊者。軸，輁軸也。”《疏》曰：“謂朝廟之時，從殯宫遷移於祖廟，朝時用輁軸載之。案《士喪禮》將殯云：‘棺入，主人不哭，升，棺用軸。’則遷於祖時，亦升輁軸於階上，載之挽柩而下。……殷人將殯之時，先朝廟。訖，乃殯，至葬時不復朝也。……周人殯於路寢，至葬時乃朝，朝訖，而遂葬。”太祖：或曰“大祖”，中國古時對帝王宗廟中位次第一的祖先宗廟的稱謂。《禮記·王制》：“天子七廟，三昭三穆，與大祖之廟而七。”天子“七廟”中的“太祖”廟萬世不毁。《舊唐書》卷二五《禮儀志五》：“太祖之廟，百代不遷。……太祖者，商之玄王、周之后稷是也。”太祖用作帝王的廟號,始於漢高帝劉邦。此後,魏曹操、吴孫權等歷代帝王宗廟,皆被追加“太祖”廟號。(郭善兵:《魏晋南北朝皇家宗廟禮制若干問題考辨——兼與梁滿倉先生商榷》,載《中國史研究》二〇一五年第二期)

〔**四**〕苞:亦作“包”。此處指用葦草製作的用於包裹遣奠牲體的編織物。《儀禮·既夕禮》:“葦苞,長三尺,一編。”《疏》曰:“葦草即長,載取三尺一道編之,用便易故也。”其包裹者,爲羊、豕、鮮獸三牲。《儀禮·既夕禮》《注》曰:“鼎五,羊、豕、魚、腊、鮮獸各一鼎也。”《儀禮·既夕禮》:“苞牲,取下體。(《注》曰:‘苞者,象既饗而歸賓俎者也。取下體者,脛骨象行,又俎實之終始也。上苞三個,前脛折取臂臑,後脛折取骼,亦得俎釋三個。’)不以魚腊。(《注》曰:‘非正牲也。’《疏》曰:‘正牲謂上三牲、魚、腊。非正牲,故不以魚、腊載之,故云“非正牲”。’)”天子或有馬。《禮記·檀弓下》《疏》曰:“鄭又云:‘天子遣奠用馬牲,其取個未詳也。’”羊、豕并非包裹全部骨肉,而祇是取部分肢體。《禮記·檀弓下》《疏》曰:“案《既夕禮》‘苞牲取下體’,鄭注:‘前脛折取臂、臑,後脛折取骼。’是一牲取三體。士少牢二牲,則六體也。分爲三個,一個有二體。然大夫以上,皆用大牢,牲有三體,凡九體。大夫九體分爲十五段,三段爲一包,凡爲五包。諸侯分爲二十一段,凡七包。天子分爲二十七段,凡九包。蓋尊者所取三體,其肉多。卑者雖取三體,其肉少。……此遣奠所包,皆用左胖,以其喪禮反吉。《士虞禮》‘載左胖也’。”其數量依死者生前的身份、地位而定。《禮記·雜記上》《注》曰:“天子大牢,包九個;諸侯亦大牢,包七個;大夫亦大牢,包五個;士少牢,包三個。”《疏》曰:“牢具,遣奠所包牲牢之體,貴賤各有數也。一個爲一具,取一車載之也……云‘天子大牢,包九個’以下者,以《既夕禮》遣奠,用少牢以上約之,明大夫以上皆大牢。‘包九個’者,以《檀弓》云

'國君七個,遣車七乘',則天子九個,遣車九乘。以下差降。"三牲:此處指用葦草包裹的羊、豕、鮮獸三種祭奠用牲。

〔五〕記:此處指《禮記·檀弓下》:"喪之朝也,順死者之孝心也。其哀離其室也,故至於祖考之廟而後行。殷朝而殯於祖,周朝而遂葬。"《注》曰:"朝謂遷柩於廟。"《疏》曰:"謂將葬前,以柩朝廟者,夫爲人子之禮,出必告,反必面,以盡孝子之情。今此所以車載柩而朝,是順死者之孝心也。然朝廟之禮,每廟皆朝,故《既夕禮》云:'其二廟,則饌於禰廟。'下云:'降柩,如初適祖。'則天子、諸侯以下,每廟皆一日,至遠祖之廟,當日朝畢,則爲祖祭,至明日設遣奠而行。"

九嬪掌婦學之法,以教九御婦德、婦言、婦容、婦功,各帥其屬,而以時御叙於王所。

鄭　"婦德"謂貞順,"婦言"謂辭令,"婦容"謂婉娩,"婦功"謂絲枲。〔一〕九嬪者既習於四事,又備於從人之道,是以教女御也。〔二〕孔子云:"日者天之明,月者地之理。陰契制故月上屬爲天,使婦從夫放月紀。"

【校注】

〔一〕枲:鄭玄《注》下有"自九"至"王所"。

〔二〕也:鄭玄《注》下有"教各"至"反之"。

賈　日月乃《孝經·援神契》文。〔一〕今以陽尊而陰卑,月乃爲天契制所使,故云"陰契制"。上屬爲天使,是以月上屬於天,隨日而行。云"婦從夫放月紀"者,解后已下就王燕寢而御叙

之意。〔二〕

【校注】

〔一〕日月乃：賈《疏》無。孝：賈《疏》上有“九嬪”至“下者”。文：賈《疏》下有“但彼”至“在地”。

〔二〕叙：賈《疏》無。

凡祭祀，贊玉齍，贊后薦，徹豆籩。若有賓客，則從后。大喪，帥叙哭者，亦如之。

鄭　“玉齍”，玉敦受黍稷器。后進之而不徹。故書“玉”爲“王”。

杜子春　讀爲“玉”。〔一〕

【校注】

〔一〕孫詒讓曰：“以王齍無義，而玉齍見《大宗伯》，故杜讀從之。段玉裁云：‘此鄭君從杜謂字之誤而改之也。篆體玉與王皆三畫，惟玉三畫均，王上二畫相近，不均。’”（《周禮正義》卷一四《九嬪》，第五五六頁）

鄭　“從后”，〔一〕當贊后事。“大喪”亦從后。〔二〕“帥”猶道也。后哭，衆次叙者乃哭。〔三〕

【校注】

〔一〕從后：鄭玄《注》無。

〔二〕大喪：鄭玄《注》無。

〔三〕衆:鄭玄《注》下有“之”。阮《校》曰:“宋本、余本、岳本同。嘉靖本作‘衆之次序者乃哭’。經作‘叙’,《注》作‘序’,須人易曉是也。閩、監、毛本‘衆之’誤倒,作‘之衆’。”

荆公 内宰“以陰禮教九嬪,以婦職之法教九御”。而“九嬪掌婦學之法,以教九御婦德、婦言、婦容、婦功”者,〔一〕陰禮所以成婦學之法者也,婦學所以行婦職之法者也。“凡祭祀,贊玉齍”。“故書‘玉’爲‘王’”,〔二〕當從故書,以王爲正。〔三〕言“贊后[薦]徹豆籩”,〔四〕則上言“贊王齍”,〔五〕言之序也。若以爲“贊玉齍”,則下言“贊后”,此爲孰贊?贊后則言贊后,不當在下。贊玉而不言王,〔六〕安知其爲王也?〔七〕“若有賓客,〔八〕則從后。〔九〕大喪,帥叙哭者,亦如之”,〔一〇〕謂外宗叙内、〔一一〕外朝莫哭,〔一二〕則從后帥之也。〔一三〕

【校注】

〔一〕“婦德”至“婦功”:《周禮詳解》卷八《九嬪》無。

〔二〕“凡祭祀”至“爲王”:《周禮詳解》作“王齍故書爲玉”。

〔三〕以王:《周禮詳解》無。

〔四〕“内宰”至“豆籩”:《周禮訂義》卷一三《九嬪》無。言:《周官新義》卷五《九嬪》上有“下”。后:《周禮·天官·九嬪》、《周官義疏》卷七《九嬪》、《周禮詳解》下有“薦”。按:當有“薦”,據補。

〔五〕則:《周禮訂義》上有“下言贊后”。王:《周禮詳解》作“玉”,《周禮訂義》卷一三《九嬪》無。齍:《周禮訂義》無。

〔六〕玉而:《周官義疏》卷七《九嬪》作“王而”。

〔七〕“若以爲”至“王也”:《周禮詳解》無。安:《周官義疏》卷七

《九嬪》上有“王”。爲:《周官義疏》卷七《九嬪》下有“贊”。

〔八〕客:《周官義疏》卷七《九嬪》下有“之事”。

〔九〕“内宰”至“從后”:文淵閣本、文津閣本、孔繼涵抄校本、《墨海》本、《經苑》本、《四部叢刊初編》本、楊小召點校本《周官新義》卷五《九嬪》無。

〔一〇〕帥敘哭者亦如之:文淵閣本《周官新義》卷五《女嬪》、《周禮詳解》無。

〔一一〕謂:文淵閣本《周官新義》卷五《九嬪》無。

〔一二〕内外:《周禮·春官·外宗》、《墨海》本《周官新義》卷五《九嬪》作“外内”。莫:《周禮詳解》作“暮”。“莫”通“暮”。哭:《周禮詳解》下有“者”。

〔一三〕“若以”至“之也”:《周禮訂義》無。則:文淵閣本《周官新義》卷五《九嬪》作“九嬪亦”,《周禮詳解》作“而九嬪亦”。也:《周禮詳解》無。宋鄭鍔曰:“故書以‘玉齍’爲‘王齍’,王安石用其説,乃謂:……以經考之,《大宗伯》‘奉玉齍’,《小宗伯》‘逆齍’,《肆師》‘表齍盛,告潔’,凡此皆贊王也。禮官當贊王,則九嬪所贊者皆贊后,謂爲‘贊王’,非也。”(《周禮訂義》卷一三《九嬪》引《周禮全解》)清鄂爾泰曰:“案:王安石用故書‘贊王齍’,以爲……鄭氏鍔辨之,謂《大宗伯》‘奉玉齍’,《小宗伯》‘逆齍’,《肆師》‘表齍盛,告潔’,爲贊王,九嬪所贊爲贊后。似矣,而猶未盡析也。《宗伯》‘奉玉齍’,兼天神地示言之,若宗廟則攝后耳。后親祭,則后設而九嬪贊焉,無所用宗伯矣,豈可混爲一事乎?贊者,贊其設也。《小宗伯》之‘逆’,《肆師》‘表’‘告’,皆前此之事,不可謂贊。《少牢饋食禮》:‘主婦薦自東房,韭菹、醓醢,坐奠於筵前。主婦贊者一人,執葵菹、蠃醢,以授主婦。主婦不興,遂受,陪設於東,韭菹在南,葵菹在北。’此謂贊薦、豆籩也。又云:‘主婦自東房執一金敦黍,有蓋,坐設於羊俎之南。婦贊者執敦稷以授主婦，主婦興，受，坐設於魚俎南。又興，受贊者敦黍，坐設於稷南。又興，受贊者敦稷，坐設於黍南。敦皆南首。'此謂贊設黍、稷也。九嬪之贊后，蓋亦如是。邦國禮亡，凡喪祭要須據《儀禮》以推之。安石廢弃《儀禮》，目所不經，宜其多悖也。"(《周官義疏》卷七《九嬪》)

世婦掌祭祀、賓客、喪紀之事，帥女宮而濯摡，爲齍盛。

鄭　"摡"，拭也。"爲"猶差擇。

賈謂　此三事，〔一〕"帥女宮而濯摡"。〔二〕案《少(宰)[牢]》，〔三〕饔人摡鼎俎，廩人摡甑甗，司宮摡豆籩，皆使男子官。不使婦人者，彼以大夫家無婦官及無刑女。〔四〕此天子禮，有刑女及婦官。〔五〕

【校注】

〔一〕此：賈《疏》上有"世婦"至"時爲"。

〔二〕帥：賈《疏》上有"則"。

〔三〕宰：賈《疏》作"牢"。按：應作"牢"，據改。

〔四〕女：賈《疏》下有"故并使男子官"。

〔五〕官：賈《疏》下有"故與"至"知也"。

及祭之日，莅陳女宮之具，凡内羞之物。掌弔臨於卿、大夫之喪。

鄭　"莅"，〔一〕臨也。"内羞"，〔二〕房中之[羞]。〔三〕"弔臨"，〔四〕王使往弔。

【校注】

〔一〕莅:鄭玄《注》下有“者”。孫詒讓曰:“注云‘莅,臨也’者,《州長》《黨正》《小宗伯》《大司樂》《大司馬》《大司寇》注并同。《説文·立部》云:‘竦,臨也。’《老子》《釋文》云:‘莅,古無其字,《説文》作竦。’案:涖莅并竦之俗體。”(《周禮正義》卷一四《世婦》,第五五八頁)

〔二〕羞:鄭玄《注》下有“謂”。阮《校》曰:“(者),閩、監、毛本同。宋本、余本、嘉靖本無‘者’字,‘謂’字是也。岳本無‘謂’字、有‘者’字。”

〔三〕之:鄭玄《注》下有“羞”。益齋本“羞”字處爲一墨釘。按:應有“羞”,據鄭玄《注》補。

〔四〕吊臨:鄭玄《注》無。

賈 案《春官·世婦》宫卿云:〔一〕“掌女宫之宿戒及祭祀,比其具。”此官直臨之而已。内羞之物皆從房中來,〔二〕謂糗餌粉糍。〔三〕案《司服》,〔四〕公、卿、大夫皆王親吊之,此文使世婦往吊者,〔五〕蓋使世婦致禮物,〔六〕吊是大名,〔七〕致禮亦名爲吊。〔八〕

【校注】

〔一〕案:賈《疏》上有“及祭至之物釋曰”。宫:賈《疏》作“官”。阮《校》曰:“盧文弨云:‘“宫”誤“官”。’”

〔二〕内:賈《疏》上有“云凡”。物:賈《疏》下有“者”。皆:賈《疏》上有“謂糗”至“少牢”。按:其中“謂糗餌粉糍”,魏氏移置於“房中來”下。中:賈《疏》下有“而”。來:賈《疏》下有“故名”至“羞也”。

〔三〕謂糗餌粉餈：此句原在“内羞之物”下，魏氏後移置於此。糗：賈《疏》作“稬”。阮《校》曰：“毛本同，誤也。閩、監本‘稬’作‘糗’。”

〔四〕案：賈《疏》上有“注王”至“吊之也”。

〔五〕阮《校》曰：“浦鏜云：‘“又”誤“文”，非也。’”

〔六〕蓋：賈《疏》上有“此”。

〔七〕吊：賈《疏》上有“但”。

〔八〕致：賈《疏》上有“雖”。吊：賈《疏》下有“是以”至“具也”。

三禮辨　貴人吊其内子與？戚之卿死，則后使。

女御掌御叙於王之燕寢。以歲時獻功事。

鄭　言“掌御叙”，防上之專妒者。“於王之燕寢”，則王不就后宫息也。〔一〕“功事”，〔二〕絲枲成功之事。

【校注】

〔一〕也：鄭玄《注》無。

〔二〕功事：鄭玄《注》無。

賈　不使九嬪、〔一〕世婦，〔二〕而使女御掌者，〔三〕官卑，不敢專妒故也。〔四〕内宰教九御之屬以作二事，〔五〕此是絲枲布帛，〔六〕成而獻之也。

【校注】

〔一〕不：賈《疏》上有“注言”至“妒者”。

〔二〕世：賈《疏》上有“鄭解”。婦：賈《疏》下有“掌房”至“之事”。

〔三〕而：賈《疏》作“今”。者：賈《疏》作“之”。

〔四〕也：賈《疏》下有“云於”至“此也”。

〔五〕内：賈《疏》上有“注絲”至“曰上”。宰：賈《疏》下有“云”。之：賈《疏》作“使各有”。事：賈《疏》下有“即此”至“功事”。

〔六〕此：賈《疏》無。臬：賈《疏》下有“爲”。

凡祭祀，贊世婦。大喪，掌沐浴。后之喪，持翣。從世婦而吊於卿、大夫之喪。

鄭 助其帥莅女宮。王及后之喪。翣，棺飾也。持而從柩車。從之數，蓋如使者之介云。〔一〕

【校注】

〔一〕孫詒讓曰：“《檀弓》……注云：‘翣以布衣木，如攝與？’《喪大記》注云：‘漢禮，翣以木爲筐，廣三尺，高二尺四寸，方兩角高，衣以白布，柄長五尺。車行，使人持之而從。既窆，樹之於壙中。’《後漢書·趙諮傳》李注引《三禮圖》云：‘“翣以竹爲之，高二尺四寸，廣三尺，衣以白布，柄長五尺，葬時，令人執之於柩車旁也。’説與鄭同，惟云以竹爲之，與鄭异。《説文·羽部》云：‘翣，棺羽飾也。天子八，諸侯六，大夫四，士二，下垂。’《釋名·釋喪制》云：‘翣，齊人謂扇爲翣，此似之也。象翣扇，爲清凉也。’《吕氏春秋·節喪篇》‘僂翣以督之’，高注云：‘翣，棺飾也。畫黼黻文，狀如扇，插於僂邊。’又《淮南子·氾論訓》高注云：‘翣狀如今要扇，畫文，插置棺車箱以爲飾。’案《巾車》，后輦車有翣棺飾，蓋與彼相類。僂即《縫人》之柳也。依高説,是翣插柳邊車箱之中,非人執以從車,則持翣當與《旅賁氏》'持輪'、《齊右》'道右持馬'義同,謂扶翼維持之,不爲持執之義,與鄭説异。"(《周禮正義》卷一四《女御》,第五六一——五六二頁)

賈 王及后喪,〔一〕沐用潘,浴用湯。始死,爲之於南牖下。但男子不死於婦人之手,今王喪,亦使女御浴者,《士喪禮》,〔二〕浴時男子抗衾,則王喪,〔三〕沐或使婦人,浴未必使婦人,〔四〕或供給湯物,〔五〕亦謂之掌翣。〔六〕《禮器》云:〔七〕"天子八翣。"又漢制皆戴(辟)[璧],〔八〕后亦同,〔九〕向壙之時,〔一〇〕使女御持之。〔一一〕從世婦吊,〔一二〕介數依命數爲差,〔一三〕則王之大夫四命,世婦之從亦四人。以無正文,故云"蓋"以疑之。〔一四〕

【校注】

〔一〕王:賈《疏》上有"注王及后之喪釋曰"。

〔二〕士:賈《疏》上有"案"。

〔三〕則:賈《疏》下有"不使婦人"。王:賈《疏》上有"今"。

〔四〕浴:賈《疏》上有"而"。使:賈《疏》無。

〔五〕或:賈《疏》下有"亦"。物:賈《疏》下有"而已"。"方苞云:'注非也。《大祝職》"大喪,始崩,以肆鬯渳尸",則非女御所掌明矣。疏謂或使婦人供給湯物,亦非也。《肆師職》"大喪,大渳以鬯,則築鬻",《鬯人職》"大渳設斗,共其釁鬯",則共給湯物不以婦人明矣。經所以不明著王后者,男不死於婦人之手,士庶人且然,况天子乎!以外官掌之則大喪爲王,以婦官掌之則大喪爲后,不待言耳。'案:方説是也。此大喪蓋專繫后及母后言之。依《宰夫》注,男大喪含世子,則此女大喪或亦含王姬,故下文又别言后喪。注兼舉王,則誤也。賈《疏》依違其説,亦非。《喪大記》云:'御者入浴,小臣四人抗衾,御者二人浴。其母之喪,則内御者抗衾而浴。'《士喪禮》云:'外御受沐入,乃沐浴。'鄭《注》云:'外御,小臣侍從者。'又《既夕記》云:'御者四人抗衾而浴,其母之喪則内御者浴。'鄭《注》云:'内御,女御也。'彼注據士禮,女御謂女子侍御者,雖非此官,而可證喪禮沐浴男用外御,女用内御,其别至嚴,王喪不當使女御沐浴明矣。惟王喪沐浴,於經無文。大祝渳尸,乃浴之一節,其勞辱之事,非所掌也。以意求之,似當是御僕沐浴。此下文云'后之喪持翣',《御僕》亦云'大喪持翣',然則后之有女御,與王之有御僕,職正相準。彼職不云大喪沐浴者,文不具耳。"(《周禮正義》卷一四《女御》,第五六一頁)

〔**六**〕亦:賈《疏》下有"得"。翣:賈《疏》作"也"。

〔**七**〕禮:賈《疏》上有"后之喪持翣釋曰案"。

〔**八**〕制:賈《疏》下有"度"。辟:賈《疏》同。阮《校》曰:"縫人注'辟'作'襞',此誤。"按:應作"襞",據阮《校》改。

〔**九**〕后:賈《疏》下有"喪"。

〔**一〇**〕向:賈《疏》上有"將葬"。

〔**一一**〕使:賈《疏》下有"此"。之:賈《疏》下有"左右"至"車也"。

〔**一二**〕從世婦吊:賈《疏》無。

〔**一三**〕介:賈《疏》上有"注從"至"士但"。

〔**一四**〕云:賈《疏》作"言"。蓋:賈《疏》下有"言云"。之:賈《疏》下有"也"。

女祝掌王后之内祭祀,凡内禱祠之事。

鄭 "内祭祀",六宫之中竈、門、户。"禱",疾病求瘳也。

“祠”,報福。

賈　以婦人無外事,〔一〕無行與中霤之等,其竈與門、户,人所出入,動作所由,〔二〕后亦當祀之。〔三〕禱、祠非常之祭,〔四〕故知惟有求瘳、〔五〕報福而已。〔六〕

【校注】

〔一〕以:賈《疏》上有“注内”至“户者”,下有“其”。

〔二〕所:賈《疏》作“有”。

〔三〕之:賈《疏》下有“故言”至“外事”。

〔四〕祠:賈《疏》下有“又是”。

〔五〕惟:賈《疏》作“唯”。

〔六〕而已:賈《疏》作“之事也”。

掌以時招、梗、禬、禳之事,以除疾殃。

鄭大夫　讀“梗”爲“亢”,〔一〕謂招善而亢惡去之。

【校注】

〔一〕“丁晏云:‘梗從更聲,更亢聲相近。……《説文》杭從禾亢聲,或從更作梗。’”(《周禮正義》卷一四《女祝》,第五六三頁)

杜子春　讀“梗”爲“更”。〔一〕

【校注】

〔一〕阮《校》曰:“《禮説》云:‘《管子·四時篇》:“謹禱弊梗。”“弊”當作“幣”。《左傳·襄公九年》:“祈以幣更。”《續漢志》云:

"周人木德,以桃爲梗,言氣相更也。"《風俗通》云:"梗者,更也,歲終更始,受介祉也。"'則'梗'即'更'明甚。"孫詒讓曰:"梗更聲類同,杜以此梗爲除舊更始之祭,故破字爲更也。"(《周禮正義》卷一四《女祝》,第五六三頁)

玄謂 "梗",禦未至也。〔一〕除灾害曰"禬",禬猶刮去也。却變异曰"禳",禳,攘也。〔二〕四禮唯禳其遺象今存。

【校注】

〔一〕"段玉裁云:'大夫、子春皆易字,鄭君不易也。《方言》曰:"梗,猛也。韓趙之間曰梗。凡草木刺人,自關而東或謂之梗。"'詒讓案:此增成大夫義。灾异未至,先祭祀預禦之,是謂之梗,對下禬禳皆爲灾害已至之祭也。《説文·示部》云:'禦,祀也。'疑即所謂梗矣。"(《周禮正義》卷一四《女祝》,第五六三—五六四頁)

〔二〕孫詒讓曰:"《禁殺戮》注云:'攘猶却也。'禳爲却變异之祭,義與攘同,禳攘同聲,字亦相通。《左》昭十七年傳'禳火',《釋文》云:'禳,本亦作攘。'《月令》'季春九門磔攘',《釋文》作'禳',并其證。"(《周禮正義》卷一四《女祝》,第五六四頁)

賈 "招"者,〔一〕招取善祥。"梗"者,禦捍惡之未至。"禬"者,除去見在之灾。"禳"者,推却見在之變异。〔二〕四禮至漢時,〔三〕三者亡,〔四〕唯禳禮遺象存。〔五〕

【校注】

〔一〕招:賈《疏》上有"掌以"至"也云"。

〔二〕异：賈《疏》下有“此四”至“存者”。

〔三〕四：賈《疏》上有“此”。

〔四〕三者亡：賈《疏》作“招梗及禬不行”。

〔五〕禳：賈《疏》下有“一”。遺象存：賈《疏》作“漢日”至“存也”。

女史掌王后之禮職，掌内治之貳，以詔后治内政。逆内宫，書内令。凡后之事，以禮從。

鄭 内治之法本在内宰，書而貳之。“逆”，〔一〕鈎考六(官)[宫]之計。〔二〕“書”，〔三〕后之令。“從”，〔四〕亦如太史之從於王。〔五〕

【校注】

〔一〕逆：鄭玄《注》無。

〔二〕官：鄭玄《注》作“宫”。按：應作“宫”，據鄭玄《注》改。

〔三〕書：鄭玄《注》無。

〔四〕從：鄭玄《注》無。

〔五〕太：鄭玄《注》作“大”。

荆公 “掌内治之貳”者，〔一〕貳内宰之所掌也。〔二〕“逆内宫”者，〔三〕治正后宫也。〔四〕“以禮從”者，〔五〕以禮籍從焉，〔六〕詔后故也。

【校注】

〔一〕掌内治之貳者：《周禮詳解》卷八《女史》作“女史則”，《周禮訂義》卷一三《女史》無。

〔二〕也:《周禮訂義》無。

〔三〕逆内宫者:《周禮訂義》無。

〔四〕治:《周禮詳解》作“所以”。正后:《經苑》本、《四部叢刊初編》本《周官新義》卷五《女史》作“后正”。也:《周禮訂義》無。

〔五〕以禮從者:《周禮訂義》無。

〔六〕以:《周禮詳解》上有“后舉而”。

典婦功掌婦式之法,以授嬪、婦及内人女功之事賫。

鄭 “婦式”,婦人事之模範。“法”,其用財舊數。“嬪、婦”,九嬪、世婦。言“及”,以殊之者,容國中婦人賢善工於事者。“事賫”,謂以女功之事來取絲、枲。故書“賫”爲“資”。

杜子春 讀爲“資”。〔一〕

【校注】

〔一〕阮《校》曰:“《漢讀考》云:‘此故“賫”作“資”,子春易爲“賫”,而鄭君從之也。今本作“杜子春讀爲‘資’”,誤。《釋文》:“事賫”音“資”,(按:《周禮·天官·典婦功》《釋文》無“事”字,“音資”作“音諮”。《漢讀考》引《釋文》内容有誤)本亦作“資”。按:“亦作‘資’”者,乃依《注》改經之本也。’”孫詒讓曰:“《釋文》云:‘賫,本亦作粢。’阮元云:‘當云“本亦作資”。粢者,字之誤也。’段玉裁亦改粢爲資,云:‘亦作資者,乃依注改經之本也。’案:阮、段校是也。凡經賫字,故書或作資,後鄭皆從賫。《外府》注以資爲賫之或體,則此職經文必不從資可知。陸校别本不足據。……《外府》注云:‘賫,行道之財用也。’《掌皮》注云:‘所給予人以物曰賫。’引申之,彼來取而此給予以財物，亦得爲賫。《考工記·總叙》注云：‘資，取也。’後鄭《外府》注謂賫資字同，故此注兼以來取爲訓……段玉裁改‘讀爲資’爲‘讀爲賫’，云‘此故書作資，子春易爲賫，而鄭君從之也。今本作杜子春讀爲資，便是讀資爲資，不可通矣。杜易其字，司農則不易字，讀從故書作資。大約諸家皆訓資爲貨，訓賫謂持遺，分别與《説文解字》合。’案：段説是也。杜意經文故書賫資錯出，凡爲給予之義者當從賫，凡爲財貨之義者當從資，故此故書作資，而杜讀爲賫。《巾車》：‘毁折入賫於職幣。’故書作賫而杜讀爲資，二注正相反，可以推其分别二字之例矣。依後鄭《外府》注義，則賫資一字，資即賫之或體，故於此職從杜作賫，而於《巾車》則不從杜作資。賈《疏》不知杜讀資當爲賫，乃謂‘鄭不破子春者，從上注義可知，不復重言’，亦非也。……先鄭從故書作資，與杜及後鄭讀异，其以絲枲釋‘事資’則與後鄭同。”(《周禮正義》卷一四《典婦功》，第五六六—五六七頁)

鄭司農云 “内人”謂女御。“女功”“事賫”，〔一〕謂女功絲枲之事。

【校注】

〔一〕賫：《周禮·天官·典婦功》《注》引鄭衆語作“資”。

賈 必知有國中婦人者，〔一〕以下《典絲》云：“頒絲於外、内工。”《注》：〔二〕“外工，外嬪婦也。”〔三〕“故書‘賫’爲‘資’，杜子春讀爲‘資’”，案：上玄《注》以齊次爲聲，從貝變易。〔四〕

【校注】

〔一〕必:賈《疏》上有"注婦"至"容也"。

〔二〕注:賈《疏》下有"云"。

〔三〕也:賈《疏》下有"故大"至"枲也"。

〔四〕易:賈《疏》下有"則兩"至"言也"。

凡授嬪、婦功,及秋獻功,辨其苦、良,比其小、大而賈之,物書而楬之。〔一〕

【校注】

〔一〕楬:阮《校》曰:"唐《石經》、余本、閩、監、毛本同,宋本、嘉靖本、《漢制考》'楬'作'揭',從手。米本載《音義》亦從手。下《典絲》'揭'字,諸本從木。按:此字在《説文·木部》。(按:阮《校》"説文"作"《釋文》",誤,故徑從北京大學出版社版《周禮注疏》改爲"説文")從手者,後人寫亂之。"

鄭 "授"當爲"受",聲之誤也。〔一〕國中嬪、婦所作,成即送之,不須獻功時。"賈之"者,物不正齊,當以泉計通功。

【校注】

〔一〕孫詒讓曰:"授當讀如字。……段玉裁云:'凡字之誤,聲之誤,易之例皆曰當爲。'……詒讓案:此又言授嬪婦功者,爲下言獻功辨賈書楬之事發端,明必先授乃獻,《典絲》《典枲》兩職并先言頒授而後言獻功,即其證也。易祓、李光坡、姜兆錫并謂此不當破字,得

之,注説誤。”(《周禮正義》卷一四《典婦功》,第五六八頁)

司農〔一〕　讀“苦”爲“鹽”。〔二〕謂分别其縑帛與布紵之粗細,皆比方其大小,書其賈數,而著其物,若今時題署物。

【校注】

〔一〕司:《周禮·天官·典婦功》《注》引鄭衆語上有“鄭”。

〔二〕讀苦:《周禮·天官·典婦功》《注》引鄭衆語作“苦讀”。

賈　鄭知“‘授’當爲‘受’”者,〔一〕以其上文已授女功,故知此爲“受”。〔二〕“賈之者”,〔三〕婦人雖等受絲枲,作有粗細、善惡,故以枲計而通爲功。布絹惡者,盡其材,猶不充功。布絹善者,少送以充功直。〔四〕司農“苦讀爲鹽”,〔五〕其典絲唯主絲,〔六〕絲爲良者也。典枲唯主布,布爲苦者也。後鄭即以典婦功主良,〔七〕典絲、枲主苦。〔八〕又絲、〔九〕枲之中,各自有苦、良。〔一〇〕

【校注】

〔一〕鄭:賈《疏》上有“注授當至署物釋曰”。

〔二〕受:賈《疏》下有“云國”至“功也”。

〔三〕賈:賈《疏》上有“云”。者:賈《疏》下有“物不”至“功者”。

〔四〕直:賈《疏》下有“故云枲計通功也”。

〔五〕農:賈《疏》下有“云”。鹽:賈《疏》下有“已下”至“布帛”。

〔六〕“典絲”之“絲”:賈《疏》下有“即”。

〔七〕後:賈《疏》上有“若”。鄭:賈《疏》下有“之義”。

〔八〕枲:賈《疏》上有“典”。苦:賈《疏》下有“者”。

〔九〕又：賈《疏》下有“以”。

〔一〇〕良：賈《疏》下有“若然”至“大也”。

以共王及后之用，〔一〕**頒之於内府**。

【校注】

〔一〕共：《周禮·天官·典婦功》、北京大學出版社版《周禮注疏》作“共”。按：賈《疏》引亦作“共”。

賈 此於典絲、〔一〕典枲處受其良好者，入此典婦功藏之，以待王及后之用，故藏之内府也。〔二〕

【校注】

〔一〕此：賈《疏》上有“以共至内府釋曰”。

〔二〕之：賈《疏》下有“於”。

荆公 賫，故書爲“資”，〔一〕當從故書，〔二〕以“資”爲正。〔三〕授事者，授其所爲女功之事。〔四〕授資者，〔五〕授事者，〔六〕授其所爲女功之資。〔七〕女功無資，〔八〕則無致功故也。〔九〕内宰先言小大，〔一〇〕主制故也。〔一一〕典婦功先言苦良，〔一二〕主功故也。〔一三〕

【校注】

〔一〕賫故書：《周官集傳》卷四《典婦功》作“故書賫”。故書爲資：《周禮詳解》卷八《典婦功》無。鄭玄《注》曰：“故書‘賫’作‘資’。”

〔二〕從:《周官集傳》卷四《典婦功》作“以”。

〔三〕“齎故”至“爲正”:《周禮句解》卷二《典婦功》(以下簡稱《周禮句解》)、《周禮全經釋原》卷三《典婦功》(以下簡稱《周禮全經釋原》)無。以資爲正:《周禮詳解》卷八《典婦功》(以下簡稱《周禮詳解》)作“爲資”。以資:《周官集傳》卷四《典婦功》無。按:“齎故”至“爲正”十三字本爲《周禮·天官·典枲》下王氏注文。然究其意,當爲王安石對“齎”字所作注釋。或鑒於此,魏氏將其前移至此。

〔四〕其:《周官新義》卷五《典婦功》作“某”。張鈺翰曰:“‘某’,疑當作‘其’。”(程元敏輯録,張鈺翰校理:《周禮新義》卷五《典婦功》,載王水照主編《王安石全集》第三册,復旦大學出版社二〇一六年版,第一八六頁)

〔五〕資:《周禮句解》《周禮全經釋原》作“賚”。

〔六〕授事者:《周禮詳解》《周禮句解》《周禮全經釋原》無。

〔七〕資:《周禮句解》作“賚也”,《周禮全經釋原》作“財也”。

〔八〕女功:《周禮詳解》無。

〔九〕無:《周官新義》卷五《典婦功》、《周禮詳解》下有“以”。

〔一〇〕言:《周禮詳解》下有“比其”。

〔一一〕主制故也:《周禮詳解》無。主:《周官新義》卷五《典婦功》作“王”。張鈺翰曰:“‘王’,疑當作‘主’。”(程元敏輯録,張鈺翰校理:《周禮新義》卷五《典婦功》,載王水照主編《王安石全集》第三册,復旦大學出版社二〇一六年版,第一八六頁)

〔一二〕典婦功:《周禮詳解》作“此”。言:《周禮詳解》下有“辨其”。

〔一三〕“授事”至“故也”:《周官新義》卷五《典婦功》無。“女功無資”至“故也”:《周禮句解》《周禮全經釋原》無。主功故也:《周禮詳解》作“典婦功以功爲主”。

典絲掌絲入而辨其物,以其賈楬之。

鄭 “絲入”,謂九職之嬪婦所貢絲。

賈 后宮所蠶之絲,〔一〕自於后宮以爲祭服,〔二〕不入典絲。其歲之常貢之絲,若《禹貢》兗州漆絲之等,〔三〕其餘官更無絲入之文,〔四〕亦當入此典絲也。

【校注】

〔一〕后:賈《疏》上有“典絲”至“貢絲釋曰”。

〔二〕后:阮《校》曰:“閩本同。監、毛本‘后’誤‘後’。”宫:賈《疏》下有“用之”。

〔三〕州:賈《疏》下有“貢”。

〔四〕其:賈《疏》作“且”。

掌其藏與其出,以待興功之時。頒絲於外、内工,皆以物授之。

鄭 絲之貢少,藏之、出之可同官也。“時”者,若温暖宜縑帛,清凉宜文繡。外工,外嬪、婦也。内(宫)[工],〔一〕女御。

【校注】

〔一〕宫:鄭玄《注》作“工”。按:經文亦作“工”。應作“工”,據改。

賈 絲之貢少,〔一〕如内府、〔二〕玉府皆不云掌其藏與其出。〔三〕時者,〔四〕鄭以目驗知之。〔五〕“物授”者,〔六〕若縑帛,則授之以素絲。若文綉，則授之以彩絲，故以物而言。[七]内工不言嬪、[八]婦，直云“女御”者，案《内宰職》教女御以作二事，及《九嬪職》教九御以婦職，則女御專於絲枲也。[九]

【校注】

〔一〕絲：賈《疏》上有“注絲之”至“故云”。按：其中“内府”至“其出”，賈《疏》原在“注絲”至“餘官”句下，魏氏將其後移，於下文引之。詳見下。少：賈《疏》下有“藏之出之可同官也”。

〔二〕如：賈《疏》無。内：賈《疏》上有“注絲”至“餘官”。

〔三〕府：賈《疏》下有“等”。

〔四〕時：賈《疏》上有“云”。者：賈《疏》下有“若温”至“綉者”。

〔五〕之：賈《疏》下有“文綉”至“之也”。

〔六〕物：賈《疏》上有“頒絲”至“言以”。授：賈《疏》下有“之”。

〔七〕言：賈《疏》下有“也”。

〔八〕内：賈《疏》上有“注外”至“此注”。工：賈《疏》作“功”。

〔九〕也：賈《疏》下有“九嬪”至“言也”。

凡上之賜予，亦如之。及獻功，則受良功而藏之，辨其物而書其數，以待有司之政令，上之賜予。

鄭　“賜予”，[一]“良”當爲“苦”，字之誤。受其粗盬之功，以給有司之公用。其良功者，典婦功受之，以共王及后之用。

【校注】

〔一〕賜予：鄭玄《注》無。

鄭司農云 “良功”,絲功,縑帛。〔一〕

【校注】

〔一〕孫詒讓曰:“黄以周説同先鄭,不破字,謂凡絲功并爲良功,無論精粗此官通受之。其説較後鄭爲長。”(《周禮正義》卷一五《典絲》,第五七二頁)

賈 鄭破“良”爲“苦”者,〔一〕以其典絲、典枲授絲、枲,使外、内工所造縑布之等,〔二〕良者入典婦功,以共王及后之用,故典枲直有苦者,而無良者。〔三〕先鄭言“良功,絲功,縑帛”者,先鄭之意,以絲功爲良,〔四〕枲功爲鹽,故不破“良”爲“苦”。〔五〕

【校注】

〔一〕鄭:賈《疏》上有“注良當至縑帛釋曰”。

〔二〕布:賈《疏》作“帛”。

〔三〕者:賈《疏》下有“明典”至“者也”。孫詒讓曰:“經自以絲功爲良功,對枲功爲苦功,鄭、賈説失之。”(《周禮正義》卷一五《典絲》,第五七一頁)

〔四〕以:賈《疏》下有“爲”。

〔五〕也:賈《疏》下有“玄既”至“故也”。

凡祭祀,共黼畫組、就之物。

鄭 以給衣服冕旒及依盥巾之屬。白與黑謂之黼。采色一成曰就。

賈 “凡祭祀”,〔一〕皆畫衣、〔二〕綉裳,但裳綉須絲,衣畫不須絲，而言共絲者，大夫以上裳皆先染絲，〔三〕則玄衣亦須絲爲之，乃後畫，故兼衣畫而言之也。“組就”者，謂以組爲冕旒之就，故組、就連言之。〔四〕

【校注】

〔一〕凡：賈《疏》上有“凡祭至之物釋曰言”。祀：賈《疏》下有“者”。

〔二〕皆：賈《疏》上有“謂祭”至“祭服”。

〔三〕以：賈《疏》作“已”。

〔四〕之：賈《疏》下有“云之”至“就也”。

喪紀，共其絲纊組文之物。凡飾邦器者，受文織絲組焉。

鄭　以給綫縷，著(盰)[盱]口綦握之屬。〔一〕青與赤謂之文。“邦器”，〔二〕謂茵席屏風之屬。

【校注】

〔一〕盰：阮《校》曰：“宋本、閩、監、毛本同，誤也。余本、岳本、嘉靖本‘盰’作‘盱’。按：《釋文》：‘盱口，香于反。’亦從目，當訂正。《疏》中引《注》，惟毛本誤從日，此本及閩、監本皆從目，不誤。”孫詒讓曰：“通校《士喪》上下篇，無纊組著盱之文，賈此疏亦未釋。竊疑‘盱’乃‘掔’字之誤，著掔即謂握，《士喪記》云‘設握裏親膚，繫鉤中指，結於掔’是也。”(《周禮正義》卷一五《典絲》，第五七三頁)按：阮氏所謂“此本”亦從日，不確。應作“盱”，據阮《校》改。

〔二〕邦器：鄭玄《注》無。

賈　“給綫縷”者,〔一〕謂所裁縫皆用綫縷,〔二〕“著盰口綦握之屬”者,〔三〕釋纊組。〔四〕《士喪禮》:〔五〕“握手,玄纁裹,著組繫。”《喪大記》:〔六〕“屬纊以俟絶氣。”《内則》云:“屨著綦。”鄭云:“綦,屨繫。”是用纊組之事也。“青與赤謂之文”,〔七〕《繢人職》文。〔八〕綉之屬亦用絲,故連言之。〔九〕上既言祭祀、〔一〇〕喪紀所用絲纊訖,今復云“飾邦器”,故知此據生人所飾器物。〔一一〕

【校注】

〔一〕給:賈《疏》上有“注以”至“而言云以”。

〔二〕縷:賈《疏》下有“釋經絲也”。

〔三〕著:賈《疏》上有“云”。

〔四〕釋:賈《疏》下有“經”。

〔五〕士:賈《疏》上有“案”。

〔六〕喪:賈《疏》上有“案”。

〔七〕青:賈《疏》上有“云”。

〔八〕繢:《考工記》所載職掌畫繪之事者。《考工記》并無“繢人”一職,賈《疏》曰:“畫、繢并言者,言畫是總語,以其繢綉皆須畫之。言‘繢’,則據對方而言,自‘東方’已下是也。”孫詒讓曰:“‘畫繢之事’者,亦以事名工也。《司几筵》注云:‘繢,畫文也。’《古今韵會舉要》引《説文》云:‘繢,一曰畫也。’今本《説文·糸部》云:‘繢,織餘也。繪,會五采綉也。’案:依許説,繢畫、繪綉字義殊别。經典多假繪爲繢。《釋名·釋書契》云:‘畫,繪也,以五色繪物象也。’亦通作會,《書·益稷》云‘作會’,鄭《書注》讀會爲繢,訓爲畫,故《司服》注亦引作‘繢’,詳彼疏。蓋鄭亦用許義,以繢爲即成文之畫,與繪爲綉异。此經畫繢,依鄭義亦止是一事,舉畫以晐綉。但經諸工皆云某人某氏,故此職《司服》注引作'繢人'。《總叙》以畫、繢、鍾、筐、㡛,爲設色之工五,則似以畫衣畫器分爲二工,而以下文五章及《書》十二章兼備繢綉證之,抑或此繢轉爲繪之借字,經自兼有黹綉之工,《司几筵》筵席有畫純,又有繢純,亦可證。若然,繢人之外,當更有畫人,以其事略同,經遂合記之云畫繢之事,若《瓬人職》末總舉梟陶瓬之事,亦其比例與?"(《周禮正義》卷七九《畫繢》,第三三〇五頁)

〔九〕之:賈《疏》作"也"。

〔一〇〕上:賈《疏》上有"注謂茵至之屬釋曰"。

〔一一〕物:賈《疏》下有"言茵"至"廣之"。

歲終,則各以其物會之。

鄭　種别爲計。

鄭司農云　各以其所飾之物,計會傳著之。

賈　謂此物之多少,〔一〕作文書使相傳著,共一簿也。

【校注】

〔一〕謂:賈《疏》上有"注種"至"著者"。

典枲掌布緦縷紵之麻草之物,〔一〕以待時頒功而授齎。

【校注】

〔一〕孫詒讓曰:"緦,唐《石經》作絲,誤。今從宋本。"(《周禮正義》卷一五《典枲》,第五七四頁)

鄭 “緦”,十五升布抽其半者。白而細疏曰紵。雜言此數物者,以著其類衆多。“草”,葛苘之屬。故書“賫”作“資”。〔一〕

【校注】

〔一〕“段玉裁云:‘《典婦功職》,杜讀資爲賫。此不言杜讀者,鄭時書作賫而從之,亦是省文互見。’”(《周禮正義》卷一五《典枲》,第五七六頁)

賈 欲見布緦縷用麻之物,〔一〕紵用草之物,布中可以兼用葛苘之草爲之。“以待時頒功”,〔二〕上《典絲》鄭《注》解“時”者,用絲有四時之别,〔三〕麻草所爲,四時皆得,故不釋也。〔四〕

【校注】

〔一〕欲:賈《疏》上有“典枲”至“物者”。

〔二〕以:賈《疏》上有“云”。功:賈《疏》下有“而授賫者”。

〔三〕别:賈《疏》下有“此鄭不解”。

〔四〕也:賈《疏》下有“云授”至“知之”。

及獻功,受苦功,以其賈楬而藏之,以待時頒。

鄭 其良功亦入於典婦功,以共王及后之用。

鄭司農云 “苦功”,謂麻功布紵。

賈 先鄭意,〔一〕絲功爲良,〔二〕云“良功縑帛也”。《典枲》云苦功,〔三〕謂麻功爲鹽粗之功。玄引之,〔四〕通一義。〔五〕

【校注】

〔一〕先:賈《疏》上有“及獻”至“紵者”。

〔二〕良:賈《疏》下有“故彼注不破良字”。

〔三〕典:賈《疏》上有“此”。

〔四〕之:賈《疏》下有“在下”。

〔五〕通:賈《疏》上有“亦見得”。義:賈《疏》下有“也”。

頒衣服,授之。賜予,亦如之。歲終,則各以其物會之。

鄭 “授之”,授受班者。〔一〕帛言待有司之政令,布言班衣服,互文。

【校注】

〔一〕班:阮《校》曰:“諸本同。浦鏜云:‘“頒”誤“班”。’非也。此經作‘頒’,《注》作‘班’。通書準此。”孫詒讓曰:“經云頒注云班者,蓋亦讀頒爲班。”(《周禮正義》卷一五《典枲》,第五七六頁)

賈 帛謂典絲,〔一〕布謂典枲,據成而言。知爲“互文”者,以典絲、〔二〕典枲俱不爲王及后之用,皆將頒賜。〔三〕

【校注】

〔一〕帛:賈《疏》上有“注授”至“服者”。

〔二〕以:賈《疏》下有“其”。

〔三〕賜:賈《疏》下有“故知互見爲義也”。

三禮辨 “及獻功,則受良功而藏之”。〔一〕先鄭曰:“良功,〔二〕縑帛。”“苦功,〔三〕布紵。”蓋分絲、枲爲二功。康成曰:此“良”字當爲“苦”。其良功者,典婦功受之,“以共王及后之

用”。〔四〕

【校注】

〔一〕“及獻”至“藏之”:《周禮·天官·典絲》經文。

〔二〕功:《周禮·天官·典絲》《注》引鄭衆語下有“絲功”。

〔三〕功:《周禮·天官·典絲》《注》引鄭衆語下有“謂麻功”。

〔四〕“康成”至“之用”:李心傳據《周禮·天官·典絲》《注》改寫而成。

王荆公曰〔一〕 麻功之良,絲功之苦,〔二〕典婦功受之。〔三〕典絲則受絲功之良,以爲黼冕。〔四〕典枲則受麻功之苦,〔五〕以共喪服。〔六〕三説不同。〔七〕

【校注】

〔一〕按:魏氏所引此節,不見於《周官新義·典枲》。其中部分文字,與王安石對《周禮·天官·典絲》所釋大略同,當係魏氏引自《周官新義·典絲》,并加以删改而成。

〔二〕麻功之良絲功之苦:《周官新義》卷五《典絲》作“則絲功之苦與麻功之良”,《周禮集説》卷三《典絲》、《周禮全經釋原》卷三《典絲》作“则絲絲之良與麻之良”。《周官新義》卷五《典絲》“則”字前有“典絲”至“良功”。

〔三〕典:《周禮新義》卷五《典絲》上有“皆”。受之:《周禮新義》卷五《典絲》作“所受也”。

〔四〕“典絲”至“黼冕”:《周官新義》卷五《典絲》作“典婦功不受麻之苦功,則典婦功‘共王及后之用’者也”。

〔五〕典枲則受:《周官新義》卷五《典絲》無。功之苦:《周官新義》卷五《典絲》作"之苦功"。

〔六〕以:《周官新義》卷五《典絲》作"主"。服:《周官新義》卷五《典絲》下有"而已"至"而已"。

〔七〕三説不同:《周官新義》卷五《典絲》無。三説:此處指《周禮·天官·典婦功》《周禮·天官·典絲》《周禮·天官·典枲》所載有關經文。《周官新義》卷五《典絲》:"典絲受良功而不受苦功,典枲受苦功而不受良功,則絲功之苦與麻功之良,皆典婦功所受也。典婦功不受麻之苦功,則典婦功共王及后之用者也,麻之苦功,主共喪服而已。其不受絲之良功,則所以共王及后之用者,特燕私所給,非禮服法物之正也。禮服法物之正,則具於有司之政令,典絲之所藏而待者也。且典絲所共,則祭祀黼畫組就,喪紀組文之物,是乃王所以致美於黼冕、致孝於鬼神者也。其受良功,不亦宜乎?"《周官新義》卷五《典枲》:"賫,故書爲'資',當從故書,以資爲正。以待時頒,則亦以待與功之時頒之於上。'頒衣服授之',則亦以其物授之。'賜予亦如之',則亦上之賜予,其不言,則以典絲見之也。典絲、典枲,'歲終各以其物會之',亦防其以賤貿貴也。"

鶴山　所言如麻功之苦以共衺,千四百縷,細密如此,安得專謂之苦功乎?蓋典絲兼爲祭服,視共王爲重,故受其良。典枲專爲頒賜,視共王爲輕,故受其苦。若典婦功,則兼受而辨書之耳。

内司服掌王后之六服:褘衣、〔一〕揄狄、闕狄、鞠衣、展衣、緣衣、〔二〕素沙。

【校注】

〔一〕禕:阮《校》曰:"唐《石經》、諸本同。宋本、嘉靖本'禕'作'褘'。宋、元人寫衣旁、礻旁往往無别,誤也。《説文·衣部》:'褘,蔽膝也。從衣,韋聲。《周禮》曰:王后之服褘衣,謂畫袍。'與先、後鄭義合。"

〔二〕緣:阮《校》曰:"唐《石經》、諸本同。《釋文》:'"緣衣",或作"褖",同吐亂反。'《漢讀考》云:'案《毛詩·緑衣》鄭《注》云:"'緑'當爲'褖',故作'褖',轉作'緑',字之誤也。"(按:《漢讀考》此處引述有誤。"緑當"至"誤也"非《詩經·緑衣》鄭玄《箋》文,而是毛氏《傳》文。《釋文》:"'緑',毛如字。緑,東方之間色也。鄭改作'褖',吐亂反。篇内各同。")《疏》云:'此緑衣與《内司服》"緑衣"字同。内司服掌王后之六服,五服不言色,唯緑衣言色,明其誤也。'此《注》云:'禕、揄狄、展,聲相近。緑,字之誤也。'釋曰:'緑與褖不得爲聲相近,但字相似,爲字之誤也。然則賈、孔所據《周禮》皆作緑衣。自《開成石經》誤作緣,而今本承之。'"孫詒讓曰:"經注緣字并當作緑,後鄭改爲褖,或本依鄭義改,非其舊也。"(《周禮正義》卷一五《内司服》,第五七八頁)

鄭司農云 "禕衣",畫衣也。《祭統》曰:"君卷冕,立於阼。夫人副禕,立於東房。""揄狄,闕狄",〔一〕畫羽飾。"展衣",白衣。〔二〕《喪大記》曰:"復者朝服,君以卷,夫人以屈狄,世婦以袒衣。""屈"者音聲與"闕"相似,"袒"與"展"相似,〔三〕皆婦人之服。"鞠衣",黄衣也。"素沙",赤衣也。

【校注】

〔一〕孫詒讓曰:"《廣雅·釋器》云:'狄,羽也。'吕飛鵬云:'《説文·衣部》云:"褕,褕翟,羽飾衣。"據此則褕爲正字,揄爲假借。……'詒讓案:先鄭蓋亦讀狄爲翟,但以狄爲雉羽,而揄非雉名。毛、許説亦略同。依後鄭説則揄爲摇之假字,依許説則自有本字,此許、鄭説字之异。"(《周禮正義》卷一五《内司服》,第五七九頁)

〔二〕衣:《周禮·天官·内司服》《注》引鄭衆語下有"也"。

〔三〕孫詒讓曰:"明此經與《禮記》文异義同。屈、闕、袒、展,古音并同部,故云音聲相似。屈,《玉篇·糸部》又作'䋾',則俗字也。"(《周禮正義》卷一五《内司服》,第五八〇頁)

玄謂 "狄"當爲"翟"。〔一〕"翟",雉名,伊、洛而南,〔二〕素質,五色皆備成章,曰翬。江、淮而南,青質,五色皆備成章,曰摇。〔三〕王后之服,刻繒爲之形,而采畫之,綴於衣,以爲文章。褘衣畫翬者,揄狄畫摇者,〔四〕闕翟刻而不畫,此三者皆祭服。從王祭先王,則服褘衣。祭先公,則服揄翟。祭群小祀,則服闕翟。今世有圭衣者,蓋三翟之遺俗。鞠衣,黄桑服也,色如鞠塵,〔五〕象桑葉始生。"三月,〔六〕薦鞠衣於(先)[上]帝,〔七〕告桑事。"展衣,以禮見王及賓客之服,字當爲"袒",袒之言亶,亶,誠也。〔八〕《詩·國風》曰:"玼兮玼兮,〔九〕其之翟也。"下云:"胡然而天也,胡然而帝也。"言其德當神明。又曰:〔一〇〕"瑳兮瑳兮,其之展也。"下云:"展如之人兮,邦之媛也。"言其行配君子。二者之義與禮合矣。《雜記》曰:"夫人(服)[復]税衣、〔一一〕揄狄。"又《喪大記》曰:"士妻以褖衣。"言"褖"者甚衆,〔一二〕字或作"税"。此"緣衣"者,實作

“褖衣”也。[一三]褖衣謂御於王之服,[一四]亦以燕居。男子之褖衣黑,則是亦黑也。六服備於此矣。禕、揄、狄、展,聲相近。[一五]緣,字之誤也。[一六]以下推次其色,則闕狄赤,揄狄青,禕衣玄。婦人尚專一,[一七]德無所兼,連衣裳不异其色。素沙者,今之白縛也。六服皆袍制,以白縛爲裏,使之張顯。今世有沙縠者,[一八]名出於此。

【校注】

〔一〕孫詒讓曰:“先鄭蓋亦讀狄爲翟……據《詩·鄘風》字作翟,明狄爲假字,翟爲正字也。《巾車》后路重翟、厭翟、翟車亦并作翟,翟狄聲近字通。《書·禹貢》‘羽畎夏翟’,《染人》注及《漢書·地理志》引并作‘夏狄’是也。”(《周禮正義》卷一五《内司服》,第五七九、五八〇頁)

〔二〕洛:鄭玄《注》作“雒”。

〔三〕孫詒讓曰:“亦《釋鳥》文。今本《爾雅》雒作洛,五色作五采,搖作鷂。《説文·隹部》説十四雉之名,亦作搖。鷂爲鷙鳥,非雉名,當從搖爲正。伊雒字亦不當作洛。”(《周禮正義》卷一五《内司服》,第五八一頁)

〔四〕狄:鄭玄《注》作“翟”。阮《校》曰:“宋本‘翟’作‘狄’,非。上注‘狄’當爲‘翟’,已改‘狄’爲‘翟’。”

〔五〕阮《校》曰:“《疏》云‘麴塵’。不爲‘麴’字者,古通用。”

〔六〕三:《周禮·天官·内司服》《注》上有“月令”。

〔七〕先:《周禮·天官·内司服》《注》作“上”。阮《校》曰:“宋本、余本、岳本、嘉靖本同。閩、監、毛本‘上’作‘先’。依今《禮記》改。”按:應作“上”,據改。

〔八〕孫詒讓曰:“亦依《玉藻》《雜記》《喪大記》破展爲袒,與司

農説同。《君子偕老》箋亦云'展衣字誤,《禮記》作袒衣'。"(《周禮正義》卷一五《内司服》,第五八五頁)

〔九〕阮《校》曰:"《釋文》:'"玼"……本亦作"瑳",與下如字同倉我反。'《詩·君子偕老》《釋文》:'"玼"音此,不或作"瑳",此是後文"瑳兮",然舊本皆前作"玼",後作"瑳"。'按:'玼''瑳'聲相近。《説文》:'瑳,玉色鮮白。玼,玉色鮮也。'義亦同。然一書之中不當'玼''瑳'錯出。《毛詩》'瑳兮'下《傳》《箋》、王肅皆無説明,與前章同作'玼'也。此《注》'玼'亦作'瑳'……蓋《毛詩》前後皆作'玼',《禮》《注》據魯、韓《詩》,前後皆作'瑳'。今本合并合一,以前、後區别之,非也。亦詳段玉裁《詩經小學》。"《詩經·鄘風·君子偕老》《釋文》曰:"王肅云:'……本或作瑳。'此是。後文'瑳兮',王肅注:'好美衣服絜白之貌。'若與此同,不容重出。今檢王肅本,後不釋,不如沈所言也。然舊本皆前作'玼',後作'瑳'字。"

〔一〇〕阮《校》曰:"此本無'又曰'二字,後擠入。"

〔一一〕服:阮《校》曰:"閩、毛本同。宋本、監本'服'作'脱',皆誤也。嘉靖本作'復',與《詩》《正義》所引合,當據以訂正。復謂招魂所用也。按:今本《雜記》《喪大記》皆作'税衣',據此《注》所引,知本作'褖衣'。下云字或作'税',當兼《雜記》《喪大記》言之。賈《疏》云:'或《雜記》文。'蓋賈所據《雜記》已作'税'矣。《雜記》:'其餘如士。'《注》云:"其餘如士之妻,則亦用税衣。"《正義》:本税衣,作褖衣。與此《注》正合。'税''脱''褖',皆聲相近。"按:應作"復",據改。

〔一二〕阮《校》曰:"《詩·緑衣》《正義》引作'言褖衣者甚衆'。此脱'衣'字。"

〔一三〕褖:孫詒讓曰:"吕飛鵬云:'《毛詩·緑衣》笺云:"緑當爲褖,字之誤也。褖衣黑。"《雜記》《喪大記》皆作税衣,康成破税爲褖。此經緣衣，康成亦作褖，則鄭以褖爲正字。然注《士喪禮》褖衣云"古文褖爲緣"，則古無褖字審矣。《説文·衣部》無褖字。' 詒讓案：經注緣衣字并當從《詩·邶風》孔疏引作緑衣。鄭所見《雜記》《喪大記》稅衣字蓋并作褖，故定褖爲正字，而據以讀此經。《士喪禮》《玉藻》亦并作褖衣，此不備引，故云言褖者甚衆也。"(《周禮正義》卷一五《内司服》，第五八六頁)

〔一四〕謂：鄭玄《注》無。

〔一五〕孫詒讓曰："謂與翬、摇、翟、袒，聲類相近也。《玉藻》注'褘揄讀同'。惠士奇云：'揄，古摇字。《素問·骨空論》云："揄臂齊肘。"注云："揄音摇。"' 段玉裁云：'褘與翬聲近。后服刻繒爲翬形，而采畫之綴於衣。鄭意翬是正字，褘是假借字。《説文》亦以褘爲蔽膝正字，而王后褘衣特假借此字也。揄與摇聲近，揄衣刻繒爲摇形而采畫之。鄭意摇是正字，揄是假借。《説文》作褕，從衣俞聲，字不從手，亦不謂爲摇之假借。狄與翟聲近，鄭意《禮經》翟是正字，狄是假借。展與袒聲近，鄭意從《喪大記》《玉藻》作袒爲正字，作展爲假借。《説文》字作𧛧，從衣㠭聲，今《詩》《禮》皆無其字。'"(《周禮正義》卷一五《内司服》，第五八七—五八八頁)

〔一六〕孫詒讓曰："緣亦當爲緑。《詩·邶風·緑衣序》箋云：'緑當爲褖，故作褖，轉作緑，字之誤也。' 孔疏云：'此緑衣與《内司服》"緑衣"字同。内司服掌王后之六服，五服不言色，唯緑衣言色，明其誤也。' 段玉裁云：'賈疏云："緑與緣不得爲聲相近，但字相似，故云字之誤。"《毛詩正義》云"此緑衣與《内司服》緑衣字同"，則《周禮》經文作緑甚明，故鄭定爲字形之誤。若本是褖字，則緣褖皆彖聲，當與褘揄狄展皆爲聲相近，或當云聲之誤，不得别爲字之誤矣。' 孫志祖云：'蓋賈氏所見本猶不誤。然《釋文》云："緣或作褖，同，吐亂反。"沿訛久矣。' 案：段、孫説是也。蓋此經自是形誤，與《士喪禮》

褖衣古文作緣爲聲誤不同。《大戴禮記·夏小正》八月'玄校',傳云'校也者,若緑色然。'傳崧卿本亦誤爲緣色,與此正同。"(《周禮正義》卷一五《内司服》,第五八八頁)

〔一七〕一:阮《校》曰:"按:'一'當作'壹'。"

〔一八〕孫詒讓曰:"沙紗古今字。《大戴禮記·曾子制言篇》云:'白沙在泥,與之皆黑。'《論衡·率性篇》云:'白紗入緇,不練自黑。'"(《周禮正義》卷一五《内司服》,第五九〇頁)

賈　王后六服,〔一〕其色無文,故須推次其色。〔二〕以鞠衣象麴塵,其色黄。褖衣與男子褖衣同,其色黑。二者爲本,以五行之色從下向上以次推之。水色既黑,褖衣象之。水生於金,褖衣上有展衣,則展衣象金,色白,故先鄭亦云:"展衣,白衣也。"金生於土,土色黄,鞠衣象之。土生於火,火色赤,鞠衣上有闕翟,則闕翟象之赤矣。火生於木,木色青,闕翟上有揄翟,象之青矣。五行之色已盡,六色唯有天色玄,褘衣最在上,象天色玄。〔三〕素沙爲裹無文,故舉漢法而言。謂漢以白縛爲裏,以周時素沙爲裏耳。"六服皆袍制",〔四〕《雜記》云:〔五〕"子羔之襲繭衣裳。"〔六〕則是袍矣。男子袍既有衣裳,今婦人衣裳連,則非袍。而云"袍制"者,正取衣複不單,與袍制同,不取衣裳别爲義也。素沙,〔七〕漢時縠衣有沙縠之名,〔八〕謂出於《周禮》素沙也。〔九〕

【校注】

〔一〕王:賈《疏》上有"内司"至"玄者"。

〔二〕色:賈《疏》下有"言推次者"。

〔三〕玄:賈《疏》下有"是其"至"白縛也者"。孫詒讓曰:"六服之色,依後鄭説,則褘衣玄,揄翟青,闕翟赤,鞠衣黄,展衣白,褖衣黑。依先鄭説,則展衣白,鞠衣黄,素沙赤,褘衣爲畫衣,二翟則畫羽飾,不詳何色。《詩·君子偕老》毛傳以展衣用丹縠,則色赤,餘五服無説。孔《疏》云:'孫毓推之以爲,褘衣赤,褕翟青,闕翟黑,鞠衣黄,展衣赤,褖衣黑。鞠名與麴同,雖毛亦當色黄。褖衣與男子之褖衣名同,則亦宜黑。然則六服逆依方色,義或如毓所言。以婦人尚華飾,赤爲色之著,因而右行以爲次,故褘衣赤,褕翟青,闕翟黑;次鞠衣,鞠衣宜白,以爲疑於凶服,故越取黄;而展衣同赤。因西方闕其色,故褖衣越青而同黑也。'段玉裁云:'毛、許、馬融皆云展,丹縠衣,仲師始云白衣,而鄭君從之。蓋舊説《周禮》鞠衣黄,緑衣緑,素沙白,則展衣丹矣。'案:孫、孔所推六服之色,緟複雜亂,無所取法。段説雖依據故書,而緑爲間色,不宜以爲法服;素沙别爲一服,亦與經不合。鄭君所説,推次精當,不可易也。"(《周禮正義》卷一五《内司服》,第五八八—五八九頁)

〔四〕六:賈《疏》上有"云"。制:賈《疏》下有"以白"至"顯者"。

〔五〕雜:賈《疏》上有"案"。

〔六〕襲:賈《疏》下有"也"。

〔七〕素沙:賈《疏》作"云今"至"此者"。

〔八〕漢:賈《疏》上有"言"。縠衣:賈《疏》作"以縠之衣"。

〔九〕謂:賈《疏》無。

辨外、内命婦之服:鞠衣、展衣、緣衣、〔一〕素沙。

【校注】

〔一〕孫詒讓曰:"緣亦當爲緑,注當爲褖,各本并誤。"(《周禮正

義》卷一五《内司服》,第五九〇頁)

鄭 内命婦之服:鞠衣,九嬪也。展衣,世婦也。褖衣,〔一〕女御也。外命婦者:其夫孤也,則服鞠衣。其夫卿、大夫也,則服展衣。其夫士也,則服褖衣。〔二〕三夫人及公之妻,其闕狄以下乎?侯、伯之夫人揄狄,子、男之夫人亦闕狄,唯二王後褘衣。

【校注】

〔一〕褖:鄭玄《注》作"緣"。孫詒讓曰:"緣當作'褖',賈疏述注不誤,下同。"(《周禮正義》卷一五《内司服》,第五九一頁)

〔二〕褖:鄭玄《注》作"緣"。

賈 婦人之服有六,〔一〕從下向上差之,内命婦三夫人當服闕狄,外命婦三公夫人亦當闕狄。若三夫人,從上向下差之,則當揄狄。是以《玉藻》云:"王后褘衣,夫人揄狄。"《注》:"夫人,三夫人。"若三公夫人,不得過闕狄。知者,《射人》云:"三公執璧。"與子、男執璧同,則三公亦毳冕。《玉藻》:"君命屈狄。"據子、男夫人,則三公之妻當闕翟。〔二〕三夫人其服不定,三公夫人又無正文。〔三〕"侯、〔四〕伯之夫人揄狄,子、男之夫人亦闕狄,〔五〕唯二王之後褘衣"者,《玉藻》云:"夫人揄狄。"夫人,三夫人,亦侯、伯之夫人。鄭必知侯、伯夫人揄翟者,〔六〕以《玉藻》云:"君命闕狄,再命鞠衣,一命襢衣。"并是子、〔七〕男之國,闕翟既當子、〔八〕男夫人,以上差之,侯、伯夫人自然當揄翟,二王後夫人當褘衣矣。〔九〕《明堂位》云:"夫人副褘。"是魯之夫人亦得褘衣。〔一〇〕

【校注】

〔一〕婦：賈《疏》上有“辨外”至“乎者”。

〔二〕翟：賈《疏》作“狄”。

〔三〕文：賈《疏》下有“故總云乎以疑之也”。

〔四〕侯：賈《疏》上有“云”。

〔五〕之：賈《疏》無。

〔六〕翟：賈《疏》作“狄”。

〔七〕并：賈《疏》上有“夫”。

〔八〕翟：賈《疏》作“狄”。

〔九〕矣：賈《疏》下有“案喪”至“人矣”。

〔一〇〕衣：賈《疏》下有“故彼”至“同也”。孫詒讓曰：“依鄭、賈義，則天子三公服毳冕，妻服闕狄；天子孤服絺冕，妻服鞠衣。公之孤侯伯子男之卿及妻服同。天子之卿大夫服玄冕，妻服展衣，公之卿大夫侯伯子男之大夫及其妻服同。天子及諸侯之士同服弁服，妻服褖衣。差次淆舛，殆不可通。今通校諸經及陳（祥道）、金（鶚）諸家説，考定王臣服次：天子三公當驚冕，妻當揄狄，則孤卿當毳冕，妻當闕狄；大夫當絺冕，妻當鞠衣；士當玄冕，妻當展衣。侯國之臣則當如盧景宣説，乃合其次耳。鄭、賈説之誤，互詳《司服》疏。”（《周禮正義》卷一五《内司服》，第五九三頁）

王后六服

褘衣

褘音暉。〔一〕康成曰：〔二〕伊、〔三〕洛而南有雉，〔四〕素質，五色皆備成章，曰翬。〔五〕王后之服，刻繒爲之形，而采畫之，綴於衣，以爲

飾。〔六〕翬、禕聲相近而誤也。〔七〕又曰：禕衣色玄。〔八〕

【校注】

〔一〕禕音暉：《周禮·天官·内司服》《釋文》文。暉：《周禮·天官·内司服》《釋文》下有"揄音"至"音帳"。

〔二〕康成曰：《周禮·天官·内司服》《注》作"玄謂"。

〔三〕伊：《周禮·天官·内司服》《注》上有"狄當爲翟翟雉名"。

〔四〕洛：《周禮·天官·内司服》《注》作"雒"。

〔五〕翬：《周禮·天官·内司服》《注》下有"江淮"至"曰摇"。按：此處删略的文字，魏氏於下節"揄狄"引之。

〔六〕"伊洛"至"以爲"：《周禮·天官·内司服》《注》文。魏氏略有删略改寫。飾：《周禮·天官·内司服》《注》作"文章"。

〔七〕翬禕聲相近而誤也：此句當爲魏氏綜合《周禮·天官·内司服》《注》、《疏》而成。《周禮·天官·内司服》《注》曰："禕、揄、狄、展，聲相近。"《疏》曰："禕當爲翬，即翬雉……云'禕揄狄展聲相近'者，禕與翬，揄與摇，狄與翟，展與襢，四者皆是聲相近，故云誤也。"

〔八〕色：《周禮·天官·内司服》《注》無。《周禮·天官·内司服》《疏》曰："禕當爲翬，即翬雉，其色玄也。……六色唯有天色玄，禕衣最在上，象天色玄。"

揄狄

揄音遥。〔一〕康成曰：〔二〕江、〔三〕淮而南有雉，〔四〕青質，五色皆備成章，曰摇。亦刻繒采畫而出之。〔五〕"狄"當爲"翟"，翟即雉也。〔六〕"揄狄"二字亦聲相近而誤耳。〔七〕又曰：揄狄色青。〔八〕

【校注】

〔一〕揄音遥：《周禮·天官·内司服》《釋文》文。揄：《周禮·天官·内司服》《釋文》上有“褘音暉”。遥：《周禮·天官·内司服》《釋文》下有“鞠居”至“音帳”。

〔二〕康成曰：《周禮·天官·内司服》《注》作“玄謂”。

〔三〕江：《周禮·天官·内司服》《注》上有“狄當”至“曰翬”。

〔四〕有雉：《周禮·天官·内司服》《注》無。

〔五〕亦：《周禮·天官·内司服》《注》作“王后之服”。繒：《周禮·天官·内司服》《注》下有“爲之形而”。畫：《周禮·天官·内司服》《注》下有“而出”。之：《周禮·天官·内司服》《注》下有“綴於衣以爲文章”。

〔六〕即雉也：《周禮·天官·内司服》《注》作“雉名”。

〔七〕“揄狄”至“誤耳”：此句當爲魏氏綜合《周禮·天官·内司服》《注》、《疏》而成。《周禮·天官·内司服》《注》曰：“褘、揄狄、展，聲相近。”《疏》曰：“揄狄者，揄當爲摇，狄當爲翟，則摇雉。……云‘褘揄狄展聲相近’者，褘與翬，揄與摇，狄與翟，展與襢，四者皆是聲相近，故云誤也。”

〔八〕色：《周禮·天官·内司服》《注》無。《周禮·天官·内司服》《疏》曰：“則摇雉，其色青也。……火生於木，木色青，闕翟上有揄翟，象之青矣。”

闕狄

康成曰：〔一〕“闕翟刻而不畫。”〔二〕“狄”亦當作“翟”。〔三〕賈氏曰：言闕，〔四〕不畫五色耳。〔五〕《玉藻》《喪大記》皆作“屈狄”。〔六〕荆

公曰:“言其志屈於揄、〔七〕禕而已。”〔八〕鄭曰:闕狄色赤。〔九〕

【校注】

〔一〕康成曰:《周禮・天官・内司服》《注》作“玄謂”。

〔二〕闕:《周禮・天官・内司服》《注》上有“狄當”至“搖者”。畫:《周禮・天官・内司服》《注》下有“此三”至“於此”。

〔三〕亦:《周禮・天官・内司服》《注》無。作:《周禮・天官・内司服》《注》作“爲”。翟:《周禮・天官・内司服》《注》下有“翟雉”至“於此”。按:“伊雒”至“文章”“闕翟刻而不畫”前二節已分别引之。

〔四〕言:《周禮・天官・内司服》《疏》作“但”。闕:《周禮・天官・内司服》《疏》上有“内司”至“形但”,下有“而”。

〔五〕色:《周禮・天官・内司服》《疏》下有“而已”至“沙也”。耳:《周禮・天官・内司服》《疏》作“而已”。《周禮・天官・内司服》《注》曰:“此闕翟亦刻爲雉形,不畫之爲彩色,故名闕狄也。”《疏》曰:“云‘闕翟刻而不畫’者,此無正文,直以意量之。言翟而加闕字,明亦刻繒爲雉形,但闕而不畫五色而已。”

〔六〕“玉藻”至“屈狄”:此句當爲魏氏綜合《周禮・天官・内司服》《注》引鄭衆語、《疏》而成。《周禮・天官・内司服》《注》引鄭衆語曰:“揄狄,闕狄,畫羽飾。……《喪大記》曰:‘複者朝服,君以卷,夫人以屈狄……’屈者音聲與闕相似……皆婦人之服。”《疏》曰:“《玉藻》:‘君命屈狄。’據子、男夫人,則三公之妻當闕狄。……云‘侯、伯之夫人揄狄,子、男夫人亦闕狄,唯二王之後禕衣’者,《玉藻》云:‘夫人揄狄。’夫人,三夫人,亦侯、伯之夫人。鄭必知侯、伯夫人揄狄者,以《玉藻》云‘君命闕狄,再命鞠衣,一命袒衣’,夫并是子、男之國,闕狄既當子、男夫人,以上差之,侯、伯夫人自然當揄翟。”

〔七〕言其志:《周官新義》卷五《内司服》作"知其"。屈:《周官新義》卷五《内司服》上有"褘衣"至"知其"。揄:《周官新義》卷五《内司服》作"褘"。

〔八〕褘:《周官新義》卷五《内司服》作"揄"。已:《周官新義》卷五《内司服》下有"鞠衣"至"故也"。

〔九〕闕:《周禮·天官·内司服》《注》上有"玄謂"至"色則"。色:《周禮·天官·内司服》《注》無。赤:《周禮·天官·内司服》《注》下有"揄狄"至"於此"。

鞠衣

康成曰:〔一〕其色黄,〔二〕如麴塵。〔三〕賈曰:鞠,〔四〕麴也,〔五〕古字通用。〔六〕荆公云:其色象鞠花也。〔七〕

【校注】

〔一〕康成曰:《周禮·天官·内司服》《注》作"玄謂"。

〔二〕其:《周禮·天官·内司服》《注》無。色:《周禮·天官·内司服》《注》上有"玄謂"至"服也"。按:其中"狄當"至"以爲"等,前文已引。黄:《周禮·天官·内司服》《注》無。

〔三〕塵:《周禮·天官·内司服》《注》下有"象桑"至"於此"。

〔四〕鞠:《周禮·天官·内司服》《疏》上有"内司"至"塵者"。

〔五〕鞠麴也:《周禮·天官·内司服》《疏》作"麴塵不爲麴字者"。

〔六〕字:《周禮·天官·内司服》《疏》無。用:《周禮·天官·内司服》《疏》下有"云象"至"沙也"。

〔七〕其:《周官新義》卷五《内司服》上有"褘衣"至"鞠衣則"。鞠:《周官新義》卷五《内司服》下有"鞠之"至"故也"。花也:《周官新義》卷五《内司服》無。

展衣

康成曰:〔一〕"展"當爲"襢"。〔二〕襢之言亶,亶,誠也。〔三〕聲近而誤耳。〔四〕以《詩》考之,〔五〕則"展"字非誤。〔六〕康成曰:〔七〕展之色白。〔八〕

【校注】

〔一〕康成曰:《周禮·天官·内司服》《注》作"玄謂"。

〔二〕展:《周禮·天官·内司服》《注》上有"玄謂"至"桑事"。按:其中"狄當"至"以爲"等,前文已引。下有"衣以禮見王及賓客之服"。當:《周禮·天官·内司服》《注》上有"字"。

〔三〕也:《周禮·天官·内司服》《注》下有"詩國"至"於此"。

〔四〕聲近而誤耳:此句當爲魏氏綜合《周禮·天官·内司服》《注》引鄭衆語、《疏》而成。《周禮·天官·内司服》《注》引鄭衆語曰:"禕、揄狄、展,聲相近。"《疏》曰:"展與襢……聲相近,故云誤也。"

〔五〕詩:此處指《詩經·鄘風·君子偕老》"瑳兮瑳兮,其之展也……展如之人兮,邦之媛也"。《傳》曰:"禮有展衣者,以丹縠爲衣。"《箋》云:"后妃六服之次展衣,宜白。……展衣,夏則裹衣縐絺。此以禮見於君及賓客之盛服也。展衣字誤,《禮記》作'襢衣'。"《疏》曰:"定本云'展衣,夏則裹衣縐絺',俗本多云'冬衣展衣',蓋誤也。又解展衣所用,云'此以禮見於君及賓客之盛服'。《玉藻》云:'一命襢衣。'《喪大記》曰:'世婦以襢衣。'是《禮記》作'襢衣'也。定本云《禮記》作'襢',無'衣'字。《司服》《注》以展爲聲誤,從襢爲正。以衣服之字宜從衣故也。"

〔六〕"以詩"至"非誤":此二句當是魏氏據《詩經》所載,對鄭玄《注》提出的异議。

〔七〕按:鄭玄并未直言展衣白色。此處所謂“康成”,似當作“鄭司農”。鄭玄雖未直言,但間接之意與鄭衆説同。《周禮·天官·内司服》《注》:“以下推次其色,則闕狄赤,揄狄青,褘衣玄。”《疏》曰:“王后六服,其色無文,故須推次其色。言推次者,以鞠衣象麴塵,其色黄,褖衣與男子褖衣同,其色黑,二者爲本,以五行之色從下向上以次推之。水色既黑,褖衣象之。水生於金,褖衣上有展衣,則展衣象金色白,故先鄭亦云‘展衣,白衣也’。”

〔八〕《周禮·天官·内司服》《注》引鄭衆語曰:“展衣,白衣也。”《疏》曰:“云‘展衣,白衣也’者,見鞠衣黄以土色,土生金,金色白,展衣文承鞠衣之下,故知展衣白也。”

緣衣

緣,〔一〕吐亂反。〔二〕康成曰:〔三〕“緣”當作“褖”字,〔四〕又或作“稅”。〔五〕又曰:褖衣色黑。〔六〕

【校注】

〔一〕緣:《周禮·天官·内司服》《釋文》上有“褘音”至“注同”,下有“或作褖”。

〔二〕緣吐亂反:《周禮·天官·内司服》《釋文》文。吐:《周禮·天官·内司服》《釋文》上有“同”。反:《周禮·天官·内司服》《釋文》下有“卷古”至“音帳”。

〔三〕康成曰:《周禮·天官·内司服》《注》作“玄謂”。

〔四〕緣當作褖字:此五字係魏氏對《周禮·天官·内司服》《注》“又《喪大記》曰:‘士妻以褖衣。’言褖衣者甚衆,字或作稅。此緣衣者,實作褖衣也。……緣,字之誤也”所作的概括。

〔五〕或:《周禮·天官·内司服》《注》上有“玄謂”至“衆字”。

又:《周禮·天官·内司服》《注》作“字”。税:《周禮·天官·内司服》《注》下有“此緣”至“於此”。

〔六〕褖:《周禮·天官·内司服》《注》上有“玄謂”至“男子之”。色:《周禮·天官·内司服》《注》無。黑:《周禮·天官·内司服》《注》下有“則是”至“於此”。《周禮·天官·内司服》《注》曰:“男子之褖衣黑,則是亦黑也。”《疏》曰:“緣當爲褖,褖衣者,色黑……男子褖衣黑,禮雖無文,案《士冠禮》,陳服於房,爵弁服、皮弁服、玄端服;至於《士喪禮》,陳襲事於房,亦云爵弁服、皮弁服、褖衣。褖衣當玄端之處,變言之者,冠時玄端衣裳别。及死襲時,玄端連衣裳,與婦人褖衣同,故雖男子之玄端,亦名褖衣。又見子羔襲用褖衣纁袖,譏襲婦服,纁袖與玄衣相對之物,則男子褖衣黑矣。男子褖衣既黑,則是此婦人褖衣亦黑可知。”

素沙

康成曰:〔一〕“今之白縳也。”〔二〕《説文》:〔三〕“縳,〔四〕鮮色也。”居援反。劉昌宗音絹。〔五〕《聲類》曰:縳,〔六〕今之絹字。〔七〕自緣衣以上所謂六服,素其裏也。〔八〕康成曰:〔九〕六服皆袍制。〔一〇〕袍謂複而不單也,周以素沙爲裏,漢以白縳爲裏。〔一一〕

【校注】

〔一〕康成曰:《周禮·天官·内司服》《注》作“玄謂”。

〔二〕今:《周禮·天官·内司服》《注》上有“玄謂”至“沙者”。也:《周禮·天官·内司服》《注》下有“六服”至“於此”。

〔三〕説:《周禮·天官·内司服》《釋文》上有“縳劉”至“絹字”。按:此十二字,魏氏抄録改寫後置於下。文:《周禮·天官·内司服》

《釋文》下有"云"。

〔四〕縛:《周禮·天官·内司服》《釋文》無。

〔五〕劉:《周禮·天官·内司服》《釋文》上有"褘音"至"亂反縛"。昌宗:《周禮·天官·内司服》《釋文》無。劉昌宗:東晋經學家,生平、事迹均不詳。其著述,詳見楊軍《劉昌宗著述考略》,載《貴州大學學報(社會科學版)》一九九六年第一期。范新幹《東晋劉昌宗音研究》(崇文書局二〇〇二年版),對劉昌宗音韵學進行了較系統的研究。

〔六〕曰縛:《周禮·天官·内司服》《釋文》作"以爲"。

〔七〕"説文"至"絹字",係《釋文》文。魏氏增删改寫。之:《周禮·天官·内司服》《釋文》作"作"。字:《周禮·天官·内司服》《釋文》下有"説文"至"音帳"。按:其中,"説文"至"援反"前文已引。

〔八〕"自緣"至"裏也":此十三字係魏氏據《周禮·天官·内司服》《注》、《疏》進行的概括和改寫。《周禮·天官·内司服》《注》曰:"六服皆袍制,以白縛爲裏。"《疏》曰:"素沙者,此非服名。六服之外别言之者,此素沙與上六服爲裏,使之張顯。……素沙爲裏無文,故舉漢法而言。謂漢以白縛爲裏,以周時素沙爲裏耳。……案《雜記》云:'子羔之襲繭衣裳,則是袍矣。'男子袍既有衣裳,今婦人衣、裳連,則非袍。而云'袍制'者,正取衣複不單,與袍制同,不取衣裳别爲義也。"

〔九〕康成曰:《周禮·天官·内司服》《注》作"玄謂"。

〔一〇〕六:《周禮·天官·内司服》《注》上有"縛也"至"沙者"。制:《周禮·天官·内司服》《注》下有"以白"至"於此"。

〔一一〕"袍謂"至"爲裏":此十九字,係魏氏據《周禮·天官·内司服》《疏》進行改寫。詳見注〔八〕所引《周禮·天官·内司服》《疏》。

鶴山先生云 （右）陳祥道曰：〔一〕王之吉服九，后之吉服六，陰陽之類也。〔二〕王之服單，后之服複，陰陽之氣也。〔三〕又曰：三翟皆畫於衣，〔四〕如王之冕服，〔五〕鄭氏刻繒之説無據。〔六〕按康成言“今世有圭衣，蓋三翟之遺俗”，則不可謂無據矣。〔七〕六服之色，康成以士之緣衣黑，《士喪禮》緣衣端之出，故知其色黑也。故以五行生數，自下而上。黑，水色也。以是推之，展衣白，鞠衣黄，闕狄赤，揄狄青。至此則五行之色已盡，故褘衣象天而色玄也。〔八〕其所用三翟，爲從祭之服也。《祭統》：“夫人副褘，立於東房。”故康成言從祭先王服褘衣，祭先公服揄狄，群小祀服闕狄。如王之衮、驚、玄三冕也。鞠衣爲蠶服。《月令》：“三月，薦鞠衣於上帝，告桑事。”展衣爲禮見王及賓客之服。緣衣爲御於王及燕居之服。《尚書大傳》云：古者后、夫人侍於君前，〔九〕舉燭至房中，〔一〇〕釋朝服，〔一一〕然後入（衛）［御］。〔一二〕彼以展衣爲朝服，故燕、御當緣衣也。此皆備於經傳，而以意消息之。不能必其盡然也。〔一三〕古者婦人之服衣、裳連。漢后服二，入廟，〔一四〕紺上皂下。蠶與朝服，〔一五〕青上縹下，皆深衣制。徐廣云：〔一六〕“即單衣也。”〔一七〕然則折裹以爲中單與？與康成説异。魏之蠶服，以文綉。〔一八〕晋入廟，純皂。蠶，純青。〔一九〕唐后服三：褘衣，深青，織成而畫翬。受册、助祭、朝會、大事之服。鞠衣，黄羅爲之，不畫。蠶服。禮衣用雜色，亦不畫。燕見賓客之服。〔二〇〕國初存此三名，而不用。但服龍鳳珠翠冠、霞帔耳。〔二一〕章獻明肅皇太后蓋謝太庙，〔二二〕始服褘衣以乘輅，又制衮衣以行禮。衮衣如天子，（咸）［減］宗彝及藻二章。〔二三〕皇太妃、皇后則服禮衣，以緋羅爲之，〔二四〕皆异古制。自是每册后，則［服］褘衣，〔二五〕如唐之禮。而親蠶之服，三百年間纔一制云。此《三禮辨》云。

【校注】

〔一〕按：右爲魏氏引《周禮·天官·内司服》《注》、《釋文》、

《疏》、王安石《周官新義》諸文,非陳祥道《禮書》卷一七《展衣》(以下簡稱《禮書》)關於"六服"的詮釋。《禮書》大抵抄録鄭衆、鄭玄、賈公彦《注》、《疏》文。則此處"右"字似爲衍文。

〔二〕"王之"至"類也":《禮書》作"九者陽之窮,故王之吉服九。六者陰之中,故后之吉服六"。

〔三〕"王之"至"氣也":《禮書》作"王之服禪而無裏,后之服裏而不禪。以陽成於奇,陰成於偶故也"。

〔四〕三:《禮書》上有"爾雅"至"而已"。翟:《禮書》下有"蓋"。畫:《禮書》下有"之"。

〔五〕之:《禮書》無。

〔六〕鄭氏刻繒之説無據:《禮書》作"鄭賈"至"無據"。

〔七〕"按康"至"無據":此二句非《禮書》文,當是魏氏對鄭玄《注》的肯定及對陳氏説的否定。

〔八〕"展衣"至"玄也":《禮書》作"鄭、賈之徒謂褖衣黑而象水,水生於金,故展衣白。金生於土,故鞠衣黄。土生於火,故闕狄赤。火生於木,故揄狄青。五色之上則玄而已,故褘衣玄"。

〔九〕人:《尚書大傳》下有"將"。於:《尚書大傳》無。

〔一〇〕舉:《尚書大傳》上有"息燭后"。

〔一一〕服:《尚書大傳》下有"襲燕服"。

〔一二〕衛:《尚書大傳》作"御"。按:應作"御",據《尚書大傳》改。

〔一三〕"其所用三翟"至"然也":此數句非《禮書》文,當是魏氏語。《禮書》有與之大略同的關於六服功用之文。録之如下:"祭先王服褘衣,祭先公服揄狄,祭群小祀服闕狄,蠶則服鞠衣。以禮見王及賓客,服展衣。燕居及御於王,則服緣衣。"

〔一四〕漢后服二入廟:《續漢書·輿服志下》作"太皇太后皇太

后入廟服”。

〔一五〕與朝服:《續漢書·輿服志下》無。

〔一六〕云:《續漢書·輿服志下》《注》作“曰”。

〔一七〕也:《續漢書·輿服志下》無。

〔一八〕《晉書》卷二五《輿服志》:“元康六年,詔曰:‘魏以來皇后蠶服皆以文綉,非古義也。今宜純服青,以爲永制。’”

〔一九〕《晉書》卷二五《輿服志》:“皇后謁廟,其服皂上皂下,親蠶則青上縹下。”

〔二〇〕《舊唐書》卷四五《輿服志》:“《武德令》:皇后服有褘衣、鞠衣、鈿釵禮衣三等。褘衣,首飾花十二樹,并兩博鬢,其衣以深青織成爲之,文爲翬翟之形。素質,五色,十二等。素紗中單,黼領,羅縠褾、襈,褾、襈皆用朱色也。蔽膝,隨裳色,以緅爲領,用翟爲章,三等。大帶,隨衣色,朱裏,紕其外,上以朱錦,下以緑錦,紐約用青組。以青衣,革帶,青韈、舄,舄加金飾。白玉雙佩,玄組雙大綬。章彩尺寸與乘輿同。受册、助祭、朝會諸大事則服之。鞠衣,黄羅爲之。其蔽膝、大帶及衣革帶、舄隨衣色。餘與褘衣同,唯無雉也。親蠶則服之。鈿釵禮衣,十二鈿,服通用雜色,制與上同,唯無雉及佩綬,去舄,加履。宴見賓客則服之。”

〔二一〕《宋會要輯稿·輿服四》:“皇后之服,唐制有三等:一曰褘衣,朝會服之;二曰鞠衣,親蠶服之;三曰禮衣,宴見服之。國朝存其名,常服龍鳳珠翠冠、霞帔。”(《宋會要輯稿》,第二二二八頁)

〔二二〕章獻明肅皇太后:宋真宗趙恒皇后劉氏(九六九—一〇三三年)的謚號、尊號。《逸周書·謚法解》:“執心决斷曰肅。”(《逸周書彙校集注》,第七二一頁)《謚法》卷二《肅》:“剛德克就曰肅,執心决斷曰肅,正己攝下曰肅。”其先家太原,後徙益州華陽(今四川成都華陽鎮)。是宋朝第一位攝政的皇太后。其生平、事迹具載《宋史》卷二四二《后妃列傳上》。

〔二三〕《宋會要輯稿·輿服四》:“明道元年十二月三日,詔:‘將來皇太后恭謝宗廟,有司製后妃禮衣、祭服及重翟等六車。’太常禮院言:‘禮衣請准皇帝衮服減二章,衣去宗彝,裳去藻,不用劍。九龍十六株花,前後垂珠翠各十二旒,以衮衣爲名。’詔冠名儀天。”據上文,此處“咸”字當爲“減”字之訛,據《輯稿》改。(《宋會要輯稿》,第二二二八頁)《宋史》卷二四二《后妃列傳上》:“明年(明道二年),帝親耕籍田,太后亦謁太廟,乘玉輅,服褘衣、九龍花釵冠,齋於廟。質明,服衮衣,十章,減宗彝、藻,去劍,冠儀天,前後垂珠翠十旒。薦獻七室,皇太妃亞獻,皇后終獻。”

〔二四〕《宋會要輯稿·輿服四》:“(明道元年十二月)九日,太常禮院言:‘皇太后赴太廟,乘玉輅,服褘衣、九龍花釵冠;行禮服衮衣、儀天冠。皇太妃、皇后乘重翟車,服鈿釵禮衣,以緋羅爲之。蔽膝、革帶、佩綬、履。其冠用十二株花釵。太廟行禮,并服褘衣。’詔可之。敕有司製禮衣及重翟以下六車,太后遂以車服謁太廟。”(《宋會要輯稿》,第二二二八頁)

〔二五〕則:益齋本下爲一空格,缺字。本節前文屢屢曰“王之服單,后之服複”“從祭先王服褘衣,祭先公服揄狄,群小祀服闕狄”“服褘衣”“服龍鳳珠翠冠、霞帔”“服禮衣”,故此處闕字,蓋爲“服”字。故於空格處補“服”字。

(辨外、内命婦之服。)〔一〕

【校注】

〔一〕此節及下節,前文已有,此處爲衍文。

（鞠衣，康成曰：九嬪及三孤之夫人。）

［**凡祭祀、賓客，共后之衣服，及九嬪、世婦。凡命婦，共其衣服。共喪衰，亦如之**。］〔一〕

【校注】

〔一〕"凡祭"至"如之"：益齋本無。據《周禮·天官·内司服》補。

〔**賈**〕〔一〕　文陳所用之時。〔二〕"凡祭祀"者，〔三〕婦人無外事，〔四〕唯據宗廟大小祭祀。"賓客"者，〔五〕謂后助王灌饗諸侯來朝者。云"共后之衣服"者，祭祀共三翟，賓客共展衣。云"九嬪、世婦"者，謂助后祭祀賓客時。云"凡命婦"者，兼内、外命婦也。〔六〕"喪衰亦如之"者，〔七〕外命婦喪衰，謂王服齊衰，於后無服。若九嬪已下及女御，於王服斬衰，於后服齊衰也。〔八〕"外命婦唯［王］祭祀、〔九〕賓客以禮佐后，得服此上服"者，案上經，〔一〇〕士妻褖衣，大夫妻展衣。《特牲》：〔一一〕"主婦纚笄綃衣。"〔一二〕《少牢》："主婦髲鬄衣移袂。"〔一三〕士妻不衣褖衣，大夫妻移袂綃衣，〔一四〕不衣展衣。如其夫自於家祭降服，〔一五〕是外命婦助后祭祀、賓客，乃服上服也。

【校注】

〔一〕賈：益齋本無。依前文例補。

〔二〕文：賈《疏》上有"凡祭"至"事此"。

〔三〕凡：賈《疏》上有"云"。

〔四〕事：賈《疏》下有"言凡祭祀"。

〔五〕賓：賈《疏》上有"云"。

〔六〕内外：賈《疏》作“外内”。

〔七〕喪：賈《疏》上有“云”。

〔八〕也：賈《疏》下有“注凡”至“共也”。

〔九〕外：賈《疏》上有“云”。唯：賈《疏》下有“王”，益齋本“唯”下爲一空格。按：本節鄭玄《注》“唯”下亦有“王”字，據鄭玄《注》、賈《疏》補。

〔一〇〕案：賈《疏》下有“此”。

〔一一〕特：賈《疏》上有“案”。

〔一二〕綃：阮《校》曰：“惠校本作‘宵衣’，與《禮記》合。《注》云：‘宵，綺屬也。’是讀‘宵’爲‘綃’，但未改字。”

〔一三〕髮鬄：阮《校》曰：“浦鏜云：‘經作“被錫”，《注》云：“‘被錫’讀爲‘髮鬄’。”’”移：賈《疏》作“侈”。阮《校》曰：“閩、監、毛本作‘移袂’，下仍作‘侈’。按：《少牢饋食禮》《釋文》：‘“侈袂”，本又作“移”。’唐《石經》、《群經音辨》皆作‘移’。此本作‘侈’，蓋非。下‘侈’字亦當作‘移’。”

〔一四〕移袂綃衣：賈《疏》作“侈綃衣袂”。

〔一五〕服：賈《疏》下有“是自”至“之服”。

后之喪，共其衣服，凡内具之物。

鄭 “内具”，紛帨、綫纊、鞶帙之屬。

賈 后喪所共衣服者，[一]正謂襲時十二稱，小斂十九稱，大斂百二十稱，及内具之物。[二]《内則》婦事舅、[三]姑，有紛帨、綫纊、鞶帙。故死者入壙，亦兼有數物。[四]

【校注】

〔一〕后：賈《疏》上有“后之至之物釋曰”。

〔二〕物：賈《疏》下有“注内”至“屬者”。

〔三〕内：賈《疏》上有“案”。

〔四〕物：賈《疏》下有“言之”至“之也”。

縫人掌王宫之縫綫之事，以役女御，以縫王及后之衣服。

鄭　女御，裁縫“王及后之衣服”，則爲役助之。宫中餘裁縫事，則專爲焉。

鄭司農云　綫，縷也。〔一〕

【校注】

〔一〕也：阮《校》曰：“閩、監、毛本同，宋本、余本、岳本、嘉靖本無‘也’。按賈《疏》標起止云：‘注“女御”至“綫縷”。’亦無‘也’字。”

賈　“以縫王及后之衣服”者。〔一〕“役女御”，謂爲女御所使役，而“縫王及后衣服”也。〔二〕

【校注】

〔一〕以：賈《疏》上有“縫人”至“女御”。

〔二〕也：賈《疏》下有“注女”至“事也”。

喪，縫棺飾焉，衣翣柳之材。〔一〕**掌凡内之縫事**。

【校注】

〔一〕翣：阮《校》曰：“唐《石經》、諸本同。《漢讀考》云：‘此司農易“接”爲“翣”,而引《檀弓》及《春秋傳》以證“翣”之義。司農所據《記》《傳》字作“翣”,今本《記》《傳》則皆作“翣”矣。《喪祝》《注》亦云:“四翣墻置翣。”翣者,“翣”之假借字也。經文“翣”字當亦作“翣”,而後人改之。’”

鄭 孝子既啓,見棺猶見親之身。既載,飾而以行,遂以葬。若存時居於帷幕,而加文綉。《喪大記》曰:“飾棺,君龍帷,三池,振容,黼荒,火三列,黻三列,素錦褚,加僞荒,纁紐六,齊五采,五貝,黼翣二,黻翣二,畫翣二,〔一〕皆戴圭,魚躍拂池。君纁戴六,纁帔六。”〔二〕此諸侯禮也。《禮器》曰:“天子八翣,諸侯六翣,大夫四翣。”《漢禮器制度》:“飾棺,天子龍、火、黼、黻皆五列,又有龍翣二,其戴皆加璧。”故書“焉”爲“馬”。

【校注】

〔一〕孫詒讓曰:“《釋文》云:‘翣,本又作篓。’案:翣、篓聲類同,古通。《説文·竹部》云:‘箑,扇也。重文篓,箑或從妾。’”(《周禮正義》卷一五《縫人》,第五九九頁)

〔二〕帔:鄭玄《注》作“披”。

杜子春云 當爲“焉”。〔一〕

【校注】

〔一〕“段玉裁云:‘此字之誤也。’”(《周禮正義》卷一五《縫人》,第六〇〇頁)

鄭〔一〕　“柳”,〔二〕必先纏衣其(材)[木],〔三〕乃以張飾也。“柳”之言聚,諸飾之所聚。〔四〕《書》曰:“分命和、仲,度西曰柳穀。”〔五〕故書“翣柳”作“接槫”。

【校注】

〔一〕按:此節爲鄭玄對經文“衣翣柳之材”所作《注》,益齋本將其與上節合爲一節,易被誤解爲《周禮·天官·縫人》《注》引杜子春語。仿前文例,將其單獨成節,節首加“鄭”字。

〔二〕柳:鄭玄《注》無。

〔三〕材:鄭玄《注》作“才”。阮《校》引經文作“木”。阮《校》曰:“宋本、嘉靖本、閩本同。監、毛本‘木’作‘材’。此本作‘才’,爲‘木’之誤。今訂正。”據阮《校》改“材”爲“木”。

〔四〕孫詒讓曰:“柳聚一聲之轉。凡棺飾、帷、池、容、荒、齊等并聚於柳也。《釋名·釋喪制》云:‘輿棺之車曰輀,其蓋曰柳。柳,聚也,衆飾所聚,亦其形僂也;亦曰鱉甲,似鱉甲然也。其旁曰墻,似屋墻也。’惠士奇云:‘柳一作僂。……柳之言衆,故曰聚僂,棺之飾也。……一作縷翣,見《荀子·禮論篇》。’案:惠引《莊子》,足證鄭、劉二家義。……凡覆柩車者,上曰柳,下曰墻,柳衣謂之荒,墻衣謂之帷……若總言之,則墻亦通名柳……柳亦通名墻……此經言柳不言墻,明柳之内兼有墻可知。又據《檀弓》及《喪大記》注,則柳爲帷荒内木材之名;而《檀弓》孔疏則謂帷荒及木材等總名曰柳。然則柩車之上,上荒下帷,内材外衣,通得柳名,此經之柳固無所不該矣。”(《周禮正義》卷一五《縫人》,第六〇〇—六〇一頁)

〔五〕孫詒讓曰:“《釋文》云:‘度音宅,古文厇與度字相似,因此而誤。’賈《疏》云:‘是濟南伏生《書傳》文,故云“度西曰柳穀”,見今《尚書》,云“宅西曰昧谷”,度亦居也。柳者,諸色所聚。日將没,其色赤兼有餘色,故云柳穀。引之者,見柳有諸色。'丁晏云:'《史記·五帝本紀》《集解》曰"昧谷,徐廣曰:一作柳谷。"《書·堯典》《正義》引夏侯等書,昧谷爲柳谷。《儀禮經傳通解續》引《書大傳》《虞傳》"秋祀柳穀",注"柳,聚也。齊人語"。《説文·赤部》:"赧,日出之赤也。"赧、穀聲相近,故賈以爲色赤。'案:丁説是也。據《堯典》疏及《大傳》,則作'柳穀'者,蓋今文《尚書》。鄭注《尚書》,從古文作'昧谷'。……陸疑爲'庀'之誤,不可從。"(《周禮正義》卷一五《縫人》,第六〇一頁)

鄭司農云 "接"讀爲"翣","櫝"讀爲"柳",〔一〕皆棺飾。《檀弓》曰:"周人墻置翣。"〔二〕《春秋傳》曰:"四翣不蹕。"

【校注】

〔一〕"接"讀爲"翣","櫝"讀爲"柳":"徐養原云:'接,翣之假借字。櫝字字書所無。《釋文》音柳,亦就此經而作音耳,其本音本義則不可考,殆亦傳寫之誤也。《集韵·四十四有》載蔞、僂、𨍏、𨌆四字,皆喪車飾。蔞翣見《檀弓》下,注云"《周禮》蔞作柳"。栁在幽尤韵,蔞在侯韵,二韵异部而相近,故可通用。《荀子·禮論》有縷翣,又有翣菨,楊倞以俱爲蔞翣之誤。'段玉裁云:'櫝從木從貿聲,貿從貝從卯聲,而先鄭讀櫝爲栁,此於叠韵求之也。'案:段説是也。……段玉裁云:'此司農易接爲翣,而引《檀弓》及《春秋傳》以證翣之義也。司農所據《記》《傳》字作"翣",今本《記》《傳》則皆作"翣"矣。監本注疏改"墻置翣"爲"墻置翣",則舛錯不倫。《喪祝》注亦云四翣墻置翣,翣者翣之假借字也。'詒讓案:此經故書作'接',先鄭讀爲'翣',後鄭自依今書作'翣',與先鄭不同,故引之在後。《女御》《御僕》二職并作翣,不作翣,可證後鄭不從翣矣。"(《周禮正義》卷一五

《縫人》,第六〇一—六〇二頁)

〔二〕翣:《周禮·天官·縫人》《注》引鄭衆語作"翣"。阮《校》曰:"宋本、余本、岳本、嘉靖本同。閩、監、毛本'翣'作'翣',依今《禮記》所改,非也。"

賈 "君龍帷",〔一〕"畫龍爲帷"。〔二〕"三池",〔三〕"象生時有承霤,〔四〕以竹爲之,闕於天子。"故有前及左、右而已。"振容"者,〔五〕謂於竹池之内,畫摇雉於絞繒之上,垂之於下,車行振動,以爲容儀。"黼荒",〔六〕謂車上蒙覆之。〔七〕黼,白黑文,於荒之四畔也。火三列,黻三列,黑與青謂之黻,兩已相背,半形如半環然。〔八〕列,行也。爲火形三行,謂兩已相背三行。〔九〕"素錦褚"者,〔一〇〕謂幄帳。諸侯以素錦爲幄帳,以覆棺上。"加僞荒"者,〔一一〕僞即帷也。既覆棺以褚,乃加帷加荒於其上。"纁紐六"者,〔一二〕紐謂繫連帷荒,纁色爲之。〔一三〕左右各三紐,并之六耳。云"齊五采五貝"者,謂於荒之中央,以五采繒爲之,綴貝絡其上,形如瓜(辨)[瓣]然。〔一四〕"黼翣(立)[二],〔一五〕黻翣二,畫翣二"者,案彼《注》引《漢禮》:"翣,方扇,〔一六〕以木爲匡,〔一七〕廣(二)[三]尺,〔一八〕兩角高二尺四寸,〔一九〕柄長五尺,〔二〇〕以布覆之。爲白黑文,則曰黼翣;爲青黑文,〔二一〕則曰黻翣;爲雲氣,則曰畫翣。"〔二二〕云"皆戴圭"者,謂置圭於翣之兩角爲飾也。云"魚躍拂池"者,謂於池内懸[銅魚],〔二三〕[車]行,〔二四〕振動以拂池。云"纁戴六,纁披六"者,謂於車輿兩廂各豎三隻軨子。戴,值也。謂以[纁]爲值,〔二五〕鞾其軨子,各使相值,因而繫前後披,兩廂各使人持制之,以備車之傾側也。〔二六〕"此諸侯禮",〔二七〕天子無文,取諸侯法以推之也。〔二八〕云"柳之言聚,〔二九〕諸飾之所聚"者,〔三〇〕即龍帷、黼荒、火三列、黻三列之屬是也。"書曰"者,是濟南伏生《書(柳)[傳]》文,〔三一〕故云"度西曰柳穀",今《尚書》云:〔三二〕"宅西曰昧谷。"度亦居也。柳者,諸色所聚。日將没,其色赤,兼有餘色,故云"柳穀"。引之者,見柳有諸色。〔三三〕《左氏·襄二十五年》:〔三四〕"齊崔杼弑莊公,側之於北郭。〔三五〕葬,〔三六〕四翣,不蹕。〔三七〕

【校注】

〔一〕君:賈《疏》上有"喪縫"至"是也云"。帷:賈《疏》下有"者"。

〔二〕畫:賈《疏》上有"鄭彼注"。

〔三〕三:賈《疏》上有"云"。池:賈《疏》下有"者"。

〔四〕象:賈《疏》上有"鄭云"。

〔五〕振:賈《疏》上有"云"。

〔六〕黼:賈《疏》上有"云"。荒:賈《疏》下有"者"。

〔七〕謂:賈《疏》上有"鄭云荒蒙也"。

〔八〕"半形"之"半":賈《疏》作"火"。

〔九〕謂:阮《校》曰:"浦鏜云:'"爲"誤"謂"。'"

〔一〇〕素:賈《疏》上有"云"。者:賈《疏》無。阮《校》曰:"惠棟校本下有'者',此脱。"

〔一一〕加:賈《疏》上有"云"。

〔一二〕纁:賈《疏》上有"云"。

〔一三〕纁:賈《疏》上有"以"。

〔一四〕辨:賈《疏》作"瓣"。按:應作"瓣",據改。

〔一五〕立:賈《疏》作"二"。按:前文鄭玄《注》亦作"二",應作"二",據改。

〔一六〕方扇:《禮記·喪大記》《注》無。

〔一七〕阮《校》曰:“浦鏜云:‘《記》《注》“匡”作“筐”。’”

〔一八〕二:《禮記·喪大記》《注》作“三”。阮《校》曰:“浦鏜云:‘……此“二”爲“三”字之誤。’”按:應作“三”,據改。

〔一九〕兩角:《禮記·喪大記》《注》無。寸:《禮記·喪大記》《注》下有“方兩”至“其象。”

〔二〇〕尺:《禮記·喪大記》《注》下有“車行”至“壙中。”

〔二一〕爲:賈《疏》作“以”。阮《校》曰:“惠校本上‘爲’作‘以’。”

〔二二〕翣:阮《校》曰:“惠校本……下有‘也’字。”

〔二三〕懸:賈《疏》下有“銅魚”,益齋本此二字處爲一墨釘。據賈《疏》補。

〔二四〕行:賈《疏》上有“車”,益齋本此字處爲一墨釘。據賈《疏》補。

〔二五〕以:賈《疏》下有“纏”,益齋本此字處爲一墨釘。據賈《疏》補。

〔二六〕也:賈《疏》下有“其實”至“六耳”。

〔二七〕此:賈《疏》上有“云”。禮:賈《疏》下有“也者”。

〔二八〕取:賈《疏》上有“故”。之:賈《疏》作“天子禮”。也:賈《疏》下有“云禮”至“義也”。

〔二九〕云:賈《疏》上有“衣翣”至“不蹕釋曰”。

〔三〇〕飾:阮《校》引經文作“節”。校曰:“閩、監、毛本‘節’作‘飾’,此誤。”按:此處經文無誤,阮《校》似誤。

〔三一〕柳:阮《校》曰:“《漢制考》‘柳’作‘傳’,此誤。”按:應作“傳”,據改。

〔三二〕今:賈《疏》上有“見”。

〔三三〕色:賈《疏》下有“又云春秋”。

〔三四〕左氏襄二十五年：賈《疏》作“襄二十五年左氏傳”。

〔三五〕郭：賈《疏》下有“丁亥”。

〔三六〕葬：賈《疏》下有“諸士孫之里”。

〔三七〕蹕：賈《疏》下有“下車”至“義也”。

鶴山先生云 先、後鄭并不見《古文尚書》云，所引多是伏生口傳者，〔一〕與孔壁之文不同。〔二〕然亦因見古“宅”字元讀“度”音，“穀”與“谷”同。

【校注】

〔一〕《史記》卷一二一《儒林列傳》：“伏生者，濟南人也。故爲秦博士。孝文帝時，欲求能治《尚書》者，天下無有，乃聞伏生能治，欲召之。是時伏生年九十餘，老，不能行，於是乃詔太常使掌故朝錯往受之。秦時焚書，伏生壁藏之。其後兵大起，流亡，漢定，伏生求其書，亡數十篇，獨得二十九篇，即以教於齊魯之間。學者由是頗能言《尚書》，諸山東大師無不涉《尚書》以教矣。”《史記》卷一〇一《袁盎晁錯列傳》《正義》：衛宏《詔定古文尚書序》云：“徵之，老不能行，遣太常掌故晁錯往讀之。年九十餘，不能正言，言不可曉，使其女傳言教錯。齊人語多與潁川异，錯所不知者凡十二三，略以其意屬讀而已也。”

〔二〕孔壁之文：此處指後世所謂《古文尚書》。《漢書》卷三〇《藝文志》：“秦燔書禁學，濟南伏生獨壁藏之。漢興亡失，求得二十九篇，以教齊魯之間。訖孝宣世，有《歐陽》《大小夏侯氏》，立於學官。《古文尚書》者，出孔子壁中。武帝末，魯共王壞孔子宅，欲以廣其宫。而得《古文尚書》及《禮記》、《論語》、《孝經》凡數十篇，皆古字也。……孔安國者，孔子後也，悉得其書，以考二十九篇，得多十六篇。安國獻之。遭巫蠱事，未列於學官。劉向以中古文校歐陽、大小夏侯三家經文，《酒誥》脱簡一，《召誥》脱簡二。率簡二十五字者，脱亦二十五字，簡二十二字者，脱亦二十二字，文字异者七百有餘，脱字數十。"

染人掌染絲帛。凡染，春暴練，[一]夏纁玄，秋染夏，冬獻功。掌凡染事。

【校注】

〔一〕孫詒讓曰："《説文·日部》云：'暴，晞也。'從日出收米，與《夲部》暴字别，隸變二文并作暴，誤。經例暴字從古文作虣，而晞暴字此及《幭氏》并作暴，亦傳寫沿誤也。"（《周禮正義》卷一六《染人》，第六〇三頁）

鄭 "暴練"，練其素而暴之。[一]故書"纁"作"竄"。[二]

【校注】

〔一〕孫詒讓曰："《説文·糸部》云：'練，湅繒也。'……段玉裁云：'此練當作湅。……已湅之帛曰練。……'案：段説是也。此練即湅之借字，凡灡治絲帛通謂之湅，已湅之絲帛亦通謂之練。"（《周禮正義》卷一六《染人》，第六〇三—六〇四頁）

〔二〕阮《校》曰："《漢讀考》云：'此以"竄"不見於他經、傳，而易其字也。宛聲在十四部，熏聲在十三部，聲略相似。《説文·黑部》有"黦"字，云："黑有文也，從黑，冤聲，讀若'飴盌'之'盌'。""黦"即"竄"字，故書假借爲"纁"字也。'"

鄭司農云 “纁”讀當爲“纁”,〔一〕纁謂絳也。夏,大也,秋乃大染。

【校注】

〔一〕“王引之云:‘纁,《説文》作䵣,《玉篇》䵣或作黦。《廣韵》:“黦,黄黑色也。”黦與纁同。又通作苑,《淮南·時則篇》“天子衣苑黄”,高誘注曰:“苑讀䀠飴之䀠。”則古人衣色亦有用纁黄者。《急就》曰“鬱金半見緗白𪏭”,顔師古注曰:“鬱金,染黄也。”鬱與纁聲義正同。夏纁玄者,《豳風·七月》所謂載玄載黄也,似不必改爲纁字。’案:王説亦通。許君《自叙》述所稱《禮》《周官》,皆古文,而《説文》有䵣無纁,疑許所見故書又作䵣矣。《春秋繁露·五行順逆篇》云:‘心腹宛黄。’宛亦䵣之借字。”(《周禮正義》卷一六《染人》,第六〇四頁)

玄謂 “纁玄”者,謂始可以染此色者。玄、纁者,天、地之色,以爲祭服。石染當及盛暑熱潤,始湛研之,三月而後可用。〔一〕《考工記·鍾氏》則染纁術也。染玄則史傳闕矣。“染夏”者,染五色。謂之“夏”者,其色以夏狄爲飾。《禹貢》曰:“羽畎夏狄。”〔二〕是其總名。其類有六:曰翬,曰摇,曰䧿,曰甾,曰希,曰蹲。其毛羽五色皆備成章,染者擬以爲深淺之度,是以放而取名焉。

【校注】

〔一〕後:阮《校》曰:“米本、嘉靖本‘後’作‘后’。按《注》,當用‘後’字。”

〔二〕畎:鄭玄《注》作“𤰝”,《周禮正義》卷一六《染人》引鄭玄注作"𤰝"。阮《校》曰:"宋本、嘉靖本、毛本同,閩、監本'𤰝'作'畎'。依今《尚書》所改。《釋文》:羽'𤰝,古犬反。'按:𤰝,或作𤰝,訛。惟宋本不誤。"孫詒讓曰:"𤰝,《釋文》作'𤰝',阮元傳校宋本同。案:𤰝,𤰝之俗。《説文》𡿨部,𡿨古文作𤰝,篆文作畎。《匠人》經亦從俗作𤰝,則此注不必改𤰝。今從嘉靖本。宋婺州唐氏本同今《書》作'羽畎夏翟'。《漢書·地理志》述《禹貢》,翟亦作狄。《敘官》注引《書》作翟。翟正字,狄假借字。以《内司服》注破狄爲翟推校之,則此注作'狄'恐非鄭注舊文。賈疏云:'𤰝,谷也。羽山之谷有夏之五色之翟雉貢焉。'案:賈本似亦作夏翟。"(《周禮正義》卷一六《染人》,第六〇六頁)

賈　"凡染,[一]春暴練"者,以春陽時,陽氣燥達,故暴曬其練。"夏纁玄"者,夏暑熱潤之時,以朱湛丹秫易可和釋,[二]故夏染纁玄而爲祭服也。"秋染夏"者,夏謂五色,至秋氣涼,可以染五色也。"冬獻功"者,纁玄與夏總染,至冬功成,并獻之於王也。[三]"玄、[四]纁,天、地之色",[五]案《易·九事章》云:"黄帝、堯、舜垂衣裳,蓋取諸乾坤。"即天、[六]地之色。但天玄地黄,而玄纁者,土無正位,托位南方火,火色赤,與黄共爲纁也。凡六冕之服,皆玄上纁下,故云"以爲祭服"。即《祭義》云"玄黄之"者是也。[七]《士冠禮》云:[八]"玄則六入。"[九]夏即與五色雉同名,[一〇]故知是五色備。[一一]

【校注】

〔一〕凡:賈《疏》上有"染人至獻功釋曰云"。

〔二〕秫:賈《疏》作"秼"。

〔三〕也：賈《疏》下有“注暴”至“可也”。

〔四〕玄：賈《疏》上有“云”。

〔五〕色：賈《疏》下有“者”。

〔六〕即：賈《疏》上有“乾坤”。

〔七〕也：賈《疏》下有“云石”至“有之”。

〔八〕士：賈《疏》上有“故鄭注鍾氏及”。

〔九〕入：賈《疏》下有“與是”至“色者”。

〔一〇〕夏：賈《疏》上有“謂”。名：賈《疏》下有“夏”。

〔一一〕是：賈《疏》無。五：賈《疏》上有“染五”至“職云”。備：賈《疏》下有“謂之”至“名也”。

三禮辨謂 鄭司農云：“夏，大也，秋乃大染。”康成云：夏，翟也，言染五色備。二説不同。要之春練素，夏染纁、玄，纁、玄皆素，染而後成，故先入。三入爲纁，見《鍾(人)[氏]》。〔一〕秋乃大染衆色，冬并獻是也。《詩》云：“八月載績。載玄載黄，我朱孔陽，爲公子裳。”〔二〕此即秋染衆色之證。

【校注】

〔一〕《周禮·考工記·鍾氏》《注》曰：“染纁者，三入而成。……《爾雅》曰：‘一染謂之縓，再染謂之窺，三染謂之纁。’”《疏》曰：“凡染纁玄之法，取《爾雅》及此相兼乃具。……此三者皆以丹秫染之。”故據《周禮·考工記·鍾氏》，改“人”爲“氏”。

〔二〕引詩出自《詩經·豳風·七月》。《傳》曰：“載績，絲事畢而麻事起矣。玄，黑而有赤也。朱，深纁也。陽，明也。祭服玄衣纁裳。”

追師掌王后之首服，爲副、編、次，追、衡、笄。爲九嬪及外、内命婦之首服，以待祭祀、賓客。喪紀，共笄、絰，亦如之。

鄭司農云 “追”，冠名。《士冠禮》曰：〔一〕“委貌，周道也。章甫，殷道也。（牟）[毋]追，〔二〕夏后氏之道也。”追師掌冠冕之官，故并主王后之首服。“副”者，婦人之首服。《祭統》曰：“君衮冕立於阼，〔三〕（大）[夫]人副褘，〔四〕立於東房。”“衡”，維持冠者。《春秋傳》曰：“衡紞紘綖。”

【校注】

〔一〕禮：《周禮·天官·追師》《注》引鄭衆語下有“記”。

〔二〕牟：阮《校》曰：“諸本同。《釋文》：‘“母追”，音“牟”。’此作‘牟’，非。按：《士冠禮》《釋文》亦作‘“母追”，音“牟”’。”按：此經《釋文》作“毋”，阮《校》作“母”。孫詒讓曰：“牟，《釋文》作‘毋’，與《儀禮》同。”（《周禮正義》卷一六《追師》，第六〇八頁）據《釋文》改“牟”爲“毋”。

〔三〕衮：《周禮·天官·追師》《注》引鄭衆語、《禮記·祭統》作“卷”。

〔四〕大：《周禮·天官·追師》《注》引鄭衆語、《禮記·祭統》作“夫”。按：應作“夫”，據改。

玄謂 “副”之言覆，所以覆首爲之飾，其遺象若今之步摇矣，〔一〕服之以從王祭祀。“編”，編列髮爲之，其遺象若今假紒矣，服之以[告]桑也。〔二〕“次”，次第髮長短爲之，所謂髲髢，服之以見王。王后之燕居，亦纚笄總而已。“追”猶治也。《詩》云：“追琢其章。"〔三〕王后之衡、笄皆以玉爲之。唯祭服有衡,〔四〕垂於副之兩旁,當耳,其下以紞縣瑱。〔五〕《詩》云:"玼兮玼兮,其之翟也。鬒髪如雲,不屑鬄也,玉之瑱也。"是之謂也。笄,捲髪者。外、内命婦衣鞠衣、袒衣者服編,衣褖衣者服次。〔六〕外、内命婦非王祭祀、賓客佐后之禮,自於其家,則亦降焉。《少牢饋食禮》曰:"主婦髲[鬄]衣移袂。"〔七〕《特牲饋食禮》曰"主婦纚笄宵衣"是也。《昏禮》:"女次純衣。"攝盛服耳。主人爵弁以迎,移袂,褖衣之袂。凡諸侯夫人於其國,衣服與王后同。

【校注】

〔一〕之:鄭玄《注》無。摇:鄭玄《注》作"篠"。阮《校》曰:"閩本同。嘉靖本、監、毛本'篠'作'繇'。此本及閩、監、毛本載《釋文》作'篠'。按:作'篠'者誤,字書無此字。《釋文》:'步繇,本或作"摇"。'從'竹'者,乃俗字耳。"孫詒讓曰:"又《後漢書·東平憲王蒼傳》李注、《太平御覽·服用部》并引鄭注云:'副,婦人首服,三輔謂之假紒。'案:鄭所謂假紒遺象者,乃編字詁釋,與副不同,且不引三輔方言,其非後鄭説無疑。先鄭《解詁》,《隋》《唐志》已不著録,亦非李賢等所得見。此或賈、馬、干諸家佚説,誤屬之鄭與?"又曰:"《詩·君子偕老》及《鷄鳴》孔疏引'以桑',并作'以告桑',疑據《内司服》注增。"(《周禮正義》卷一六《追師》,第六一〇、六一二頁)

〔二〕阮《校》曰:"《詩·君子偕老》《正義》及《鷄鳴》《正義》皆引作'服之以告桑也'。此脱'告'字。"北京大學出版社版《周禮注疏》據此在"以"下補"告"字。據阮《校》補。《周禮正義》卷一六《追師》引鄭《注》無"告"字。(第六〇七、六一二頁)

〔三〕章:鄭玄《注》作"璋"。阮《校》曰:"諸本同。浦鏜云:

'"章"誤"璋"。'非,此當據魯、韩《詩》,《玉篇·辵部》引《詩》亦作'璋'。"

〔四〕孫詒讓曰:"《詩·君子偕老》疏引'衡'下有'笄'字。案:衡笄不得垂於副旁,此與注下文不合,《大雅·棫樸》疏引亦無笄字,則《鄘风》疏蓋傳寫誤衍。"(《周禮正義》卷一六《追師》,第六一五頁)

〔五〕孫詒讓曰:"《釋文》'以'下無'紞'字。賈《疏》云:'……'案:賈所據本有紞字。"(《周禮正義》卷一六《追師》,第六一五頁)

〔六〕孫詒讓曰:"褖,《釋文》作'緣',誤。《屨人》疏引《鄭志》說同。《玉藻》疏引《鄭志》作'展衣褖衣首服次',疑誤記也。"(《周禮正義》卷一六《追師》,第六一七頁)

〔七〕髲:鄭玄《注》下有"鬄"。益齋本此處爲一墨釘。按:應有"鬄",據鄭玄《注》補。移:鄭玄《注》同。阮《校》曰:"宋本、余本、嘉靖本皆作'移袂',下同。"孫詒讓曰:"《少牢經》'髲鬄衣'本作'被錫衣',鄭讀爲髲鬄,此依破字引之。鬄疑當爲鬀,詳前。移袂,舊本移作袲,非。今據注疏本正。《少牢》《釋文》作'侈袂',此與唐《石經》同。……今考'髲鬄衣'當爲'被錫衣',與男子玄冠朝服相當。"(《周禮正義》卷一六《追師》,第六一八頁)

賈 "掌王后之首服",〔一〕對夏官弁師掌男子之首服。首服則副、編、次也。云"追衡、笄"者,追,治玉石之名,謂治玉爲衡、笄也。云"爲九嬪及外、内命婦之首服"者,此云"及",則與上《内司服》同。亦是言及,殊貴賤。九嬪下不言世婦,文略,則外命婦中有三公夫人、卿、大夫等之妻,内命婦中惟有女御也。〔二〕云"以待祭祀、賓客",〔三〕亦謂助[王]后而服之也。〔四〕副者,〔五〕副貳之副,轉從覆,〔六〕爲蓋之義。〔七〕“其遺象若今步摇”,〔八〕漢之步摇,〔九〕在首之時,〔一〇〕行步動摇。〔一一〕古去漢遠,〔一二〕無以知之。〔一三〕“編列髮爲之”,〔一四〕“其遺象若今假紒”,〔一五〕亦不知其狀也。〔一六〕“次,〔一七〕次第髮長短爲之”,〔一八〕所謂《少牢》“主婦髲鬄”,〔一九〕即此次也。言“髲鬄”,〔二〇〕鬄髮也,謂剪鬄取賤者、〔二一〕刑者之髮而爲髲。〔二二〕鄭必知三翟之首服副,鞠衣、展衣首服[編],〔二三〕(緣)[褖]衣首服次者,〔二四〕王之祭服有六,首服皆冕,則后之祭服有三,首服皆副可知。《昏禮》:“女次純衣”,純衣則褖衣,褖衣而云“次”,則褖衣首服次可知。其中有編,〔二五〕明配鞠衣、展衣也。〔二六〕上注展衣云:“以禮見王。”則展衣首服編以禮見王。此又云次以見王者,則見王有二:一者以禮朝見於王,與見賓客同,則服展衣與編也。一者褖衣,首服次,接御見王,〔二七〕則此《注》見王是也。〔二八〕“王后之燕居,〔二九〕亦纚笄總而已”者,《士冠禮》,〔三〇〕纚長六尺,以韜髮。笄,〔三一〕所以安髮。總者,既繫其本,又總其末。〔三二〕“王后之衡、〔三三〕笄皆以玉爲之”,〔三四〕“諸公用玉瑱”,〔三五〕諸侯夫人與君同用玉瑱,〔三六〕明衡、笄亦用玉矣。其三夫人與三公夫人同服翟衣,明衡、笄亦用玉矣。其九嬪、命婦等當用象也。〔三七〕衡、〔三八〕笄惟施於翟,〔三九〕鞠衣以下無衡矣。〔四〇〕

【校注】

〔一〕掌:賈《疏》上有“追師至賓客釋曰云”。服:賈《疏》下有“者”。

〔二〕惟:賈《疏》作“唯”。

〔三〕客:賈《疏》下有“者”。

〔四〕阮《校》曰:“惠校本‘后’上有‘王’,此脱。”據阮《校》補。

也:賈《疏》下有“注鄭”至“飾者”。

〔五〕者:賈《疏》下有“是”。

〔六〕轉:賈《疏》上有“故”。

〔七〕義:賈《疏》下有“也”。

〔八〕其:賈《疏》上有“云”。摇:賈《疏》作“繇”,賈《疏》下有“矣”。

〔九〕摇:賈《疏》作“繇”。

〔一〇〕在:賈《疏》上有“謂”。

〔一一〕動摇:賈《疏》作“繇動”。繇動:賈《疏》下有“此據”至“曉古”。

〔一二〕古:賈《疏》作“至今”。漢:賈《疏》下有“久”。

〔一三〕無:賈《疏》上有“亦”。之:賈《疏》下有“矣”。

〔一四〕編:賈《疏》上有“案詩”至“云編”。之:賈《疏》下有“者此”至“爲之”。

〔一五〕其:賈《疏》上有“云”。紒:賈《疏》下有“矣者”。

〔一六〕亦:賈《疏》上有“其假”至“至今”。

〔一七〕次:賈《疏》上有“云”。

〔一八〕之:賈《疏》下有“者”。

〔一九〕所:賈《疏》上有“此亦”至“髢者”。

〔二〇〕髢:賈《疏》下有“者”。

〔二一〕剪:賈《疏》作“翦”。

〔二二〕髮:賈《疏》作“髢”。

〔二三〕服:賈《疏》下有“編”,益齋本此處爲一墨釘。據賈《疏》補。

〔二四〕緣:賈《疏》作“褖”。按:應作“褖”,據賈《疏》改。

〔二五〕中:賈《疏》下有“亦”。阮《校》曰:“惠校本‘亦’作

‘唯’。”

〔二六〕也：賈《疏》下有“云服之以見王者”。

〔二七〕王：賈《疏》下有“則褖衣與次”。

〔二八〕也：賈《疏》下有“故二”至“王耳”。

〔二九〕王：賈《疏》上有“云”。

〔三〇〕士：賈《疏》上有“案”。

〔三一〕笄：賈《疏》下有“者”。

〔三二〕末：賈《疏》下有“燕居”至“之名”。

〔三三〕王：賈《疏》上有“云”。

〔三四〕之：賈《疏》下有“者”。

〔三五〕諸：賈《疏》上有“以弁”至“師云”。玉：賈《疏》下有“爲”。瑱：賈《疏》下有“詩云”至“瑱也”。

〔三六〕諸：賈《疏》上有“據”。人：賈《疏》下有“夫人”。

〔三七〕也：賈《疏》下有“云唯”至“差別”。

〔三八〕衡：賈《疏》上有“則”。

〔三九〕惟：賈《疏》作“唯”。翟：賈《疏》下有“衣”。

〔四〇〕鞠：賈《疏》上有“取”。阮《校》曰：“浦鏜云：‘“取”當“餘”字誤。’”矣：賈《疏》下有“又見”至“是也”。

三禮辨 列后之冠服於下：

副

康成曰：〔一〕覆也，〔二〕所以覆首，〔三〕若今步摇。〔四〕賈氏曰：漢之步摇，〔五〕今去漢遠，〔六〕無以知之。〔七〕嘗考史志，東漢后服，假結。步摇，〔八〕蓋以金爲鳳。下有邸，前有笄，綴五采玉以垂下，行則摇動。《晉志》：“假結，〔九〕步摇，俗謂之珠松。”然則今之崧花特髻，即其遺制矣。

【校注】

〔一〕康成曰：鄭玄《注》作"玄謂"。

〔二〕覆也：鄭玄《注》作"副之言覆"。

〔三〕首：鄭玄《注》下有"爲之飾"。

〔四〕若：鄭玄《注》上有"其遺象"。揺：鄭玄《注》作"繇"，鄭玄《注》下有"矣服"至"祭祀"。

〔五〕漢：賈《疏》上有"追師"至"繇矣"。揺：賈《疏》作"繇"，賈《疏》下有"謂在"至"曉古"。

〔六〕今：賈《疏》上有"至"。遠：賈《疏》上有"久"。

〔七〕無：賈《疏》上有"亦"。之：賈《疏》下有"矣案"至"是也"。

〔八〕《續漢書·輿服志下》："皇后謁廟服，紺上皂下，蠶，青上縹下，皆深衣制，隱領袖緣以絛。假結。步揺，簪珥。步揺以黄金爲山題，貫白珠爲桂枝相繆，一爵九華，熊、虎、赤羆、天鹿、辟邪、南山豐大特六獸，《詩》所謂'副笄六珈'者。諸爵獸皆以翡翠爲毛羽。金題，白珠璫繞，以翡翠爲華云。"

〔九〕结：《晋書》卷二五《輿服志》作"髻"。

編

康成曰：〔一〕編髮爲之，〔二〕若今假紒矣。〔三〕賈氏曰：假紒，〔四〕今亦不知其狀。〔五〕案《士冠禮》"將冠者采衣，紒"。紒音計。〔六〕鄭氏曰："結髮也。〔七〕古文'紒'作'結'。"〔八〕然則今之特髻，以皂帛結之，如高髻之狀，俗通謂之假髻者，即其遺制，但又與步揺相似耳。

【校注】

〔一〕康成曰:鄭玄《注》作“玄謂”。

〔二〕編:鄭玄《注》上有“副之”至“祭祀”,下有“編列”。

〔三〕若:鄭玄《注》上有“其遺象”。矣:鄭玄《注》下有“服之以桑也”。

〔四〕假:賈《疏》上有“追師”至“者其”。紒:賈《疏》下有“亦是”至“曉古”。

〔五〕今:賈《疏》上有“至”。狀:賈《疏》下有“也云”至“是也”。

〔六〕紒音計:《周禮·天官·追師》《釋文》文。

〔七〕結:《儀禮·士冠禮》《注》上有“紒”。也:《儀禮·士冠禮》《注》無。

〔八〕作:《儀禮·士冠禮》《注》作“爲”。

次

康成曰:〔一〕“次第髮長短爲之,〔二〕所謂髲髢。”〔三〕髲,皮寄反。〔四〕愚謂今之髲近是。

【校注】

〔一〕康成曰:鄭玄《注》作“玄謂”。

〔二〕次:鄭玄《注》上有“副之”至“桑也”,下有“次”。

〔三〕髢:鄭玄《注》下有“服之以見王”。

〔四〕髲皮寄反:《周禮·天官·追師》《釋文》文。

衡

康成曰:〔一〕追,〔二〕玉爲之。〔三〕"垂於副之兩旁,〔四〕其下以紞縣瑱。"〔五〕杜預曰:"冠之垂者。"〔六〕瑱以玉爲之,〔七〕所謂充耳也。〔八〕賈氏曰:衡,〔九〕横也,〔一〇〕在副旁當耳。〔一一〕

【校注】

〔一〕康成曰:《周禮·天官·追師》《注》作"玄謂"。

〔二〕追:《周禮·天官·追師》《注》上有"副之"至"而已",下有"猶治也"。

〔三〕玉:《周禮·天官·追師》《注》上有"詩云"至"皆以"。之:《周禮·天官·追師》《注》下有"唯祭服有衡"。

〔四〕旁:《周禮·天官·追師》《注》下有"當耳"。

〔五〕瑱:《周禮·天官·追師》《注》下有"詩云"至"謂也"。

〔六〕冠之垂者:《左傳·桓公二年》《注》文。冠:《左傳·桓公二年》《注》上有"紞"。

〔七〕以玉爲之:《左傳·昭公二十六年》《注》無。

〔八〕所謂:《左傳·昭公二十六年》《注》無。也:《左傳·昭公二十六年》《注》無。

〔九〕衡:賈《疏》上有"追師"至"横此"。

〔一〇〕横也:當爲魏氏對賈《疏》的概括。賈《疏》曰:"笄既横施,則衡垂可知。若然,衡訓爲横,既垂之,而又得爲横者,其笄言横,據在頭上横貫爲横。"

〔一一〕耳:賈《疏》下有"據人"至"是也"。

笄

以玉爲之。〔一〕今之簪也。

【校注】

〔一〕以：鄭玄《注》上有“玄謂”至“笄皆”。之：鄭玄《注》下有“唯祭”至“后同”。

右據康成以爲副，祭；編，蠶；次，燕也。衡在副旁，所以持冠也。《詩》所謂“六珈”者，近是笄，則三者通用之耳。康成曰：外、内命婦服編以下。《少牢饋食禮》：“主婦髲鬄，衣（侈）［移］袂。”〔一〕私祭降也。《昏禮》：“女次，純衣。”攝盛服也。愚謂副者，后、夫人通用之禮。《詩》：“副笄六珈。”《記》：“夫人副褘。”〔二〕編、次之名相近，未知其狀何如耳。《詩》云：“玼兮玼兮，其之翟也。鬒髮如雲，不屑髢直忍反，〔三〕徒帝反。〔四〕也。〔五〕玉之瑱也，象之揥也。”〔六〕《春秋傳》：衛莊公見己氏之妻髮美，使髡之，以爲吕姜髢。杜預曰：“髢，髲也。”〔七〕按：此《詩》曰副，曰翟，曰瑱，意者人少髮，則用髢而加副於其下。髲自美則不用髮也。《采蘩》“被之（同同）［僮僮］”，〔八〕被亦髮也。夫人副、被兼用，大夫妻則從髲而已。髮、髢皆所謂次也。漢制：后、夫人、公主皆服步摇。〔九〕魏、晋因之。〔一〇〕隋改爲花樹之制。〔一一〕唐加大花十二樹，與小花爲二十四。皇太子妃，大、小花各九，以象衮冕之旒，又有兩博鬢。〔一二〕國朝因之。改爲花株。〔一三〕乾道中册儲妃，有司言冠制九等，其第五等計費錢五萬緡。〔一四〕孝宗難之，而止。唐制：外、内命婦九品至五品亦同花釵、寶鈿。花鈿自九至五，（谷）［各］降以一。〔一五〕本朝有名，〔一六〕未用。

【校注】

〔一〕侈:鄭玄《注》作"移"。按:《儀禮·少牢饋食禮》亦作"移",應作"移",據改。

〔二〕夫人副褘:載於《禮記·明堂位》《祭統》。《禮記·明堂位》《注》曰:"副,首飾也,今之步摇是也。……褘,王后之上服,唯魯及王者之後夫人服之。"《疏》曰:"經云'副褘',副是首飾,以其覆被頭首,漢之步摇亦覆首,故云'今之步摇'。……云'褘,王后之上服'者,按《周禮》云'褘衣、揄翟、闕翟'等,皆是后之所服。但褘衣則是王后服之上者。云'唯魯及王者之後夫人服之'者,此經'夫人副褘',是魯得服之,王者之後得行先代天子禮樂,是王者之後夫人得服之。"

〔三〕直忍反:李心傳對"鬒"所加音讀。《詩經·鄘風·君子偕老》《釋文》:"鬒,真忍反。"

〔四〕徒帝反:《詩經·鄘風·君子偕老》《釋文》對"髢"所加音讀。

〔五〕髢:鄭玄《注》作"鬄"。《釋文》曰:"髢,本又作鬄。"

〔六〕《詩經·鄘風·君子偕老》《傳》曰:"揥,所以摘髮也。"《釋文》曰:"揥……摘也。摘……本亦作'擿',音同。本又作'擿',又作'謫',并非。"

〔七〕衛莊公髡己氏妻事,見《左傳·哀公十七年》及杜預《注》。

〔八〕同同:《詩經·周南·采蘩》作"僮僮"。《傳》曰:"被,首飾也。僮僮,竦敬也。"《疏》曰:"《箋》引《少牢》之文,云'主婦髲鬄',與此被一也。案《少牢》作'被裼',《注》云:'"被裼"讀爲"髲鬄"。……此言被,與髲鬄之文同,故知被是《少牢》之髲鬄,同物而异名耳。《少牢》《注》讀'被錫'爲'髲鬄'者,以剔是翦髮之名,直云'被錫',

於用髮之理未見，故讀爲‘髲鬄’……《少牢》既正其讀，故此及《追師》引經之言髲鬄也。定本作‘髲髢’，與俗本不同。……此‘主婦髲鬄’，在《少牢》之經，《箋》云‘《禮記》曰’者，誤也。”

〔**九**〕東漢后、夫人服飾，已見前引《續漢書·輿服志下》。同書又曰：“長公主見會衣服，加步摇，公主大手結，皆有簪珥，衣服同制。”

〔**一〇**〕《晋書》卷一九《禮志上》：“（武帝太康六年詔曰）擇吉日，皇后著十二笄步摇，依漢魏故事，衣青衣……公主、三夫人、九嬪、世婦、諸太妃、太夫人及縣鄉君、郡公侯特進夫人、外世婦、命婦皆步摇、衣青。”《晋書》卷二五《輿服志》：“皇后謁廟，其服皂上皂下，親蠶則青上縹下，皆深衣制，隱領，袖緣以絛。首飾則假髻，步摇，俗謂之珠松是也，簪珥。步摇以黄金爲山題，貫白珠爲支相繆。八爵九華，熊、獸、赤羆、天鹿、辟邪、南山豐大特六獸，諸爵獸皆以翡翠爲毛羽，金題白珠璫，繞以翡翠爲華。……其長公主得有步摇，皆有簪珥，衣服同制。”《宋書》卷一四《禮志一》：“擇吉日，皇后著十二笄，依漢魏故事，衣青衣……公主、三夫人、九嬪、世婦、諸太妃、公太夫人、公夫人，及縣鄉君、郡公侯特進夫人、外世婦、命婦，皆步摇、衣青。”《宋書》卷一八《禮志五》：“漢制，皇后謁廟服，紺上皂下；親蠶，青上縹下。首飾，假髻，步摇，八雀，九華，加以翡翠。晋《先蠶儀注》，皇后十二鏌，步摇，大手髻，衣純青之衣，帶綬佩。……公主會見，大手髻。其長公主得有步摇。”《隋書》卷一一《禮儀志六》：“皇后謁廟……首飾則假髻、步摇，俗謂之珠松是也。簪珥步摇，以黄金爲山題，貫白珠，爲桂枝相繆。八爵九華，熊、獸、赤羆、天鹿、辟邪、南山豐大特六獸。諸爵獸皆以翡翠爲華。綬佩同乘輿。……其長公主得有步摇。……皇后璽、綬、佩同乘輿，假髻，步摇，十二鈿，八雀九華。……皇太子妃璽、綬、佩同皇太子，假髻，步摇，九鈿，服褕翟。”

〔一一〕《隋書》卷一二《禮儀志七》:“皇后首飾,花十二樹。皇太子妃,公主,王妃,三師、三公及公夫人,一品命婦,并九樹。侯夫人,二品命婦,并八樹。伯夫人,三品命婦,并七樹。子夫人,世婦及皇太子昭訓,四品已上官命婦,并六樹。男夫人,五品命婦,五樹。女御及皇太子良娣,三樹。自皇后已下,小花并如大花之數,并兩博鬢也。”

〔一二〕《舊唐書》卷四五《輿服志》:“《武德令》:皇后服有褘衣、鞠衣、鈿釵禮衣三等。褘衣,首飾花十二樹,并兩博鬢。……皇太子妃服,首飾花九樹,小花如大花之數,并兩博鬢也。”

〔一三〕《宋會要輯稿·輿服四》:“皇后之服,唐制有三等:一曰褘衣,朝會服之。二曰鞠衣,親蠶服之。三曰禮衣,宴見服之。國朝存其名……仁宗天聖二年正月十一日……禮院言:‘按《開寶禮》,有飾花十二株,小花如大花之數,并兩博鬢。’”(《宋會要輯稿》,第二二二八頁)《宋史》卷一五一《輿服志三》:“妃首飾花九株,小花同,并兩博鬢……皇太子妃首飾花九株,小花同,并兩博鬢。……中興,仍舊制。其龍鳳花釵冠,大小花二十四株,應乘輿冠梁之數,博鬢,冠飾同皇太后,皇后服之,紹興九年所定也。花釵冠,小大花十八株,應皇太子冠梁之數,施兩博鬢,去龍鳳,皇太子妃服之,乾道七年所定也。”

〔一四〕益齋本“萬”字下爲一墨釘。南宋孝宗册皇太子,事在乾道七年(一一七一年)。《宋史》卷三四《孝宗本紀二》:“(乾道七年)二月癸丑,詔立子惇爲皇太子……(三月)丙子,立恭王夫人李氏爲皇太子妃。”

〔一五〕“谷”字於此無義,似當爲“各”字之訛。《舊唐書》卷四五《輿服志》:“内外命婦服花釵,施兩博鬢,寶鈿飾也。……第一品花鈿九樹,寶鈿準花數,以下準此也。翟九等。第二品花鈿八樹,翟八等。第三品花鈿七樹,翟七等。第四品花鈿六樹,翟六等。第五品花鈿五樹,翟五等。……鈿釵禮衣……第一品九鈿,第二品八鈿,第三品七鈿,第四品六鈿,第五品五鈿。”

〔一六〕有名:此處指有其名稱、制定有相關禮制。《宋史》卷一五一《輿服志三》:“命婦服。政和議禮局上:花釵冠,皆施兩博鬢,寶鈿飾。翟衣,青羅綉爲翟,編次於衣及裳。第一品,花釵九株,寶鈿準花數,翟九等;第二品,花釵八株,翟八等;第三品,花釵七株,翟七等;第四品,花釵六株,翟六等;第五品,花釵五株,翟五等。并素紗中單,黼領,朱褾、襈,通用羅縠,蔽膝隨裳色,以緅爲領緣,加文綉重雉,爲章二等。二品以下準此。”

屨人掌王及后之服屨。爲赤舄、黑舄、赤繶、黄繶;青句、素屨,〔一〕**葛屨。**

【校注】

〔一〕孫詒讓曰:“舄屨之差見於經者,唯此職及《士冠》《士喪》二禮,文皆不具。此經雖有互文錯見之例,然如鄭賈所説,前後參差,絶無義例,殆不足據。……今依據《禮經》,參以諸家之義,竊謂此經赤舄、黑舄,王與后通得服之。赤舄則赤絇繶純,黑舄則黄絇繶純,素屨則素絇繶純。蓋赤舄最尊,故即以赤爲飾,不以他采間之,亦謂之金舄,以赤兼黄朱,近於金色也。……要之此經二舄一屨,與《士冠》禮三屨之色正同。唯王及后仍當有纁屨、黑屨,與士三屨同。經不著者,以舄尊屨卑,舉赤舄黑舄足以晐纁屨、黑屨。卿大夫及王之命士得服冕服者,亦得服赤舄。侯國之士服自爵弁以下,則惟服纁、黑、白三屨。蓋服屨之内本無青黄二色,經文叙次自明析也。”(《周禮正義》卷一六《屨人》,第六二一—六二二頁)

鄭 屨自明矣,〔一〕必連言"服"者,著服各有屨也。複下曰舃,禪下曰屨。古人言屨以通於複,今世言屨以通於禪,俗易語反與?舃、屨有絇、有繶、有純者,飾也。

【校注】

〔一〕自:阮《校》曰:"宋本'自'作'目',是。'屨目'即經之某舃某屨也。""孫《校》:'"自"是,"目"非,阮説未然。'"(北京大學出版社版《周禮注疏》,第二一五頁)

鄭司農云 "赤繶、黄繶",以赤、黄之絲爲下緣。《士喪禮》曰:"夏葛屨,冬皮屨,皆繶緇純。"禮家説繶,亦謂以采絲礫其下。

玄謂 凡屨、舃,各象其裳之色。《士冠禮》曰:玄端、黑屨、青絇繶純。素積、白屨、緇絇繶純。爵弁、纁屨、黑絇繶純是也。王吉服有九,舃有三等。赤舃爲上,冕服之舃。《詩》云:"王錫韓侯,〔一〕玄衮赤舃。"則諸侯與王同。下有白舃、黑舃。〔二〕王后吉服六,唯祭服有舃。玄舃爲上,褘衣之舃也。下有青舃、赤舃。鞠衣以下皆屨耳。"句"當爲"絇",聲之誤也。〔三〕繶、絇純者同色,〔四〕今云赤繶、黄繶、青(句)[絇],〔五〕雜互言之,明舃、屨衆多,反覆以見之。凡舃之飾,如繢之次。赤繶者,王黑舃之飾。黄繶者,王后玄舃之飾。青絇者,王白舃之飾。言繶必有絇純,言絇亦有繶純,三者相將。王及后之赤舃皆黑飾,后之青舃白飾。凡屨之飾,如綉次也。黄屨白飾,〔六〕白屨黑飾,黑屨青飾。絇謂之拘,〔七〕著舃、屨之頭,以爲行戒。繶,縫中紃。純,緣也。天子、諸侯吉事皆舃,其餘唯服冕、衣翟、著舃耳。士爵弁,纁屨,黑絇繶純,尊祭服之屨飾,從繢也。素屨者,非純吉,有凶去飾者。言葛屨,明有用皮時。

【校注】

〔一〕錫:阮《校》曰:"諸本同,嘉靖本'錫'作'賜'。按:王氏《詩考》引《周禮》注'王賜韓侯',是宋本作'賜',作'錫'者,依今《詩》所改。"孫詒讓曰:"《毛詩》'賜'作'錫',俗本多依《詩》改作錫,非。"(《周禮正義》卷一六《屨人》,第六二五頁)

〔二〕孫詒讓曰:"今依此經及《士冠禮》考之,王舄實止有赤黑二種,屨則當有纁黑素三種。赤舄以配五冕服之纁裳,纁屨以配韋弁服之韎裳,素屨以配皮弁冠弁服之素裳,黑屨以配玄端服之玄裳,惟黑舄無所施。……黑舄者殆即玄冕玄裳黼裳之舄也。如是則於經文既合,而二舄配冕服,素屨配弁服,於尊卑敘次,尤絶無混躐;較之以青句爲白舄,横增經外之服名,以黑舄配冠弁,復乖朝服之裳色,不遠勝乎!"(《周禮正義》卷一六《屨人》,第六二五—六二六頁)

〔三〕"段玉裁云:'此依《士冠禮》作絇,定爲聲之誤。實則古假借字也。'案:段説是也。《漢書·王莽傳》亦作句。"(《周禮正義》卷一六《屨人》,第六二六頁)

〔四〕繶絇:鄭玄《注》作"絇繶"。

〔五〕句:鄭玄《注》作"絇"。按:據上文鄭玄《注》,"句"爲"絇"之聲誤,則此處應作"絇",據鄭玄《注》改。

〔六〕孫詒讓曰:"黄屨當云纁屨。"(《周禮正義》卷一六《屨人》,第六二八頁)

〔七〕孫詒讓曰:"《釋文》拘作'救',云'戚如字,劉音拘'。段玉裁從《釋文》作救,云:'作拘者誤。絇謂之救者,《爾雅·釋器》文。《司救》注云:"救猶禁也。禮防禁人之過者也。"《儀禮》注"絇之言

拘也”，鄭自爲説故云“之言”。此引《爾雅》，云“謂之”。’案：段説是也。”（《周禮正義》卷一六《屨人》，第六二八頁）

賈　屨、〔一〕舄從裳色，［裳既多種］，故連言也。〔二〕“複下曰舄，〔三〕襌下曰屨”，〔四〕重底者名舄，〔五〕襌底者名屨。〔六〕“舄、〔七〕屨有絇、有繶、有純”，〔八〕繶是牙底相接之縫，〔九〕綴絛於其中央。〔一〇〕絇謂屨頭以絛爲鼻。〔一一〕純謂以絛爲口緣。〔一二〕“言繶必有絇純，〔一三〕言絇亦有繶純，三者相將”，〔一四〕經互見，〔一五〕故各舉其一。〔一六〕“絇謂之拘，〔一七〕著於舄、屨之頭，以爲行戒”者，鄭注《士冠》亦云：“絇之言拘也，以爲行戒，狀如刀衣鼻，在屨頭。”取自拘持爲行戒，〔一八〕“素屨非純吉，〔一九〕有凶去飾者”，下經《注》散屨與此素屨同是大祥時。則大祥除衰杖後，身服素縞、麻衣，而著此素屨。〔二〇〕不云繶純，〔二一〕故知去飾，無絇繶純也。〔二二〕

【校注】

〔一〕屨：賈《疏》上有“屨人”至“屨也者”。

〔二〕故：賈《疏》上有“裳既多種”，據補。言：賈《疏》下有“服”。

〔三〕複：賈《疏》上有“云”。

〔四〕屨：賈《疏》下有“者”。

〔五〕重：賈《疏》上有“下謂底複重底”。名：賈《疏》下有“曰”。

〔六〕名：賈《疏》下有“曰”。屨：賈《疏》下有“也無正”至“疑之也”。

〔七〕舄：賈《疏》上有“云”。

〔八〕純：賈《疏》下有“者飾也者”。

〔九〕繶:賈《疏》上有“言”。

〔一〇〕央:賈《疏》無。

〔一一〕絇:賈《疏》上有“言”。

〔一二〕緣:賈《疏》下有“經不”至“飾也”。

〔一三〕言:賈《疏》上有“云”。

〔一四〕將:賈《疏》下有“者以”至“相將”。

〔一五〕經:賈《疏》上有“但”。

〔一六〕各:賈《疏》下有“偏”。一:賈《疏》下有“耳云”至“然也”。

〔一七〕絇:賈《疏》上有“云”。

〔一八〕取:賈《疏》上有“言拘”。戒:賈《疏》下有“者謂使”至“人也”。

〔一九〕素:賈《疏》上有“云”。屨:賈《疏》下有“者”。

〔二〇〕屨:賈《疏》下有“故云”至“飾者”。

〔二一〕不:賈《疏》上有“經素屨”。

〔二二〕也:賈《疏》下有“云言”至“時也”。

三禮辨 赤舄黑繶,王舄也。黑舄黄繶,后舄也。繶,牙相接底之縫,〔一〕“綴絛於其中”也。不言緣,不异色也。句者,以絛爲鼻,於舄頭皆用青也。素屨,絲也。葛屨,草也。尊者不屨皮屨,故不言也。以《詩》考之,公、侯服衮衣者,皆赤舄。康成曰:“複下曰舄,禪音丹下曰屨。”命屨,纁白黑之屨也。爵弁,纁。素積,白。玄端,黑。功屨、散屨未詳。或曰:散,繐屨也。音歲。然下文專言四時之祭祀,則不履繐屨也。

【校注】

〔一〕牙相接底：賈《疏》作“牙底相接”。

辨外、内命夫、命婦之命屨、功屨、散屨。凡四時之祭祀，以宜服之。

鄭　命夫之命屨，纁屨。命婦之命屨，黄屨以下。功屨次命屨，於孤、卿、大夫則白屨、黑屨。九嬪、内子亦然。世婦、命婦以黑屨爲功屨。女御、士妻命屨而已。士及妻謂“再命受服”者。〔一〕散屨，亦謂去飾。祭祀而有素屨、散屨者，惟大祥時。〔二〕

【校注】

〔一〕及：鄭玄《注》下有“士”。

〔二〕惟：鄭玄《注》作“唯”。

賈　上明王及后等尊者舄、〔一〕屨訖，此明臣妻及嬪已下之屨也。〔二〕鄭知此經四時祭祀含有素屨、〔三〕散屨者，〔四〕惟大祥時。〔五〕

【校注】

〔一〕上：賈《疏》上有“辨外至散屨釋曰”。

〔二〕也：賈《疏》下有“言外”至“色也”。

〔三〕鄭：賈《疏》上有“凡四”至“祥時釋曰”。

〔四〕者：賈《疏》下有“以此”至“純吉”。

〔五〕惟：賈《疏》作“唯”。“唯”，賈《疏》上有“故云”。時：賈《疏》下有“也但上”至“一也”。

夏采掌大喪以冕服復於大祖，以乘車建綏復於四郊。〔一〕

【校注】

〔一〕孫詒讓曰："綏，當從故書作'襚'，即旞之假字。"(《周禮正義》卷一六《夏采》，第六三四頁)

鄭　求之王平生常所有事之處。"乘車"，玉輅。〔一〕於大廟以冕服，不出宫也。四郊以綏，出國門，此行道也。

【校注】

〔一〕輅：鄭玄《注》作"路"。孫詒讓曰："此乘車實當爲象路，即《司常》之道車。鄭、賈以爲玉路，則不得建綏，非也。……金榜云：'……《司常》道車，謂象路。'"(《周禮正義》卷一六《夏采》，第六三四、六三七頁)

鄭司農云　"復"謂始死招魂復魄。《士喪禮》曰："士死於適室，復者一人以爵弁服升自東榮，中屋，北面，招以衣，曰'皋某復'，三，降衣於前，受用篋，升自阼階，以衣尸。"《喪大記》曰："復，男子稱名，婦人稱字，唯哭先復。"言死而哭，哭而復，冀其復反，故《檀弓》曰："復，盡愛之道也。望反諸幽，求諸鬼神之道也。北面，求諸幽之義也。"《檀弓》又曰："君復於小寢、大寢，小祖、大祖，庫門、四郊。"《喪大記》又曰："復者朝服，君以卷，夫人以屈狄，大夫以玄赬，世婦以袒衣，士以爵弁，士妻以稅衣。"《雜記》曰:"諸侯行,而死於館,則其復如於其國。如於道,則升其乘車之左轂,以其綏復。大夫死於館,則其復如於家。死於道,則升其乘車之左轂,以其綏復。"《喪大記》又曰:"爲賓則公館復,私館不復。"夏采天子之官,故"以冕服復於大祖,以乘車建綏復於四郊",天子之禮也。大祖,始祖廟也。故書"綏"爲"禭"。〔一〕

【校注】

〔一〕阮《校》曰:"《漢讀考》云:'《釋文》:"'禭',音維,徐音遂。"據徐音,疑本作"旞",或作"旜",《説文·㫃部》,旜即旞字。全羽爲旜,古羽旄多互言。言羽而旄見,言旄而羽見。經云旜,猶《禮記》云緌,皆謂無旒也。杜易爲綏,似未解此。'""段玉裁云:'杜易禭爲綏,先鄭從之。故書作禭,《説文》無此字。《釋文》曰:"禭音維,徐音遂。"據徐音,疑本作旞,或作旜。《説文·㫃部》,旜即旞字。'金榜云:'……禭當爲旞。《説文》旞,亦作旜,因訛而爲禭。杜子春改綏。鄭又讀從緌,皆非。……'王引之云:'經本謂建旜,非謂建綏。旜與旞同。(按:"非謂建綏。旜與旞同"二句,點校者原作"非謂建綏旜。與旞同",似不確,徑改)……從衣作禭者,假借字耳。鄭當依故書作禭,而讀爲旜,不當沿子春之誤,徑改爲綏也。旜得借用禭字者,旜禭俱音遂故也。禭爲旞之或體者,古音遺與遂同。《地官·遺人》,劉昌宗音遂。《小雅·角弓篇》"莫肯下遺",《荀子·非相篇》遺作隧。《南山經》:"旄山之尾,其南有谷曰育遺。"遺或作隧。《白虎通義》曰"襚之爲言遺也"是也。故襚從遂聲作襚,或從遺聲作禭,亦猶九旗之旞或作旜也。禭爲旜之假借非訛字。'案:段、金、王説是也。"(《周禮正義》卷一六《夏采》,第六三七—六三八頁)

杜子春云 當爲“緌”,“襚”非是。〔一〕

【校注】

〔一〕是:《周禮·天官·夏采》《注》引杜子春語下有“也”。

玄謂 《明堂位》曰:“凡四代之服、器,魯兼用之。”“有虞氏之旗,夏后氏之(緌)[綏]。”〔一〕則旌旗有是“綏”者,〔二〕當作“緌”,字之誤也。〔三〕(綏)[緌]以旄牛尾爲之,〔四〕綴於橦上,所謂注旄於干首者。王祀四郊,乘玉輅,〔五〕建太常,〔六〕今以復,〔七〕去其旒,异之於生,亦因先王有徒緌者,《士冠禮》及《玉藻》冠緌之字,故書亦多作“綏”,〔八〕今禮家定作“蕤”。〔九〕

【校注】

〔一〕緌:阮《校》曰:“《明堂位》作‘綏’,注云:‘“綏”當爲“緌”。’按:此仍當爲‘綏’,下始云當作‘緌’。”孫詒讓曰:“綏,舊本作緌,今據宋婺州本正。……阮校是也。段玉裁、黄丕烈校,亦改作綏。彼文(指《禮記·明堂位》)云:‘有虞氏之旗,夏后氏之綏……’鄭彼注云:‘……綏當爲緌,有虞氏當言緌,夏后氏當言旗,此蓋錯誤也。……’《王制》注説亦同。……鄭互易其字,又讀綏爲緌,非也。……至《釋名·釋兵》云:‘緌,有虞氏之旌也,注旄竿首,其形蕊蕊然也。綏,夏后氏之旌也。其形衰衰也。’案:劉亦從《明堂位》注義,而仍以綏爲夏旗,則又小异,亦不足據也。”(《周禮正義》卷一六《夏采》,第六三八頁)北京大學出版社版《周禮注疏》據阮《校》改爲“綏”。此處亦據阮《校》,改“緌”爲“綏”。

〔二〕是:阮《校》曰:“《漢讀考》‘是’作‘徒’,云:‘作“是”誤,徒緌去旒也。’按：下《注》云：‘亦因先王有徒緌者。’《疏》云：‘徒，空也。有虞氏空緌，未有在下旗旒。’”

〔三〕孫詒讓曰：“此後鄭據《明堂位》有綏，明旌旗自有是名，但其字實當爲緌也。段玉裁云：‘司農稱《雜記》證杜説，但綏緌二字，古音同在支佳部、歌戈麻部間，而義各有當。緌者下垂之意，故系於冠纓爲飾者謂之緌，旌旗之旄亦謂之緌。鄭君《雜記》注云：“綏當爲緌，讀如蕤賓之蕤，字之誤也。緌謂旌旗之旄也。去其旒而用之，异於生也。”《明堂位》注云：“綏當爲緌，讀如冠蕤之蕤。緌謂注旄牛尾於杠首。”皆與《夏采》注正合。’汪文臺云：‘綏本登車之索。鄭引《明堂位》，證是綏爲旌旗之綏，當爲緌，非車綏也。’案：段、汪説是也。《説文·糸部》云：‘綏，車中把也。緌，系冠纓垂者。’旌旗之緌與冠緌，同有垂義，故鄭破綏從緌也。”（《周禮正義》卷一六《夏采》，第六三八頁）

〔四〕綏：鄭玄《注》作“緌”。按：應作“緌”，據鄭玄《注》改。

〔五〕輅：鄭玄《注》作“路”。

〔六〕太：鄭玄《注》作“大”。

〔七〕以：賈《疏》下有“之”。

〔八〕綏：賈《疏》下有“者”。阮《校》曰：“閩、監、毛本同，宋本、岳本、嘉靖本‘綏’作‘緌’。《漢讀考》云：‘作“緌”誤。’。”孫詒讓曰：“此故書謂《儀禮》《禮記》舊本，與注中凡言故書者异。今《士冠禮記》字作緌，彼注無作綏之文，《玉藻》注亦然，皆文不具。綏，嘉靖本作緌，段玉裁、黄丕烈校并據注疏本作綏，今從之。段云：‘明冠緌字誤，則旗緌之字誤可知。’案：段説是也。然賈疏謂故書多作緌者，謂作糸旁委也，則賈所見本已誤緌矣。”（《周禮正義》卷一六《夏采》，第六三九頁）孫校：“賈《疏》已誤作‘緌’。”（北京大學出版社版《周禮注疏》，第二二〇頁）

〔九〕孫詒讓曰:"謂《禮》《士冠》、《玉藻》二記冠緌之字,漢時禮家説又定作蕤,亦見《玉藻》注,而《士冠》注則無文。此雖與鄭從緌异,然其不從綏則同,故亦附存其説。段玉裁云:'漢時説禮家定從蕤字。蕤者,草木花垂貌。其音亦在支佳部,如《玉藻》"緇布冠繢緌",注云"緌或作蕤",是其證也。《玉藻音義》曰:"緌,本又作蕤。"是唐時《禮記》尚有作蕤者也。'"(《周禮正義》卷一六《夏采》,第六三九—六四〇頁)

賈 "大喪"謂王喪也。〔一〕"以冕服復於太祖"者,〔二〕謂初死屬纊絶氣之後,即以冕服自衮冕以下六冕及爵弁、皮弁之等復,謂招魂。各依命數,〔三〕天子則十二人,各服朝服,而復於太祖之廟,〔四〕當升自東霤,北面,履危,西上,云"皋天子復",如是者三,乃捲衣投於前,有司以篋受之,升自阼階,入,衣於尸。復而不蘇,乃行死事也。〔五〕鄭司農云"復謂始死招魂復魄"者,精氣爲魂,耳目聰明爲魄。人死,魂氣上去,故招入之,〔六〕而復於魄也。〔七〕士升自屋東榮,〔八〕天子、〔九〕諸侯言東霤。皋謂長聲而言。〔一〇〕"王祀四郊,〔一一〕乘玉輅,〔一二〕建太常",〔一三〕生時九旗有緌,〔一四〕有旒,今死,去旒,是异。〔一五〕綏,〔一六〕今禮家定作"蕤賓"之蕤。〔一七〕蕤賓在五月,〔一八〕一陰(方)[爻]生,〔一九〕陰氣委蕤於下,故旌旗之"緌"亦作"蕤"也。〔二〇〕

【校注】

〔一〕大:賈《疏》上有"夏采至四郊釋曰"。

〔二〕以:賈《疏》上有"云"。太:賈《疏》作"大"。

〔三〕各:賈《疏》上有"復者"。

〔四〕太:賈《疏》作“大”。

〔五〕也:賈《疏》下有“故云”至“冕也”。

〔六〕入:賈《疏》無。

〔七〕復:賈《疏》下有“之”。也:賈《疏》下有“自士”至“之服”。

〔八〕士:賈《疏》作“云”。屋:賈《疏》無。榮:賈《疏》下有“者”。

〔九〕天:賈《疏》上有“升屋從東榮而上”。

〔一〇〕言:賈《疏》下有“又引”至“有也”。

〔一一〕王:賈《疏》上有“云”。

〔一二〕輅:賈《疏》作“路”。

〔一三〕太:賈《疏》作“大”。常:賈《疏》下有“者”。

〔一四〕生:賈《疏》上有“此巾”至“生者”。九旗:賈《疏》作“有旗”。

〔一五〕异:賈《疏》下有“有虞”至“委也”。

〔一六〕綏:賈《疏》作“云”。

〔一七〕作:賈《疏》下有“蕤者”至“謂爲”。

〔一八〕蕤:賈《疏》上有“必定綏作蕤者”。五:賈《疏》作“午”。

〔一九〕方:阮《校》曰:“惠校本、《漢讀考》‘方’作‘㕚’,此誤。”據阮《校》改“方”爲“㕚”。

〔二〇〕亦:賈《疏》下有“定”。

鶴山先生云 人死,而以衣招魂。“緌”爲“蕤”,取“蕤賓”之蕤,正謂陽氣委蕤以消,而爲陰。賈氏反言之耳。

(前有闕文)行逮。易簀時,〔一〕秀水曾孫朱改之同舉持焉。〔二〕嗚呼!先生已矣,〔三〕微言絶不復聞矣。〔四〕嘗記先生謂此書賈公彦云:上大宰至旅下士總馭衆職,〔五〕故爲上首,自宫正至夏采六十官,〔六〕隨事緩急爲先後。〔七〕然則自古聖王繼天立極,〔八〕開國承家。〔九〕至夏采,而死生之義備矣。經綸天下之大經,〔一〇〕立天下之大本,〔一一〕周矣。雖先生以命召,而僅徹此篇,然三百六十官之綱舉矣。學者其深味之。嘉熙戊戌季秋,〔一二〕與權斂涕書於武林客舍。〔一三〕

【校注】

〔一〕易簀:中國古時人臨死時更換床席的禮俗。指人病危將死。《禮記·檀弓上》:"曾子寢疾,病。……童子曰:'華而睆,大夫之簀與?'……曾子曰:'然,斯季孫之賜也,我未之能易也。元,起易簀。'"

〔二〕秀水:本爲袁州(今江西宜春袁州區)境内的一條水名。此處指南宋初大臣朱勝非(一〇八二—一一四四)。字藏一,蔡州(今河南上蔡,一説爲今河南汝南)人,《南宋館閣録》卷七則記載其爲姑蘇(今江蘇蘇州)人。其生平、事迹詳載《宋史》卷三六二《朱勝非傳》。因其撰有《秀水閑居録》三卷,故名。秀水曾孫朱改之:劉昱楓考證,朱勝非有四子,分别爲朱唐卿、朱冠卿、朱夏卿、朱商卿;孫三人,分别爲朱昱、朱翌、朱翜;曾孫二人,朱翌兩子朱儕、朱偃。(詳見劉昱楓《朱勝非與〈秀水閑居録〉研究》,河北大學二〇二〇年碩士學位論文)然史書記載,朱勝非子中,無名"冠卿"者,且另有朱虞卿、朱周卿、朱漢卿。由於史載闕略,朱勝非是否還有其他曾孫,"改之"是不是朱儕、朱偃,或其他史無記載的曾孫的字,均不可詳考。舉持:此處指參與辦理喪事。

〔三〕已:結束。此處爲去世的委婉説法。

〔四〕微言:《漢書》卷三〇《藝文志》:"昔仲尼没而微言絶。"師古曰:"精微要妙之言耳。"絶:斷絶、湮滅。

〔五〕衆:《周禮·天官·序官·宫正》《疏》作"群"。

〔六〕自:《周禮·天官·序官·宫正》《疏》下有"此"。正:《周禮·天官·序官·宫正》《疏》下有"已下"。

〔七〕"上大"至"先後":此處魏氏引《周禮·天官·序官·宫正》《疏》,有改寫。隨事緩急:按照自宫正至夏采六十職官職掌之事的輕重緩急。先後:此處指自宫正至夏采六十職官在《周禮》天官系統中的先後順序。

〔八〕繼天立極:依天命繼承天子之位。朱熹《〈大學章句〉序》:"一有聰明睿智能盡其性者出於其間,則天必命之以爲億兆之君師,使之治而教之,以復其性,此伏羲、神農、黄帝、堯、舜,所以繼天立極。"(《四書章句集注》,第一頁)

〔九〕開國承家:建立邦國,承繼封邑。《周易·師》:"大君有命,開國承家。"《疏》曰:"若其功大,使之開國爲諸侯;若其功小,使之承家爲卿、大夫。"

〔一〇〕經綸:本義爲整理絲縷,理出絲緒,編絲成繩。引申爲籌畫治理國家。《周易·屯》:"雲雷屯,君子以經綸。"《疏》曰:"經謂經緯,綸謂綱綸,言君子法此屯象有爲之時,以經綸天下,約束於物。"

〔一一〕立天下之大本:《禮記·中庸》:"唯天下至誠,爲能經綸天下之大經,立天下之大本,知天地之化育。"《注》曰:"'大經',謂六藝,而指《春秋》也。'大本',《孝經》也。"《釋文》:"論,本又作綸,同音倫。"

〔一二〕嘉熙:南宋理宗趙昀在位時使用的第四個年號,從一二三七年至一二四〇年。戊戌:此處指宋理宗嘉熙二年,即一二三八年。季秋:指秋季的第三個月,即農曆九月。

〔一三〕武林:舊時杭州的别稱,因武林山得名。《漢書》卷二八《地理志》:"武林山,武林水所出。東入海,行八百三十里。"很多學者認爲,武林山即今靈隱、天竺一帶群山的總稱。南宋人周密曾撰有《武林舊事》十卷，詳載南宋都城臨安的城市風貌。

右《周禮折衷》上、下篇，本名《江陽周禮記》。聞會失其上篇，先生猶子高斯得搜録以見歸，〔一〕二篇始完。間舉似泉使考功郎王辰應氏貽書云：〔二〕鄭諸説於是論定，宜以《鶴山周禮折衷》名之。竊嘗聞先生謂此一經多可疑者，自先、後鄭《傳》《注》以來，數千百年，無敢輒議，亦以官聯縝密，〔三〕意其爲成王、周公遺書。〔四〕至五峰胡子斷以爲劉歆傅會，舒禍天下，〔五〕根於鄭《注》"國服"一條。〔六〕逮吾先生，屢發其義。蓋未病前一年游蔣山，〔七〕有詩尤大著明，〔八〕今附載於此：〔九〕"連年飲建鄴，〔一〇〕寤寐北山靈。三過又不入，風雨盲其程。一朝決會期，萬籟不敢聲。斷港卷夕潦，〔一一〕別巘浮帝青。〔一二〕因思山中人，〔一三〕昔者相熙寧。〔一四〕不知學何事，莽制爲周經。〔一五〕群公咸其輔，弗悟宗康成。〔一六〕相承章蔡後，〔一七〕九州半膻腥。〔一八〕歷年百七十，衆寐皆全醒。〔一九〕三經猶在校，〔二〇〕從祀猶在庭。〔二一〕追惟禍之首，〔二二〕千古一涕零。大鈞高難問，〔二三〕山空水泠泠。"〔二四〕是游也，先生同産兄、〔二五〕今禮部侍郎高定子實爲本道轉運副使，〔二六〕領賓客群從偕行。端平三年七月三日也。〔二七〕嘉熙己亥孟春，〔二八〕與權拜手追記。〔二九〕

【校注】

〔一〕猶子：兄弟的兒女。

〔二〕考功郎：職官名，考功郎中的省稱。唐代設置，宋沿唐制。考功郎中一人，從五品上。總掌百官功過善惡之考核，兼掌其行迹，皆詳加簿録。某官死後，考功郎中將其功過、行狀付諸史官，以便擬謚、銘碑。會百官議其内容後,傳報其家。

〔三〕縝:《經義考》卷一二五《周禮六》作“須”。

〔四〕書:《經義考》作“制”。

〔五〕舒:《經義考》上有“荆”。舒禍:散布灾禍。

〔六〕根:根源、緣於。此處指後人多認爲鄭玄注《周禮·地官·泉府》所説的“以國服爲息”,係沿用王莽新朝之制,非周公原義。魏了翁亦持此説,并有論述,詳見前《周禮·天官·小宰》“以官府之八成經邦治”節所載《注》《疏》及魏了翁語。

〔七〕蔣山:即鍾山,又名紫金山,位於今江蘇省南京市東北。漢末,秣陵尉蔣子文逐盜,戰死於此。此後屢有神靈顯現。孫權在鍾山爲其修建神廟,改山名爲蔣山。此後歷代祭祀不絶。

〔八〕大:《經義考》作“爲”。著明:清楚無誤的表明。《史記》卷一三〇《太史公自序》:“子曰:‘我欲載之空言,不如見之於行事之深切著明也。’”

〔九〕引詩出自《重校鶴山先生大全文集》(文淵閣《四庫全書》本)卷六《江東漕使兄約游鍾山分韻得泠字》(以下簡稱《泠字》)。

〔一〇〕鄴:《泠字》作“業”。

〔一一〕港:《泠字》《經義考》作“潢”。

〔一二〕别:《泠字》作“列”。帝:《泠字》作“霄”。

〔一三〕山中人:此處指北宋王安石。王安石《即事》詩曰:“雲從鍾山起,却入鍾山去。借問山中人,雲今在何處。”宋神宗熙寧九年(一〇七六年)十月,王安石辭去相職,外調鎮南軍節度使、同平章事、判江寧府。王安石在江寧城東門到鍾山途中的白塔,建造居室。因其距江寧城東門和鍾山主峰都是七里,故命名爲“半山園”。一〇八四年,王安石大病痊愈後,請求神宗允許,將自己的住宅改建爲寺院。神宗賜額“報寧寺”,又稱半山寺。元祐元年(一〇八六年)

四月,王安石病逝,即葬於半山園中。

〔一四〕者:《泠字》作"日"。相熙寧:此處指王安石於宋神宗熙寧三年(一〇七〇年)被授任同中書門下平章事職,位權同古之宰相。

〔一五〕莽制爲周經:中國古代部分儒者認爲,《周禮》非周公撰作,而是王莽、劉歆托名僞作。鄭玄注釋《周禮》时,未加詳辨,就將劉歆僞造的《周禮》,王莽據以改制(賒貸)的"國服爲息",視爲周公所創經典之制。

〔一六〕弗:《泠字》《彙評》作"不"。弗悟:此處指詩作者批評王安石依然没有領悟《周禮·地官·泉府》所載"以國服爲息",係王莽、劉歆托名周公所創的僞制。宗康成:是詩作者指責王安石仍然奉鄭玄注釋爲"宗"(權威、真理),依然沿襲王莽、劉歆托名周公所創的僞制,以爲變法的依據。

〔一七〕章蔡後:《泠字》作"至章蔡"。章:此處指章惇(一〇三五—一一〇六年),字子厚,號大滌翁,浦城(今福建南平浦城縣)人。北宋中期政治家、改革家。其生平、事迹具載《宋史》卷四七一《奸臣傳一》。蔡:此處指北宋末權相蔡京。相承:此處指宋哲宗、宋徽宗時,章惇、蔡京執政後,先後恢復王安石若干新法的舉措。

〔一八〕膻腥:本義爲某些動物,如牛、羊等及其肉類的氣味。因北方少數民族多以牛羊肉爲主食,故漢族人常用"膻腥"指北方少數民族人。

〔一九〕皆:《泠字》《經義考》作"未"。依下文"三經猶在校,從祀猶在庭"句義,此處作"未",義似更妥。

〔二〇〕三經:此處指王安石及其子王雱、變法幹將吕惠卿撰作的《三經新義》,即《周官新義》(王安石撰)、《毛詩義》《尚書義》(王雱、吕惠卿撰)。此三書是熙寧變法的重要理論依據。熙寧八年(一〇七五年)頒於學校,以統一經義,并用作科舉考試的權威用書。《文獻通考》卷三一《選舉四》:"(熙寧至元祐年間)專誦熙寧所頒新經、《字説》,佐以莊、列、釋氏之書。"在校:此處指至魏了翁時,王安石等所撰《三經新義》仍是南宋學校傳授儒家經典的教材。

〔二一〕從祀:亦稱"配享"。指古代帝王宗廟中,常設的、次於主要祭祀對象(帝王),且與帝王生前關聯密切的祭祀物件。至遲自周代起,歷朝功臣多於去世後,或有尚在世者,其神主往往被皇帝詔令置於其任職時在位皇帝的宗廟中,以表彰其勛績。《周禮·夏官·司勛》:"司勛掌六鄉賞地之法,以等其功。……凡有功者,銘書於王之大常,祭於大烝。"漢、魏、晋皆沿襲此禮。(《中國古代帝王宗廟禮制研究》,第二七四—二七五頁)"從祀猶在庭",魏了翁詩意謂王安石仍在宗廟中享受配祭的禮遇。據《宋史》卷三二七《王安石傳》,宋哲宗紹聖中,詔以王安石配享神宗廟庭。宋徽宗崇寧三年(一一〇四年),又配食文宣王廟,列於顔、孟之次。宋欽宗時,采納楊時言,詔停王安石配食之禮。南宋高宗用趙鼎、吕聰問言,停宗廟配享,削其王封。則魏氏詩中所謂"從祀猶在庭",義不可解。

〔二二〕惟:《經義考》作"維"。禍首:製造禍患的首要人物。南宋時人多認爲王安石變法,篡改祖制,變亂朝廷,是北宋滅亡的罪魁禍首。

〔二三〕高:《泠字》作"窅"。大鈞:古人對天、自然的稱謂。《文選·賈誼〈鵩鳥賦〉》:"大鈞播物兮,坱圠無垠。"李善《注》曰:"如淳曰:'陶者作器於鈞上,此以造化爲大鈞。'應劭曰:'陰陽造化,如鈞之造器也。'"(《文選》,第六〇六頁)

〔二四〕空:《泠字》作"雲"。水:《經義考》作"木"。泠泠:此處形容水流清越之聲。

〔二五〕《漢書》卷八九《黄霸傳》:“坐同産有罪劾免。”顔師古注曰:“同産,謂兄弟也。”

〔二六〕高定子(一一七七—一二四七年):魏了翁兄。字瞻叔,邛州蒲江縣人。其生平、事迹具載《宋史》卷四〇九《高定子傳》。道:本爲唐太宗於貞觀元年(六二七年)起,在地方上設置的監察區域。唐太宗分全國爲十道,設監察性質的官吏,協助中央監管州級行政區。唐玄宗開元二十一年(七三三年),將全國分爲十五道,各道置采訪使,職掌監察事務。北宋初,沿襲唐制,分全國爲十三道。宋太宗太平興國四年(九七九年)設二十一路。此後,路數屢有變動。宋太宗淳化五年(九九四年)以前的十五年中,北宋實行道、路并存的行政區劃體制。淳化五年,宋太宗正式廢除道制,實行路制。與唐代道僅爲監察區不同的是,宋代的路是行政機構。每路設四司:轉運使司(簡稱漕司),長官爲轉運使,負責本路財賦和監察;提點刑獄司(簡稱憲司),長官爲提刑官,負責本路刑獄;提舉常平司(簡稱倉司),長官爲常平使,負責本路倉儲;經略安撫司(簡稱帥司),長官爲安撫使,負責本路軍事。此處用道,係對傳統的一種習慣沿用。據《宋史》卷四〇九《高定子傳》記載,高定子時任江南東路計度轉運副使。轉運副使:職官名。宋朝在京東、京西、河北、陝西、河東及淮、浙諸路轉運司所置職官,係轉運使副貳。若不設轉運使處,或置二員。選朝官充任,職掌本路財賦、監察等事務。

〔二七〕端平:南宋理宗趙昀的第三個年號,自一二三四年至一二三六年。端平三年,即一二三六年。

〔二八〕己亥:宋理宗嘉熙三年(一二三九年)。孟春:古人對每年春季的首月(第一個月,即農曆正月)的稱謂。

〔二九〕"嘉熙"至"追記":《經義考》無。拜手:亦稱"空首""拜首",《周禮·春官·大祝》記載的中國古代男子"九拜"禮中的一種。行禮時,行禮者下跪,兩手拱合,低頭至手,與手心平,而不及地,故稱。

參考文獻

一、古籍

〔戰國〕佚名著,〔漢〕鄭玄注,〔唐〕賈公彥疏:《周禮注疏》。

〔清〕阮元校刻:《十三經注疏》,中華書局一九八〇年版。

李學勤主編,趙伯雄整理,王文錦審定:《十三经注疏》,北京大學出版社一九九九年版。

〔春秋〕墨翟著,〔清〕孫詒讓撰,孫啓治點校:《墨子間詁》,中華書局二〇〇一年版。

〔春秋〕左丘明著,徐元誥撰,王樹民、沈長雲點校:《國語集解》,中華書局二〇〇二年版。

〔春秋〕列御寇著,楊伯峻集釋:《列子集釋》,中華書局一九七九年版。

〔戰國〕莊周著,〔清〕王先謙撰,沈嘯寰點校:《莊子集解》,中華書局一九八七年版。

〔戰國〕荀況著,〔清〕王先謙撰:《荀子集解》,中華書局一九八八年版。

〔戰國〕韓非著,〔清〕王先慎撰,鍾哲點校:《韓非子集解》,中華書局一九九八年版。

〔戰國〕吕不韋等撰,陳奇猷校釋:《吕氏春秋新校釋》,上海古籍出版社二〇〇二年版。

〔戰國〕屈原著,〔漢〕王逸撰:《楚辭章句》,文淵閣《四庫全書》本,台灣商務印書館一九八六年版。(下《四庫全書》本諸文獻皆同,不再一一標注)

〔戰國〕屈原著,〔宋〕洪興祖撰:《楚辭補注》,文淵閣《四庫全書》本。

黄懷信、張懋鎔、田旭東撰,李學勤審定:《逸周書彙校集注》,上海古籍出版社一九九五年版。

〔漢〕孔鮒等撰,王鈞林、周海生譯注:《孔叢子》,中華書局二〇〇九年版。

〔漢〕陸賈撰,王利器校注:《新語校注》,中華書局一九八六年版。

〔漢〕董仲舒著,蘇輿撰:《春秋繁露義證》,中華書局一九九二年版。

〔漢〕司馬遷:《史記》,中華書局一九五九年版。

〔漢〕劉安著,劉文典集解,馮逸、喬華點校:《淮南鴻烈集解》,中華書局一九八九年版。

〔漢〕劉安著,何寧撰:《淮南子集釋》,中華書局一九九八年版。

〔漢〕戴聖:《石渠禮論》,見〔清〕黄奭輯《黄氏逸書考》,《續修四庫全書》本,上海古籍出版社二〇〇三年版。

〔漢〕劉向撰,張濤譯注:《列女傳譯注》,山東大學出版社一九九〇年版。

〔漢〕班固:《漢書》,中華書局一九六二年版。

〔漢〕班固著,〔清〕陳立撰:《白虎通疏證》,中華書局一九九四年版。

〔漢〕戴德選編,〔清〕王聘珍撰:《大戴禮記解詁》,中華書局一九八三年版。

〔漢〕劉向著,向宗魯校證:《説苑校證》,中華書局一九八七年版。

〔漢〕揚雄著,汪榮寶義疏:《法言義疏》,中華書局一九八七年版。

〔漢〕趙曄:《吴越春秋》,文淵閣《四庫全書》本。

〔漢〕王充著,黄暉撰:《論衡校釋》,中華書局一九九〇年版。

〔漢〕盧植:《禮記注》,載〔清〕馬國翰輯《玉函山房輯佚書》,上海古籍出版社一九九〇年版。

〔漢〕許慎撰,〔清〕段玉裁注:《説文解字注》,上海古籍出版社一九八一年版。

〔三國魏〕王肅注:《孔子家語》,文淵閣《四庫全書》本。

〔晋〕陳壽:《三國志》,中華書局一九五九年版。

〔晋〕司馬彪:《續漢書》,中華書局一九六五年版。

〔晋〕王嘉撰,〔梁〕蕭綺録,齊治平校注:《拾遺記》,中華書局一九八一年版。

〔晋〕佚名:《孫子算經》,文淵閣《四庫全書》本。

〔南朝宋〕范曄:《後漢書》,中華書局一九六五年版。

〔南朝梁〕沈約:《宋書》,中華書局一九七四年版。

〔南朝梁〕蕭子顯:《南齊書》,中華書局一九七二年版。

〔南朝梁〕蕭統編,〔唐〕李善注:《文選》,上海古籍出版社一九八六年版。

〔北齊〕魏收:《魏書》,中華書局一九七四年版。

〔唐〕魏徵等:《隋書》,中華書局一九七三年版。

〔唐〕房玄齡等:《晋書》,中華書局一九七四年版。

〔唐〕姚思廉:《陳書》,中華書局一九七二年版。

〔唐〕李百藥:《北齊書》,中華書局一九七二年版。

〔唐〕封演撰,趙貞信校注:《封氏聞見記校注》,中華書局二〇〇五年版。

〔唐〕杜佑撰,王文錦、王永興、劉俊文、徐庭雲、謝方點校:《通典》,中華書局一九八八年版。

〔後晋〕劉昫等:《舊唐書》,中華書局一九七五年版。

〔宋〕李昉等:《太平御覽》,中華書局一九六〇年版。

〔宋〕王钦若等編纂,周勛初等校訂:《册府元龜》(校訂本),鳳凰出版社二〇〇六年版。

〔宋〕聶崇義纂輯,丁鼎點校、解説:《新定三禮圖》,清華大學出版社二〇〇六年版。

〔宋〕歐陽修、宋祁等:《新唐書》,中華書局一九七五年版。

〔宋〕司馬光:《資治通鑒》,中華書局一九五六年版。

〔宋〕王安石:《周官新義》,文淵閣《四庫全書》本。

〔宋〕王安石撰,〔清〕張海鵬輯刻:《周官新義》,《墨海金壺》本,清嘉慶二十二年刊刻。

〔宋〕王安石撰,〔清〕錢儀吉輯刻:《周官新義》,《經苑》(又名《大梁書院經解》)本,清道光二十五年至道光三十年刊刻。

〔宋〕王安石撰:《周官新義》,收録於王雲五主編《四部叢刊初編》本,商務印書館一九三七年版。

〔宋〕王安石撰,程元敏輯著:《三經新義輯考彙評(三)——周禮》,臺灣編譯館主編,一九八七年。

〔宋〕王安石撰,楊小召校點:《周官新義》,四川大學出版社二〇一六年版。

〔宋〕王安石撰,程元敏等整理,張鈺翰校理:《周禮新義》,收録王水照主編《王安石全集》(第三册),復旦大學出版社二〇一六年版。

〔宋〕王安禮:《王魏公集》,文淵閣《四庫全書》本。

〔宋〕蘇洵:《謚法》,文淵閣《四庫全書》本。

〔宋〕蘇洵:《嘉祐集》,文淵閣《四庫全書》本。

〔宋〕程顥、程頤著,王孝漁點校:《二程集》,中華書局一九八一年版。

〔宋〕張鎡:《仕學規範》,文淵閣《四庫全書》本。

〔宋〕朱翌:《猗覺寮雜記》,文淵閣《四庫全書》本。

〔宋〕馬永卿:《嬾真子》,文淵閣《四庫全書》本。

〔宋〕葉夢得撰,宇文紹奕考异,侯忠義點校:《石林燕語》,中華書局一九八四年版。

〔宋〕洪邁著,孔凡禮點校:《容齋隨筆》,中華書局二〇〇五年版。

〔宋〕王應麟:《玉海》,文淵閣《四庫全書》本。

〔宋〕朱熹:《四書章句集注》,中華書局一九八三年版。

〔宋〕李幼武:《宋名臣言行録外集》,文淵閣《四庫全書》本。

〔宋〕朱熹編:《二程遺書》,文淵閣《四庫全書》本。

〔宋〕戴埴:《鼠璞》,文淵閣《四庫全書》本。

〔宋〕孫奕:《示兒編》,文淵閣《四庫全書》本。

〔宋〕衛湜:《禮記集説》,文淵閣《四庫全書》本。

〔宋〕王觀國:《學林》,文淵閣《四庫全書》本。

〔宋〕俞庭椿:《周禮復古編》,文淵閣《四庫全書》本。

〔宋〕吕祖謙:《歷代制度詳説》,文淵閣《四庫全書》本。

〔宋〕魏了翁:《周禮折衷》,《鶴山先生大全文集》本。

〔宋〕魏了翁:《周禮折衷》,《四部叢刊初編》據嘉業堂藏宋刻本影印,商務印書館一九二二年版。

〔宋〕魏了翁:《周禮折衷》,四川大學古籍研究所據明安氏銅活字本編纂《宋集珍本叢刊》,綫裝書局二〇〇四年版。

〔宋〕魏了翁:《周禮折衷》,文淵閣《四庫全書》本。

〔宋〕魏了翁:《周禮折衷》,吴棠望三益齋刊《鶴山文鈔》,清同治十三年刻本。

〔宋〕魏了翁:《周禮折衷》,民國蔣汝藻影宋抄本,載[美]周欣平、[美]魯德修主編:《柏克萊加州大學東亞圖書館藏稿鈔校本叢刊續編》第二十三册,廣西師範大學出版社二〇一五年版。

〔宋〕魏了翁:《儀禮要義》,文淵閣《四庫全書》本。

〔宋〕王與之:《周禮訂義》,文淵閣《四庫全書》本。

〔宋〕王昭禹:《周禮詳解》,文淵閣《四庫全書》本。

〔宋〕陳振孫:《直齋書録解題》,文淵閣《四庫全書》本。

〔宋〕劉温舒:《素問入式運氣論奥》,文淵閣《四庫全書》本。

〔宋〕陳暘:《樂書》,文淵閣《四庫全書》本。

〔宋〕黎靖德編,王星賢點校:《朱子語類》,中華書局一九八六年版。

〔宋〕陳祥道:《禮書》,文淵閣《四庫全書》本。

〔宋〕陸佃:《埤雅》,文淵閣《四庫全書》本。

〔宋〕謝枋得編:《文章軌範》,文淵閣《四庫全書》本。
〔宋〕郭知達編:《九家集注杜詩》,文淵閣《四庫全書》本。
〔宋〕李燾:《續資治通鑒長編》,中華書局一九九五年版。
〔宋〕陸游:《老學庵筆記》,文淵閣《四庫全書》本。
〔宋〕章如愚:《群書考索後集》,文淵閣《四庫全書》本。
〔宋〕陳藻:《樂軒集》,文淵閣《四庫全書》本。
〔宋〕熊朋來:《經説》,文淵閣《四庫全書》本。
〔金〕成無己注:《傷寒論注釋》,文淵閣《四庫全書》本。
〔元〕馬端臨:《文獻通考》,文淵閣《四庫全書》本。
〔元〕陳友仁:《周禮集説》,文淵閣《四庫全書》本。
〔元〕方回:《古今考》,文淵閣《四庫全書》本。
〔元〕毛應龍:《周官集傳》,文淵閣《四庫全書》本。
〔元〕陳澔:《禮記集説》,文淵閣《四庫全書》本。
〔元〕湯允謨:《雲烟過眼續録》,文淵閣《四庫全書》本。
〔元〕王履:《醫經溯洄集》,文淵閣《四庫全書》本。
〔元〕脱脱等:《宋史》,中華書局一九七七年版。
〔元〕脱脱等:《金史》,中華書局一九七五年版。
〔元〕陶宗儀:《南村輟耕録》,文淵閣《四庫全書》本。
〔明〕宋濂:《元史》,中華書局一九七六年版。
〔明〕胡廣等:《孟子集注大全》,文淵閣《四庫全書》本。
〔明〕柯尚遷:《周禮全經釋原》,文淵閣《四庫全書》本。
〔明〕陳士元:《論語類考》,文淵閣《四庫全書》本。
〔明〕丘濬:《大學衍義補》,文淵閣《四庫全書》本。
〔明〕王志長:《周禮注疏删翼》,文淵閣《四庫全書》本。
〔明〕曹學佺:《蜀中廣記》,文淵閣《四庫全書》本。

〔明〕楊士奇編:《文淵閣書目》,文淵閣《四庫全書》本。

〔明〕董説:《七國考》,中華書局一九五六年版。

〔明〕何楷:《詩經世本古義》,文淵閣《四庫全書》本。

〔明〕李時珍:《本草綱目》,文淵閣《四庫全書》本。

〔明〕孫一奎:《赤水玄珠》,文淵閣《四庫全書》本。

〔明〕方以智:《通雅》,文淵閣《四庫全書》本。

〔清〕黄宗羲原著,〔清〕全祖望補修,陳金生、梁運華點校:《宋元學案》,中華書局一九八六年版。

〔清〕沈炳震:《九經辨字瀆蒙》,文淵閣《四庫全書》本。

〔清〕余蕭客:《古經解鈎沉》,文淵閣《四庫全書》本。

〔清〕閻若璩:《尚書古文疏證》,文淵閣《四庫全書》本。

〔清〕胡渭:《大學翼真》,文淵閣《四庫全書》本。

〔清〕胡渭:《禹貢錐指》,文淵閣《四庫全書》本。

〔清〕徐文靖:《竹書統箋》,文淵閣《四庫全書》本。

〔清〕乾隆敕撰:《儀禮義疏》,文淵閣《四庫全書》本。

〔清〕乾隆敕撰:《周官義疏》,文淵閣《四庫全書》本。

〔清〕乾隆敕撰:《禮記義疏》,文淵閣《四庫全書》本。

〔清〕乾隆敕撰:《續通志》,文淵閣《四庫全書》本。

〔清〕趙宏恩等:《江南通志》,文淵閣《四庫全書》本。

〔清〕茅星來:《近思録集注》,文淵閣《四庫全書》本。

〔清〕徐乾學:《資治通鑒後編》,文淵閣《四庫全書》本。

〔清〕秦蕙田:《五禮通考》,文淵閣《四庫全書》本。

〔清〕彭定求等編校:《全唐詩》,文淵閣《四庫全書》本。

〔清〕朱彝尊:《經義考》,文淵閣《四庫全書》本。

〔清〕趙翼:《陔餘叢考》,中華書局一九六三年版。

〔清〕李光坡:《周禮述注》,文淵閣《四庫全書》本。

〔清〕李鍾倫:《周禮纂訓》,文淵閣《四庫全書》本。

〔清〕徐松輯,劉琳、刁忠民、舒大剛、尹波等校點:《宋會要輯稿》,上海古籍出版社二〇一四年版。

〔清〕方苞:《周官集注》,文淵閣《四庫全書》本。

〔清〕江藩:《隸經文》,王先謙編:《清經解續編》,上海書店一九八八年版。

〔清〕孫詒讓撰,王文錦、陳玉霞點校:《周禮正義》,中華書局一九八七年版。

〔清〕孫希旦撰,沈嘯寰、王星賢點校:《禮記集解》,中華書局一九八九年版。

〔清〕皮锡瑞撰:《尚書大傳疏證》,《師伏堂叢書》本,清光緒二十二年刊本。

〔清〕馬驌撰,王利器整理:《繹史》,中華書局二〇〇二年版。

二、專著

王國維:《殷周制度論》,見《觀堂集林》,中華書局一九五九年版。

吕思勉:《先秦史》,上海古籍出版社一九八二年版。

錢基博:《經學通志》,見劉夢溪主編《中國現代學術經典》(錢基博卷),河北教育出版社一九九六年版。

盧弼:《三國志集解》,中華書局一九八二年版。

顧頡剛、劉起釪:《尚書校釋譯論》,中華書局二〇〇五年版。

周何:《春秋吉禮考辨》,台灣嘉新水泥公司文化基金會一九七〇年版。

章景明：《殷周廟制論稿》，學海出版社一九七九年版。

林劍鳴：《秦史稿》，上海人民出版社一九八一年版。

朱天順：《中國古代宗教初探》，上海人民出版社一九八二年版。

鄧廣銘、程應鏐主編：《中國歷史大辭典》（宋史卷），上海辭書出版社一九八四年版。

林劍鳴、余華青、周天游、黄留珠：《秦漢社會文明》，西北大學出版社一九八五年版。

吴浩坤、潘悠：《中國甲骨學史》，上海人民出版社一九八五年版。

張亞初、劉雨：《西周金文官制研究》，中華書局一九八六年版。

常玉芝：《商代周祭制度》，中國社會科學出版社一九八七年版。

王治心：《中國宗教思想史大綱》，生活·讀書·新知三聯書店上海分店一九八八年版。

丁山：《中國古代宗教與神話考》，上海文藝出版社一九八八年版。

程德祺：《原始社會初探》，中央民族學院出版社一九八八年版。

陳全方：《周原與周文化》，上海人民出版社一九八八年版。

劉起釪：《尚書學史》，中華書局一九八九年版。

馮天瑜、何曉明、周積明：《中華文化史》，上海人民出版社一九九〇年版。

張政烺主編：《中國古代職官大辭典》，河南人民出版社一九九〇年版。

曲英杰:《先秦都城復原研究》,黑龍江人民出版社一九九一年版。

詹鄞鑫:《神靈與祭祀——中國傳統宗教綜論》,江蘇古籍出版社一九九二年版。

宋鎮豪:《夏商社會生活史》,中國社會科學出版社一九九四年版。

鄭學檬主編:《中國賦役制度史》,厦門大學出版社一九九四年版。

李衡眉:《昭穆制度研究》,齊魯書社一九九六年版。

錢玄:《三禮通論》,南京師範大學出版社一九九六年版。

劉善澤:《三禮注漢制疏證》,岳麓書社一九九七年版。

楊天宇:《禮記譯注》,上海古籍出版社一九九七年版。

王葆玹:《今古文經學新論》,中國社會科學出版社一九九七年版。

黎虎主編:《漢唐飲食文化史》,北京師範大學出版社一九九七年版。

董洪利:《孟子研究》,江蘇古籍出版社一九九七年版。

胡戟:《中華文化通志·禮儀志》,上海人民出版社一九九八年版。

常青:《中華文化通志·建築志》,上海人民出版社一九九八年版。

楊寬:《西周史》,上海人民出版社一九九九年版。

傅亞庶:《中國上古祭祀文化》,東北師範大學出版社一九九九年版。

祝總斌:《兩漢魏晋南北朝宰相制度研究》,中國社會科學出版社一九九八年版。

吴金華:《三國志叢考》,上海古籍出版社二〇〇〇年版。

王文錦:《禮記譯解》,中華書局二〇〇一年版。

張亞初:《殷周金文集成引得》,中華書局二〇〇一年版。

晁福林:《先秦民俗史》,上海人民出版社二〇〇一年版。

張榮明:《中國的國教——從上古到東漢》,中國社會科學出版社二〇〇一年版。

楊志剛:《中國禮儀制度研究》,華東師範大學出版社二〇〇一年版。

范新幹:《東晋劉昌宗音研究》,崇文書局二〇〇二年版。

徐良高:《中國民族文化源新探》,社會科學文獻出版社二〇〇二年版。

陳紹棣:《中國風俗通史》(兩周卷),上海文藝出版社二〇〇三年版。

楊天宇:《周禮譯注》,上海古籍出版社二〇〇四年版。

吕友仁:《周禮譯注》,中州古籍出版社二〇〇四年版。

李華瑞:《王安石變法研究史》,人民出版社二〇〇四年版。

劉學鍇、余恕誠:《李商隱詩歌集解》(增訂重排本),中華書局二〇〇四年版。

黑龍江省文物考古研究所:《七星河》,科學出版社二〇〇四年版。

楊華:《古禮新研》,商務印書館二〇一二年版。

張一兵:《明堂制度研究》,中華書局二〇〇五年版。

任繼昉:《釋名匯校》,齊魯書社二〇〇六年版。

楊天宇:《鄭玄三禮注研究》,天津人民出版社二〇〇七年版。

鄭杰文、傅永軍主編:《經學十二講》,中華書局二〇〇七年版。

王鍔:《三禮研究論著提要》(增訂本),甘肅教育出版社二〇〇七年版。

楊新勛:《宋代疑經研究》,中華書局二〇〇七年版。

郭善兵:《中國古代帝王宗廟禮制研究》,人民出版社二〇〇七年版。

張一兵:《明堂制度源流考》,人民出版社二〇〇七年版。

張培瑜、陳美東、薄樹人、胡鐵珠:《中國古代曆法》,中國科學技術出版社二〇〇八年版。

祝敏徹、孫玉文:《釋名疏證補》,中華書局二〇〇八年版。

趙超:《漢魏南北朝墓志彙編》,天津古籍出版社二〇〇八年版。

丁鼎:《禮記解讀》,中國人民大學出版社二〇一〇年版。

夏微:《〈周禮訂義〉研究》,吉林人民出版社二〇一一年版。

楊耀坤、揭克倫校注:《三國志》,巴蜀書社二〇一二年版。

李學勤:《初識清華簡》,中西書局二〇一三年版。

程元敏:《尚書學史》,華東師範大學出版社二〇一三年版。

潘斌:《宋代"三禮"詮釋研究》,人民出版社二〇一八年版。

三、論文

劉盼遂:《甲骨文中殷商廟制徵》,見劉盼遂著,聶石樵輯校《劉盼遂文集》,北京師範大學出版社二〇〇二年版。

唐蘭:《西周銅器斷代中的"康宮"問題》,載《考古學報》

一九六二年第一期。

陝西周原考古隊:《陝西岐山鳳雛村西周建築基址發掘簡報》,載《文物》一九七九年第一〇期。

王恩田:《岐山鳳雛村西周建築群基址的有關問題》,載《文物》一九八一年第一期。

傅熹年:《陝西岐山鳳雛西周建築遺址初探》,載《文物》一九八一年第一期。

楊洪勛:《西周岐邑建築遺址初步考察》,載《文物》一九八一年第三期。

陝西周原考古隊:《扶風召陳西周建築群基址發掘簡報》,載《文物》一九八一年第三期。

尹盛平:《周原西周宫室制度初探》,載《文物》一九八一年第九期。

王世民:《西周春秋金文中的諸侯爵稱》,載《歷史研究》一九八三年第三期。

陳振:《關於北宋前期的宰相制度》,載《中州學刊》一九八五年第六期。

孔凡禮:《陸游家世敘録》,見《文史》(第三十一輯),中華書局一九八八年版。

賈偉明、魏國忠:《論挹婁的考古學文化》,載《北方文物》一九八九年第三期。

劉雨:《西周金文中的祭祖禮》,載《考古學報》一九八九年第四期。

朱鳳瀚:《殷墟卜辭中所見商王室宗廟制度》,載《歷史研究》一九九〇年第六期。

章群:《宗廟與家廟》,見鄭學檬、冷敏述主編《唐文化研究論文集》,上海人民出版社一九九四年版。

董蓮池:《殷周禘祭探真》,載《人文雜志》一九九四年第五期。

陳恩林:《先秦兩漢文獻中所見周代諸侯五等爵》,載《歷史研究》一九九四年第六期。

李衡眉:《歷代昭穆制度中"始祖"稱呼之誤厘正》,載《求是學刊》一九九五年第三期。

楊軍:《劉昌宗著述考略》,載《貴州大學學報(社會科學版)》一九九六年第一期。

王貴民:《商周廟制新考》,載《文史》(第四十五輯),中華書局一九九八年版。

胡阿祥:《商國號考説》,載《中國歷史地理論叢》一九九九年第四期。

沈文倬:《宗周歲時祭考實》,見《宗周禮樂文明考論》,杭州大學出版社一九九九年版。

黑龍江省文物考古研究所:載《黑龍江友誼縣鳳林城址 1998 年發掘簡報》,《考古》二〇〇〇年第一一期。

方述鑫:《殷墟卜辭中所見的"尸"》,載《考古與文物》二〇〇〇年第五期。

葛英會:《説祭祀立尸卜辭》,載《殷都學刊》二〇〇〇年第一期。

徐良高、王巍:《陝西扶風雲塘西周建築基址的初步認識》,載《考古》二〇〇二年第九期。

楊華:《"五祀"祭禱與楚漢文化的繼承》,載《江漢論壇》

二〇〇四年第九期。修改後收録於氏著《古禮新研》,商務印書館二〇一二年版。

楊世文:《宋代經學懷疑思潮研究》,四川大學二〇〇五年博士學位論文。

馮恩學:《黑龍江中游地區靺鞨文化的區域性及族屬探討》,載《吉林大學社會科學學報》二〇〇五年第三期。

郭善兵:《略述宋儒對周天子宗廟禮制的詮釋——以宗廟廟數、祭祀禮制爲考察中心》,載《東方論壇》二〇〇六年第五期。

郭善兵:《略論清儒對"漢學"、"宋學"的繼承與創新——以清儒對周天子宗廟祭祖禮制的詮釋爲中心》,載《河南大學學報(社會科學版)》二〇〇八年第四期。

賈玉英:《唐宋時期宰相名號制度變遷論略》,載《中州學刊》二〇〇九年第六期。

李超:《也談秦代"隱官"》,見雷依群等主編《秦漢研究》(第三輯),陝西人民出版社二〇〇九年版。

余瓊霞:《陸佃及〈陶山集〉考述》,華東師範大學二〇一〇年碩士學位論文。

郭善兵:《魏晉南北朝皇家宗廟禮制若干問題考辨——兼與梁滿倉先生商榷》,載《中國史研究》二〇一五年第二期。

李成晴:《"何論"考》,見香港浸會大學《人文中國學報》第二十一期,上海古籍出版社二〇一五年版。

劉全波:《論魏晉南北朝時期〈纂要〉的編纂》,載《東方論壇》二〇一六年第五期。

王海洋:《張參〈五經文字〉研究》,山東師範大學二〇一七年碩士學位論文。

郭善兵:《杜子春〈周禮注〉考論》,見張占倉主編《洛陽學研究——洛陽學國際學術研討會論文集》,經濟管理出版社二〇一八年版。

後　記

經過六七年斷斷續續的努力,《周禮折衷校注》這部小書終於宣告"竣工"了。

之所以説它是一部小書,是因爲在宋代乃至在古代中國浩若烟海的《周禮》詮釋著作中,《周禮折衷》并没有多少引人矚目之處。第一,它可謂一部"知名度"不高的《周禮》詮釋著作。和王安石《周官新義》《周禮新義》、俞庭椿《周禮復古編》等屢屢被後人徵引、評議的"名著"相比,迄今尚無單行本、整理本問世的《周禮折衷》,知名度似乎不算高。第二,它對後世的影響甚微。後世儒者所撰《周禮》詮釋著作,少有徵引《周禮折衷》者。第三,它并非完本。此處非"完本"有兩重含義:其一,它不是詮釋《周禮》全經,而衹是詮釋《周禮·天官》經文的注釋文本;其二,現存的四個《周禮折衷》版本,即本書中屢屢提及的開慶本、安氏本、四庫本、益齋本,開慶本、安氏本、四庫本僅有從《周禮·天官》"序官"至"職幣"的經文;唯益齋本有自"序官"至"夏采"全部天官系統的經文。第四,它的作者魏了翁,雖在南宋仕途顯赫,但在經學界知名度不甚高,較之王安石、朱熹等,顯然有所遜色。第五,《周禮折衷》全書字數較少,即便包括魏了翁所引《周禮·天官》

經文、鄭玄《周禮注》、賈公彦《周禮疏》、王安石《周官新義》、李心傳《三禮辨》等,全書也不過五萬餘字,較之動輒數十萬言甚至數百萬言的《周禮》詮釋著作,可謂"小巫見大巫"了。

縱使如此,魏了翁《周禮折衷》仍有不容低估的學術價值。從經學角度而言,它既是後人瞭解、研究魏了翁經學思想的重要材料,也是後人瞭解、研究南宋《周禮》學史的一部重要文獻。從文獻學角度而言,魏了翁《周禮折衷》所徵引的《周易》《周禮》《尚書》《左傳》等十部儒家經典,及鄭衆、鄭玄、賈公彦、王安石、陳祥道、李心傳等儒者《周禮》詮釋學説,不僅可以用來作爲他校文本,對上述有關文獻進行校勘,而且對若干文獻,如王安石《周官新義》、李心傳《三禮辨》等,也有較珍貴的補佚價值。

衹是,當初笔者開始着手整理時,却没有想到,這樣一部小書,竟用這麼長時間纔宣告"竣工"。之所以將如此長的時間、精力耗費在《周禮折衷》這部小書上,主要原因在於:

第一,《周禮折衷》雖僅有五萬餘字,版本也僅有四個,就字數、版本而言,可謂是小部頭。將四個版本的《周禮折衷》一一對讀,却耗費笔者極多的時間和精力。尤其是稍一分神,就可能將字形相似的歧异字視爲同一字而錯校、漏校。校勘過程中,笔者已記不清有多少次因擔心錯校、漏校而從頭開始的經歷了。

第二,學校、社會、家庭等衆多其他事務的擠占,也是本書撰作"斷斷續續"的重要原因:笔者身處高校,各項教學任務難以避免:備課,上課,指導研究生、本科生的學位論文、平時作業……都不可避免地要占用很多時間和精力;這期間,還應允和師友們合作完成一些項目、著作,時間和精力的分配,在所難免;由於近年來從事了一些社會工作,擔任相關的職務,自然不宜"光挂名不干活",該出席的活動,該參加的會議,該參加的調研考察,該撰寫的調研報告……都必須完成和履行。這既是責任所繫,也有"量化考核"的壓力在内。作爲"户主",笔者家内的工作負擔也不小。雖然近年來在山東栖霞老家的姐姐、哥哥、嫂子照顧着年邁卧床的老母親,妻子工作之餘,也承擔着送孩子上學、洗洗涮涮等家務瑣事,但"户主"的職責不能推卸!趁假期回老家看顧老母親、接孩子放學、陪孩子做作業、按照老師要求檢查批改孩子作業……

值本書出版之際,請允許我向支持、關心我的河南大學及歷史文化學院的各位領導、同事表達衷心感謝。感謝河南大學黄河文明協同創新中心資助出版經費。感謝齊魯書社爲本書成功申報二〇一九年度國家古籍整理出版專項經費資助。感謝齊魯書社社長昝亮先生於百忙之中抽出時間審閲書稿,并提出許多中肯的修改建議。感謝學界名宿劉曉東先生爲本書題簽。對筆者和本書而言,真可謂榮幸至極。感謝本書的責任編輯孔帥先生的協調幫助和精心編輯。由於筆者發現了蔣汝藻影宋抄本《周禮折衷》,及對書稿體例産生了一些新想法,因而將"第一版"清樣改得"面目全非"。這無疑極大增加了孔編輯的工作量。對此,他毫無怨言,而是耐心細緻地將大量修改文字謄抄到清样上,并不時提出自己的見解和建議,使筆者及時改正了很多錯誤。在此基礎上,形成了本書的"第二版"清样。對此,孔編輯戲稱筆者將修訂版的工作一并完成了。本書得以順利出版,孔編輯可謂居功厥偉!感謝中國社會科學院世界宗教研究所李華偉先生爲筆者全文複製了國家圖書館收藏的清同治年間刊刻的望三益齋本《周禮折衷》。感謝北京大學圖書館饒益波博士细心審閲了本書初稿,并提出許多中肯、專業的修改建議。感謝師兄寧鎮疆教授和他的碩士研究生卜易同學於百忙之中,去上海圖書館幫助我複製了《柏克萊加州大學東亞圖書館藏稿鈔校本叢刊續編》收録的《周禮折衷》。我指導的碩士研究生金遠遠、胡博文、甄西陽、王之宇、楊亞錦也協助我對書稿部分文字進行了核校,在此一并感謝。

由於時間、精力有限,尤其本人學識粗淺,因此,這部小書肯定存在這樣或那樣的不足,祈請各位師友不吝批評指正。

郭善兵

二〇二一年十一月於仁和博士樓